小林伸二著

春秋時代の軍事と外交

汲古叢書121

汲古書院

春秋時代の軍事と外交　目　次

春秋時代の軍事と外交

序論　問題の所在

一　春秋時代史研究の動向

春秋時代史研究は、従来から中国古代史にあって、完成期とされる秦漢帝国史の過程として位置づけられてきた。氏族制社会から都市国家を経て領土国家へ至る経緯、あるいは伝統的邑制国家の体制が崩れ、領土的国家形成と官僚制による郡県支配の初歩的段階と理解する方向が見られる。[1] こうした秦漢帝国前史として当該時代を考察する視座は、当該研究史に内在された重要かつ不可欠な部分である。特に郡県など国家的秩序を支える官僚制の末端にあって、民間の任侠的習俗が存在したとする社会史的観点は、族的秩序の崩壊過程やその残存・再編について、県の萌芽期として春秋県を考察の対象とした。そこでは、晋県・楚県に氏族的内部組織の破壊と新組織の形成が、公邑化の方向を辿る点を認め、春秋県がそのまま秦漢的県へ直結しないと考えられた。[2] なかでも、楚県では王権の発展に伴い世族による県邑の世襲が否定され、晋県は世族勢力の伸長により世襲化が進んだと、その対照性が指摘された。[3] さらに、楚県では管有者はその権限が軍事指揮権に限定され、王権を支える世族としての立場があった。[4]

春秋時代史研究における「県」探究の方向性は、諸侯国での中央集権化を課題とすることになった。経済基盤・権力構造・官僚機構等をはじめ、氏族的秩序の崩壊という視点から、当該時代の社会構造の変質が議論された。[5] 特に『左伝』『国語』での「人」「民」「賦」「室」などの意味をもとに、邑内部の構成と社会構造の変化、[6]「春秋市民社会」

における国人の性格の分析が行われた(7)。さらに、「徳」「賄」「質」等の『左伝』での用例から、史料自体の新旧層とともに、当該時代の社会の様相が浮かび上がった(8)。こうした流れは、氏族的秩序の崩壊を卿・大夫と国人の関係のなかに新しい私的な人的結合関係、官僚制成立の土壌を見出すことにつながった(9)。一方で考古学的成果を用いた方向も見られ、都市遺跡の「城郭」の成立経緯から当該社会の変質を論じた視点は代表的なものである(10)。青銅器の形態等から中原地域を中心とした地域性を踏まえ、当該社会の変質を追究した研究も存在する(11)。このような当該史の動向に対して、より個別研究の深化を目指す傾向が認められ、公室を圧迫する貴族政治の変質に関する探究は(12)、その後の研究の方向を決定づけ、特に楚国史研究にあって顕著な成果を示した(13)。

軍事動向に関する研究では、戦争形態について車戦から兵隊への変遷が指摘され(14)、軍事組織と軍事制度、地理形勢から見た戦略の分析が試みられた(15)。さらに、晋国の三軍制(16)、魯国の貴族政治と軍権が論じられ(17)、戦争と軍礼(18)、軍事思想に関する視点が示された(19)。政治史研究の個別問題としては、特徴的形態である覇者政治に関する追究が見られ、会盟儀礼、国際法からの視点が先駆的業績であった(20)。また、覇者の地域性とその限界性をもとに新たな春秋時代史像を構築し(21)、会盟参加者の傾向、盟誓問題を中心とした社会秩序についての指摘が見られる(22)。特に、会盟を当該時代特有の習俗と考え、神と人共同体の観点から、外交儀礼としてとらえる見方もある(23)。このほか当該時代の外交に関しては、国際社会をめぐる外交関係を議論した研究があり(24)、そのなかで諸侯国間の婚姻から当該社会を論じた視点が見られる(25)。会盟には諸侯国間のほかに国内世族間のものがあるが、晋国内の会盟とされる山西侯馬盟書の発見に関して、出土資料と『左伝』所見の載書との関係が論じられた(26)。こうした考古学的成果は、遺址・墓葬の多くの発見から、研究上にあって豊富な材料を提供することになった(27)。山西侯馬のほか上村嶺虢国墓地、寿県蔡侯墓、淅川下寺楚墓、真山東周墓地などは代表的な遺跡であるが、出土青銅器や伝世青銅器の銘文（金文）から春秋諸国の研究が見られる(28)。当該時代の大国のみならず、小国に関してもその概要が示されている。(29) このような政治的外交的な圧迫を被っていた春秋小国が、当該時代研究の一つの新しい方向を出現させた。(30) 大国中心の研究のなか、時代像の再構築を目的とするこの方向は、今後の展開が望まれる分野である。換言すれば、郡県制問題に代表される大国を対象とした秦漢帝国との関連性とは異なる、小国の存在形態を探る意義は、春秋時代史の総合的かつ本質的な課題として有効な側面をもつものと考えられる。

以上、秦漢帝国の前提として諸問題を内在する春秋時代史研究は、その契機により個別研究の深化を促し、中国古代史研究の方向として、これからも意義のあることは間違いないであろう。しかしながら、その個別問題にあって、古代社会の完成体「秦漢帝国」とは別個にあるいは連結し得ない課題を多く含むのもまた事実である。なかでも、秦漢的県と直結しない春秋県の前提として、当該時代の基層をなす国邑—鄙邑の支配構造は、明確な定義を得られないまま残された課題であり、しかもそうした諸侯国で展開された軍事と外交に十分な検討がなされてきたとはいえない。社会発展を一律に定義づけ、地域格差や残存する現象を専制国家システムの浸透という、ユートピア的古代帝国像に引きずられた論点は、当該時代を考える際にはあらためて留意とすべき問題と思われる。(31) したがって、当該期を秦漢期への変革期としてとらえるのではなく、一つの完結した時代と認識する立場が要請されるものと考えられる。(32) 個別研究からもたらされる具体的課題の多くは、当該時代の特殊性としてのみではなく、中国古代社会のなかに普遍的に生き続けているといえよう。一方で近年、文献史料の整理と出土資料の考察により、個別研究の視野が開かれてきた戦国史研究との関連性も、当該史研究にとっては重視すべき範囲である。(33) 戦国史研究の秦漢帝国への時間的連続性と権力基盤の多元性に基づく地域性からすれば、当該史は戦国前史との視点が要求されよう。また、当該史研究にあって秦漢帝国への視座とは逆の西周史への眼差しの希薄さは、克服されなければならない問題でもある。(34) いずれにしても、春秋時代史研究の意義にあって、そうした前後史との連結をも留意しながら、当該社会の完結性にも配慮する、多角的な座標軸が重要であると考えられる。

二　本書の視座と構成

本書は春秋時代の軍事と外交という視座から、諸侯国間の動向について、当該期社会の基層をなす国邑—鄙邑の支配構造と軍事行為、さらに、そうした基盤のもと覇者によってなされた国際政治と魯国をめぐる諸侯国外交の解明を試みたものである。(35)

軍事を通じてあらためて浮上する国邑—鄙邑の支配構造の問題は、秦漢帝国成立史の課題であった郡県制研究を発端とした春秋県の前提として、簡略化・図式化のなかに解消され、今日まで不透明さを残している。増淵龍夫氏が指摘する「「国」は邑の発達した大聚落で、周りに城郭をめぐらした都市国家の形態をとって、その外の原野の遠近に点在する鄙の小邑を支配し、祀と戎とを共通の課題とする邑共同体としての性格を残している」という見解は、周到かつ整然としているがためにかえって、当該社会の国邑—鄙邑関係の実態を抽象化した感は否めない。(36)

本書ではまずこうした点を踏まえ、軍事と国邑—鄙邑の実態解明にあって、軍事行為を通じて見出せる行使国と被行使国の動向を対象としている。春秋時代史研究では、個別研究の進展により、軍事関係に配慮した視点も見られる。(37)ただし、現代の軍事学にあって本来、軍事は民事に対する言葉であり、伝統的には軍人・軍隊・軍事力・戦争・防衛などの総称で、国家行政機能としての要素を持つ点から、軍事研究の動向が制度面に顕著なのは当然であろう。(38)本書では制度としての軍事を問題とはせず、中央集権化の現実的課題であったと見做される軍事行動に焦点を当てる。個別軍事行為の行使を通じて国邑—鄙邑による領域形成にあって、支配構造が如何なる様相を表出させるのかという視座に基づき考察する。最も強権的な滅国、ついで強制的政策であった遷徙、軍事行為のなかで国邑から鄙邑への対象の転換が認められる占領政策、そして攻囲政策、対峙戦を選択している。さらに、滅国・遷徙の事例を比較的詳細に伝える二つの諸侯国について個別に考察を加える。

共同体における戦争が常に政治的状況から発生し、政治的動因によって惹起され、戦争は政治的行為と規定できる。(39)こうした点から、軍事行為で浮上する支配構造の断面は、当該期の外交と国際社会と連動するものであった。(40)そこで、本書ではつづいて当該時代の諸侯国による外交を問題とする。外交に関しては、その特徴的形態である覇者体制の側面から、一定の成果がすでに得られている。従来から覇者については、増淵龍夫氏が「(覇者は)春秋時代の諸国の同盟の盟主である。すでに統制力を失っていた周の王に代って、これら諸侯のなかより有力なものが出て、同盟の形式を通じて、その盟主となり諸国を統制してゆくものである」と指摘している。(41)しかし、覇者政治は国際社会にあってどの程度効力を発揮したのか、あるいはそのなかで諸侯国間の外交関係の実態はどうであったのかなど、疑問も存在する。

本書ではこうした点を踏まえ、外交と国際社会の実態解明にあって、会盟政治と覇者体制、魯国をめぐる諸侯国外交を対象としている。春秋時代史研究では、個別研究の進展により、外交関係に配慮した視点も見られる。会盟儀礼や外交儀礼に基づく覇者体制や諸国間外交は、まさに国際秩序の動向に他ならないであろう。(42)本書では諸国間の儀礼そのものを問題とはせず、国際政治の現実的課題であったと見做される外交動向に焦点を当てる。会盟政治の傾向、国際社会を主導した斉桓公を中心とした斉覇、晋文公にはじまる長期の晋覇や、加えて和平会議等の画期を通じた国邑—鄙邑の支配構造の変質傾向と、そうした基層をもつ諸侯国の外交動向が如何なる様相を国際社会に表出させるかという視座に基づき考察する。会盟政治全体の傾向を確認し、覇者体制下で会盟地として選定される鄙邑の実態、魯国を中心とした朝聘・弔問・婚姻・そして国君即位の問題を選択している。さらに、外交の実態を比較的詳細に伝える二つの諸侯国について個別に考察を加える。(43)

以上の本書の視座からは、春秋時代の軍事動向と外交傾向を通して、当該社会の基層をなす国邑—鄙邑の支配構造と軍事行為、さらにそうした前提のもと覇者によってなされた国際政治と魯国をめぐる諸侯国外交の一端が、より鮮明となると考えられる。中国古代史研究での前後史—西周史・戦国史を見通す当該期についての一側面と、秦漢帝国成立史の根本問題である郡県制のいわば土壌の理解、諸侯国の権力確立に向けた軍事と外交にもとづく国際社会をめぐる視点を提供するものである。

註

(1) 中国古代史研究の動向については、江村治樹「日本における先秦史の研究動向と課題」(『名古屋大学文学部研究論集　史学』三九、一九九三年)、藤田勝久「日本における戦国史研究の動向」(『中国史学』四、一九九四年、同氏『中国古代国家と郡県社会』所収、汲古書院、二〇〇五年)等参照。

(2) 増淵龍夫『中国古代の社会と国家』(弘文堂、一九六〇年、『新版　中国古代の社会と国家』岩波書店、一九九六年)。

(3) 平勢隆郎『左伝の史料批判的研究』(汲古書院、一九九八年)。

(4) 齋藤道子「春秋後期の楚の「公」について」(『東洋史研究』四五—二、一九八六年)。

(5) 太田幸男『中国古代国家形成史論』(汲古書院、二〇〇七年)。

(6) 松本光男「中国古代の邑と民・人との関係」(『山梨大学学芸学部研究報告』三、一九五二年)、「中国古代社会に於ける分邑と宗と賦について」(『山梨大学学芸学部研究報告』四、一九五三年)等参照。

（7）　貝塚茂樹『中国古代の社会制度』（『貝塚茂樹著作集』第二巻、中央公論社、一九七七年）。
（8）　小倉芳彦『中国古代政治思想研究――『左伝』研究ノート』（青木書店、一九七〇年、『小倉芳彦著作選3』、論創社、二〇〇三年）。
（9）　増淵龍夫「春秋時代の社会と国家」（『岩波講座世界歴史4』所収、岩波書店、一九七〇年）。
（10）　杉本憲司「中国城郭成立史論――最近の発掘例を中心に」（林巳奈夫編『戦国時代出土文物の研究』所収、京都大学人文科学研究所、一九八五年）等参照。
（11）　江村治樹『春秋戦国秦漢時代出土文字資料の研究』（汲古書院、二〇〇〇年）。こうした傾向は中国で活発に展開され、李学勤『東周与秦代文明』（文物出版社、一九八四年）、『新出青銅器研究』（文物出版社、一九九〇年）などがある。
（12）　宇都木章著作集第一巻『中国古代の貴族社会と文化』（名著刊行会、二〇一一年）、宇都木章著作集第二巻『春秋戦国時代の貴族と政治』（名著刊行会、二〇一二年）。
（13）　齋藤（安倍）道子「春秋時代の楚の王権について――荘王から霊王の時代」（『史学』五〇、一九八〇年）、「楚の王位継承法と霊王・平王期」（『史学』五七―一、一九八七年）、谷口満「若敖氏事件前後――古代楚帝国の分解（その一）」（『史流』二二、一九八一年）、「同（その二）」（『史流』二三、一九八二年）等参照。
（14）　藍永蔚『春秋時期的歩兵』（中華書局、一九七九年）。
（15）　陳恩林『先秦軍事制度研究』（吉林文史出版社、一九九一年）、宋傑『先秦戦略地理研究』（首都師範大学出版社、一九九九年）。
（16）　花房卓爾「春秋時代・晋の軍制」（『広島大学文学部紀要』三八、一九七八年）、佐藤三千夫「晋の文公即位をめぐって――とくに三軍成立との関連において」（『白山史学』一一、一九七三年）等参照。
（17）　註（12）宇都木章著作集第二巻。
（18）　高木智見「春秋時代の軍礼について」（『名古屋大学東洋史研究報告』一一、一九八六年）。
（19）　湯浅邦弘『中国古代軍事思想史の研究』（研文出版、一九九九年）。
（20）　本田済『東洋思想研究』（創文社、一九七二年）、入江啓四郎『中国古典と国際法』（成文堂、一九六六年）、陳顧遠『中国国際法溯源』（台湾商務印書館、一九六七年）、洪鈞培『春秋国際公法』（中華書局、一九七一年）等参照。

(21) 吉本道雅『中国先秦史の研究』（京都大学学術出版会、二〇〇五年）。

(22) 江村治樹「春秋時代盟誓約参加者の地域的特質」（『名古屋大学東洋史研究報告』二五、二〇〇一年）、呂静『春秋時期盟誓研究』（上海古籍出版社、二〇〇七年）。

(23) 高木智見「春秋時代の血盟習俗について」（『史林』六八―六、一九八五年）、「春秋時代の聘禮について」（『東洋史研究』四七―四、一九八九年）。

(24) 裴默農『春秋戦国外交群星』（重慶出版、一九九四年）、徐傑令『春秋邦交研究』（中国社会科学出版社、二〇〇四年）、李無未『周代朝聘制度研究』（吉林人民出版社、二〇〇五年）、陳彦輝『春秋辞令研究』（中華書局、二〇〇六年）。

(25) 齋藤道子「春秋時代の婚姻――その時代的特質を求めて――」（『東海大学文明研究所紀要』一二、一九九二年）、小寺敦『先秦家族關係史料の新研究』（汲古書院、二〇〇八年）、陳篠芳『春秋婚姻礼俗与社会倫理』（巴蜀書社、二〇〇〇年）、高兵『周代婚姻形態研究』（巴蜀書社、二〇〇七年）。

(26) 註（11）江村治樹氏、前掲書。

(27) 李学勤主編『春秋史与春秋文明』（上海科学技術文献出版社、二〇〇七年）、中国国家博物館編『文物春秋戦国史』（中華書局、二〇〇九年）等参照。

(28) 陳槃『春秋大事表列国爵姓存滅表譔異（増訂本）』（中央研究院歴史言語研究所専刊五二、一九六九年）同『不見于春秋大事表之春秋方国稿』（同五九、一九七〇年）。

(29) 李学勤『東周与秦代文明』（前掲）、王献唐『春秋邾分三国・三邾疆邑図考』（斉魯書社、一九八二年）、『山東古国史』（斉魯書社、一九八三年）、逄振鎬『山東古国与姓氏』（山東人民出版社、二〇〇六年）、董楚平『呉越徐舒金文集釋』（浙江古籍出版社、一九九二年）、王斌主編『虢国墓地的発現与研究』（社会科学文献出版社、二〇〇〇年）、張昌平『曾国青銅器研究』（文物出版社、二〇〇九年）等参照。なお、青銅器の断代に関しては、『白川静著作集』別巻、金文通釋、1～7、平凡社、二〇〇四―二〇〇五年）、林巳奈夫『春秋戦国時代青銅器の研究――殷周青銅器綜覧三――』（吉川弘文館、一九八九年）、馬承源主編『商周青銅器銘文選』（文物出版社、一九八六―一九九〇年）、中国社会科学院考古研究所篇『殷周金文集成』（中華書局、一九八四―一九九四年）、劉雨・盧岩編著『近出殷周金文集録』（中華書局、二〇〇二年）がある。
(30)　註（12）宇都木章著作集前掲書第一・二巻。
(31)　鶴間和幸「中華の形成と東方世界」（『岩波講座世界歴史3』所収、岩波書店、一九九八年、同氏『秦帝国の形成と地域』所収、汲古書院、二〇一三年）参照。なお、江村治樹「古代都市社会」（『殷周秦漢時代史の基本問題』所収、汲古書院、二〇〇一年）には、「邑」研究を踏まえた整理が要領よくまとめられている。
(32)　註（23）高木智見氏、前掲論文参照。
(33)　註（31）鶴間和幸氏、前掲論文参照。
(34)　註（1）江村治樹氏、前掲論文参照。特に松井嘉徳『周代国制の研究』（汲古書院、二〇〇二年）は、県制の問題に関して春秋時代以前の存立形態を考えた。
(35)　本書での国邑―鄙邑の支配構造に関しては、楊寛「試論西周春秋間的郷遂制度和社会結構」（同氏『古史新探』所収、中華書局、一九六五年、同氏『西周史』台湾商務印書館、一九九九年）、伊藤道治「邑の構造とその支配」（同氏『中国古代王朝の形成』所収、一九七六年）などを参照し出発点としている。なお、従来から国邑を「国」と表記することが多いが、本書では領域をともなう国邑―鄙邑としての諸侯国との混同を避けるため、「国邑」という語を用いる。
(36)　註（9）増淵龍夫氏、前掲論文参照。「侯馬盟書」では邑の下に小規模の「室」が見出せ、その取得が禁止されていたという指摘がある（註（3）平勢隆郎『左伝の史料批判的研究』第三章出土史料と先秦時代――春秋戦国時代の画期（2））。「国邑―鄙邑―室」の支配構造も考慮すべき問題と考えられるが、すべて後日の課題とする。
(37)　註（14）藍永蔚氏、前掲書、註（15）陳恩林氏、前掲書、註（18）高木智見氏、前掲論文等参照。
(38)　防衛大学防衛研究所『軍事学入門』（かや書房、一九九九年）参照。
(39)　クラウゼヴィッツ（篠田英雄訳）『戦争論』上（岩波文庫、一九六八年）参照。なお、軍事全般については、この他にジョミニ（佐藤徳太郎訳）『戦争概論』（中公文庫、二〇〇一年）、ジェフリ・パーカー（大久保桂子訳）『長篠合戦の世界史――

ヨーロッパ軍事革命の衝撃1500—1800年』（同文館、一九九五年）等参照。

（40）現代社会での軍事と国際政治の研究方法は当該時代にも大きな指針を与えるが、ゴードン・A・クレイグ、アレキサンダー・L・ジョージ（大村修三ら訳）『軍事力と現代外交——歴史と理論から学ぶ』（有斐閣、一九九七年）は参考となる。なお、外交全般については、H・ニコルソン（斎藤眞・深谷満雄訳）『外交』（東京大学出版会、一九六八年）、坂野正高『現代外交の分析——情報・政策決定・外交交渉』（東京大学出版会、一九七一年）等参照。

（41）増淵龍夫「左伝の世界」（『世界の歴史3』所収、筑摩書房、一九六〇年）参照。

（42）註（21）吉本道雅氏、前掲書、註（20）入江啓四郎氏、前掲書、陳顧遠氏、前掲書、洪鈞培氏、前掲書、註（23）高木智見氏、前掲書、等参照。

（43）本書において、第一部では黄国、紀国、第二部では衛国、杞国のいわゆる小国を考察の対象として挙げている。小国については、鄭の子産の政策に関して「小国は、自国の存続をはかるためには、これらの大国のどれかと盟を結ぶことによって、それに服属し、盟主である大国から、条件として兵力提供を賦として要求され、それの行う戦いに参加を強要されて、過重なる負担を負わねばならなかったのである」（註（2）増淵龍夫氏、前掲論文）という指摘があり、端的にその存立状況が示されている。また、百瀬宏『小国——歴史にみる理念と現実』（岩波書店、一九八八年）は、小国を国際政治とりわけ大国のあり方と連続して浮き沈みが激しい存在と指摘する。当該時代の研究視座としても、こうした政治学の分野での「小国」論は重要な論点を提供すると考えられる。なお、田中彰『小国主義——日本近代を読みなおす』（岩波新書、一九九九年）は、歴史研究における小国問題を論じたものであり、注目すべき視座をもっている。拙稿「小国論の展開——春秋戦国時代の国家論——」（『勁草教育文化研究所紀要　教育文化』二、二〇〇七年）は、『論語』『左伝』から戦国諸子に至る小国論を提示したものである。

第一部　春秋時代の軍事と支配構造

第一章　軍事と支配構造

はじめに

春秋時代は国君ら支配層が居住する国邑と、その周辺に点在した鄙邑によって、一定の領域を形成する諸侯国が他国との対立抗争を展開した。「国之大事、在祀与戎」（『左伝』成公十三年）といわれるが、軍事は諸侯国の重大な関心事であり、支配基盤の確立のための現実的課題として尊重されていた。軍事的成果こそが富国強兵をめざす諸国にとって、権力掌握の到達点であり、領域拡張に直結する課題であった。しかも、諸侯国の領域内での支配構造、例えば県設置など中央集権化を進めるうえで、軍事的側面は不可欠と考えられる。

本章では春秋時代の軍事について、支配構造との関連性から総合的に考察を加える。当該時代の歴史を伝える『左伝』には多くの戦闘が記述され、「春秋無義戦」（『孟子』尽心下篇）といわれる状況が端的に示されている。しかし、ここでは、魯国の年代記として客観性を備える『春秋』経文の記事に限定し、魯国を中心とした対立抗争による軍事行動について、「滅」「入」「伐」「侵」「取」「囲」等の数値的側面から、若干の私見と見通しを提示するものである(1)。

第一節　『春秋』の軍事行動

『春秋』では各国の軍事行動について、次のような事例が見られる。

隠公二年夏五月、莒人入向、

隠公二年（十有二月）、鄭人伐衛、

隠公四年春王二月、莒人伐杞、取牟婁、

隠公五年（冬十有二月）、宋人伐鄭、囲長葛、

荘公十年二月、公侵宋、

荘公十年冬十月、斉師滅譚、譚子奔莒、

これらの「入」「伐」「取」「囲」「侵」「滅」は、軍事的相違を考慮して記述されたものと考えられる。ただし、こうした軍事行動が、例えば隠公二年では莒国が向国に「入」る、攻撃国の一方的な行使であるのに対して、以下の「戦」「次」などは諸国間の対峙戦（野戦）であった。

桓公十年冬十有二月丙午、斉侯・衛侯・鄭伯来戦于郎、

荘公十年夏六月、斉師・宋師次于郎、公敗宋師于乗丘、

このうち桓公十年は斉・衛・鄭の連合軍が魯国に至り、郎で対峙戦になったことを伝えている。

では、『春秋』の軍事行動の相違とは一体、どのような状況を考慮しているのであろうか。『左伝』の凡例は参考となる。「伐」「侵」については、

凡師、有鐘鼓曰伐、無曰侵、軽曰襲、（荘公二十九年）

とあり、鐘鼓（杜注、「声其罪」）の有無により、「襲」との比較から軍事的軽重を考慮している。さらに、『左伝』には、

凡勝国、曰滅之、獲大城焉、曰入之、（文公十五年）

とあり、最も徹底した軍事行動が「滅」であることから、(2) それと同列に議論される大城を対象とした「入」も、苛酷な事態が想定されている。また、「滅」「入」は「取」との関係にあって、『左伝』では、

凡書取、言易也、用大師焉曰滅、弗地曰入、（襄公十三年）

と定義づけられ、領土の占領における軍事的措置として差別化がなされている。

一方の対峙戦に関して、『左伝』には、

凡師、敵未陳曰敗某師、皆陳曰戦、大崩曰敗績、得儁曰克　覆而敗之曰取某師、……、（荘公十一年）

とあり、「陣」に関わる戦争形態とその結果を詳細に分類する。さらに、

凡師、一宿為舎、再宿為信、過信為次、（荘公三年）

とあり、侵攻状況に関して日毎に定義づけを行っている。こうした『左伝』の凡例は当該時代の軍事行動の相違を確かに反映しているのであろうか。経学的な整理に終始しているように思われる。なお、『公羊伝』では「侵」「伐」「戦」「囲」「入」について、

觕者侵、精者曰伐、戦不言伐、囲不言戦、入不言囲、滅不言入、書其重者也、（荘公十年）

とあり、軍事的段階の整理がなされている。(3)

以上、簡単に『春秋』の軍事行動に関する経学上の理解を概観した。これらの事例は無論、時々の事情や国際社会の動向にも配慮しなくてはならず、軍事的軽重も一律に論じられる性質のものではないであろう。ただ、なかでも

『左伝』の「凡書取、言易也、用大師焉曰滅」（襄公十三年）に関して、杜注が「雖国亦曰取、……、雖邑亦曰滅」（襄公十三年）と説明するように、国邑・鄙邑の別を意識した軍事行為の理解は、国邑―鄙邑の関係にあって重要な視点を提供すると思われる。(4) したがって、『春秋』の軍事行動を個別に検討することは、当該社会の対立抗争の実態の解明にとどまらず、国邑・鄙邑の支配構造に関わる有効な方法といえよう。節をあらためてこの点を考えてみよう。

第二節　軍事行動の特徴

『春秋』の軍事行動について、その軍事的相違を個別に検討する。「はじめに」でも指摘したとおり、魯国の年代記としての『春秋』は、詳細不明な簡潔な記述に終始し、こうした点を補足するのが『左伝』に他ならない。『左伝』には軍事行動に関する事例が多く確認できる。しかし、『左伝』の凡例を必ずしも絶対視する立場をとらない本章では、『左伝』の事例を『春秋』と同列に議論することは混乱を生じかねない。したがってここでは、『左伝』を『春秋』の解説の一つとして参照することにとどめる。

1　「滅」（滅国）

軍事的行為で最も徹底した事態を引き起こす「滅」から見てみよう。

荘公の三十二年間では次の2例が確認される。

荘公十年冬十月、斉師滅譚、譚子奔莒、

荘公十三年夏六月、斉人滅遂、

魯公の在位年数に関して「滅」の出現数を考慮することは、『春秋』に準拠する立場からすれば強ち無意味とはいえないと考えられる。そこで、『春秋』の魯公年別に見える「滅」に関して、数値とその事例を列挙してみよう。(5)

隠公0 桓公0 荘公2 閔公0 僖公7 文公3 宣公4 成公1 襄公4 昭公7 定公4 哀公0

荘公十年冬十月、斉師滅譚、譚子奔莒、
荘公十三年夏六月、斉人滅遂、
僖公二年（夏）、虞師・晋師滅下陽、
僖公五年（秋）、楚人滅弦、弦子奔黄、
僖公十年（春）、狄滅温、温子奔衛、
僖公十二年夏、楚人滅黄、
僖公十七年夏、滅項、
僖公二十五年春王正月丙午衛侯燬滅邢、
僖公二十六年秋、楚人滅夔、以夔子帰、
文公四年秋、楚人滅江、
文公五年秋、楚人滅六、
文公十六年（秋）、楚人・秦人・巴人滅庸、
宣公八年（夏）、楚人滅舒蓼、
宣公十二年冬十有二月戊寅、楚子滅蕭、
宣公十五年六月癸卯、晋師滅赤狄潞氏、以潞子嬰兒帰、
宣公十六年春王正月、晋人滅赤狄甲氏及留吁、
成公十七年（十有二月）、楚人滅舒庸、

襄公六年（秋）、莒人滅鄫、
襄公六年十有二月、斉侯滅萊、
襄公十年夏五月甲午、遂滅偪陽、
襄公二十五年（秋）、楚屈建帥師滅舒鳩、
昭公四年秋七月、楚子・蔡侯・陳侯・許男・頓子・胡子・沈子・淮夷伐呉、執斉慶封、殺之、遂滅頼、
昭公八年冬十月壬午、楚師滅陳、執陳公子招、放之于越、
昭公十一年冬十有一月丁酉、楚師滅蔡、執蔡世子有以帰、
昭公十三年（冬）、呉滅州来、
昭公十七年八月、晋荀呉帥師滅陸渾之戎、
昭公二十四年冬、呉滅巣、
昭公三十年冬十有二月、呉滅徐、徐子章羽奔楚、
定公四年夏四月庚辰、蔡公孫姓帥師滅沈、以沈子嘉帰、殺之、
定公六年春王正月癸亥、鄭游速帥師滅許、以許男斯帰、
定公十四年二月辛巳、楚公子結・陳公孫佗人帥師滅頓、以頓子牂帰、
定公十五年二月辛丑、楚子滅胡、以胡子豹帰、

閔公の二年間は別にすれば、荘公年間から定公年間まで継続して、「滅」（滅国）に至る軍事行動が展開されていた。(6) ただ、戦国時代に連続する哀公年間に、「滅」の事例が一例も見られない点は留意すべきであろう。しかし、『春秋』魯公の在位年数には長短があり、在位期間に限定した考察は一面的に過ぎると考えられる。そこで、以下では『春秋』年間を平均し、

前期八十一年間……（隠公元年～僖公十八年）

中期八十一年間……（僖公十九年～襄公十二年）

後期八十二年間……（襄公十三年～哀公十六年）

とする三期に区分して、春秋時代の大勢を把握することにしよう。

『春秋』での「滅」の出現数は三期区分によれば、【前期7・中期13・後期12】という数値を示し、前期では中・後期と比較して少ないが、中・後期にはほぼ同様な推移が認められる。(7) ところで、「滅」は『春秋』では常に諸侯国名を対象として用いられ、国邑の支配領域内の鄙邑に適用されるものは皆無である。(8) したがって、前述の「斉師滅譚、譚子奔莒」（荘公十年）や、

僖公二十六年秋、楚人滅夔、以夔子帰、

とあるように、国君が「滅」によって直接困難を被るのは、「滅」が国邑自体を目標になされた軍事行為であった点を示している。(9) 『春秋』の「滅」が鄙邑に対して適用されないのは、こうした「滅」の軍事行為としての特徴が関係していると考えられる。しかも、国邑を対象とする軍事行為が『春秋』のほぼ全期を網羅することは、当該時代の対立抗争の方向性を示している。以下で述べる種々の軍事行為は、究極的には国君ら支配層の居住する国邑を目標とした、その前段階的行動であったといえよう。

2　「入」（入城）

「入」について確認してみよう。「入」に関して『春秋』では、本章の対象となる軍事行為の他に軍事色を全面に出さない事例が存在する。その代表として以下のものが確認できる。

A　桓公十五年（五月）、許叔入于許、

B　桓公十五年秋九月、鄭伯突入于櫟、

C　襄公二十六年（春）、衛孫林父入于戚以叛、

Aは『左伝』には「鄭伯使許大夫百里奉許叔以居許東偏」（隠公十一年）とあり、許君の国邑への入城と考えられる。

Bは同年『春秋』に、

　五月、鄭伯突出奔蔡、

とあり、鄭の内乱に関係した鄭国領域内の鄙邑の櫟（杜注、「櫟、鄭別都也」）への入城を記すものである。Cについては『左伝』では「孫林父以戚如晋、書曰入于戚以叛、罪孫氏也」とあり、国君に対する鄙邑での離反に「入」が用いられている。こうした非軍事的「入」は、『春秋』の「入」の総計51中22事例[10]見出せ、軽視できない傾向であり、軍事的「入」の用例と本質的に関わる問題を内在すると考えられる。しかも、非軍事的「入」は、春秋各国の内乱に関係するものが多い点は留意すべきであろう。『春秋』の前・中・後期でのこうした「入」の数値は、【前期5・中期0・後期17】を示し、当該時代後期での諸侯国の政治的変質を表わしている。

軍事行為「入」に関しては、

　成公九年（冬十有一月）、楚公子嬰斉帥師伐莒、庚申、莒潰、楚人入鄆、

成公十八年夏、楚子・鄭伯伐宋、宋魯石復入于彭城、
襄公十二年（春王正月）、季孫宿帥師救台、遂入鄆、

がある。これらの「入」は、各国の領域に点在する鄙邑を対象として適用され、『春秋』ではこの3例のみである。この他の「入」は、

荘公十四年秋七月、荊入蔡、
閔公二年十有二月、狄入衛、

など、諸侯国名を対象としている。なかでも、

文公十五年（六月）、晋郤缺帥師伐蔡、戊申、入蔡、

とあり、「入」が後述する「伐」と同様に「蔡」という諸侯国名に用いられ、自ら前者と後者の「蔡」の相違を留意した記録である。これは、

文公十五年（十有二月）、斉侯、……、遂伐曹、入其郛、

という、「伐」…「入」と実質的に同様で、国邑の支配する領域を「伐」ち、その後、国邑へ「入」る点を示すものと考えられる。したがって、国邑を対象にした「入」は、

定公四年（冬十有一月）、庚辰、呉入郢、

とあるように、呉・楚の戦いで呉が楚の国邑の郢へ「入」ったことと同様の事情を備えているといえる。「入」の国邑への軍事行動向は、

哀公八年春王正月、宋公入曹、以曹伯陽帰、

とあり、国君の連れ去りをもたらすこともあった[(11)]。いずれにせよ、「入」（入城）は国邑を明確に意識した軍事行為と

考えられる。

『春秋』の魯公年別に見える「入」に関して、数値とその事例を列挙してみよう。

隠公6　桓公1　荘公2　閔公1　僖公4　文公3　宣公1　成公3　襄公2　昭公1　定公2　哀公3

隠公二年夏五月、莒人入向、
隠公二年（夏）、無駭帥師入極、
隠公五年秋、衛師入郕、
隠公十年秋、宋人・衛人入鄭、
隠公十年冬十月壬午、斉人・鄭人入郕、
隠公十一年秋七月壬午、公及斉侯・鄭伯入許、
桓公二年九月、入杞、
荘公六年夏六月、衛侯朔入于衛、
荘公十四年秋七月、荆入蔡、
閔公二年十有二月、狄入衛、
僖公二十年（五月）、鄭人入滑、
僖公二十七年（秋八月）乙巳、公子遂帥師入杞、
僖公二十八年三月丙午、晋侯入曹、執曹伯、畀宋人、
僖公三十三年春王正月、秦人入滑、
文公五年（夏）、秦人入鄀、

文公十五年（六月）、晋郤缺帥師伐蔡、戊申、入蔡、
文公十五年（十有二月）、斉侯侵我西鄙、遂伐曹、入其郛、
宣公十一年（冬十月）丁亥、楚子入陳、納公孫寧・儀行父于陳
成公七年（秋）、呉入州来、
成公九年（冬十有一月）、楚人入鄆、
成公十八年夏、楚子・鄭伯伐宋、宋魚石復入于彭城、
襄公十二年（春）、季孫宿帥師救台、遂入鄆、
襄公二十五年六月壬子、鄭公孫舎之帥師入陳、
昭公十八年六月、邾人入鄅、
定公四年（冬十有一月）庚辰、呉入郢
定公五年（夏）、於越入呉、
哀公七年八月己酉、入邾、以邾子益来、
哀公八年春王正月、宋公入曹、以曹伯陽帰、
哀公十三年（夏）、於越入呉、

隠公年間は他にくらべて多く、僖公年間の4例も目立っている。『春秋』の前・中・後期別に数値を挙げれば、それぞれ、**【前期10・中期12・後期7】**となる。しかし、中期には鄙邑を対象とする「入」が3事例含まれ、国邑を対象

とする「入」に限定すれば、【前期10・後期9・後期7】と減少しているが、ほぼ平均して当該時代に見られる。国邑攻撃で出現する「滅」と同様、当該時代に亘る国邑をめぐる対立抗争を象徴している。ただし、このなかで内乱に関係した非軍事的「入」が後期に頻出することは、併せて注意すべき国邑の情勢と考えられる。

3　「伐」（攻伐）

「伐」について考えてみよう。「伐」は『春秋』で最も頻出することから、当該時代の代表的軍事行動といえよう。『春秋』では「伐」は、

隠公五年（冬十有二月）、宋人伐鄭、囲長葛、

僖公六年夏、公会斉侯・宋公・陳公・衛公・曹伯伐鄭、囲新城、

などとあり、「伐」…「囲」のなかに見られ、鄙邑への軍事行為の前提として諸侯国名に適用されている。したがって、国邑の支配領域、すなわち国境に攻撃を加えることが「伐」と記録されたものと考えられる。これに対して『春秋』では、

隠公五年（九月）、邾人・鄭人伐宋、

とあり、諸侯国名のみを対象とする「伐」が確認され、諸侯国名の実態は明らかではない。『左伝』には「伐宋、入其郛」（杜注「郛、郭也」）とあり、「伐」の対象の諸侯国名は、国邑の支配領域を指している。「伐」（攻伐）は国境への軍事行為と規定できよう。

ところで、「伐」は、

隠公七年（冬）、戎伐凡伯于楚丘、以帰、

とあり、「凡伯」（杜注「周卿士」）を対象にした、鄙邑の楚丘（杜注「衛地」）での軍事に用いられている。この記事の焦点が鄙邑であれば、「伐」が鄙邑を対象に適用されていたことになる。『春秋』では実際に魯に対して、

文公十四年（春）、邾人伐我南鄙、

とあり、「伐」「我」方位「鄙」という書式が見られ、鄙邑を対象とした軍事行為「伐」が確認できる。ただ、このような記載法は『春秋』では魯国以外には見られず、魯に限定した特殊な事例と考えられる。さらに、

襄公十二年春王二月、莒人伐我東鄙、囲台、

とあり、鄙邑を目標とする「囲」の前提に「伐」が記録され、「我」方位「鄙」は、国邑の支配領域、すなわち国境を具体的に表示している。魯国の年代記としての『春秋』では、「伐」の対象がより詳細に把握でき、方位を正確に記す「伐」方位「鄙」の記事となったものと考えられよう。したがって、他国の「凡伯」の事例は、鄙邑を対象とする「伐」とは必ずしもいえないであろう（杜注「戎鳴鐘鼓以伐天子之使」）。いずれにしても、鄙邑によって国境を表示する視点は、当該時代の国境観と関わり、注意を要する問題である。(12)

『春秋』の魯公年別に見える「伐」に関して、数値とその事例を列挙してみよう。

隠公11　桓公7　荘公17　閔公0　僖公32　文公18　宣公25　成公21　襄公43　昭公13　定公7　哀公25

隠公二年（十有二月）、鄭人伐衛、
隠公四年春王二月、莒人伐杞、取牟婁、
隠公四年（夏）、宋公・陳侯・蔡人・衛人伐衛、
隠公四年秋、翬帥師会宋公・陳侯・蔡人・衛人伐鄭、
隠公五年（九月）、邾人・鄭人伐宋、
隠公五年（冬十有二月）、宋人伐鄭、囲長葛、
隠公七年秋、公伐邾、
隠公七年冬、天王使凡伯来聘、戎伐凡伯于楚丘以帰、
隠公十年夏、翬帥師会斉人・鄭人伐宋、
隠公十年秋、宋人・衛人入鄭、宋人・蔡人・衛人伐戴、鄭伯伐取之、
桓公五年秋、蔡人・衛人・陳人従王伐鄭、

桓公八年秋、伐邾、
桓公十二年十有二月、及鄭師伐宋、丁未、戦于宋、
桓公十四年（冬十有二月）、宋人以斉人・蔡人・衛人・陳人伐鄭、
桓公十五年冬十有一月、公会宋公・衛侯・陳侯于袲、伐鄭、
桓公十六年夏四月、公会宋公・衛侯・陳侯・蔡侯伐鄭、
桓公十七年（秋）、及宋人・衛人伐邾、
荘公二年夏、公子慶父帥師伐於餘丘、
荘公三年春王正月、溺会斉師伐衛、
荘公五年冬、公会斉人・宋人・陳人・蔡人伐衛、
荘公九年夏、公伐斉、納子糾、斉小伯入于斉、
荘公十四年春、斉人・陳人・曹人伐宋、
荘公十四年夏、単伯会伐宋、
荘公十五年秋、宋人・斉人・邾人伐郳、
荘公十六年夏、宋人・斉人・衛人伐鄭、
荘公十六年秋、荆伐鄭、
荘公十九年冬、斉人・宋人・陳人伐我西鄙、
荘公二十年冬、斉人伐戎、
荘公二十六年春、公伐戎、
荘公二十六年秋、公会宋人・斉人伐徐、
荘公二十八年春、王三月甲寅、斉人伐衛、衛人及斉人戦、衛人敗績、
荘公二十八年秋、荆伐鄭、公会斉人・宋人救鄭、
荘公三十年（冬）、斉人伐山戎、
荘公三十二年（冬）、狄伐邢、
僖公元年（秋七月）、楚人伐鄭、
僖公三年（冬）、楚人伐鄭、
僖公四年春王正月、公会斉侯・宋公・陳侯・衛侯・鄭伯・許男・曹伯侵蔡、蔡潰、遂伐楚、次于陘、
僖公四年秋、及江人・黄人伐陳、
僖公六年夏、公会斉侯・宋公・陳侯・衛侯・曹伯伐鄭、囲新城
僖公七年春、斉人伐鄭、
僖公八年夏、狄伐晋、
僖公十年夏、斉侯・許男伐北戎、
僖公十一年冬、楚人伐黄、
僖公十五年（春王正月）、楚人伐徐、
僖公十五年秋七月、斉師・曹師伐厲、
僖公十五年冬、宋人伐曹、
僖公十七年春、斉人・徐人伐英氏、
僖公十八年春王正月、宋公・曹伯・衛人・邾人伐斉、
僖公十八年冬、邢人・狄人伐衛、
僖公十九年（秋）、衛人伐邢、
僖公二十年（冬）、楚人伐随、

僖公二十一年秋、宋公・楚子・陳侯・蔡侯・鄭伯、許男・曹伯
　会于盂、執宋公以伐宋、
僖公二十一年冬、公伐邾、
僖公二十二年春、公伐邾、取須句、
僖公二十二年夏、宋公・衛侯・許男・滕子伐鄭、
僖公二十三年春、斉侯伐宋、囲緡、
僖公二十三年秋、楚人伐陳、
僖公二十四年夏、狄伐鄭、
僖公二十六年夏、斉人伐我北鄙、
僖公二十六年（夏）、衛人伐斉、
僖公二十六年冬、楚人伐宋、囲緡、公以楚師伐斉、取穀、
僖公二十八年春、晋侯侵曹、晋侯伐衛、
僖公三十三年（夏）、公伐邾、取訾婁、
僖公三十三年秋、公子遂帥師伐邾、
僖公三十三年（冬十有二月）、晋人・陳人・鄭人伐許、
文公元年（夏）、晋侯伐衛、
文公元年（夏）、衛人伐晋、
文公二年冬、晋人・宋人・陳人・鄭人伐秦、
文公三年春王正月、叔孫得臣会晋人・宋人・陳人・衛人・鄭人
　伐沈、沈潰、
文公三年（夏）、秦人伐晋、

文公三年（冬）、晋陽処父帥師伐楚以救江、
文公四年（秋）、晋侯伐秦、
文公七年春、公伐邾、
文公七年冬、徐伐莒、
文公九年（三月）、楚人伐鄭、
文公十年夏、秦伐晋、
文公十一年春、楚子伐麇、
文公十四年（春）、邾人伐我南鄙、叔彭生帥師伐邾、
文公十五年（六月）、晋郤缺帥師伐蔡、戊申、入蔡、
文公十五年（十有二月）、斉侯侵我西鄙、遂伐曹、入其郛、
文公十七年春、晋人・衛人・陳人・鄭人伐宋、
文公十七年（夏）、斉侯伐我西鄙、
宣公元年（秋）、宋公・陳侯・衛侯・曹伯会晋師于棐林、伐鄭、
宣公元年（冬）、晋人・宋人伐鄭、
宣公二年（春）、秦師伐晋、
宣公三年（春）、楚子伐陸渾之戎、
宣公四年春王正月、公及斉侯平莒及郯、莒人不肯、公伐莒、取向
宣公四年冬、楚子伐鄭、
宣公五年（冬）、楚人伐鄭、
宣公七年夏、公会斉侯伐萊、
宣公八年（夏）、晋師・白狄伐秦、

宣公八年（冬）、楚師伐陳、
宣公九年（夏）、斉侯伐莱、
宣公九年（九月）、晋荀林父帥師伐陳、
宣公九年（冬）、楚子伐鄭、
宣公十年六月、宋師伐滕、
宣公十年（六月）、晋人・宋人・衛人・曹人伐鄭、
宣公十年（秋）、公孫帰父帥師伐邾、取繹、
宣公十年（冬）、楚子伐鄭、
宣公十一年（夏）、公孫帰父会斉人伐莒、
宣公十二年（冬十有二月）、宋師伐陳、衛人救陳、
宣公十三年春、斉師伐莒、
宣公十三年夏、楚子伐宋、
宣公十四年（夏）、晋侯伐鄭、
宣公十五年（六月）、秦人伐晋、
宣公十八年春、晋侯・衛世子臧伐斉、
宣公十八年（春）、公伐杞、
成公二年春、斉侯伐我北鄙、
成公三年春王正月、公会晋侯・宋公・衛侯・曹伯伐鄭、
成公三年（夏）、鄭公子去疾帥師伐許、
成公三年（秋）、晋郤克・衛孫良夫伐廧咎如、
成公三年（冬）、鄭伐許、
成公四年（冬）、鄭伯伐許、
成公六年（秋）、楚公子嬰斉帥師伐鄭、
成公七年（春）、呉伐郯、
成公七年秋、楚公子嬰斉帥師伐鄭、
成公八年（冬）、叔孫僑如会晋士燮・斉人・邾人伐郯、
成公九年（秋）、晋欒書帥師伐鄭、
成公九年（冬）、楚公子嬰斉帥師伐莒、
成公九年（冬）、秦人・白狄伐晋、
成公十年五月、公会晋侯・斉侯・宋公・衛侯・曹伯伐鄭、
成公十三年夏五月、公自京師、遂会晋侯・斉侯・宋公・衛侯・鄭伯・曹伯・邾人・滕人伐秦、
成公十四年（秋）、鄭公子喜帥師伐許、
成公十五年（夏）、楚子伐鄭、
成公十六年（秋）、公会尹子・晋侯・斉国佐・邾人伐鄭、
成公十七年夏、公会尹子・単子・晋侯・斉侯・宋公・衛侯・曹伯・邾人伐鄭、
成公十七年冬、公会単子・晋侯・宋公・衛侯・曹伯・斉人・邾人伐鄭、
成公十八年夏、楚子・鄭伯伐宋、宋魚石復入于彭城、
襄公元年夏、晋韓厥帥師伐鄭、
襄公二年（春）、鄭師伐宋、

襄公三年春、楚公子嬰斉帥師伐呉、
襄公三年冬、晋荀罃帥師伐許、
襄公五年（冬）、楚公子貞帥師伐陳、
襄公八年（夏）、莒人伐我東鄙、
襄公八年冬、楚公子貞帥師伐鄭、
襄公九年冬、公会晋侯・宋公・衛侯・曹伯・莒子・邾子・滕子・
　薛伯・杞伯・小邾子・斉世光伐鄭、
襄公九年（冬）、楚子伐鄭、
襄公十年（夏）、楚公子貞・鄭公孫輒帥師伐宋、
襄公十年（夏）、晋師伐秦、
襄公十年秋、莒人伐我東鄙、
襄公十年（秋）、公会晋侯・宋公・衛侯・曹伯・莒子・邾子・
　斉世子光・滕子・薛伯・杞伯・小邾子伐鄭、
襄公十一年（夏）、公会晋侯・宋公・衛侯・曹伯・斉世子光・
　莒子・邾子・滕子・薛伯・杞伯・小邾子伐鄭、
襄公十一年（秋）、楚子・鄭伯伐宋、
襄公十一年（秋）、公会晋侯・宋公・衛侯・曹伯・斉世子光・
　莒子・邾子・滕子・薛伯・杞伯・小邾子伐鄭、会於蕭魚、
襄公十一年冬、秦人伐晋、
襄公十二年春王二月、莒人伐我東鄙、囲台、
襄公十四年夏四月、叔孫豹会晋荀偃・斉人・宋人・衛北宮括・
　鄭公孫蠆・曹人・莒人・邾人・滕人・薛人・杞人・小邾人伐秦、
襄公十四年秋、楚公子貞帥師伐呉、
襄公十五年夏、斉侯伐我北鄙、囲成、
襄公十五年（秋）、邾人伐我南鄙、
襄公十六年（春）、斉侯伐我北鄙、
襄公十六年（五月）、叔老会鄭伯・晋荀偃・衛甯殖・宋人伐許、
襄公十六年秋、斉侯伐我北鄙、囲成、
襄公十七年（春）、宋人伐陳、
襄公十七年夏、衛石買帥師伐曹、
襄公十七年秋、斉侯伐我北鄙、囲桃、高厚帥師伐我北鄙、囲防
襄公十七年冬、邾人伐我南鄙、
襄公十八年秋、斉師伐我北鄙、
襄公十八年（冬）、楚公子午帥師伐鄭、
襄公十九年夏、衛孫林父帥師伐斉、
襄公二十年（秋）、仲孫速帥師伐邾、
襄公二十三年秋、斉侯伐衛、遂伐晋、
襄公二十四年夏、楚子伐呉、
襄公二十四年（秋七月）、斉崔杼帥師伐莒、
襄公二十四年冬、楚子・蔡侯・陳侯・許男伐鄭、
襄公二十五年春、斉崔杼帥師伐我北鄙、
襄公二十五年冬、鄭公孫夏帥師伐陳、

襄公二十五年十有二月、呉子遏伐楚、門于巣、
襄公二十六年冬、楚子・蔡侯・陳侯伐鄭、
昭公四年秋七月、楚子・蔡侯・陳侯・許男・頓子・胡子・沈子・
　淮夷伐呉、執斉慶封、殺之、
昭公五年冬、楚子・蔡侯・陳侯・許男・頓子・沈子・徐人・越
　人伐呉、
昭公六年（秋）、楚薳罷帥師伐呉、
昭公六年（冬）、斉侯伐北燕、
昭公十年秋七月、季孫意如・叔弓・仲孫貜帥師伐莒、
昭公十二年（冬）、楚子伐徐、
昭公十二年（冬）、晋伐鮮虞、
昭公十五年秋、晋荀呉帥師伐鮮虞、
昭公十六年春、斉侯伐徐、
昭公十九年春、宋公伐邾、
昭公十九年秋、斉高発帥師伐莒、
昭公二十二年春、斉侯伐莒、
昭公三十二年夏、呉伐越、
定公二年秋、楚人伐呉、
定公四年（秋）、晋士鞅・衛孔圉帥師伐鮮虞、
定公七年（秋）、斉国夏帥師伐我西鄙、
定公八年夏、斉国夏帥師伐我西鄙、

定公十二年（夏）、衛公孟彄帥師伐曹、
定公十三年（夏）、衛公孟彄帥師伐曹、
定公十五年（夏）、鄭罕達帥師伐宋、
哀公元年秋、斉侯・衛侯伐晋、
哀公元年冬、仲孫何忌帥師伐邾、
哀公二年春王二月、季孫斯・叔孫州仇・仲孫何忌帥師伐邾、取
　漷東田及沂西田、
哀公三年（五月）、宋楽髠帥師伐曹、
哀公五年夏、斉侯伐宋、
哀公五年（夏）、晋趙鞅帥師伐衛、
哀公六年（春）、晋趙鞅帥師伐鮮虞、
哀公六年（春）、呉伐陳、
哀公六年冬、仲孫何忌帥師伐邾、
哀公六年（冬）、宋向巣帥師伐曹、
哀公七年秋、公伐邾、八月己酉、入邾、以邾子益来、
哀公八年（春）、呉伐我、
哀公九年夏、楚人伐陳、
哀公九年秋、宋公伐鄭、
哀公十年（春王二月）、公会呉伐斉、
哀公十年夏、宋人伐鄭、
哀公十年冬、楚公子結帥師伐陳、

哀公十一年春、斉国書帥師伐我、
哀公十一年五月、公会呉伐斉、斉国書帥師及呉戦于艾陵、斉師敗績、獲斉国書、
哀公十二年（秋）、宋向巣帥師伐鄭、
哀公十三年（夏）、楚公子申帥師伐陳、
哀公十四年秋、晋趙鞅帥師伐衛、
哀公十五年（夏）、鄭伯伐宋、
哀公十五年（秋）、晋趙鞅帥師伐衛、
哀公十五年冬、晋侯伐鄭、

閔公年間の二年間は別として、「伐」は当該時代を網羅する軍事的行為であった点が認められる。これに対して襄公年間から昭公年間の数値の変化は、ともに三十数年の年数からすれば、減少傾向にあるといえよう。『春秋』の前・中・後期で比較してみると、数値は【前期40・中期99・後期69】を示す。春秋中期における増加が認められ、それにくらべ後期ははっきりと減少傾向を示している。

以上の「伐」（攻伐）の春秋中期にいったん増加し、後期に減少する傾向は、「伐」が『春秋』で頻出する軍事行動であることからすれば、当該時代の大勢を示すものと考えられる。「伐」の数値上の傾向は、当該時代の諸侯国間の対外戦略が、中期の増加から後期の減少へと変質する状況を伝え、同時に国際社会での何らかの事情の存在を暗示している。

4　「侵」（侵攻）

「侵」は『春秋』では、

荘公十年二月、公侵宋、

とあり、諸侯国名を対象に用いられるものと、「伐」と同じように、

文公七年（夏）、狄侵我西鄙、
襄公十四年（夏）、莒人侵我東鄙、

など、「我」方位「鄙」を対象とするものに分けられる。諸侯国名を対象とする事例には、

僖公四年春王正月、公会斉侯・宋公・陳侯・衛侯・鄭伯・許男・曹伯侵蔡、蔡潰、遂伐楚、次于陘、
襄公八年（夏）、鄭人侵蔡、獲蔡公子燮、
襄公十九年（秋七月）、晋士匄帥師侵斉、至穀、

などがあり、「蔡潰」「獲蔡公子燮」から国邑を対象とした可能性が窺える。しかし、とあり、「侵」…「至」が見られ、「侵」は鄙邑へ「至」る前提と考えられ、「侵」（侵攻）が「伐」と同様、国邑の支配領域——国境への軍事行為を表わすといえよう。僖公四年の「蔡」を対象とする「侵」と「潰」、襄公八年の「蔡」を対象とする「侵」と「獲蔡公子燮」の間には、軍事行為上の省略があると思われる。

ところで、この「伐」と「侵」の国境をめぐる軍事行為に関しては、

僖公二十八年春、晋侯侵曹、晋侯伐衛、

とあり、同一主謀国の行為が対象国別に「侵」「伐」と区別され、二つが全く同様の軍事行為ではなかった点が考えられる。また、方位「鄙」の書式は、「伐」「侵」の軍事行為に限定して見られるが、「伐」ではその後に鄙邑に対する「囲」（攻囲）という軍事行為を記録し、一方「侵」には確認できない。「伐」と「侵」の軍事行動での本質的な相違が窺える。したがって、「侵」は「伐」と同様に国境に対する攻撃であっても、「伐」のように「囲」に至らない、鄙邑に直接関与しない軍事行動と考えられる。(13)

『春秋』の魯公年別に見える「侵」に関して、数値とその事例を列挙してみよう。

隠公0　桓公0　荘公4　閔公0　僖公12　文公8　宣公8　成公8　襄公8　昭公0　定公8　哀公4

荘公十年二月、公侵宋、
荘公十五年（秋）、鄭人侵宋、
荘公二十四年冬、戎侵曹、
荘公二十九年夏、鄭人侵許、
僖公二年（冬）、楚人侵鄭、
僖公四年春王正月、公会斉侯・宋公・陳侯・衛侯・鄭伯・許男・曹伯侵蔡、蔡潰、遂伐楚、次于陘、
僖公四年冬十有二月、公孫茲帥師会斉人・宋人・衛人・鄭人・許人・曹人侵陳、
僖公十三年春、狄侵衛、
僖公十四年（秋）、狄侵鄭、
僖公二十一年春、狄侵衛、
僖公二十六年（春）、斉人侵我西鄙、公追斉師、至酅、弗及、
僖公二十八年春、晋侯侵曹、晋侯伐衛、
僖公三十年夏、狄侵斉、
僖公三十年（秋）、介人侵蕭、
僖公三十二年（夏）、衛人侵狄、
僖公三十三年（夏）、狄侵斉、
文公四年（夏）、狄侵斉、
文公七年（夏）、狄侵我西鄙、

文公九年夏、狄侵斉、
文公十年冬、狄侵宋、
文公十一年（秋）、狄侵斉、
文公十三年（冬）、狄侵衛、
文公十五年秋、斉人侵我西鄙、
文公十五年（十有二月）、斉侯侵我西鄙、遂伐曹、入其郛、
宣公元年（秋）、楚子・鄭人侵陳、遂侵宋、
宣公元年冬、晋趙穿帥師侵崇、
宣公二年夏、晋人・宋人・衛人・陳人侵鄭、
宣公三年夏、楚人侵鄭、
宣公三年秋、赤狄侵斉、
宣公四年（夏）、赤狄侵斉、
宣公六年春、晋趙盾・衛孫免侵陳、
成公二年冬、楚師・鄭師侵衛、
成公六年（二月）、衛孫良夫帥師侵宋、
成公六年秋、仲孫蔑・叔孫僑如帥師侵宋、
成公八年（春）、晋欒書帥師侵蔡、
成公十年春、衛侯之弟黒背帥師侵鄭、
成公十六年（夏四月）、鄭公子喜帥師侵宋、
成公十七年春、衛北宮括帥師侵鄭、

成公十八年冬、楚人・鄭人侵宋、
襄公元年秋、楚公子壬夫帥師侵宋、
襄公二年（六月）、晋師・宋師・衛甯殖侵鄭、
襄公八年（夏）、鄭人侵蔡、獲蔡公子燮、
襄公十一年（夏四月）、鄭公孫舍之帥師侵宋、
襄公十二年冬、楚公子貞帥師侵宋、
襄公十四年（夏）、莒人侵我東鄙、
襄公十九年（秋七月）、晋士匄帥師侵斉、至穀、聞斉侯卒、乃還、
襄公二十四年（春）、仲孫羯帥師侵斉、
定公四年三月、公会劉子・晋侯・宋公・蔡侯・衛侯・陳子・鄭伯・許男・曹伯・莒子・邾子・頓子・胡子・滕子・薛伯・杞伯・小邾子・斉国夏于召陵、侵楚、
定公六年二月、公侵鄭、
定公七年（秋）、斉人執衛行人北宮結以侵衛、
定公八年春王正月、公侵斉、
定公八年二月、公侵斉、
定公八年（秋七月）、晋士鞅帥師侵鄭、遂侵衛、
定公八年（九月）、季孫斯・仲孫何忌帥師侵衛、
哀公七年春、宋皇瑗帥師侵鄭、
哀公七年（春）、晋魏曼多帥師侵衛、
哀公十年（夏）、晋趙鞅帥師侵斉、
哀公十三年（秋）、晋魏曼多帥師侵衛、

閔公年間は別として、荘公年間から継続して「侵」の事例が確認でき、襄公年間までほぼ平均して推移するが、昭公年間に一例も見られない点は特異である。一方、『春秋』の前・中・後期での数値を比較してみると、【前期9・中期36・後期15】となるが、中期の増加と後期の減少傾向が認められる。こうした数値上の推移は、「伐」と同様であり、「伐」「侵」の国境を対象とした軍事行為としての同質性をあらためて示唆する。「侵」（侵攻）は当該時代の対立抗争をめぐる事情を反映していると考えられる。

5　「取」（占領）

「取」について確認する。

隠公十年秋、宋人・衛人入鄭、宋人・蔡人・衛人伐戴、鄭伯伐取之、

僖公三年（夏四月）、徐人取舒、

などがあり、「取」が諸侯国名を対象に用いられているが、[14]国名の実態については判然としない。ただ、「伐取」と見え、前述の『左伝』凡例（襄公十三年）では「取」が国邑に関して出現する「滅」と同列に論じられることから、「取」の対象となる国名も国邑と考えられる。なお、『春秋』で確認される国名対象の「取」は小国・附庸国に限定されるが、「取」（占領）の軍事性質上の限界と関連するものという（『左伝』「凡克邑、不用師徒曰取」（昭公四年））。[15]また、

隠公四年（春王二月）、莒人伐杞、取牟婁、

僖公二十二年春、公伐邾、取須句、

とあり、国境攻撃の「伐」を経て、「取」が鄙邑へ向けられている。さらに、

昭公元年三月、取鄆、

とあり、「取」が直接鄙邑を対象に用いられるが、こうした事例はすべて魯国と関係しており、[16]魯独自の特徴と考えられる。「伐」…「取」の省略記事といえよう。いずれにしても「取」の対象が鄙邑である事例が確認できる。これに対して、

僖公三十一年春、取済西田、

成公二年（八月）、取汶陽田、

とあり、鄙邑の「田」に「取」が用いられるが、

哀公二年春王二月、季孫斯・叔孫州仇・仲孫何忌帥師伐邾、取漷東田及沂西田、

とあるように、「伐」…「取」が正式であったと考えられる。こうした記事は魯国関係に限定して見られる。ただ、

「取」が非国邑としての「田」に用いられるのは、鄙邑への軍事行動との関連で位置づけられよう。さらに、

　襄公十九年（春）、取邾田、自縦水、

とあり、「取」が国名「田」を対象に用いられるが、『左伝』では「疆我田、取邾田、自漷水帰之于我」とあり、非国邑領域への国境画定と伝えることから、「取」は鄙邑への行為と考えられる。

『春秋』の魯公年別に見える「取」に関して、数値とその事例を列挙してみよう。

隠公5　桓公0　荘公0　閔公0　僖公5　文公1　宣公4　成公2　襄公2　昭公4　定公0　哀公4

隠公四年春王二月、莒人伐杞、取牟婁、
隠公六年冬、宋人取長葛、
隠公十年六月壬戌、公敗宋師于菅、辛未、取郜、辛巳、取防、
隠公十年秋、宋人・衛人入鄭、宋人・蔡人・衛人伐戴、鄭伯伐
　取之、
僖公三年（夏）、徐人取舒、
僖公二十二年春、公伐邾、取須句、
僖公二十六年冬、楚人伐宋、囲緡、公以楚師伐斉、取穀、
僖公三十一年春、取濟西田、
僖公三十三年（夏）、公伐邾、取訾婁、
文公七年春、公伐邾、三月甲戌、取須句、
宣公元年六月、斉人取濟西田、
宣公四年春王正月、公及斉侯平莒及郯、莒人不肯、公伐莒、取向、
宣公九年秋、取根牟、
宣公十年（秋）、公孫帰父帥師伐邾、取繹、
成公二年（八月）、取汶陽田、
成公六年（二月）、取鄟、
襄公十三年夏、取邿、
襄公十九年（春）、取邾田、自漷水、
昭公元年三月、取鄆、
昭公四年九月、取鄫、
昭公二十五年十有二月、斉侯取鄆、
昭公三十二年（春）、取闞、
哀公二年春二月、季孫斯・叔孫州仇・仲孫何忌帥師伐邾、取漷
　東田及沂西田、
哀公八年夏、斉人取讙及闡、
哀公九年（春）、宋皇瑗帥師取鄭師于雍丘、
哀公十三年春、鄭罕達帥師取宋師于嵒、

隠公年間の5例を経て、おもに僖公年間から継続して「取」が出現し、定公年間でいったん断絶するが、再び哀公年間に確認される。これを『春秋』前・中・後期で比較してみると、【前期6・中期11・後期10】の数値を示し、全体として中・後期と増加傾向が窺える。このなかで国邑を対象とする「取」を抽出すれば、【前期2・中期2・後期1】という数値を示し、絶対数からは国邑を対象とした「取」の特殊性が指摘できよう。また、鄙邑を対象とする「取」は、【前期4・中期6・後期7】の数値を示す。前述の「田」に向けられる「取」を加えると、【前期4・中期9・後期9】となり、中・後期の増加が一段と顕著となる。

以上から「取」（占領）は他の軍事行為にくらべ絶対数が少ないが、鄙邑を対象とする「取」の『春秋』中期・後期の増加は留意すべきであろう。というのも、国邑への「取」は一般的ではないが、鄙邑を対象とする「取」との間に、当該時代を通じて「取」の対象が国邑から鄙邑へと変質した、と考えられるからである。『春秋』中期を分岐点として軍事上ないしは社会上にあって、国邑から鄙邑へと視点を転換させる何らかの事情が存在したといえよう。

6　「囲」（攻囲）

「囲」について確認しよう。

僖公六年秋、楚人囲許、諸侯遂救許、

とあり、直接諸侯国名が「囲」の対象として記録されている。国名の実態は判然としないが、「諸侯遂救許」から「囲」（攻囲）が切迫した事態を生じさせたのは確かであろう。

僖公二十七年冬、楚人・陳侯・蔡侯・鄭伯・許男囲宋、

とあり、『左伝』では「宋公孫固如晋告急」と伝えることから、国名が一般に国邑を指示していた可能性が高い。ま

た、凡例では何休注に「以兵守城曰囲」（『公羊伝』荘公十年）とあり、「囲」が「城」（入城）を意識した行為とするが、「囲」の対象が国邑であった点を前提とする解釈といえよう。

　これに対して鄙邑を対象に「囲」が用いられる事例がある。

　僖公六年夏、公会斉侯・宋公・陳侯・衛侯・曹伯伐鄭、囲新城、

とあり、国境攻撃「伐」（攻伐）を経て、鄙邑が「囲」まれている。さらに、

　成公三年秋、叔孫僑如帥師囲棘、

とあり、鄙邑を直接対象とする「囲」が見えるが、『左氏会箋』に「此囲内邑之始也」というように、魯の国内問題を発端としている。こうした直接鄙邑に対する「囲」は、『春秋』では8例確認できるが、すべて国内問題に関連し、しかも、

　（春）、晋人囲郊、（昭公二十三年）

　春、斉国夏・衛石曼姑帥師囲戚、（哀公三年）

とある以外、全て魯国に関係するものである。(17) この2事例は、『春秋』の記述上の「伐」…「囲」などの省略と考えられる。

『春秋』の魯公年別に見える「囲」に関して、数値とその事例を列挙してみよう。

隠公1　桓公0　荘公1　閔公0　僖公11　文公2　宣公4　成公2　襄公9　昭公4　定公7　哀公4

隠公五年（冬十有二月）、宋人伐鄭、囲長葛、
荘公八年夏、師及斉師囲郕、郕降于斉師、
僖公六年夏、公会斉侯・宋公・陳侯・衛侯・曹伯伐鄭、囲新城、
僖公六年秋、楚人囲許、諸侯遂救許、
僖公十九年秋、宋人囲曹、
僖公二十三年春、斉侯伐宋、囲緡、

僖公二十五年秋、楚人囲陳、納頓子于頓、
僖公二十六年冬、楚人伐宋、囲緡、
僖公二十七年冬、楚人・陳侯・蔡侯・鄭伯・許男囲宋、
僖公二十八年（冬）、諸侯遂囲許、
僖公二十八年（冬）、曹伯襄復帰于曹、遂会諸侯囲許、
僖公三十年（秋）、晋人・秦人囲鄭、
僖公三十一年（冬）、狄囲衛、
文公三年秋、楚人囲江、
文公十二年夏、楚人囲巣、
宣公三年（秋）、宋師囲曹、
宣公九年（冬）、宋人囲滕、
宣公十二年（春）、楚子囲鄭、
宣公十四年秋九月、楚子囲宋、
成公三年秋、叔孫僑如帥師囲棘、
成公九年（冬）、鄭人囲許、
襄公元年（春）、仲孫蔑会晋欒黶・宋華元・衛甯殖・曹人・莒
人・邾人・滕人・薛人囲宋彭城、
襄公四年（冬）、陳人囲頓、
襄公七年（冬十月）、楚公子貞帥師囲陳、
襄公十二年春王二月、莒人伐我東鄙、囲台、
襄公十五年夏、斉侯伐我北鄙、囲成、
襄公十六年秋、斉侯伐我北鄙、囲成、
襄公十七年秋、斉侯伐我北鄙、囲挑、
襄公十七年（秋）、高厚帥師伐我北鄙、囲防、
襄公十八年冬十月、公会晋侯・宋公・衛侯・鄭伯・曹伯・莒子・
邾子・滕子・薛伯・杞伯・小邾子同囲斉、
昭公十一年（夏）、楚公子棄疾帥師囲蔡、
昭公十三年春、叔弓帥師囲費、
昭公二十三年（春）、晋人囲郊、
昭公二十六年夏、公囲成、
定公四年（秋）、楚人囲蔡、
定公五年冬、晋士鞅帥師囲鮮虞、
定公六年（冬）、季孫斯・仲孫何忌帥師囲鄆、
定公十年（夏）、晋趙鞅帥師囲衛、
定公十年（夏）、季孫州仇・仲孫何忌帥師囲郈、
定公十年秋、季孫州仇・仲孫何忌帥師囲郈、
定公十二年十有二月、公囲成、
哀公元年（春）、楚子・陳侯・随侯・許男囲蔡、
哀公三年春、斉国夏・衛石曼姑帥師囲戚、
哀公三年（冬十月）、叔孫州仇・仲孫何忌帥師囲邾、
哀公七年（秋）、宋人囲曹、

ほぼ僖公年間から継続して、「囲」が行使されていたことが窺える。この数値を『春秋』前・中・後期で確認すると、【前期4・中期21・後期20】となり、明らかに前期にくらべて中・後期の増加が見られ、「取」と同様の傾向である。さらに、「囲」を国邑・鄙邑の対象別に『春秋』三期中で調べると、

国邑……前期2・中期16・後期8

鄙邑……前期2・中期5・後期12

となる。『春秋』の中期から後期へと、かたや減少し、かたや増加するこの傾向は、まぎれもなく当該時代の一つの特質を伝えるものと考えられる。「囲」は中期から後期にかけ、国邑から鄙邑へとその対象を変化させたといえよう。換言すれば、攻撃の対象が国邑から鄙邑へと転換せざるを得ない事情が存在していたことになろう。こうした点は「取」の事例と同様に、当該時代を軍事面から考える際に注意を要する傾向である。

第三節　軍事行動と国邑・鄙邑

『春秋』に見える軍事行動を事例別に整理し、その特徴を数値的側面から概観した。「滅」「入」など国邑自体を最終的な攻撃対象とする軍事行為が、『春秋』の前・中・後期でほぼ網羅的に平均し見られることは、当該時代の対立抗争の激化を象徴した現象といえよう。しかし、「伐」「侵」の国邑の支配領域——国境を攻撃対象とする軍事行為が、『春秋』の中期に増加し、後期に至って減少に転じる傾向は、まぎれもなく対立抗争のなかでも、当該時代での何らかの事情の反映が予測されるのであった。

ところで、こうした当該時代の軍事上の転換期は、『春秋』を見渡すならば名高い宋の会（襄公二十七年、弭兵の会）

の時期とほぼ一致している。だが、果たして一つの会盟が、国際間の軍事行動を変質させる決定的要因となり得たのであろうか。というのも絶対数が少ないものの「取」「囲」が、『春秋』の中期から後期にかけ国邑から鄙邑へとその対象を転換させ増加することは、宋の会の国際和平が軍事行為に全面的に反映しなかったと考えざるを得ないからである。

『春秋』では軍事衝突として対峙戦が存在するが、これは以上の疑問について注意すべき問題を示している。

桓公十年冬十有二月丙午、斉侯・衛侯・鄭伯来戦于郎、

荘公九年八月庚申、及斉師戦于乾時、我師敗績、

荘公十年夏六月、斉師・宋師次于郎、公敗宋師于乗丘、

とあり、「次」「戦」「敗」などの対峙戦は、軍事行動の時々の観点の相違や、その経緯に基づき記載を別にしたものと考えられる。実質的には、

隠公十年夏、翬帥師会斉人・鄭人伐宋、

隠公十年六月壬戌、公敗宋師于菅、

僖公四年（春王正月）、遂伐楚、次于陘、

から、国境を「伐」後、国邑の支配領域内で、鄙邑を直接攻撃の対象としない軍事衝突であったといえよう。「次」「戦」「敗」を『春秋』で一括すると、前・中・後期での数値は、【前期21・中期18・後期12】を示し、前期からの減少傾向が見られる。(18)これは、「伐」「侵」の国境を対象とした攻撃傾向とは少なくとも比例していない。したがって、宋の会を待たずに軍事上、対峙戦にあっては、何らかの変質が生じていた可能性があり、国際和平とは別の次元での議論が必要であろう。では、一体、どのような状況を考慮すべきであろうか。注目されるのは、国邑の鄙邑をめぐる支

配構造上の政治的環境である。

宋の会が国際間の対立に一時的な休戦状態をもたらし、講和を出現させたことは事実であろう。ただ、『春秋』にあって国の支配体制から離反して他国に帰属する「出奔」が見られ、これは前・中・後期では【前期9・中期17・後期57】の数値を示し、特に後期での飛躍的な伸びが認められる[19]。諸侯国内での国君中心の政治体制が、後期に至り混乱を来たしていた点を如実に示している。さらに、国邑からの離反の意味で「出奔」と同質な卿大夫らの鄙邑での「叛」が、『春秋』では6事例確認でき、すべて後期という特徴が見られる[20]。なお、「出奔」事例では、鄙邑を携えての他国への帰属も見えるが、これもすべて後期である。いずれにしても、鄙邑をめぐる政治的環境の『春秋』後期での変質は、各国における卿大夫の台頭に他ならないと考えられる。逆にいえば、そうした状況の出現には、一方で鄙邑自体の有する離反者を擁護できる、あるいは離反者の要求に対応し得る力――自立性を前提とした鄙邑の存在が不可欠である。したがって、鄙邑には国邑―鄙邑の従属関係にあって支配領域内に点在する鄙邑として、国邑との関係の変質、ならびにその経緯に関わる問題が内在されていると考えられる。では、このような論点を『春秋』経文の軍事行動で確認した傾向のなかに位置づけるならば、如何なる見通しが得られるのであろうか。

おわりに

春秋時代の軍事行動が究極的には国邑を目標とする行為であった点は、「滅」「入」が『春秋』に網羅的に見られることから確認された。ただ、「次」「戦」「敗」の対峙戦が、「伐」「侵」の国境をめぐる攻撃の前期から中期への増加と少なくとも比例しない事実は、国邑を目標とした軍事行動の実質的変化を示唆している。

攻撃を被る側からすれば、国内で相手を迎え撃つ対峙戦から、国境を越えて侵伐する軍に対して国邑を防備しながら待つ、戦闘の変化が考えられる。こうした国邑を防備する戦争上の変化が、対峙戦の減少を引き起こし、同時に国境を越える侵伐を相手国に増長させたものといえよう。そこで、国邑は相手国の度重なる攻撃と国境越えを契機に、従属的関係を有する鄙邑に国邑の防衛線としての役割を担わせることになった。また一方で、攻撃側は容易に相手国の国邑への接近・到達が困難となり、国邑の防衛線としての鄙邑へ攻撃を頻発させることにつながったと考えられる。『春秋』の「取」「囲」の国邑から鄙邑への対象の転換は、こうした事情を反映していよう。

戦争上の変化に呼応する鄙邑の防衛線としての確立は、国邑の鄙邑をめぐる支配構造にも変質を来たした。鄙邑の役割強化が、国邑—鄙邑の従属関係に鄙邑自身の自立化を促し、鄙邑が国の支配体制から離反した者の根拠地として機能する方向性を備えるに至ったと見られる。[21]「叛」に関わる鄙邑の動向は、このような要因の反映といえよう。

以上は『春秋』の世界に限定した軍事行動を中心に据えた議論であり、憶測の域を出ない点もあろう。だが、『左伝』では「疆埸之邑、一彼一此、何常之有」（昭公元年）と伝えられ、鄙邑が国邑の支配領域、すなわち国境問題と深く関わっていた点も事実である。したがって、軍事行動を中心とした考察は、支配構造にあって重要な意味をもつと考えられる。『春秋』『左伝』の軍事事例についての探究は、春秋時代の国邑・鄙邑をめぐる支配構造に直結する視座といえよう。

註

（1）『春秋』および『左伝』については、竹内照夫『春秋』（東洋思想叢書、日本評論社、一九四三年）、野間文史「春秋経文について」（『広島大学文学部紀要』五〇、一九九一年、同氏『春秋学　公羊伝と穀梁伝』所収、研文出版、二〇〇一年）、顧頡

剛講授、劉起釪筆記『春秋三伝及国語之綜合研究』（中華書局、一九八八年）、顧頡剛遺作・王煦華整理「春秋研究講義案語」（『中国古籍研究』第一巻、上海古籍出版社、一九九六年）、徐中舒『左伝選』後序（中華書局、一九六三年）、楊伯峻等『経書浅談』（国文天地雑誌社、一九八九年）、趙生群「論孔子《春秋》」（『文史』一九九九―二、同氏『《春秋》経伝研究』所収、上海古籍出版社、二〇〇〇年）等参照。なお、陳顧遠『中国国際溯源』第四編戦時之法（人人文庫、台湾商務印書館、一九六七年）、洪鈞培『春秋国際公法』第三編戦時法規（中華書局、一九七一年）などに、侵伐記事に対する説明があり、負うところが多い。

（2）「滅」の実態については、本書第一部第二章第一節『春秋』『左伝』の滅国、参照。

（3）この他に『公羊伝』「邑不言囲、此其言囲何、彊也」（隠公五年）、「入者何、得而不居也」（隠公二年）、『穀梁伝』「伐国不言囲邑、此其言囲何也、久之也、伐不踰時、戦不逐奔、誅不塡服、苞人民、敺牛馬曰侵、斬樹木、懐宮室曰伐」（隠公五年）などが見える。

（4）『左伝』では「凡邑、有宗廟先君之主曰都、無曰邑」（荘公二十八年）とあるが、ここでは国君ら支配層の居住する国邑以外はすべて鄙邑とする。国邑・鄙邑に関しては、楊寛「試論西周春秋間的郷遂制度和社会結構」（同氏『古史新探』所収、中華書局、一九六五年、『西周史』台湾商務印書館、一九九九年）、伊藤道治「邑の構造とその支配」（同氏『中国古代王朝の形成』所収、創文社、一九七六年）等参照。

（5）『春秋』経文での魯公の在位年数は以下のとおりである。なお、ここでは『左伝』の経文に準拠している。

隠公11年、桓公18年、荘公32年、閔公2年、僖公33年、文公18年、宣公18年、成公18年、襄公31年、昭公32年、定公15年、哀公16年

（6）『春秋』経文中の侵伐記事等については、一々註記すべきであるが、その一切を省略する。ただ、問題のある事例に関しては、最小限の見解を示すが、おもに陸淳『春秋啖趙集伝纂例』（叢書集成新編）、毛奇齢『春秋属辞比事記』（皇清経解）、恵士奇『春秋説』（同）や程発軔『春秋要領』（東大図書公司、一九八九年）を参考にしながら、若干の私見を加えた。

（7）「国邑の支配領域」はこの場合、国邑自体の支配領域を示さず、国邑が従属的に支配する領域の鄙邑をも含む諸侯国として

の範囲をいう。現代の国境によって領有される支配領域を考えている。

（8）昭公二十三年「（秋七月）戊辰、呉敗頓・胡・沈・蔡・陳・許之師于雞父、胡子髡・沈子逞滅、獲陳夏齧」とあり、「滅」が人名を対象に適用されている。杜注には「国雖存、君死曰滅」と見える。

（9）本書第一部第二章第一節『春秋』『左伝』の滅国、参照。

（10）非軍事的「入」の魯公紀年別回数を示すと、【隠公1・桓公2・荘公2・襄公5・昭公4・定公4・哀公4】の計22事例である。

（11）谷口満氏は、「入」を「鄭人以王師会之、伐宋、入其郛」（『左伝』隠公五年）に関して詳しく論じている（同氏「春秋時代の都市——城・郭問題探討——」『東洋史研究』四六—四、一九八八年）。

（12）増淵龍夫氏は、『左伝』に見える「西鄙」（襄公二十六年）「東鄙」（昭公五年）に対して、「国都を中心にして東の方にある属邑を総称して東鄙といい、西の方にある鄙邑を総称して西鄙というのである」とする（同氏『中国古代の社会と国家』四二六頁、弘文堂、一九六〇年、『新版　中国古代の社会と国家』岩波書店、一九九六年）。

（13）『公羊伝』何休注（荘公十年）は「侵」を「将兵至竟、以過侵責之、服則引兵而去」、「伐」を「侵責之不服、推兵入竟、伐撃之益深」とする。

（14）杜注にはそれぞれ「戴国、今陳留外黄県東南戴城」「舒国、今廬江舒県」とある。

（15）宣公九年秋、取根牟、杜注「根牟、東夷国也」——襄公十三年夏、取邿、杜注「邿、小国也」
成公六年（二月）取鄟、杜注「附庸国也」
この点については、本書第一部第三章第一節『春秋』『左伝』の国邑占領、参照。

（16）昭公元年三月、取鄆、——昭公三十二年（春）、取闞、
昭公四年九月、取鄫、——哀公八年夏、斉人取讙及闡、
昭公二十五年十有二月、斉侯取鄆、
鄙邑対象の「取」については、本書第一部第三章第四節『春秋』『左伝』の鄙邑占領、参照。

（17）昭公十三年春、叔弓帥師囲費、
昭公二十六年夏、公囲成、
定公六年（冬）、季孫斯・仲孫忌帥師囲鄆、
定公十年（夏）、叔孫州仇・仲孫何忌帥師囲郈、
定公十年秋、叔孫州仇・仲孫何忌帥師囲郈、
定公十二年十有二月、公囲成、

なお、「囲」の期間を考察した研究に、宇都木章「春秋時代の都城包囲」（文部省科研費海外学術調査『日本と中国における都市の比較史的研究』研究報告第二号所収、一九九一年、宇都木章著作集第二巻『春秋戦国時代の貴族と政治』所収、名著刊行会、二〇一二年）がある。本書第一部第四章第一節『春秋』『左伝』の攻囲、参照。

（18）対峙戦を示す事例は、『春秋』魯公年別では次の数値を示す。

	隠公	桓公	荘公	閔公	僖公	文公	宣公	成公	襄公	昭公	定公	哀公
次	0	0	4	0	3	1	0	0	2	0	3	0
戦	0	4	2	0	5	3	2	3	0	1	1	2
敗	1	1	6	0	8	2	2	5	0	3	2	2

ただし、本文中の数値は、「戦」…「敗」などの重複をすべて考慮した上でのものである。なお、文公七年「（夏四月）戊子、晋人及秦人戦於令狐、晋先蔑奔秦」とある「令狐」は、『左伝』僖公二十四年には「（秦）済河、囲令狐」とあり、鄙邑名としても確認できるが、これは鄙邑の支配領域での「戦」と考えられる。本書第一部第五章第二節『春秋』の対峙戦、参照。

（19）藍永蔚氏は、軍事面の考察を通して、宋の会（弭兵の会）以後、黄河流域の諸国ではかえって国内矛盾が激化した点を注意している（同氏『春秋時代的歩兵』中華書局、一九七九年）。
『春秋』に見える「出奔」は以下の事例が確認できる。
桓公十一年九月、宋人執鄭祭仲、突帰于鄭、鄭忽出奔衛、
桓公十五年五月、鄭伯突出奔祭、
桓公十六年十有一月、衛侯朔出奔斉、
荘公十二年冬十月、宋万出奔陳、
荘公二十四年（冬）、曹羈出奔陳、
閔公二年（九月）、公子慶父出奔莒、
僖公二十八年（夏四月）、衛侯出奔楚、
僖公二十八年（六月）、衛元咺出奔晋、

文公六年（冬）、晋狐射姑出奔狄、
文公七年（夏）、晋先蔑奔秦、
文公八年（冬十月）、公孫敖如京師、不至而復、丙戌、奔莒、
文公八年（冬十月）、宋人殺其大夫司馬、宋司城来奔、
文公十二年、春王正月、郕伯来奔、
文公十四年（九月）、宋子哀来奔、
宣公十年（夏四月）、斉崔氏出奔衛、
成公七年（冬）、衛孫林父出奔晋、
成公十二年春、周公出奔晋、
成公十五年（秋）、宋華元出奔晋、
成公十五年（秋）、宋魯石出奔楚、
成公十六年冬十月乙亥、叔孫僑如出奔斉、
成公十七年（秋）、斉高無咎出奔莒、
襄公六年夏、宋華弱来奔、
襄公十四年（夏四月）己未、衛侯出奔斉、
襄公十七年（九月）、宋華臣出奔陳、
襄公二十年（秋）、蔡殺其大夫公子燮、蔡公子履出奔楚、
襄公二十年（秋）、陳侯之弟黄出奔楚、
襄公二十一年（春）、邾庶其以漆・閭丘来奔、
襄公二十一年秋、晋欒盈出奔楚、
襄公二十三年夏、邾畀我来奔、

襄公二十三年冬十月乙亥、臧孫紇出奔邾、
襄公二十四年（冬）、陳鍼宜咎出奔楚、
襄公二十七年（夏）、衛侯之弟鱄出奔晋、
襄公二十八年夏、衛石悪出奔晋、
襄公二十八年冬、斉慶封来奔、
襄公二十九年（秋九月）、斉高止出奔北燕、
襄公三十年（五月）、王子瑕奔晋、
襄公三十年（秋七月）、鄭良霄出奔許、自許入于鄭、鄭人殺良霄、
昭公元年夏、秦伯之弟鍼出奔晋、
昭公元年秋、莒去疾自斉入于莒、莒展輿出奔呉、
昭公元年（冬）、楚公子比出奔晋、
昭公三年（冬）、北燕伯款出奔斉、
昭公五年夏、莒牟夷以牟婁及防・茲来奔、
昭公六年（夏）、宋華合比出奔衛、
昭公八年（夏）、陳公子留出奔鄭、
昭公十年夏、斉欒施来奔、
昭公十二年冬十月、公子慭出奔斉、
昭公十五年夏、蔡朝呉出奔鄭、
昭公二十年夏、曹公孫会自鄸出奔宋、
昭公二十年冬十月、宋華亥・向寧・華定出奔陳、

昭公二十一年冬、蔡侯朱出奔楚、
昭公二十二年（春）、宋華亥・向寧・華定自宋南里出奔楚、
昭公二十三年秋七月、莒子庚輿来奔、
昭公二十六年冬十月、天王入于成周、尹氏・召伯・毛伯以王子朝奔楚、
昭公二十七年（冬十月）、邾快来奔、
昭公三十一年冬、黒肱以濫来奔、
定公四年冬十有一月庚午、蔡侯以呉子及楚人戦于柏挙、楚師敗績、楚嚢瓦出奔鄭、庚辰、呉入郢、
定公十年（秋）、宋楽大心出奔曹、
定公十年（秋）、宋公子地出奔陳、
定公十年（冬）、宋公之弟辰曁仲佗・石彄出奔陳、
定公十四年春、衛公叔戍来奔、衛趙陽出奔宋、
定公十四年夏、衛北宮結来奔、
定公十四年（秋）、衛世子蒯聵出奔宋、
定公十四年（秋）、衛公子孟彄出奔鄭、
定公十四年（秋）、宋公之弟辰自蕭来奔、
哀公四年春王二月庚戌、盗殺蔡侯申、蔡公孫辰出奔呉、
哀公六年夏、斉国夏及高張来奔、
哀公十年春王二月、邾子益来奔、
哀公十一年夏、陳轅頗出奔鄭、
哀公十一年（冬）、衛世叔斉出奔宋、
哀公十四年（春）、小邾射以句繹来奔、
哀公十四年（五月）、陳宗豎出奔楚、
哀公十四年六月、宋向魋自曹出奔衛、
哀公十四年（六月）、宋向巣来奔、
哀公十四年（冬）、陳轅買出奔楚、
哀公十五年夏五月、斉高無㔻出奔北燕、
哀公十五年（冬）、衛公孟彄出奔斉、
哀公十六年春王正月己卯、衛世子蒯聵自戚入于衛、衛侯輒来奔、
哀公十六年二月、衛子還成出奔宋、

(20) 襄公二十六年（春）、衛孫林父入于戚以叛、
昭公二十一年（夏）、宋華亥・向寧・華定自陳入于宋南里以叛、
定公十一年春、宋公之弟辰及仲佗・石彄・公子地自陳入于蕭以叛、
定公十三年秋、晋趙鞅入于晋陽以叛、
定公十三年冬、晋荀寅・士吉射入于朝歌以叛、
哀公十四年（五月）、宋向魋入于曹以叛、
「叛」については、貝塚茂樹「春秋時代に於ける叛と奔の意義」（『史林』一七—二、一九三二年、『貝塚茂樹著作集』第二巻

所収、中央公論社、一九七六年）、小倉芳彦「陽虎と公山不狃——春秋末期の「叛」——」（『東京大学東洋文化研究所紀要』四九、一九六九年、同氏『中国古代政治思想研究——『左伝』研究ノート』所収、青木書店、一九七〇年、『小倉芳彦著作選3』、論創社、二〇〇三年）参照。

（21）鄙邑の自立化の一要因として、鄙邑への築城が大きく関連していると考えられる。
『春秋』に見える「城」は以下の事例が確認できる。

隠公七年夏、城中丘、
隠公九年夏、城郎、
桓公五年（夏）、城祝丘、
桓公十六年冬、城向、
荘公二十九年（冬十有二月）、城諸及防、
荘公三十二年春、城小穀、
僖公元年（夏六月）、斉師・宋師・曹師城邢、
僖公二年春王正月、城楚丘、
僖公十四年春、諸侯城縁陵、
文公七年（三月）、遂城郚、
文公十二年（冬十有二月）、季孫行父帥師城諸及鄆、
宣八年（冬）、城平陽、
成公四年冬、城鄆、
成公九年（冬）、城中城、
襄公二年冬、仲孫蔑会晋荀罃・斉崔杼・宋華元・衛孫林父・
曹人・邾人・滕人・薛人・小邾人于戚、遂城虎牢、

襄公七年（夏）、城費、
襄公十三年冬、城防、
襄公十五年（夏）、季孫宿・叔孫豹帥師城成郛、
襄公十九年（冬）、城西郛、
（冬）、城武城、
襄公二十九年（夏）、仲孫羯会晋荀盈・斉高止・宋華定・
衛世叔儀・鄭公孫段・曹人・莒人・滕人・薛人・小邾人城杞、
昭公三十二年冬、仲孫何忌会晋韓不信・斉高張・宋仲幾・
衛世叔申・鄭国参・曹人・莒人・薛人・杞人・小邾人城成周、
定公六年冬、城中城、
定公十四年（秋）、城莒父及霄、
定公十五年冬、城漆、
哀公三年（五月）、季孫斯・叔孫州仇帥師城啓陽、
哀公四年（夏）、城西郛、
哀公五年春、城毗、
哀公六年春、城邾瑕、

当該時代の「城」については、大島利一「中国古代の城について」（『東方学報』京都、第三十冊、一九五九年）、杉本憲司「中国古代の城」（『日本文化の探求・城』所収、社会思想社、一九七七年）、同「中国城郭成立史論――最近の発掘例を中心に」（林巳奈夫編『戦国時代出土文物の研究』所収、京都大学人文科学研究所、一九八五年）等参照。さらに、当該時代の軍事行動の変質経緯には、『春秋』成公元年「三月、作丘甲」、哀公十二年「春、用田賦」、『左伝』僖公十五年「作州兵」、昭公四年「作丘賦」など当該各国の兵制・軍政上の改革や、鄙邑の軍事力を統率した国邑の軍事形態の変質、また卿大夫の采邑の武装化と私兵・家兵の存在等も考慮すべき問題であろう。このような諸点が一体、如何に当該社会の国邑―鄙邑の支配構造に影響したかについては、後日の課題である。なお、陳恩林『先秦軍事制度研究』（吉林文史出版社、一九九一年）は、軍事制度の側面から右の論点を整理している。

第二章　滅国・遷徙政策

はじめに

　春秋時代の諸国間に展開された対立抗争は、しばしば大国による小国の合併といった、殷周以来の封国を滅ぼす事態を出現させた。そうした点を受け『春秋』に関して、国が滅びる記述用例を杜預は、[1]

　　拠宗廟社稷已亡、而君見獲于敵、君身雖在、与亡無異、皆以滅為文、……、

と論じ、以来、滅国について宗廟社稷という礼世界的観点で把握されている[2]。これに対して社会史的な展望では、国を滅ぼし統治する場合、旧来の氏族的秩序による住民の抵抗を恐れ、強制的に住民を遷すこともあったと、支配者側に立った考察が見られる。また、この滅国と関連して見受けられる遷徙は、諸強族を主として統治の障害とし、住民の抵抗組織や中核をなす支配者層や住民を他に遷す、とする見解が代表的である[3]。そして、こうした滅国・遷徙に関連して施行された県設置など、中央集権体制が議論の中心的課題となってきた。

　では、この滅国・遷徙は果たして滅ぼされた国、遷徙された国の内部構造や当該期の社会にどのような状況をもたらしたのであろうか。相次ぐ発掘により、考古学的に当該時代に滅ぼされたと考えられる国やその遷徙の事情が明らかになるなか[4]、滅国・遷徙の実態がどうであったのかは重視されなければならない課題と思われる。

　本章では、『春秋』『左伝』から滅国・遷徙は如何に理解できるかを追究し、当該社会の軍事行動がもたらす成果の

一端に迫るものである。

第一節　『春秋』『左伝』の滅国

『春秋』に見える滅国記事を確認してみよう。『春秋』では計33国の滅国事例が見られ、以下のような大まかな分類が可能である。

（一）荘公十三年夏六月、斉人滅遂、

攻撃を推進した国（以下、主謀国とする）が、某国を滅ぼしたことを簡潔に記録するもの[5]。『春秋』に最も散見する事例である。これに対して次のものは滅国に伴う状況がわずかばかり窺える。

（二）僖公五年秋八月、……、楚子滅弦、弦子奔黄、

主謀国による滅国に伴い、滅ぼされた国の国君が他国へ逃れたことを記録するものである[6]。ただこの場合、国君が逃れたのは、主謀国による強制的施策に対して、やむを得ず選択された事態であったらしい。というのは、そうした事情が次の（三）から確認できるからである。

（三）①僖公二十六年秋、楚人滅夔、以夔子帰、

②定公四年夏四月庚辰、蔡公孫姓帥師滅沈、以沈子嘉帰、殺之、

①は主謀国によって滅国の国君が連れ去られ、②では殺害までなされている[7]。したがって、（二）の他国へ君が逃れたのは、この殺害や連れ去りといった強制的施策を回避した行動であったと考えられよう。さらに、滅国に伴い国君以外の支配層（以下では、国君とは別に滅国時に対象となる成員を支配層と一括する）まで、強制的施策が適応された事例

が見られる。

（四）①昭公八年冬十月壬午、楚師滅陳、執陳公子招、放之于越、

②昭公十一年冬十有一月丁酉、楚師滅蔡、執蔡世子有以帰、用之、

これらも（三）と同様に連れ去りや殺害がなされている。

以上、『春秋』の滅国事例では、滅国に伴う主謀国の強制的施策は、国君のみならず支配層まで範囲の対象を広げて適応されていた。『春秋』にあって（一）の事例が主流であり、（二）～（四）の滅国に伴う国君や支配層の、いわばその消息を意識するもののほぼ倍を占めている。ただし、滅国記事に国君や支配層の消息が伝えられることは、滅国における何等かの社会構造上の変質が推察される。では、『左伝』から滅国は如何に理解できるのであろうか。

当該時代には祭祀と軍事を共同する氏族共同体の邑が聚落として存在し、それは大きく分けて「国」と「鄙」の邑であった。(8)『左伝』では概ね『春秋』に、

僖公十二年夏、楚人滅黄、

文公四年秋、楚人滅江、

などとあるように、通用の国名、具体的には国邑を攻撃の対象として滅国が見られる。『左伝』成公十七年には、

舒庸人以楚師之敗也、道呉人囲巣、伐賀、囲釐・虺、遂恃呉而不設備、楚公子橐師襲舒庸、滅之、

とあり、楚は舒庸・呉の連合軍に鄙邑を攻撃されたが、これに対して鄙邑ではなく、直接国邑である舒庸への攻伐により滅国している。滅国は鄙邑を対象外に、直接国邑への攻撃に限定され、出現するものと考えられよう。(9)

ところが、『左伝』襄公六年に、

（斉師）入萊、萊共公浮柔奔棠、正輿子・王湫奔莒、莒人殺之、……、（斉）晏弱囲棠、十一月丙辰滅之、遷萊于

郳、高厚・崔杼定其田、

とあり、斉による萊の滅国は萊の鄙邑である棠が対象になっている。ただし、ここでは萊共公が棠に逃れていた点が重要であると思われる。『春秋』の滅国記事では国君の消息に意識を払うところがあったが、『左伝』でも国君が棠に存在する事実を配慮し、国君が執拗に意識されていたと考えられる。『春秋』『左伝』とも直接国邑への攻撃によって滅国がもたらされるのは、国君が存在するという視点に基づく、主謀国側の軍事対応によるものであったわけである。

一方で滅国が国君の消息と直結しない事例も見られる。

楚子在申、召蔡霊侯、……、三月丙申、楚子伏甲而饗蔡侯於申、酔而執之、夏四月丁巳、殺之、……、冬十一月、楚子滅蔡、用隠大子于岡山、(『左伝』昭公十一年)

楚により蔡君が申で殺害されたが、楚の軍事行動は蔡の国邑に向けられ、そこではじめて滅国が出現し、太子が犠牲となっている。これは、直接国邑への攻撃が滅国を招いたものといえるかもしれない。しかし、次の事例からは別の議論が導かれる。

春、衛人伐邢、二礼従国子巡城、掖以赴外、殺之、正月丙午、衛侯燬滅邢、(『左伝』僖公二十五年)

衛が邢を攻伐した後、国君の消息は不明であったが、国子の殺害が滅国につながったようである。それは前年の『左伝』に衛の礼至の言葉を借りて「不得其守、国不可得也」と伝えられ、杜注が「守謂邢正卿国子」とすることからも窺える。衛の邢滅国には、邢の支配層の成員の中枢であった正卿国子の存在が強く意識されていたと考えられる。(10)したがって、蔡の滅国でも太子ら支配層の存在が意識されていたとすべきであろう。

以上、『左伝』の滅国では、国君に限定されず、国の支配層の存在まで強制的施策の範囲の対象を広げて適応されていた。(11)『左伝』の意識は『春秋』の滅国記事の支配層を意識した事例と軌を一にするものと考えられる。こうした

理解が妥当ならば、

（晋）遂襲虞、滅之、執虞公及其大夫井伯、以媵秦穆姫、而修虞祀、……、（『左伝』僖公五年）

（宋）遂滅曹、執曹伯陽及司城彊以帰、殺之、（『左伝』哀公八年）

という事例に象徴的なように、滅国とは、主謀国による国君や支配層の存立を、連れ去りや殺害といった強制的施策のもとに、否定される行為であったと規定できよう。[12] いずれにしても、『左伝』の滅国についての理解は、国君の存在への執拗な意識と、国君や支配層の存立の有無に配慮を払う立場であったのである。

第二節　滅国後の国君・支配層

滅国が国君や支配層の存立を、強制的施策の下に否定される行為であったならば、それに伴いどのような状況が社会に出現したのであろうか。

まず、国君らへの強制的施策のほかに、主謀国の滅国に対する具体的関与として、

晋侯作二軍、公将上軍、大子申生将下軍、趙夙御戎、畢万為右、以滅耿、滅霍、滅魏、還為大子城曲沃、賜趙夙耿、賜畢万魏、以為大夫、（『左伝』閔公元年）

が見られる。晋は近隣の小国であった耿・霍・魏を滅国し、趙夙・畢萬に耿・魏を与え大夫に任命した。また、

（晋）遂襲鼓、滅之、以鼓子鳶鞮帰、使渉佗守之、（『左伝』昭公二十二年）

とあり、杜注には「守鼓之地、渉佗、晋大夫」とし、晋は鼓滅国にあって大夫の渉佗に守備を命じている。主謀国による従来の支配層否定の後に、新支配層の派遣がなされている。さらに、

楚為衆舒叛、故伐舒蓼、滅之、楚子疆之、及滑汭、……、（『左伝』宣公八年）

とあり、舒蓼の滅国後、主謀国楚による領域の拡張が行われている。[13] こうした典型的施策が、おもに楚の支配体制に顕著な県設置に他ならない。[14]

では、主謀国により連れ去られ、存立を否定された滅国の国君や支配層は、その後どのような動向を辿ったのであろうか。『左伝』僖公二十一年には、

邾人滅須句、須句子来奔、

とあり、邾に滅ぼされた須句の君は魯に逃れるが、翌僖公二十二年では「（魯）伐邾、取須句、反其君焉、礼也」と、魯に復帰する。『左伝』が滅国について、国君の存在に執拗な意識を払っている点を考慮すれば、国君が復帰し存在することは、復国に他ならないと考えられる。『春秋』定公六年には、

春王正月癸亥、鄭游速帥師滅許、以許男斯帰、

とあり、鄭に滅ぼされた許にあって、滅国に伴い存立を否定され連れ去られた許君が、同哀公元年では、

（春）、楚子・陳侯・随侯・許男囲蔡、

と見える。これは一度滅んだ国がその国君の復帰によって、国際的に復国が承認された点を示すものと考えられる。[15]

したがって、滅国時に他国に君が逃れる行為は、この復国の可能性を模索した表われであったといえよう。

一方で復帰の確認できない滅国の国君や支配層は、滅国後どのような動向を辿ったのであろうか。『春秋』襄公十年には、

春、公会晋侯・宋公・衛侯・曹伯・莒子・邾子・滕子・薛伯・杞伯・小邾子・斉世子光会呉于柤、

夏五月甲午、遂滅偪陽、

とあり、晋は偪陽を滅ぼすが、『左伝』では「以偪陽子帰、献于武宮、謂之夷俘」と、国君を連れ去り「夷人の俘虜」として宗廟に献納したと伝える。しかし、この時点で晋は「使周内史選其族嗣納諸霍人」（『左伝』襄公十年）と、滅ぼした偪陽の君の一族から後嗣を選び、新たに晋の霍人で存続させている。滅国後も依然として偪陽の支配層の成員が、従来の地（国邑）とは所在を異にして存立していたわけである。さらに、『左伝』昭公三十年には、

（呉）滅徐、徐子章禹断其髪、攜其夫人以逆呉子、呉子唁而送之、使其邇臣従之、遂奔楚、……、（楚）遂城夷、使徐子処之、

とある。徐では呉の攻撃を被りいったんは滅国したが、呉君は徐君の従順たる態度を考慮し慰問して送り返す寛大な処置を施す。ところが、徐君は呉の支配下に身を投ずることを拒否し、楚に保護を求めた。楚では徐君を受け入れ、新たに夷での存立を認めたという。

このように偪陽の君の一族や徐君が滅国に見舞われながらも、他国の援助下で従来の地とは所在を異にして存立することは、見過ごせない点と考えられる。滅国に伴う国君の存在への執拗な意識と、国君や支配層の存立の有無に配慮を払う『左伝』にあって、たとえ他国の援助下に従来の地とは所在を異にするとはいえ、滅国の君らが存立している事実は、『左伝』世界における国の存続を印象づける。したがって、『左伝』昭公十七年に、

（晋）遂滅陸渾、数之以其貳於楚也、陸渾子奔楚、其衆奔甘鹿、……、

とある、陸渾にあっても、晋による滅国に伴う強制的施策を回避し、自ら楚国へ逃れた国君は[16]、依然としてその存立が認められていたと考えられる。

以上から滅国後の社会状況にあって国君らの消息に問題を限定すれば、主謀国による攻撃を契機に強制的施策がなされ、国君や支配層の存立を否定された滅国は、必ずしもその実態の完全なる消滅を意味しなかった。国君の存在へ

の執拗な意識と、国君や支配層の存立の有無に配慮を払う『左伝』にあって、滅国の国君らの存立している事実は、たとえ国際的立場が稀薄で、殷周以来の封国と存在形態が異なるとはいえ、依然として国の体裁を備え存続する点を窺わせる。(17)

第三節　滅国後の居民

滅国により国君や支配層の存立を否定され、主謀国の組織下に新支配層の統治を受ける居民——以下ではこれを総体的に被支配層と一括して規定する——は、どのような状況にあったのであろうか。

斉に滅ぼされた遂（荘公十三年）では、

夏、遂因氏・頜氏・工婁氏・須遂氏饗斉戍、酔而殺之、斉人殲焉、（『左伝』荘公十七年）

とあり、滅国にともない斉から派遣されていた駐屯兵を遂の四族（杜注「四族、遂之彊家」）が殺害した。新支配層に対する被支配層の、族的秩序の根深さ故の抵抗といえるかもしれない。(18)ただ、遂の滅国後、その四族が依然として存在することは、主謀国による強制的施策にもかかわらず、従来の内部構造がそれほど変化を被っていなかった点を示唆しよう。(19)滅国が国際的に復国する過程、すなわち滅国行使の新支配層から本来の旧支配層への回帰には、このような被支配層の不変的内部構造がその前提として存在したものと考えられる。

邾に滅ぼされ、翌年、魯の援助により国君が復帰した須句は、『春秋』に、

文公七年春、公伐邾、

三月甲戌、取須句、

とあり、『左伝』では「春、公伐邾、間晋難也、三月甲戌、取須句、寘文公子焉、非礼也」と伝える。魯は邾攻伐により須句を支配下に組み入れ、新支配層を派遣したが、須句が再び魯・邾抗争の対象となっている。杜注はこの経緯を「僖公反其君之後、邾復滅之」とし、魯によっていったんは復国を果たした須句が、再び邾による滅国と統治を被り、最終的に魯に帰属したと考える。さらに、「邾文公子叛在魯、故公使為守須句大夫也」と、魯が須句を「取」後、支配層に邾の一族を据えたと見ている。須句の被支配層は再三に亘る交替を余儀なくされたと、解釈しているわけである。もしそうであるならば、文公七年の時点での新支配層と被支配層の重層的関係は、須句の側からすれば族的秩序を異にする支配層との直接対峙の場の出現に他ならなかったといえよう。しかし、族的秩序に基づく被支配層からの抵抗は全く見出せないのである[20]。

『春秋』には、

　　襄公六年（秋）、莒人滅鄫、

とあり、鄫は莒に滅ぼされ、『左伝』襄公八年に「莒人伐我東鄙、以疆鄫田」とあり、その地を占拠され領域支配を受けた。ところが『春秋』では、

　　昭公四年九月、取鄫、

とあり、最終的に鄫は魯の支配下に組み込まれている。この一連の経緯について、『左伝』は「莒乱、著丘公立而不撫鄫、鄫叛而来」と伝える。莒は新君即位を契機に鄫に対する友好方針を転換し、そのことが鄫の「叛」を招く結果となり、対魯支配の要請に直結したという[21]。鄫の被支配層は滅国後、主謀国莒の新支配層とあらたな重層的関係を成立させたが、莒君即位に伴う体制変化にあって、自己の存在基盤の危機を感じ、その支配を魯に要請したわけである。ここには、族的秩序に基づく鄫による旧支配層復帰の要請は見られず、自己の存在を頑なに追求する滅国後の被支配

層の実態が窺える。

以上、滅国後の被支配層の対応からは、従来強調されてきた族的秩序に基づく、被支配層の旧支配層へ向けた一体感や、復国への期待と願望とは対照的に、被支配層の滅国主謀国など新支配層への現実的具体的な自己の存立を求めた傾向が確認できた。こうした点から遂での四族の抵抗は族的秩序の根深さというより、自己の存立のための現実的具体的な被支配層の要請と考えられる。(22)『左伝』を通して語られてきた族的紐帯と、その保守的画一性とは相入れない、滅国に適応しようとした滅国後の被支配層の、換言すれば可変的実態が、ここに見出せるのである。(23)

このような被支配層の可変的実態は、滅国後の新支配層の典型的施策である県設置でも認められる。県設置は楚の王権問題と関連して議論されるが、蔡・陳両県の勢力による平王即位に至る経緯には、楚の蔡県すなわち蔡滅国後の被支配層の実態が浮かび上がってくる。蔡県では楚出身の観徒が大夫の朝呉と謀り、蔡公棄疾を引き入れ反乱の準備を進める。これに対して最終的には反乱に加担するが、蔡人—蔡滅国後の被支配層の対応は注目される。

……、蔡人聚、将執之(観従)、辞曰、失賊成軍、而殺余、何益、乃釈之、朝呉曰、二三子若能死亡、則如違之、以待所済、若求安定、則如与之、以済所欲、且違上、何適而可、衆曰、与之、……、(『左伝』昭公十三年)

蔡人は当初、反乱には乗る気ではなかったようである。もし蔡人が楚県の支配体制を嫌い、族的秩序に根ざす復国への期待と願望を常に持ち得たならば、今回の反乱は復国への絶好の機会であり、加担したはずである。ところが、蔡人は消極的かつ慎重な行動に出ている。滅国に遭遇した蔡の被支配層にとって、復国への期待と願望は必ずしも絶対的課題ではなかったと見るべきであろう。朝呉の「若求安定、則如与之」の言説に対して、態度を翻す蔡人には、族的秩序に根ざす旧支配層への一体感というより、楚の支配下で自己の存立基盤の安定を現実的具体的な問題と意識する被支配層の立場が見出せる。この態度は朝呉の言葉を借りて「且違上、何適而可」というように、被支配層の支配層に対する族的秩序に固執しない、可変的対応に他ならなかったのである。こうして平王即位に至る『左伝』の物語は、滅国後の被支配層の状況を投影したものと考えられる[24]。

県設置とは関係しないが、宋により滅ぼされた曹の場合にも同様の傾向が確認できる。『春秋』哀公十四年には、

（五月）、宋向魋入于曹以叛、

六月、宋向魋自曹出奔衛、宋向巣来奔、

とあり、宋の桓魋（向魋）が滅国後、宋の一邑に帰した曹に拠って反乱を企てる。『左伝』では「六月、使左師巣伐之、欲質大夫以入焉、不能、亦入于曹、取質」とあり、杜注は「不能得大夫、故入曹劫曹人子弟而質之、欲以自固」としている。左師向巣が曹の子弟を人質としたが、『左伝』には「魋曰、不可、既不能事君、又得罪于民、将若之何、乃舎之、民遂叛之」とあり、曹人――曹滅国後の被支配層は最終的に反乱に加担せず、桓魋に反旗を翻す。曹人の行動は、曹復国に向けた族的秩序に固執しない、宋の政治混乱にあって自己の可変性に基づく、現実的具体的問題を考慮した選択であったといえよう。

以上の考察から得られた被支配層の支配層に対する可変的実態は、決して滅国に限定されるものではなかった。本章の考察の範囲を越えるが、次の事例においても被支配層の可変性が見られる。『春秋』には、

文公三年春正月、叔孫得臣会晋人・宋人・陳人・衛人・鄭人伐沈、沈潰、

とあり、「潰」を『左伝』では「凡民逃其上曰潰」と説明するが、被支配層の動向としては見過ごせない解釈である[25]。さらに、最終的に晋に滅ぼされる鼓は、晋の攻伐、攻囲に際し、「鼓人或請以城叛」「鼓人或請降」と、再三にわたって晋に降服を願い出る。これに対して晋は荀呉（穆子）の言説を借りて「獲一邑而教民怠、将焉用邑」「鼓人能事其君、我亦能事吾君」と、否定的な見解を示している（『左伝』昭公十五年[26]）。あるいはここには支配層の視点に立つ、

『左伝』の思想的潤色が見出せるかもしれない。しかし、所謂国人層――前述の滅国後の被支配層とある部分において重なると考えられる――の内部には、族的秩序に固執しない自己の存立基盤の安定を求める現実的具体的な意識が認められ、当該期の被支配層の可変性が窺える。こうした展望は、呉・楚の抗争のなかで苦境に立たされた陳にあって、楚による呉攻伐に伴い選択を迫られ、

懐公朝国人而問焉、曰、欲与楚者右、欲与呉者左、陳人従田、無田徒党、（『左伝』哀公元年）

という、国人層の自己の存立基盤を優先した行動からも認められるのである。

第四節　『春秋』『左伝』の遷徙

『春秋』に見える遷徙記事を確認してみよう。『春秋』には計10の遷徙事例が見られ、以下のような大まかな分類が可能である。

（一）閔公二年春王正月、斉人遷陽、

遷徙を推進した国、遷された国のみを簡潔に記録するもの。他国により国が遷された他遷の事例であるが、このほか2例見られ、『春秋』年間の前半部に集中している。(27)

（二）成公十五年冬、許遷于葉、

国が自ら場所換えを推進した自遷の事例と考えられ、遷徙先が記録されている。『春秋』では許関係が多いという特色をもつ。(28)

（三）哀公二年十有一月、蔡遷于州来、蔡殺其大夫公子駟、

（二）と同様に自遷の事例であるが、大夫の殺害から何らかの対立・混乱の情況が窺える。

以上、『春秋』の遷徙事例から自遷・他遷の区別があり、[29]しかも、遷徙自体は何らかの困難な事情を伴うものであった。

では一方で『左伝』の遷徙は、どのように理解できるのであろうか。

（二）について『左伝』成公十五年には、

許霊公畏偪于鄭、請遷于楚、辛丑、楚公子申遷許于葉、

とあり、『春秋』では自遷と考えられたが、鄭の圧力に耐えかね、楚の援助を受けての遷徙だった。したがって、『春秋』に見える許の遷徙は、楚が関係した他遷であった可能性があろう。例えば『春秋』では邢の遷徙は、

荘公三十二年（冬）、狄伐邢、

僖公元年（春王正月）、斉師・宋師・曹師次于聶北、救邢、

　夏六月、邢遷于夷儀、斉師・宋師・曹師城邢、

とあり、斉らによる他遷であった。こうして一般的に遷徙が他遷であり、自遷は国力を有する当該時代の大国にほぼ限定されるものと考えられる。

四月己丑、呉大子終纍敗楚舟師、……、（楚）於是乎遷郢於鄀、而改紀其政、以定楚国、（『左伝』定公六年）

とあり、楚は呉の圧迫を回避するため、遷都による政治改革を断行している。[30]なお、「遷郢於鄀」から遷徙が国邑の転居であり、『春秋』の遷徙事例に見える国名が国邑を具体的に示すことが窺える。

遷徙は春秋諸国にあって他遷の事情を内在し、国邑の転居であったが、その目的は以下の事例から推察できよう。『春秋』荘公元年には、

（冬）、斉師遷紀郱・鄑・郚、

とあり、斉による紀の三鄙邑の遷徙が見えるが、『左伝』はその経緯を全く伝えていない。『公羊伝』では「遷之者何、取之也、取之、則曷為不言取之也、為襄公諱也」とあり、「取」（占領）を前提に領域支配を見据えた議論を展開する。杜注は「斉欲滅紀、故徙其三邑之民、而取其地」とし、滅国について問題が残るが、土地支配に重点を置いている。『左伝』僖公二十二年には、

秋、秦・晋遷陸渾之戎于伊川、

とあり、戎が伊川に遷され、これに関して同昭公九年の追記では「戎有中国」と伝え、遷徙と領域支配の密接な関係が窺える。このように遷徙は、対象国の居住地を見据えての領域支配であって、外圧的な要素が認められる。(31)

ところで、遷徙は一体、国邑を構成するどの部分を対象になされた行為だったのであろうか。(32)『左伝』襄公十六年には、

許男請遷于晋、諸侯遂遷許、許大夫不可、晋人帰諸侯、

とあり、許は先に楚の援助を受け葉へ遷徙していたが（『左伝』成公十五年）、この度、晋への遷徙を希望し、許君と大夫層の間に意見の相違が見られる。これは、遷徙が国邑の大夫層に直接関わると意識されていた点を示すものであろう。さらに、『左伝』哀公四年には、

蔡昭公将如呉、諸大夫恐其又遷也、承公孫翩逐而射之、入於家人而卒、

とあり、蔡昭公が呉に赴く直前、遷徙を嫌う大夫層が内乱を起こしている。遷徙は大夫層の存立に関わる何らかの負の要素を内在していたようである。(33)いずれにしても、遷徙は国邑の国君と大夫層を構成員になされたものと考えられる。

さらに、邾・魯の対立を発端とした遷徙には注意すべき点が見える。

邾文公卜遷于繹、史曰、利於民而不利於君、邾子曰、苟利於民、孤之利也、天生民而樹之君、以利之也、民既利矣、孤必与焉、……、遂遷于繹、（『左伝』文公十三年）

とあり、邾文公と史（卜官）の問答には、遷徙に関して民が意識されている。[34]『左伝』では随所に支配層の立場に共鳴する偏在性のうえで、民について言及したところが見られる。[35]なかでも民は従来から邑に属し、田地を耕作する実際の生産従事者と考えられている。[36]もしそうであれば、邾の遷徙には生産に携わる民が意識され、遷徙対象に民が含まれることになろう。しかし、次の遷徙の状況からは別の理解が導かれる。晋が絳から国都を遷すに際し、その遷徙先の「郇・瑕氏之地」について、

沃饒而近盬、国利君楽、不可失也、（『左伝』成公六年）

という議論が見える。韓献子は新田の地を主張するが、

土厚水深、居之不疾、有汾・澮以流其悪、且民従教、十世之利也、夫山・沢・林・塩、国之宝也、国饒、則民驕佚、近宝、公室乃貧、不可謂楽、（『左伝』成公六年）

とあり、土地の特質と民の気質が論じられ、遷徙に民が意識されていたことが窺える。ただ、「且民従教、十世之利也」という言説に象徴されるように、民はあくまで支配層にとって支配の対象であり、その従順性が追求されている。したがって、邾の遷徙での民への意識は、支配層に立脚した「民」統治をめぐる容易さに焦点が当てられていると考えられる。[37]決して民自体の遷徙に言及したものとは認められないであろう。

ただし、一方で民は終始遷徙で排除され、不変的に土地に束縛される存在ではなかったらしい。『左伝』には、

秋、鄭人・斉人・衛人伐盟・向、王遷盟・向之民于郟、（桓公七年）

とあり、民が遷徙の対象として見えているからである。ただ、この一例のみで民の遷徙が普遍的になされていたとはいえないであろう。魯・斉密約の上の侯犯追い出しに関して、

駟赤与郈人為之宣言於郈中曰、侯犯以郈易于斉、斉人将遷郈民、衆兇懼、（『左伝』定公十年）

とあり、民にとって遷されることは不安で動揺するものだと語られている。一般的に民の遷徙が稀であったため、このような混乱が起ったと見るべきであろう[38]。

以上、他遷における領域支配、さらに遷徙対象が国邑の国君と大夫層など支配層に限定され、生産労働に従事する民の不遷が確認された。それでは、遷徙の実態はより具体的にどのようなものであったかを考えてみよう。

第五節　遷徙の実態

『左伝』僖公十四年には、

春、諸侯城縁陵而遷杞焉、

とあり、「城」が遷徙の前提としてなされている。一般に「城」すなわち築城の出現は、各国間の抗争激化にあって軍事的な意味が強かった[39]。前述のように遷徙が領域支配の観点を内在することからすれば、遷徙と築城は無関係とはいえないであろう。そこで、遷徙を楚の支配体制の一環と見做し、軍事的邑の出現と人口充実の立場から、新邑の創設、既存の邑での城壁の新築・修築のなかに求める議論がある[40]。はたして遷徙がこうした理解のもとで考えられるかは、遷徙の構成員に関わる見過ごせない論点といえる。

呉・楚の対立にあって蔡は、選択を迫られ呉の援助の下に州来へ遷徙した（『左伝』哀公元・二年）。ただ、この時点

で『左伝』では州来の築城を伝えていない。それ以前、『春秋』成公七年に、

（秋）、呉入州来、

とあり、州来が見え、『左伝』昭公四年には「然丹城州来、東国水、不可以城」と、築城が実現できなかったと伝えている。いずれにしても、遷徙と築城の結び付きは普遍的ではなかったものと考えられる。また、前述の「王遷盟・向之民于郟」（桓公七年）の郟の遷徙に関して、その築城は『左伝』襄公二十四年「斉人城郟」を俟たなくてはならなかった。遷徙と築城は必ずしも密接な関係にあったとはいえないであろう。(41)『左伝』での遷徙が大方、築城を記載しない点はこの事情を示すものといえよう。(42)

一方、遷徙と新邑創設については、

夏六月、邢遷于夷儀、斉師・宋師・曹師城邢、（『春秋』僖公元年）

とあり、邢の遷徙と築城先の「夷儀」が、この僖公元年以前に確認できず、遷徙が新邑創設を前提になされたのかもしれない。ただし、前述の楚が関与した許の遷徙先の葉（成公十五年）が、「（公子士）朝于楚、楚人酖之、及葉而死」（『左伝』宣公三年）と見え、既存の邑であったことから、遷徙に伴う新邑創設は一般的とは認められないであろう。また、『春秋』僖公三十一年には、

（冬）、狄囲衛、

十有二月、衛遷于帝丘、

とあり、狄の侵入により衛が遷徙した帝丘はここに初出するが、決して新邑創設ではなかったと考えられる。というのは、翌年の『春秋』僖公三十二年に、

（夏）、衛人侵狄、

秋、衛人及狄盟、

とあり、一年も経たずに衛が外交活動に出ているからである。狄による国邑攻囲の切迫した状況の衛にあって、創設間もない帝丘を根拠地とする軍事行動は時間的にいささか無理であると思われる。おそらく帝丘は既存の邑として存在し、新邑創設に伴い出現したものではなかったのであろう[43]。

遷徙と人口充実に関しては、『左伝』僖公十八年に「梁伯益其国而不能実也、命曰新里、秦取之」とあり、梁伯の城邑増築にあってそもそも人口補充の困難さが伝えられ、積極的に結び付けることはできないであろう。したがって、遷徙に新邑創設と人口充実を考慮する論点には躊躇を覚えざるを得ず、遷徙の実態として留意すべき問題と考えられる。

以上の理解に基づき遷徙の実態をあらためて確認すると、次の事例は重要である。

二月庚申、楚公子棄疾遷許于夷、実城父、取州来・淮北之田以益之、伍挙授許男田、然丹遷城父人於陳、以夷濮西田益之、遷方城外人於許、（『左伝』昭公九年）

楚により葉から夷（城父）へ遷った許と、それに関連して陳に遷ることになった城父人は、それぞれ「州来・淮北之田」「夷濮西田」が与えられている。このことは、諸侯国（国邑）の体裁を保つ許にあって、人と田との関係の調整がなされた点を意味している。さらに、田を「益」という用例は、少なくとも遷とは別個に定義づけられる実態を予測させる。ただ、いずれにしても遷された実態は、それぞれの田と関わる規模のものであったことが窺える[44]。また、今回の遷徙は、先年の陳滅国、立県化がその前提にあった点は留意すべきであろう。というのも、陳（国邑）は滅国に伴い支配層の連れ去りや殺害が企てられたが、立県後もその内部構造の不変性が推測されるからである[45]。したがって、例え陳に遷された城父人に田が与えられたとしても、遷された実態は従来の諸侯国（具体的には諸侯国の国邑）を大きく逸脱する規模ではなく、しかも城父人と相関関係にある許の実態も自らそれと同質な規模であったと考えられる。

こうした遷徙における人と田の関係は、以下の事例からも見出せる。『春秋』襄公六年には、

十有二月、斉侯滅萊、

とあり、『左伝』では「十一月丙辰、（斉）而滅之（萊）、遷萊于郳、高厚・崔杼定其田」と伝えている。斉が萊を滅ぼし遷徙させるが、滅国の状況からすれば、郳への遷徙対象とされる萊の実態は、従来の諸侯国（萊の国邑）の中枢を排除された層と考えられる。さらに、萊の地は「定其田」と、遷徙された実態に即して新支配層の交替が完了し、以後も廃邑となることなく斉の一邑として存続したであろう。(46) 一方で萊に他からの人の遷徙が見られないのは、萊から郳への遷徙の実態が従来の萊人のすべてをその構成員とはせず、萊に残存する人の存在を示唆する。また、『春秋』昭公四年には、

秋七月、楚子・蔡侯・陳侯・許男・頓子・沈子・淮夷伐呉、執斉慶封、殺之、遂滅頼、

とあり、楚ら諸侯国連合により頼は滅国された。『左伝』では、

遂以諸侯滅頼、頼子面縛銜璧、士袒、輿櫬従之、造於中軍、……、遷頼於鄢、

とあり、頼の鄢への遷徙を伝えている。この経緯に見える降服儀礼的側面を持つ頼君の動向は注意すべきである。(47) それは、許が鄭との対立を契機に、楚によって危機的状況に陥った際、降服儀礼で講和を取り付けているからである（『左伝』僖公六年）。「降服」を重視すれば、頼の場合も温情的処置が採られた可能性が高く、頼はいったん楚により国君や支配層の存立を否定され、滅国の状況に瀕したが、直ちに復国が認められたと考えられる。(48) したがって、頼は諸侯国（国邑）の体裁を保ちつつ鄢に遷されたことになる。しかも、その規模は『左伝』に「楚子欲遷許於頼、使闘韋亀与公子棄疾城之而還」とあり、実際には実現されなかったが、前述の許の情況に匹敵するものであったといえる。

以上から遷徙は、民の不遷性のもとに国君や支配層など国人層が主要構成員でなされたものであった。そして新邑創設や人口充実とは別の次元で考えなければならず、さらに一連の対許政策による遷徙の構成員からすれば、その規模は遷徙先の邑を大きく逸脱する規模のものではなかった。遷徙の実態は「滅」との政策上の比較からすれば、滅国時に意識される国君・支配層よりも、少なくとも大きな規模であると考えられる。

では、遷徙の構成員はより具体的に定義づけられるであろうか。本章第一節では当該期の滅国の実態を「国君と支配層」と表現した。それは相対的に意識される滅国後の残された居民を、被支配層と規定したことに伴うものであったが[49]、遷徙の実態について滅国時の支配層との関係であらためて考える必要があろう。

『春秋』では個人名で記される者は、王・諸侯は別として有力な国の卿及び大夫の上層に限定され、世族に含まれる部分であり、『左伝』もこの傾向を持つと考えられる[50]。したがって、『春秋』『左伝』で滅国時に意識される支配層は、国の卿及び大夫の上層といった国の中枢であった可能性が高い。この点を遷徙の実態に即して理解すれば、国君と国の卿及び大夫の上層といった滅国時に意識される支配層はいうまでもなく、一部の下層大夫までを構成員に含む国人層によって、遷徙がなされたと考えられる。遷徙とは直接関係しないが、「遷原伯貫于冀」（『左伝』僖公二十五年）とあり、邑管有者の移転に「遷」が用いられる点は、「遷」の構成員の実態の一部を投影したものといえよう。いずれにしても、滅国時に意識される層との相違性が指摘できる。

第六節　遷徙後の国邑・鄙邑

本節は遷徙をめぐる当該時代の社会性質について考察する。

『春秋』宣公十年には、

（秋）、公孫帰父帥師伐邾、取繹、

とあり、邾が遷った繹（文公十三年）が魯に占領された。当然、国の存立基盤そのものの動揺が予測されるが[51]、邾は以後も小国として存続するため、様々な憶測を生んだ。『春秋正義』には、

則繹為邾之都矣、更別有繹邑、今魯伐取之、非取邾之都也、因繹山為名、蓋近邾都之旁耳、

とあり、別に繹地を想定している。これは晋が絳から新田へ遷徙した後、新田を絳と呼称する事例と同様の視点といえよう[52]。いずれにせよ、邾には二つの繹があり、一つは邾の国邑となったと見るべきであろう。こうして『左伝』を通じて理解される当該時代には、遷徙による「邑」の名称変更も考慮する必要があるわけである。

「王遷盟・向之民于郟」（『左伝』桓公七年）とある遷徙に至る経緯には「夏、盟・向求成于鄭、既而背之」とあり、「盟・向之民」と「盟・向」の互換性が確認できる。さらに、この事件の発端には、

王取鄔・劉・蔿・邘之田于鄭、而與鄭人蘇忿生之田―温・原・絺・樊・隰郕・欑茅・向・盟・州・陘・隤・懐、

（『左伝』隠公十一年）

とあり、「鄭人蘇忿生之田」の一部に「向・盟」が見出せ、田との関係が窺える。ここには遷徙をめぐる田と民の問題が浮上する。『左伝』にあって田がほぼ邑と同義に用いられる場合が多いが[53]、西周金文では田の実態はそれを耕作する農民をも含んでいると考えられる[54]。もしこうした理解を前提にすれば、田・邑・民が同一の実態を重複的に示していることになる。しかし、遷徙が国君や国人層を主要構成員とし、それを排除した一部の支配層と土地と密接な関係をもつ民が残存することは、人と民が明確に区別されていたと見るべきで、右の理解を認めるわけにはいかないであろう。

そこで、民と田について若干の展望的な考察を試みてみよう。前述のとおりそもそも遷徙が支配層の転居を課題とするのに対して、被支配層の民が遷される事例は非普遍的であった。ただし、民の遷徙と類似すると考えられる状況は、『左伝』定公十三年に、

晋趙鞅謂邯鄲午曰、帰我衛貢五百家、吾舎諸晋陽、午許曰、帰告其父兄、父兄皆曰、不可、衛是以為邯鄲、而寘諸晋陽、絶衛之道也、不如侵斉而謀之、

とある。「家」については別に考えなくてはならないが、ここに何らかの形で従来の支配体制から分離され、新たな支配を被る実態の転出が認められる。この場合、父兄が「五百家」により邯鄲を援助すると語るように、衛と邯鄲の友好の基礎として「家」が意識され、「五百家」は必ずしも強制的・非平和的な転出とはいえないようである。このことは、自ら遷徙を求める支配層が、遷徙先の民の順応性を強く意識する事例と同質と考えられる。少なくとも既存の体制から析出された民を、個別対象とする専制支配とはいえないわけである。いずれにしても、民の遷徙が非普遍的であったのに対して、実際に遷徙と類似する転出の事例が見られるのは、民とその耕作地である田と人・邑の非同一性を前提とする社会を『左伝』が物語っているからであろう。(55)

では、民を根底にもつ邑は、遷徙によってどのような状況を表すのであろうか。遷徙先の邑は、その既存性がほぼ確認されるが、なかでも国が遷徙後、国の支配層を失った、国邑から鄙邑へと変質した邑としてどのようであったのか。莱の事例で確認された非廃邑化は、一般的な状況なのかが問題となろう。

秋、秦・晋遷陸渾之戎于伊川、（『左伝』僖公二十二年）

とあり、「陸渾之戎」は伊川に遷ったが、その後について『左氏会箋』では「而遂為被髪之藪沢」と、廃邑のような状況を想定する。しかし、一方で再三にわたる遷徙を余儀なくされた許の旧国邑は、鄭にあって「余佇邑也」（『左伝』

昭公十八年）とあり、楚王の言説を借りて「昔我星祖父昆吾、旧許是宅、今鄭人貪頼其田、而不我与」（昭公十二年）とその状況が示され、鄭の領域内で存続している。また、葉は許が白羽に遷徙した後、楚の重鎮として存続し、いずれも『左氏会箋』説とは異なる状況が考えられる。(56)

以上、遷徙が既存の邑を前提になされ、遷徙後その支配層の変化を被り、国邑から鄙邑へと変質した邑は依然として存続し、必ずしも廃邑とはならなかった。(57) このことは、当該時代の社会性質、殊に邑の実態を窺わせるものである。国の中枢的要素を戴き得る邑は、国邑の他にも存在し、一方で国の構成要素を失い国邑から鄙邑へと変質した邑は、邑自体の消滅を必ずしも意味するものではなかった。「凡邑、有宗廟先君之主曰都、無曰邑」（『左伝』荘公二十八年）とある国・都・鄙の邑の区別は、(58) 邑の実質的規模を示すのではなく、邑が有する機能・役割分担を焦点とした国の支配統治上の政治的観念的理解に基づく分類といえよう。いいかえれば、邑の実態と構造の相違は、各邑の支配層の国邑との関係に基づく存立形態に即して理解すべきであろう。遷徙とは、そうした当該時代の邑構造の特質を前提に出現するものであったのである。(59)

国君や国人層を主要な構成員に支配層でなされた遷徙は、支配層の内部にも複雑な状況を出現させた。それは、前述した許や蔡での大夫層の動向に象徴されるが、より本質的には支配体制の維持・存続を願う支配層に共通した、具体的現実的な課題を発端とするものであった。そうした点は、

在礼、家施不及国、民不遷、農不移、工賈不変、士不濫、大夫不収公利、（『左伝』昭公二十六年）

というような、礼論の立場で語られる支配層の民に対する頑な意識に集約されている。さらに、

里析告子産曰、将有大祥、民震動、国幾亡、吾身泯焉、弗良及也、国遷、其可乎、子産曰、雖可、吾不足以定遷矣、（『左伝』昭公十八年）

とあり、民の離反にもかかわらず、遷徙を躊躇せざるを得ない現実こそ、支配層の民への意識と遷徙の非普遍性を前提にするものと考えられる。では、なぜ遷徙がなされたのであろうか。『左伝』では「疆場之邑、一彼一此、何常之有」（昭公元年）とあり、邑の帰属性の不安定さを伝えている。したがって、当該時代のこうした邑の存立形態の脆弱さを対象にして、支配層が国の存続をかけ富国強兵と領域支配のために遷徙を行ったものといえよう。

おわりに

国が滅びるとは、従来から指摘されてきた宗廟社稷に関わる礼世界的観点とは別に、強制的施策の下に国君や支配層の存立を否定される行為であった。滅国後も他国の援助下で従来の地（国邑）とは所在を異にする国君の存立は、殷周以来の封国と存在形態を異にした国の存続を印象づける。こうした滅国に伴い、内部構造の不変性が確認されるにもかかわらず、国君や支配層を失った被支配層には、自己の存立基盤を現実的具体的な問題として頑なに意識する、滅国行使の現実に適応をめざす、旧支配層への族的秩序に固執しない可変性が見られた。

遷徙は非普遍的な行為であり、民を対象外に主に国君や国人層を主要な構成員に支配層の問題として意識されていた。遷徙に度々言及される民への意識は、支配層に立脚した観点が存在するものであった。ただし、滅国に伴う被支配層の族的秩序に固執しない可変性は、遷徙での民にも同様に想定できる。支配層の自己の存立を見据えた領域支配の拡張のなかに、被支配層を消化しようとした行為が遷徙に他ならなかったのである。

滅国・遷徙を通じて確認された被支配層への支配層の対応は、支配層自身の内部に展開される中央集権化にくらべ、甚だ保守的な面を露出しているといわざるを得ないであろう。被支配層の可変性を温存し、それへの強権的介入を自ら否定する支配層の姿が、そこには浮かび上がっている。

註

（1）『春秋釈例』（孫星衍輯本）巻四、以帰例第三十一。
（2）貝塚茂樹『中国の古代国家』（『貝塚茂樹著作集』第一巻、中央公論社、一九七六年）参照。
（3）増淵龍夫「先秦時代の封建と郡県」（『一橋大学研究年報　経済学研究Ⅱ』一九五八年、同氏『中国古代の社会と国家』弘文堂、一九六〇年、『新版　中国古代の社会と国家』岩波書店、一九九六年）参照。なお、貝塚茂樹氏も経学的解釈から滅国・遷徙を整理している（註（2）同氏、前掲書）。
（4）李学勤『東周与秦代文明』（文物出版社、一九八四年）、茂澤方尚「潘と沈尹氏」（『駒沢史学』二九、一九八二年）等参照。本書第一部第六章黄国の滅国、第七章紀国の遷徙、参照。
（5）以下同様の事例を列挙する。

僖公二年（夏五月）、虞師・晋師滅下陽、
僖公十二年夏、楚人滅黄、
僖公十七年夏、滅項、
僖公二十五年春王正月、衛侯燬滅邢、
文公四年秋、楚人滅江、
文公五年秋、楚人滅六、
文公十六年（秋）、楚人・秦人・巴人滅庸、
宣公八年（夏六月）、楚人滅舒蓼、
宣公十二年冬十有二月戊寅、楚子滅蕭、
宣公十六年（春）、晋人滅赤狄甲氏及留吁、
成公十七年（十有二月）、楚人滅舒庸、
襄公六年（秋）、莒人滅鄫、
襄公六年十有二月、斉侯滅萊、
襄公十年春、公会晋侯・宋公・衛侯・曹伯・莒子・邾子・滕子・薛伯・杞伯・小邾子・斉世子光会呉于柤、夏五月甲午、遂滅偪陽、
襄公二十五年（秋八月）、楚屈建帥師滅舒鳩、
昭公四年秋七月、楚子・蔡侯・陳侯・許男・頓子・胡子・沈子・淮夷伐呉、執斉慶封、殺之、遂滅頼、
昭公十三年（冬十月）、呉滅州来、

昭公十七年八月、晋荀呉師滅陸渾之戎、　―　昭公二十四年冬、呉滅巣、

なお、『左伝』隠公十一年には「凡諸侯有命、告則書、不然則否、師出臧否、亦如之、雖及滅国、滅不告敗、勝不告克、不書于策」という凡例が見える。「滅」事例については、陸淳『春秋啖趙集伝纂例』（叢書集成新編）、恵士奇『春秋説』（皇清経解）、程発軔『春秋要領』（東大図書公司、一九八九年）等参照。『春秋』『左伝』については、竹内照夫『春秋』（東洋思想叢書、日本評論社、一九四三年）、野間文史「春秋経文について」（『広島大学文学部紀要』五〇、一九九一年、同氏『春秋学　公羊伝と穀梁伝』所収、研文出版、二〇〇一年）、顧頡剛講授、劉起釪筆記『春秋三伝及国語之綜合研究』（中華書局、一九八八年）、顧頡剛遺作・王煦華整理「春秋研究講義案語」（『中国古籍研究』第一巻、上海古籍出版社、一九九六年）、徐中舒『左伝選』後序（中華書局、一九六三年）等参照。

（6）荘公十年冬十月、斉師滅譚、譚子奔莒、　―　昭公三十年冬十有二月、呉滅徐、徐子章羽奔楚、
僖公十年（春）、狄滅温、温子奔衛、

（7）滅国に伴う殺害は『春秋』では定公四年のみであるが、連れ去りは以下の事例が見られる。
宣公十五年六月癸卯、晋師滅赤狄潞氏、以潞子嬰児帰、　―　定公十四年二月辛巳、楚公子結・陳公孫佗人滅頓、以頓子牂帰、
定公六年春王正月癸亥、鄭游速帥師滅許、以許男斯帰、　―　定公十五年二月辛丑、楚子滅胡、以胡子豹帰、

（8）増淵龍夫「春秋戦国時代の社会と国家」（『岩波講座世界歴史4』所収、一九七〇年、岩波書店）参照。

（9）滅国が国邑を対象として成立する事例は、この他に『左伝』文公十六年「庸人帥群蛮以叛楚、……、（楚師）自廬以往、振廩同食、次于句澨、使廬戢黎侵庸、及庸方城、……、又与之遇、七遇皆北、……、楚子乗馹、会師于臨品、分為二隊、子越自石渓、子貝自仞以伐庸、秦人・巴人従楚師、群蛮従楚子盟、遂滅庸」、同昭公十一年「楚子在申、召蔡霊侯、……、三月丙申、楚子伏甲而饗蔡侯於申、酔而執之、夏四月丁巳、殺之、……、冬十一月、楚子滅蔡、用隠大子于岡山」がある。本書第一部第一章第二節軍事行動の特徴、参照。ただし、『春秋』僖公二年「（夏）、虞師・晋師滅下陽」、『左伝』桓公七年「冬、曲沃伯誘晋小子侯殺之」、同八年「春、滅翼」は、特異な事例である。下陽は虢の宗廟が設置された所で、礼世界的観点で考えられている（楊伯峻『春秋左伝注』僖公二年条、中華書局、一九八一年、参照）。翼については晋の公室の分裂を考慮する指

摘がある（童書業『春秋左伝研究』、上海人民出版社、一九八〇年）。

（10）『左伝』宣公十五年「（晋）滅潞、酆舒奔衛、衛人帰諸晋、晋人殺之」は、同様に支配層の存在が意識されている。また、『左伝』宣公十一年に見える陳県設置でも、陳君亡き後、夏徴舒という支配層の殺害が関係している（『春秋左伝注』宣公十一年条参照）。

（11）国君と支配層が個別に意識されていたことは、『春秋』昭公二十三年「（秋七月）戊辰、呉敗頓・胡・沈・蔡・陳・許之師于雞父、胡子髡・沈子逞滅」とあるように、胡・沈の君が戦死したにもかかわらず（『左氏会箋』）、胡・沈の滅国が定公十五年・定公四年であって、以後も支配層によって新君が擁立され国が存続していた点からも窺われる。ただ、衛の滅国は『春秋』閔公二年「十有二月、狄入衛」に関して、『左伝』では「（衛）及狄人戦于熒沢、衛師敗績、遂滅衛、衛侯不去其旗、是以甚敗」とあり、衛君が熒沢で消息を断ったことが関係したと伝えている。これは狄の襲撃により衛の支配層が離散したためと思われ、特異な事例である。なお、『春秋左伝注』は「経不書滅而書入者、以亡而復存也」と指摘する。

（12）以下『左伝』の同様事例を列挙する。

荘公十四年「蔡哀侯為莘故、縄息嬀以語楚子、楚子如息、以食入享、遂滅息、以息嬀帰、生堵敖及成王焉」

襄公十年「五月庚寅、荀偃・士匄帥卒攻偪陽、親受矢石、甲午、滅之、……、晋侯有間、以偪陽子帰、献于武宮、謂之夷俘」

昭公十二年「晋荀呉偽会斉師者、仮道於鮮虞、遂入昔陽、秋八月壬午、滅肥、以肥子緜皐帰」

昭公二十二年「六月、荀呉略東陽、使師偽糴者負甲以息於昔陽之門外、遂襲鼓、滅之、以鼓子鳶鞮帰、使渉佗守之」

哀公二十二年「冬十一月丁卯、越滅呉、請使呉王居甬東、辞曰、孤老矣、焉能事君、乃縊、越人以帰」

（13）『春秋』襄公六年「（秋）、莒人滅鄫」について、『左伝』襄八年では「莒人伐我東鄙、以疆鄫田」とあり、主謀国により滅国の領域が意識されている。なお、『春秋』僖公十年には「（春王正月）、狄滅温、温子奔衛」とあり、『左伝』僖公二十五年では「三月甲辰、（晋侯）次于陽樊、右師囲温、左師逆王、夏四月丁巳、王入于王城、取大叔于温」とあり、「温」が周の邑として確認でき、主謀国の領域拡張と滅国が直結しない場合もあったと考えられる。

（14）註（3）増淵龍夫氏、前掲書、平勢隆郎「楚王と縣君」（『史学雑誌』九〇―二、一九八一年、同氏『左伝の史料批判的研究』所収、汲古書院、一九九八年）、楊寛「春秋時代楚国縣制的性質問題」（『中国史研究』一九八一―四、同氏『楊寛古史論文選集』所収、上海人民出版社、二〇〇三年）、谷口満「春秋楚縣試論」（『人文論究』四七、一九八九年）等参照。

（15）『春秋』僖公十年に「（春王正月）、狄滅温、温子奔衛」とあり、『左伝』では「狄滅温、蘇子無信也、……、蘇子奔衛」とするが、『春秋』文公十年に「（秋七月）、及蘇子盟于女栗」とあり、再び蘇子が確認でき、復国の事例と考えられる。

（16）註（6）参照。なお、他に『左伝』では次の事例が見られる。

僖公五年、「冬十二月丙子、朔、晋滅虢、虢公醜奔京師」――僖公二十一年、「邾人滅須句、須句子来奔、因成風也」

（17）平勢隆郎氏は、楚の遷徙政策に関連させ、県設置とは別個に復される国の実態を論じている（「『左伝』昭公十三年「霊王遷許胡沈道房申於荊焉」をめぐって」『東洋史研究』四六―三、一九八七年、註（14）同氏、前掲書所収）。

（18）註（3）増淵龍夫氏、前掲書参照。

（19）城濮の戦いで楚が大敗した時点で、楚成王は「大夫若入、其若申・息之老何」（『左伝』僖公二十八年）と、滅国後の楚の軍事拠点に組み入れた申・息の被支配層に配慮を払っている。これも滅国の内部構造の不変性を推察させるものといえよう。岡田功「楚国と呉起変法」（『歴史学研究』四九〇、一九八一年）、安倍（齋藤）道子「春秋楚国の申県・陳県・蔡県をめぐって」（『東海大学紀要文学部』四一、一九八四年）等参照。

（20）須句に関する主謀国側の立場に関しては、本書第一部第三章第三節国邑占領と附庸小国、参照。

（21）宇都木章氏は、鄟について支配者の交替と、それに伴う姓の変化を考慮している（同氏「「春秋左伝」に見える鄟国」『青山史学』八、一九八四年、宇都木章著作集第一巻『中国古代の貴族社会と文化』所収、名著刊行会、二〇一一年）。なお、対鄟「取」行為に関しては、本書第一部第三章第三節国邑占領と附庸小国、参照。

（22）斉に滅国された萊の被支配層は、斉と魯の夾谷の会合で斉の一員として重要な役柄で登場し、孔子の言葉を借りて「裔夷之俘」と記述されている（『左伝』定公十年）。これも滅国後の被支配層の新支配層への対応の実態を示すものといえよう。

（23）現実的具体的な課題に適応しようとする被支配層の可変性については、西周時代後期の社会性質において論じた（拙稿「小雅楚茨篇にみえる社会階層」『大正大学大学院研究論集』一一、一九八七年）。

(24) 谷口満氏はこの一連の事態を、残存する旧来の諸族が「嬀姓・姫姓公室の復帰による主権の回復すなわち県から国への復帰を強くのぞんでいた」と解釈する（註（14）同氏前掲論文）。

(25) 「潰」については、『公羊伝』（僖公四年）「潰者何、上叛下也、国曰潰、邑曰叛」とあり、『春秋左伝注』（文公三年条）には「在上之逃、一人及其随従而已、民逃其上、人数衆多、故不曰逃曰潰」と見える。

(26) 本書第一部第三章第二節国邑占領の実態、参照。

(27) 荘公元年（冬）、斉師遷紀郱・鄑・郚、　　　――荘公十年三月、宋人遷宿、

なお、遷徙事例については、註（5）、陸淳『春秋啖趙集伝纂例』（叢書集成新編）、恵士奇『春秋説』（皇清経解）、程発軔『春秋要領』等参照。

(28) 僖公元年夏六月、邢遷于夷儀、　――――昭公十八年冬、許遷于白羽、

僖公三十一年十有二月、衛遷于帝丘、　　定公四年（六月）、許遷于容城、

昭公九年（春）、許遷于夷、

(29) 註（1）、杜預『春秋釈例』（孫星衍輯本）巻四、遷降例第三十。

(30) 自遷の事例は『左伝』僖公三十一年衛、文公十三年邾、成公六年晋。

(31) 程発軔氏は諸国の遷徙事例を以下の五つに分類する。

一、隨王室東遷、　二、畏偪自遷、　三、大国強制遷徙、　四、自行遷徙以図争覇中原、　五、王命遷徙鎮撫殊方、

（同氏『春秋左氏伝地名図考』広文書局、一九六七年）。なお、紀の遷徙の実態に関しては、本書第一部第七章紀国の遷徙、参照。

(32) 谷口満氏は「「遷」という表現が用いられた場合、住民の全部あるいはかなりの部分が遷されたことは確かであるが、しかしその被遷集団の内容を特定することはきわめてむつかしい」とする（註（14）同氏、前掲論文）。

(33) 『左伝』襄公十年に「昔平王東遷、吾七姓従王、牲用備具、王頼之、而賜之騂旄之盟、曰世世無失職、……」とあり、盟約が遷徙に関連してなされたことは、遷徙をめぐる何らかの対立が存在したものと考えられる。

（34）遷徙に関連して民が意識される事例は、『左伝』桓公七年、成公六年、定公十年、昭公二十五年、二十六年で見られる。
（35）『左伝』の文献的特質については、註（5）竹内照夫氏、徐中舒氏、前掲書。さらに、鎌田正『左伝の成立とその展開』（大修書店、一九六三年）、板野長八「左伝の作成」（『史学研究』一二七・八、一九七五年、同氏『儒教成立史の研究』所収、岩波書店、一九九五年）等参照。
（36）松本光雄「中国古代の邑と民・人との関係」（『山梨大学学芸学部研究報告』三、一九五二年）参照。なお、吉本道雅氏は、民の一部が兵役担当者であることを指摘する（「春秋国人考」『史林』六九―五、一九八六年、同氏『中国先秦史の研究』所収、京都大学学術出版会、二〇〇五年）。
（37）『左伝』荘公二十三年「夏、公如斉観社、非礼也、曹劌諫曰、不可、夫礼所以整民也、故会以訓上下之則、制財用之節、朝以正班爵之義、帥長幼之序、征伐以討其不然、諸侯有王、王有巡守、以大習之、非是、君不挙矣、君挙必書、書而不法、後嗣何観」は、礼世界に基づく『左伝』の立場からの民統治問題を論じたものといえよう。
（38）谷口満氏は、昭公二十五年に見える「使民不安其土」を、「実際の住民の移動」とする（註（14）同氏、前掲論文）。しかし、同年に「楚子使薳射城州屈、復茄人焉」とその経緯が見え、「城」（後述）が前提として存在することが重要であった。昭公九年に「冬、築郎囿、書、時也、季平子欲其速成也、叔孫昭子曰、……、焉用速成、其以勦民也、無囿猶可」とあり、築城が民の労働力を期待した行為であったからである。民に対する使役の苛酷さを言説したものといえよう。
（39）大島利一「中国古代の城について」（『東方学報』京都、第三〇冊、一九五九年）、杉本憲司「中国古代の城」（『日本文化の探求・城』所収、社会思想社、一九七七年）、同「中国城郭成立史論――最近の発掘例を中心に」（林巳奈夫編『戦国時代出土文物の研究』所収、京都大学人文科学研究所、一九八五年）参照。
（40）註（14）谷口満氏、前掲論文参照。
（41）『左伝』昭公元年に杞をめぐり「城淳于」と追記があり、杜注では「襄二十九年、城杞之淳于、杞遷都」と、城を遷徙と関連させている。再考の余地を含む議論と考えられる。なお、杞の遷徙については、程有為「杞国及其遷徙」（『東夷古代史研究』第一輯　所収、三秦出版、一九八八年）、および本書第二部第八章第五節杞国と国際社会、参照。

(42)『左伝』で遷と城が関連づけられている事例は、『春秋』僖公元年「夏六月、邢遷于夷儀、斉師・宋師・曹伯城邢」『左伝』「諸侯城之、救患也」、『左伝』昭公二十五年「楚子使薳射城州屈、復茄人焉、城丘皇、遷訾人焉、使熊相禖郭巣、季然郭巻」のみである。

(43)『左伝』昭公十三年には「楚之滅蔡也、霊王遷許・胡・沈・道・房・申於荊焉、平王即位、既封陳・蔡、而皆復之、礼也」とあり、蔡の滅国(昭公十一年)後、時を経ずして許らの楚領内への大規模な遷徙がなされている。既存の邑を背景とした行為と見られる。

(44)註(17)平勢隆郎氏、前掲論文参照。

(45)註(19)安倍(齋藤)道子氏、前掲論文、本書第一部第二章第三節滅国後の居民、参照。

(46)楊伯峻氏は「定萊国之田、斉既滅萊、必分配其土地与斉君臣」とする(『春秋左伝注』襄公六年条)。

(47)降服儀礼については、楊希枚「先秦諸侯受降献捷与遣俘制度考」(『中央研究院歴史語言研究所集刊』第二七本、同氏『先秦文化史論集』所収、中国社会科学出版社、一九九五年)参照。

(48)復国については、本書第一部第二章第二節滅国後の国君・支配層、参照。

(49)本書第一部第二章第三節滅国後の居民、参照。なお、『左伝』閔公二年には「(衛)及敗、……、衛之遺民男女七百有三十人、益之以共・滕之民為五千人、……」(杜注「共及滕、衛別邑」)とあり、衛滅国後の数値は、国邑・鄙邑の人口を考える上で示唆的であり、遷徙での構成員に関しても参考となろう。

(50)註(36)吉本道雅氏、前掲論文参照。

(51)例えば、『春秋』襄公十三年には「夏、取邿」とあり、『左伝』は「夏、邿乱、分為三、師救邿、遂取之、凡書取、言易也」と説明する。以後、邿は見えず国としての何らかの変質を推察させる。

(52)この点は考古学的にも留意しなければならない問題である。専論ではないが、註(4)李学勤氏、前掲書に春秋各国の動向を考古学的に跡づけ、遷徙事例にも若干言及する。なお、本書第一部第六章黄国の滅国、においても考古学的に遷徙を考察している。

(53) 註（3）増淵龍夫氏、前掲書参照。

(54) 伊藤道治『中国古代国家の支配構造』（中央公論社、一九八七年）参照。

(55) この問題に関連して、田が邑とは別に人為的に区別された土地という指摘もなされている。松井嘉徳「西周土地移譲金文の一考察」（『東洋史研究』四三―一、一九八四年、同氏『周代国制の研究』所収、汲古書院、二〇〇二年）、『春秋左伝注』隠公十一年条参照。

(56) 『春秋左伝注』成公十五年条参照。

(57) 註（36）松本光雄氏、前掲論文参照。

(58) 楊寛「試論西周春秋間的郷遂制度和社会結構」（同氏『古史新探』所収、中華書局、一九六五年、『西周史』台湾商務印書館、一九九九年）参照。

(59) 中国古代の邑の成立に関しては、様々な観点で論じられているが（池田雄一「中国古代聚落の展開」『歴史学研究』別冊特集「地域と民衆」、一九八一年、同氏『中国古代の聚落と地方行政』所収、汲古書院、二〇〇二年）、本文で指摘の邑存立の特質も見過ごせない事例であろう。

第三章　占領政策

はじめに

第一章で見たように『春秋』経文が記す軍事的行為は、国君・支配層の居住する国邑の動向に配慮しながら、その周辺に点在した鄙邑に対して攻撃を当該時代の後期に増加させる。なかでも、「取」(占領)と「囲」(攻囲)を通じて、そうした傾向は顕著であった。[1] このような点は、当該社会の国邑—鄙邑の従属関係にあって、鄙邑が担う采邑としての側面など、国邑を中枢とした諸侯国の支配構造と関連すると考えられる。[2]

本章では、国邑・鄙邑に適用される軍事行為である「取」(占領)の検討を試みる。まず、「取」対象国が後述のように附庸小国に限定されることから、国際社会における附庸小国の存立形態について言及する。中央集権化に伴う領域支配の拡張のなかで、軍事を通じた諸侯国の動向を解明しようとするものである。さらに、鄙邑を対象とした「取」(占領)をとりあげ、その対象邑の存立状況を通じて、国邑—鄙邑の支配構造の一側面についての考察を行う。こうしたアプローチは、これまで中心的課題と理解されてきた鄙邑とその管有者、もしくはその世襲関係の有無といった、諸侯国内に完結される議論といささか異なる問題を提示することになろう。

第一節　『春秋』『左伝』の国邑占領

『春秋』『左伝』のなかから国邑に適用されたと考えられる「取」（占領）事例を列挙する。[3]

①『左伝』隠公五年、宋人取邾田、
②『春秋』僖公三年（夏四月）、徐人取舒、
③『左伝』僖公十七年、（魯）師滅項、淮之会、公有諸侯之事、未帰、而取項、
④『左伝』僖公十九年、梁亡、不書其主、自取之也、……、民懼而潰、秦遂取梁、
⑤『春秋』宣公九年秋、取根牟、『左伝』秋、取根牟、言易也、
⑥『春秋』成公六年（二月）、取鄟、『左伝』取鄟、言易也、
⑦『春秋』襄公十三年夏、取邿、『左伝』夏、邿乱、分為三、（魯）師救邿、遂取之、凡書取、言易也、用大師焉曰滅、弗地曰入、
⑧『左伝』昭公十五年、晋荀呉帥師伐鮮虞、囲鼓、……、而後取之、克鼓而反、不戮一人、以鼓子鳶鞮帰、
⑨『左伝』昭公十六年、楚子聞蛮氏之乱也与蛮子之無質也、使然丹誘戎蛮子嘉殺之、遂取蛮氏、既而復立其子焉、礼也、
⑩『左伝』昭公三十年、（呉）二公子奔楚、楚子大封、而定其徙、……、取於城父与胡田以与之、将以害呉也、

以上の占領の出現は政治状況との関連からすれば、
春秋諸国の勃興時期（前七五〇—前六八〇）……①

春秋覇者の出現時期（前六八〇—前六二〇）……②③④
春秋の貴族政治の時期（前六二〇—前五四〇）……⑤⑥⑦
春秋の崩壊時期（前五四〇—前四八〇）……⑧⑨⑩

の四期に区分することができ、当該時代をほぼ網羅している。[4] また、地域的には、魯とその周辺勢力の対立（①③⑤⑥⑦）—中原東部、晋・秦抗争下での対立（④⑧）—中原西部、楚の対外進出下での対立（②⑨⑩）—中原南部、と規定でき、いずれも中原周辺が対象であった。[5]

次に解説の要する点を整理しておこう。

①「邾田」⑩「胡田」（「城父」は楚邑のため対象外[6]）は、他事例と異なり「田」であって、国邑を直接示しているのか疑問が残る。例えば、①「邾田」に関しては、『春秋』襄公十九年に、

（春）、取邾田、自漷水、

とあり、『左伝』には「疆我田、取邾田、自漷水帰之于我」とあり、魯「田」の領域画定を目的とした「邾田」取得であった。この「取」は必ずしも軍事的行為とはいえず、「邾田」が邾国の領域内の一定地域に限定されている。しかし、一方で①に対して『左伝』では、邾国が「取邾田」によって対宋報復を鄭の軍事力に期待する話を伝えている。[7]「取邾田」が邾支配層ひいては国邑の存立自体にとって、軍事的脅威であった事実を暗示するものである。このような「取田」に内在される軍事的側面は、後述のように胡国をめぐる国際関係からも窺え、⑩「取胡田」に関しても同様の事情が推察されよう。

④は『春秋』「梁亡」に対する『左伝』の解説である。「亡」を「自取之」と梁国の政策に関連したものとしている。『左伝』によれば梁君の領域拡張に伴う新邑創設が政治的混乱を引き起こし、被支配層の支持を失い（民懼而潰）、「秦

遂取梁」の事態をまねいたという[8]。国の失政が他国の軍事行為を被る原因となったと伝えている。同様の事例は⑦鄅⑨蛮氏の「乱」でも確認できる。

⑨蛮氏では占領後「復立其子」とあり、新君擁立が占領主謀国によってなされている[9]。占領政策は終始、対象国を圧迫する強権として機能するのではなく、国の再生にも貢献していたことになろう。同様の事例は、⑧鼓の「取之、克鼓而反、不戮一人」からも窺える。

ところで、①から⑩までの占領対象国は伝統的理解では、

附庸国……①邾②舒④梁⑥鄟⑩胡

小国……③項⑦鄅

非中原文化国……⑤根牟⑧鼓⑨蛮氏

にほぼ分類できる[10]。こうした傾向は、占領対象国が当該社会の中枢的諸侯国とは別の範疇に属することを示している。魯国の占領の可能性を物語る『左伝』にあって[11]、占領が附庸小国に限定される点は注目すべきであろう。これは占領対象国が当該社会において、自立的外交を展開する諸侯国と、その存立形態を異質にすることが関係していたと考えられる。なお、政治的混乱によって占領が出現する点（⑤⑥⑦）も、占領対象国の特性を示すものといえよう。

こうした占領対象国の傾向は、第一章第二節で確認した『春秋』での軍事行為の比較における「取」国・「取」邑の数値的少数傾向とも関連するものと考えられる[12]。占領政策は本来、領域支配を目指した諸国の抗争であり、魯国の年代記『春秋』ではそのすべてが記載されたわけではないであろう[13]。だが、一方で『左伝』には「取」を「言易也」（⑤⑥⑦）と説明し、「軽微」であると見做すが、これは当該問題に関する共通の理解であったと考えられる。「取」の数値的少数傾向は、そうした占領を軽視する理解の投影といえよう。

以上の占領政策についての理解には、当該期の対立抗争を展開する国際関係の考察が不可欠と思われる。あらためて具体的個別的に占領事例の検討を行う。

第二節　国邑占領の実態

占領対象国は附庸小国に限定されるが、占領に至る経緯には様々な状況があった。

③項⑥鄟⑦邿諸国は、「取」記事以外に『春秋』『左伝』では見出せないことから、[14]附庸的存在として独立性が希薄であり、占領後の主謀国下での服属化が考えられる。このことは⑤根牟が「取」後に、「秋、大蒐于紅、自根牟至于商・衛、革車千乗」（『左伝』昭公八年）とあり、主謀国魯の属邑として存在することからも窺える。占領の長期に亘る継続支配と「取」の現実的効果を示している。しかし、占領政策の継続には、対象国をめぐる国際関係が個別に存在した。

④梁は『左伝』文公十年に「晋人伐秦、取少梁」と見える「少梁」と考えられ、[15]占領後、秦の属邑として継続支配を受けている。もともと梁は晋の内乱に関与するなど、[16]晋との対立が窺える。[17]晋では公位継承で失脚した公子夷吾が梁に亡命するが、[18]その前提には「不如之梁、梁近秦而幸焉、乃之梁」という、梁の秦への接近が認められる。したがって、梁の占領に至る「亡」は、晋・秦の勢力拡大のなか、国としての自立性を模索する領域拡張（「梁伯益其国」）が秦による占領を招いたものであろう。[19]

こうした点からは、⑤根牟の属邑化でも主謀国魯との外交を考慮する必要があろう。さらに、③項⑥鄟⑦邿の占領政策にあっても、各国の外交には主謀国との個別具体的問題が存在したはずである。占領対象国の空白は、占領行為の軽微さとの関連から予測される、属邑化の容易さを示唆するものではなかったと考えられる。むしろ国としての自立性にもとづく、外交関係を個々に想定すべきである。

一方、軍事行為「取」の非継続的な支配も見出せる。⑨蛮氏は占領前に、「三月、晋伯宗・夏陽説・衛孫良夫・甯相・鄭人・伊雒之戎・陸渾・蛮氏侵宋」（『左伝』成公六年）とあり、晋同盟の構成国として「侵宋」へ参加した。その後、内乱を契機に楚の占領を被り、「復立其子」と蛮氏は支配層の再生を果たしている。蛮氏の動向はいま一つ明らかではない。ただ、占領後の動向として「（楚）単浮餘囲蛮氏、蛮氏潰」（『左伝』哀公四年）とあり、楚の援助で再興した蛮氏は親楚体制を確立してはいなかったらしい。楚の「囲蛮氏」に、「蛮氏赤奔晋陰地」（『左伝』哀公四年）と対応する蛮氏の支配層の動向は、対晋関係を堅持していた可能性を示すものである。[21]したがって、晋・楚の外交の対立が蛮氏の占領を引き起こしたものと考えられ、蛮氏は晋・楚抗争にあって自立した外交を推進する勢力であったといえよう。楚の占領政策の非継続は、こうして蛮氏の自立性に配慮した結果であったと見られる。

⑩胡[22]は「取」前の『左伝』襄公二十八年では、「夏、斉侯・陳侯・蔡侯・北燕伯・杞伯・胡子・沈子・白狄朝于晋、宋之盟故也」とあり、晋朝見国として確認できる。ただし、この外交自体、「宋之盟故也」というように前年の弭兵の会を前提とするもので、胡は楚同盟の一員であった。[23]こうしたなか、楚は蔡滅国政策の一環として胡を荊に遷徙する。[24]その後、楚王即位に伴い胡が旧地に復されるが、遷徙が国の支配層に対して圧迫的であることから、[25]胡の親楚関係は附庸的性質を帯びていた可能性が高い。胡は呉・楚の「雞夫の戦」では、『春秋』昭公二十三年に、

（秋七月）戊辰、呉敗頓・胡・沈・蔡・陳・許之師于雞父、胡子髡・沈子逞滅、獲陳夏齧、

とあり、優位に立つ呉に国君を殺害される。こうして胡は楚による⑩の占領を被るのであった。いずれにせよ経緯には不明なところがあるが、昭公二十三〜三十年の間に楚・胡関係は呉・楚抗争の推移に伴い変質したらしい。以後、

胡は親楚から一転、呉の対楚侵攻にあって軍事上の一翼を担い[26]、呉の楚都侵入と時を同じくして「胡子尽俘楚邑之近胡者」と、さらに「楚既定、胡子豹又不事楚」（『左伝』定公十五年）と、その反楚的動向を強めている。胡の親楚体制は完全に終結したと見るべきであろう。結局、『春秋』定公十五年には、

二月辛丑、楚子滅胡、

とあり、胡は楚に滅国される。楚の⑩政策では、占領後の楚・胡外交からすれば、胡支配にあって絶対的効力を発揮したとはいえず、「取」は非継続的であったと見られる。ところで、胡が反楚を展開する根本的な原因は、「取」「胡田」が関わっていたようである。占領政策が国邑の存立に脅威をもたらし、胡の対楚動向を決定づけたものと考えられるからである。占領後、胡が呉の楚侵攻に加担し、対楚戦略を徹底するのは、呉の胡君殺害事件にくらべ楚の占領政策が直接影響したものといえよう。こうして胡の対楚政策は、胡国の自立性を促すことになったわけである[27]。

以上の附庸小国に対する占領政策で見られる対象国の自立性は、やや複雑な問題を提示している。従来から殊に滅国・遷徙の主謀国にとって、対象国の住民の氏族的秩序を統治上、危険視する理解がある[28]。ここで見られる自立性も、氏族的宗法秩序を基調とする伝統的一体感であるのかもしれない[29]。だがしかし、以下の⑧鼓の占領に至る経緯での自立性は、氏族的宗法秩序を唯一の依り所としているとは必ずしもいえないようである。

鼓は占領前に「晋荀呉偽会斉師者、仮道於鮮虞、遂入昔陽」（『左伝』昭公十二年、「孔疏」引劉炫説「昔陽是鼓都」）とあり、すでに晋の侵伐対象であった。そもそも⑧は『春秋』昭公十五年に、

秋、晋荀呉帥師伐鮮虞、

とある事件に関連し、『左伝』では鼓を鮮虞に服属する一勢力と位置づける[30]。いずれにしても、鼓に対して「（晋）而復取之、克鼓而反、不戮一人、以鼓子鳶鞮帰」と、「取」がなされるが、晋では連行した鼓君を早急に帰国させ、占

領にあって非継続的であった。ただ、鼓はその後も鮮虞への傾向を強め、結局、晋に滅国される。[31]このように一貫して鼓には親鮮虞外交が認められるが、晋に占領された鼓について『左伝』では以下の状況を伝えている。[32]

晋は鼓の国邑を攻囲する。すると「鼓人或請以城叛」と、鼓人のなかに城とともに鼓からの「叛」の意思を示し、晋に降服を願う者が出現した。こうした鼓の動向を晋の荀呉（中行穆子）は、「或以吾城叛、吾所甚悪也、人以城来、吾独何好焉」と、批判する。晋では鼓に「叛」した者の処分を委ねる一方、城の防備を促し、三ヵ月間の鼓攻囲を継続するが、またも「鼓人或請降」と降服を請う鼓人が表われたという。鼓の晋服属を願う勢力は、「叛」の範囲を超え潜在的に存在していたものと考えられる。ここには、氏族的宗法秩序を基調とする国としての伝統的一体感を脱却した、いいかえれば血縁的共同体的観念に束縛されない、現実的状況に対処する国の可変性が見られるわけである。荀呉はこの鼓人の降伏を拒否し、「獲一邑而教民怠、将焉用邑、邑以賈怠、不如完旧、賈怠無卒、棄旧不祥、鼓人能事其君、我亦能事吾君」と、条件を提示している。「民怠」に象徴的なように鼓の被支配性を問題視する議論であり、「鼓人能事其君」と同様の対応を期待した「我亦能事吾君」には主謀国晋の立場が集約されている。そして、ようやく占領がなされることになる。

晋・鼓外交の攻防では鼓の晋服属化を主題とするが、その中心は晋の対鼓関係における「総体的被支配性」の要請と考えられる。晋は鼓に対して国の一体化した従属性、特に支配層・被支配層の総体的従順性を統治上の不可欠な要素としている。これは、氏族的宗法秩序を温存する国の統治にあって、障害となる異質性を排除した国の内包を目指す、占領主謀国の支配の論理に他ならない。しかも、従順性の主張は、『左伝』の統治者に立脚した当該社会の国邑における「国君・支配層体制」の維持を志向する内部構造が、一律に定義できない複雑な要素を内在していた点を示すものである。さらに、この鼓の動向は、⑩胡に見出せた自立性とも関わっていると考えられる。

呉・楚抗争のなかでの楚の胡占領が、胡の自立的反楚外交の原因であったが、胡にこうした政策を選択させたのは、氏族的宗法秩序を基調とした伝統的一体感とは必ずしもいえないであろう。というのも⑩の占領は楚の対呉抗争に一連する措置であり、呉に国君を殺害された胡にとって絶好の呉反撃の機会であったからである。胡としては氏族的宗法秩序を基調に、楚の対呉政策に加担すべき時であった。ところが、胡は反楚の道を選択する。胡は必ずしも氏族的宗法秩序に束縛されず、自立的外交を推進したわけである。胡国では「国君・支配層体制」を前提とした内部構造自体が変質していたものと考えられる。(33)

以上から軍事行為「取」には支配機能上、継続・非継続の両面が確認でき、対象国の潜在的自立性が見られた。ただし、自立性は、氏族的宗法秩序を基調とした伝統的一体感とはいえず、国際状況に対応する国としての選択であった。したがって、占領対象の附庸小国のなかに中枢的諸侯国との対比から、氏族的宗法秩序の温存と絶対性、伝統的一体感を求める理解は妥当とはいえないであろう。

第三節　国邑占領と附庸小国

軍事行為「取」での主謀国と対象国の関係は、継続・非継続を問わず、国と国の支配・被支配を前提とする外交上の攻防であった。そこで、主謀国と対象国の主導権争いとその支配構造について、占領政策との関連から考えてみよう。まず、占領対象である附庸国とは一体、どのような状況下で成立するのであろうか。鄅国の対魯附庸化は、外交上の攻防からその経緯が窺われる。(34) 鄅は魯と通婚関係をもち、(35) 斉桓公の覇業末期にあって、東夷勢力の代表として淮夷を抑える重要な拠点であった。(36) しかし、斉桓公の没後、宋襄公の命を受けた邾が鄅君を殺害し、(37) この後、宋の勢力衰退に伴い鄫は再び魯と友好関係を維持した。[38]ところが、晋・楚の対立のなか魯の対外関係に変化が生じ、邾による鄫君の殺害が再びなされた。[39]ただ、二年後、魯・楚の蜀の盟に邾・鄫の参加が確認できることから、鄫をめぐる環境も変質したらしい。[40]このようななか魯は鄫の附庸化を晋に申請し、承認を得ることになる。[41]この附庸化の動きが、国際的に波紋を投げかけたらしく、邾・莒の反発を招き、鄫は両国軍の侵攻に見舞われた。魯が援軍を送るが、邾軍の前に敗退した。[42]そこで、魯は鄫太子を晋に帯同し、直接交渉によって附庸関係の成立を取り付けることに成功する。[43]魯は晋の後ろ楯で問題の収拾を謀ったわけである。

一方で、戚の会に鄫は一諸侯国の資格で列席が確認でき、[44]独立国として国際的に承認されていたと見るべきであろう。『左伝』には「穆叔以属鄫為不利、使鄫大夫聴命于会」（襄公五年）とあり、魯の附庸政策利なしとの判断により、附庸関係は解消したと伝える。ところが、鄫は国際的地位の回復によってたちまち苦境に立たされたようで、莒により滅国される。『左伝』では「莒人滅鄫、鄫恃賂也」とあるが、滅国の要因である「賂」の対象国が一体どこなのか、「賂」が何を指すのか具体的に見られない。[45]ただ、「晋人以鄫故来討、曰、何故亡鄫」（襄公六年）とあり、鄫滅国の責任の一端が魯にあるとする晋の主張から滅国に魯が関与した点は間違いない。いずれにせよ『左伝』によれば、魯・鄫の附庸関係の解消自体が鄫滅国に直結したものと考えられる。

さらに、『左伝』には魯の孟献子の言説を借りて、

以寡君之密邇於仇讎、而願固事君、無失官命、鄫無賦於司馬、為執事朝夕之命敝邑、敝邑褊小、闕而為罪、寡君是以願借助焉、（襄公四年）

とある。魯国の問題意識からは、晋との関係を維持するため、軍事・経済上の窮迫した事情の打開策が、鄫附庸化の中心的課題であったと考えられる。附庸は対象国との軍事・経済上の相互協力を前提とする、主謀国側の現実的具体

的効果を期待した契約だったといえよう。附庸関係には支配・被支配の権力構造に直結する圧力手段としての方向性は、一切見出せないのである。[46]しかも、鄟は邾・莒の圧迫にあって国としての自立性を維持するため、自ら魯附庸化を要請したのではなかったか。そこに一方で、晋との友好に軍事・経済上で窮迫する魯と利害が一致し、附庸関係の成立を見たのであろう。だからこそ鄟にとって魯との附庸関係の解消が滅国へとつながったものと考えられる。附庸関係は対象国相互間の、いわば「選択」と「合意」に基づくきわめて合法的結果であったと見られる。

では、滅国を経た鄟は一体、どのような動向を辿ったのであろうか。滅国後の鄟は、いったん莒の属邑として存立するが、莒の新君即位にともない属邑関係が破綻を来たす。鄟邑は莒から「扱」し、「魯服属化」を要請、魯が「取鄟」（『春秋』昭公四年）によって、莒から鄟邑を奪還している。[47]これは、かつての附庸主魯に「相互協力関係」を依然として期待する鄟邑の意向の表われであって、属邑化後の国に通底する自立性といえよう。

ところで、「魯服属化」を要請した鄟に関しては、魯と対立する邾・莒と同質の「対魯反感意識」の存在が『左伝』に見られる。[48]鄟滅国の主謀国が莒であることからすれば、当然「反感意識」の対象は莒に向けられるべきであった。したがって、魯・鄟外交から鄟の「対魯反感意識」の発端は、附庸関係の解消自体にあった可能性が高い。鄟邑が滅国の主謀国莒に対する意識を乗り越え、かつての附庸主魯に「反感意識」を向けていたことになる。これは、支配層否定の滅国にあって、[49]国としての氏族的宗法秩序を超越した鄟国の属邑化後の動向といえよう。

鄟邑の対魯関係における相反する「服属要請」「反感意識」は、氏族的宗法秩序を絶対的紐帯としない、「鄟」としての自立性を模索する存立基盤の確保の傾向と見られる。魯国の立場からすれば、「対魯反感意識」を内在した鄟邑を要請に応じて属邑化することは、国邑—鄙邑の支配構造に甚だ不安定な要素を内包したものと考えられよう。

鄟と同様、小国から属邑の形態を辿る須句の動向は、当該社会にとって重要な問題を提示している。『左伝』僖公二十一年には「邾人滅須句、須句子来奔」とあり、須句は邾に滅国され、国君が魯へ逃亡し、諸侯国から邾の属邑に転じた。『左伝』僖公二十二年に至り、「公伐邾、取須句」とあり、魯は邾を攻伐し属邑化した須句を奪還する。さらに、『左伝』では「反其君焉、礼也」と、占領後の政策を伝えているが、「取」が須句の支配層の再生を果たす復国の役割を担ったわけである。杜注には「須句雖列国、而削弱不能自通、為魯私属」とあり、須句が魯の附庸的存在であったと考えている。しかしながら、『春秋』文公七年に、

　春、公伐邾、

　三月甲戌、取須句、

とあり、魯・須句をめぐる関係はすでに変質を来たしていたらしい。『左伝』には「寘文公子焉、非礼也」とあり、邾文公子に関して伝えているが、こうした経緯を踏まえ杜注は「須句、魯之封内属国也、僖公反其君之後、邾復滅之」と指摘する。魯によって支配層の再生を果たした須句は、再び邾により滅国され、魯が前回と同様、邾へ侵攻し、占領を経て須句を奪還、事後処理の一環として亡命中の邾公子を須句の支配層に据えたという(50)。もしそうであれば、諸侯国から属邑に転じた須句は、二度の占領により、内部構造の変質を余儀なくされていたと見られる。僖公二十二年「取」が従来の支配層の再生と附庸という、須句自体の存立を目指した措置であったのに対して、文公七年「取」は亡命中の邾公子を須句の支配層として送り込む、魯の須句政策が全面に出ているからである。前者が須句の国としての氏族的宗法秩序を対象とする立場ならば、後者は氏族的構造の絶対化を排除した、

「邾亡命公子」――「残存する須句支配層」――「被支配層」

の重層的統治体制を総体的に内包しようとする魯の支配の論理といえる。このような経緯は、魯が氏族的宗法秩序を絶対視する支配を放棄し、重層的統治体制を目指した点を示していると考えられる。「相互協力関係」を前提とする

附庸化とは、国の属邑化後の状況を対象とした支配・被支配の要請と見られよう。したがって、重層的統治体制の須句を内包した魯国は、一方で甚だ不安定な要素を支配する課題を負ったわけである。しかも、魯の二度のわたる須句の占領が、一貫した須句の支配層の交替に終始することは、軍事政策としての「取」のもつ支配権力の脆弱性を如実に示している。

以上、鄫・須句と魯の「附庸」「取」は、当該社会における国邑—鄙邑の支配構造上における、支配・被支配層相互の「氏族的宗法秩序」に対する様相に他ならない。鄫の属邑化後の「氏族的宗法秩序」を絶対的紐帯としない自立性と、属邑化後の須句に対する魯の「氏族的宗法秩序」を絶対視しない重層的支配であった。そこには、国邑・鄙邑とも血縁的共同体観念をその基層とする存立形態にあって、すでに「氏族的宗法秩序」の希薄さがあらためて見出せる。領域支配を目的とした当該社会の中央集権化の過程で、支配権力の中心的課題は非「氏族的宗法秩序」を表出する社会であった。では、そのような状況で依然として行使される軍事行為「取」は一体、諸侯国間の支配体制上どのような効力を発揮したのであろうか。鄭に対する晋の占領を通じて、この問題を考えてみよう。

『左伝』襄公十二年には、楚・秦が宋に侵攻し、楊梁に陣を張ったことを伝えるが、これは前年の晋の鄭に対する「取」に関連した報復措置であった。[51] ところが、前年には「取」は記録されていない。「伐」「門」「侵」「師」「次」「囲」等は見られるが、「取」が確認できないのである。[52] したがって、『左伝』は種々の軍事行為の結果を「取」と定義づけていることになろう。具体的には軍事行為後の「晋趙武入盟鄭伯」という、国邑での盟誓こそが「取」の実態と考えられる。[53] 『左伝』では「取」は、「盟」をともなう対象国との盟誓を期待した和平締結を目指す、軍事効力の希薄な武力行使であったわけである。[54]

対象国間に介在する「盟」の効力は、楚の附庸であった随の動向から窺える。随は春秋前期、楚の北進戦略にあっ

て、湖北省北部を占め対峙していた小国の象徴であった。(55)『春秋』僖公二十年に、

冬、楚人伐随、

とあり、『左伝』には「随以漢東諸侯叛楚、冬、楚闘穀於菟帥師伐随」と、その経緯を伝える。結果的に「取成而還」と楚・随は講和するが、漢東地域での随の優越な立場を示している。しかし、この「成」後、随はしばし『春秋』『左伝』からその消息を絶つ。この間、随の対楚関係は和平的であったと考えられるが、必ずしも対等な親善関係とはいえなかったようである。むしろ楚の附庸的存在に陥っていた可能性が高い。というのも、随が再び『左伝』で確認できるのが、呉・楚戦闘下で「使随人与後至者守之」（昭公十七年）と、楚軍の補助的役割を担う存在として見えるからである。また一方、逃亡した楚昭王を追撃して来た呉軍に対して随は、「以随之辟小、而密邇於楚、楚実存之、世有盟誓、至于今未改」（定公四年）と、「盟誓」にともなう楚服属の伝統を主張している。結局、随の働きにより楚は滅国の危機を回避したが、随の楚との運命共同体的関係が認められる。いずれにせよ附庸関係の存続は、対象国間の和平的「盟誓」によって機能していたのであった。さらに、『春秋』哀公元年には、

春王正月、楚子・陳侯・随侯・許男囲蔡、

とあり、随が独立国として見えるが、楚の再興に貢献するところが大であったその立場からすれば、国際社会への復帰は当然であったと考えられる。こうして、「附庸」関係は対象国の独立回復を可能とする側面を備えていたわけである。

以上、鄭・随の二事例からではあるが、「取」（占領）・「附庸」関係は、諸侯国間の支配体制にあって、「盟」と密接に関連する和平を前提とした外交上の手段であった。附庸小国を対象とする軍事行為「取」が、支配機能上、非継続性を出現させるのは、こうした状況が関わっていたものと考えられる。

第四節　『春秋』『左伝』の鄙邑占領

「取」軍事行為の対象邑は、時々の対立抗争の特質や、その背景にある個別具体的状況に留意すべきだが、次の事情が予め推測される。占領主謀国にとって対象邑は、相手国攻伐における軍事上の要所であり、交通にあっても重要な地理的環境を備えた地点と考えられる。同時に滅国事例で確認できるように、当該時代の軍事行動が国邑の動向に執拗な意識を払うことから、[56]占領対象邑も国邑と密接な関係を保持する政治的環境が認められよう。

では、こうした環境を有する「取」対象邑は、「取」を被るなかで一体、どのような動向と位置づけが可能であろうか。本節では、当該社会の状況を伝える『春秋』『左伝』のなかで占領対象邑がどのように確認し得るのか、すなわちどの国の属邑としてどういった傾向を担うのか、という主に地名の出現に配慮しながら、鄙邑の機能的役割を考える。[57]邑の存立形態が地名という表象で、社会変動の上に密接に投影されるとの予想を根拠とするものである。

『春秋』『左伝』で確認できる軍事行為「取」対象邑を、地名の出現状況に応じて整理すると以下の項目に分類できる。[58]

Ⅰ　軍事行為「取」とその前後に対象邑が地名として確認できる事例

①僖公二十二年魯→須句[59]（邾）
前…僖公二十一年
後…文公七年

②僖公二十四年狄→櫟（鄭）
前…桓公十五　荘公十四・十六・二十・三十二年
後…宣公十一　昭公元・四・十三年

③僖公二十六年魯→穀（斉）
前…荘公七・三十二年
後…僖公二十八　文公十七　宣公十四　成公五・十七　襄公十九　哀公二十七年

④僖公二十八年晋→五鹿（衛）
前…僖公二十三年

後…襄公二十五年
⑤文公元年晋→戚（衛）
前…文公元年
後…文公元・八　成公七・十四・十五　襄公元・二・五・十
四・二十六　昭公七　哀公二・三・十五・十六年
⑥宣公四年魯→向[60]（莒）
前…隠公二　僖公二十六年
後…襄公二十年
⑦昭公元年魯→鄆[61]（莒）
前…文公十二　成公九　襄公十二年
後…昭公元年
⑧昭公十九年宋→虫（邾）
前…昭公十九年
後…昭公十九年
⑨昭公二十五年斉→鄆[62]（魯）
前…成公四・十六年
後…昭公二十六・二十七・二十九　定公七・十年
⑩昭公三十二年魯→闞[63]（魯）
前…桓公十一　昭公二十五年
後…定公元年
⑪哀公八年斉→讙（魯）
前…桓公三　定公八・十年
後…哀公八年
⑫哀公十二年宋→錫（鄭）
前…哀公十二年
後…哀公十三年

II　軍事行為「取」とそれ以前に対象邑が地名として確認できる事例

①隠公六年宋→長葛（鄭）　前…隠公五年
②文公二年晋→彭城（秦）　前…文公二年
③成公二年斉→龍（魯）　前…成公二年
④襄公元年楚→彭城[64]（宋）　前…成公十八年
⑤襄公三年呉→駕（楚）　前…襄公三年
⑥襄公十七年衛→重丘（曹）　前…襄公十七年
⑦昭公二十二年晋→前城（周）　前…昭公二十二年
⑧定公六年魯→匡（鄭）　前…文公元・八年
⑨哀公四年斉→邢（晋）　前…宣公六　襄公八　昭公五年
⑩哀公二十四年魯→廩丘（斉）　前…襄公二十六・二十七　定公八　哀公二十年

Ⅲ　軍事行為「取」とそれ以後に対象邑が地名として確認できる事例

①隠公四年莒→牟婁（杞）　後…昭公五年
②桓公十四年宋→牛首（鄭）　後…襄公十年
③僖公二十三年楚→焦（陳）　後…襄公元年
④僖公二十三年楚→夷（陳）　後…襄公元　昭公九・三十・三十一年
⑤宣公十年魯→繹（邾）　後…哀公七年
⑥襄公二十三年斉→朝歌（晋）　後…襄公二十五　定公十三・十四　哀公元・三年
⑦哀公八年斉→闡（魯）　後…哀公八年
⑧哀公十年晋→犂（斉）　後…哀公二十三年

Ⅳ　軍事行為「取」の対象邑のみが地名として確認できる事例

①隠公元年衛→廩延（鄭）
②隠公十年魯→郜（宋）
③隠公十年魯→防（宋）
④荘公十八年巴→那處（楚）
⑤僖公十六年狄→狐（晋）
⑥僖公十六年狄→厨（晋）
⑦僖公十六年狄→受鐸（晋）
⑧僖公十八年秦→新里（梁）
⑨僖公二十四年秦→臼衰（晋）
⑩僖公三十二年魯→訾婁（邾）
⑪文公二年晋→汪（秦）
⑫文公三年秦→王官（晋）
⑬文公三年晋→郊（晋）
⑭文公八年秦→武城（晋）
⑮文公十年秦→北徵（晋）
⑯文公十二年秦→羈馬（晋）
⑰成公四年鄭→鉏任之田（許）
⑱成公四年鄭→泠敦之田（許）
⑲成公四年晋→氾（鄭）
⑳成公四年晋→祭（鄭）
㉑成公十五年鄭→新石（楚）
㉒成公十八年鄭→朝郟（宋）
㉓成公十八年鄭・楚→幽丘（宋）
㉔襄公元年鄭→犬丘（宋）

㉕襄公二十六年晋→瑴氏六十（衛）
㉖襄公二十六年晋→羊角（衛）
㉗襄公二十六年晋→高魚（衛）
㉘昭公十年魯→郠（莒）
㉙哀公元年魯等→棘蒲（晋）
㉚哀公四年斉→任（晋）
㉛哀公四年斉→欒（晋）
㉜哀公四年斉→鄗（晋）
㉝哀公四年斉→逆時（晋）
㉞哀公四年斉→陰人（晋）
㉟哀公四年斉→盂（晋）
㊱哀公四年斉→壺口（晋）
㊲哀公十年晋→犢（斉）
㊳哀公二十三年斉→英丘（晋）

このなかでⅠの事例は、占領対象邑が占領以前に如何なる存立状況にあって、どういった経緯で占領政策が出現し、以後どのような機能的役割を国内ないし国際社会で担ったのかという、当該社会での邑の存立形態を完備するものと考えられる。それに対してⅡ・Ⅲの事例は、「取」（占領）記事の前・後に対象邑が地名として確認されるものの、「取」軍事行為に一連する出現であるなど、非常に限定された範囲内での邑の存立状況しか見出せない。Ⅳの事例に至っては、「取」（占領）記事以外に地名が確認されず、地名出現に限定した考察による困難が当初から予想される。さらに、占領対象邑の地名出現がⅣの事例で群を抜いて見えることは、一つの特徴として留意すべき傾向であろう。ただ、この項目分類は年代記『春秋』およびそれに準拠する『左伝』をベースにすることから、自ら史料としての限界が存在しよう。史料上の断絶はもとより、特にⅡ・Ⅲでは「取」（占領）記事が例えば『春秋』魯公年間のはじめのほうに書されていれば、自然と対象邑の地名出現の可能性が、Ⅱでは少なくⅢではより多くなるはずである。したがって、Ⅱ・Ⅲの占領対象邑の地名出現は、Ⅰの完備した事例からの推察を加えながら考える必要があろう。そこで、Ⅰの事例を個別に検討する基礎的作業を中心に、占領対象邑の国際関係での傾向を辿る方法が効果的と思われる。以下、節をあらためて考察を加えよう。

第五節　鄙邑占領の実態

Ⅰの事例を個別に「取」軍事行為の側面から確認すると（以下では、『春秋』は「経」、『左伝』は「伝」と表記している）、

⑤戚・後…文公八年伝　晋侯使解揚帰匡・戚之田于衛、

⑨鄆・後…定公七年伝斉人帰鄆・陽関、

⑪讙・後…哀公八年経　冬、斉人帰讙及闡、

など、「取」（占領）後に「帰」が見え、「取」自体は非継続的であり、占領対象邑（鄙邑）が主謀国によって返還されている。「帰」とは直接見えないが、

②櫟・後…宣公十一年伝　楚子伐鄭、及櫟、

からは、狄の占領を被った鄭の櫟が依然として鄭の属邑であり、占領政策の非継続性と邑の返還が考えられる。

③穀・後…僖公二十八年伝　楚子入居于申、使申叔去穀、使子玉去宋、

これは、僖公二十六年の占領に直接関わっていた楚軍の穀邑からの撤退を伝えるものである。この時点で楚の穀占領政策も終結したと見られる。

④五鹿については、

僖公二十八年伝　春、晋侯将伐曹、仮道于衛、衛人弗許、還自南河済、侵曹、伐衛、正月戊申、取五鹿、

とあり、重耳（晋文公）の諸国遍歴に関連した占領である。占領後は、

　襄公二十五年伝　晋侯使魏舒・宛没逆衛侯、将使衛与之夷儀、崔子止其帑、以求五鹿、

とあり、晋侯が斉に亡命中の衛侯（献公）[65]を迎えるにあたり、斉の崔子が衛に五鹿を要求している。五鹿は衛に所属する鄙邑であったことは確かで、僖公二十八年の占領政策の非継続性が認められる。

⑫錫は占領の翌年に、後述のように関連する五邑と「以六邑為墟」（哀公十三年伝）という措置がとられている。錫の占領は終結したと考えられる。

こうして「取」の非継続性と対象邑の返還から、占領の非継続的な特徴が見られる[66]。覇者政治について趙文子が晋侯（平公）に進言するなかに、「晋為盟主、諸侯或相侵也、則討而使帰其地」（襄公二十六年伝）とあり、「帰」の問題が指摘されるが、これは占領の実態を反映した議論といえよう[67]。

ところで、⑦鄆については占領に連続して、

　昭公元年経（秋）、叔弓帥師疆鄆田、

とあり、占領対象邑の領域画定として「疆」が見られ[68]、鄆占領が継続的であったかもしれない。しかし、「疆」が必ずしも対象邑の継続占領を意味しなかったことは、例えば、⑤戚の占領に一連する「疆戚田」（文公元年伝）後に「帰」が出現している点からも窺えよう[69]。

⑧虫の占領に至る経緯は、前年に、

　昭公十八年経　六月、邾人入鄅、

とあり、邾の鄅侵入を発端とした宋の邾侵伐が関係していた。『左伝』では「鄅夫人、宋向戌之女也、故向寧請師」とあり、鄅夫人が宋出身であったため軍事行動につながったと伝えている。ただ占領後に、

昭公十九年伝　邾人・郳人・徐人会宋公、（五月）乙亥、同盟于虫、

とあり、対立する邾・宋の同盟地に虫が機能している。これは、占領の終結が邾・宋らの同盟地に虫が選択された要因と考えられる。(70) いずれにしても、占領の非継続性が認められよう。

次に占領対象邑を具体的に検討しよう。占領対象邑には、前述のように軍事の要所といった地理的環境、国邑との密接な関係を保持する政治的環境が内在されていたものと考えられる。

「取」前の占領対象邑の動向を確認すると、

②櫟・前…荘公十六年伝　楚伐鄭及櫟、

⑤戚・前…文公元年伝　五月辛酉朔、晋師囲戚、

⑦鄆・前…成公九年経　（冬）、楚人入鄆、

⑧虫・前…昭公十九年伝　二月、宋公伐邾、囲虫、

などが見られ、それぞれ「及」「囲」「入」と、「取」前に軍事対象邑として位置づけられている。これは、占領対象邑が軍事上の要所を担っていたことに他ならず、鄙邑の国邑との密接な政治的環境が推察される。(71) そうした点は以下の事例からもしられる。

③穀・前…荘公三十二年経　春、城小穀、(72)

⑦鄆・前…文公十二年伝　季孫行父帥師城諸及鄆、

⑨鄆・前…成公四年経　冬、城鄆、

⑫錫・前…哀公十二年伝　鄭人為之城嵒・戈・錫、

占領対象邑は「取」前に「城」がなされ、国の領域支配の要所として防衛的役割を担う、より強固な政治的環境が要

請されていた(73)。

一方で、

③穀・前…荘公七年経　春、夫人姜氏会斉侯于穀、
　　荘公二十三年経　(夏)、公及斉侯遇于穀、
⑤戚・前…文公元年伝　公孫敖会晋侯於戚、
⑩闞・前…桓公十一年経　冬十有二月、公宋公会于闞、
⑪讙・前…桓公三年経　九月、斉侯送姜氏于讙、
　　公会斉侯于讙、

などは、占領対象邑が会盟地として「取」前に機能し、外交上の拠点といった地理的環境が認められる(74)。

さらに、采邑として国邑の支配層と管有関係を保持する、政治的環境を備えた占領対象邑は以下の事例を挙げることができる。

②櫟・前…桓公十五年経　秋七月、鄭伯突入于櫟、

とあり、『左伝』には「鄭伯因櫟人殺檀伯、而遂居櫟」と、鄭伯と「櫟人」が計画を共有したと伝えている。鄭伯(厲公)と櫟邑の関係は、昭公十一年伝追記に「鄭荘公城櫟而寘子元(厲公)焉」とあり、厲公の公子時代の采邑として国邑に対して政治的環境を備えていたのであった(75)。

③穀については荘公三十二年経「城小穀」とあり、『左伝』には「為管仲也(76)」と、魯が管仲のために築城したとするが、一方では昭公十一年伝追記に「斉桓公城穀而寘管仲」と見え、その主体を斉桓公と伝えている。穀邑をめぐる斉・魯関係は判然としないが、管仲の采邑としての側面にあっては、国邑と政治的環境を備えていたものと考えられる。

⑤戚は「取」前に「囲」（攻囲）対象邑（文公元年伝）として見えるが、占領に連続して「獲孫昭子」とあり、孫氏との関係が窺える。これ以後、戚邑は孫氏の動向と関連して確認され、占領前に孫氏の采邑であった可能性が高い[77]。

⑨鄆は「取」前の成公十六年伝に「公還、待于鄆」とあり、魯の三桓氏台頭のなか専断を企てる叔孫氏が季孫氏・孟孫氏の排除を晋の援助で画策し[78]、成公が一時的に待機した場所であった。政治闘争で国君の待機地として機能する鄆邑には、国君を支える政治的環境が用意されていたといえよう。成公四年経に「城鄆」とあるが、鄆邑が国の領域支配の要所と位置づけられる前提は、こうした鄆邑の環境が関係していたものと考えられる。

⑫錫はもともと「宋・鄭之間有隙地焉」（哀公十二年伝追記）の六邑の一つで、しかも「子産与宋人為成、曰勿有是」という規約の対象邑であった。ところが、「及宋平・元之族自蕭奔鄭」と、宋・鄭の対立を契機に宋から鄭への逃亡者のために、「鄭人為之城嵒・戈・錫」と、鄭は錫邑などに「城」した。こうしたなか、

　哀公十二年伝　九月、宋向巣伐鄭、取錫、

とあり、占領が宋の報復としてなされた。錫邑は以上の経緯から逃亡者の保護を担う、国邑との政治的環境を保有していたと考えられる。

　以上、Ⅰ事例の「取」前の状況から、占領対象邑は国邑と密接な関係——地理的・政治的環境の上に存立する鄙邑であった[80]。「取」軍事行為の非継続性は、こうした邑の存立自体が国邑の強い影響下に置かれていたためと考えられる。ところが、Ⅰ事例の占領対象邑の存立状況は、また異なった側面を持ち合わせている。「取」前の対象邑の動向は、必ずしも国邑と密接な関係を示すわけではなかった。

②櫟は前述のように、鄭伯（厲公）の公子時代から采邑として政治的環境を備えた鄙邑であった。桓公十五年経には、

　五月、鄭伯突出奔蔡、

とあり、厲公の出奔が見られる。厲公はそもそも宋の援助で公位を継承し、宋の内政干渉が即位当初から大きな圧力となっていた。そのなかで宋と親善関係を保持し、絶大な発言力で鄭の国政を専断したのが祭仲であった。厲公はこうした状況に対して、「祭仲専、鄭伯患之、使其壻雍糾殺之」（桓公十五年伝）と、雍糾を引き入れ謀略を企てるが、未遂に終わり出奔し、かわりに新君として昭公が入国する。そして、「秋、鄭伯因櫟人、殺檀伯、而遂居櫟」（桓公十五年伝）と、厲公は公子時代の采邑である櫟邑を根拠地に入国し、国邑の昭公と対立する構図が生まれた。[81] 櫟邑は宋・鄭の抗争にあって、国邑の昭公が推進する政治体制と対立していたことになる。櫟邑には国邑と一体化した親善的関係は見出せず、国邑から離反する動向が認められるわけである。

③穀の占領に至る経緯は、

僖公二十六年経　冬、楚人伐宋、公以楚師伐斉、取穀、

と見える。晋・楚の抗争で宋は、楚同盟から離脱して親晋政策を選択し、楚の軍事侵伐を被った。[82] これに呼応した魯が楚と連合軍を組織して斉を侵伐し、穀邑を占領する。『左伝』では「寘桓公子雍於穀、易牙奉之、以為魯援」とあり、斉桓公没後の公位継承に関連して、[83] 穀には魯・楚連合が援助する公子雍が据えられた。こうして穀邑は斉の采邑としての環境を変質させ、国邑の政治体制から離反し、魯・楚の意向を反映する動向を辿ったことになる。恐らく穀邑自体が国邑から離反する方向性をもともと備えた鄙邑であったことが、魯・楚の占領を被った要因と考えられる。

⑦鄆は前述のように「城」がなされ、魯の領域支配の要所として、防衛的役割を担う鄙邑であった（文公十二年伝）。ところが、

成公九年経　冬十有一月、楚公子嬰斉帥師伐莒、

庚申、莒潰、楚人入鄆、

襄公十二年経　春王三月、莒人伐我東鄙、囲台、季孫宿帥師救台、遂入鄆、

とあり、鄆邑が莒国の属邑として楚・魯の軍事対象邑となっている。文公十二年以降、鄆邑は魯から莒に所属を変更し、国邑—鄙邑の政治的環境を変質させていたことになる。さらに、

昭公元年経　三月、取鄆、

とあり、『左伝』では「季武子伐莒、取鄆」と、季武子の単独行動であったが、(84)魯は莒の属邑の鄆に攻撃を加え、奪回している。要するに鄆邑には、『左伝』に「莒・魯争鄆、為日久矣」（昭公元年伝）と伝えるように、莒・魯外交にとって長期にわたる抗争の経緯があり、国邑—鄙邑の支配構造は不変的ではなく、国邑から離反する傾向があったものと考えられる。

⑨鄆については、前述のように魯が三桓氏の体制にあった点を注意すべきである。三桓氏の専断から成公の待機地として機能する鄆邑は、国邑の体制に離反的傾向を内在した鄙邑であったことになる。鄆邑の反国邑性はすでに示されていたわけである。また、

昭公二十五年経　九月己亥、公孫于斉、次于陽洲、斉侯唁公于野井、

十有二月、斉侯取鄆、

とあり、占領前の昭公の出国、季孫氏に対する昭公・反三桓派勢力の闘争、昭公を援助する斉の軍事介入など、複雑な政治情勢が窺える。(85)いずれにせよ、鄆邑の役割は、反三桓・反国邑的動向を支えるものであった。したがって、鄆邑は国邑との政治的環境から離反する鄙邑としての性質を、不変的・継続的に内在していたといえよう。

⑪讙は魯・斉の外交の重要拠点として地理的環境を備えた鄙邑であったが、その後、

定公八年伝、陽虎入于讙・陽関以叛、

とあり、陽虎の反乱の根拠地として機能している。[86] さらに、

定公十年経、斉人来帰鄆・讙・亀陰田、[87]

とあり、定公九年伝には「六月、伐陽関、陽虎使焚萊門師焉、犯之而出奔斉」と伝え、陽虎の出奔に際して、讙邑はその所属関係を魯から斉へ一時的に変更したものと思われる。讙邑は反乱者に呼応して国邑からの離反を示し、国邑―鄙邑の支配構造にあって国邑従属関係の変更―所属の変更を行ったと見られよう。

以上から占領対象邑の「取」前の存立状況は、国邑と密接な関係をもつとは必ずしもいえず、国邑から離反する事例も確認できた。[88] 行使側からすれば、占領が対象邑の国邑との関係に規制されるものではなかった点を示している。軍事行動は領域拡張を目指す邑の争奪戦としての側面を持つことから、国邑との関係がむしろ離反的か、あるいは国邑従属関係の変更―所属の変更といった、国邑―鄙邑関係の流動的邑を対象にするのが常識的であったと考えられる。占領は対象邑の国邑従属関係を、具体的現実的な政治情勢に照らし合わせて行使される政策であったといえる。[89]

第六節　鄙邑占領と鄙邑

Ⅰの事例を「取」（占領）後の邑の動向から検討する。まず、「取」前に国邑と密接な関係を保持していたと考えられた④五鹿・⑤戚・⑧虫・⑫鍚に注目してみよう。

⑫鍚は宋・鄭の紛争六邑の一つであり、「取」前に宋からの逃亡者の保護地として機能する国邑との政治的環境を備えた鄙邑であった。しかし「取」後、他の五邑とともに「以六邑為墟」（哀公十三年伝）と、邑そのものが廃墟とされ、占領後の動向は不明である。

④五鹿・⑧虫の両邑は、「取」→「帰」の事例と類似する動向を占領後に示すのみで、国邑―鄙邑の支配構造にあって国邑従属関係を、占領前・後を通じて不変的に保持していたのかもしれない。[90] ただ史料上、属邑としての動向は以後断絶する。

⑤戚は「取」後の状況が窺える。占領は晋文公末年に諸侯が晋に朝見した際、衛が参加せず、晋の報復を受けたことを発端とする。この時、衛大夫の孫昭子が晋に獲えられ、戚邑は文公八年に至って晋から衛に返還された。[91] その後、戚邑については、

成公七年伝　衛定公悪孫林父、冬、孫林父出奔晋、衛侯如晋、晋反戚焉、

とあり、再び孫氏一族の采邑となっており、[92] しかも、定公との確執から孫林父が晋に亡命した時点で、一時的に晋に所属を変更していた。戚邑は国邑―鄙邑の支配構造にあって、国邑との関係から離反した存立状況にあったのである。ただし、戚邑の反国邑的動向は、以後継続的であったとは考えにくい。「晋反戚焉」後、成公十四年に孫林父は晋から帰国を許され、戚邑との采邑関係を復活し、[93] 成公十五年以降、戚邑が会盟地として機能しているからである。[94] この期間、戚邑と国邑の関係は親善的であったと考えられよう。ところが、

襄公二十六年経（春）、衛孫林父入于戚以叛、

とあり、『左伝』では「孫林父以戚如晋」と伝えている。献公との対立にあって孫林父は、[95] 戚邑で「叛」して晋に帰属した。さらに、

襄公二十六年伝　衛人侵戚東鄙、孫氏愬于晋、晋戍茅氏、
六月、公会晋趙武・宋向、戌・鄭良霄・曹人于澶淵、以討衛、疆戚田、取衛西鄙懿氏六十以与孫氏、

とあり、戚邑の離反は、衛の軍事行動を機に晋を盟主とする諸国を巻き込んでいる。晋の支援を後ろ盾に戚邑は自立

化を図り、反衛陣営を形成する国際紛争を展開した。特に「衛西鄙穀氏六十」が晋によって孫氏に与えられているように、晋の影響力を背景とした孫氏と戚邑の自立性は強化されたものと考えられる(96)。

しかしながら、「扳」を支える晋は国際的批難にさらされ、盟主たる晋の統率力に関わる議論を生んだ(97)。そうした批判に配慮した結果、昭公七年伝には「且反戚田」と、戚邑が衛へ返還され、孫林父の反国邑闘争も終結を迎えたらしい。ただし、これにともない戚邑の衛との政治的環境の回復、孫氏との采邑関係が確認されず、国邑との親善的状況はもはや期待できなかったものと考えられる。というのも、衛霊公の没後の公位継承にあって、亡命太子の蒯聵の子である輒の即位に伴い、

哀公二年経　（夏）、晋趙鞅帥師納衛世子蒯聵于戚、

とあり、晋は蒯聵を支持し戚邑に送り込んでいるからである。戚邑が再び反国邑的状況を示している。さらに、

哀公三年経　春、斉国夏・衛石曼姑帥師囲戚、

とあり、戚邑は軍事対象邑として衛・斉連合に侵伐される。『左伝』では「春、斉・衛囲戚、求援于中山」とあり、戚邑攻囲が一諸侯国への軍事行動であったかのように伝えている。以後しばらく戚邑が蒯聵の居住地として国邑の支配権の簒奪を目指す者の待機地となる(98)。

戚邑のこうした状況には、次のような経緯が推察できよう。戚邑は孫氏の采邑として国邑の政治的環境を備えながら、軍事対象地・会盟地等の要所であることが、邑自体の軍事化の要請へとつながり、自立化を加速されたものと考えられる。戚邑の自立化が孫氏の国邑からの離反を可能として、しかも晋の支援による紛争を引き起こし、独立性を顕在化することになった。一方で戚邑の反国邑性は孫氏と蒯聵の二つの国邑離反勢力によって推移したが、戚邑には氏族的宗法秩序や個別特定の関係に限定されない、換言すれば人的結合関係を超越した、離反勢力との「反国邑性」

の共有のみを紐帯とする自立性が認められよう。さらに、戚邑が国邑との関係を衛・晋間で変更することは、邑の存立が国邑との従属関係を変動し得る、可変性に支えられた意図的な所属の変更の表われと考えられ、複数従属的傾向と見られる。戚邑の歴史からすれば、反国邑体制を示す前後で、会盟地など国邑の外交上の重要拠点として機能したことが、国邑との距離を現状に応じて選択し得る鄙邑の独立的傾向を生んだものといえよう。

以上、「取」前にあって国邑と密接な関係が確認できた邑も、「取」後⑤戚の一事例のみではあるが、反国邑的動向に転じていた。(99) これは、占領対象邑の占領前の国邑との親善的関係が、占領終了後、不変的に保持されるものでなかったことを示している。占領対象邑の特質として、邑自体の独立性を想定する必要があろう。

次にⅠの事例で国邑との関係が、「取」前にあって必ずしも密接とはいえない鄙邑の「取」後の動向を検討しよう。特に②櫟・③穀・⑨鄟は考察の対象となる。

②櫟の占領は、

僖公二十四年伝　夏、狄伐鄭、取櫟、

とあり、鄭と周の対立を発端とする周の要請を受けた狄の鄭侵伐により出現した。(100) しかし、占領自体、非継続的であって、櫟邑は再び鄭の属邑となるが、(101) その後、昭公元年伝に「楚公子囲使公子黒肱・伯州犁城犨・櫟・郟、鄭人懼」とあり、他の二邑と同様、楚によって「城」がなされる。杜注には「三邑、本鄭地」とあるように、何らかの事情でこの時点までに櫟邑は鄭から楚に所属を変更していたと考えられる。恐らく楚の鄭戦略で鄭・楚間に位置する櫟邑は軍事拠点となり、争奪の対象とされたのであろう。櫟邑の軍事上の役割は、楚の属邑化後にも昭公四年伝に「呉伐楚、入棘・櫟・麻」とあり、呉の楚戦略の重要拠点であることからも窺える。

櫟邑の返還は、占領前の采邑としての国邑との政治的環境が関係していた。鄭・楚の軍事対象邑としての地理的環境が、鄭による櫟邑の軍事化の要請を通じて、邑の自立化を促進させたものと考えられる。厲公と櫟邑が国邑から離反する政治動向を保持し得たのは、その自立性に負うところが大きかった。しかも櫟邑の自立性が、占領後の鄭・楚の軍事対立にあって、所属の変更を発生させる条件となったといえる。また一方で注目すべきは、楚平王の即位にともなう、鄭・楚の外交交渉に櫟邑の返還問題が浮上している点である[102]。櫟邑が鄭・楚間で流動的な所属性を示し、複数従属的傾向であったことを端的に表している。これは櫟邑の独立的傾向を背景とした状況と見るべきであろう。

③穀は斉桓公没後の公位継承を窺う反国邑勢力の拠点であったが、占領後返還され斉・魯外交の要所として、

文公十七年経　(夏)、斉侯伐我西鄙、

六月癸未、公及斉侯盟于穀、

秋、公至自穀、

宣公十四年経　冬、公孫帰父会斉侯于穀、

成公五年経　夏、叔孫僑如会晋荀首于穀、

成公五年伝　夏、晋荀首如斉逆女、故宣伯餫諸穀、

と見える。こうしたなか成公十七年経に「(秋)、斉高無咎出奔莒」とあり、慶克と声孟子の密通を発端として[103]、国氏と慶氏が対立する。そこで国佐は「殺慶克、以穀叛」(成公十七年伝)と、一時的に穀邑を根拠地に反国邑体制を出現させる[104]。

穀邑が占領の前後で離反者の根拠地として機能することは、邑自体が斉・魯外交の重要拠点であった地理的環境が関係したものと考えられる。斉の領域支配にあって、一方では管仲の采邑としての穀邑の政治的環境の重要性が、斉・魯の抗争下での軍事化の要請へとつながったのであった[105]。この穀邑の軍事力を背景とした自立化が、反国邑体制を出

現させたといえよう。さらに、注意を要する点は、穀邑での二度の反国邑的状況が、魯・楚の後押しを受ける公子雍と、貴族政治を志向する国佐によってもたらされていることである。穀邑は氏族的宗法秩序や個別特定の関係に限定されず、人的結合関係を超越した「反国邑性」の共有のみを紐帯とする鄙邑であった。穀邑の国邑従属関係は、潜在的な自立性に支えられたものと考えられよう。しかも、穀邑が反国邑性を示す前後で、会盟地など国邑の外交上の重要拠点として機能したことは、国邑との距離を現状に応じて選択し得る鄙邑の独立的傾向と規定できる。こうした点から、前述の荘公三十二年経「城小穀」という、斉の属邑穀に魯が「城」する一見不可解な状況は、穀邑の独立性に呼応した魯国のとった政策であったのかもしれない。魯が穀邑に「城」したのは、属邑として位置づける政治的思惑といえよう。したがって、穀邑の存立形態は複数従属的であり、しかも独立的傾向を背後にもつものと考えられる。

⑨鄆は占領の時点で、反三桓・反国邑的政治動向を支える邑であったが、占領後も昭公の拠点として機能した(106)。そうしたなか、昭公二十七年伝に「孟孫子・陽虎伐鄆、鄆人将戦」とあり、鄆が三桓勢力の攻伐を受け、これに抗戦するが、

昭公二十九年経　冬十月、鄆潰、

とあり、反国邑的動向は潰えたらしく、結局、クーデターは昭公の死をもって終結する。しかし、「潰」や昭公の死後も鄆邑は依然として斉の援助で反国邑的動向を持続し、魯にとって放置できぬ事態となっていた。そうして、

定公六年経（冬）、李孫斯・仲孫忌帥師囲鄆、

と、鄆邑は攻囲されるが、杜注では「鄆貳於斉、故囲之」と説明している。鄆邑は国の要所として、防衛的役割を担う政治的環境をもつ鄙邑であり（成公四年）、魯・斉抗争の争点であった。斉の関与を受けた昭公が鄆邑で反国邑的動向を保持したのは、鄆邑の置かれた環境が関係したものと考えられる。しかも、魯国からすれば鄆邑の状況は、所属

の変更であり、対斉関係にあって黙認できない事態であった。鄆邑の争奪は魯国の政策上、克服すべき課題だったといえる。いずれにせよ、魯の軍事行動が功を奏してか、翌年には「斉人帰鄆・陽関」（定公七年伝）と、鄆邑は斉から返還され、(107)昭公のクーデターに関連する占領政策が完全に終結する。

ところが、返還後、鄆邑は国邑との親善的関係を成立させてはいなかったらしい。「帰」に連続し、「陽虎居之（鄆・陽関）以為政」（定公七年伝）と伝えられ、三桓氏打倒をかかげる陽虎の拠点の一つとして鄆邑が機能しているからである。さらに、

定公十年経　（夏）、斉人帰来鄆・讙・亀陰田、

とあり、他の二邑とともに鄆邑は斉から魯に返還されるが、陽虎が政権の掌握に失敗し斉に出奔した際、鄆邑も陽虎を介して斉に所属したものと考えられる。したがって、鄆邑は「帰」後、国邑の政権争奪を目指す陽虎の拠点として、斉・魯の間で所属を変更したことになろう。

鄆邑の「取」後の存立状況からは、反三桓氏に関連した昭公のクーデター・陽虎の反乱と、一貫して反国邑体制の根拠地として機能する特徴が見出せた。それは、鄆邑が占領前に「城」がなされたように、そもそも斉・魯外交上の要所であり、軍事拠点としての側面を完備しながら、軍事化が要請された結果と考えられる。鄆邑の軍事力を背景とした自立性がより強固になれば、国邑との従属関係の破碇につながり、反国邑体制を持続し得たのである。しかも、鄆邑の反国邑的体制は、昭公・陽虎の相違する二勢力によってなされるが、氏族的宗法秩序や個別特定の関係に限定されず、人的結合関係を超越した離反勢力との連動といえる。殊に昭公二十七年伝「孟孫子・陽虎伐鄆」の対鄆軍事行動の当事者のひとり陽虎が、鄆邑を根拠地として反国邑体制を樹立したことは、鄆邑の自立性が離反勢力に関わりなく、潜在的に国邑から離反する方向性を保持していた点を暗示しよう。離反勢力との「反国邑性」の共有のみを紐

帯とする、邑の存立形態と問題意識に他ならないと考えられる。さらに、斉・魯間で所属を変更する鄆邑の可変的動向は、その自立性に基づく、複数従属的傾向と規定することができる。そこには鄆邑の意図的な所属の変更があったわけで、独立的傾向の表出と見られる。

次に占領対象邑の「取」前に反国邑的動向を示した事例中、「取」後の動向がやや不明な邑について見てみよう。この場合、前述の②櫟・③穀・⑨鄆の検討結果が参考となろう。

⑦鄆は「取」後に一連して、

昭公元年経（秋）、叔弓帥師疆鄆田、

と見えるのみである。『左伝』には「莒乱也(108)」を前提として、莒の属邑だった鄆を政治的混乱に乗じて魯が「疆」したと伝える。ただ、領域画定の「疆」が、必ずしも継続支配を意味しないことは、前述の⑤戚の事例からも窺える。占領後の鄆邑には前述の「莒魯争鄆、為日久矣」（昭公元年伝）から、長期にわたる莒・魯の抗争の経緯があった。しかも、『左伝』に「苟無大害於其社稷、可無亢也」（昭公元年）と、趙孟の言説を借りて伝えられる代表的鄙邑であり、国邑の従属関係から切り離されていた。こうした鄆邑の存立状況が、国邑からの離反を辿り、所属の変更を招く結果となったと考えられる。さらに、趙孟が「疆埸之邑、一彼一此、何常之有」（昭公元年伝）と、当該社会の辺境邑の所属を問題視するように、鄆邑の魯・莒国境上の地理的条件が、国邑との従属関係の変更を出現させたのであろう。

こうして、「疆」後の鄆邑の国邑従属関係は、可変的であったといえる。鄆邑の流動的な状況は、自立性に支えられた複数従属的動向と規定でき、国邑との関係を固定的・絶対的条件とはしない、自己完結的世界を維持したものと見られる。そこには、占領前に鄆邑が「城」の対象となるように軍事化の要請を受け、その軍事力量を背景に自立化を加速させた前提が存在したわけである。

⑪讙の占領に至る経緯は、『左伝』では、

斉悼公之来也、季康子以其妹妻之、即位而逆之、季魴侯通焉、女言其情弗敢与也、（哀公八年）

とあり、斉悼公の女性関係に起因する事件として伝えている。さらに、讙邑返還に際しては「季姫嬖故也」（哀公八年伝）と、斉悼公に嫁した魯女の季姫が寵愛された結果とする。こうして讙の「取」「帰」は一貫して、斉悼公と女性の物語によって説明されている。ただし、讙邑が軍事対象となったのは、前述の地理的環境に加え、魯・斉軍事上の要所としての側面が関係したものと考えられる。讙邑の軍事化の要請が、軍事力量を背景とする自立化の方向につながったといえよう。讙邑が前述の陽虎の離反を可能としたのは、その自立化が離反勢力に呼応可能な温床として機能したためと見られる。ここに確認できる、

「叛」（定公八年）→「帰」（定公十年）→「取」（哀公八年）→「帰」（哀公八年）

という、魯・斉間を推移する讙邑の動向は、軍事力に支えられた独立性にもとづく、意図的に所属を変更する複数従属的傾向の表出に他ならないのである。

以上から「取」前に国邑と非密接性が確認された邑の「取」後の動向は、総じて再び国邑から離反し、あるいはその方向性をもつものであった。邑の占領前の国邑の政治体制からの離反は、「取」後の国邑―鄙邑の支配構造にあって、国邑との従属関係を鄙邑として再編されたにもかかわらず、再び離脱する動向を辿ったことになる。占領対象邑の国邑依存の脆弱さと、自立性が認められるわけである。いずれにせよ、占領対象邑の占領後の状況からは、その存立環境が外交上の重要拠点として軍事化の要請を受け、邑の自立化を果たし国邑の体制からの離反者の根拠地となり、それに連動して他国の支配下に所属の変更を示す、複数従属的動向をもつ独立的な存立形態が見出せる。(109) こうした鄙邑は、当該社会を構築する国邑―鄙邑の支配構造の統治論理からすれば、国邑にとって甚だ不安定な要素と考えら

れる。

おわりに

これまでの考察から以下のことが確認されたことになろう。

占領対象国は附庸小国に限定される。占領政策は支配機能上、継続・非継続の二方向を示し、いずれも背後には対象国の自立性が認められる。ただし、自立性は「氏族的宗法秩序」を基調とする伝統的一体感ではなく、現実的状況に対応する外交政策の推進の結果であった。こうした自立性は、附庸国が占領政策を被り、「邑」としての従属化後の存立形態においても確認できる。当該社会の支配権力の中心課題が、非「氏族的宗法秩序」を表出する社会であったことを示している。占領政策は対象附庸国に関して、盟誓締結を期待した和平を前提とする武力行使であった。「附庸」は、「相互協力関係」を前提とする、国際社会での「選択」と「合意」に基づく合法的契約といえる。したがって、占領は諸侯国間の支配権力の確立への効果は脆弱であった。中央集権化と領域支配といった当該時代の課題にあって、軍事行為「取」は新たな支配機構の確立を期待できなかったのである。

占領対象邑は軍事対象地であり、会盟地、采邑など地理的・政治的環境を国邑の体制下で担っていた。このような環境が、当該社会の領域拡張と維持を目標とする軍事対立にあって、邑自体の軍事化を通じて、自立化を促進させた。占領政策は非継続的であったため、対象邑は一時的に所属を変更し、国邑の政治体制からの離反者の根拠地と機能する自立性を示した。この自立性は、人的結合関係を超越した、離反勢力との「反国邑性」の共有のみを紐帯に連動するものであった。自立性をもつ鄙邑が、国邑との距離を選択し、国邑—鄙邑関係の可変性を前提に独立性を完備していたものと考えられる。したがって、鄙邑はそのままでは中央集権と領域支配の基層とはならなかった。占領対象邑の地名出現がⅣの事例で群を抜いて多いのは、占領政策がいちはやく終結し、国邑が鄙邑の自己完結的世界に直接関与しない、鄙邑の自治権を承認する間接統治の投影ともいえよう(110)。

以上から占領政策は、諸侯国間の支配権力の確立、なかでも支配構造における国邑―鄙邑の従属関係の確立にあって、効果が期待できなかった。いずれも国邑―鄙邑の支配構造に見られる鄙邑の自立性が課題として存在し、それは当該社会の支配権力に関わる根本的な問題であったわけである。

註

（1）『春秋』経文が伝える軍事行為の動向は、本書第一部第一章第二節軍事行動の特徴、参照。

（2）国邑―鄙邑の関係については、楊寛「試論西周春秋間的郷遂制度和社会結構」（『古史新探』所収、中華書局、一九六五年、『西周史』台湾商務印書館、一九九九年）、増淵龍夫「中国古代の社会と国家」（『岩波講座世界歴史4』所収、岩波書店、一九七〇年）、吉本道雅「春秋国人考」（『史林』六九―五、一九八六年、同氏『中国先秦史の研究』所収、京都大学学術出版会、二〇〇五年）等参照。采邑研究は、呂文郁『周代采邑制度研究』（文津出版、一九八八年）、侯志義『采邑考』（西北大学出版社、一九八九年）参照。

（3）「取」は一般に「占領」と邦訳される（小倉芳彦訳『春秋左氏伝』（上）（中）（下）岩波文庫、一九八八～一九八九年）。「占領」とは「一国が他国の領土の一部又は全部を軍事力によって自らの権力下におくこと。他国領土に軍隊が侵入しただけでは占領の効果は生ぜず、侵入地域において実効的支配を確立することが必要である。主権の伴わない点で併合と区別される」（伊藤正巳編『国民法律百科大辞典』ぎょうせい、一九八四年）と見える。なお、「取」事例は絶対数が少ないため、ここでは『春秋』『左伝』の魯公年順に示す。「取」の具体的軍事性については、以下の点から窺うことができる。『左伝』成公七年「蛮夷属於楚者、呉尽取之、是以始大、通呉於上国」、同襄公二十九年「叔侯曰、虞・虢・焦・滑・霍・楊・韓・魏・皆

姫姓也、晋是以大、若非侵小、将何所取、……」。「取」事例については、陸淳『春秋啖趙集伝纂例』（叢書集成新編）、恵士奇『春秋説』（皇清経解）参照。『春秋』『左伝』については、竹内照夫『春秋』（東洋思想叢書、日本評論社、一九四三年）、顧頡剛講授、劉起釪筆記『春秋三伝及国語之綜合研究』（中華書局、一九八八年）、徐中舒『左伝選』後序（中華書局、一九六三年）等参照。

（4）春秋時代の時期区分については、宇都木章『春秋時代の戦乱』（新人物往来社、一九九二年、宇都木章著作集第三巻『春秋時代の貴族政治と戦乱』所収、比較文化研究所、二〇一三年）参照。

（5）「取」対象国の地理的位置については、すべて譚其驤主編『中国歴史地図集』第一冊（地図出版社、一九八二年）を根拠としている。

（6）『左伝』僖公二十三年「秋、楚成得臣帥師伐陳、討其貳於宋也、遂取焦・夷、城頓而還」、杜注「夷、一名城父」、同昭公九年、「楚公子棄疾遷許于夷、実城父」

（7）『左伝』隠公五年「宋人取邾田、邾人告於鄭曰、請君釈憾於宋、敝邑為道、鄭人以王師会之、伐宋、入其郛、以報東門之役」

（8）『左伝』僖公十八年「梁伯益其国而不能実也、命曰新里、秦取之」、同僖公十九年「春、（秦）遂城而居之、……、初、梁伯好土功、亟城而弗処、民罷而弗堪、則曰、某寇将至、乃溝公宮、曰、秦将襲我、民懼而潰、秦遂取梁」

（9）陳顧遠氏は、「取」に内在される国君返還の事実を、その特徴として留意している（同氏『中国国際法溯源』第四編「戦時之法則」台湾商務印書館、一九六七年）。

（10）①邾、『春秋』隠公元年「三月、公及邾儀父盟于蔑」、杜注「附庸之国君未王命、例称名、能自通於大国」②舒、『左氏会箋』僖公三年「楚之与国」③項、毛奇齢『春秋毛氏伝』僖公十七年「蓋項本小国」（皇清経解）④梁、『後漢書』梁統列伝注引『東観記』「其先与秦同祖、出於伯益、別封於梁」⑤根牟、杜注「東夷国也」⑥鄟、杜注「附庸国也」⑦鄀、杜注「小国也」・『説文解字』第六篇下「附庸国」⑧鼓、杜注「白狄之別」⑨蛮氏、杜注「戎別種也」（成公六年）⑩胡、杜注「楚属」（襄公二十八年）『春秋』の「取」対象国が附庸小国に限定されることは、本書第一部第一章第二節軍事行動の特徴、で指摘している。ところで、本文の三分類は甚だ曖昧な点を含んでいる（例えば⑦鄀に対する理解）。小国や非中原文化国も、外交上にあって他国と附庸関係を樹立する場合が想定されるからである。こうした点を考慮し、本文中で「附庸小国」という語を用いている。また、「附庸」の事態については、例えば『孟子』万章章句下篇「不能五十里、不達於天子、附於諸侯曰附庸」が代表的見解である。『左伝』では、襄公二年…滕・薛・小邾、襄公四年…鄫、襄公二十七年…邾・滕などが他に附庸国として確認できる。

(11)『左伝』定公九年「六月、伐陽関、陽虎使焚萊門、師驚、犯之而出奔斉、請師以伐魯、曰、三加、必取之、斉侯将許之、鮑文子諫曰、臣嘗為隷於施氏矣、魯未可取也、上下猶和、衆庶猶睦、能事大国、而無天菑、若之何取之」

(12) 本書第一部第一章第二節軍事行動の特徴、参照。

(13) 楊伯峻『春秋左伝注』隠公四年条（中華書局、一九八一年）参照。

(14) 鄟については、『春秋』昭公二十六年「秋、公会斉侯・莒子・邾子・杞伯盟于鄟陵」の「鄟陵」を「鄟陵即鄟故墟、成六年魯取鄟、此故墟也、故曰鄟陵」（『左氏会箋』）と、同地とする向きもあるが、程発軔『春秋左氏伝地名図考』（広文書局、一九六七年）の別地説に従う。

(15)『春秋左伝注』文公十年条、舒大剛『春秋少数民族分佈研究』（文津出版社、一九九三年）等参照。

(16) 翼邑・曲沃邑の対立、『左伝』桓公二年参照。

(17)『左伝』桓公九年「秋、虢仲・芮伯・梁伯・荀侯・賈伯伐曲沃」

(18)『左伝』僖公六年「春、晋侯使賈華伐屈、夷吾不能守、盟而行、将奔狄、郤芮曰、後出同走、罪也、不如之梁、梁近秦而幸焉、乃之梁」、同僖公十七年「恵公之在梁也、梁伯妻之」

(19) 註（8）参照。

(20) 蛮氏と関連する呼称に、「蛮夷」（僖公二十一・成公二・七・襄公十三・三十一・昭公十三・哀公元・二十六年）・「群蛮」（文公十六・哀公十七年）・「蛮」（成公十六年）などが『左伝』で確認できる。別に議論が必要であろうが、本章では「蛮氏」に限定して考察する。なお、顧棟高『春秋大事表』春秋列国爵姓及存滅表巻五では、「群蛮」「戎蛮即蛮氏」の二つを挙げている。

（21）何光岳氏は、蛮氏が晋楚争覇中にあって、親晋的策略を採用したとの見解を示す（同氏『楚滅国考』、上海人民出版社、一九九〇年）。

（22）胡については、蔡運章「胡国史迹初探—兼論胡国与楚国的関係」（河南省考古学会等編『楚文化覓踪』所収、中州古籍出版社、一九八六年）参照。ただし、胡国は帰姓と姫姓の二つの存在が知られ（陳槃『春秋大事表列国爵姓及存滅表譔異』（増訂本）五、中央研究院歴史語言研究所専刊五二、一九六九年）、ここで取り挙げる胡国は帰姓であり、現在の安徽省阜陽県に所在したという（『春秋左伝注』襄公二十八年条）。また、金文に見える「𠫑」国が、文献の帰姓胡国であるとの見解もある（李学勤「従新出青銅器看長江下流文化的発展」、同氏『新出青銅器研究』所収、文物出版社、一九九〇年）。

（23）『春秋』昭公四年「夏・楚子・蔡侯・陳侯・鄭伯・許男・徐子・滕子・頓子・胡子・沈子・小邾子・宋世子佐・淮夷会于申」、杜注「楚霊王始会諸侯」

（24）『左伝』昭公十三年「楚之滅蔡也、霊王遷許・許・胡・沈・道・房・申於荆焉、平王即位、既封陳・蔡、而皆復之、礼也」

（25）本書第一部第二章第四節『春秋』『左伝』の遷徙、参照。

（26）『春秋』定公四年「三月、公会劉子・晋侯・宋公・蔡侯・衛侯・陳子・鄭伯・許男・曹伯・莒子・邾子・頓子・胡子・滕子・薛伯・杞伯・小邾子・斉国夏于召陵、侵楚」

（27）註（22）蔡運章氏、前掲論文では、昭公二十三年「雞父の戦」以降、楚の衰退に伴い胡は楚から離反して呉に従属したと考えている。しかし、昭公三十年に楚の対呉措置にあって「取」「胡田」政策が論じられていることから、楚は依然として胡ないしは胡の一定地域に影響力を持っていたと思われる。胡の反呉動向の起点はやはり占領政策に求めるべきであろう。さらに、昭公二十三年以降も呉・楚の対立が見られ（『左伝』昭公二十四・二十七・三十一年）、楚の対呉抗争ならびに対胡影響力は、いまだ完全には衰えてはいなかったと考えられる。

（28）増淵龍夫「先秦時代の封建と郡県」（『一橋大学研究年報　経済学研究Ⅱ』一九五八年、同氏『中国古代の社会と国家』弘文堂、一九六〇年、『新版　中国古代の社会と国家』岩波書店、一九九六年）。

（29）「氏族的秩序」という用語についての当該社会での問題点は、籾山明「春秋・戦国の交」（『古代文化』一九九四—一一）に整理されている。なお、本章で使用する「氏族的宗法秩序を基調とする伝統的な一体感」とは、周王の封建体制下での血縁的共同体的観念を紐帯とした、「国君・支配層体制」の維持を指向する国の方向性を指している。

(30)『左氏会箋』昭公十五年条「鼓鮮虞属国也」

(31)『左伝』昭公二十二年「晋之取鼓也、既献而反鼓子焉、又叛於鮮虞、六月、荀呉略東陽、使師偽糴者負甲以息於昔陽之門外、遂襲鼓、滅之、以鼓子鳶鞮帰、使渉佗守之」

(32)『春秋左伝注』昭公十五年条参照。

(33)胡の占領をめぐって、『史記』陳杞世家では「(陳恵公)十五年、呉王僚使公子光伐陳、取胡・沈而去」と独自の状況を伝えている。本文で論じた視点とは異なり、呉の対胡占領政策の推進が、以後に展開される胡の反楚的動向の発端であり、占領政策は対象国の同盟・附庸関係からの離脱と独立の契機となった可能性が窺える。ただ胡と同様の状況は『左伝』の伝える②舒にあって、徐の舒占領が、舒の対楚同盟関係からの自立と、反楚外交(文公十四・宣公八・成公十七・襄公二十四・二十五年)の起点となっていることからも窺える。

(34)鄫国については、宇都木章「「春秋左伝」に見える鄫国」(『青山史学』八、一九八四年、宇都木章著作集第一巻『中国古代の貴族社会と文化』所収、名著刊行会、二〇一一年)参照。

(35)『春秋』僖公十四年「夏六月、季姫及鄫子遇于防、使鄫子来朝」、同十五年「(九月)、季姫帰于鄫」

(36)『春秋』僖公十六年「冬十有二月、公会斉侯・宋公・陳侯・衛侯・鄭伯・許男・邢侯・曹伯于淮」、『左伝』「十二月、会于淮、謀鄫、且東略也、城鄫、……」

(37)『春秋』僖公十九年「(夏六月)、鄫子会盟于邾、己酉、邾人執鄫子、用之」

(38)宇都木章氏は、(魯)宣公時代において鄫国は魯の附庸であったとする(註(34)同氏、前掲論文参照)。

(39)『春秋』宣公十八年「秋七月、邾人戕鄫子于鄫」

(40)『春秋』成公二年「(冬十有一月)丙申、公及楚人・秦人・宋人・陳人・衛人・鄭人・斉人・曹人・邾人・薛人・鄫人盟于蜀」

(41)『左伝』襄公四年「冬、公如晋聴政、晋侯享公、公請属鄫、……、晋公許之」

(42)『左伝』襄公四年「冬十月、邾人・莒人伐鄫、臧紇救鄫、侵邾、敗於狐駘」
(43)『左伝』襄公五年「穆叔覿鄫大子于晋、以成属鄫」
(44)『春秋』襄公五年「(秋)、公会晋侯・宋公・陳侯・衛侯・鄭伯・曹伯・莒子・邾子・滕子・薛伯・斉世子光・呉人・鄫人于戚」、会盟参加国の独立性については、洪鈞培『春秋国際公法』第三編「戦時法規」(台湾中華書局、一九七一年)参照。
(45)『春秋左伝注』襄公六年条参照。
(46)「附庸」の実態を杜正勝氏は、独立主権の欠落に置くが(同氏『周代城邦』第五章、聯経出版事業公司、一九七九年)、別に自治の権利を主張する見解もある(宮崎市定「中国上代は封建制か都市国家か」『史林』三三―一、一九五〇年、『宮崎市定全集3』所収、岩波書店、一九九一年)。
(47)『左伝』昭公四年「莒、著丘公立而不撫鄫、鄫叛而来、故曰取」
(48)『左伝』昭公十三年「邾人、莒人愬于晋曰、魯朝夕伐我、幾亡矣、我之不共、魯故之以、……、叔向曰、……、若奉晋之衆、用諸侯之師、因邾・莒・杞・鄫之怒、以討魯罪、……」、杜注「四国近魯、数以小事相忿、鄫巳滅、其民猶存、故並以恐魯」
(49)本書第一部第二章第一節『春秋』『左伝』の滅国、参照。
(50)須句は以後、魯の附庸国となったと考えられる(王献唐『春秋邾三分国考　三邾疆邑図考』斉魯書社、一九八二年)。本書第一部第二章第三節滅国後の居民、参照。
(51)『左伝』襄公十二年「冬、楚子嚢・秦庶長無地伐宋、師于楊梁、以報晋之取鄭也」
(52)『左伝』襄公十一年「四月、諸侯伐鄭、己亥、斉大子光・宋向戌先至于鄭、門于東門、其莫、晋荀罃至于西郊、東侵旧許、衛孫林父侵其北鄙、六月、諸侯会于北林、師于向、右還、次于瑣、囲鄭、観兵于南門、西済于済隧、鄭人懼、乃行成」
(53)『左伝』襄公十一年「九月、諸侯悉師以復伐鄭、……、諸侯之師観兵于鄭東門、鄭人使王子伯駢行成、甲戌、晋趙武入盟鄭伯、冬十月丁亥、鄭子展出盟晋侯、十二月戊寅、会于蕭魚」
(54)『左伝』の「某門に門す」に関して、本格的攻城戦を展開する前の示威運動で、儀式的側面を強調する見解がある(『貝塚茂樹著作集』第一巻、「中国の古代国家」、中央公論社、一九七六年)。しかし、「取」事例で窺えるように「門」なども儀式的というよりは、軍事行為自体が本来、和平を前提とするものであった可能性が高いと考えられる。

(55)『左伝』桓公六年「楚武王侵隨、使薳章求成焉、軍於瑕以侍之、随人使少師董成」、同桓公八年「夏、楚子合諸侯于沈鹿、黄・随不会、使薳章譲黄、楚子伐随、軍于漢・淮之間、……、戦于速杞、……、秋、随及楚平」、同桓公十一年「楚屈瑕将盟貳・軫、鄖人軍於蒲騒、将与随・紋・州・蓼伐楚師」、同荘公四年「楚武王荆尸、授師孑焉、以伐随、……、営軍臨随、随人懼、行成、莫敖以王命入盟随侯、且請為会於漢汭、而還」、『史記』楚世家「荘敖五年、欲殺其弟熊惲、惲奔随、与随襲弑荘敖代立、是為成王」

(56)本書第一部第二章第一節『春秋』『左伝』の滅国、参照。

(57)地名の比定については、註(14)程発軔氏、前掲書、註(5)『中国歴史地図集』第一冊等参照。

(58)Ⅰ〜Ⅳの事例は次のような表記法を基準としている。例えば、Ⅰ①僖公二十二年魯↓須句(邾)は、魯国の僖公二十二年に魯国が邾国の属邑であった須句を「取」(占領)したことを示す(「公伐邾、取須向」)。「前」「後」は「取」(占領)記事の前後の「須句」の地名出現年次を表わしている。以下、同じ。

(59)「須句」は「前」の僖公二十一年伝「邾人滅須句、須句来奔」から、かつて小国であったことが窺える。本書第一部第三章第三節国邑占領と附庸小国、参照。

(60)「向」は「前」の隠公二年経「夏五月、莒人入向」から、小国であったことがわかる。

(61)「東鄆、山東省沂水県東北五十里」(『春秋左伝注』)。

(62)「西鄆、山東省鄆城県東十六里」(『春秋左伝注』)。

(63)「闞」は「後」の定公元年伝に「季孫使役如闞公氏、将溝焉」とあり、「闞公氏」と見える。やや議論があるが、楊伯峻氏の「闞、魯之群公墓地名、以其為公墓所在、故日闞公氏」(『春秋左伝注』定公元年条)という見解に基づき、Ⅰ事例と認める。

(64)『春秋』襄公元年「(春)仲孫蔑会晋欒黶・宋華元、衛甯殖・曹人・莒人・邾人・滕人・薛人囲宋彭城」、『公羊伝』襄公元年「魯石走之楚、楚為之伐宋、取彭城以封魯石」

(65)『左伝』襄公十四年「(衛献)公使子蟜・子伯・子皮与孫子盟于丘宮、孫子皆殺之、四月己未、子展奔斉、公如鄄、使子行請於孫子、孫子又殺之、公出奔斉、孫氏追之、敗公徒于河澤、鄄人執之」

（66）同様に「取」→「帰」が推察できる事例には、Ⅰ①須句　Ⅰ⑥向　Ⅱ②彭衙　Ⅱ④彭城　Ⅱ⑩廩丘　Ⅲ②牛首　Ⅲ⑤繹　Ⅲ⑥朝歌　Ⅲ⑦闡　Ⅳ⑪汪　Ⅳ㉖羊角　Ⅳ㉗高魚　が考えられる。

（67）「取」軍事行為の非継続性にあって例外的事例も見出せる。Ⅲ③焦・④夷は、『左伝』僖公二十三年に「秋、楚成得臣帥師伐陳、討其貳於宋也、遂取焦・夷、城頓而還」とあるが、「後」の襄公元年伝には「晋師自鄭以鄫之師侵楚焦・夷及陳」と確認でき、焦・夷とも楚の属邑であったことが窺える。僖公二十三年時点の「取」が継続的に機能したと考えるべきであろう。

（68）杜注「春取鄆、今正其封疆」、『左氏会箋』では「疆者聚土為塹、其外溝之、為関以通出入也、周礼封人、凡封国封其四疆、造都邑之封域亦如之」とある。

（69）『左伝』文公元年「五月辛酉朔、晋師囲戚、六月戊戌、取之、獲孫昭子、……、秋、晋侯疆戚田」、同文公八年「春、晋侯使解楊帰匡・戚之田于衛」

（70）会盟地としての鄙邑がどのような経緯で選択されたかについては、個別に考えなければならない問題である（本書第二部第二章斉覇・晋覇の会盟地、参照）。ただ、⑥向は『春秋』宣公四年「春王正月、公及斉侯平莒及郯、莒人不肯、公伐莒、取向」と「取」（占領）が出現しているが、「後」に同襄公二十年「春王正月辛亥、仲孫速会莒人盟于向」と「向」が会盟地として確認される。対立していた魯と莒が向で会盟する点からすれば、占領対象邑であった向は莒に返還された可能性が高い。

（71）同様に占領対象邑が占領前で軍事対象であると考えられる事例は以下のものが確認できる。Ⅰ①須句　Ⅰ⑥向　Ⅱ①長葛　Ⅱ②彭衙　Ⅱ③龍　Ⅱ④彭城　Ⅱ⑤鬲　Ⅱ⑦前城　Ⅱ⑧匡　Ⅱ⑨邢　Ⅱ⑩廩丘

（72）「小穀」と「穀」は異地とする見解もあるが、今は同一地として考える。『春秋左伝注』荘公三十二年条参照。

（73）②櫟は昭公十一年伝追記に「鄭荘公城而寘子元馬」とあり、「城」対象邑であったことがわかる。「城」の軍事的要請については、宇都木章『『春秋』にみえる「邑に城く」について』（五井直弘編『中国の古代都市』所収、汲古書院、一九九五年、註（４）宇都木章著作集第三巻所収）参照。

（74）④五鹿は『左伝』僖公二十三年に「（晋公子重耳）過衛、衛文公不礼焉、出於五鹿」とあることから、交通上の要所であっ

た可能性が高い。⑤戚は顧棟高『春秋大事表』春秋列国都邑表巻七之二に「蓋其地瀕河西、扼中国之要枢、不独衛之重地、亦晋・鄭・呉・楚之孔道也」と、その交通上の重要性が指摘されている。なお、会盟地の地理的問題については、伊藤道治「春秋会盟地理考」（『田村博士頌寿記念東洋史論叢』所収、同朋舎、一九六八年）参照。同様に占領対象邑が占領前で会盟地として機能する事例には、Ⅱ⑨邢、Ⅱ⑩廩丘、があり、交通の要所と認められる事例には、Ⅱ⑥重丘、Ⅱ⑨邢、が見出せる。

(75)『左伝』荘公二十年「春、鄭伯和王室、不克、執燕仲父、夏、鄭伯遂以王帰、王処于櫟」とあり、櫟邑が鄭の援助を受ける周王（恵王）の拠点と機能することからも、櫟邑と国邑の政治的密接さが窺える。

(76) 杜注「公感斉桓公之徳、故為管仲城私邑也」、傅隷樸『春秋三伝比義』（中国友誼出版公司、一九八四年）も同様の立場で論じている。

(77) 孫氏については、『左伝』哀公二十六年に「昔成公孫於陳、甯武子・孫荘子為宛濮之盟（僖公二十八年経）而君入」と追記され、「孫荘子」の存在が見出せる。『春秋左伝正義』所引「世本」には「孫氏出於衛武公」（成公十四年条）とあり、程発軔『春秋人譜』（台湾商務印書館、一九八九年）では、公族の条に、

孫級（荘子）—孫昭子—孫良夫（桓子）—孫林父（文子）—┬孫嘉
　　　　　　　　　　　　　　　　　　　　　　　　　　　├孫襄（伯国）
　　　　　　　　　　　　　　　　　　　　　　　　　　　└孫蒯

という系譜を示している。

(78)『左伝』成公十六年「宣伯通於穆姜、欲去季・孟而取其室、……、宣伯使告郤犨曰、魯之有季・孟、猶晋之有欒・范也、政令於是乎成、……、若欲得志於魯、請止行父而殺之、我斃蔑也、而事晋、蔑有貳矣、魯不貳、小国必睦、……、九月、晋人執季文子于苕丘」

(79)『春秋』定公十五年「（夏五月）、鄭罕達帥師伐宋」、同『左伝』「鄭罕達敗宋師于老丘」

(80) 同様に占領対象邑が占領前で采邑として位置づけられる可能性がある事例は、Ⅱ⑨邢　Ⅳ⑤狐　Ⅳ㉕穀氏六十、が見出せる。国邑と密接な関係をもつと考えられる事例は、Ⅱ⑤鬻　Ⅱ⑩廩丘　Ⅳ④那處　Ⅳ⑧新里　Ⅳ⑫王管　Ⅳ⑯羈馬　Ⅳ㉚任

Ⅳ㉛欒　Ⅳ㉟盂、が確認できる。

（81）『春秋』桓公十一年「九月、宋人執鄭祭仲、突帰于鄭、鄭忽出奔衛」、同『左伝』「秋九月丁亥、昭公奔衛、己亥、厲公立」、『春秋』桓公十五年「五月、鄭伯突出奔蔡、鄭世子忽復帰于鄭、秋九月、鄭伯突入于櫟」

（82）『左伝』僖公二十六年「宋以其善於晋侯也、叛楚即晋」

（83）『左伝』僖公十七年「斉侯之夫人三、王姫・徐嬴・蔡姫、皆無子、斉侯好内、多内寵、内嬖如夫人者六人、……、公与管仲属孝公於宋襄公、以為大子、……、管仲卒、五公子皆求立、冬十月乙亥、斉桓公卒、易牙入、与寺人貂因内寵以殺群吏、而立公子無虧、孝公奔宋」

（84）『左伝』昭公元年「叔孫曰、……、雖怨季孫、魯国何罪」

（85）昭公と三桓氏対立の概要については、註（4）宇都木章氏、前掲書参照。

（86）陽虎の乱については、小倉芳彦「陽虎と公山不狃――春秋末期の「叛」――」（『東京大学東洋文化研究所紀要』四九、一九六九年、同氏『中国古代政治思想研究』所収、青木書店、一九七〇年、『小倉芳彦著作選3』、論創社、二〇〇三年）参照。

（87）杜注「三邑、皆汶陽之田也」

（88）同様に占領対象邑が占領前で国邑からの離反が確認できる事例は、Ⅱ④彭城　Ⅱ⑩廩丘、がある。

（89）浅野裕一『孫子を読む』（講談社現代新書、一九九三年）では、軍事攻撃を被る邑についての概略が示されている。

（90）⑩闞の事例も註（63）の見解に従うならば、同様に占領前後を通して国邑との関係を不変的に保持したと考えられる。

（91）『左伝』文公元年「晋公之季年、諸侯朝晋、衛成公不朝、使孔達侵鄭、伐緜・訾及匡、……、請君朝王、臣従師、晋侯朝王於温、先且居・胥臣伐衛、五月辛酉朔、晋師囲戚、六月戊戌、取之、獲孫昭子」

（92）占領後、対象邑が采邑として認められる可能性がある事例は、Ⅳ⑥厨　Ⅳ⑨臼哀、が見出せる。

（93）『春秋』成公十四年「夏、衛孫林父自晋帰于衛」、同『左伝』「……、夏、衛侯既帰、晋侯使郤犨送孫林父而見之、……、衛侯見而復之」

（94）『春秋』成公十五年「（三月）癸丑、公会晋侯・衛侯・鄭伯・曹伯・宋世子成・斉国佐・邾人同盟于戚」、この他に軍事対象

地（次）としては、襄公二・五・十四年、采邑としては、襄公十四年で確認できる。

(95)『左伝』襄公十四年「衛献公戒孫文子・甯恵子食、皆服而朝、日旰不召、而射鴻於囿、二子従之、不釈皮冠而与之言、二子怒、孫文子如戚、……」

(96) 鄙邑が配下に邑を従属する事例は、註（28）増淵龍夫氏、前掲書参照。

(97)『左伝』昭公七年「秋八月、衛襄公卒、晋大夫言於范献子曰、衛事晋為睦、晋不礼焉、庇其賊人而取其地、故諸侯貳、……、今又不礼於衛之嗣、衛必叛我、是絶諸侯也」

(98)『左伝』哀公十五年「大子（蒯聵）在戚、孔姫使之焉」、『春秋』哀公十六年「春王正月己卯、衛世子蒯聵自戚入于衛、衛侯輒来奔」

(99) 同様に占領対象邑が占領前の国邑との密接な関係から、占領後、反国邑的動向を辿る事例には、Ⅲ①牟婁　Ⅲ⑥朝歌、が確認できる。

(100)『左伝』僖公二十四年「鄭之入滑也、滑人聴命、師還、又即衛、鄭公子士、洩堵兪彌帥師伐滑、王使伯服・游孫伯如鄭請滑、鄭伯怨恵王之入而不与厲公爵也、又怨襄王之与衛滑也、故不聴王命、而執二子、王怒、将以狄伐鄭」

(101)『左伝』宣公十一年「楚子伐鄭、及櫟」

(102)『左伝』昭公十三年「平王封陳・蔡、復遷邑、……、（平王）使枝如子躬聘于鄭、且致犨・櫟之田、事畢弗致、鄭人請曰、聞諸道路、将命寡君以犨・櫟、敢請命、対曰、臣未聞命、……」

(103)『左伝』成公十七年「斉慶克通于声孟子、……、（鮑牽）以告国武子、武子召慶克而謂之、慶克久不出、而告夫人曰、国子讁我、夫人怒、国子相霊公以会、高・鮑処守、及還、将至、閉門而索客、孟子訴之曰、高・鮑将不納君、而立公子角、国子知之、秋七月壬寅、刖鮑牽而逐高無咎、無咎奔莒、高弱以盧叛、……、斉侯使崔杼為大夫、使慶克佐之、帥師囲盧、国佐従諸侯囲鄭、以難請而帰、遂如盧師、殺慶克、以穀叛　斉侯与之盟于徐関而復之、十二月、盧降、使国勝告難于晋、待命于清」

(104)『春秋』成公十八年「（春王正月）、斉殺其大夫国佐」とあり、この時点で国佐の穀邑での反国邑体制も終結したと考えられる。

(105) 穀邑は、『春秋』襄公十九年「（秋七月）、晋士匄帥師侵斉、至穀、聞斉侯卒、乃還」からも、軍事対象邑として確認できる。

(106)『春秋』昭公二十六年「三月、公至自斉、居于鄆、夏、公囲成、秋、公会斉侯・莒子・邾子・杞伯盟于鄟陵、公至自会、居于鄆」、同昭公二十七年「春、公如斉、公至自斉、居于鄆、(冬)、公如斉、公至自斉、居于鄆」、同昭公二十八年「(春王三月)、公如晋、次于乾侯」、同昭公二十九年「春、公至自乾侯、居于鄆、斉侯使高張来唁公、公如晋、次于乾侯」

(107)鄆邑返還に関して、『左氏会箋』は「鄆・衛既属斉、而我猶不敢叛晋、春斉帰鄆・陽関、将以柔服我」と規定する。ところが、『史記』魯周公世家では「(定公)七年、斉伐我、取鄆、以為魯陽虎邑以従政」と、別の立場を示している。

(108)『左伝』昭公元年「莒展輿立、而奪群公子秩、公子召去疾于斉、秋、斉公子鉏納去疾、展輿奔呉」

(109)鄙邑の独立的存立形態は、叔孫氏の郈邑で離反を示した侯犯の立場に対して駟赤が、「居斉・魯之際而無事、必不可矣」(杜注「無所服事」(定公十年伝))と言説するように、やはり国邑との関係では無視できない問題であったと想像される。

(110)鄙邑の自治権を承認する国邑の立場は、『春秋』の記事が鄙邑を排除し諸侯間の国邑の動向にほぼ終始している点からも窺えよう。『左伝』にあってⅡ③龍の「春、斉侯伐我北鄙、囲龍、頃公之嬖人盧蒲就魁門焉、龍人囚之、斉侯曰、勿殺、吾与而盟、無入而封、弗聴、殺而膊諸城上、斉侯親鼓、士陵城、三日、取龍」(成公二年伝)という物語は、龍邑の対斉外交における自治権を示しているとすべきであろう。だが、もし鄙邑が国邑を圧倒することになれば、楚子と申無宇の問答に見える「王曰、国有大城何如、対曰、鄭京・櫟実殺曼伯、宋蕭・亳実殺子游、斉渠丘実殺無知、衛蒲・戚実出献公、若由是観之、則害於国、末大必折、尾大不掉、君所知也」(『左伝』昭公十一年)という事態が発生するのであった。

第四章　攻囲政策

はじめに

第一章で見たように諸侯国の領域形成の基層をなす国邑—鄙邑の支配構造にあって、軍事行為「取」（占領政策）、「囲」（攻囲政策）に見られる国邑から鄙邑への攻撃対象の推移は、軍事にとどまらず、当該社会の分析でも留意すべき問題を内在している[1]。

本章では、攻囲政策に関する整理と分析を試みる[2]。当該期の攻囲戦については、城を取り囲んで城門の門攻めをし、門前での勢揃いにより軍威を誇示するなど、実際に本格的な攻城戦を展開する前に、戦わずして降伏させるという、儀式的側面を含む示威運動に一貫するとの見解がある[3]。また、都城包囲の期間に関して、大邑をめぐる攻囲戦の困難さと長期化が指摘されている[4]。現代の戦争にあっても攻囲戦は、国家間で最も重大な意味を持ち、その結果が勝敗と戦争の終結や講和条約に決定的影響を与えた。ただ、攻囲戦は時間と手間のかかる作戦であり、攻撃側の攻囲戦術、防衛側の拠点要塞化の技術など問題点も存在する[5]。

このような諸点を考慮しながら、まず『春秋』『左伝』に見える攻囲から、諸侯国間の攻囲戦の傾向と実態を整理したうえで、鄙邑対象の攻囲での鄙邑の存立状況を分析し、最終的には攻囲政策を通じて見た国邑—鄙邑の支配構造の特質を導き出すものである。

第一節　『春秋』『左伝』の攻囲

攻囲戦は『春秋』では、

隠公五年（冬）、宋人伐鄭、囲長葛、

僖公六年夏、公会斉侯・宋公・陳侯・衛侯・曹伯伐鄭、囲新城、

僖公二十三年春、斉侯伐宋、囲緡、

襄公十八年冬十月、公会晋侯・宋公・衛侯・鄭伯・曹伯・莒子・邾子・滕子・薛伯・杞伯・小邾子同囲斉、

など、国邑・鄙邑を対象に行使されている。

経学的理解にあっては例えば、

邑不言囲、此其言囲何、彊也、（『公羊伝』隠公五年）

伐国不言囲邑、此其言囲何也、久之也、（『穀梁伝』隠公五年）

とあり、鄙邑攻囲自体の不当性を指摘し、「彊」と「久」を記録の根拠と見做す。さらに、

邑不言囲、此其言囲何、疾重故也、（『公羊伝』僖公二十三年）

伐国不言囲邑、此其言囲何也、不正其以悪報悪也、（『穀梁伝』僖公二十三年）

などが確認できる。いずれにせよ『公羊伝』『穀梁伝』では、攻囲戦を許し難い攻撃手段と規定している。(6)

そこで、まず攻囲戦について国邑・鄙邑別に、それぞれ『春秋』『左伝』の記事を整理してみよう。国邑攻囲戦は『春秋』では以下のとおりである。

1　荘公八年夏、師及斉師囲郕、郕降于斉師、
2　僖公六年秋、楚人囲許、諸侯遂救許、
3　僖公十九年秋、宋人囲曹、
4　僖公二十五年秋、楚人囲陳、納頓子于頓、
5　僖公二十七年冬、楚人・陳侯・蔡侯・鄭伯・許男囲宋、
6　僖公二十八年（冬）、諸侯遂囲許、[7]
7　僖公二十八年（冬）、曹伯襄復帰于曹、遂会諸侯囲許、
8　僖公三十年（秋）、晋人・秦人囲鄭、
9　僖公三十一年（冬）、狄囲衛、
10　文公三年秋、楚人囲江、
11　文公十二年夏、楚人囲巣、
12　宣公三年（秋）、宋師囲曹、
13　宣公九年（冬）、宋人囲滕、
14　宣公十二年（春）、楚子囲鄭、
15　宣公十四年秋九月、楚子囲宋、
16　成公九年（冬）、鄭人囲許、
17　襄公四年（冬）、陳人囲頓、
18　襄公七年（冬十月）、楚公子貞帥師囲陳、
19　襄公十八年冬十月、公会晋侯・宋公・衛侯・鄭伯・曹伯・莒子・邾子・滕子・薛伯・杞伯・小邾子同囲斉、
20　昭公十一年（夏）、楚公子棄疾帥師囲蔡、
21　定公四年（秋）、楚人囲蔡、
22　定公五年冬、晋士鞅帥師囲鮮虞、
23　定公十年（夏）、晋趙鞅帥師囲衛、
24　哀公元年（春）、楚子・陳侯・随侯・許男囲蔡、
25　哀公三年（冬十月）、叔孫州仇・仲孫何忌帥師囲邾、
26　哀公七年（秋）、宋人囲曹、

ここに確認できる『春秋』の攻囲事例は、諸侯国間に展開された国邑攻囲戦の当該時代での一つの傾向と考えられる。行使国・被行使国の傾向を回数面から調べると、行使国では、【楚11・宋5・晋4・魯3・陳3・鄭3・許2】が複数回国として見られる。許の2回「5—僖公二十七年・24—哀公二十四年」はともに楚の同盟国としての攻囲参加であり、自主的な行動とはいえない。鄭についても3回の攻囲にあって、2回がそれぞれ楚同盟「5—僖公二十七年」、晋同盟「19—襄公十八年」への参加であり、単独国としての攻囲は「16—成公九年」の許攻囲のみとなる。陳も同様に3回中2回「5—僖公二十七年・24—哀公元年」は、楚同盟下での攻囲参戦であった。陳の単独行為は「17

—襄公四年」の頓攻囲のみである。このような点から、国邑の攻囲戦では、複数回の行使国が楚・宋・晋・魯の4国となり、魯国の年代記である『春秋』の性質上、魯は別にしても攻囲戦の特殊性が導き出せよう。ただ、楚の回数の突出は目を引くが、当該時代での晋との対立抗争からは当然の傾向といえる。しかし、宋の多さや当該時代の大国であった斉「1—荘公八年」・秦「8—僖公三十年」の少なさは、やや予想外と考えられる。いずれにしても、国邑攻囲が諸侯国間の軍事行動にあって、それほど普遍的手段ではなかった点を示唆していよう。

一方、攻囲戦の被行使国では、【許4・曹3・蔡3・鄭2・衛2・宋2】が複数回国として見出せる。許・曹・蔡など小国が多く攻囲を被っていた。ただ、このなかで曹は「3—僖公十九年・12—宣公三年・26—哀公七年」と、3回とも宋の攻囲であり、蔡も「20—昭公十一年・21—定公四年・24—哀公元年」と、3回とも楚ないし楚連合軍の攻囲である。しかも、ともに隣接国間の攻囲戦であり、攻囲の性質を如実に表わしている(8)。なお、この点が前述の攻囲戦行使国での楚・宋の回数の多さと連動したわけである。

以上からすれば、国邑攻囲戦は主に隣接諸国間の軍事対立に見える現象と考えられ、『春秋』での魯国の攻囲対象国が3回とも、「1—荘公八年＝郕・19—襄公十八年＝斉・25—哀公三年＝邾」と、隣接国への行使であった点に端的に示されている。

次に『左伝』の国邑攻囲戦を概観しよう(9)。

1　隠公四年　楚・陳・蔡・衛→鄭
2　隠公十年　鄭→戴
3　桓公四年　周・秦→魏
4　桓公九年　楚・巴→花
5　僖公五年　晋→上陽（南虢）
6　僖公二十五年　秦→商密（鄀）
7　僖公二十八年　晋→曹
8　宣公十二年　楚→蕭

9 成公九年 楚→莒
10 成公十七年 魯・周・晋・宋・衛・曹・斉・邾→鄭
11 成公十七年 舒庸・呉→巣
12 襄公六年 斉→萊
13 襄公九年 魯・晋・宋・衛・曹・莒・邾・滕・薛・杞・小邾・斉→鄭
14 襄公十年 晋→偪陽
15 襄公十年 楚・鄭→宋
16 襄公十一年 魯・晋・宋・衛・曹・斉・莒・邾・滕・薛・杞・小邾→鄭

---

17 襄公二十三年 楚・陳→陳
18 襄公二十五年 楚→舒鳩
19 昭公八年 楚→陳
20 昭公十二年 楚→徐
21 昭公十五年 晋→鼓
22 哀公四年 周→蠻氏
23 哀公十七年 晋→衛
24 哀公十七年 楚→陳
25 哀公二十年 越→呉
26 哀公二十七年 晋→鄭

行使国と被行使国の傾向を回数面から調べると、行使国では、【楚10・晋9・斉4】と、楚・晋が複数回国として群を抜いている。当該時代の両国の対立抗争からは当然の結果といえる。さらに、楚「8—宣公十二年・9—成公九年・18—襄公二十五年・19—昭公八年・20—昭公十二年・24—哀公十七年」晋「5—僖公五年・7—僖公二十八年・14—襄公十年・21—昭公十五年・23—哀公十七年・26—哀公二十七年」と、ともに6回が単独の攻囲である点は、晋・楚の軍事力を印象づけよう。

一方、攻囲戦での被行使国は、【鄭5・陳3】が回数面で目立っている。鄭は5回中4回「10—成公十七年・13—襄公九年・16—襄十一年・26—哀公二十七年」が晋連合ないし晋の攻囲であり、陳は3回「17—襄公二十三年・19—昭公八年・24—哀公十七年」とも楚の攻囲である。[10] 両国の置かれた南北二大国の隣接国としての地理的環境が、攻撃目標とされた結果といえよう。

以上から『左伝』の攻囲戦は、当該時代の特徴である晋・楚二大国の対立抗争の様相を的確に示している。たとえ『春秋』の国邑攻囲が特殊であっても、攻囲は当該時代における重要かつ有効な軍事行為だった点が窺える。

つづいて、鄙邑攻囲戦は『春秋』では以下のとおりである。

1　隠公五年（冬）、宋人伐鄭、囲長葛、
2　僖公六年夏、公会斉侯・宋公・陳侯・衛侯・曹伯伐鄭、囲新城、
3　僖公二十三年春、斉侯伐宋、囲緡、
4　僖公二十六年冬、楚人伐宋、囲緡、
5　成公三年秋、叔孫僑如帥師囲棘、
6　襄公元年（春）、仲孫蔑・晋欒黶・宋華元・衛甯殖・曹人・莒人・邾人・滕人・薛人囲宋彭城、
7　襄公十二年春王二月、莒人伐我東鄙、囲台、
8　襄公十五年夏、斉侯伐我北鄙、囲成、
9　襄公十六年秋、斉侯伐我北鄙、囲成、
10　襄公十七年秋、斉侯伐我北鄙、囲桃、
11　襄公十七年（秋）、高厚帥師伐我北鄙、囲防、
12　昭公十三年春、叔弓帥師囲費、
13　昭公二十三年（春）、晋人囲郊、
14　昭公二十六年夏、公囲成、
15　定公六年（冬）、季孫斯・仲孫何忌帥師囲鄆、
16　定公十年（夏）、季孫州仇・仲孫何忌帥師囲郈、
17　定公十年秋、季孫州仇・仲孫何忌帥師囲郈、
18　定公十二年十有二月、公囲成、
19　哀公三年春、斉国夏・衛石曼姑帥師囲戚、

ここで確認できる『春秋』の攻囲事例は、諸侯国間に展開された鄙邑攻囲戦の当該時代での一つの傾向と考えられる。行使国・被行使国の傾向を回数面から調べると、行使国では、【魯9・斉7・晋2】が複数回国として見出せる。斉・魯は群を抜いた数値となっている。このうち、斉は4回「8―襄公十五年・9―襄公十六年・10―襄公十七年・11―襄公十七年」が対魯鄙邑攻囲であって、一定期間に集中する隣接国の鄙邑への軍事行為である。魯の9回中7回「5―成公三年・12―昭公十三年・14―昭公二十六年・15―定公六年・16―定公十年・17―定公十年・18―定公十二

年」は、自国領域内の鄙邑攻囲であり、限定的な国内政治の混乱との関連を予測させる。なお、当該時代での二大国のうち晋の2回「6―襄公元年・13―昭公二十三年」と、楚の1回の「4―僖公二十六年」の少なさは、鄙邑攻囲の特殊性を示唆しよう。あるいは国邑攻囲との関係からは、むしろ『春秋』での鄙邑攻囲の史料上の欠落を考慮すべきであろうか。いずれにしても、当該時代の鄙邑攻囲が行使国の回数面からは、諸侯国全般に普遍的に見出せる行為ではなかった点が確認できよう。さらに、『春秋』の記録を重視すれば、鄙邑攻囲は斉・魯などの隣接諸国間での軍事行為であった。

一方、攻囲戦対象鄙邑の所属上の被行使国では、【魯12・宋3・鄭2】が複数回国として見出せる。宋は3回中2回「3―僖公二十三年・4―僖公二十六年」が緡で同一鄙邑への攻囲である。攻囲鄙邑の邑としての特性がそもそも存在したのかもしれない。魯に関しては行使国で確認したように12回中7回が魯自身で、斉が4回「8―襄公十五年・9―襄公十六年・10―襄公十七年・11―襄公十七年」、莒が1回「7―襄公十二年」であり、やはり隣接する諸侯国間での攻囲戦で、しかも斉の場合は期間限定的であった。

以上から、鄙邑に対する攻囲戦の晋・楚強大国の少なさは、『春秋』での鄙邑攻囲がかなり限定的な行為であった可能性を示唆しよう。

次に『左伝』の鄙邑攻囲戦を概観する。(11)

1 荘公十二年 宋→(宋)亳
2 荘公十八年 楚→(楚)権
3 荘公二十五年 晋→(晋)聚
4 僖公十八年 邢・狄→(衛)菟圃
5 僖公二十四年 秦→(晋)令狐
6 僖公二十五年 晋→(晋)原
7 僖公二十五年 晋→(晋)温
8 僖公二十五年 晋→(晋)陽樊

9 文公元年　晋→（衛）戚
10 文公四年　晋→（秦）邧・新城
11 宣公二年　秦→（晋）焦
12 宣公六年　赤狄→（晋）懐
13 成公二年　斉→（魯）龍
14 成公九年　楚→（莒）渠丘
15 成公十七年　斉→（斉）盧
16 成公十七年　舒庸・呉→（楚）釐・虺
17 成公十八年　宋→（宋）彭城
18 襄公六年　斉→（萊）棠
19 襄公十年　楚・鄭→（宋）蕭
20 襄公十九年　斉→（斉）高唐
21 襄公二十三年　晋→（晋）曲沃
22 襄公二十九年　斉→（斉）盧
23 襄公三十年　周→（周）蒍
24 昭公四年　楚→（呉）朱方
25 昭公十三年　楚→（楚）固城
26 昭公十九年　宋→（郳）虫

27 昭公二十五年　斉→（魯）鄆
28 昭公二十七年　呉→（楚）潜
29 昭公三十一年　呉→（楚）弦
30 定公二年　呉→（楚）巣
31 定公八年　晋→（鄭）虫牢
32 定公十三年　晋→（晋）邯鄲
33 定公十三年　晋→（晋）晋陽
34 定公十四年　晋→（晋）朝歌
35 哀公元年　斉・衛→（晋）五鹿
36 哀公三年　晋→（晋）朝歌
37 哀公四年　斉・衛→（晋）五鹿
38 哀公四年　晋→（晋）邯鄲
39 哀公五年　晋→（晋）柏人
40 哀公五年　晋→（衛）中牟
41 哀公九年　鄭→（宋）雍丘
42 哀公十二年　宋→（鄭）嵒
43 哀公十八年　巴→（楚）鄾

行使国について見ると、【晋15・斉8・楚5・宋4・呉4・秦2・鄭2】が複数回国として確認できる。『左伝』の鄙邑攻囲は『春秋』にくらべ、より多くの当該時代の諸侯国についての情報を収集していると考えられる。なかでも晋・斉の攻囲戦の多さが目立っている。ただ、晋の15回中11回「3―荘公二十五年・6―僖公二十五年・7―僖公二十五年・8―僖公二十五年・21―襄公二十三年・32―定公十三年・33―定公十三年・34―定公十四年・36―哀公三年・38―哀公四年・39―哀公五年」は、期間限定的な国内政治の混乱を発端とした内邑攻囲である。斉にあっても8回中3回「15―成公十七年・20―襄公十九年・22―襄公二十九年」は、同様の経緯が窺える。諸侯国間での鄙邑攻囲では、晋は「9―文公元年＝衛・10―文公四年＝秦・31―定公八年＝鄭・40―哀公五年＝衛」と、隣接国へ向けた軍事行為であった。こうした傾向は呉の4回中「16―成公十七年・28―昭公二十七年・29―昭公三十一年・30―定公二年」と、すべてが対楚鄙邑攻囲である点に象徴される。なお、斉の諸侯国への鄙邑攻囲は5回中「13―成公二年＝魯・18―襄公六年＝萊・27―昭公二十五年＝魯・35―哀公元年＝晋・37―哀公四年＝晋」と、3回は隣接国に対する軍事行為であるが、2回の対晋攻囲は直接領域を接しない地域を対象としたものであった。しかし、2回とも晋と隣接する衛との協同攻囲である点は注意すべきで、攻囲戦の限定性を逆により明確に示していると考えられよう。このような諸点から見れば、そもそも鄙邑攻囲は諸侯国間の対立抗争に積極的に適応される行為ではなく、むしろ国内政治の混乱を発端とした国邑―鄙邑をめぐる権力闘争に対応する措置であったのかもしれない。いいかえれば、国内鄙邑の攻囲は、国邑―鄙邑の支配構造における当該時代の鄙邑従属関係の可変性に基づく現象と考えられよう。

一方、被行使国については、国際間の鄙邑攻囲戦に限り調べると、【楚5・晋4・衛3・魯2・宋2・鄭2】が複数回国として見出せる。このうち楚の5回中4回は、前述の行使国との関係から、呉の攻囲であった。晋の4回は「5―僖公二十四年＝秦・11―宣公二年＝秦・35―哀公元年＝斉衛・37―哀公四年＝斉衛」と、それぞれ2回が秦・斉衛の攻囲である。また魯は2回とも「13―成公二年・27―昭公二十五年」と、斉の攻撃だった。したがって国際間の鄙邑攻囲戦は、特定国間の攻防であった点が浮上し、あらためて隣接諸国での軍事行為という側面が確認されよう。

いずれにしても、『左伝』の鄙邑攻囲戦は、国内政治の混乱を発端とするもの、隣接諸国に行使されるもの、という限定性が指摘できる。

以上、『春秋』『左伝』に見える攻囲戦記事について、国邑・鄙邑別に整理し行使国・被行使国の傾向を示した。国邑攻囲は軍事行動にあって、普遍的手段ではなく主に隣接諸国間に適応されたが、重要かつ有効な軍事行為といえる。鄙邑攻囲は国内政治の混乱を発端とする内邑攻囲が顕著で、しかも隣接諸国に行使される限定的な軍事行為であった。特にこうしたなかで鄙邑攻囲は、その隣接性と国内政治の混乱にあって、国邑—鄙邑の支配構造との関係から、一体如何なる当該社会についての理解が導かれるのであろうか。

当該時代の軍事行動が、国邑の動向に執拗な意識を払うことからすれば(12)、攻囲対象鄙邑は国邑と密接な関係を保持する政治的環境が認められよう。そこで、第一部第三章の「取」軍事行為との関係から、攻囲対象鄙邑が『春秋』『左伝』のなかでどのように確認できるか、すなわち国邑との関係が如何なる傾向を担うのか、主に地名出現に配慮しながら鄙邑自体の機能的役割を考えることにする。この観点から『春秋』『左伝』で確認できる攻囲対象鄙邑を、地名の出現状況に応じて整理すると、以下の項目に分類し得る(13)。

Ⅰ　攻囲戦とその前後に対象鄙邑が地名として確認できる事例

①荘公十八年楚→（楚）権

前……荘公十八年

後……荘公十八年

②僖公二十五年晋→（晋）原

前……隠公十一　僖公二十五年

後……宣公十七　昭公七・二十二　定公八年

③僖公二十五年晋→（晋）温

前……隠公三・八・十一　荘公十九　僖公十・二十四年

後……僖公二十八　文公元・五・六　宣公十七　襄公十六
　昭公元・三・二十二　定公八年
④僖公二十五年晋→（晋）陽樊
前……隠公十一　荘公三十年
後……成公十一年
⑤文公元年晋→（衛）戚
前……文公元年
後……文公元・八　成公七・十四・十五　襄公元・二・五・
　十四・二十六・二十九　昭公七・十一　哀公二・三・
　十五・十六年
⑥宣公二年秦→（晋）焦
前……僖公三十年
後……昭公二十二年
⑦成公十七年斉→（斉）盧
前……成公十七年
後……成公十七　襄公十八・二十九年
⑧成公十八年宋→（宋）彭城
前……成公十八年
後……襄公元年
⑨　襄公元年魯・晋・宋・衛・曹・莒・邾・滕・薛→（宋）彭城
前……成公十八　襄公元年

後……襄公元年
⑩襄公十年楚・鄭→（宋）蕭
前……荘公十二　僖公三十　宣公十二年
後……襄公十　昭公十一　定公十一・十四　哀公十二年
⑪襄公十五年斉→（魯）成
前……桓公六　荘公三十年
後……襄公十五・十六　昭公七　定公十二　哀公四・十五年
⑫襄公十六年斉→（魯）成
前……桓公六　荘公三十　襄公十五年
後……昭公七　定公十二　哀公四・十五年
⑬襄公十七年斉→（魯）防
前……隠公九　荘公七・二十二・二十九　襄公十三年
後……襄公二十三年
⑭襄公十八年晋→（斉）盧
前……成公十七年
後……襄公二十九年
⑮襄公十九年斉→（斉）高唐
前……襄公十九年
後……襄公十九・二十五　昭公十　哀公十年
⑯襄公十九年斉→（斉）高唐
前……襄公十九年

後……襄公二十五　昭公十　哀公十年

⑰襄公二十九年斉→（斉）盧
前……成公十七　襄公十八年
後……襄公二十九年

⑱昭公十三年魯→（魯）費
前……隠公元　襄公七　昭公十二年
後……昭公十三・二十五・三十一　定公五・十二年

⑲昭公二十三年晋→（周）郊
前……昭公十二・二十二年
後……昭公二十三・二十六年

⑳昭公二十五年斉→（魯）鄆
前……成公四・十六年
後……昭公二十五・二十六・二十七・二十九　定公六・七・十年

㉑昭公三十一年呉→（楚）弦
前……僖公五年
後……昭公三十一年

㉒定公二年呉→（楚）巣
前……文公十二　成公七・十七　襄公二十五・二十六・三十一　昭公四・五・二十四・二十五年
後……定公二年

㉓定公六年魯→（魯）鄆
前……成公四・十六　昭公二十五・二十六・二十七・二十九年
後……定公七・十年

㉔定公十年魯→（魯）郈
前……昭公二十五　定公十年
後……定公十・十二年

㉕定公十二年斉→（魯）成
前……桓公六　荘公三十　襄公十五　昭公七年
後……哀公四・十五年

㉖定公十三年晋→（晋）邯鄲
前……定公十三年
後……哀公元・三・四年

㉗定公十四年晋→（晋）朝歌
前……襄公二十三　定公十三年
後……哀公元・三年

㉘哀公元年斉・衛→（晋）五鹿
前……僖公十四年
後……哀公四年

㉙哀公三年斉・衛→（衛）戚
前……文公元・八　成公七・十四・十五　襄公元・二・五・十四・二十六・二十九　昭公十一・二十七　哀公二年

後……哀公十五・十六年
㉚哀公四年晋→（晋）邯鄲
前……定公十三　哀公元・三年
後……哀公四年
㉛哀公十二年宋→（鄭）嵒
前……哀公十二年
後……哀公十二年
㉜哀公十八年巴→（楚）鄾
前……桓公九年
後……哀公十八年

II　攻囲戦とそれ以前に対象鄙邑が地名として確認できる事例

①荘公十二年宋→（宋）亳
前……荘公十二年
②荘公二十五年晋→（晋）聚
前……荘公二十五年
③僖公二十六年楚→（宋）緡
前……僖公二十三年
④宣公六年赤狄→（晋）懐
前……隠公十一年
⑤襄公二十三年晋→（晋）曲沃
前……隠公五　桓公二・九　荘公二十八　閔公二　僖公四・
二十四・三十二　襄公十六・二十三年
⑥襄公三十年周→（周）蔿
前……隠公十一年
⑦昭公四年楚→（呉）朱方
前……襄公二十八年
⑧定公八年晋→（鄭）虫牢
前……成公五　襄公十八年
⑨定公十三年晋→（晋）晋陽
前……定公十三年
⑩哀公三年晋→（晋）朝歌
前……襄公二十三　定公十三　哀公元年
⑪哀公四年斉・衛→（晋）五鹿
前……僖公十四　哀公元年
⑫哀公五年晋→（晋）柏人
前……哀公四年
⑬哀公五年晋→（晋）中牟
前……定公九年

Ⅲ　攻囲戦とそれ以後に対象鄙邑が地名として確認できる事例

①隠公五年宋→（鄭）長葛
後……隠公六年
②僖公二十三年斉→（宋）緡
後……僖公二十六年
③僖公二十四年秦→（晋）令狐
後……文公七　成公十一年
④宣公六年赤狄→（晋）邢丘
後……襄公八　昭公五年
⑤成公二年斉→（魯）龍
後……成公二年
⑥成公九年楚→（莒）渠丘
後……成公九年
⑦襄公六年斉→（莱）棠
後……襄公十八年
⑧襄公十二年莒→（魯）台
後……襄公十二年
⑨襄公十七年斉→（魯）桃
後……昭公七年
⑩昭公十九年宋→（邾）虫
後……昭公十九年
⑪昭公二十七年呉→（楚）潜
後……昭公二十七・三十一年
⑫哀公九年宋→（宋）雍丘
後……哀公九年

Ⅳ　攻囲戦の対象鄙邑のみが地名として確認できる事例

①僖公六年魯・斉・宋・陳・衛・曹→（鄭）新城
②僖公十八年邢・狄→（衛）菟圃
③文公四年晋→（秦）元・新城
④成公三年魯→（魯）棘
⑤成公十七年舒庸→（楚）釐・虺
⑥昭公十三年楚→（楚）固城

このようなかでⅠの事例は、攻囲戦対象鄙邑が攻囲以前に如何なる存立状況にあって、どういった経緯で攻囲戦が出現し、以後どのような機能的役割を国内ないし国際社会で担ったかを完備するものと考えられる。しかも、当該社会での国邑—鄙邑の支配構造における鄙邑の存立形態を窺わせる可能性を持っている。しかし、Ⅰ事例のなかでも「Ⅰ—①⑧⑨㉛」や、Ⅱ事例の「Ⅱ—①②⑨⑫」、Ⅲ事例の「Ⅲ—①⑤⑥⑧⑩⑫」は、攻囲記事の前・後に対象鄙邑が地名として確認されるものの、攻囲戦に連続する出現であるなど、非常に限定された期間内での鄙邑の存立状況しか見出せない。Ⅳ事例に至っては、攻囲記事以外に地名は確認されず、地名出現に限定した考察が困難である。この他、『春秋』『左伝』の史料上の限界も留意すべき点と思われる。ただいずれにしても、攻囲戦でのⅠの完備した事例は、当該時代の攻囲戦対象鄙邑を考えるさいの一つの基準を示すことになろう。

まず右のⅠⅡⅢⅣの数値傾向は、同じく国邑—鄙邑の軍事行為として認められる、本書第一部第三章の「取」（占領政策）との関係にあって異なる点を見せている。「取」は、同様の分類では、【Ⅰ12・Ⅱ8・Ⅲ8・Ⅳ38】の計66事例確認でき、それぞれパーセントでは18・12・12・58％と、Ⅳ事例が約6割を示す。(14) これに対して攻囲戦は、【Ⅰ31・Ⅱ13・Ⅲ12・Ⅳ6】であって、50・21・19・10％と「取」とは異なりⅣが少なくⅠ事例が半数を占めている。占領政策と攻囲政策の軍事行為としての相違を示唆するものと考えられ、注意すべきである。

では一体、攻囲戦とはどのような軍事行為であったのであろうか。Ⅰ事例を中心にあらためて検討してみよう。

第二節　攻囲の実態

攻囲戦は当該時代における軍事行為の一つであったが、作戦上ではどういった理解が導き出せるのであろうか。まず、『春秋』『左伝』の記事の特性から見てみよう。国邑攻囲戦にあって、例えば『春秋』僖公二十八年に、

三月丙午、晋侯入曹、執曹伯、畀宋人、

とあり、『左伝』では「晋侯囲曹、門焉、多死、……、三月丙午、入曹」と伝えている。晋による曹の国邑攻囲は、門攻めの後、入城（入国）へと展開している（「囲」→「門」→「入」）[15]。また、『春秋』宣公十二年に、

冬十有二月戊寅、楚子滅蕭、

とあり、『左伝』では「冬、楚子伐蕭、宋華椒以蔡人救蕭、王怒、逆囲蕭、蕭潰」と伝え、蕭の国邑攻囲の前提に軍事行為「伐」、攻囲後には蕭の「潰」があった[16]。しかも、『春秋』を重視すればこの後、蕭は滅国されたことになる（「伐」→「囲」→「滅」）。さらに、『春秋』襄公十年に、

夏五月甲午、遂滅偪陽、

とあり、『左伝』では「晋荀偃・士匄請伐偪陽、而封宋向戌焉、……、丙寅、囲之、弗克、……、滅之」と伝え、晋の偪陽攻囲が「伐」→「囲」→「滅」と、滅国にまで至ったという。同様に、『春秋』襄公二十五年に、

（秋）、楚屈建帥師滅舒鳩、

とあり、『左伝』では、

楚薳子憑卒、屈建為令尹、屈蕩為莫敖、舒鳩人卒叛楚、令尹子木伐之、及離城、呉人救之、……、呉師大敗、逆囲舒鳩、舒鳩潰、八月、楚滅舒鳩、

と伝えている。楚の新体制に反旗を翻した舒鳩は、攻囲戦を被り滅国されるが、ここでも「伐」→「囲」→「滅」という経過が見出せる。

このように攻囲戦は連続する軍事行為の一つの経過点であり、行使国側からすれば戦略上の最終目標ではなかった。『左伝』の攻囲戦が『春秋』の「入」（僖公二十八年）、「滅」（宣公十二年・襄公十年・二十五年）の説明であることも、攻

囲戦の経過点としての側面が窺える。換言すれば、『春秋』の軍事行為に対する視点、すなわち最終段階を重視する立場が指摘できる。例えば、この点は『春秋』僖公二十七年に、

冬、楚人・陳人・蔡侯・鄭伯・許男囲宋、

とあり、『左伝』では「冬、楚子及諸侯囲宋、宋公孫固如晋告急、……、而後用之、出穀戍、釈宋囲」と伝える点からもしられよう。『春秋』の諸侯国連合による宋攻囲戦は、『左伝』の説明どおり攻囲で中断され、『春秋』ではそのような事情を配慮したうえで「囲」を記録している。同様に、『春秋』僖公二十八年には、

(冬)、諸侯囲許、

曹伯襄復帰于曹、遂会諸侯囲許、

とあり、『左伝』では「遂会諸侯于許」と伝えることも攻囲での戦争終結を裏づける。したがって、『春秋』に、

僖公六年秋、楚人囲許、諸侯遂救許、

僖公三十一年(冬)、狄囲衛、

十有二月、衛遷于帝丘、

と見える記事は、それぞれ軍事行動が攻囲戦で終結したものと考えられる。

鄗邑攻囲戦では『春秋』僖公六年に、

夏、公会斉侯・宋公・陳侯・衛侯・曹伯伐鄭、囲新城、

とあり、『左伝』には「夏、諸侯伐鄭、以其逃首止之盟故也、囲新城、鄭所以不時城也」と伝えている。諸侯連合の鄭攻伐を経て鄭の鄗邑である新城が攻囲された。『春秋』では「伐」→「囲」の経緯が見られるが、『左伝』によれば軍事行動は攻囲戦で終結したらしい。また、

『春秋』僖公二十三年春、斉侯伐宋、囲緡、　『左伝』以討其不与盟于斉也、

『春秋』襄公十六年秋、斉侯伐我北鄙、囲成、　『左伝』秋、斉侯囲成、孟孺子速徼之、……、速遂塞海陘而還、

なども、同様に『春秋』の攻囲戦の視点を示すものと考えられる。なお、

『春秋』僖公二十六年冬、楚人伐宋、囲緡、　『左伝』冬、楚令尹子玉・司馬子西帥師伐宋、囲緡、

『春秋』襄公十二年春王二月、莒人伐我東鄙、囲台、　『左伝』春、莒人伐我東鄙、囲台、

などは、『春秋』の鄙邑攻囲が軍事上の最終局面を示す事例と見られる。

こうしたなかで、『春秋』には、

成公三年秋、叔孫僑如帥師囲棘、

昭公十三年春、叔弓帥師囲費、

昭公二十三年（春）、晋人囲郊、

昭公二十六年夏、公囲成、

定公六年（冬）、季孫斯・仲孫忌帥師囲鄆、

定公十年（夏）、叔孫州仇・仲孫何忌帥師囲郈、

定公十年秋、叔孫州仇・仲孫何忌帥師囲郈、

定公十二年十有二月、公囲成、

哀公三年春、斉国夏・衛石曼姑帥師囲戚、

など、直接鄙邑への攻囲が確認できる。『左伝』成公三年に「秋、叔孫僑如囲棘、取汶陽之田、棘不服、故囲之」と伝えるように、昭公二十三年・哀公三年以外は魯の国内政治の混乱を発端とした内邑攻囲である。ただ、昭公二十三年に関しては、杜注によれば「討子朝也、郊、周邑」と、『春秋』に「昭公二十二年（六月）、王室乱」と見える王子朝の乱に一連する晋の攻囲であった。また、『左伝』昭公二十三年には「春王正月壬寅朔、二師（晋・周）囲郊、癸卯、郊・鄩潰」とあり、晋・周連合軍による王子朝側の鄙邑が攻囲戦後、潰滅的状況を被ったと伝えるが、いずれにせよ国内政治の混乱が関係している。さらに、哀公三年の「囲戚」に関しては、『左伝』には「春、斉・衛囲戚、救援于

中山」とあり、軍事行為の最終段階と認められるが、『春秋』では、

　定公十四年（秋）、衛世子蒯聵出奔宋、

　哀公二年（夏）、晋趙鞅帥師納衛世子蒯聵于戚、

とあり、衛の内乱に起因するものである。こうして、内邑攻囲は「伐」→「囲」ではなく、直接鄙邑への「囲」となったと考えられ、しかも『春秋』で「囲」が軍事上の最終局面であった(17)。

　一方で、『春秋』僖公十八年には、

　冬、邢人・狄人伐衛、

とあり、『左伝』では「邢人・狄人伐衛、囲菟圃」と、邢・狄連合の衛攻伐に一連して鄙邑である菟圃の攻囲を伝えている。『左伝』のほうが『春秋』よりも詳しく軍事行為の推移を示している。同様の事例は、

『春秋』文公元年（秋）、晋侯伐秦、　『左伝』秋、晋侯伐秦、囲邧・新城、以報王官之役、

『春秋』宣公二年（春）、秦師伐晋、　『左伝』秦師伐晋、以報崇也、遂囲焦、

が見出せる。さらに、

『春秋』文公元年（夏）、晋侯伐衛、　『左伝』晋侯朝王於温、先且居・胥臣伐衛、五月辛酉朔、晋師囲戚、六月
　戊戌、取之、獲孫昭子、

とあり、『春秋』の「伐」に対して『左伝』では「伐」→「囲」→「取」の経緯を伝え、鄙邑攻囲戦が軍事行為の経過点であることを示している。また、『春秋』成公二年には、

　春、斉侯伐我北鄙、

とあり、『左伝』は「春、斉侯伐我北鄙、囲龍、頃公之嬖人盧蒲就魁門焉、三月、取龍」と伝えるが、この「伐」→

「囲」→「門」→「取」も同様の事例である。さらに、『春秋』昭公十九年に、

　春、宋公伐邾、

とあり、『左伝』では「二月、宋公伐邾、囲虫、三月、取之」と伝え、「伐」→「囲」→「取」が確認できる。このように『春秋』の「伐」に対して、『左伝』は軍事行為の段階を詳しく伝えることから、攻囲戦の経過点としての側面があらためて窺えよう。

以上から攻囲戦に関する『春秋』『左伝』での記録上の相違が見出せる。『春秋』は国邑攻囲に関して攻囲戦を経た最終局面や攻囲戦の終結の視点で軍事行為を記録するが、鄙邑攻囲では攻囲戦での終結のほか、「伐」によって攻囲戦やその後の軍事動向を示している。『春秋』は国邑・鄙邑に対する軍事について、異なった視点、すなわち情報処理を行った点が窺える。一方で、『左伝』にあって独自情報の集積と『春秋』よりも詳しい軍事行為の推移を示すとともに、攻囲戦が戦略上の最終目標ではなかった点を伝えている(18)。いずれにしても、こうして攻囲戦が連続する軍事行為の経過点であったことは、行使国のみならず被行使国にとって、さらに当該時代の国邑―鄙邑の支配構造においても重要な問題を内在するものと考えられる。

では、攻囲戦は一連の軍事行為のなかで、どういった効果が期待されたのであろうか。まず、最も切迫した事態が予想される国邑攻囲から見てみよう。攻囲戦は僖公二十八年曹の国邑攻撃にあって「囲」→「門」→「入」、宣公十二年蕭の国邑攻撃に関連して「伐」→「囲」→「滅」のなかに確認できるが、軍事段階としては以下の状況が一般的であったと考えられる。『春秋』には、

　宣公十三年夏、楚子伐宋、

宣公十四年秋九月、楚囲宋、

とあり、楚による対宋軍事行為が「伐」→「囲」と、国境攻伐を経た後に国邑攻囲が記録されている。このような国境攻伐→国邑攻囲戦では、さらに細かな軍事段階が想定される。『左伝』襄公十年では「六月、楚子嚢・鄭子耳伐宋、師于訾母、庚午、囲宋、門于桐門」とあり、楚・鄭連合軍は宋の国境攻伐を経て、宋の領域内の訾母に軍事拠点を設け、そののち宋の国邑を攻囲、国邑の北門を攻撃したと伝える。[19] 行使国は国境を越えたあと、国邑攻撃に備え軍事拠点を確保し、さらに攻囲戦後に国邑の門攻めを行っている（「伐」→「囲」→「門」[20]）。こうした経緯は、『左伝』襄公九年でも、

冬十月、諸侯伐鄭、庚午、季武子・斉崔杼・宋皇鄖従荀罃・士匄門于鄟門、衛北宮括・曹人・邾人従荀偃・韓起門于師之梁、滕人・薛人従欒黶・士魴門于北門、杞人・郳人従趙武・魏絳斬行栗、甲戌、師于氾、令於諸侯曰、修器備、盛餱糧、帰老幼、居疾于虎牢、肆眚、囲鄭、鄭人恐、乃行成、……、諸侯皆不欲戦、乃許鄭成、十一月己亥、同盟于戯、鄭服也、

と見える。実際に鄭の国邑攻囲は行われなかったが、国邑の東門・西門・北門に対する門攻めがなされ、最終的に同盟が成立した（「伐」→「門」→「囲」→「同盟」[21]）。国邑の門攻撃の後に攻囲戦へと展開する、軍事行為上の段階が認められる。恐らく攻囲戦自体に門攻めの要素が内在され、時々の状況により門攻めは攻囲と段階を前後したと見るべきであろう。[22] いずれにしても門攻めを伴う攻囲戦は、襄公九年の事例からも窺えるように、軍事行為を終結させ、講和条約締結への有効性を備えていた。さらに、『左伝』宣公十二年では、

春、楚子囲鄭、旬有七日、……、楚子退師、鄭人修城、進復囲之、三月、克之、入自皇門、至于逵路、鄭伯肉袒牽羊以逆、……、退三里而許之平、潘尫入盟、子良出質、

とある。楚の鄭攻囲戦は十七日間におよび、いったん楚軍は退くが、再び国邑攻囲が行われ、三ヵ月で攻略（「克」）、

皇門から国邑へ入城（「入」）し、楚・鄭両国の講和（「盟」）が成立、人質が鄭から楚に出された（「囲」→「克」→「入」→「盟」）[23]。国邑攻囲にともなう門攻めなどを経た攻略後、国邑入城をはたし講和が成立したわけで、より詳細な段階とその成果が確認できる。攻囲戦の軍事的脅威が講和を出現させたものと見られる。

しかし一方で、国邑攻囲戦が講和に至らない事例も見出せる。宣公十二年蕭に関連する「伐」→「囲」→「滅」などはその代表的なものである。さらに、

『春秋』昭公十一年（夏）、楚子棄疾帥師囲蔡、
　　冬十有一月丁酉、楚師滅蔡、執蔡世子有以帰、用之、

『左伝』僖公五年八月甲午、晋侯囲上陽、……、冬十二月丙子朔、晋滅虢、

などは、国邑攻囲戦の後、講和ではなく滅国となっている。このほか『左伝』では、

桓公九年夏、楚使闘廉帥師及巴師囲鄾、……、鄾人宵潰、

成公九年冬十一月、楚子重自陳伐莒、……、楚師囲莒、莒城亦悪、庚申、莒潰、

とあるように、攻囲戦後、国邑は潰滅的な状況（「潰」）に見舞われた。講和が伝えられない点は、「潰」が被行使国に対して、負の要因をもたらしたことを示している。というのも、『左伝』哀公四年に「単浮餘囲蠻氏、蠻氏潰、蠻子赤奔晋陰地」とあり、攻囲戦後の「潰」に際し、蠻子赤が晋へ亡命しているからである。また、『春秋』には、

哀公六年（冬）、宋向巣帥師伐曹、

哀公七年（秋）、宋人囲曹、

哀公八年春王正月、宋公入曹、以曹伯陽帰、

とあり、宋の対曹軍事行為は、攻囲戦後の国邑入城（「入」）にあって「以曹伯陽帰」と伝えられ、しかも『左伝』で

は「遂滅曹、執曹伯陽及司城彊以帰、殺之」と、曹国への高圧的措置が認められる。さらに、『左伝』昭公十五年には、

晋荀呉師師伐鮮虞、囲鼓、……、囲鼓三月、……、而後取之、克鼓而反、不戮一人、以鼓子鳶鞮帰、

とあり、晋の鼓攻囲では三ヵ月を経て占領（「取」）がなされ、攻略（「克」）後に鼓は一人も殺害を被らなかったが、国君が連れ去られている。(24)

以上、国邑攻囲戦の軍事行為での経過点としての側面があらためて確認されたが、攻囲戦は軍事的脅威を伴って、講和に至る場合と最悪なときは滅国にまで進展した。攻囲戦の軍事的効果は、行使国・被行使国ともこの滅国に至る、諸侯国としての危機的事態が意識されていたものと考えられる。

こうした攻囲戦の効果は無論、鄙邑攻囲でも発揮されたようである。『左伝』昭公三十一年には「呉師囲弦、左司馬稽帥師救弦、及豫章、呉師還」とあり、呉が楚の鄙邑の弦を攻囲するが、楚軍の救援により呉軍は退却した。行使国の鄙邑攻囲に対する被行使国側の国邑の援軍派遣は、攻囲が直ちに講和締結にいたらなかった点を示唆している。また、『左伝』文公元年に「先且居・胥臣伐衛、五月辛酉朔、晋師囲戚、六月戊戌、取之、獲孫昭子」とあり、晋の衛攻伐では鄙邑の戚が攻囲戦の対象となり、占領（「取」）を経て采邑主の孫昭子が捕らえられる。鄙邑攻囲のもたらす非和平的措置の一面である。さらに、『春秋』には宋による対鄭軍事行為の経緯について、

隠公五年（冬十有二月）、宋人伐鄭、囲長葛、

隠公六年冬、宋人取長葛、

とあり、攻囲戦が占領政策へと進展している。『左伝』襄公十年にも「秋七月、楚子嚢・鄭子耳侵我西鄙、還囲蕭、八月丙寅、克之」とあり、楚・鄭の対宋軍事行為にあって「囲」→「克」の経緯が見られ、攻囲戦後の非和平的措置が窺われる。(25)

このように鄙邑攻囲戦では、次の段階の軍事行為や非和平的措置への進展が確認できるが、直接講和へ至る事例が見られないことは、国邑攻囲後の状況との相違として留意すべきであろう。したがって、鄙邑攻囲は軍事上、平和的な講和締結を前提としない、行使国側に有利な条件を導き出すためのものであったと考えられる。しかも、こういった攻囲戦の有効性が、前述の国内政治の混乱を発端とする内邑攻囲の多さとなって表出したものといえよう。国邑の政治動向から離反する者の根拠地となった鄙邑に対して行使される攻囲戦は、攻囲自体の有効性すなわち軍事的脅威による事態収拾に向けた手段だったのである。攻囲戦には例えば、

『春秋』隠公五年（冬十有二月）、宋人伐鄭、囲長葛、『左伝』以報入郛之役、

『春秋』僖公十九年秋、宋人囲曹、『左伝』討不服、

とあるように、『左伝』によれば報復的軍事行為としての側面が見られるが、これは攻囲が有効な軍事手段であった点を明確に示している。

以上から攻囲戦は連続する軍事作戦の経過点であったが、最悪な事態を被りかねない要素が内在されていた。では、ここに得られた攻囲戦の特質は、諸侯国間の鄙邑攻囲にあって、当該時代の国邑―鄙邑の支配構造に如何なる状況を生じさせたのであろうか。次に攻囲戦を被る側の国邑―鄙邑の動向に焦点をあてて考察してみよう。

第三節　攻囲と国邑・鄙邑

当該時代の軍事行為が国邑を最終目標とすることから、攻囲戦対象の鄙邑は国邑と密接な関係が存在したものと考えられる。『左伝』僖公十八年には、

冬、邢人・狄人伐衛、囲菟圃、衛侯以国譲父兄弟、及朝衆、曰、苟能治之、燬請従焉、

とあり、邢・狄連合軍に鄙邑の菟圃を攻囲された衛侯は、自ら譲位を国人層に提案している。衛にとって鄙邑攻囲が、国邑ならびに諸侯国の存立に関わる事態と受け止められた。行使国による鄙邑攻囲戦が国邑への圧力となったわけである。反対に見れば、菟圃が衛のみならず行使国邢・狄にとっても戦略上、重要な拠点であったことを示している。

さらに、『左伝』成公九年には、

冬十一月、楚子重自陳伐莒、囲渠丘、渠丘城悪、衆潰、奔莒、戊申、楚入渠丘、莒人囚楚公子平、……、莒人殺之、楚師囲莒、莒城亦悪、庚申、莒潰、楚遂入鄆、莒無備故也、

とあり、楚の莒攻伐で鄙邑の渠丘が攻囲されると、城壖の状態が悪かったため居民が離散し国邑へ逃れ、渠丘に楚軍が入城した。その結果、莒の国邑は楚軍に攻囲され、潰滅的な状況に陥った。楚にとって渠丘への攻囲は、国邑に対する攻撃を見据えた行為であったと考えられる。しかも、渠丘の居民の国邑への逃亡には、渠丘が国邑と密接な関係をもつ鄙邑であり、攻囲戦もそうした国邑―鄙邑の関係を考慮の上でなされたことを窺わせる。また、『春秋』に、

僖公二十六年冬、楚人伐宋、囲緡、

僖公二十七年冬、楚人・陳侯・蔡侯・鄭伯・許男囲宋、

とある、楚による宋の鄙邑・国邑に対する攻囲も、国邑―鄙邑の関係を配慮した軍事行動といえよう(26)。

以上から行使国にとって鄙邑攻囲は、その支配の主体である国邑への攻撃を見据えた行為であり、国邑と支配―被支配の密接な関係を保持する邑を対象としたものであった。だからこそ、鄙邑攻囲は国邑にとって軍事的脅威となり得たわけである。こうした攻囲戦から見出せる国邑―鄙邑の関係は、次の事例からも窺える。『春秋』襄公十二年には、

春王二月、莒人伐我東鄙、囲台、季孫宿帥師救台、遂入鄆、

とあり、莒が魯を攻伐し、鄙邑の台を攻囲したが、魯は軍隊を動員し、台の救援に向かっている。また、『春秋』襄公十五年には、

（夏）、斉侯伐我北鄙、囲成、公救成、至遇、

季孫宿・叔孫豹帥師城成郭、

とあり、魯は斉の成攻囲に救援のみならず、成邑の城郭の整備も行った。このように国邑は攻囲にあって対象鄙邑への軍事救援を行うが、これは攻囲対象鄙邑と国邑の密接さを示すものに他ならない。(27) いずれにせよ、攻囲対象の鄙邑は、国邑―鄙邑の支配構造で重要視されていた点が窺える。

では、このような攻囲対象鄙邑は、諸侯国内で如何なる存立形態であったのであろうか。まず、諸侯国内での攻囲戦前後における対象鄙邑の傾向から見てみよう（以下では、『春秋』は「経」、『左伝』は「伝」と表記している）。

攻囲戦と他の軍事行為との関係では、

Ⅲ①長葛　後　隠公六年経　冬、宋人取長葛、

Ⅲ⑤龍　後　成公二年伝　……、三日、取龍、遂南侵、及巣丘、

など、前述のように攻囲後、占領政策への進展が確認できる。(28) 長葛・龍の両邑ともこのあと『春秋』『左伝』で地名が見られないため、攻囲戦が有効に機能し占領は継続されたのかもしれない。ただし、Ⅲ①長葛に関しては『左伝』隠公七年に「秋、宋及鄭平、七月庚申、盟于宿」とあり、宋・鄭の講和を伝えることから、宋による長葛に対する軍事行為も終結したものと考えられる。Ⅲ⑤龍での斉・魯の軍事対立も同年『春秋』に、

六月癸酉、季孫行父・臧孫許・叔孫僑如・公孫嬰斉帥師会晋郤克・衛孫良夫・曹公子首及斉侯戦于鞌、

秋七月、斉侯使国佐如師、己酉、及国佐盟于袁婁、

とあり、諸侯国連合による対斉軍事行動が峯の戦いを経て講和に至っており、斉の立場からは龍に対する占領も放棄せざるを得なかったであろう。そもそも「取」自体が、非継続的占領政策だったことからも、攻囲戦の有効性は一時的であったと考えられる。(29) したがって、攻囲戦は軍事上の経過点であり、国邑攻囲では滅国に至る場合もあったが、鄙邑行使では有効性が一時的で、継続的な徹底した効果を期待できなかったようである。

攻囲戦対象鄙邑の「囲」前の動向を確認しよう。

Ⅱ⑧虫牢　前　襄公十八年伝　楚師伐鄭、……、侵鄭東北、至于虫牢而反、

とあり、これは唯一、攻囲鄙邑が「囲」前に軍事対象として見える事例である。占領対象邑が「取」前に軍事上の要所であったのとは対照的だが、(30) 攻囲戦は軍事行為の経過点と見做されることから、必ずしもその全てを記録したわけではないであろう。「取」などの前提には「囲」がなされたと考えられる。(31) ただし、当該時代の対立抗争からは、攻囲前での軍事対象邑としての出現は留意すべきである。というのは、

Ⅰ⑬防　前　荘公二十九年経　(冬十有二月)、城諸及防、

前　襄公十三年経　冬、城防、

Ⅰ⑱費　前　襄公七年経　(夏)、城費、

Ⅰ⑳鄆　前　成公四年経　冬、城鄆、

Ⅰ㉒巣　前　昭公二十五年伝　(楚子) 使熊相禖郭巣、季然郭巻、

Ⅰ㉛郚　前　哀公十二年伝　宋・鄭之間有隙地焉、……、城郚、

など、対象邑が攻囲前に築城(「城」)されて、国の領域支配の要所として防衛的役割を担っているからである。攻囲対象邑は攻囲前に軍事対象として認識されていた可能性が窺える。(32) また、

Ｉ⑪成　前　荘公三十年経　夏、次于成、

と、軍事行為の根拠地として攻囲対象邑が以前に見えるのも同様の事情を暗示する。[33]したがって、攻囲戦対象邑は国邑─鄙邑の支配構造にあって、より強固な政治的環境を備えていたといえよう。

一方では、

Ｉ⑤戚　前　文公元年経　秋、公孫敖会晋侯於戚、

Ｉ⑪成　前　桓公六年経　夏四月、公会紀侯于成、

Ｉ⑬防　前　隠公九年経　冬、公会斉侯于防、

荘公七年経　春、夫人姜氏会斉侯于防、

荘公二十二年経　秋七月丙申、及斉高傒盟于防、

とあり、攻囲対象邑が会盟地として攻囲前に機能し、外交上の重要拠点といった地理的環境を示す事例がある。[34]さらに、

Ｉ⑩蕭　前　荘公十二年伝　冬十月、蕭叔大心及戴・武・宣・穆・荘之族以曹師伐之、

とあり、『春秋左伝注』は「蕭叔大心者、蕭本宋邑、叔則其人之行第、大心其名、因叔大心此次討南宮万有功、故宋封以蕭使為附庸」と見做し、攻囲戦対象邑の蕭はかつて附庸小国であったと考えている。その後、

Ｉ⑩蕭　前　宣公十二年経　冬十有二月戊寅、楚子滅蕭、

とあり、蕭は楚により滅国され、攻囲戦の経緯からは再び宋の鄙邑に復帰したと見られる。蕭は附庸小国という形態によって宋との関係を依然として保持し、国邑と密接な関係、おそらく采邑的な面をもっていたのであろう。また、前述のＩ㉛咢は、宋・鄭対立に伴ない宋から鄭への逃亡者援助のため鄭が築城したが、攻囲対象邑が攻囲前に国邑と密接な関係を保持していたものと考えられる。さらに、

Ⅰ⑤戚　後　文公元年伝　六月戊戌、取之、獲孫昭子、

とあり、攻囲戦後の占領政策で孫昭子が捕えられるが、戚邑は以後、孫氏一族との関連で確認できることから、攻囲戦前に孫氏の采邑であった可能性が高い(35)。

Ⅰ⑳鄟（西鄟）は魯の三桓氏台頭の情勢下で、成公自身の待機地として、

Ⅰ⑳鄟　前　成公十六年伝　公還、待于鄟、

と見える。なお、前述のⅠ⑳鄟　前「成公四年経　冬、城鄟」からも、鄟邑の国邑との密接な関係が窺える(36)。

以上、Ⅰ事例を中心とした攻囲前の状況から、対象邑は国邑と密接な関係—地理的・政治的環境の上に存立していた鄙邑であった。このような鄙邑を対象とすること自体、攻囲戦が継続的な徹底した効果を期待できなかった要因といえる。しかも、攻囲戦の軍事上の経過点としての側面は、国邑—鄙邑関係の密接さの反映と考えられる。

ところが、他方でⅠ事例の攻囲戦対象邑の存立形態は、攻囲前にあって必ずしも国邑と密接な関係をもたないものもあった。

Ⅰ⑭虞　前　成公十七年伝　高弱以虞叛、

とあり、斉の慶克と声孟子（霊公の母）の密通に端を発した高・鮑両氏排除では、高弱はその封邑の廬に拠って離反している。攻囲対象邑が攻囲前に国邑から離反した采邑主の根拠地となっていた。また、

Ⅰ⑩蕭　前　荘公十二年伝　（宋）群公子奔蕭、

とあり、蕭は攻囲前に公子らの逃亡先に選定されているが、その前提には『左伝』に「秋、宋万弑閔公于蒙沢、遇仇牧于門、批而殺之、遇大宰督于東宮之西、又殺之、立子游」と伝えるように、宋閔公の弑殺に伴う国邑の混乱と公子游の即位があった。蕭は攻囲前に国邑の政権不安のなか、国邑とは一線を画した公子らの根拠地となっており、少な

くともこの時点で国邑の政治体制から離反の方向性を示していた。(37) なお、『左伝』にはつづけて「公子御説奔亳、南宮牛・猛獲帥師囲亳」とあり、国邑からの離反勢力であった公子御説の根拠地として機能した亳が攻囲されている（Ⅱ—①）。

こうした諸侯国内の攻囲戦が国内政治の混乱によって出現するのは、国邑と鄙邑の非密接性を如実に示すものであるが、次の事例はその代表と考えられる。晋文公は王子帯の乱により出国していた周襄王の復位を画策し、秦軍の出動を拒否、王子帯側への軍事行動を展開する。『左伝』僖公二十五年には「三月甲辰、次于陽樊、右師囲温、左師逆王、夏四月丁巳、王入于王城、取大叔于温、殺之于隰城」とあり、晋文公が周王を迎え入れ、王子帯の居る温を攻囲し捕える。その後、「與之陽樊・温・原・欑茅之田、晋於是始啓南陽」と、周王は晋文公に領土を賜わったという。ところが、この経緯のなかで、「陽樊不服、囲之、蒼葛呼曰、徳以柔中国、刑以威四夷、宜吾不敢服也、此誰非王之親姻、其俘之也、乃出其民」とあり、蒼葛の言説により示される陽樊の「王之親姻」という伝統が、晋への帰属を拒否し攻囲戦となった。また、一方で、

冬、晋侯囲原、命三日之糧、原不降、命去之、諜出、曰、原将降矣、軍吏曰、請待之、公曰、信国之宝也、民之所庇也、得原失信、何以庇之、所亡滋多、退一舎而原降、

とあり、原も晋文公の信を求める主張を拒否し、周から晋への所属変更に反対の立場を示した。(38) いずれにせよ、周王室を中心とした攻囲戦にあって、対象邑は攻囲前に国邑の離反者の根拠地として機能し、さらに周から晋への所属変更を拒絶する、鄙邑が国邑から自立する動向を見せている。(39)

このような国内政治の混乱による攻囲戦対象鄙邑の自立性と、国邑からの離反の動向は、以下の事例によっても窺える。夷儀の戦い（定公九年）の報復にあって、晋の趙鞅（趙簡子）は衛を攻囲したが（定公十年）、そのさい衛が五百

家を晋側に贈った。この五百家は邯鄲午（趙午）の所属に帰していたらしい。ところが、定公十三年に至り趙鞅は、趙午に五百家を自分の采邑の晋陽へ移管することを求めた。邯鄲の長老たちは衛の邯鄲援助がこの五百家によるとし、斉との関係を前提に謀略を画策した。これに対して趙鞅は、五百家移管の経緯を不服とし、趙午を晋陽に幽閉して殺害する。趙午の子である趙稷と家臣の渉実が邯鄲で離反し、夏六月、晋の上軍の司馬籍秦はこれを攻囲した。さらに趙午と親戚関係にあった荀寅・范吉射が、晋軍に参加せず叛乱を計画し、秋七月、趙氏の邸を攻め、趙鞅は晋陽に逃れるが、これを晋が攻囲。冬十一月、荀躒・韓不信・魏曼多らは晋公を奉じ、范氏（范吉射）・中行氏（荀寅）を攻めたが勝てず、反対に范氏・中行氏が公に反撃する。国人層は公側を援助し、知・韓・魏の三家が范氏・中行氏を追撃、十一月丁未、荀寅・范吉射が朝歌に逃れた。こうしたなか韓氏・魏氏の働きかけにより、十二月に趙鞅が国邑の絳へ帰り公宮で盟を交わす。さらに、定公十四年、趙鞅は知伯（荀躒）とも盟を結ぶ。ここに至り、朝歌では晋人の攻囲を被る。魯・斉・衛は范氏・中行氏の救援を模索、范氏・中行氏も狄の軍を率いて晋を急撃し、国邑の絳城内で戦う。一方、斉では宋と范氏救援を相談する。冬十二月には晋側が范氏・中行氏を潞で破り、范氏の軍とそれに従軍していた鄭を百泉で破った。哀公元年夏四月、斉・衛は趙稷らの拠る邯鄲を救援し、五鹿を攻囲した。魯も斉軍・衛の孔圉・鮮虞と対晋軍事行動を繰り広げ棘蒲を占領する。晋にあっては趙鞅が范氏・中行氏の拠る朝歌を攻伐している。哀公二年、斉が范氏に穀物を輸送するさい鄭が運搬したが、趙鞅はこれを妨害。趙鞅側は鄭と戦火を交え撃退し、斉の穀物を手に入れる。哀公三年、こうしたなかで、范氏と婚姻関係を代々もつ周の卿士であった劉氏は范氏側を救援するが、趙鞅の圧力により打ち切る。ここに有利な立場となった趙鞅が、范氏・中行氏の拠る朝歌をまたもや攻囲、荀寅はその攻囲を突破して脱出し、趙稷の拠る邯鄲に逃げた。哀公四年秋七月、斉・衛は范氏を救援し、五鹿を攻囲した。九月に趙鞅は邯鄲を攻囲、十一月には邯鄲が降伏し、荀寅は鮮虞に、趙稷は臨に逃れた。斉はこれに対して晋を攻め邢・任ら八邑を占領、鮮虞と会合して荀寅を柏人に送り込む。哀公五年春、晋側が柏人を攻囲し、ついに荀寅・范吉射は斉に逃げる。さらに、晋は范氏を救援した衛を攻め、中牟を攻囲する。哀公六年春にも晋が范氏を救援し、鮮虞を攻伐した(40)。

晋の斉・衛らを巻き込む、趙氏と范氏・中行氏の対立抗争では、鄙邑攻囲が趙稷・渉実の離反した邯鄲に対する晋の上軍である司馬籍秦の攻囲、趙鞅の逃れた晋陽に対する晋の攻囲、荀寅・范吉射の逃れた朝歌に対する晋の攻囲、晋側の五鹿に対する斉・衛の攻囲、范氏・中行氏の拠る朝歌に対する趙鞅の攻囲、晋側の五鹿に対する斉・衛の攻囲、趙稷・渉実の離反した邯鄲に対する趙鞅の攻囲、荀寅のいる柏人に対する晋の攻囲、衛の中牟に対する晋の攻囲にあって見出せる。これらは、鄙邑を根拠地とした離反が各攻囲を出現させたわけだが、そもそも攻囲対象邑が攻囲前に確実に国邑—鄙邑の支配構造の枠組みから、自立する存立傾向をもっていたことに他ならない。殊に邯鄲・朝歌が斉・衛の支援を受けて存立する事情には、攻囲対象邑の攻囲前における国邑従属関係の変更—所属の変更の可能性を認めるべきであろう。

以上から攻囲対象邑の攻囲前の存立状況は、国邑と密接な関係をもつとは必ずしもいえず、国邑からの離反も確認できた。攻囲戦を行使する側からすれば、国邑との関係が離反的な鄙邑を基盤に軍事行動を展開した点が想像される。ただそこには、攻囲戦対象となる鄙邑が本来、国邑—鄙邑の支配構造のなかで自立性を備え、離反勢力に加担し得る可変性をもち、国内政治の混乱にあって離反者の根拠地として機能するという前提があった。しかも、攻囲戦が国内政治の混乱に有効に作用したことは、当該時代の攻囲戦の特質を示唆していよう。

では、攻囲戦後の対象鄙邑は一体、どのような状況であったのであろうか。

I⑩蕭　後　定公十一年経　春、宋公之弟辰及仲佗・石彄・公子地自陳入于蕭以叛、

秋、宋楽大心自曹入于蕭、

とある。宋景公・向魋（桓魋）と公子地・蘧富猟の対立にあって、公子辰・仲佗・石彄らは陳に出奔し（定公十年伝）、この年、入国して蕭邑を根拠地に離反の体制を確立、これに楽大心が加担した。攻囲戦後、蕭邑が国邑から離反する動向を示していたことになる。今回の内乱収束に関して『左伝』哀公十二年追記では「及宋平・元之族自蕭奔鄭」と伝え、平公・元公から派生した族員により蕭邑が成り立っていたようである。こうした公族出自の族員によって存立する自立性が、離反勢力の根拠地としての立場を確立したものと考えられる。蕭邑は本来、蕭叔大心の管有する宋の附庸国であったが、政権不安のなか公子たちの出奔地として機能し（荘公十二年）、楚に滅国され（宣公十二年）、再び宋の所属に復帰するが楚・鄭の攻囲を被り（襄公十年）、宋公と公子地の対立のなか国邑から離反を示したわけである（定公十一年）。したがって、蕭邑は国邑の政治混乱にあって常に離反勢力の根拠地として機能し、さらに世代を異にする公族の根拠地となり、特定の人的結合関係に左右されない、唯一国邑からの離反の一点で連動したと見るべきであろう。(41)

Ⅰ⑪成は前述のとおり攻囲前、会盟地として機能するなど、外交上の重要拠点と位置づけられていた。しかし、攻囲後には、

Ⅰ⑪成　後　哀公十五年経　春王正月、成叛、

とあり、離反の状況が見られる。孟孫氏の采邑であった成は、『左伝』哀公十四年に、

初、孟孺子洩将圉馬於成、成宰公孫宿不受、曰、孟孫為成之病、不圉馬焉、孺子怒、襲成、……、秋八月辛丑、孟懿子卒、成人奔喪、弗内、袒・免、哭于衢、聴共、弗許、懼、不帰、

とあり、孟武伯（孟孺子洩）と成の宰であった公孫宿の対立を契機に孟氏から離反した。『左伝』哀公十五年では「成

叛于斉」と伝え、おそらく哀公十年以来の斉・魯の対立を利用して、斉の所属に帰したものと考えられる[42]。これに対して孟氏側は「武伯伐成、不克、遂城輸」と徹底抗戦の構えを示している。攻囲対象邑が攻囲戦後、国邑から離反し、他国との国邑—鄙邑関係の構築を目指したことになる[43]。しかも、斉への所属を模索する成邑の動向は、孟懿子の死去に伴い「成人奔喪」に象徴される孟氏との人的結合関係を超越した、国際社会での自立性にほかならないと思われる。攻囲対象邑の自立性を端的に示すものである。

以上から攻囲戦対象邑にあって、攻囲戦後に国邑から離反の動向が確認されるが、このことは対象邑が基本的に国邑—鄙邑の支配構造から離反の方向を備えた邑であった可変性を示している。鄙邑自体が離反者の根拠地として機能し得る自立性を、その根底にもっていたと見るべきであろう。さらに、

Ⅰ⑤戚　文公元年・哀公三年
Ⅰ⑧彭城　成公十八年・襄公元年（ともに内邑攻囲）
Ⅰ⑩蕭　宣公十二年（国邑）・襄公十年
Ⅰ⑪成　襄公十五年・襄公十六年・定公十二年（内邑攻囲）
Ⅰ⑭廬　襄公十八年・襄公二十九年（内邑攻囲）
Ⅰ⑮高唐　襄公十九年・襄公十九年（ともに内邑攻囲）

Ⅰ⑳鄆　昭公二十五年・定公六年（内邑攻囲）
Ⅰ㉒巣　文公十二年（国邑）・成公十七年・定公二年
Ⅰ㉖邯鄲　定公十三年・哀公三年（ともに内邑攻囲）
Ⅰ㉗朝歌　定公十四年・哀公三年（ともに内邑攻囲）
Ⅰ㉘五鹿　哀公元年・哀公四年
Ⅰ㉜鄎　桓公九年（国邑）・哀公十八年

などは、攻囲戦が複数回、同一鄙邑——なかには国邑から鄙邑に転じたものもあるが——に適応されたものである。これは、攻囲対象邑の国邑—鄙邑の支配構造にあって、自立性をもつ存立形態自体が、軍事行動を推進する行使国の軍事上の経過点として複数回の攻囲や、国邑による複数回の内邑攻囲を被ったものと考えられよう。したがって、攻囲戦対象邑の自立性を備えた存立形態による可変性は、時々の国邑との政治的距離を自ら選択し得たのであった。も

し攻囲対象邑が国邑と密接な関係を保持していたならば、攻囲戦で国邑は積極的に援助に向かい、行使国側もそのような鄙邑を攻撃し、国邑への圧迫を試みた。あるいは鄙邑が国邑の体制に批判的傾向を示せば、行使国側はそういった鄙邑の状況を巧みに利用して、国邑攻撃の基点とした。しかも、鄙邑が完全に自立性を発揮し、国邑の政治体制から離反すれば、国邑の攻囲を被ったのであった。そしてくり返せば、国内政治の混乱による内邑攻囲の多さは、まぎれもなく攻囲対象邑が国邑からの離反という、当該時代の国邑―鄙邑の支配構造での自立性を端的に示すのである。(44)

おわりに

以上、春秋時代の攻囲戦について概観した。攻囲戦の行使国・被行使国の傾向から、『春秋』の国邑攻囲は魯国を中心とした隣接諸国間の軍事行為であり、それほど普遍的な手段ではなかった。『左伝』の伝える国邑攻囲は晋・楚二大国の対立抗争を的確に示し、重要かつ有効な軍事行為であった。一方、鄙邑攻囲は『春秋』によれば、魯国中心の隣接諸国間の軍事行為であり、国邑攻囲と同様に普遍的に見出せるものではなかった。『左伝』の鄙邑攻囲には、国内政治の混乱を発端とする国邑―鄙邑の諸侯国内の闘争としての特徴が確認された。

攻囲戦の実態に関しては、『春秋』『左伝』によると「伐」→「囲」→「滅」など連続する軍事行為の経過点であり、戦略上の最終目標ではなかった。おそらくこうした攻囲戦の性質が、『春秋』での攻囲記事の少数傾向となったと考えられる。また、攻囲の戦略面にあって国邑戦は、講和締結に至る場合と滅国を招く展開が確認された。後者の攻囲戦の最悪な事態に至らしめる有効性は、軍事上で重要な点を含む。鄙邑攻囲では講和に至る事例が見出せず、攻囲戦は行使国側に有利な条件を導くための行為であった。『左伝』が伝える国内政治の混乱を発端とする国邑―鄙邑の対立にあって、鄙邑攻囲が多いのはこのような攻囲自体の有効性が関係している。いずれにせよ、攻囲政策によってもたらされる切迫した事情が窺えた。

攻囲戦をめぐる鄙邑の存立形態にあって、攻囲対象邑は国邑―鄙邑の支配構造で密接な地理的・政治的環境を保持する邑であった。ただし、攻囲対象邑は本質的に自立性を備えていたと考えられ、攻囲の前後で国邑―鄙邑の支配構造では国邑からの離反の動向が確認された。そうした鄙邑の自立性を備えた可変性が、国邑との距離によって、行使国の戦略上の経過点としての攻囲や国邑の軍事援助をもたらし、国邑からの離反では内邑攻囲を出現させた。しかも、このような特定鄙邑の自立性は、当該時代の諸侯国間での複数回の攻囲と、国邑による複数回の内邑攻囲という特徴をもたらした。

攻囲戦の考察から当該時代の支配構造、特に鄙邑の自立性が見出せたが、『春秋』『左伝』の地名出現におけるⅠ事例の数値の多さは、この攻囲戦対象邑の存立形態が軍事上にあって注目され、地名として表象化したものと考えられる。換言すれば、攻囲戦を被っても自ら防衛し得る自立性の強さと、しかも邑としての重要性から、攻囲戦前後での地名出現となったといえる。したがって、このような点から鄙邑の自立性を内包する諸侯国は、国邑―鄙邑の支配構造にあって鄙邑の潜在的な強さという、困難な課題を突きつけられていたのであった。

註

（1）　本書第一部第一章第二節軍事行動の特徴、参照。
（2）　春秋時代の攻囲戦については、陳恩林『先秦軍事制度研究』（吉林文史出版社、一九九一年）、同『中国春秋戦国軍事史』（中国全史、人民出版社、一九九四年）、高鋭『中国上古軍事史』（軍事科学出版社、一九九五年）等参照。

（3）貝塚茂樹『中国の古代国家』第一部第四節春秋時代の都市攻囲戦術（『貝塚茂樹著作集』第一巻、中央公論社、一九七六年）参照。

（4）宇都木章「春秋時代の都城包囲」（文部省科研費海外学術調査『日本と中国における都市の比較史的研究』研究報告第二号所収、一九九一年、宇都木章著作集第二巻『春秋戦国時代の貴族と政治』所収、名著刊行会、二〇一二年）参照。なお、西周期の散氏盤には「用矢贖散邑、廼即散用田、……」（矢が散の邑を贖〈伐〉てるを用て、すなわち散に即うるに田を用う。……）（赤塚忠氏の釈文による。『書道全集1　中国1殷・周・秦』平凡社、一九五四年）とあり、鄙邑への攻撃が見える。ただ、『孫子』謀攻篇には「故上兵伐謀、其次伐兵、其下攻城」とあり、城を攻めることの不利が指摘されている。

（5）『歴史学事典　第七巻　戦争と外交』攻囲戦（弘文堂、一九九九年）、ジェフリ・パーカー（大久保桂子訳）『長篠合戦の世界史――ヨーロッパ軍事革命の衝撃1500～1800年』（同文舘、一九九五年）参照。

（6）陳顧遠『中国国際法九溯源』第四編戦時之法則（台湾商務印書館、一九六七年）参照。なお、『公羊伝』『穀梁伝』全般の経学的立場については、野間文史『春秋学　公羊伝と穀梁伝』（研文出版、二〇〇一年）に要領よくまとめられている。『春秋』に見える攻囲記事は、陸淳『春秋啖趙集伝纂例』巻五用兵例第十七（叢書集成新編）、程発軔『春秋要領』三七春秋経伝比事（東大図書公司、一九八九年）等を参照し、若干の私見を加えた。なお、『春秋』『左伝』については、竹内照夫『春秋』（東洋思想叢書、日本評論社、一九四三年）、顧頡剛講授、劉起釪筆記『春秋三伝及国語之綜合研究』（中華書局、一九八八年）、徐中舒『左伝選』後序（中華書局、一九六三年）等参照。

（7）「諸侯」は具体的には、同年の『春秋』僖公二十八年「冬、公会晋侯・斉侯・宋公・蔡侯・鄭伯・陳子・莒子・邾子・秦人于温」に見える温の会の出席国が想定される。ただ、ここでは『春秋』の記述を尊重し、行使国には入れない。

（8）蔡国の地理上の位置は必ずしも直接楚と隣接しないが、『春秋』桓公二年に「（秋七月）、蔡侯・鄭伯会于鄧」とあり、『左伝』では「始懼楚也」と伝え、蔡・楚の軍事上における緊張は当該時代の前期から認められる。楚の領域拡張は、顧棟高『春秋大事表』春秋列国疆域表巻四楚疆域論、何光岳「楚国疆域開拓和演変」（河南省考古学会等編『楚文化覓踪』所収、中州古籍出版社、一九八六年）参照。なお、当該時代の諸侯国の位置はすべて、譚其驤主編『中国歴史地図集』第一冊（地図出版社、一九八二年）に基づいている。

（9）『左伝』の国邑攻囲事例は次のような表記法を基準としている。例えば、「I　隠公四年　楚・陳・蔡・衛→鄭」は、魯国の隠公四年に楚・陳・蔡・衛の連合軍が鄭の国邑を攻囲したことを示す。以下、同じ。

（10）17―襄公二十三年は「楚・陳→陳」と、楚とともに陳自身が陳の攻囲に参加しているが、『左伝』襄公二十三年には「陳侯如楚、公子黄愬二慶於楚、楚人召之、使慶楽往、殺之、慶氏以陳叛、夏、屈建従陳侯囲陳」とある。

（11）『左伝』の鄙邑攻囲事例は次のような表記法を基準としている。例えば「I　荘公十二年　宋→（宋）亳」は、魯国の荘公十二年に宋が自国領域内の鄙邑である亳を攻囲したことを示す。以下、同じ。

（12）本書第一部第一章第二節軍事行動の特徴、参照。

（13）I〜Ⅳの事例は次のような表記法を基準としている。例えば、「I①　荘公十八年　楚→（楚）権」は、魯国の荘公十八年に楚が自国領域内の鄙邑である権を攻囲したことを示す。「前」「後」は「囲」記事の前後の「権」の地名出現年次を表わしている。なお、Iの⑪⑫などはともに斉が魯の鄙邑である成に対して攻囲戦を展開したことを示すが、年次が異なる同一鄙邑への攻囲戦として、それぞれ別記した。以下、同じ。

（14）本書第一部第三章第四節『春秋』『左伝』の鄙邑占領、参照。

（15）門攻めについては、註（3）貝塚茂樹氏、前掲書参照。

（16）「潰」については、『左伝』文公三年に「凡民逃其上曰潰、在上曰逃」とある。

（17）『春秋』襄公元年「（春）、仲孫蔑・晋欒黶・宋華元・衛甯殖・曹人・莒人・邾人・滕人・薛人囲宋彭城」に「宋彭城」とあり、『左伝』では「非宋地、追書也、於是為宋討魚石、故称宋、且不登叛人也、謂之宋志」と解説する。彭城が離反者の魯石の根拠地として機能したことを強調し、宋に属さない独立状況と見做している（楊伯峻『春秋左伝注』襄公元年条参照、中華書局、一九八一年）。『春秋』は国邑攻囲と同様の事情を想定したのかもしれない。

（18）『公羊伝』『穀梁伝』（隠公五・僖公二十三年）が経学的立場から「囲」を許し難き行為とすることや、攻囲戦に伴う門攻めを示威運動と見る立場は、攻囲戦の軍事行動上の推移を軽視したものとすべきであろう。

(19) 杜注「桐門、北門」(哀公二十六年条)

(20) 杜注「不成囲而攻其城門」、「囲」→「門」の同様事例は、『左伝』定公十年「及晋囲衛、午以徒七十人門於衛西門」、同哀公二十七年「悼之四年、晋荀瑤帥師囲鄭、……、知伯入南里、門于桔柣之門」などがある。

(21) 杜注「(鄟門)、鄭城門也」、『左氏会箋』「鄟門者蓋国之東門、走魯・衛之道也」、杜注「師之梁亦鄭之城門」、『左氏会箋』「師之梁西門也」

(22) 『左伝』隠公四年「故宋公・陳侯・蔡人・衛人伐鄭、囲其東門、五日而還」とあり、攻囲戦が鄭の国邑門を対象とする事例も見出せる。

(23) 「克」は『左伝』荘公十一年に「凡師、敵未陳曰敗某師、皆陳曰戦、大崩曰敗績、得儁曰克、覆而敗之曰取某師、京師敗曰王師敗績于某」と規定される。

(24) 同様事例、『左伝』桓公四年「冬、王師・秦師囲魏、執芮伯以帰」

(25) 攻囲戦のもたらす非和平的措置の同様事例は、『左伝』襄公十年「秋七月、楚子嚢・鄭子耳侵我西鄙、還、囲蕭、八月丙寅、克之」、同昭公四年「秋七月、楚子以諸侯伐呉、……、使屈申囲朱方、八月甲申、克之、執斉慶封而尽滅其族」、同昭公十九年「二月、宋公伐郳、囲虫、三月、取之」などがある。

(26) 『春秋』襄公十八年「冬十月、公会晋侯・宋公・衛侯・鄭伯・曹伯・莒子・邾子・滕子・薛伯・杞伯・小邾子同囲斉」とあり、『左伝』は「(十一月)、晋人欲逐帰者、……、(乙酉)、趙武・韓起以上軍囲盧、弗克」と、さらに詳しく伝えている。国邑攻囲—鄙邑攻囲という順序を辿るが、これも国邑—鄙邑の関係を配慮した軍事行動といえよう。

(27) 同様事例、『左伝』宣公二年「秦師伐晋、以報崇也、遂囲焦、夏、晋趙盾救焦」、同昭公二十七年「呉子欲因楚喪而伐之、使公子掩餘・公子燭庸帥師囲潜、……、楚莠尹然・王尹麇帥師救潜」、同昭公三十一年「(秋)、呉師囲弦、左司馬戌・右司馬稽帥師救弦、及豫章、呉師還」

(28) 「Ⅲ①長葛　後　隠公六年経　冬、宋人取長葛」などは、次のような表記法を基準としている。本章第一節における攻囲対象邑の地名出現の分類中、「Ⅲ　攻囲戦とそれ以後に対象邑が地名として確認できる事例」①長葛の後……隠公六年の『春秋』

の記事を示す。以下、同じ。

(29) 本書第一部第三章第五節鄙邑占領の実態、参照。

(30) 本書第一部第三章第五節鄙邑占領の実態、参照。

(31) 「囲」→「取」の経緯からは、軍事上のより最終局面である「取」を重視する視点が認められよう。ただ、それにもかかわらず、「囲」が記録される点は軍事行為の経過点として無視し得ない側面をもつことを暗示する。

(32) 「城」と軍事の関係は、宇都木章「『春秋』にみえる「邑に城く」について」(五井直弘編『中国の古代都市』所収、汲古書院、一九九五年、宇都木章著作集第三巻『春秋時代の貴族政治と戦乱』所収、比較文化研究所、二〇一二年)参照。

(33) 「次」については、『左伝』荘公三年に「凡師、一宿為舎、再宿為信、過信為次」とある。

(34) Ⅰ⑥焦・前・僖公三十年伝に「且君嘗為晋君賜矣、許君焦・暇」とあり、「焦」はかつて晋から秦に譲渡が約束された鄙邑の一つであった。これは「焦」が晋・秦両国で重要な地理的環境を備えた地と考えられていたためであろう。

(35) 本書第一部第三章第五節鄙邑占領の実態、参照。なお、Ⅱ⑦朱方・前・襄公二十八年伝に「呉句餘予之朱方、聚其族焉而居之、富於其旧」とあり、「朱方」は攻囲戦前に斉の亡命者慶封に与えられていた采邑であった。

(36) 本書第一部第三章第五節鄙邑占領の実態、参照。

(37) Ⅰ⑳鄆・前・成公十六年伝「公還、待于鄆」にあって、「鄆」は反国邑体制を示している。本書第一部第三章第五節鄙邑占領の実態、参照。

(38) 温・原の来歴については、増淵龍夫「先秦時代の封建と郡県」(『一橋大学研究年報　経済学研究Ⅱ』一九五八年、同氏『中国古代の社会と国家』弘文堂、一九六〇年、『新版　中国古代の社会と国家』岩波書店、一九九六年)参照。

(39) 註(38)増淵龍夫氏、前掲書では、温・原などの氏族的伝統と族的組織をもつ自立的傾向を指摘している。

(40) 以上は、『春秋左伝注』定公九・十・十三・十四年・哀公元・二・三四・五・六年条参照。宇都木章『春秋時代の戦乱』(新人物往来社、一九九二年、註(32)前掲書所収)にも要領よくまとめられている。なお、出土資料である「侯馬盟書」は、前四九七~前四九〇年における趙孟と邯鄲趙氏の争いとする指摘がある(平勢隆郎『左伝の史料批判的研究』、汲古書院、一九九八年）。

（41）宋の貴族政治については、宇都木章「春秋時代の宋の貴族」（『古代学』一六—一、一九六九年、註（4）前掲書所収）参照。

（42）『左伝』哀公十年「公会呉子・邾子・郯子伐斉南鄙、師于鄎」

（43）同様事例は「取」に関連したⅠ⑤戚でも見出せる。本書第一部第三章第五節鄙邑占領の実態、参照。

（44）註（6）陸淳『春秋啖趙集伝纂例』には、「趙子曰、凡内自囲者皆叛邑」と指摘されている。

第五章　対峙政策

はじめに

第一章では『春秋』に見える軍事行為の傾向を主に数値的側面から整理を行った。そのさい、国境をめぐる攻撃である「伐」「侵」が、当該時代の前期から中期にいったん増加し、後期に減少する点を指摘した。一方、軍事衝突としての対峙戦（野戦）は、前期から中・後期と減少を示し、「伐」「侵」とは比例しない事実が見出せた。(1)

本章では、対峙戦についてあらためて整理と分析を試みる。(2) 対峙戦は「城濮の役」などと『左伝』では追記され、重要な国際紛争の節目として認識されている。(3) ただ、対峙戦は「伐」「侵」と同様、国邑・鄙邑を対象としない戦争であるが、地名が示されることから、対峙戦の場所が一定の地域を指しているのは明らかである。では一体、対峙戦やその場所は、軍事行動や国邑—鄙邑の支配構造のなかでどのように理解できるのであろうか。まず、対峙戦の実態の基礎的考察を行い、次に、『春秋』『左伝』の対峙戦記事を個別に整理し、その数値的傾向と地名の当該時代での出現状況を確認する。加えて国邑—鄙邑の支配構造のなかで、対峙戦の動向を位置づけるものである。

第一節　対峙戦の実態

『春秋』では例えば、

　　僖公二十二年秋八月丁未、及邾人戦于升陘、

とあり、魯と邾の升陘での対峙戦を記録する。また、

　　荘公九年八月庚申、及斉師戦于乾時、我師敗績、

とあり、魯と斉の乾時での対峙戦の結果、魯軍が敗績したと伝えている。さらに、

　　隠公十年六月壬戌、公敗宋師于菅、

とあり、魯が宋を菅で破った記事も見える。この「敗」の前提には、乾時の戦いのような対峙戦があったはずで、「敗」も対峙戦と同列に扱うことが可能と考えられる。なお、『左伝』荘公十一年では、

　　凡師、敵未陳曰敗某師、皆陳曰戦、大崩曰敗績、得儁曰克、覆而敗之曰取某師、

とあり、軍事衝突の事例を分類している。(4) 一方、『春秋』には、

　　僖公元年（春）斉師・宋師・曹師次于聶北、救邢、
　　　夏六月、邢遷于夷儀、斉師・宋師・曹師城邢、

とあり、斉・宋・曹の連合軍が聶に「次」し、邢に対する救援を行ったことを記録するが、「次」が遷徙・築城への前段階であった点を窺わせる。「次」については、『左伝』では、

　　凡師、一宿為舎、再宿為信、過信為次、（荘公三年）

とあり、日毎の軍隊の駐屯を区別するなかに確認でき、軍事を前提とした行為と見做される。したがって、『春秋』の地名をともなう「次」は、対峙戦への進展を内在する軍事行為としての側面をもつ。ただし、『春秋』には、

昭公二十八年（春）、公如晋、次于乾侯、

とあり、魯昭公の乾侯での駐屯が見えるが、これは三桓氏台頭にともなう魯公の亡命であって、内乱の性質が強い。本章の対象とする軍事的「次」とは状況を異にするといえよう。いずれにしても、「戦」「敗」「次」は地名をともなって、軍事行為としての対峙戦を伝えるものと考えられる。

では、対峙戦はどのように推移したのであろうか。対峙戦の実態を明らかにしてみよう。『左伝』桓公五年、鄭・周の繻葛の戦いについて、『春秋』では、

秋、蔡人・衛人・陳人従王伐鄭、

と記録するように、対峙戦の前提には国境攻伐があった。『左伝』隠公十一年に「鄭・息有違言、息侯伐鄭、鄭伯与戦于竟」と、鄭と息の対峙戦が国境線でなされているのは、国境攻伐後の対峙戦の事情をよく示している。さらに、『左伝』襄公十四年に「夏、諸侯之大夫従晋侯伐秦、以報櫟之役也、晋侯待于竟」とある、晋・秦の対立にあって晋侯が国境で待機するのは、明らかに対峙戦に備えた戦略といえる。したがって、斉・魯の奚の戦いを『左伝』が「疆事也」（桓公十七年）と辺境での局地的衝突とし、しかも、「疆吏来告、公曰、疆場之事、慎守其一、而備其不虞、姑尽所備焉、事至而戦、又何謁焉」と伝えるように、対峙戦は被行使国にとって国境越えを前提になされる戦争の一形態であった。

『左伝』定公二年には、

秋、楚嚢瓦伐呉、師于豫章、呉人見舟于豫章、而潜師于巣、冬十月、呉軍楚師于豫章、敗之、

とあり、楚の嚢瓦（子常）が呉の国境を越え、呉軍と戦い豫章で敗れるが、国境越えの後に豫章に陣を張っている。『左伝』昭公六年にも、

徐儀楚聘于楚、楚子執之、逃帰、懼其叛也、使薳洩伐徐、呉人救之、令尹子蕩帥師伐呉、師于豫章、而次于乾谿、呉人敗其師於房鍾、獲宮廐尹棄疾、子蕩帰罪於薳洩而殺之、

とあり、徐・楚の対立に徐を救援する呉が房鍾で楚を破るが、その前提には楚の呉攻伐と豫章での陣、乾谿における宿営が伝えられる。このように行使国は、国境攻伐後に対峙戦の前提として、相手国の領域内に軍事拠点を確保している。

さらに、『左伝』成公三年では、

春、諸侯伐鄭、次于伯牛、討邲之役也、遂東侵鄭、鄭公子偃帥師禦之、使東鄙覆諸鄤、敗諸丘輿、

とあり、邲の戦いで楚側についた鄭を、晋・魯・宋・衛・曹の諸侯連合が攻伐し、伯牛に駐屯して鄭の東側から攻撃をしかけたが、鄭はこれを迎え撃った。その後、瑛・丘輿の戦いで連合軍は鄭の前に敗退する。このように攻撃を被る側は、対峙戦の前提として行使国軍を迎え撃っている。『春秋』定公十四年には、

五月、於越敗呉于檇李、

とあるが、『左伝』ではこれに関して「呉伐越、越子句践禦之、陳于檇李」と伝え、呉の越攻伐で越子句践が迎え撃ち、呉は檇李に陣を張った。なお、行使国の軍事拠点の確保は確認できないが、津で大敗をきたす楚が『左伝』荘公十八年「冬、巴人因之以伐楚」という巴の攻伐に対して、「春、楚子禦之」（同荘公十九年）と、やはり迎え撃っている。さらに、『春秋』文公二年に、

春王二月甲子、晋侯及秦師戦於彭衙、

とあり、晋・秦の彭衙での対峙戦に関して『左伝』では「春、秦孟明視帥師伐晋、以報殽之役、二月、晋侯禦之」と伝え、秦軍の晋攻伐後に晋がこれを迎え撃った。こうした被行使国側の迎え撃ちは、前述の升陘の戦い（僖公二十二年）にあって『左伝』に「邾人以須句故出師、公卑邾、不設備而禦之、臧文仲曰、国無小、不可易也、無備、雖衆、不可恃也、……」とある点に集約されている。国の大小に関わりなく、対峙戦では防備を固めて迎え撃つことが軍事上、必要不可欠な作戦であったと考えられる。呉・楚の戦いに関して『左伝』昭公五年には、

楚師済於羅汭、沈尹赤会楚子、次於萊山、薳射帥繁揚之師、先入南懐、楚師従之、及汝清、呉不可入、楚子逆観兵於坻箕之山、是行也、呉早設備、楚無功而還、……、

とあり、楚軍が羅汭を渡り、萊山に宿営し南懐に入城、さらに汝清にまで達しながら、ついに呉の領域に入れなかったが、これは呉が早くから防備を設けていたからであった。防衛側にとって防備の重要性が端的に示されている。

実際の対峙戦ではいくつかの制約があったようである。そもそも戦闘では、

秋、子元以車六百乗伐鄭、入于桔柣之門、（『左伝』荘公二十八年）

斉侯使公子無虧帥車三百乗、甲士三千人以戍曹、（『左伝』閔公二年）

など、車戦が中心であった。こうした傾向は鞌の戦いでも、

（六月）癸酉、師陳于鞌、邴夏御斉侯、逢丑父為右、晋解張御郤克、鄭丘緩為右、（『左伝』成公二年）

と見え、斉侯を中心にした兵車が軍の中枢を構成している。宋・鄭の大棘の戦いにあって『左伝』宣公二年に、

二月壬子、戦于大棘、宋師敗績、囚華元、獲楽呂、及甲車四百六十乗、俘二百五十人、馘百、

とあり、宋軍は大敗し、兵車が捕獲されている。『左伝』哀公十一年には、

（五月）甲戌、戦于艾陵、展如敗高子、国子敗胥門巣、王卒助之、大敗斉師、獲国書・公孫夏・閭丘明・陳書・

東郭書、革車八百乗・甲首三千、以献于公、

と見え、艾陵の戦いで斉軍は大敗したが、哀公への献上品のなかに兵車八百乗があり、対峙戦で車戦が主流であったことが窺える。なお、城濮の戦いでも「晋車七百乗」（『左伝』僖公二十八年）が見える。[5] このような対峙戦での車戦中心の編成は、自ずと軍事衝突の場所を制約した。[6] 険しい地形は車戦には適さず、平坦な場所が選定されたものと考えられる。また、「結日定地」（『公羊伝』桓公十年何休注）といった、会戦の日時と場所にも制約をもたらしたものと推察されよう。

晋・秦の韓の戦いにあって、晋侯は韓簡に、

遂使請戦、曰、寡人不佞、能合其衆而不能離也、君若不還、無所逃命、（『左伝』僖公十五年）

といわせ、それに対して秦伯が公孫枝に、

君之未入、寡人懼之、入而未定列、猶吾憂也、苟列定矣、敢不承命、（同）

と答えさせ、ともに戦いに至る「請戦」の口上が物語られている。城濮の戦いでも楚側から請戦が、

子玉使闘勃請戦、曰、請与君之士戯、君馮軾而観之、得臣与寓目焉、（『左伝』僖公二十八年）

とあり、子玉（成得臣）は闘勃（子上）に挑戦させ、それに対して晋側も、

晋侯使欒枝対曰、寡君聞命矣、楚君之恵、未之敢忘、是以在此、為大夫退、其敢当君乎、既不獲命矣、敢煩大夫、謂二三子、戒爾車乗、敬爾君事、詰朝将見、（同）

と返答し、明日早朝の戦いを受諾する。鞌の戦いでは、

斉侯使請戦、曰、子以君師辱於敝邑、不腆敝賦、詰朝請見、（郤献子）対曰、晋与魯・衛兄弟也、来告曰、大国朝夕釈憾於敝邑之地、寡君不忍、使群臣請於大国、無令輿師淹於君地、能進不所退、君無所辱命、斉侯曰、大夫之

許、寡人之願也、若其不許、亦将見也、（『左伝』成公二年）

とあり、斉頃公と晋の郤子との間にやはり対峙戦を前にした請戦が見られる。さらに、邲の戦いでは、『左伝』宣公十二年に、

楚許伯御楽伯、摂叔為右、以致晋師、

許伯曰、吾聞致師者、御靡旌・摩塁而還、

楽伯曰、吾聞致師者、左射以菆、代御執轡、御下・両馬・掉鞅而還、

とあり、致師すなわち挑戦が示され、相手方への戦闘の手段が語られている。(7) このほか『左伝』襄公二十四年では、

冬、楚子伐鄭以救斉、門于東門、次于棘沢、諸侯還救鄭、晋侯使張骼・輔躒致楚師、求御于鄭、

とあり、致師が見える。

こうして、対峙戦では「請戦」「致師」のようなきわめて儀礼的な挑戦が認められるが、(8) これは単なる『左伝』の戦闘物語とはいえないであろう。そもそも、当該時代の軍隊は、例えば晋にあって三軍構成が確立しており、城濮の戦いに、

中軍―将・先軫、佐・郤溱、

上軍―将・狐毛、佐・狐偃、

下軍―将・欒枝、佐・胥臣、

と見え、中軍・上軍・下軍のそれぞれの将・佐には卿の位をもつ、上級貴族が任命され、三軍六卿が制度化されていた。(9) 一方、楚軍では、

左軍―将・子西（闘宜申）、中・許・鄭

中軍―将・子玉（成得臣）、若敖六卒
右軍―将・子上（闘勃）、息・陳・蔡

であって、子玉が若敖の六卒（兵車百八十輌）を率い中軍の将、子西（闘宜申）が左翼を、子上（闘勃）が右翼を率い、それに申・息の邑軍、許・鄭・陳・蔡の国軍が参加している（『左伝』僖公二十八年）。邲の戦いでは、

楚軍　中軍―将・沈尹、
　　左軍―将・子重（公子嬰斉）、
　　右軍―将・子反（公子側）、

晋軍　中軍―将・荀林父、　佐・先穀、
　　上軍―将・士会、　佐・郤克、
　　下軍―将・趙朔、　佐・欒書、

という布陣が確認できる（『左伝』宣公十二年）。したがって、戦争は貴族の戦いそのもので、国邑の支配機構を担う高い身分戦士の闘争でもあった。城濮の戦いでは楚軍に申・息の鄙邑軍が加えられているが、少なくとも鄙邑の軍事力の参加は特異といえる(10)。こうした国邑の貴族的倫理が、儀礼をともなう対峙戦を発生させたものと考えられる(11)。なかでも楚・宋の泓水の戦いで宋の敗北にいたる経緯を『左伝』では、

宋人既成列、楚人未既済、司馬曰、彼衆我寡、及其未既済也、請撃之、公曰、不可、既済而未成列、又以告、公曰、未可、既陳而後撃之、宋師敗績、（僖公二十二年）

と伝えるが、相手側の隊列や陣形にこだわる戦争意識は、まさしく誇りを賭けた国邑の支配層のぶつかり合いの様を端的に示していよう(12)。

対峙戦はその勝敗にも特色を持っていた。狄の攻伐により熒沢で戦った衛軍が大敗し、滅国の事態に見舞われたが、これは特異な事例である。周・蔡・衛・陳による鄭攻伐の繻葛の戦いでは、

命二拒曰、旝動而鼓、蔡・衛・陳皆奔、王卒乱、鄭師合以攻之、王卒大敗、（『左伝』桓公五年）

とあり、鄭側の対戦開始により蔡・衛・陳が逃げ出し、周王の軍隊も統制が乱れ、鄭の集中攻撃を被り周軍は大敗をきたす。諸侯連合軍の逃亡が敗戦へとつながっている。また、城濮の戦いにあって、

胥臣蒙馬以虎皮、先犯陳・蔡、陳・蔡奔、楚右師潰、狐毛設二旆而退之、……、狐毛・狐偃以上軍挟攻子西、楚左師潰、楚師敗績、……、（『左伝』僖公二十八年）

と見え、晋軍の攻撃により楚側の陳・蔡軍は逃げ出し、楚の右翼が崩れ、左翼も晋の上軍の夾み撃ちに遭い大敗した。斉・魯の乾時の戦いでは、

我師敗績、公喪戎路、伝乗而帰、（『左伝』荘公九年）

とあり、魯公が兵車を失ったことが敗戦につながったらしい。こうした戦況からすれば、対峙戦の勝敗は徹底的な破壊戦の結果もたらされるものではなく、逃亡などにより対峙自体が不能となった時点で決着したものと考えられる。なお、斉・衛の対峙戦で衛は敗退するが、「取賂而還」（『左伝』荘公二十八年）という、贈与品による斉軍の引き揚げも、対峙戦の消極性を物語っていよう。一方で当該時代の対峙戦が、名高い城濮の戦いで一日、焉陵の戦いは二日、柏挙の戦いでも十日と、戦国時代の対峙戦にくらべ短期間で決着をみることは、戦争自体の性質を如実に示している。(13)

さらに、対峙戦の特色の一つとして次の事例が挙げられる。晋・秦の韓の戦いで、

壬戌、戦于韓原、晋戎馬還濘而止、公号慶鄭、……、遂去之、梁由靡御韓簡、虢射為右、輅秦伯、将止之、鄭以救公誤之、遂失秦伯、秦獲晋侯以帰、（『左伝』僖公十五年）

とあり、晋侯の小駟馬が泥濘にはまって抜け出せなくなり戦闘が終結するが、このなかで秦は晋侯を捕獲している。また、晋・秦の殽の戦いにあっては、

夏四月辛巳、敗秦師于殽、獲百里孟明視・西乞術・白乙丙帰、（『左伝』僖公三十三年）

と見え、晋が秦を破り、秦の三将軍を捕獲した。晋・秦の麻隧の戦いでは、

五月丁亥、晋師以諸侯之師及秦師戦于麻隧、秦師敗績、獲秦成差及不更女父、（『左伝』成公十三年）

とあり、秦軍が敗退するが、二人がやはり捕獲されている。鄭・宋の軍事対立にあっても、

鄭子罕伐宋、宋将鉏・楽懼敗諸汋陂、退、舎於夫渠、不敬、鄭人覆之、敗諸汋陵、獲将鉏・楽懼、宋恃勝也、（『左伝』成公十六年）

と見え、いったんは勝利した宋であったが、鄭の襲撃を被り将鉏・楽懼が捕獲された。このように対峙戦での軍を統帥する者の捕獲は、軍隊の統制不能、戦争の決着をもたらしたようである。なかでも、韓の戦に参戦した国君の捕獲は、より大きな意味をもっていたと考えられる。楚と蔡の莘の戦いでも、『春秋』荘公十年には、

秋九月、荆敗蔡師于莘、以蔡侯献舞帰、

とあり、楚が蔡軍を破り、国君の蔡侯舞を連れ去っている。なお、魯と莒の酈の戦いにあって、『春秋』僖公元年に、

冬十月壬午、公子友帥師敗莒于酈、獲莒挐、

とあり、魯の公子友が莒を破り莒君の弟の挐を捕獲したが、これは国君に次ぐ位の者を捕らえた点が重要であったと思われる。楚と随の速杞の戦いでは、随軍が大敗するが、

随師敗績、随侯逸、闘丹獲其戎車、与其戎右少師、（『左伝』桓公八年）

とあり、楚の闘丹が随侯の兵車とその車右の少師を捕獲している。この兵車の捕獲は本来、随侯の捕獲が対峙戦の主

要な目標であったことを暗示するものと考えられる。また、宋と斉の甗で戦いにあって、宋は斉軍を敗北させたが、『左伝』には「立孝公而還」（僖公十八年）と伝え、斉の新君を擁立して引き揚げたという。こうした点は、対峙戦が明らかに相手国の国邑の支配体制に留意し、実際の戦闘での国君らの捕獲が、国邑の支配権への関与を間接的に保持するものと考えられていたことを示している。したがって、国君らの捕獲は、当該社会の国邑—鄙邑の支配構造に対する、軍事行為としての対峙戦がもたらす一つの成果と考えられ、勝敗を決定づける要因となったわけである(14)。

以上、対峙戦の実態について基礎的な考察を行った。国境越えから拠点を設ける行使国軍に対し、被行使国側はこれを迎え撃つかたちで戦闘が成立する。日程と場所の通知や「請戦」「致師」のような儀礼的進行により対峙戦が展開されたが、これは当該時代の戦争形態が車戦を中心にする貴族の戦いであったことに基因した。そのような国邑の支配権同士の戦いが、国邑—鄙邑の支配構造を前提とする国君らの捕獲による短期決戦という、対峙戦の性格を決定づけていたのである。

では、対峙戦の行われる場所は国邑—鄙邑の支配構造にあって、如何に位置づけられるのであろうか。節をあらためて考えてみよう。

第二節　『春秋』の対峙戦

『春秋』に見える対峙戦として「次」「戦」「敗績」を列挙してみよう。

1隠公十年六月壬戌、公敗宋師于菅、辛未、取郜、辛巳、取防、

2桓公十年冬十有二月丙午、斉侯・衛侯・鄭伯来戦于郎、

3桓公十有二年十有二月、及鄭師伐宋、丁未、戦于宋、

4桓公十三年春二月、公会紀侯・鄭伯、己巳、及斉侯・宋公・

衛侯・燕人戦、斉師・宋師・衛師・燕師敗績、
5 桓公十七年夏五月丙午、及斉師戦于奚、
6 荘公三年冬、公次于滑、
7 荘公八年春王正月、師次于郎、以俟陳人・蔡人、
8 荘公九年八月庚申、及斉師戦于乾時、我師敗績、
9 荘公十年春王正月、公敗斉師于長勺、
10 荘公十年夏六月、斉師・宋師次于郎、公敗宋師于垂丘、
11 荘公十年秋九月、荊敗蔡師于莘、以蔡侯献舞帰、
12 荘公十一年夏五月戊寅、公敗宋師于鄑、
13 荘公二十八年春王三月甲寅、斉人伐衛、衛人及斉人戦、衛人敗績、
14 荘公三十年夏、次于成、
15 僖公元年（春）、斉師・宋師・曹師次于聶北、救邢、
16 僖公元年九月、公敗邾師于偃、
17 僖公元年冬十月壬午、公子友帥師敗莒師于酈、獲莒挐、
18 僖公四年春王正月、公会斉侯・宋公・陳侯・衛侯・鄭伯・許男・曹伯侵蔡、蔡潰、遂伐楚、次于陘、
19 僖公十五年三月、公会斉侯・宋公・陳侯・鄭伯・許男・曹伯盟于牡丘、遂次于匡、公孫敖帥師及諸侯之大夫救徐、
20 僖公十五年（冬）、楚人敗徐于婁林、
21 僖公十五年十有一月壬戌、晋侯及秦伯戦于韓、獲晋侯、
22 僖公十八年五月戊寅、宋師及斉師戦于甗、斉師敗績、
23 僖公二十二年秋八月丁未、及邾人戦于升陘、
24 僖公二十二年冬十有一月己巳朔、宋公及楚人戦于泓、宋師敗績、
25 僖公二十八年夏四月己巳、晋侯・斉師・宋師・秦師及楚人戦于城濮、楚師敗績、
26 僖公三十三年夏四月辛巳、晋人及姜戎敗秦師于殽、
27 僖公三十三年（秋）、晋人敗狄于箕、
28 文公二年春王二月甲子、晋侯及秦師戦於彭衙、秦師敗績、
29 文公七年（夏四月）戊子、晋人及秦人戦於令狐、
30 文公十年（冬）、楚子・蔡侯次於厥貉、
31 文公十一年冬十月甲午、叔孫得臣敗狄于鹹、
32 文公十二年冬十有二月戊午、晋人・秦人戦于河曲、
33 宣公二年春王二月壬子、宋華元帥師及鄭公子帰生帥師、戦于大棘、宋師敗績、獲宋華元、
34 宣公十二年夏六月乙卯、晋荀林父帥師及楚子戦于邲、晋師敗績、
35 成公元年秋、王師敗績于茅戎、
36 成公二年夏四月丙戌、衛孫良夫帥師及斉師戦于新築、衛師敗績、
37 成公二年六月癸酉、季孫行父・臧孫許・叔孫僑如・公孫嬰斉

帥師会晋郤克・衛孫良夫・曹公子首及斉侯戦于鞌、斉師敗績、
38成公十二年秋、晋人敗狄于交剛、
39成公十六年（六月）甲午晦、晋侯及楚子・鄭伯戦于鄢陵、楚子・鄭伯敗績、
40襄公元年夏、晋韓厥帥師伐鄭、仲孫蔑会斉崔杼・曹人・邾人・杞人次于鄫、
41襄公二十三年八月、叔孫豹帥師救晋、次于雍楡、
42昭公元年（六月）、晋荀呉帥師敗狄于大鹵、
43昭公五年（秋七月）戊辰、叔弓帥師敗莒師于蚡泉、
44昭公十七年（冬）、楚人及呉戦于長岸、
45昭公二十三年（秋七月）戊辰、呉敗頓・胡・沈・蔡・陳・許之師于雞父、胡子髡・沈子逞滅、獲陳夏齧、
46定公四年冬十有一月庚午、蔡侯以呉子及楚人戦于伯挙、楚師敗績、楚嚢瓦出奔鄭、庚辰、呉入郢、
47定公九年秋、斉侯・衛侯次于五氏、
48定公十三年春、斉侯・衛侯次于垂葭、
49定公十四年五月、於越敗呉于檇李、
50定公十五年（夏）、斉侯・衛侯次于渠蒢、
51哀公二年秋八月甲戌、晋趙鞅帥師及鄭罕達帥師戦于鐵、
52哀公十一年五月、公会呉伐斉、甲戌、斉国書帥師及呉戦于艾陵、斉師敗績、獲斉国書、

こうした『春秋』での「次」「戦」「敗」について魯公年別に確認しよう。[15]

	次	戦	敗
隠公	0	0	1
桓公	0	4	1
荘公	4	2	6
閔公	0	0	0
僖公	3	5	8
文公	1	3	2
宣公	0	2	2
成公	0	3	5
襄公	2	0	0
昭公	0	1	3
定公	3	1	2
哀公	0	2	2

このなかには、荘公九年の戦い—敗戦のように、一度の対峙戦での経緯を段階的に記録するものもあるが、そうした

点を考慮の上であらためて対峙戦の魯公年別の数値を示せば、以下のとおりとなる。

隠公1　桓公4　荘公9　閔公0　僖公13　文公5　宣公2　成公5　襄公2　昭公4　定公5　哀公2

計52事例が見出せ、本書第一部第一章の当該時代の三期区分（前期八十一年間…隠公元年〜僖公十八年、中期八十一年間…僖公十九年〜襄公十二年、後期八十二年間…襄公十三年〜哀公十六年）では、【前期22・中期18・後期12】である。前期から中期・後期への減少傾向が指摘でき、諸侯国をめぐる対峙戦自体の変質が窺える。なお、留意すべきは対峙戦で複数回使用される場所が7・10の郎の二回のみであり（後述）、当該時代の対峙戦が一定の地点でくり返し行われるものではなく、いわば軍事衝突の一過性が考えられることである。(16) ただ、こうした点は戦争形態の問題に限定されず、社会の基層をなす国邑—鄙邑の支配構造も影響していると予測される。

では、対峙戦で記録される地名は、国邑—鄙邑の領域なかで如何に位置づけられる場所であったのであろうか。対峙戦の地名の『春秋』『左伝』における出現状況に着目すると、以下の項目に分類できる。(17)

Ⅰ　対峙戦とその前後に地名が確認できる事例

①桓公十年—郎
前…隠公九年
後…荘公三十一年

②荘公八年—郎
前…隠公元　桓公四年
後…荘公十　閔公元年

③荘公十年—郎
前…隠公元　桓公四　荘公八年
後…閔公元年

④荘公三十年—成
前…桓公六年
後…襄公十五・十六　昭公七　定公八・十二　哀公十四・十五年

⑤文公七年—令狐

前…僖公二十四年
後…成公十一年

Ⅱ　対峙戦とそれ以前に地名が確認できる事例

①僖公二十八年―城濮
前…荘公二十七年
②成公十六年―鄢陵
前…隠公元年

Ⅲ　対峙戦とそれ以後に地名が確認できる事例

①僖公三十三年―箕
後…成公十三　昭公二十三・二十四年
②文公二年―彭衙
後…文公二年
③成公十二年―新築
後…成公十二年
④襄公元年―鄫
後…哀公七年
⑤定公四年―伯挙
後…定公五年

Ⅰ4Ⅱ2Ⅲ5の計11が確認できるが、対峙戦52回という数値にくらべると少ないと思われる。Ⅰのように地名が前後に出現する事例が案外少ないことは、そもそも対峙戦の場所が国際的に重要な地点とは必ずしもいえず、しかも対峙戦の普遍的な場が存在しなかった点を示唆しよう。

このなかで個別に見ると、Ⅰに郎が3事例確認できるが、①桓公十年・郎は曲阜南郊の地であったと考えられ、②荘公八年、③荘公十年の郎は山東魚台廃県治東北に属し、同名異地である。[18] ①郎は『春秋』では、隠公九年夏、城郎、と以前に見え、築城がなされていたことから、少なくとも対峙戦の時点で郎という鄙邑が存在していたことになる。こうしたいわば鄙邑領域での対峙戦は、桓公十二年の「戦于宋」という宋の領域を漠然と記すものや、僖公二十二年の「戦于泓」の「泓水」という水名を冠する地点での戦いを示す視点とは異なるものである。したがって、郎での対峙戦は郎という鄙邑の領域でなされた行為といえよう。一方の②・③の郎は『左伝』では、

隠公元年夏四月、費伯帥師城郎、

とあり、築城がなされた鄙邑であったと考えられ、これも対峙戦が鄙邑領域で行われた点を示している。また、このほかの対峙戦関連の傾向を調べると、鄙邑と推定される場所は、諸注などからいくつか見出せる。(19)

桓公十年　郎　　荘公八年　郎　　荘公十年　長勺　　荘公十年　郎　　荘公三十年　成
僖公元年　聶　　僖公三十三年　箕　　文公二年　彭衙　　文公七年　令狐　　成公二年　新築
成公十六年　鄢陵　　定公九年　五氏　　定公十四年　檇季

13事例12鄙邑で対峙戦があったことになる。これらは当該時代の三期区分にあてはめると、【前期6・中期5・後期2】という結果が得られる。対峙戦では鄙邑領域での行為は特殊であるが、前期から中期・後期と減少している。当該時代の前期からの対峙戦自体の数値上の変化が、そのまま比例するかたちで鄙邑領域における対峙戦に反映したものと考えられる。

一方、『春秋』の「次」にあっては、7—荘公八年「俟陳人・蔡人」、15—僖公元年「救邢」、19—僖公十五年「救徐」などのように、つぎの軍事行動への展開が見られるが、「戦」や「戦」—「敗」（「敗績」）では戦争の勝敗がもたらされている。また、11—荘公十年「以蔡侯献舞帰」、17—僖公元年「獲莒拏」、21—僖公十五年「獲晋侯」、33—宣公二年「獲宋華元」、45—昭公二十三年「胡子髡・沈子逞滅、獲陳夏齧」、52—哀公十一年「獲斉国書」などは、捕獲

等により軍事行動が終結する。ただし、『左伝』にあって37―成公二年・鞌の戦と敗戦では、対峙戦後の状況として「晋師従斉師、入自丘輿、撃馬陘」とあり、鄙邑である丘輿・馬陘への軍事行動の展開を伝えている。同様に、40―襄公元年・鄫の次に関して『左伝』には、

夏五月、晋韓厥・荀偃帥諸侯之師伐鄭、入其郛、敗其徒兵於洧上、於是東諸侯之師次于鄫、以待晋師、晋師自鄭以鄫之師侵楚焦・夷及陳、晋侯・衛侯次于戚、以為之援、

と見える。鄫に駐屯する斉・曹・邾・杞の諸侯軍を率いる晋軍が、楚の鄙邑である焦・夷への軍事行動を展開した。32―文十二年・河曲の戦いでは『左伝』に、

冬、秦伯伐晋、取羈馬、晋人禦之、……、以従秦師于河曲、十二月戊午、秦軍掩晋上軍、……、秦師夜遁、復侵晋、入瑕、

とあり、対峙戦の前提に秦は晋の鄙邑である羈馬を占領し、対峙戦後には瑕に攻め入っている。ここでも対峙戦が鄙邑への軍事行動へと展開したものと考えられる。なお、36―成公二年・新築の「戦」―「敗績」では、『左伝』に対峙戦の経緯が欠落しているが、「斉師乃止、次于鞫居、新築人仲叔于奚救孫桓子、桓子是以免、……」とある。敗戦した衛にあって、「新築人」の仲叔于奚が孫桓子の救出に向かっているが、鄙邑である新築の領域での対峙戦に直接鄙邑の居住者が参戦したことを示していよう。対峙戦の鄙邑領域への軍事展開に他ならないと考えられる。また、45―昭公二十三年・雞父の敗戦では『左伝』に「呉人伐州来、楚薳越帥師及諸侯之師奔命救州来、呉人禦諸鍾離」という前提を伝えている。呉の楚連合との対峙戦では、呉が楚の領有する州来を攻伐し、反撃を目指す楚連合軍を鍾離で迎え撃った。鄙邑の州来・鍾離が対峙戦の前提として軍事上の拠点となっていることが窺える。さらに、47―定公九年の五氏の「次」に関して『左伝』では「秋、斉侯伐晋夷儀」とあり、斉は衛を援助するため晋の鄙邑である夷儀を

攻伐したという前提が伝えられている。しかも、

晋車千乗在中牟、衛侯将如五氏、……、乃過中牟、……、(中牟人)乃伐斉師、敗之、斉侯致禚・媚・杏於衛、

と見え、鄙邑の中牟の人が斉軍を阻止しており、軍事駐屯に関係して鄙邑が役割を担っていたと考えられる。このように、対峙戦の前後に鄙邑への攻撃が見られるものは叙述のわずか6事例であるが、当該時代の三期区分では【前期0・中期4・後期2】と、前期にはなく中・後期に属すという特徴をもっている。こうした対峙戦に関する鄙邑への展開は、捕獲による軍事行動の終結や、あるいは22—僖公十八年・鬳の「戦」—「敗績」に『左伝』が「立孝公而還」、46—定公四年・伯挙の「戦」—「敗績」で『春秋』が「呉入郢」というような、対峙戦後の国邑への施策とは明らかに異なる。したがって、当該時代の中期から出現する対峙戦をめぐる鄙邑への軍事行動の展開は、戦略上の変化のみならず、国邑—鄙邑の支配構造に関わる問題を内在していると考えられる。[20]

以上、『春秋』に見える対峙戦記事を主に数値上から整理した。当該時代にあって対峙戦は減少傾向にあるが、社会の基層をなす国邑—鄙邑の支配構造との関係からは、特殊事例とはいえ、鄙邑領域での対峙戦が前期から中期・後期と減少する。さらに、対峙戦が鄙邑攻撃へと展開する事例が、絶対数は少ないが中期・後期に見出せた。いずれも当該時代の前期・中期からの対峙戦の変容が考えられる。国邑—鄙邑の支配構造との関連からすればこのような点は、本書第一部第一章第二節で指摘したような国境をめぐる軍事攻撃にあって、「伐」「侵」が前期から中期にいったん増加し、後期に減少する傾向と連動したものといえる。[21]これは諸侯国間の軍事行動が前期のたびかさなる国境を越え侵伐する攻撃国に対し、防衛国側が対峙戦に臨み、中期に至り国邑を防備しながら待つ戦闘上の変化を示していよう。このことが対峙戦の減少を引き起こし、同時に攻撃側の国境越えを増長させ、しかも、中期にあって国邑が鄙邑に国邑の防衛線としての役割を担わせたのであった。そうして、中期での国邑—鄙邑の防衛上の関係強化によって対峙戦

は、鄙邑領域での戦争を発生させ、鄙邑自体への攻撃を展開したと考えられる。

このような論点を再確認する前に、『左伝』が独自に伝える対峙戦の情報を整理しておこう。

第三節　『左伝』の対峙戦

『左伝』が独自に伝える「次」「戦」「敗」などの対峙戦記事について考えてみよう。まず、『春秋』の事例と同様に列挙する。(22)

1 隠公五年　鄭—燕（×）・北制—敗
2 隠公十一年　鄭—息（×）・竟—大敗
3 桓公五年　蔡・衛・陳・周—鄭（×）・繻葛—戦
4 桓公八年　楚—随（×）・速杞—敗績
5 桓公十一年　楚—鄖（×）・蒲騒—次・敗
6 荘公十年　魯—斉（×）・長勺—戦
7 荘公十九年　楚（×）—巴・津—大敗
8 荘公十九年　楚—黄（×）・踖陵—敗
9 閔公二年　虢—犬戎（×）・渭汭—敗
10 閔公二年　衛（×）—狄・熒澤—戦・敗績・滅
　　衛（×）—狄・河—敗
11 僖公二年　虢—戎（×）・桑田—敗
12 僖公四年　楚—斉魯宋陳衛鄭許曹・召陵—次・盟
13 僖公八年　晋—狄（×）・采桑—敗
14 僖公二十八年　晋斉宋秦—楚（×）・城濮—次
15 文公七年　晋—秦（×）・令狐—敗
16 文公十一年　楚—麇（×）・防渚—敗
17 文公十六年　楚—庸（×）・句澨—次・滅
18 宣公九年　鄭—楚（×）・柳棼—敗
19 宣公十二年　楚—晋（×）・延—次、管—次、衡雍—次
20 宣公十五年　秦（×）—晋・輔氏—次・敗
21 成公二年　衛—斉・鞫居—次
22 成公三年　晋魯宋衛曹—鄭（×）・伯牛—次、丘輿—敗
23 成公四年　鄭（×）—許・展陂—敗
24 成公十三年　晋斉宋陳曹邾滕—秦（×）・麻隧—戦・敗績
25 成公十六年　鄭（×）—宋・汋陂—敗

　宋（×）—鄭・汋陵—敗
26 成公十六年　魯周晋斉邾—鄭（×）・鄭西—次、督揚—次
27 襄公元年　晋魯斉—鄭（×）・洧水—敗
　晋衛—楚・戚—次
28 襄公四年　邾莒—魯（×）・狐駘—敗
29 襄公九年　晋—鄭・陰口—次・還
30 襄公十一年　魯晋宋衛曹斉莒邾滕薛杞小邾—鄭・瑣—次
31 襄公十一年　秦—晋（×）・櫟—戦・敗績
32 襄公十三年　呉（×）—楚・庸蒲—戦・大敗
33 襄公十四年　晋魯斉宋衛鄭曹莒邾滕薛杞小邾—秦・「済涇而次」
34 襄公十六年　魯鄭晋衛宋—許・棫林—次、函氏—次
35 襄公十六年　晋—楚（×）・湛阪—戦・敗績
36 襄公十八年　楚—鄭・魚陵—次、旃然—次
37 襄公十九年　晋魯宋衛鄭曹莒滕薛杞小邾—邾・泗水—次
38 襄公二十四年　楚—鄭・棘澤—次
39 昭公五年　楚（×）—呉・鵲岸—敗、萊山—次
40 昭公六年　呉—楚（×）・乾谿—次、房鍾—敗
41 昭公十二年　楚—徐・潁尾—次、乾谿—次
42 昭公十三年　楚（×）—呉・豫章—敗
43 昭公二十二年　斉（×）—莒・壽餘—敗
44 昭公二十七年　魯（×）—晋・且知—敗
45 定公二年　楚（×）—呉・豫章—敗
46 定公三年　鮮虞—晋（×）・平中—敗
47 定公四年　蔡呉唐—楚（×）・雍澨—敗、—呉（×）・雍澨—敗
48 定公五年　秦楚（×）—呉・沂—大敗、—呉（×）・軍祥—敗、公壻之谿—戦・大敗
49 定公六年　呉—楚（×）・繁揚—敗
50 定公十五年　鄭—宋（×）・老丘—敗
51 哀公八年　魯—呉・夷—戦、泗上—次
52 哀公十八年　楚—巴（×）・鄾—敗
53 哀公二十三年　魯—斉（×）・犂丘—戦・敗績
54 哀公二十七年　晋—鄭・桐丘—次

こうした『左伝』での対峙戦の傾向を、「次」「戦」「敗」について数値上から魯公年別に確認しよう。

	次	戦	敗
隠公	0	1	2
桓公	1	2	2
荘公	0	1	2
閔公	0	1	3

僖公	2	0	2
文公	1	0	2
宣公	4	0	2
成公	4	1	5
襄公	10	3	4
昭公	4	0	5
定公	0	1	9
哀公	2	2	1

このなかには、「戦」—「敗」（「敗績」）のように、一度の対峙戦での複数の経緯を段階的に記録するものや、『春秋』の対峙戦の解説として別の軍事行為を含む事例もあるが、その点を考慮の上であらためて『左伝』が独自に伝える対峙戦の魯公年別の数値を示せば、以下のとおりとなる。

隠公2　桓公3　荘公2　閔公2　僖公3　文公2　宣公2　成公5　襄公12　昭公6　定公5　哀公4

計48事例であり、当該時代の三期区分では【前期12・中期14・後期22】である。増加傾向が見られ、前・中期とくらべ後期に至り対峙戦が特に増えている。『春秋』とは異なり、『左伝』が独自に記す対峙戦での中・後期の増加は留意すべきであろう。ただ、対峙戦で複数回使用される場所は、42—昭公十三年、45—定公二年の豫章、40—昭公六年、41—昭公十二年の乾谿のみであり、『春秋』と同様、『左伝』からも当該時代の対峙戦がある一定の地点でくり返し行われるものではなかったと考えられる。なお、中・後期の『左伝』の数値は、『春秋』とは違い大国楚を中心とした地域の情勢を多く『左伝』が伝えるためであろう[23]。

つぎに、これらの対峙戦に表われる地名の『春秋』『左伝』での出現状況に着目すると、以下の項目に分類できる[24]。

Ⅰ　対峙戦とその前後に地名が確認できる事例

①隠公五年—北制（虎牢）　—　前…隠公元年

後…荘公二十一　僖公四　襄公二・十年

②襄公元年—戚

前…文公元・八　成公七・十四・十五年

後…襄公二・五・十四・二十六・二十九　昭公七・十一　哀公二・三・十五・十六年

③昭公十二年—乾谿

前…昭公六年

後…昭公十三年

④昭公十三年—豫章

前…昭公六年

後…昭公二十四・三十一　定公二・四年

⑤定公二年—豫章

前…昭公六・十三・二十四・三十一年

後…定公四年

Ⅱ　対峙戦とそれ以前に地名が確認できる事例

①桓公五年—繻葛

前…隠公五・六年

②定公五年—沂

前…宣公十一年

③定公六年—繁揚

前…襄公四　昭公五・六年

④哀公十八年—鄎

前…桓公九年

⑤哀公二十三年—犂丘

前…哀公十年

⑥哀公二十七年—桐丘

前…荘公二十八年

Ⅲ　対峙戦とそれ以後に地名が確認できる事例

①僖公二年—桑田

後…成公十年

②僖公四年—召陵

後…僖公四　定公四年

③宣公十五年—輔氏

後…襄公十一年

④襄公十九年―泗上　　⑤昭公六年―乾谿
後…哀公八年　　後…昭公十二・十三年

地名数からはⅠ4・Ⅱ6・Ⅲ5の計15見出せるが、対峙戦の48回という数値にくらべ少なく、『春秋』の結果と同様にすべての対峙戦の場所が当該時代にあって、必ずしも重要な地点とはいえないであろう。

このなかで個別に見ると、Ⅰ①隠公五年・北制（虎牢）は、『左伝』隠公元年に、

及荘公即位、為之請制、公曰、制巌邑也、虢叔死焉、

とあり、重要な鄙邑であった。したがって、対峙戦は北制という鄙邑の重要さを前提として、その領域でなされたものと考えられる。また、Ⅱ②定公五年・沂は、『左伝』宣公十一年に「令尹蔿艾獵城沂」と築城が確認でき、鄙邑であったと見做され、沂での対峙戦も鄙邑の領域における戦争といえよう。Ⅱ④哀公十八年・鄾は、すでに『左伝』桓公九年に「夏、楚使闘廉帥師及巴師囲鄾」とあり、攻囲戦の対象として確認され、対峙戦も鄙邑の領域内で行われたものと思われる。Ⅲ①僖公二年・桑田は『左伝』成公十年では「召桑田巫」とあり、桑田に巫が存在することから、桑田の集落としての側面が窺え、対峙戦が鄙邑の領域でなされたと考えられる。こうした対峙戦が鄙邑の領域でなされた事例は、つぎのとおりである[25]。

隠公五年　北制　　桓公五年　繻葛　　桓公十一年　蒲騒　　僖公二年　桑田　　襄公元年　戚
襄公十一年　櫟　　昭公十三年　豫章　　定公二年　豫章　　定公五年　沂　　定公六年　繁揚
哀公十八年　鄾　　哀公二十三年　犂丘　　哀公二十七年　桐丘

13事例12鄙邑で対峙戦があったことになる。これらは当該時代の三期区分にあてはめると、【前期4・中期2・後期7】という結果が得られる。絶対数は少なく特殊な事例と思われるが、『春秋』と同様、前・中期からの減少の流れ

を示す一方、後期での増加が特徴的である。この中期から後期の変化は留意すべきものと考えられる。

つぎに、前述の『春秋』での検討と同じく『左伝』の対峙戦の鄙邑への展開を見てみよう。17―文公十六年・句澨の「次」は、最終的に楚によって庸が滅国されるが、その前提には戎の楚攻撃があった。『左伝』文公十六年には、

楚大饑、戎伐其西南、至于阜山、師于大林、又伐其東南、至於陽丘、以侵訾枝、

と見える。楚の大凶作をきっかけに、戎が侵攻し、大林・訾枝の鄙邑がそれぞれ防衛と攻撃の場となっている。36―襄公十八年・魚陵の「次」について『左伝』では「……、楚師伐鄭、次於魚陵、右師城上棘、遂渉潁」とあり、鄭を攻伐した楚軍が鄙邑の上棘に築城しているが、これは対峙戦に連続する鄙邑を拠点とした軍事計画と見做されよう。

さらに、51―哀公八年・夷の対峙戦の前提には、『左伝』に、

三月、呉伐我、子洩率、故道険、従武城、初、武城人或有因於呉竟田焉、拘鄫人之漚菅者、曰、何故使吾水滋、及呉師至、拘者道之以伐武城、克之、

とあり、鄙邑の「武城人」が貢献しているが、これも対峙戦と鄙邑の関係を示唆する。このような対峙戦と鄙邑が関係するものは、以上の3事例とわずかではあるが、三期区分では【前期0・中期1・後期2】であり、前期にはなく中・後期に見出せる点は『春秋』の結果と同様であって興味深い。

一方、『左伝』は『春秋』と異なり、独自の対峙戦に関連する軍事段階について地名をともなって伝えている。例えば、『左伝』桓公六年には、

楚武王侵随、使薳章求成焉、軍於瑕、以待之、

とあり、楚が随に侵攻するさい、瑕で陣を張って待機した。こうした「軍」は、4―桓公八年に、

楚子伐随、軍于漢・淮之間、……、戦于速杞、

と伝えるように、対峙戦へと発展する場合もあったことから、軍事上の重要な準備段階と規定できる。さらに、『春秋』の鞌の戦いの前提として『左伝』では「癸酉、師陳于鞌」（成公二年）と伝え、諸侯国連合軍が鞌で「師」、すなわち陣を張ったという。対峙戦に関係する「師」は重要である。この他、城濮の戦いで、『左伝』には「己巳、晋師陳于莘北」（14―僖公二十八年）とあり、「陳」でも陣を張ったことを表わしている。また、25―成公十六年・汋陂での対峙戦にあっても『左伝』に、

鄭人罕伐宋、宋将鉏・楽懼敗諸汋陂、退、舎於夫渠不儆、……、

とあり、「舎」（宿営）という経緯を記している。そこで、『左伝』が伝える地名をともなう駐屯の段階を整理してみよう。

隠公　0

桓公　4　軍―桓公六年・瑕　桓公八年・漢・淮之間　桓公十一年・蒲騒
　　　　　師―桓公十八年・首止

荘公　0

閔公　0

僖公　7　軍―僖公二十四年・廬柳・郇　僖公三十年・函陵・氾南　僖公三十三年・泜
　　　　　師―僖公十八年・訾婁
　　　　　陳―僖公二十八年・莘北

文公　4　師―文公十三年・河曲　文公九年・狼淵　文公十六年・臨品　文公十六年・大林

宣公　1　軍―宣公二年・郯

成公　5　師―成公七年・氾　成公十七年・汝上　成公十七年・首止
　　　　　陳―成公二年・鞌
　　　　　舎―成公十六年・夫渠

襄公　10　師―襄公九年・武城　襄公九年・氾　襄公十年・訾母　襄公十年・牛首　襄公十年・牛首　襄公十一年・向　襄公十二年・揚梁　襄公十四年・棠　襄公二十四年・荒蒲
　　　　　軍―襄十年・潁

昭公　1　師―昭公六年・豫章

定公　5　師―定公二年・豫章

舎―定公四年・淮汭　定公六年・豚沢　――――　軍―哀公四年・菟和・倉野
陳―定公四年・柏挙　定公十四年・檇李　舎―哀公八年・蚕室・庚宗・五梧
哀公　7　師―哀公六年・城父　哀公十年・鄎

当該時代の三期区分では、【前期5・中期24・後期15】となる。『左伝』にあって対峙戦に向けた軍事行動の多様化が認められ、それも前期から中期で増加し、後期に減少する傾向を示している。こうした点は、鄙邑の領域や鄙邑への軍事展開の傾向とは異なるものである。また、このなかで鄙邑領域での駐屯と考えられるものは、

蒲騒（桓公十一年）　訾婁（僖公十八年）　大林（文公十六年）　牛首（襄公十年・襄公十年）　城父（哀公六年）
鄎（哀公十年）　五梧（哀公八年）

8事例のみである。ただし、中期に対峙戦の前提として軍事駐屯が増えたことは、対峙戦自体の制約からくる一つの現象といえよう。

以上、『左伝』が独自に伝える対峙戦について数値上から整理した。対峙戦は増加傾向にあるが、国邑―鄙邑の関係から、特殊事例とはいえ鄙邑領域内での対峙戦が前期から中期にかけ減少し、また後期に増加する点が認められる。さらに、対峙戦が鄙邑との関連で展開する事例は、絶対数が少ないが、前期ではなく中・後期に見出せた。

こうした点は前節で確認した『春秋』と、対峙戦の全体傾向では一致しないが、鄙邑領域での前期から中期の減少と、鄙邑との関連で展開する対峙戦の中期・後期の出現では同様の推移を示している。特に中期での数値上の変化に注目すれば、『春秋』『左伝』とも同様に対峙戦の変容を表わすが、ただし、中期での対峙戦は『左伝』にあって別の側面を表出させている。また対峙戦に関連する軍事駐屯が、中期で格段に増加するが、これは国邑―鄙邑の支配構造が戦争形態と連動したものといえる。対峙戦を前提とした侵伐の国境越えの頻発は、中期で国邑が鄙邑に軍事防衛拠

点としての役割を担わせ、攻撃国がそれにともない鄙邑領域での対峙戦を行ったが、同時に鄙邑の軍事化の要請により、攻撃側も他方で対峙戦に至る前の軍事駐屯を余儀なくされたと考えられる。いずれにせよ、対峙戦は国邑―鄙邑の支配構造と密接に関係した行為であったと規定できるのである。

おわりに

当該時代の対峙戦は、国邑の支配層である貴族による儀礼的側面をもつ車戦であり、短期間に決着するものであった。ただし、車戦という形が険しい地形ではなく平坦な場所での戦闘を生じさせ、対峙戦の場所は固定されず、しかも対峙戦自体が普遍的ではなかった。これは、国邑―鄙邑の支配構造での鄙邑の軍事拠点としての要請が、当該時代の中期で軍事動向の国境越え後の対峙戦にあって、特殊事例ではあるが鄙邑へと展開させ、それに伴い軍事駐屯を加速させた結果であった。こうした対峙戦で見出せる鄙邑攻撃の展開は、鄙邑の軍事化がなせる事態であり、その存立形態に関わる問題を内在していよう。したがって、対峙戦における国邑の支配層のプライドをかけた軍事行為そのものは、当該社会の基層をなす国邑―鄙邑の支配構造の推移と連動していたのであった。

註

（1）本書第一部第一章第三節軍事行動と国邑・鄙邑、参照。

（2）『春秋』『左伝』の対峙戦事例は、程発軔『春秋要領』（東大図書公司、一九八九年）にまとめられている。本章でも参考にしながら若干の私見を加えた。

（3）対峙戦を含めた当該時代の戦争については、関口順「春秋時代の「戦」とその残像」（『日本中国学会報』二七、一九七五年）、宇都木章『春秋時代の戦乱』（新人物往来社、一九九二年、宇都木章著作集第三巻『春秋時代の貴族政治と戦乱』所収、比較文化研究所、二〇一二年）、浅野裕一『孫子を読む』（講談社現代新書、一九九三年）、藍永蔚『春秋時期的歩兵』（中華書局、一九七九年）、武国卿・慕中岳合著『中国戦争史』（一）（金城出版社、一九九二年）、陳恩林『先秦軍事制度研究』（吉林文史出版社、一九九一年）、同『中国春秋戦国軍事史』（中国全史、人民出版社、一九九四年）、宋傑『先秦戦略地理研究』（首都師範大学出版社、一九九九年）等参照。なお、『春秋』『左伝』については、竹内照夫『春秋』（東洋思想叢書、日本評論社、一九四三年）、顧頡剛講授、劉起釪筆記『春秋三伝及国語之綜合研究』（中華書局、一九八八年）、徐中舒『左伝選』後序（中華書局、一九六三年）等参照。

（4）楊柏峻『春秋左伝注』荘公十一年条（中華書局、一九八一年）参照。

（5）童書業『春秋左伝研究』［94］軍数（上海人民出版社、一九八〇年）参照。なお、『左伝』の歩兵への関心の希薄さは隷属者への態度に通ずるという（吉本道雅「春秋国人考」『史林』六九―五、一九八六年、同氏『中国先秦史の研究』所収、京都大学学術出版会、二〇〇五年）。

（6）註（3）浅野裕一氏、陳恩林氏、宋傑氏、前掲書参照。ただ、銀雀山漢墓竹簡整理小組編『孫賓兵法』（文物出版社、一九七五年）「八陣」には「孫子曰、用八陣戦者、因地之利、用八陣之宜、……、車騎与戦者、分以為三、一在于右、一在于左、一在于後、易則多其車、険則多其騎、厄則多其弩、険易必知生地、死地、居生撃死」とあり、対峙戦の場所を平坦な地、険阻の地の二つに分類して論じている。

（7）致師は宣公十二年杜注では「単車挑戦」とある。高木智見氏は、致師を戦士たちが自己の勇気（一人でも敵軍に挑むような）と技術（御車・射術・辞令）を、敵・味方の衆人環視の中で如何なく発揮し、これによって戦闘意欲を昂揚させようとするものであった、と見る（「春秋時代の軍礼」『名古屋大学東洋史研究報告』一一、一九八六年）。

（8）関口順氏は、致師と請戦の総称を「挑戦」とする（註（3）同氏、前掲論文）。

（9）佐藤三千夫「晋の文公即位をめぐって――とくに三軍成立との関連において」（『白山史学』一七、一九七三年）、花房卓爾

「春秋時代・晋の軍制」（『広島大学文学部紀要』三八―二、一九七八年）、同「春秋時代の晋の軍事組織――三軍の人事規程」（『広島大学文学部紀要』三九、一九七九年）参照。

（10）対峙戦では晋の「東陽之師」（『左伝』襄公二十三年）、楚の「申・息之師」（『左伝』僖公二十八年）など鄙邑の軍隊が確認でき、軍事上にあって重視されていたと見られる。吉本道雅氏は、当該時代の軍隊が原則的に「国」（国邑）の成員を唯一とし、中期以降に「鄙」（鄙邑）が無視できないものとなったとする（註（5）同氏、前掲論文）。

（11）麻隧の戦いの開始にあって晋の呂相は秦への絶縁を以下のように告げる。

昔逮我献公及穆公相好、戮力同心、申之以盟誓、重之以昏姻、天禍晋国、文公如斉、恵公如秦、無禄、献公即世、穆公不忘旧徳、俾我恵公用能奉祀于晋、又不能成大勲、而為韓之師、亦悔于厥心、用集我文公、是穆之成也、文公躬擐甲冑、跋履山川、踰越険阻、征東之諸侯、虞・夏・商・周之胤而朝諸秦、則亦既報旧徳矣、鄭人怒君之疆場、我文公帥諸侯及秦囲鄭、秦大夫不詢于我寡君、擅及鄭盟、諸侯疾之、将致命于秦、文公恐懼、綏静諸侯、秦師克還無害、則是我有大造于西也、無禄、文公即世、穆為不弔、蔑死我君、寡我襄公、迭我殽地、奸絶我好、伐我保城、殄滅我費滑、散離我兄弟、撓乱我同盟、傾覆我国家、我襄公未忘君之旧勲、而懼社稷之隕、是以有殽之師、猶願赦罪於穆公、穆公弗聴、而即楚謀我、天誘其衷、成王隕命、穆公是以不克逞志于我、穆・襄即世、康・霊即位、康公、我之自出、又欲闕翦我公室、傾覆我社稷、帥我蝥賊、以来蕩揺我辺疆、我是以有令狐之役、康猶不悛、入我河曲、伐我涑川、俘我王官、翦我羈馬、我是以有河曲之戦、東道之不通、則是康公絶我好也、及君之嗣也、我君景公引領西望曰、庶撫我乎、君亦不恵称盟、利吾有狄難、入我河県、焚我箕・郜、芟夷我農功、虔劉我辺垂、我是以有輔氏之聚、君亦悔禍之延、而欲徼福于我君献・穆、使伯車来命我景公曰、吾与女同好棄悪、復修旧徳、以追念前勲、言誓未就、景公即世、我寡君是以有令狐之会、君又不祥、背棄盟誓、白狄及君同州、君之仇讎、而我昏姻也、君来賜命曰、吾与女伐狄、寡君不敢顧昏姻、畏君之威、而受命于吏、君有二心於狄、曰、晋将伐女、狄応且憎、是用告我、楚人悪君之二三其徳也、亦来告我曰、秦背令狐之盟、而来求盟于我、昭告昊天上帝・秦三公・楚三王曰、余雖与晋出入、余唯利是視、不穀悪其無成徳、是用宣之、以懲不壹、諸侯備聞此言、斯是用痛心疾首、暱就寡人、寡人帥以聴命、唯好是求、君若恵顧諸侯、矜哀寡人、而賜之盟、則寡人之願也、其承寧諸侯以退、豈敢徼乱、君若不施大恵、寡人不佞、其不能以諸侯退矣、敢尽布之執事、俾執事実図利之、（『左伝』成公十三年）。

陳顧遠『中国国際法溯源』第四編戦時之法則（台湾商務印書館、一九六七年）は、これを今日の最後通牒と規定するが、まさに貴族の倫理に基づく儀礼的側面が尊重されている。高木智見氏は、戦争を祭祀集団相互のものと考え、特有の規範観念として軍礼を支える「対等意識」を認めている（註（7）同氏、前掲論文）。

（12）陣立ては『左伝』桓公五年に「秋、王以諸侯伐鄭、鄭伯禦之、王為中軍、虢公林父将右軍、蔡人・衛人属焉、周公黒肩将左軍、陳人属焉、鄭子元請為左拒、以当蔡人・衛人為右拒、以当陳人、……、曼伯為右拒、祭仲足為左拒、原繁・高渠彌以中軍奉公、為魚麗之陳、先偏後伍、伍承彌縫」とある。陣立てについては、註（3）藍永蔚氏、前掲書、四春秋時期軍隊的戦闘隊形—陣、参照。なお、いわゆる宋襄の仁について、高木智見氏は、尊守すべき概念、窮地にある敵、脆弱な敵、戦えない敵は攻撃しないという観念を指摘する（註（7）同氏、前掲論文）。

（13）当該時代の戦争が小規模であったことが関係していたと考えられる。戦争の規模は春秋時代では戦国時代よりも小さく、期間も短く、兵力も一般に少なかった。また、車戦が主体であり、戦国時代の歩兵中心の形態とは異なる（註（3）陳恩林『中国春秋戦国軍事史』参照）。楊寛『戦国史』（改訂増補版、上海人民出版、一九八〇年）は、春秋時代の兵員は2～3万—15万、戦国時代の兵員は30万—100万という数値を示している。なお、戦争の終結に関しては、車列が乱れ全軍が統制不能、指揮官が捕虜、本陣の軍権を斬り放たれた、敵に背を見せて背走、などが勝敗につながり、徹底的に敗者を打ちのめすものではなかった（註（3）浅野裕一氏、前掲書参照）。また、顧棟高『春秋大事表』春秋晋楚交兵表巻三十二には晋・楚の対峙戦の性格を「春秋時、晋楚之大戦三、曰城濮、曰邲、曰鄢陵、其余偏師凡十余遇、非晋避楚則楚避晋、未嘗連兵苦戦如秦晋・呉楚之相報復無已也。其用兵嘗以争陳・鄭与国、未嘗攻城入邑、如晋取少梁、秦取北徴之必略其地以相当也。何則、晋・楚勢処遼遠、地非犬牙相轃、其興師必連大衆、乞師于諸侯、動必数月而後集事。故其戦嘗不数、戦則動関天下之向背、……」と指摘している。

（14）当該時代の滅国は国君ら支配層の否定であったが（本書第一部第二章第一節『春秋』『左伝』の滅国）、対峙戦での国君らの捕獲もそうした理念の投影を示唆するとも考えられる。

(15)「次」「戦」「敗」の魯公年別の数値は、本書第一部第一章第三節軍事行動と国邑・鄙邑、で指摘している。

(16) 註(13)参照。なお、車戦を核心とする車・歩兵の結合作戦は、西周以来の伝統的作戦方式であった(註(3)陳恩林『先秦軍事制度研究』参照)。西周期の青銅器である小盂鼎には「隹八月既望、辰才甲申、昧喪、三左三右多君、入服酉、明、王各周廟、□、□□賓征、邦賓障其旅服、東郷、盂以多旂佩䰧方□□□□□、入□門、告曰、王［令］盂、以□□伐䰧方、□□馘□、執嘼二人、隻馘四千八百□十二馘、孚人万三千八十一人、孚馬□□匹、孚車卅両、孚牛三百五十五牛、羊卅八羊。盂□□□□□□□□我征、執嘼一人、孚馘二百卅七馘、孚人□□人、孚馬百四匹、孚車両□□、王□□□、盂、拝稽首、以嘼進、即大廷。……」(隹八月既望、辰は甲申に在り。昧爽、三左三右多君、入りて服酒す。明、王、周廟に格る。……賓、侍す。邦賓、其の旅服を障き、東郷す。盂、多旂を以ゐて鬼方の佩びて、□門に入る。告げて曰く、王、盂に命じて、□□を以ゐて鬼方を伐たしめたまひしに、執嘼二人、獲馘四千八百□十二馘、人を俘すること万三千八十一人、馬を俘すること……匹、車を俘すること卅両、牛三百五十五牛、羊卅八羊を俘れり。盂執嘼一人、馘を俘すること二百卅又七馘、人を俘すること……人、馬を俘すること百四匹、車を俘すること……両なり。王、盂、拝して稽首し、酋を以ゐて進み、大廷に即く。……)とある(白川静『金文通釋』五六冊(『白鶴美術館館誌』一九六二―八四年、『白川静著作集』別巻、金文通釋、1～7、平凡社、二〇〇四―二〇〇五年、参照)。さらに、禹鼎には「……、肄武公廼遣禹、達公戎車百乗・斯馭二百・徒千、曰、于匡朕肅慕、叀西六師殷八師、伐噩侯馭方、勿遺寿幼。雩禹以武公徒馭、至于噩、辜伐噩。休、隻厥君馭方。肆禹又成。……」(肆に武公、廼ち禹を遣はし、公の戎車百乗・廝馭二百・徒千を率ゐしむ。曰く、于いて朕が肅謨を匡にし、西の六師、殷の八師を叀めて、噩侯馭方を伐ち、寿幼を遺すこと勿れ、と。雩に禹は武公の徒馭を以ゐて噩に至り、噩を敦伐して休あり。厥の君馭方を獲たり。肆に禹、成有り。……)(白川静氏、前掲書)と見え、車・歩兵が確認できる。

(17)『左伝』の『春秋』に対する説明記事や、追記での地名出現は排除している。

(18)『春秋左伝詞辞典』(中華書局、一九八八年)参照。なお、当該時代の地名の地理的位置は、譚其驤『中国歴史地図集』第一冊(地図出版社、一九八二年)参照。

（19）本文中の事例は一々註記しないが、杜注、顧棟高『春秋大事表』、楊伯峻『春秋左伝注』等を参照し若干の私見を加えた結果である。
（20）註（10）参照。
（21）本書第一部第一章第二節軍事行動の特徴、参照。
（22）以下の事例は、次のような表記法を基準としている。例えば、1隠公五年　鄭—燕（×）・北制—敗は、魯国の隠公五年に鄭国が燕国と北制で対峙戦をなし燕が敗れたことを示す。以下、同じ。
（23）『左伝』の伝える情報は、例えば軍事行為では「囲」（攻囲）、外交動向では「朝」「聘」などにあって『春秋』とは異なる側面が確認できる（本書第一部第四章第一節『春秋』『左伝』の攻囲、第二部第三章第二節朝聘と外交）。なお、吉本道雅氏は『左伝』が前三六五／三六四年頃、楚地において成立したとする（「墨子小考」『立命館文学』五七七、二〇〇二年、「左伝成書考」『立命館東洋史学』二五、二〇〇二年）。
（24）『左伝』の同年中の追記や、「—之役」などの地名出現は排除している。
（25）註（19）参照。

第六章　黄国の滅国

はじめに

春秋時代に展開される覇権をめざした対立は、黄河中流域の中原諸国とその南方に位置し北進をめざす楚国との抗争を中心として、絶え間ない盟と叛をくり返した。そのなかにあって、西周以来の王室の藩屏として国々が封建された淮水流域は、中原諸国と楚国の交錯地帯であり、楚国による攻伐の対象の一つでもあった。ただ、攻伐を被る国々は、最終的に滅国によって終焉するが、実のところ小国の滅国には不明な点が多い。このようななかで、発掘報告された淮水流域に位置した黄国の黄君孟夫婦墓は、青銅器などの出土品や夫婦合葬墓という体裁からも注目すべきものといえる(1)。

本章では、黄国墓を簡単に紹介し、青銅器銘文や文献史料を踏まえながら春秋黄国について若干考え、一諸侯国の国邑―鄙邑体制における滅国とその後の状況を、考古学的成果を含めて追究するものである。

第一節　黄君孟夫婦墓

一九八三年四月、河南省光山県で古墓が発見された(2)。この墓は光山県城の西北、宝相寺の北に位置し、春秋黄国故城が墓の東北二〇キロの所にある。

報告によると、墓は長方形の土坑竪穴墓で、東壁の南よりには一条の墓道が確認されるが、墓道の北壁に盗洞があることから、詳細について明らかではないらしい。なお、墓の上にはもともと約七・八メートルの封土があったという。

墓の規模は、墓坑全体が口大底小を呈し、墓口が東西七・九―九・一、南北一二・二、深さ四・二メートルであり、四壁には黄褐色の粘土、さらにその上に約一センチの青膏泥が涂ってあった。また、墓底は二段の台階があり、南半部に位置する二槨一棺（G2）が、北半部に位置し農民の破壊によって外槨の一部のみを残すもの（G1）よりも七〇センチ低いという特徴を示している。

墓主について見てみると、G1に関して報告は何も伝えないが、G2の朱紅漆絵竊曲文と彩絵がみえる主棺のなかから、墓主の人骨がほぼ完全な形で発見された。河南医学院の鑑定によれば、四〇歳前後の女性であるといい、驚くべきことに髪型まで判明できるようである。

副葬品に関しては、報告によると、G1から青銅器一四、玉器五四、石器一、竹器一が出土し、G2から青銅器二二、玉器一三一、他に竹器、漆器、木器や麻鞋の底と絹織物の残品が出土している。特に絹織物については、紫絹など技術面において大変注目される貴重品であるという。

また、青銅器には銘文が見え、例えばG1出土の鼎に、

黄君孟自作行器▢、子孫則永宝宝、

とあり、このように「黄君孟」という銘を持つものが、G1出土青銅器中十一見出すことができる。さらに、G2出土の鼎には、

黄子作黄甫（夫）人孟姫器、則永宝霝終、

とあり、この「黄婦人孟姫」ないし「黄夫人」の銘を持つものが計一四器ある。

以上の発掘状況から報告は、先ず墓主と合葬関係について、青銅器銘文からG1の墓主を「黄君孟」、G2の墓主を「黄夫人孟姫」とし、この墓を「黄君孟」とその夫人の合葬墓と規定している。墓主については疑いの余地はないと思われるが、ただ合葬の時期には多少の問題が残るらしい。というのも、前述ようにG1とG2が同一平面上にないことや、G1の東壁のみに半円形龕があって壁が円孤形を呈し、G2の東壁と一直線にないこと、G1とG2の壁の青膏泥の間に一・五センチの黄泥の痕跡がある、といった点を報告が指摘しているからである。したがって、一回による合葬か、二回に分けての追葬か、という二つの可能性を留意する視点が求められる。しかし、報告は一回による合葬として処理している。

さらに報告は、同じく信陽地区の夫婦合葬墓である樊君樊夫人墓を比較の対象としてあげる。[3] 樊君樊夫人墓は、それぞれ二層台を持つ樊夫人墓（M1）が樊君墓（M2）により、その南壁を破壊されていることから、二回に分けての追葬と考えられる。この他、陝西省宝鶏市茹家荘の西周中期の夫婦合葬墓は、妾の墓を含む特異な合葬であるが、夫と妻が期を異にして追葬されている。[4] しかし一方では、河南省新野県小西関墓のように一回による合葬と考えられる事例もあり、[5] 一概にその体裁から夫婦合葬墓の時期を決定することは難しい。

つづいて報告は、樊君樊夫人墓の青銅器銘文に夫人が自称して、

樊夫人龍嬴、

といい、それが嬴姓の女性であることと比較し、黄君孟の夫人「孟姫」を姫姓の女性と考えている。しかも、副葬品の単純な比較から、どちらの場合も夫人墓からの出土品が質量とも優れている点に注目し、「彼女たちはみな大姓奴

隷主貴族の女子であり、生前の地位は大変高く、死後の副葬の規格は国君と等しく、副葬品に関して国君よりも厚い」と指摘する。ただこの場合、樊についていては楚の貴族(6)、あるいは楚に降伏した亡国の君(7)とする考えなど、黄にとっても無視できない問題もあり、報告の判断には躊躇を覚えざるを得ない。

墓葬年代に関して報告は、文献に見える周代からの諸侯国である嬴姓の黄国を手がかりとする。黄国嬴姓説に関しては、伝世器である黄大子白克盤・黄君𣪘(8)や、湖北省随県熊家老湾出土の鼎の銘文からも認められよう(9)。さらに、『春秋』僖公十二年に黄が楚に滅国されることから、墓葬年代の下限を前六四八年と規定している。加えて、黄国関係諸器が河南省信陽から湖北省羅山の間にかけて出土することを紹介している。

一方、黄君孟夫婦墓の特性として、簋と簠の青銅器の組み合わせがなく、かえって鐳・蓋豆等の新器が登場し、文様面においては西周以来のものの他に、春秋中葉から戦国時代にかけて盛行する幾何形の細密蟠虺文が半分を占めることを指摘、やはりその時代の上限も下限（前六四八）に遠くないという。

夫婦合葬墓が戦国晩期から前漢にかけ普及が顕著であることにくらべ(10)、当該時代の黄君孟夫婦墓は特異なものと考えられ、新たな事情をなげかけた。さらに、当該地域が楚との関係を無視できないことから、たとえ楚器の特色が見出せるのが春秋晩期を俟たなくてはならないとはいえ(11)、やはり黄国関係諸器と楚器のより厳密な比較検討が必要となろう。こうした報告の示す見解は従うべきであろうが、しかし、年代設定ではいささか文献に見える黄の滅国にこだわりすぎているといった印象は否めないと思われる。

第二節　黄国青銅器

以上、発掘報告に従いながら、その概要と二、三の疑問点を指摘したが、黄君孟夫婦墓が発見された地域は、文献の欠落に反して発掘が行われ、多少なりとも小国の事情が窺える。しかし、その歴史を検証し得るのは、青銅器銘文から黄国関係諸器だけであるという。[12] そこで以下では、黄国関係諸器の報告、特に青銅器銘文を手がかりとして少し見てみることにしよう。

一九七二年、河南省羅山県高店の穴蔵から匜・盤・壺の三つの青銅器が出土した。[13] そのうち匜・盤には銘文が見え、報告によると、

　匜、□□単自作宝匜、其万年子々孫用之、

　盤、□□単自作盤、其万年□(無)□(疆)、子々孫永宝用亨、

であり、三器とも形制・文様から春秋早期に属すものと規定されている。報告はさらに伝世器である単鼎の銘文に、

　唯黄孫子傒君弔(群叔)単自作鼎、其万年無疆、子孫永宝用亨、

とあり、郭沫若氏の「傒」を作器者の氏、名を「単」、字を「群叔」とする説を引き[14]、この羅山出土の匜・盤の作器者の名も「単」と考え、これらの「単」の字が完全に同じとし、同一人物より出たものと考える。これに対して李学勤氏は「□□単」を、「奚君単」と解読し、単鼎において「叔単」が自称して「黄孫子」とあることから、黄国の公族とし「奚君」はその称号と見做している。[15]

また、「傒」に関するものに、一九七九年、河南省信陽県呉家店の土坑墓から出土した削がある。[16] これは他に同出

した鼎・盤・匜などとともに、形制・文飾から春秋早期に属すという。銘文には、

唯傒仲𨛜子用、

とある。李学勤氏は「傒仲」の名は「𨛜子」であってこれも傒氏と考え、削を黄人の物であるとし、先の羅山と信陽が近いことから、黄国傒君の封邑をこの両地の間に位置づけている(17)。

一九七九年、再び羅山県高店で出土した春秋早期よりやや晩い青銅器群がある(18)。報告は銘文の、

𨛜子宿車、

を、先の羅山県の「𨛜口単」(原報告にいう「□□単」)と同じく、𨛜氏という奴隷主貴族に属すものとし、直接的な世襲関係の可能性を認める。欧潭生氏は、さらに単鼎の「黄孫子奚君叔単」を、この𨛜氏の祖先であると考えている(19)。

ところで、傒氏をめぐる諸説には、全く問題がないわけではない。というのも最初の羅山県高店出土の匜・盤とも報告によれば、「単」の前の「□□」は故意に削除されたらしく、はなはだ特異である。もしかすると、如何なる理由かは不明だが、作器者の氏を削除しなければならない事情があったのかもしれず、いささか気になる。一方、信陽県呉家店出土の「傒仲𨛜子用」の銘を有する削と同出の鼎・盤・匜にも問題がある。それらには「甫哀伯」の銘が見え、報告のように「甫」を文献に見える「呂」にあてるにしても、李学勤氏が指摘するように「番(20)」と読むにしても、なぜ黄国公族関係器と同墓関係にあるのか疑問が残る。はたして欧潭生氏がいう、削は獲われた黄人のものなのであろうか(21)。無論そこには傒氏の支配領域等の問題も考えなくてはならないが、むしろ黄国自体の勢力関係と、それに関連する地理的位置を重視すべきであろう(22)。そこで、傒氏黄国公族説の拠り所である単鼎に見える「黄孫子」に注目しよう。

一九七五年、河南省潢川県老李店の土坑墓から、春秋早期の盞(盆)・鐳・盉やその他の青銅器の残片が出土した(23)。

そのうち盨・鐳に銘文が見えるが、鐳には、

佳正月初吉丁亥、黄孫須駱子白亜臣自作鐳用征用楽、眉寿万年無疆、子孫永宝是尚、

とあり、報告は単鼎を引いて同じく「黄孫」を宗氏と見做し、春秋黄国との関係を指摘する。これに対して李学勤氏は、鐳の「黄孫」も黄国の公族とし、「須頚子」(原報告のいう「須鐳子」)を、「伯亜臣」(同、「白亜臣」)の称号と考える。また、銘文の字体が単鼎よりも晩いとし、同墓出の子諆敦(原報告のいう盨、「子丌舌」と銘がある)が春秋中期に属すことから、この土坑墓を文献にみえる黄国の滅亡後と見ている。さらに、「子諆」は楚国の人であり、伯亜臣鐳を彼の虜獲品と指摘する。(24)

ところが、報告は李学勤氏とは異なり、三つの青銅器とも文様・形制上で共通点が多いことを強調し、一人の墓主のものであるとしている。盨の銘文の「子丌舌」についても、むしろ「黄孫」との関係を指摘する。

このように一方で問題点のある同墓出の不明銘文を、同墓関係を前提として解釈する立場や、あるいはまた画一的な国際関係の投影と見做す考え方には、自ら反省が求められよう。したがって、「黄孫」の銘をすべて黄国に結びつける見解自体にも、疑ってかかる必要があるかもしれない。では一体、黄国をめぐる国際関係は、銘文上からどの程度知り得るのであろうか。

一九六六年、湖北省京山県宋河区で西周晩期から春秋早期の鼎・鬲・甗・簠・豆などの青銅器が発見された。(25)これらは残墓からの出土と考えられ、青銅礼器の組み合わせ規模などにより国君クラスのものであるという。(26)報告によれば、鬲には、

佳黄□□用吉金作鬲、

と黄某が見え、同出の鼎などに「曾侯」の銘があることから、黄国と曾国の密接な関係が指摘されている。

また、一九七二年に調査された湖北省熊家老湾で、西周と東周の際に相当するという青銅器が計一五器発見された[27]。残墓からの出土と考えられている[28]。そのうち一番大きな鼎に、

黄季作季嬴宝鼎、其万年子孫永宝用享、

とあり、「黄季」という銘が見える。さらに、同出の簠などには「曾伯」の銘を持つものがあることから、報告は黄国と曾国の青銅器が共存する点に注意を促している。

ところで、この曾国は、一九七七年に湖北省随県で発掘された編鐘・銅尊で名高い戦国早期の曾侯乙墓の曾であり[29]、文献上に見える随国と考えられている[30]。とすれば文献の随との関係を措くとしても、西周末から春秋早期にかけての二つの曾国残墓で、黄某の銘を持つ青銅器が出土する点は、まぎれもなく曾と黄の恒常的関係を推察させる。したがって、曾国関係器と同出の黄某の青銅器を、嫁して曾国に来た黄国女子の器とする考えもある[31]。しかも、欧潭生氏に至っては、こうした状況と黄君孟夫婦墓を踏まえ、黄君都城を潢川県西の隆古、黄国墓地を光山宝相寺、そして羅山県高店を黄国公族の黄孫子傒君の封邑とし、黄国と随（曾）国の通婚関係を拠り所に、黄が随と共同し楚に対抗していたと見ている[32]。

ただし、黄と曾の関係はそう簡単にかたづけられない側面も見出せる。それは伝世器の曾侯簠[33]が伝える状況である。その銘文には、

叔姫霝乍黄邦、曾侯乍叔姫邛嬶媵器𪔂彝、其子々孫々、其永用之、

（叔姫霝、黄邦に迮ぐ、曾侯、叔姫邛嬶の媵器𪔂彝を作る、其れ子々孫々、其れ永く之を用ひよ。）

とあり、「黄邦」と「曾侯」などが見える。この簠は、「曾侯」が黄国に嫁ぐ「叔姫」のために製造した媵器、と考える意見もある[34]。しかし、白川静氏は[35]、許子鐘に「用媵孟姜秦嬴」と二名を並記する分媵の例などを引き、曾侯簠の銘

文を「黄邦」に嫁ぐ曾の「叔姫」が嫡で、「邛孋」が媵、楚が曾姫のために同姓国の「邛孋」を従媵とし、「曾侯」がその嫡媵のために器を作ったと解釈した。さらに、この点で氏は、銘文中の「邛孋」を、文献に見える「江嬴」（嬴姓の江国）等とは別国であり、楚が「江嬴」を滅ぼした後に封じた楚の一族ではないかと考え、「江嬴」の滅亡が前六二三年であることから、この「黄邦」を前六四八年に滅亡した黄国の後を継いだもので、「黄嬴」（嬴姓の黄国）ではないかもしれないとし、『戦国策』宋・衛策に見える「黄」に注目する[36]。こうして白川氏は、楚と曾の関係を重視し推論しているわけである。

しかし一方では、楚王鐘の銘文から、江は滅国以前に楚との通婚関係をもっていたとする考えや[37]、根本的に銘文中に見える「邛」は文献にいう「江」でないとの指摘もあり[38]、曾侯簠の銘文解釈にも全く問題がないわけでもない。また『戦国策』宋・衛策の「黄」についても、そのまま潢川県の「黄」にあてるには、距離的に不自然であり、春秋時代からの黄国と結びつけるには別に議論が必要であろう[39]。

いずれにしても、曾国青銅器と黄国関係器の同出により、直ちに曾・黄の国際関係を強調する論点は危険であり、曾・黄をとりまく国際情勢にも注意を払うのは当然だが、特に曾侯簠の伝える世界から、黄の滅国後の状況等も考慮しなくてはならないと思われる。

以上、主に出土青銅器の銘文が伝える黄の状況について、諸説を紹介しつつ概観したが、なかには若干文献のいう黄国滅国と齟齬する見解や、無視し得ない重要な指摘も見られた。この点を今一度整理する意味で、安易に考古学資料を文献と結びつける、との誹りを受けようが、『春秋』『左伝』が伝える黄国を国際関係のなかで位置づけてみよう。

第三節　『春秋』『左伝』の黄国

黄国は『左伝』桓公八年（前七〇四）に、

夏、楚子合諸侯于沈鹿、黄・随不会、使薳章譲黄、楚子代随、軍于漢・淮之間、

と見え、随（湖北省随県）[40]とともに楚の沈鹿（湖北省鐘祥県）の会合を拒否した国として登場する。本来、黄・随は、他の諸侯国と同様、楚の同盟下にあったと推察される。この背景には『左伝』が闘伯比の言を借りて「漢東之国、随為大」（桓公六年）と、漢水以東の雄であった随の存在が「吾不得志於漢東也」（同）というように、楚の対外進出の障壁となっていた事情があった[41]。したがって、随と楚の会合を拒否する黄も、楚にとって無視し得ない勢力として意識されていたのかもしれない。

だが、楚の随・黄両国に対する認識には自ら差が存在した。『左伝』（桓公八年）では、随がこの後「乃盟而還」と楚と盟したと記すが、黄については何も伝えていないからである。このことは両国の置かれた地理的位置、すなわち楚との距離の遠近が関係したものと考えられる。『左伝』桓公十一年（前七〇一）には、

楚屈瑕将盟貳・軫、鄖人軍於蒲騒、将与随・絞・州蓼伐楚師、……、（楚師）遂敗鄖師於蒲騒、卒盟而還、

とあり、鄖（湖北省安陸県）にとって随が絞（湖北省鄖県）・州（湖北省監利県）・蓼（河南省唐県）の諸国と楚に対抗する勢力として期待されている。ただ、このときの前提である楚の貳（湖北省應山県）・軫（湖北省應城県）との盟が、随を意識しての威嚇であったとしても[42]、期待される反楚連合は、おもに漢水流域を隔てた比較的楚に隣接する地域に限定されていた点は注意すべきであろう。黄など淮水流域は、まだそれほど楚の本格的侵攻を被っていなかったものと考

えられる。[43]

いずれにしても、楚は鄖と盟を結ぶが、この後、羅（湖北省自忠県）・盧戎（湖北省南漳県）の連合軍に大敗を来たす（『左伝』桓公十三年（前六九九））。一時的に楚の対外進出は停滞することになる。こうした経緯からすれば、楚の勢力範囲は、いまだ随・黄を完全に同盟下に組み入れてはいなかったのであろう。

しかしながら、この状況も一転し、『左伝』荘公四年（前六九〇）には、

春王三月、楚武王荊戸、授師孑焉、以伐随、……、（楚）営軍臨随、随人懼、行成、莫敖以王命入盟随侯、且請為会於漢汭、

とあり、楚は再び随を攻伐して盟を結ぶ。今回の盟は従来とは異なり、随にとってある程度、強固な形での楚同盟入りを意味したらしい。というのも『春秋』『左伝』を重視すれば、この後、随に関する記載は僖公二十年（前六四〇）まで約五十年間、断絶しているからである。この間の事情について、唯一『史記』楚世家は「荘敖五年（前六七二）、欲殺其弟熊惲、惲奔随、与随襲弑荘敖代立、是為成王」と伝え、随が楚王即位に関与したという。[44] ここに、楚は漢水流域をほぼ掌握したと見られる。

以上、漢水流域を中心とする楚の対外進出について、おもに随との関係を軸に概観した。楚の対外進出の対象が漢水流域中心に限定されていたため、淮水流域に位置する黄は直接的具体的な危機にさらされずに存続したのであろう。しかし、かつてともに楚に対抗した随が、強固な形で楚の同盟下に組みこまれた現実は、もはや黄にとっても傍観者たり得ない状況の到来を意味した。『左伝』荘公十四年（前六八〇）によれば、淮水流域に位置する息（河南省息県）が楚に滅ぼされ、楚の勢力は淮水流域まで到達していた。さらに、『左伝』荘公十九年（前六七五）では、

（楚子）遂伐黄、敗黄師于踖陵、

とあり、黄は直接楚の攻伐を被ることになる。

このような困難な状況に対拠する姿が、『春秋』経文にはじめて見えるころの黄である。僖公二年（前六五八）には、

秋九月、斉侯・宋公・江人・黄人盟于貫、

とあり、『左伝』では「秋、盟于貫、服江・黄也」と伝えている。一方で、楚が随を同盟下に組み入れた後、約十年して中原で覇業を確立した斉にとっては、季本が[45]、

江・黄・楚之東北境、可出兵以截斉後者也、得江・黄則師無左顧之憂矣、

と指摘するように、江（河南省正陽県）・黄は対楚戦略上の重要な拠点であった。こうしたなかで黄は、江とともに中原の覇主斉の力に拠って、困難な状況を切り抜けようとしたらしい。『春秋』僖公三年（前六五七）に、

秋、斉侯・宋公・江人・黄人会于陽穀、

とあり、『左伝』は「秋、会于陽穀、謀伐楚也」とし、黄が斉の傘下で対楚勢力の一構成国であったと伝えている。

右の国際状況にあって斉を中心とする連合軍は、『春秋』僖公四年（前六五六）に、

春王正月、公会斉侯・宋公・陳侯・衛侯・鄭伯・許男・曹伯侵蔡、蔡潰、遂伐楚、次于陘、

とあり、楚と陘（河南省郾城県）で対峙した。しかし、同年、

（夏）、楚屈完来盟于師、盟于召陵、

と見え、本格的な軍事行動を交えぬうちに召陵（河南省潰城県）で盟を結ぶ（『左伝』僖公四年）。この一連の経緯に黄の名がないが、同年に、

秋、及江人・黄人伐陳、

とあり、斉の対陳軍事行動に見出せることから、黄は江とともに斉連合の一構成国であった点が窺える[46]。

ところで、今回の召陵の盟は、斉・楚両国の直接的軍事衝突を回避するものであったが(47)、結果的に困難な状況に置かれたのは淮水流域の諸国であった。その背景として、淮水流域の豊富な資源を求めての行動か(48)、あるいは斉を意識した楚の対外進出か(49)、などの諸点もあろうが、楚には淮水流域の諸国を攻伐する意図があったことは確かである。

『春秋』僖公五年（前六五五）には、

（秋）、楚子滅弦、弦子奔黄、

とあり、黄の西に位置する弦（河南省潢川県）が楚に滅国され、「弦子」が黄に逃れている。『左伝』はその前提を、

楚闘穀於菟滅弦、弦子奔黄、於是江・黄・道・柏方陸於斉、皆弦姻也、弦子恃之而不事楚、又不設備、故亡、

と説明し、弦と通婚関係を持つ諸国が、斉に与みして一大勢力を形成した状況を伝えている。もとより詳細は不明だが、滅国の事態にあって弦が頼みとした先が黄であることは、淮水流域ないしは通婚関係を有する国のなかで、黄の国力を暗示するものと考えられる。

このように楚の勢力は、淮水流域まで達したが、黄国もついにその矢面にたたせられることになる。『春秋』僖公十一年（前六四九）には、

冬、楚人伐黄、

とあり、『左伝』では「黄人不帰楚貢」と説明する。貢品をめぐる黄・楚関係の悪化が、楚の黄攻伐につながったという。翌、『春秋』僖公十二年（前六四八）には、

夏、楚人滅黄、

とあり、黄の滅国を記すが、『左伝』はその原因について、「黄人恃諸侯之睦于斉也、不共楚職、曰、自郢及我九百里、焉能害我」と伝え、黄が斉との友好関係を後ろ楯に、楚への「職」を怠ったためとする。いずれにしても、時期を厳

密に限定できないが、黄は対斉外交の一方で楚と何らかの関係をもち、楚勢力の一翼を担う存在でもあったと考えられる。

こうした経緯から黄の滅国は、春秋時代前期における斉・楚二大国の間に位置する小国の象徴的事件である。その一方で、黄が頼みとした斉の救援を、滅国に際して『春秋』『左伝』は伝えていない。ただ、この時期、『左伝』僖公十二年に「冬、斉侯使管夷吾平戎于王、使隰朋平戎于晋」とあり、周王室、諸侯、北方異族をめぐる課題が存在し、斉も厳しい状況に置かれていたことも確かである。しかし、より本質的には『穀梁伝』（僖公十二年）に、

貫之盟、管仲曰、江・黄遠猿斉而近楚、楚為利之国也、若伐而不能救、則無以宗諸侯矣、

と、管仲の言を借りて端的に述べられる、黄自体が置かれた地理的環境が大きく関わっていたとすべきであろう。黄は楚に滅国されたが、これに対して斉に与みし一大勢力を形成した淮水流域の諸国の消息は不明である。したがって、『春秋』『左伝』が伝える黄国の情報は、淮水流域の貴重な記録といえよう。

以上が『春秋』『左伝』の伝える黄国の動向である。その時期は定かではないが、貢・職から黄と楚の関係も考える必要があろう。しかし大勢としては、当該時代、黄国はその前半を漢東の随と、その後半を山東の斉によって、楚に対抗し得る勢力であったことになる。こうして黄国は、滅国まで断えず対楚勢力を構成する一諸侯国としての側面を強く印象づけるのである。

第四節　滅国後の黄国

では一体、青銅器銘文と文献からは如何なる点がしり得るのであろうか。

文献が伝える黄と随の対楚対抗の動向は、まさに出土青銅器が暗示する黄と曾の通婚関係を裏づけるものであるが、黄君孟夫婦墓の「黄夫人孟姫」も姫姓の随（曾）から嫁した可能性が十分考えられよう(50)。

ところが、黄国関係器が曾以外のものと同出する事実は、簡単にかたづけられない点を含んでいる。というのも前述の「唯傒仲嬶子用」の銘を持つ青銅器が、「甫」の銘の青銅器と同出することは、今かりに「甫」を報告に従い「呂」と考えると、文献からは多少の問題が浮上するからである。呂は『史記』『国語』等でも西周時代にすでにその存在が確認される。『左伝』では成公七年（前五八四）に「楚囲宋之役、師還、子重請取於申・呂以為賞田」とあり、申（河南省南陽県北）とともにこの時点で楚の支配下に組み込まれていたと考えられる。さらに、並列される申に関しては、『左伝』荘公六年（前六八八）に「楚文王伐申」とあり、僖公二十五年（前六三五）には「楚鬭克・屈禦寇以申・息之師戍商密」と、楚の支配下に属すことから、地域的に隣接の呂（河南省南陽県西）も楚の北進過程で、荘公六年にそれほど遠くない時期に楚の支配下に従属したものと思われる(51)。したがって、もし黄と呂の関係を想定するならば、対象時期は春秋時代の初期に限定されることになる。しかし、欠落があるのかもしれないが、文献にはその事情を何も伝えていない。

しかもこの場合、『左伝』荘公三十年（前六六四）に「申公鬭班」が確認でき、楚の北進政策の一環として県制(52)が申になされたと考えられ、「申・呂」と併称される呂に関しても楚の中央集権体制のなかで位置づけるべきであろう。もし前述のように「傒仲嬶子用」の銘を有する削を獲得物とすれば、黄と楚との関係、それに楚の機構内の県としての呂にも配慮しなくてはならず、問題はさらに複雑化してゆく。

この点に関して注意を要するのは、一九六六年、河南省潢川県隆古の春秋黄国故城西北〇・五キロの古墳での、「蔡公子義」の銘を持つ春秋晩期から戦国初期の青銅器の発見である(53)。この「蔡」墓については、諸侯国としての蔡の領域問題[54]や、楚との関係から楚墓[55]と見る考えも存在する。しかしいずれにしても、青銅器の年代と春秋黄国故城との関係からは、むしろ黄滅国後の状況を示しているのかもしれない。黄の支配地域の問題のみならず、滅国後の事情を留意しなければならないであろう。

そして、叙述の論点に関わるものが、実は曾侯簠に他ならない。白川静氏は、その銘文の「邛嬭」と、楚王鐘の銘の、

楚王賸邛仲嬭南龢鐘

に見える「邛嬭」を、同様に『左伝』文公元年（前六二六）の「江芊」にあてている。しかも、前述のように「邛嬭」も「江嬴」の滅亡後とする[56]。このように滅国に伴い、その支配者集団が交替する可能性も当然考えなくてはならない[57]。しかし、女性が出身の族の姓を称する慣習からいえば、同年の杜注が「江芊、成王妹嫁於江」と指摘する、江と楚の通婚関係にも留意しなくてはならないであろう。すでに見たように、江は文献からは絶えず黄と同様、楚に対抗する勢力であったが、もし江と楚の通婚関係を求めるならば、ともに行動した黄が滅ぼされ、危機感が迫った時期か、あるいは春秋前期において一時的に楚の衰退した城濮の戦い（前六三二）の後としなければならない。しかし、江の滅国に際し『左伝』文公四年（前六二三）には秦伯（穆公）の言説を借りて、「同盟滅、雖不能救、敢不矜乎」と象徴的に表現されているが、江はむしろ楚に対抗して秦と同盟関係にあったと考えられる。

『春秋』『左伝』からは、楚をめぐる随（曾）・江・黄の友好的な国際状況を想定するならば、少なくとも黄の滅国後に求めなければならないことになる。それには、当該時代の国邑—鄙邑の支配構造にあって、国邑から鄙邑への変質も配慮すべきであろう。したがって、「黄邦」について別に議論が必要だが、曾侯簠の銘文は滅国後の黄の状況を伝えている可能性があると考えられる。しかもこの点は「黄」という銘を、すべて滅国以前の黄国と無造作に結びつけることへの危険性を示唆するものである[58]。

さらに注意を要する点は、一九六九年、湖北省枝江百里洲で発見された春秋早期の息関係器が内包している問題である。[59]この時点の息に関して滅国に伴い貴族が遷されたものと考えるか、[60]あるいは根本的に出土青銅器を楚器と扱うか、[61]という相違した見方が存在する。もしも前者ならば、本来の息の地域とかけ離れた所から青銅器が出土したことは無視できないであろう。すなわち、前述の「蔡」の墓が黄国故城と隣接する地域で発見されたのと同様、「黄邦」が黄の滅国後の姿であり、にわかに判断できないが『左伝』が楚の施策の一つとして伝える復国や、その居住地域を変える遷徙の可能性にも配慮しなければならないと考えられる。[62]また一方では、遷徙との関連性があると思われる、後世の潢川春申君遺宅伝説[63]に象徴される、戦国晩期に登場する春申君黄歇など「楚は黄を滅ぼした後、「以国為姓」の貴族集団を形成した」[64]という、支配者集団の再編交替もあり得よう。ただそこには、青銅器銘文にみえる黄某をすべて文献の諸侯国である黄国と結びつけることへの危険性が存在し、より慎重な議論が必要である。

おわりに

以上は考古学資料、なかでも金文学の成果によりながら、多少の疑問点・問題点を指摘してきたが、これも考古学的所説と文献の結びつけとの批判は免れないであろう。ただ、活発に議論された楚文化にしても、楚の対外進出の過程で滅ぼされる国々については、その史料上の欠落により、総合的な把握が不完全であるといった印象は否めない。しかも、文献と青銅器銘文の結びつけも全く疑いなく行われているといった感がある。とりわけ本章でとりあげた黄のように滅国が文献に明記されている国に関しては、考古学的にも対象国の年代が安易に設定されているように思える。こうしたなかで、文献を拠り所とする立場から如何なる答えが求められるのかを自問したのが本章である。

中原一辺倒の大国中心の当該史から、長江流域やその他の地域まで対象とした広がりを求められる中国古代史にあって、大国による滅国・遷徙という軍事行動が、結果的に如何なる状況を、国の基層をなす国邑―鄙邑の支配構造、あるいは小国や大国の外交政策にもたらしたのか、という問題があらためて重要となろう。

註

（1）河南信陽地区文管会・光山県文管会「春秋早期黄君孟夫婦墓発掘報告」（『考古』一九四八―四）。

（2）註（1）前掲論文。以下はこの報告に基づいて論ずる。

（3）河南省博物館等「河南信陽市平橋春秋墓発掘簡報」（『文物』一九八一―一）。

（4）宝鶏茹家荘西周墓発掘隊「陝西省宝鶏市茹家荘西周墓発掘簡報」（『文物』一九七六―四）。

（5）鄭傑祥「河南新野発現的曾国銅器」（『文物』一九七三―五）。

（6）李学勤『東周与秦代文明』第十一章（文物出版社、一九八四年）。

（7）劉彬徽「楚国春秋早期銅礼器簡論」（河南省考古学会等編『楚文化覚踪』所収、中州古籍出版社、一九八六年）。

（8）郭沫若『両周金文辞大系考釈（増訂本）』（文求堂、一九五八年）、白川静『金文通釋』五六冊（『白鶴美術館館誌』一九六二―八四年、『白川静著作集』別巻、金文通釋、1～7、平凡社、二〇〇四―二〇〇五年）参照。白川静氏によれば、黄大子白克盤には「隹王正月初吉丁亥、黄大子白克、乍中嬴□賸盤、用旛眉寿、万年無疆、子々孫々、永宝用之」とあり、黄君𣪘には、「黄君乍季嬴□賸𣪘、用易眉寿、黄耇万年、子々孫々、永宝用亭」と見える。

（9）鄂兵「湖北随県発現曾国銅器」（『文物』一九七三―五）の出土鼎に「黄季作季嬴宝鼎、其万年子孫、永宝用亭」とある。

（10）太田有子「古代中国における夫婦合葬墓」（『史学』四九―四、一九八〇年）。

（11）兪偉超「関于楚文化発展的新探索」（初載『江漢考古』一九八〇―一、同氏『先秦両漢考古学論集』所収、文物出版社、一九八五年）。

(12) 欧潭生「信陽地区楚文化発展序列」（註（7）前掲『楚文化覚踪』所収）。
(13) 信陽地区文管会等「河南羅山県発現春秋早銅器」（『文物』一九八〇—一）。
(14) 註（8）郭沫若氏、前掲書、単鼎。
(15) 李学勤「論漢淮間的春秋青銅器」（『文物』一九八〇—一）。
(16) 信陽地区文管会「河南信陽発現両批春秋銅器」（『文物』一九八〇—一）。
(17) 註（15）前掲論文。
(18) 信陽地区文管会「羅山県高店公社又発現一批春秋時期青銅器」（『中原文物』一九八一—四）。
(19) 註（12）前掲論文。
(20) 註（15）前掲論文。
(21) 註（12）前掲論文。
(22) 例えば、黄君孟夫婦墓と隣接する潢川県彭店から、「番君」の銘を持つ春秋早期の青銅器群が出土した（鄭傑祥等「河南潢川県発現一批青銅器」『文物』一九七九—九）。これには「番」国を求めての議論があるが、黄とは如何なる関係を持つのだろうか。
(23) 信陽地区文管会等「河南潢川県発現黄国和蔡国銅器」（『文物』一九八〇—一）。
(24) 註（15）前掲論文。
(25) 湖北省博物館「湖北京山発現曾国銅器」（『文物』一九七二—二）。
(26) 北京大学歴史系考古教研室商周組編著『商周考古』第三章第四節四（文物出版社、一九七九年）、兪偉超「周代用鼎制度研究」（『北京大学学報』一九七八—一・二、註（11）同氏、前掲書所収）。
(27) 註（9）前掲論文。
(28) 註（26）『商周考古』参照。
(29) 随県擂鼓墩一号墓考古発掘隊「湖北随県曾侯乙墓発掘簡報」（『文物』一九七九—七）。

（30）宇都木章「曾侯乙墓について」（『三上次男博士喜寿記念論文集』歴史編所収、平凡社、一九八五年、宇都木章著作集第一巻『中国古代の貴族社会と文化』所収、名著刊行会、二〇一一年）に諸説の紹介が詳しい。
（31）註（15）前掲論文、註（26）兪偉超氏、前掲論文。
（32）註（12）前掲論文。
（33）註（8）郭沫若氏、前掲書、叔姫簠。註（8）白川静氏、前掲書。今、銘文の釈読は白川氏の見解による。
（34）羅振玉『三代吉金文存』一〇―二〇―二（中華書局、一九八三年）。また、叔姫・邛嬭が黄邦に嫁ぐのに対して、第三者の立場で曾侯が作った媵器とする考え方もある（曾昭岷・李瑾「曾国和曾国銅器綜考」『江漢考古』一九八〇―一）。媵器については本書第二部第五章、参照。
（35）註（8）白川静氏、前掲書。
（36）戦国期の黄について、陳槃氏も同様の見解を示す（同氏、『春秋大事表列国爵姓及存滅表譔異（増訂本）』三―四四、中央研究院歴史言語研究所専刊五二、一九六九年）。
（37）註（8）郭沫若氏、楚王鐘。
（38）註（15）前掲論文。
（39）程恩沢『国策地名考』（粤雅堂叢書二篇第一七集）巻十六、諸小国・諸夷国に黄があるが、国名ではなく邑名の類いとする。宋・衛策にみえる黄は、宋の外黄とすべきであろう（常石茂訳『戦国策』三、平凡社東洋文庫、一九六七年）。
（40）地名の比定はすべて、程発軔『春秋左氏伝地名図考』（広文書局、一九六七年）による。
（41）楚の対外進出については、安倍（齋藤）道子「春秋前期における楚の対外発展―『左伝』を中心に―」（『東海大学紀要文学部』三二、一九七九年）参照。
（42）楊範中「略論春秋初年的楚・随戦争」（『江漢論壇』一九八六―四）。
（43）黄には淮水流域の他に、漢東の随の近く涓水の西に位置する黄があったという主張もあるが（何浩「春秋時楚滅国新探」『江漢論壇』一九八二―四）、今は従わない。

(44)　この他、『史記』楚世家では「(武王五十一年)、周召随侯、数以立楚為王」とあり、楚と周の仲介の役割を随が担ったことを伝える。また、谷口満氏は、楚王の即位に介在した――文献上確認しうる最初の外国勢力として、随を重視する（「霊王弑逆事件前後―古代楚国の分解（その二）―」『史流』二三、一九八二年）。
(45)　顧棟高『春秋大事表』斉楚争盟表巻十六所引。
(46)　『春秋』僖公四年秋の記事は、その主謀国に関し議論があるが、『史記』斉太公世家に「秋、斉伐陳」と見える。楊伯峻『春秋左伝注』僖公四年条（中華書局、一九八一年）参照。
(47)　『左氏会箋』僖公四年条参照。
(48)　山崎道治「春秋時代楚国の政治改革」（『古代文化』二四―一一、一九七二年）。
(49)　宋公文「春秋前期楚北上中原滅国考」（『江漢論壇』一九八二―一）。
(50)　李学勤「光山黄国墓的幾個問題」（『考古与文物』一九八五―二）。
(51)　宋公文氏は、呂の滅亡を魯の荘・僖公年の間、おそくとも僖公四年と考える（註（49）同氏、前掲論文）。
(52)　県制については、増淵龍夫「先秦時代の封建と郡県」（『一橋大学研究年報　経済学研究Ⅱ』一九五八年、同氏『中国古代の社会と国家』所収（弘文堂、一九六〇年、『新版　中国古代の社会と国家』岩波書店、一九九六年）、平勢隆郎「楚王と縣君」（『史学雑誌』九〇―二、一九八一年、同氏『左伝の史料批判的研究』所収、汲古書院、一九九八年）、楊寛「春秋時代楚国縣制的性質問題」（『中国史研究』一九八一―四、同氏『楊寛古史論文選集』所収、上海人民出版社、二〇〇三年）等参照。
(53)　註（23）前掲論文。
(54)　註（15）前掲論文。
(55)　註（12）前掲論文。
(56)　註（8）白川静氏、前掲書。
(57)　滅国に伴い新支配者が存在し得る問題を論じたものに、宇都木章「「春秋左伝」に見える鄫国」（『青山史学』八、一九八四年、註（30）同氏、前掲書所収）がある。

(58) 阮元『積古齊鐘鼎彝器款識』巻四に、叔単鼎について「此云黄孫子奚君者、蓋黄滅後、子孫又続封、故稱黄孫子也」とある。白川静氏も黄君毀の銘文に対し「黄君とは失国後の稱であろう」とする(註(8)同氏、前掲書)。
(59) 湖北省博物館「湖北枝江百里洲発現春秋銅器」(『文物』一九七二―三)。さらに、息に関する青銅器は、湖北省随県涓陽鰱魚咀で楚・曾のものと同出している(程欣人「随県涓陽出土楚、曾、息青銅器」『江漢考古』一九八〇―一)。
(60) 于豪亮「論息国和樊国的銅器」(『江漢考古』一九八〇―二)。
(61) 楚文化研究会編『楚文化考古大事記』(文物出版社、一九八四年)。
(62) 遷徙については、平勢隆郎「『左伝』昭公十三年「霊王遷許胡沈道房申於荆焉」をめぐって―対楚従属国の遷徙問題―」(『東洋史研究』四六―三、一九八七年、註(52)同氏、前掲書所収)、本書第一部第二章第五節遷徙の実態、参照。
(63) 楊履選「春秋黄国故城」(『中原文物』一九八六―一)参照。
(64) 註(12)前掲論文。

第七章　紀国の遷徙

はじめに

紀国の歴史は『春秋』によれば、はやくも春秋時代の前期に国際社会からその姿を消してしまう。春秋小国の多くが大国の領域支配、抗争の間に埋没してゆくが、紀国も同様な過程を辿った一小国に他ならない。ただ、紀国は地域的に隣接する斉の対外発展、桓公の覇業確立といった当該時代の一局面に関係し、重要な存在であった。

一方で、考古発掘にあって、紀の位置した山東省寿光県からは、青銅器が多数出土している(1)。これらは、山東半島東部で出土発見された従来の紀関係器や山東小国との関係から、活溌な議論を引き起こした。そのなかには紀（己）と文献には見えず銘文上に確認される曩との関係、さらに、いわゆる東夷文化の成立過程と関わる問題など、論点は多岐にわたっている(2)。

本章では、『春秋』に見える紀国の動向を周辺諸国との関係から考察するものである。そこからは紀国の消長のみならず、斉の対外発展を軸とした山東地方の情勢、加えて当該時代の基層である国邑—鄙邑の支配構造について多様な論点が浮かび上がってくるであろう。

第一節　紀国と魯国

『春秋』経文が伝える紀国関係記事を便宜上、四つに分けて見ることにしよう。

A　a隠公二年九月、紀裂繻来逆女、
　b隠公二年冬十月、伯姫帰于紀、
　c隠公二年（冬十月）、紀子帛、莒子盟于密、
　d隠公七年春王三月、叔姫帰于紀、

aでは紀の大夫裂繻（『公羊伝』「紀履綸者何、紀大夫也」）により、魯の公女が求められ、bに至って婚姻が成立している。以後の紀・魯外交の発端となる婚姻である。cの「紀子帛」については意見が分かれるが、(3)紀と莒の盟が取り交わされている。『左伝』には「魯故也」と説明し、これに関して杜注では「莒与魯有怨、紀侯既婚于魯、使大夫盟莒、以和解之」と考え、紀・魯の婚姻に基づく政治環境を強調する。当時、莒は山東地方にあって相当な勢力を保持していたと考えられ、向国への入城（隠公二年）、杞の鄙邑である牟婁の占領（隠公四年）など、魯にとってもその活発な対外発展が黙認できない状況であった。このように莒が魯と拮抗していたことが、婚姻関係を有する紀に莒との盟を選択させた要因といえる。(4)『春秋』隠公八年には、

九月辛卯、公及莒人盟于浮来、（杜注「浮来、紀邑也」）

とあり、紀の鄙邑である浮来での盟を伝えるが、魯の思惑が功を奏したものと考えられる。

dの叔姫をめぐる記事は、bの時点で嫁した伯姫との関係からやや問題を残す。『公羊伝』何休注では「叔姫者、

伯姫之媵也、至是乃帰者、待年父母国也」とし、叔姫を伯姫の媵とする。これに対して叔姫は紀侯の弟であった紀季（後述）に嫁した、とする考えもあるが[5]、いずれにせよ、a・bで確認された婚姻成立に伴う、紀・魯の友好的状況を示していることは確かであろう。

ところで、Aで見られる紀・魯の友好関係の樹立は、如何なる状況下でなされたのであろうか。前述のように、莒がこの時期、向・杞への活潑な外交活動を推進し、魯と拮抗する局面を生じさせたが、ほぼその地域は山東地方の中部一帯に限られる。一方、斉も徐々に対外活動を活発化させた時期と考えられるが、魯とのはじめての講和である艾の盟（隠公六年）を除き、鄭との石門の盟（隠公三年）、宋・衛との瓦屋の盟（隠公八年）など、むしろその外交は中原諸国へ向けられていた。しかも魯も宋・陳・蔡・衛と鄭を攻伐するように（隠公四年）、中原への外交を展開している。したがって、この時期、山東地方では、斉・魯・莒の各国を中心とした外交活動が繰り広げられていたものと思われる。このようななか、紀が対魯友好路線を選択した表われが、紀・魯の婚姻記事であったといえる。紀は一方で『左伝』によれば「紀人伐夷」（隠公元年）と、夷を攻伐したと伝えられる。夷は山東既墨県西の地域と推定されるが[6]、結局こうした紀の東方との交渉・対立が何らの形で、西方の魯との接近を選択させたものと考えられる。いずれにしても紀の以上の動向は、山東地方の国際情勢に呼応して展開されていたわけである。

一方、桓公年間には、

桓公二年秋七月、杞侯来朝、

桓公三年六月、公会杞侯于郕、

桓公十二年夏六月壬寅、公会杞侯・莒子盟于曲池、

と、『左伝』の『春秋』経文にあり、魯と杞の外交が窺える。しかし、『公羊伝』の経文ではすべてこれらの「杞侯」

を「紀侯」と作り、『穀梁伝』も桓公二、十二年は「紀侯」としている。明らかに「杞侯」と「紀侯」は記載上にあって混同が認められる。(7) これに対して、

程子曰、杞侯皆当作紀、隠二年紀・莒盟于密、是時（桓公十二年）紀謀斉難、故魯桓与之盟莒、以援之耳、（顧棟高『春秋大事表』春秋賓礼表巻十七之下所引）

と考え、国際情勢を踏まえて「杞侯」を「紀侯」の誤りとし、『公羊伝』等の経文を認める見解がある。『左氏会箋』も同様の立場に立ちながら、『左伝』桓公十二年「平杞、莒也」を非として、

公何故突然為杞周施乎、平杞・莒、猶平斉・紀、紀方主公、故公為是盟也、

と見做す。『春秋』に見える杞の爵号は「杞侯」「杞伯」「杞子」の三通りであるが、爵制が『春秋』の世界で如何なる方向性を示すかについては議論が存在している。(8) 杞についても留意すべきであるが、ただ『春秋』での呼称は「杞侯」三回、「杞子」三回の他はすべて「杞伯」となっている。「杞子」については別に議論が必要であるが、「杞侯」はここで列挙した『春秋』の桓公年間に集中する点は注意すべきであろう。というのも、桓公年間を通じて紀は、終始「紀侯」と侯爵で魯・莒らと外交を展開し、斉の圧力に屈して『春秋』から姿を消した後、杞も「杞侯」という爵号では見出せなくなるからである。したがって、「紀侯」が「杞侯」と誤伝されたものが『左伝』の『春秋』経文であり、『公羊伝』の経文の伝えるところが正しいと考えられる。また、桓公二年「秋七月、杞侯来朝」に関して『左伝』は「杞侯来朝、不敬、杞侯帰、乃謀伐之」と説明するが、これは『春秋』桓公二年に「九月、入杞」とある、魯の対杞軍事行動との関連で考え出された見解であろう。さらに、春秋初期の山東地方が、莒・斉・魯の動向を軸に外交が展開され、これに紀が関わっていたことからも、「杞侯」は「紀侯」である点を示唆するものと考えられる。(9) 本章では、桓公二・三・十二年の記事も紀の外交活動として扱い、紀・魯の婚姻関係による動向と見做す。

こうした点から、桓公二年の「紀侯」の来朝は、魯・紀の友好関係の側面を示し、桓公三年の郕の盟は、『春秋』隠公十年に、

冬十月壬午、斉人・鄭人入郕、

とある、郕に対する斉の軍事行動にあって、魯・紀・郕が同盟関係を構築したことを伝えるものと考えられる。さらに、桓公十二年の曲池の盟は、前述の莒・魯の講和のなかに位置づけられる外交といえよう。いずれにせよ、紀は山東にあって活発な外交活動を展開していたことが窺える。以上の紀の動向を踏まえ、節をあらためて検討しよう。

第二節　紀国と周王室

B　a桓公五年夏、斉侯・鄭伯如紀、
b桓公六年夏四月、公会于紀侯于成、
c桓公六年冬、紀侯来朝、
d桓公八年（冬十月）、祭公来、遂逆王后于紀、
e桓公九年春、紀季姜帰于京師、

Bの一連の記事は、結果的に紀の周室との婚姻の成立を伝えるものである。魯と婚姻関係を持ち好友的な状況にあった紀が、この時期に周室との関係を樹立する背景には、aの記事が関わっていたと考えられる。aについて『左伝』では「斉侯・鄭伯朝于紀、欲以襲之、紀人知之」と伝え、杜注は「斉欲滅紀、紀人懼而来告、故書」と解釈している。斉・紀の対立（後述）をこの時点から見出すものであるが、(10) bの会、cの来朝といささか急な推移からも大体におい

て認められる見解であろう。さらに、この事態について『左伝』桓公六年には、

夏、会于成、紀来諮謀斉難也、

冬、紀侯来朝、謀王命以求成于斉、公告不能、

と伝え、紀が斉の謀略を恐れ、魯を介して対斉講和を周室に求めたという。確かにこうした動向は矛盾なく理解できるが、Aで確認された紀・魯の婚姻に基づく友好的状況からいま一つ納得し難い。紀の外交上の困難な事態を唯一救援できる立場にあったと考えられる魯にあって、少なくとも「公告不能」という点は疑問が残るといえよう(11)。おそらく魯にとって、対紀政策を変化せざるを得ない事情が存在したのではなかったか。国際社会における斉の台頭に伴う艾の盟（隠公六年『左伝』「始平于斉」）、婚姻の成立（桓公三年）と、対斉外交上での魯国の変化が魯・紀関係に微妙な影響を与えたものと考えられる(12)。

一方、山東地方の国際関係からは、州公が出国し帰国できない事態が（桓公五・六年）、紀をとりまく環境に影響を与えたと見るべきであろう(13)。州公の出国については不明な点も多いが、杜注には「杞似并之、遷都淳于」（隠公四年条）と、杞の対外進出による圧迫を想定している。地域的に隣接する紀はこうした混乱に巻き込まれていた可能性が高い。とすれば、杞の進出を紀の友好国魯が予め牽制した行動が、前述の「入杞」（桓公二年）であったのかもしれない。いずれにしても、魯は紀にとって拠り所とすべき国であったが、斉との好友を模索しつつあった。したがって、このような国際情勢を見据えた紀が、対魯関係の確認を求めた外交こそが桓公二・三年の来朝・郕の会であったと考えられる。

そこで、当該時期の紀国については、以下のような状況が導き出せよう。Ｂａに見える斉の圧迫を受けた紀は、今度も魯との関係を通じて困難な事態の打開を図った。ところが、魯が親斉外交からこの期待に応じず、紀は周室の権威を頼みとする和平措置を選択し、婚姻を成立させたものと考えられる。ただし、盟・向の邑などをめぐる周・鄭の

対立に斉が関与する（『左伝』桓公七年）点から、紀としては反対にこうした状況を巧みに利用し、対斉政策上にあって周室との接近を試みたわけである。

いずれにせよ、dの段階で紀は周室との婚姻を成立させ、一応の対斉対策を確立するが、一方で従来の魯との友好も依然として維持したことは、曲池の盟（桓公十二年）からも窺える。しかし、斉と微妙な関係を持つ魯の立場にあって、紀との同盟は対斉外交にシコリを残す結果となったと考えられる。以下のCの国際的対立が発生する。

第三節　紀国と斉国

C　a桓公十三年春二月、公会紀侯・鄭伯、

b桓公十三年（春二月）己巳、及斉侯・宋公・衛侯・燕人戦、斉師・宋師・衛師・燕師敗績、

c桓公十七年春正月丙辰、公会斉侯・紀侯盟于黄、

a・bの経緯はBで指摘した紀をめぐる魯・斉の対立が関わっていると見るべきであろう。『左伝』では「宋多責賂於鄭、鄭不堪命、故以紀・魯及斉与宋・衛・燕戦」と解説し、鄭の内乱（桓公十一年）に干渉した宋との大戦を配慮している。少なくとも斉と同調し、紀に圧迫を加えた鄭（Ba）の斉からの離脱は、対紀政策を推し進める斉に政策の変更を迫ったのであろう。a・bの一連の記事を趙匡[14]が、

内兵則以紀為主、而先于鄭、外兵則以斉為主、……、

と考えることも、あながち否定できないと思われる。いずれにせよ紀・斉の対立は、周室の権威を頼みとしたにも関わらず、解消し得なかったわけである。c黄の盟の背景には、こうした状況に対応する意味があり、『左伝』に「盟

于黄、平斉・紀、且謀衛故也」と説明するとおりであろう。

以上、紀をめぐる魯・斉関係は、杜注がc黄の盟に関して「斉欲滅紀」と解説するように、本質的な国際平和をもたらさなかった。同年『春秋』には、

夏五月丙午、及斉師戦于奚、

とあり、魯・斉の対立があった。この点に関して、趙鵬飛(15)が、

黄之盟、斉蓋不欲魯必有以強之、故春盟而夏有是戦焉、

という、黄の盟自体を疑問視する見解は的を射たものといえる。こうして紀を中心に展開される対立抗争は、複雑な局面を迎え、いよいよ紀自身がその対象となってゆく。

第四節　遷徙政策と紀国

D　a荘公元年（冬）、斉師遷紀郱・鄑・郚、

b荘公三年秋、紀季以酅入于斉、

c荘公四年三月、紀伯姫卒、

d荘公四年（夏）、紀侯大去其国、

e荘公四年六月乙丑、斉侯葬紀伯姫、

f荘公十二年春王三月、紀叔姫帰于酅、

g荘公二十九年冬十有二月、紀叔姫卒、

h荘公三十年八月癸亥、葬紀叔姫、

aの記事は斉軍により、紀が遷徙を被ったことを伝えるが、この政策に関して『左伝』では何も説明していない。一方、『公羊伝』には、

遷之者何、取之也、取之則曷為不言取之也、為襄公諱也、外取邑不書、此何以書、大之也、何大爾、自是始滅也、

と見える。「為襄公諱也」とは、以後『公羊伝』に一貫して見られる視点だが、かつて斉哀公が紀侯のため煮られたことに対する復讐譚を認める立場である。[16] この点は別にしても、「自是始滅也」と滅国を前提にした理解は注目すべきであろう。また、『穀梁伝』には、

紀国也、郱・鄑・郚国也、或曰、遷紀於郱・鄑・郚、

とあり、郱・鄑・郚に関する解釈は特異と考えられる。さらに「或曰」以下にあって、紀が三国に分ち遷されたと説明するが、[17] これは各注から離れた理解といえよう。[18] 杜注では「斉欲滅紀、故徙其三邑之民、而取其地」と、『公羊伝』説を受け滅国へ向けての段階を遷徙に見出している。なかでも遷徙の実態に関して、「三邑之民」と規定する点は注意を要しよう。遷徙については第一部第二章で論じたように、『左伝』世界から「民」と記される被支者層を含む移動は特異であったからである。[19] さらに、

蘇氏云、直取其他、不取其民、故云遷、不云取、[20]

と、遷徙を考える意見もあり、杜注の見解はそのまま受け入れ難い。

斉の遷徙政策を被った紀は、大きな打撃を受けたであろうが、bの記事はその状況を示唆する。紀侯の弟である紀季（『公羊伝』「紀季者何、紀侯之弟也」）が酅（『穀梁伝』「酅、紀之邑也」）によって、斉の支配下に属したという。『公羊伝』では復讐譚により、

賢也、何賢乎紀季、服罪也、其服罪奈何、魯子曰、請後五廟、以存姑姉妹、

と解釈し、紀季の行動を罪に服するものと考え、このため宗廟を存続させられたと、礼世界観に基づく説を挙げる。また杜注は「斉欲滅紀、故季以邑入斉為附庸、先祀不廃、社稷有奉」と考え、紀（酅）の附庸化説を示している。ところで、この宗廟を拠り所とする紀の附庸化は、d「紀侯大去其国」の記事を前提とした議論であると思われる。『公羊伝』には、

大去者何、滅也、郭滅之、斉滅之、曷為不言斉滅之、為襄公諱也、

とあり、「大去」を滅国と関係づけ、紀が国としての体裁を紀季の酅邑で存続させたと見做している。『左伝』では「紀侯不能下斉、以与紀季」と、紀侯は斉の圧迫に屈して、支配下に降ることを潔しとせず、国を紀季に与えたと伝える。こうした憶説は、多分にbの記事をdの張本と考える立場に立つものと考えられる。[21]

いずれにしてもDのa・b・dの記事は、斉の紀圧迫に他ならないが、「遷徙」「大去」を発生させる『公羊伝』のいう「滅国」の視点で、紀の問題を整理する必要もあろう。まず、遷徙の及ぼす影響について、aで遷された紀の三邑は、一体どこへ所属を変えたのであろうか。遷徙行使国が斉であることから、斉の領域内であった可能性が高い。[22]ただ、遷徙の実態が『左伝』では、民（被支配層）を含まず、邑の支配層の転出であったと考えられ、斉による紀の三邑遷徙政策は、紀領域内における他の諸邑の支配層にも不安を与えたであろう。[23]『左伝』に代表される紀侯が意図的に紀季に国を与えたとする立場は、遷徙がもたらす状況を配慮した見解とはいえないであろう。したがって、遷徙が及ぼす影響から紀季の行動の本質は、自己の酅邑へ斉の圧力が及ぶことを恐れての選択と見るべきである。[24]紀季が酅邑と一体化の上で斉の附庸に帰すことを選択した結果が、『春秋』の伝える事情に他ならないと考えられる。紀侯自身の「大去」も、『左伝』のように紀季との間に何らかの意図を見出すよりは、紀季の場合と同様、斉の進出を見

据え、自己の存立を重視した選択であったといえよう。(25)

もし以上の見通しが正しければ、紀国には紀季の「以酅入于斉」により、公族が支配層を構成する中枢的邑が二つ、『春秋』世界で承認されたことになる。まさに国邑—酅邑の支配構造の破綻である。『左伝』が国の存続にあって、国君や支配層の存立の有無に配慮する点を考えれば、(26)このことは紀国の分裂に他ならず、『左伝』がbに対して「紀於是乎始判」と説明するとおりであろう。楊伯峻『春秋左伝注』では「判、分也、紀分為二、紀侯居紀、紀季以酅入斉而為附庸」と、酅の附庸を説くが、認められる見解といえる。

ただ、こうした「紀侯大去其国」の出現は、『左氏会箋』が「紀侯蓋寓於魯而死也」とする是非は別にしても、紀の国邑の支配構造に変質をもたらしたものと考えられる。『穀梁伝』は「大去者、不遺一人之辞也、言民之従者、四年而後畢也」と解釈し、「大去」が支配構造のみならず紀の国邑の消滅を指すとする。これは国君や支配層と被支配層の一体化した状況を、『春秋』世界に見出すものである。しかしこの場合、自己の存立を中心に据える紀侯に、国君の地位を放棄させたのは、斉による国邑の支配構造への圧迫であったであろう。『公羊伝』では「大去」を滅国と規定する一方、「君死于位曰滅」（昭公二十三年）という論点も示すが、これは国君大去の事態から矛盾があるといわざるを得ない。ただし、「国君以国為体」（荘公四年）と、国君を議論の中心と見做す視点は認められよう。この国君への意識は、国君の存立に配慮を払う『左伝』的世界観と軌を一にする見解であり、具体的には斉の介入による支配構造の変質を考えていることに他ならない。したがって、eに見える斉による紀夫人の伯姫の葬儀なども、紀の国邑が斉の統制下に組みこまれ、その支配構造の変質を暗示しているものと思われる。では、紀の領域内に存続する酅邑と、斉の介入を受けた紀の国邑はこの後、如何なる展開を見せるのであろうか。

この点に関して示唆的なのが、Dにおけるc・e・f・g・hの紀夫人関係記事である。『春秋』の婚姻・卒葬記事が単なる偶然による記録ではなく、時々の外交関係の重要な節目を暗示するものであったことはすでに指摘されている(27)。以下では、Dに見える紀夫人関係記事に関連して出現する斉・魯の動向から、紀の分裂後の状況を考えてみよう。

まず、Dにおけるc・d・eという経緯の表われ方である。紀侯の「大去」が紀季の「以酅入于斉」に影響された点は前述のとおりであるが、むしろcの紀伯姫の死亡が直接関係したものと考えられる。紀伯姫はAで見たように紀・魯の友好関係の発端となる婚姻により、魯から紀へ嫁した公女であった。しかも斉の紀政策に際し、仲介者となったのは魯に他ならなかった(28)。したがって、紀の対外関係にあって斉・魯の動向は無視できず、紀夫人の関係記事も注意を要しよう。

魯と斉は『春秋』桓公十八年には、

春王正月、公会斉侯于濼、公与夫人姜氏遂如斉、

夏四月丙子、公薨于斉、

とあり、『左伝』では「斉侯通焉」と文姜の不倫物語を根拠に、桓公の不慮の死を説明する。この『左伝』の見解はそのまま認められないが、魯・斉の不穏な外交状況を暗示しているのは確かである(29)。したがって、Dの紀をめぐる混乱の背景には、このような魯・斉の対立が関係しており、aが伝える斉の紀遷徙政策も、その通婚先の魯との対立を見据えた行為であったと考えられる。しかし、斉としては対魯関係の悪化は外交上にあって不利益と考え、一方で配慮を払った向きがある。『春秋』荘公五年には、

冬、公会斉人・宋人・陳人・蔡人伐衛、

とあり、斉が宋・陳・蔡らと魯に与し、軍事行動を協同、衛攻撃を展開しているが、さらに、同六年に、

冬、斉人来帰衛俘、

とあり、対魯親善を考慮した対応を見せている。こうした点からdの紀侯大去は、前述のように自己の存立を重視する選択であったが、斉が配慮を払う魯出身の紀伯姫の死亡（c）に伴う、対紀政策の一層の圧迫を予測しての行動であったと考えられる。したがって、紀の混乱の背景には斉・魯の相互の存在を意識した国際関係が見られ、紀はそのような状況のなかで弱体化し、翻弄された一小国であったとすべきである。また、eの斉侯が紀伯姫を葬った事情は、『公羊伝』では、

外夫人不書葬、此何以書、隠之也、何隠爾、其国亡矣、徒葬於斉爾、（荘公四年）

と解釈するが、杜注が「斉侯嘉礼、初附、以崇厚義、故摂伯姫之喪、而以紀国夫人礼葬之」と説明のように、斉の対魯関係を意識した措置と考えられる。

同様にfの記事も斉・魯外交の一コマとして理解することができる。いったんは友好的関係へ改善した斉・魯は、斉桓公の即位での対立のなか、再び困難な局面を迎えた（『左伝』荘公九年）。ここにfの「紀叔姫帰于酅」という事態が見出せる。「紀叔姫」はAで見たように問題があるが、紀・魯の友好成立に関連する人物であった。『公羊伝』ではfに関して、

其言帰于酅何、隠之也、何隠爾、其国亡矣、徒帰於叔爾也、

と解釈するが、この再婚説は「紀叔姫」という「紀」にからめた点が特異なことから、杜注には、

紀侯去国而死、叔姫帰魯、紀季自定於斉、而後帰之、全守節義、以終婦道、故繫之紀、而以初嫁為文、賢之也、

と説明してきりぬけている。ただ、『春秋』で「紀叔姫」と「紀」が明記され、さらに「酅」が書される点は注目すべきであろう。これは当該期の国際社会にあって、紀国の分裂に伴い、従来の国邑—鄑邑の支配構造とは異質な「紀」（紀の国邑）と「酅」の存続が承認されていた点を示している。しかも、魯出身の紀叔姫が斉の支配下に附庸化した酅

に「帰」することは、「鄣」をめぐる斉・魯関係の改善を伝えるものと考えられる。『春秋』荘公十三年に、

冬、公会斉侯盟于柯、

とある魯・斉の会盟は、このような友好関係を前提にして成立したものと見られる。要するにｆの伝える記事も山東地方における斉・魯二大国の動向に左右された、紀国の変容を物語るわけである。

ところが、こうした状況もｇの伝える紀叔姫の死に伴い変化したらしく、斉の外交政策にも新たな局面が見られる。『春秋』荘公三十年では、

秋七月、斉人降鄣、

とあり、鄣について『公羊伝』には「紀之遺邑也」と解釈し、杜注は「鄣紀附庸国」と説明している。是非に関して不明だが、いずれも紀国との関係で考える点は注意すべきであろう。斉は魯出身の紀叔姫の死により、再び旧紀国と関係を有する鄣への圧力を加えたものと考えられる。「降」は「紀叔姫卒」により、紀・鄣での魯の影響力の消滅を契機とした行動であったといえよう。この後、紀・鄣や鄣など旧紀国の下に存続した各邑は、斉の支配下に組みこまれた可能性が高い。

おわりに

以上から斉・魯を軸とする山東地方の国際政治のなかで、紀の消長がほぼ明らかになったであろう。紀が強制的施策である遷徙を被り、一諸侯国としての体制に分裂を余儀なくされる状況は、斉・魯の二大国が展開する対立・講和のなかに位置付けられる性質のものである。なかでも斉の紀遷徙政策に伴い出現した紀侯大去は、春秋社会の支配構

造の一側面を示している。当該時代の小国の動向は『春秋』『左伝』等の文献で確認できるが、大国による滅国が明記される事例はほんのわずかである。ほとんどの小国はその一切の消息を伝えていない。紀国の国君大去は、まさに大国の力に屈する一小国の姿といえる。

紀国は斉の遷徙政策を被り、領域内における他の諸邑の支配層も畏怖感を抱くことになった。紀侯の弟紀季もこうしたなか、酅邑を拠り所に紀国の下を離れ、斉の支配下に帰属する。ここに紀国内には一時的に、紀の国邑と酅邑という公族が支配層を構成する中枢的邑の存在が、『春秋』『左伝』を通じた国際社会で承認された。国邑—鄙邑の支配構造の破綻であった。ところが、斉の圧迫を受けた紀の国邑は、紀侯の自ら大去するという、支配層の変質を余儀なくされる。ただ、斉にあって魯出身の紀夫人（紀伯姫）が葬られることや、紀の通婚先魯を考慮した外交路線などから、紀の国邑は決して従来の支配構造の絶対的変質を被ってはいなかった。紀侯亡き後も国邑の支配層の構成は、紀侯の一族（公族）の手に委ねられていた。この状況こそが『春秋』にあって、支配層の連れ去りや殺害を伴う「滅」と異なるところである。[30]紀の国邑と酅邑はそれぞれ紀侯の一族を頂きながら、斉の統治下に組み込まれ、国際的に承認される国とは次元を異にして存続したのであった。

このような状況は、春秋小国の大国に屈していく姿に他ならないが、諸国の対立抗争が他国を滅ぼし、領域支配を拡張するといった、従来の観点のみでは理解できない問題を含んでいる。そもそも滅国が国君や支配層の存立を否定する行為であったとの理解は、[31]国際的に承認される国、換言すれば『春秋』を通じた国際社会の一員としての役割を担う点の否定に他ならなかった。したがって、通婚先魯を考慮した斉の強力な武力介入を被らなかった紀の国邑は、滅国の事態と比較しそれほど構造的変質を受けず、以後も存在し続けたと考えられる。

紀国の分裂と紀侯大去は、国君を除く国を構成する支配層、ひいては国君さえもその関心の中心が、実質的には自己の存立基盤を見据えた利割関係による選択であった事実を示している。紀国の被る事態は、国邑—鄙邑の支配構造の破綻により、国際的に承認される国から斉の支配下に帰属しつつ、自立性を喪失する一国の過程といえよう。

註

（1）寿光県博物館「山東寿光県新発見一批紀国銅器」（『文物』一九八五—三）参照。

（2）隆振鎬「建国以来東夷古国史研究討論述要」（『東夷古国史研究』第一輯所収、三秦出版、一九八八年）、同「山東古国史第三次学術討論会紀要」（同氏『東夷古国史論』所収、成都電訊工程学院出版社、一九八八年）等参照。

（3）『公羊伝』「紀子伯者何、無聞焉爾」、『穀梁伝』「或曰、紀子伯莒子、而与之盟、或曰年同爵同、故紀子以伯先也」

（4）宇都木章「春秋時代の莒国墓とその鐘銘」（『佐久間教授退休記念中国史・陶磁史論集』所収、燎原書店、一九七二年、宇都木章著作集第一巻『中国古代の貴族社会と文化』所収、名著刊行会、二〇一一年）参照。

（5）万斯大は「……、（蓋註家）遂以為待年之媵、愚以為非也、媵未有不与適偕行者、……、然則叔姫安帰也、紀季也、……」（『学春秋随筆』皇清経解巻五〇）と考える。

（6）陳槃『春秋大事表列国爵姓及存滅表譔異（増訂本）』第二冊（中央研究院歴史語言研究所専刊五二、一九六九年）参照。

（7）傅隷樸『春秋三伝比義』桓公二年条（中国友誼出版公司、一九八四年）参照。

（8）貝塚茂樹「五等爵制の成立—左氏諸侯爵制説考」（『東洋史研究』三—一、一九三七年、『貝塚茂樹著作集』第二巻所収、中央公論社、一九七七年）、王世民「西周春秋金文中諸侯爵称」（『歴史研究』一九八三—三）、竹内康浩「『春秋』から見た五等爵制——周初に於ける封建の問題——」（『史学雑誌』一〇〇—二、一九九一年）。

（9）謝秀文「春秋「杞」「紀」錯訛之商榷」（同氏『春秋三伝考異』所収、文中哲出版社、一九八四年）もここにいう「杞」を「紀」と考える。なお、氏は隠公四年の「莒人伐杞、取牟婁」の「杞」も「紀」とするが、今は従わない。金文では紀は「己（紀）侯」、杞は「杞伯」である（註（8）王世民氏、前掲論文参照）。なお、杞については、本書第二部第八章第一節杞国と莒国、参照。

(10)『左氏会箋』「紀之懼斉自此始」

(11) 杜注「紀微弱、不能自通於天子、欲因公以請王命、公無寵於王、故告不能」

(12)『左氏会箋』「時斉・鄭方睦、斉必欲滅紀、而鄭忽以班饋後鄭亦怨魯、若為紀請成於王、恐怨於斉益深、是代紀受禍也、故吉不能耳」

(13)『春秋』桓公五年に「冬、州公如曹」、桓公六年に「春正月、寔来」とあり、『左伝』では「冬、淳于公如曹、度其国危、遂不復」、「春、自曹来朝、書曰寔来、不復其国也」と説明する。なお、州と杞については、本書第二部第八章第五節杞国と国際社会、参照。

(14) 顧棟高『春秋大事表』斉魯交兵表巻三十五所引。

(15) 顧棟高『春秋大事表』斉魯交兵表巻三十五所引。

(16)『史記』斉太公世家「哀公時、紀侯譖之周、周烹哀公」

(17)『穀梁伝』范甯集解「十年宋人遷宿、伝曰、遷、亡辞也、其不地、宿不復見矣、斉師遷紀、四年復書紀侯大去其国者、紀侯賢不与斉師之亡紀、故変文以見義、郱・鄑・郚、当言于以明之、又不応復書地、当如宋人遷宿、斉人遷陽、或曰之説、甯所未詳」

(18) 例えば、楊伯峻氏は「郱・鄑・郚為紀国邑名」とする（『春秋左伝注』荘公元年条、中華書局、一九八一年）。

(19) 本書第一部第二章第四節『春秋』『左伝』の遷徙、参照。

(20)『春秋正義』所引。

(21) 劉文淇『春秋左氏伝旧注疏証』荘公三年条参照。

(22)『左氏会箋』には「凡曰遷某、而不言所往之処者、皆迫逐其民移之己境内、乃出己民以実其邑、故謂之遷」（荘公元年条）という説を挙げる。「民」を含め問題がないわけではないが、「己境内」へ「移」すとする見解は他の遷徙事例からも認められる。本書第一部第二章第四節『春秋』『左伝』の遷徙、参照。

(23) 本書第一部第二章第四節『春秋』『左伝』の遷徙、参照。
(24) 王献唐氏は、紀季の投降を斉に誘迫されたものと考え、紀季の大勢を見ての行動について、『公羊伝』の賢論とは別の立場で議論する（「山東古代姜姓統治集団」、同氏『山東古国考』所収、斉魯書社、一九八三年）。
(25) 「荘公五年夏、夫人姜氏如斉師」に対して、『春秋正義』には「於時斉無征伐之事、不知師在何処、蓋斉侯彊理紀地、有師在紀」と推察しているが、実際、紀は斉の軍事的圧迫を受けていたと考えられる。
(26) 本書第一部第二章第一節『春秋』『左伝』の滅国、参照。
(27) 宇都木章「春秋にみえる魯の公女（一）」（『中国古代史研究第六』所収、研文出版社、一九八九年、宇都木章著作集第二巻『春秋戦国時代の貴族と政治』所収、名著刊行会、二〇一二年）参照。
(28) 『春秋』荘公三年「冬、公次于滑」、同『左伝』「冬、公次于滑、将会鄭伯、謀紀故也」
(29) 本書第二部第五章第二節婚姻と外交、参照。
(30) 本書第一部第二章第一節『春秋』『左伝』の滅国、参照。
(31) 本書第一部第二章第一節『春秋』『左伝』の滅国、参照。

第二部　春秋時代の外交と国際社会

第一章　会盟と外交

はじめに

春秋時代の外交関係は、軍事動向と連動しながら展開され、当該社会にとってきわめて重要な問題を内在する。なかでも、軍事同盟を根底にもつ国際会議としての会盟は、覇者体制と規定される政治機構の確立により、その特色が顕著に見出せる。会盟地に基づく当該時代の交通ルート、会盟自体が有する結盟習俗、会盟遺跡の発見に伴う出土文書である盟誓文など、会盟は特徴的な課題を提出した。(1)

本章では当該時代の外交を考察する初歩的段階として、『春秋』の会盟記事に着目し、その整理と分析を試みる。魯国史を中心とした『春秋』では、その制約にも関わらず多くの会盟記事が確認でき、一つの外交傾向が指摘できる。そこでまず、『春秋』の会盟記事に関する三伝の解釈を示し、次に会盟事例の分類を数値的側面から検討する。さらに、当該政治を規制した斉覇・晋覇での若干の会盟動向を導き出すものである。

第一節　『春秋』の会盟傾向

『春秋』には会盟に関して以下の記事が確認できる。(2)

①隠公元年三月、公及邾儀父盟于蔑、
②隠公六年夏五月辛酉、公会斉侯盟于艾、
③隠公十年春王二月、公会斉侯・鄭伯于中丘、
④荘公十六年冬十有二月、会斉侯・宋公・陳侯・衛侯・鄭伯・許男・滑伯・滕子同盟于幽、

①は魯公（隠公）が邾儀父と蔑で「盟」したことを記録する。「邾儀父」については、『左伝』では「邾子克也、未王命、故不書爵、曰儀父、貴之也」とあり、邾国の国君と考えられる。したがって、これは魯・邾の国君による盟と規定でき、『春秋』桓公元年に「夏四月丁未、公及鄭伯盟于越、結祊成也」とあるように、魯・鄭両国の国君を記す盟が正式な型といえる。「盟」に関しては、『左氏会箋』（隠公元年）に、

盟之為法、先鑿地為坎、殺牛于其上、割牛左耳、盛以盤、又取血、盛以敦、読書告神而歃血、乃坎次牲余血、加書于上以埋之也、

という理解が引かれている(3)。

②は①と同じく魯・斉の両君が艾で「会盟」したことを記す。ここでは①の「及」……「盟」と異なり、「会」……「盟」という書式で示されている。この点に関して『公羊伝』（隠公元年）では「及者何、与也、会・及・曁、皆与也」とあり、その同質性をいうが、つづけて「曷為或言会、或言及、或言曁、会、猶最也、及、猶汲汲也、曁、猶曁曁也、及、我欲之、曁、不得已也」と、盟に向けた魯の立場を段階的に解説する。『穀梁伝』も「及者何、内為志焉爾」と、ほぼ同様の視点を示している。「会」については、隠公二年に「春、公会戎于潜」とあり、『左伝』には「修恵公之好也、戎請盟、公辞」と伝えている。『穀梁伝』では「会者、外為主焉爾」とあり、魯にとって相手国側からの会談である点を強調する。

③は魯・斉・鄭の国君による中丘での「会」を記録する。『左伝』には「癸丑、盟于鄧、為師期」と、中丘の会に連続して盟を伝えるが、「会」は「会盟」を同時に示しているのかもしれない。(4) しかし、趙匡の「凡相見于外曰会」という、「会」を他と区別する規定を重視すれば、「会」の「会盟」との相違が導かれよう。(5) というのは、前述の隠公二年、魯・戎の春の会に引き続き、「秋八月庚辰、公及戎盟于唐」とあり、外交上にあって「会」……「盟」が正式な手続き事項と考えられるからである。なお、

隠公八年秋七月庚午、宋公・斉侯・衛侯盟于瓦屋、

に関して、『左伝』は「斉人卒平宋・衛于鄭、秋、会于温、盟于瓦屋、以釈東門之役、礼也」と解説する。「盟」により「会」を包括していると見るが、(6) 多くの「会」、「会」……「盟」を別に記す『春秋』の視点は、それぞれ個別に留意すべき問題が存在することを示すといえよう。『春秋』にはこの他、③の「会」に関連して、

隠公四年秋、翬帥師会宋公・陳侯・蔡人・衛人伐鄭、

荘公二十八年秋、荊伐鄭、公会斉人・宋人救鄭、

などとあり、「会」……「伐」、「会」……「救」が見られる。諸侯国連合による協同行動を「会」で示したものである。(7)

④は魯と斉ら諸侯国連合による国君の幽での「同盟」を記録する。『左伝』には「鄭成也」と伝えるが、杜注は「言同盟、服異也」と、鄭の斉同盟入りに重点をおいて「同盟」を解釈している。これは、『春秋』荘公二十七年「夏六月、公会斉侯・宋公・陳侯・鄭伯同盟于幽」に対して、『左伝』「陳・鄭服也」と見える「服」に基づくものと考えられ、『左伝』の一貫した立場である。『左氏会箋』ではこの観点で、同盟事例を「服異者」十一事例、「討異者」五事例に分類している。(8) 一方、『公羊伝』（荘公十六年）は「同盟者何、同欲也」と解説し、『穀梁伝』には「同者、有同也、同尊周也」とある。『公羊伝』何休注では「同心欲盟也、同心為善、善必成、同心為悪、悪必成、故重而言同心

也」と詳説するが、ここに見られる「同欲」は『左伝』杜注に代表される「服異」とともに論争を生んだ。(9) また、『穀梁伝』楊士勛疏には「所謂同尊周也者、諸侯推桓為伯、使翼戴天子、即是尊周之事」とあり、斉桓公を覇者とし、周天子を尊重したとする。さらに、『春秋』文公十四年「六月、公会宋公・陳侯・衛侯・鄭伯・許男・曹伯・晋趙盾、癸酉、同盟于新城」に対して、『穀梁伝』は「同者有同也、同外楚也」と詳論する。これは『左伝』「従於楚者服」に代表される、大国楚を同盟外と規定するものといえよう。なお、「同盟」は、『左伝』僖公九年に保存される葵丘の盟の盟辞に「凡我同盟之人、既盟之後、言帰于好」とあり、古くからの用例と考えられる。(10)

この他、『春秋』には直接「会盟」とは記録しないが、同様の外交を示唆する事例がいくつか存在している。

隠公四年夏、公及宋公遇于清、

とあり、「遇」が見える。『左伝』は「未及期、衛人来告乱、夏、及宋公遇于清」とする。「未及期」が問題視されているが、『公羊伝』では「遇者何、不期也、一君出、一君要之也」と、さらに一方からの要請と考えている。『春秋』隠公八年にも「春、宋公・衛侯遇于垂」とあり、『左伝』では「斉侯将平宋・衛、有会期、宋公以幣請於衛、請先相見、衛侯許之、故遇于犬丘」と伝えている。『穀梁伝』は「不期而会曰遇、遇者志相得也」と詳説する。だが、会期を問題視すれば、『左伝』の「衛侯許之」と『穀梁伝』の「不期而会」は、やや矛盾していることになろう。さらに、僖公十四年「夏六月、季姫及鄫子遇于防、使鄫子来朝」に対して、『左伝』では「鄫季姫来寧、公怒止之、以鄫子之不朝」と伝えるが、『穀梁伝』には「遇者、同謀」とあり、「遇」自体に「鄫子来朝」の密約を読み取るべきであろう。いずれにしても、「遇」の意図するところは判然としないが、杜注（隠公四年）の「遇者草次之期、二国各簡其礼、若道路相逢遇也」という見解は要を得ていると考えられる。(11)

隠公六年春、鄭人来渝平、（『公羊伝』『穀梁伝』の経文は「渝」は「輸」に作る）

とあり、「平」が見られる。『左伝』は「更成」とし、杜注では「和而不盟曰平」と、「平」を友好関係の成立としている。ところが、『公羊伝』には「輸平者何、輸平猶隳成也、何言乎隳成、敗其成也」とあり、『穀梁伝』も「輸者墮也、平之為言、以道成也、来輸平者、不果成也」と、「輸」を根拠に和平の不成立を考える。ただし、当該期の国際関係からは『左伝』の説明を是とすべきであろう。(12)「平」は『春秋』では、

定公十年春王三月、及斉平、

夏、公会斉侯于夾谷、

定公十一年冬、及鄭平、叔還如鄭涖盟、

とあり、和平の成立が窺える。(13)また、

桓公三年夏、斉侯・衛侯胥命于蒲、

とあり、「胥命」があるが、『左伝』には「不盟也」と伝え、杜注は「申約言以相命、而不歃血也」とする。これによれば、約言だけで盟を交わさなかったことが「胥命」であった。『公羊伝』には「胥命者何、相命也、何言乎相命、近正也、此其為近正奈何、古者不盟、結言而退」とあり、何休注が「胥、相也、時盟不歃血、但以命相誓」と詳説するように「胥命」は「誓」と考えられる。『穀梁伝』は「胥之為言、猶相也、相命而信諭、謹言而退、以是為近古也、是必一人先、其以相言之、何也、不以斉侯命衛侯也」とし、ほぼ同様の見解を示している。ただ、二国間の外交の「約言」としては、顧棟高が「斉僖衛宣、自此年後、無一事当于人心、斉則謀紀、衛背魯于桃丘、而更助斉与魯戦、則此胥命、乃結党行私爾、何善之有」と指摘のとおり、軍事対立を出現させた点から、「近正」（公羊伝）「近古」（穀梁伝）とする意見には従い難いであろう。(14)

桓公十四年夏五、鄭伯使其弟語来盟、

とあり、「来盟」が見えるが、『左伝』は「夏、鄭子人来尋盟、且修曹之会」と伝えている。この「来盟」には、尋盟つまり以前の盟の「温め直し」[15]（桓公十二年武父の盟）と、同年「春正月、公会鄭伯于曹」とある、曹の会の再確認を含むという。『穀梁伝』にも「来盟、前定也」とあり、ほぼ同様の視点である。なお、鄭伯の弟である語の盟の対象が明記されていないが、『春秋』閔公二年「冬、斉高子来盟」に対して、『左氏会箋』が「盟及僖公盟也、凡来盟皆不書公、春秋之常也」というように、魯国君と考えられる。

僖公三年冬、公子友如斉涖盟、

とあり、「涖盟」が確認できるが、『左伝』では「斉侯為陽穀之会来尋盟、冬、公子友如斉涖盟」と伝え、『春秋』同年の「秋、斉侯・宋公・江人・黄人会于陽穀」に関係したと見えている。このような背景には、杜注が「公時不会陽穀、故斉侯自陽穀遣人詣魯求尋盟、魯使上卿詣斉受盟、謙也」とするとおり、国際関係があった。「涖盟」の定義に関して、杜注は「涖、臨也」とし、「涖」を解している。『公羊伝』は「蒞盟者何、往盟乎彼、其言来盟者何、来盟于我也」とし、来盟と涖盟を相対概念と見る。『穀梁伝』では「莅者位也、其不日、前定也」とするが、同「莅、位也、内之前定之辞謂之莅、外之前定之辞謂之来」（昭公七年）と、内と外に基づいて既存の盟との関係で考えている。なお、公子友の盟対象者が明記されていないが、「涖盟」は国君の代理として相手国の国君と盟することだという指摘もある[16]。

以上が『春秋』に見える会盟記事の大要であるが、この他にいくつかの会盟関連で留意すべき点が見出せる。桓公二年「（九月）、公及戎盟于唐」につづけて、

冬、公至自唐、

とあり、『左伝』では「冬、公至自唐、告于廟」と、宗廟への報告を伝えている。『穀梁伝』には「桓無会、而其致、何也、遠之也」とあり、范甯集解は「桓会甚衆、而曰無会、善無致会也、弑逆之罪、非可以致宗廟、而今致者、危其

遠会戎狄、喜其得反」という。これによれば、「致」は魯桓公の帰国後の状況をいい、以前の自らの即位に関する「弑逆之罪」により宗廟への報告がなかったが、戎狄との会を無事におえ帰国できた点を強調したものであった。さらに、凡例として『左伝』には、

凡公行、告于宗廟、反行、飲至、舎爵、策勲焉、礼也、特相会、往来称地、譲事也、自参以上、則往称地也、来称会、成事也、

という視点を示す。魯君が単独で他国の君と会合するとき、自ら出かける場合でも相手側が来る場合でも地名を記し、三国以上ならば出かける場合は地名を、来る場合は会合した事実のみを記すと規定している(17)。魯君の会盟対象国が、二国間の外交かそれ以上かで区別を設けた見解である。こうした宗廟と会盟を結び付ける論点は、魯国史『春秋』の立場を明確に示すものだが、会盟対象国の問題は国際会議としての視点からの解釈と考えられる。

魯国ないしは魯国君の立場から会盟を記録するものに、

文公七年秋八月、公会諸侯・晋大夫盟于扈、

がある。「諸侯」と見えるが、『穀梁伝』は単に「其曰諸侯、略之也」と経文の簡略とする。『左伝』には、

秋八月、斉侯・宋公・衛侯・陳侯・鄭伯・許男・曹伯会晋趙盾盟于扈、晋侯立故也、公後至、故不書所会、

とあり、『春秋』の諸侯名を具体的に伝え、魯国君(文公)の会盟への到着の遅れが、会盟相手国が書かれていない理由と説明している。しかも、

凡会諸侯、不書所会、後也、後至、不書其国、辟不敏也、

と凡例を示し、到着の遅れにより会盟相手国を十分に認識できず、記録上の誤記を避けたためとする。会盟の記録を重視する『春秋』の立場をよく表わしている。なお、『公羊伝』には「諸侯何以不序、大夫何以不名、公失序也、

公失序奈何、諸侯不可使与公盟、眣晋大夫使与公盟也」とあり、魯文公の晋大夫との会盟を批難する立場を示している。

文公十五年冬十有一月、諸侯盟于扈、

とあり、「諸侯」が記録されるが、ここでは魯国君を示すはずの「公」が見えない。『左伝』では、

冬十一月、晋侯・宋公・衛侯・蔡侯・陳侯・鄭伯・許男・曹伯盟于扈、尋新城之盟、且謀伐斉也、

とあり、会盟列席の諸侯名と会盟の目的を伝えている。しかし、魯国君（文公）の出席は確認できない。『左伝』はこの点について「斉人賂晋侯、故不克而還、於是有斉難、是以公不会、書曰諸侯盟于扈、無能為故也」と説明し、斉の対晋工作という事情が、会盟そのものの正当性を脅かし、魯国君の出席を妨げたとする。魯国君の会盟不参加を国際情勢との関係で伝えるものである。さらに、

凡諸侯会、公不与、不書、諱君悪也、与而不書、後也、

とあり、諸侯の会合で魯国君が不参加の場合、列席の国君名を記さず、それは国君の過失を避けるためで、会合に参加しても記さないのは魯国君が会に遅れたからだと論じている。

文公十七年（六月）、諸侯会于扈、

とあり、『左伝』には「公不与会、斉難故也、書曰諸侯、無功也」と伝え、魯国君の会盟不参加を「斉難」に求めている。

いずれにしても、『春秋』での会盟に「諸侯」という書き方や公の不参加は、外交上の事情が存在し、ここに書式の一貫性を認めようとする視点が見られよう。

一方で魯国君の会盟参加に関する議論も確認できる。

隠公元年九月、及宋人盟于宿、

とあり、「公」字が見えない。『左伝』には「恵公之季年、敗宋師于黄、公立而求成焉」とあり、魯隠公の会盟参加を認めている。『公羊伝』「孰及之、内之微者也」、『穀梁伝』「及者何、内卑者也」とも同様の主張を示し、会盟参加者の身分を問題視している。(18) 杜注では「客主無名、皆微者也」と規定する。

荘公二十二年秋七月丙申、及斉高傒盟于防、

とあり、「公」字が見えない。『左伝』は解説を欠いている。『公羊伝』には「斉高傒者何、貴大夫也、曷為就吾微者而盟、公也、公則曷為不言公、諱与大夫盟也」とあり、公の会盟参加を主張するが、大夫との盟を暗に避けた記録と考える。『穀梁伝』にも「不言公、高傒伉也」とあり、斉大夫が魯公に対抗したことが魯の恥辱であったと、同様の立場を示している。

僖公二十九年夏六月、会王人・晋人・宋人・陳人・蔡人・秦人盟于翟泉、

とあり、「公」字が見えない。(19)『左伝』には、

夏、公会王子虎・晋狐偃・宋公孫固・斉国帰父・陳轅濤塗・秦小子憖盟于翟泉、

とあり、公の会盟参加と卿名を列記している。(20) しかも、「卿不書、罪之也、在礼、卿不会公侯、会伯子男可也」と、卿名未記載を罪ありとし、礼規定では諸侯国の卿は公・侯と会合するのは許されず、伯・子・男ランクの諸侯とは認められるという。なお、前述の④荘公十六年、幽の同盟では「公」字が見えないが、(21)『春秋左伝注』が「此会斉侯始覇、諸侯皆親往、斉・魯相隣、魯断無僅使大夫往会之理、是以知此会亦必荘公自往」というとおりであろう。

僖公十九年冬、会陳人・蔡人・楚人・鄭人盟于斉、

とあり、「公」字が見えないが、『公羊伝』の経文には「会」字の上に「公」がある。『左伝』では「修桓公之好也」

と伝えている。

隠公三年冬十有二月、斉侯・鄭伯盟於石門、

とあり、「公」が見えないが、杜注に「来告、故書」とあり、魯国の関与しない外交記事と考えられる。

以上、『春秋』の会盟記事に関して、三伝の解釈を中心に「会」「会盟」「会」……「伐」など、諸侯連合のおもに外交儀礼上の相違点、魯国史としての視点から国君の会盟参加等の諸問題を簡単に概観した。経学的に過ぎる面も確かに見られるが、会盟自体には国際関係を考慮した個別の視点が必要であろう。つづいて、会盟の特徴を数値面から見てみよう。

第二節　会盟の特徴

『春秋』に見える会盟記事は、会・会盟や魯国君の参加などに基づきいくつかに分類できるが、ここではその特徴をおもに数値上から概観する。(22)まず、諸侯同士の外交動向を見てみよう。

A―1　魯国君と他国君の会

隠公九年冬、公会斉侯于防、

とあり、魯国君（隠公）が他国君である斉侯と防で「会」したことを記録する。二国間の会である。

僖公五年（夏）、公及斉侯・宋公・陳侯・衛侯・鄭伯・許男・曹伯会王世子于首止、

とあり、魯国君と斉侯ら諸侯国連合の会だが、他国君のなかに「王世子」（杜注「恵王大子鄭也」）が確認できる。この

ような周王室の代表の会出席は、他国君の列席と同例と見做すことにする。なお、ここに見える「及」……「会」について、『穀梁伝』には、

及以会、尊之也、何尊焉、王世子云者、唯王之貳也、云可以重之存焉、尊之也、何重焉、天子世子、世天下也、

とあり、周王室尊重の書式と見ている。ただ、『左氏会箋』に「春秋無称反以会某文、唯是一出、尊王世子之義也」とあるように、この「及」……「会」は『春秋』での唯一の事例である。

文公十三年冬、公如晋、衛侯会公于沓、
（十有二月）、公還自晋、鄭伯会公于棐、

とあり、記録の上では特異な型といえる。『左伝』には「冬、公如晋朝、且尋盟、衛侯会公于沓、請平于晋、公還、鄭伯会公于棐、亦請平于晋」とあり、衛侯・鄭伯とも晋に魯との講和を依頼したと伝えている。(23)

A―1型の『春秋』での魯公年間別の数値とその事例を列挙する。

隠公4　桓公13　荘公1　閔公0　僖公4　文公2　宣公2　成公1　襄公6　昭公1　定公2　哀公1

隠公二年春、公会戎会于潜、
隠公九年冬、公会斉侯于防、
隠公十年春王二月、公会斉侯・鄭伯于中丘、
隠公十一年夏、公会鄭伯于時来、
桓公元年三月、公会鄭伯于垂、鄭伯以璧假許田、
桓公三年春正月、公会斉侯于嬴、
桓公三年六月、公会杞侯于郕、
桓公三年（九月）、公会斉侯于讙、
桓公六年夏四月、公会紀侯于成、
桓公十一年（九月）、公会宋公于夫鍾、
桓公十一年冬十有二月、公会宋公于闞、
桓公十二年（八月）、公会宋公于虚、
桓公十二年冬十有一月、公会宋公于亀、
桓公十四年春正月、公会鄭伯于曹、
桓公十五年（五月）、公会斉侯于艾、
桓公十六年春正月、公会宋公・蔡侯・衛侯于曹、

桓公十八年春王正月、公会斉侯于濼、
荘公二十七年（冬）、公会斉侯于城濮、
僖公五年（夏）、公及斉侯・宋公・陳侯・衛侯・鄭伯・許男・曹伯会王世子于首止、
僖公九年夏、公会宰周公・斉侯・宋子・衛侯・鄭伯・許男・曹伯于葵丘、
僖公十三年（夏）、公会斉侯・宋公・陳侯・衛侯・鄭伯・許男・曹伯于鹹、
僖公十六年冬十有二月、公会斉侯・宋公・陳侯・衛侯・鄭伯・許男・邢侯・曹伯于淮、
文公十三年（冬）、衛侯会公于沓、
文公十三年（十有二月）、鄭伯会公于棐、
宣公元年（夏）、公会斉侯于平州、
宣公七年冬、公会晋侯・宋公・衛侯・鄭伯・曹伯于黒壌、
成公十二年夏、公会晋侯・衛侯于瑣沢、
襄公七年十有二月、公会晋侯・宋公・陳侯・衛侯・曹伯・莒子・邾子于鄬、
襄公十六年三月、公会晋侯・宋公・衛侯・鄭伯・曹伯・莒子・邾子・薛伯・杞伯・小邾子于湨梁、
襄公二十一年（冬十月）、公会晋侯・斉侯・宋公・衛侯・鄭伯・曹伯・莒子・邾子于商任、
襄公二十二年冬、公会晋侯・斉侯・宋公・衛侯・鄭伯・曹伯・莒子・邾子・薛伯・杞伯・小邾子于沙随、
襄公二十四年（八月）、公会晋侯・宋公・衛侯・鄭伯・曹伯・莒子・邾子・滕子・薛伯・杞伯・小邾子于夷儀、
襄公二十五年（夏五月）、公会晋侯・宋公・衛侯・鄭伯・曹伯・莒子・邾子・滕子・薛伯・杞伯・小邾子于夷儀、
昭公十三年秋、公会劉子・晋侯・斉侯・宋公・衛侯・鄭伯・曹伯・莒子・邾子・滕子・薛伯・杞伯・小邾子于平丘、
定公十年夏、公会斉侯于夾谷、
定公十四年（五月）、公会斉侯・衛侯于牽、
哀公十三年（夏）、公会晋侯及呉子于黄池、

計37回の会が確認できるが、桓公年間は大きな数値を示し、襄公年間ではほぼ同様の年数をもつ昭公年間にくらべ、明らかに多くの「会」が開催されている。襄公年間では一つのピークが見出せよう。ここで得られた数値を『春秋』の前期（隠公元年―僖公十八年）、中期（僖公十九年―襄公十二年）、後期（襄公十三年―哀公十六年）の三期に平均して示すと、【前期22・中期6・後期9】となる。A―1型は前期で圧倒的に機能した国際会議であったと考えられる。

個別に見ると、初出である隠公二年潛の会から荘公二十七年城濮の会までの17事例は、隠公十年中丘の会、桓公十六年曹の会を除き、すべて二国間の「会」を特徴としている。『左氏会箋』（荘公十三年）には、

会有三例、特会也、参会也、主会也、特会者両君相見也、三以上為参、伯者主其会為主、

とあり、これによれば特会が主流であったといえよう。一方で、僖公五年首止の会以降、哀公十三年黄池の会までの19事例では、文公十三年（魯・衛、魯・鄭）、宣公元年（魯・斉）、定公十年（魯・斉）の二国間の「会」を別にすれば、三国以上の諸侯連合の「会」であった。なかでも、成公十二年（魯・晋・衛）、定公十四年（魯・斉・衛）、哀公十三年（魯・晋・呉）の他は、多数国（宣公七年・6国、昭公十三年・14国）による諸侯国連合の会である。いずれにしても、A—1型では春秋中期以降、諸侯国連合の「会」が主流となる点は留意すべきであろう。

A—2　魯国君と他国君の盟

桓公元年四月丁未、公及鄭伯盟于越、

とあり、魯国君（桓公）と他国君である鄭伯が越で「盟」したことを記録する。

文公三年冬、公如晋、

十有二月己巳、公及晋侯盟、

文公十三年冬、公如晋、

十有二月己丑、公及晋侯盟、

とあり、それぞれ地名が記されていないが、その前提に魯公の「如晋」が見え、晋での盟と考えられる。

隠公二年秋八月庚辰、公及戎盟于唐、

とあり、魯公と戎の唐での「盟」であるが、その前提にはA—1型の「隠公二年春、公会戎于潜」という外交上の問題が存在している[24]。なお、桓公元年の越の盟もA—1型の「桓公元年三月、公会鄭伯于垂、鄭伯以璧假許田」に連続する事例である。ただし、これは「許田」をめぐる交渉後の「盟」であって、「盟」自体に独自の意味が込められていたものと考えられる。また、隠公二年の二事例は「会」「盟」の場所が異なっている[25]。

僖公九年九月戊辰、諸侯盟于葵丘、

とあり、葵丘での「諸侯」の「盟」を記す。この「諸侯」は、同年に、

夏、公会宰周公・斉侯・宋子・衛侯・鄭伯・許男・曹伯于葵丘、

とあり、A—1型の諸侯連合による同じ場所での「会」の構成国と考えられ、「会」……「盟」が連続する外交であったようである。『春秋』では「会」……「盟」の間に、「秋七月己酉、伯姫卒」を記録するが、杜注はこの事実を重んじ、「夏会葵丘、次伯姫卒、文不相比、故重言諸侯也、宰孔先帰不與盟也」としている。後半の宰孔の問題は別に議論が必要だが、「会」……「盟」を本来一つの完結した外交行動と見るわけである[26]。

僖公五年秋八月、諸侯盟于首止、

とあり、「諸侯」の首止での「盟」であった。この前提として同年に、

（夏）、公及斉侯・宋公・陳侯・衛侯・鄭伯・許男・曹伯会王世子于首止、

とあり、魯国君（僖公）と斉侯ら諸侯国連合による「会」が行われ、「盟」はA—1型の「会」と同じ場所でなされた一連する国際会議と考えられる。したがって、「盟」は「会」……「盟」に位置づけられる本来一連する外交活動であったのかもしれない[27]。なお、『公羊伝』は「諸侯何以不序、一事而再見者、前目而後凡也」、『穀梁伝』では「無中事、而復挙諸侯何也、尊王世子、而不敢与盟也」と、それぞれ考えている。

襄公十九年春王正月、諸侯盟于祝柯、

とあり、祝柯での「諸侯」の「盟」を記すが、この「諸侯」は、

襄公十八年冬十月、公会晋侯・宋公・衛侯・鄭伯・曹伯・莒子・邾子・滕子・薛伯・杞伯・小邾子同囲斉、

とあり、場所を異にする諸侯国連合による「会」の構成国と思われる。そうだとすれば、「諸侯盟于某地」がすべて、その前提に同じ場所での「会」を伴うわけではないことになろう。さらに、月日を異にする「会」……「盟」は、後述の月日が同じ「会盟」とはやはり相違した事情を考慮すべきと考えられる。本章では、『春秋』記載の「盟」の独自性を配慮して別に分類する。

A―2型の『春秋』での魯公年間別の数値とその事例を列挙する。

隠公2　桓公2　荘公0　閔公1　僖公2　文公4　宣公0　成公0　襄公2　昭公0　定公0　哀公0

隠公元年三月、公及邾儀父盟于蔑、
隠公二年秋八月庚辰、公及戎盟于唐、
桓公元年夏四月丁未、公及鄭伯盟于越、
桓公二年（九月）、公及戎盟于唐、
閔公元年秋八月、公及斉侯盟于落姑、
僖公五年秋八月、諸侯盟于首止、
僖公九年九月戊辰、諸侯盟于葵丘、
文公三年十有二月己巳、公及晋侯盟、
文公十年秋七月、及蘇子盟于女栗、
文公十三年十有二月己丑、公及晋侯盟、
文公十七年六月癸未、公及斉侯盟于穀、
襄公三年夏四月壬戌、公及晋侯盟于長樗、
襄公十九年春王正月、諸侯盟于祝柯、

計13回である。A―1型にくらべ半数以下となる。このなかで文公年間の4事例は、在位年数十八年に対して多い。しかも、襄公年間以降の「盟」の消滅は留意すべきであろう。『春秋』の三期区分ではそれぞれ、【前期7・中期5・後期1】となり、前期からの減少傾向が明らかである。魯国君と他国君の「盟」は、当該時代の前期に多く、しかも

「盟」自体は当該時代を通した国際会議ではなかったと考えられる。

個別に見ると、計13回中（僖公五年首止の盟・九年葵丘の盟・襄公十九年祝柯の盟）の3事例以外は、二国間の「盟」である。単独の「盟」は二国間での形が常態であったのであろうか。さらに、魯の二国間「盟」は対象国にあって、晋3（文公二年晋の盟・十三年晋の盟・襄公三年長樗の盟）、斉2（閔公元年落姑の盟・文公十七年穀の盟）、戎2（隠公二年唐の盟・桓公二年唐の盟）であり、晋・斉でその半数を占め、魯の対晋・対斉外交尊重の側面が窺え、しかも文公年間4回のうち3回がこの晋との「盟」である。

A—3　魯国君と他国君の会盟

隠公六年夏五月辛酉、公会斉侯盟于艾、

とあり、魯国君（隠公）が他国君である斉侯と艾で「会盟」したことを記録する。

僖公二十七年十有二月甲戌、公会諸侯盟于宋、

とあり、魯国君（僖公）が「諸侯」と宋で「会盟」した点を記すが、同年には、

冬、楚人・陳侯・蔡侯・鄭伯・許男囲宋、

とあり、その前提が見られ、「諸侯」はこの諸侯国連合を具体的に指すものと考えられる。ただし、「楚人」は宣公九年「（冬）、楚子伐鄭」の「楚子」と異なるが、『左伝』僖公二十七年では「冬、楚子及諸侯囲宋」とあり、楚王と思われる。なお、この点について『公羊伝』には「此楚子也、其称人何、貶」とあり、杜注は「伝言楚子使子玉去宋、経書人者、恥不得志、以微者告也、猶序諸侯之上、楚主兵故也」としている。

A—3型の『春秋』での魯公年間別の数値とその事例を列挙する。

隠公1　桓公4　荘公2　閔公0　僖公3　文公0　宣公0　成公0　襄公1　昭公1　定公1　哀公0

隠公六年夏五月辛酉、公会斉侯盟于艾、
桓公十二年夏六月壬寅、公会杞侯・莒子盟于曲池、
桓公十二年（冬十有一月）丙戌、公会鄭伯盟于武父、
桓公十七年春王正月丙辰、公会斉侯・紀侯盟于黄、
桓公十七年二月丙午、公会邾儀父盟于趡、
荘公十三年冬、公会斉侯盟于柯、
荘公二十三年十有二月甲寅、公会斉侯盟于扈、
僖公十五年三月、公会斉侯・宋公・陳侯・衛侯・鄭伯・許男・
　曹伯盟于牡丘、
僖公二十七年十有二月甲戌、公会諸侯盟于宋、
僖公二十八年五月癸丑、公会晋侯・斉侯・宋公・蔡侯・鄭伯・
　衛子・莒子盟於践土、
襄公二十年夏六月庚申、公会晋侯・斉侯・宋公・衛侯・鄭伯・
　曹伯・莒子・邾子・滕子・薛伯・杞伯・小邾子盟于澶淵、
昭公二十六年秋、公会斉侯・莒子・邾子・杞伯盟于鄟陵、
定公十二年冬十月癸亥、公会斉侯盟于黄、

計13回である。桓公年間の4回は在位年数十八年に対して多いといえよう。『春秋』の三期区分ではそれぞれ、【前期8・中期2・後期3】となり、前期に多い。魯国君と他国君の「会盟」は当該時代の前期に多く、政治上の特徴として呼称される「会盟政治」の実態である「会盟」が、継続して見出せる性質のものではなかったことを示す。

個別に見ると、初出の隠公六年艾の会盟から荘公二十三年扈の会盟までの7回中、桓公十七年黄の会盟（魯・斉・紀）以外はすべて二国間の「会盟」である。僖公十五年牡丘の会盟以降の6回中、定公十二年黄の会盟（魯・斉）以外は諸侯国連合による「会盟」となっている。したがって、当該時代の諸侯国連合による「会盟」は5回のみであった。いずれにしても、「会盟」は二国間から諸侯国連合へと変質した点が窺える。

A—4　魯国君と他国君の会協同行動

桓公二年三月、公会斉侯・陳侯・鄭伯于稷、以成宋乱、

とあり、魯国君（桓公）が他国君である斉侯・陳侯・鄭伯と稷で「会」して、宋の内乱を平定したことを記録する。魯国君と他国君の「会」しての諸侯国連合による協同行動を表わす。

桓公十三年春二月、公会紀侯・鄭伯、己巳、及斉侯・宋公・衛侯・燕人戦、斉師・宋師・衛師・燕師敗績、

とあり、魯国君（桓公）が紀侯・鄭伯と会し、斉らと戦ったことを記すが、桓公二年と異なり会の場所が明記されていない。一方で、

桓公十五年冬十有一月、公会宋公・衛侯・陳侯于袲、伐鄭、

とあり、魯国君（桓公）が宋公らと連合し、鄭を攻伐したことを「会」……「伐」と記すが、会の場所が見える。これに対して『穀梁伝』には「地而後伐、疑辞也、非其疑也」とあり、「袲、伐鄭」という「地名」「伐」の書式を問題視している。[28]杜注は「先行会礼、而後伐也」と解説するのみである。『左氏会箋』では「会会其師也、諸侯在焉、故不言師而言侯、非先行会礼也」と「会礼」を否定し、さらに「公会三君伐国始書、故詳書其会地耳」と、『春秋』の特性を主張する。

桓公十六年夏四月、公会宋公・衛侯・陳侯・蔡侯伐鄭、

とあり、その前提として同年に、

春正月、公会宋公・蔡侯・衛侯于曹、

とあり、「会」の開催を伝えている。『左伝』には「会于曹、謀伐鄭也」とあり、「春正月」の時点で鄭攻伐を明確に意識した「会」であったとする。「夏四月」の「会」……「伐」は、「謀伐鄭」を前提とした行為だったといえよう。[29]いずれにしても、諸侯国連合による「会」後の協同行動は、当該時代の一つの外交動向を示すものと考えられる。

A―4型の『春秋』での魯公年間別の数値とその事例を列挙する。

隠公0　桓公4　荘公0　閔公0　僖公2　文公0　宣公1　成公3　襄公1　昭公0　定公0　哀公0

桓公二年三月、公会斉侯・陳侯・鄭伯于稷、以成宋乱、
桓公十三年春二月、公会紀侯・鄭伯、己巳、及斉侯・宋公・衛侯・燕人戦、
桓公十五年冬十有一月、公会宋公・衛侯・陳侯于袲、伐鄭、
桓公十六年夏四月、公会宋公・衛侯・陳侯・蔡侯伐鄭、
僖公四年春王正月、公会斉侯・宋公・陳侯・衛侯・鄭伯・許男・曹伯侵蔡、蔡潰、
僖公六年夏、公会斉侯・宋公・陳侯・衛侯・曹伯伐鄭、囲新城、

宣公七年夏、公会斉侯伐萊、
成公三年春王正月、公会晋侯・宋公・衛侯・曹伯伐鄭、
成公七年（秋）、公会晋侯・斉侯・宋公・衛侯・曹伯・莒子・邾子・杞伯救鄭、
成公十年五月、公会晋侯・斉侯・宋公・衛侯・曹伯伐鄭、
襄公十八年冬十月、公会晋侯・宋公・衛侯・鄭伯・曹伯・莒子・邾子・滕子・薛伯・杞伯・小邾子同囲斉、

計11回である。桓公年間の4回、成公年間の3回は、ともに十八年の在位にあって多い。『春秋』の三期区分ではそれぞれ、【前期6・中期4・後期1】となり、前期の多さと前期から中期・後期への減少傾向が見られる。

個別に見ると、11回中、宣公七年の魯・斉二国間協同行動の他は、すべて諸侯国連合によるものである。しかも、桓公二年「以成宋乱」、成公七年「救鄭」以外は、「伐」「戦」「囲」「侵」など協同行動が軍事行為に限定されている。もちろん、「成」「救」にも軍事的側面はあったであろう。このことは、諸侯国にとって軍事行動が国際社会の重要事項であるとする、当該時代の共通認識を示すものと考えられる。ただし、諸侯同士の「会」協同行動が襄公十八年を最後に断絶する点は、留意すべき問題であろう。

以上の諸事例の検討から、魯国君と他国君の諸侯同士の会盟行動は、当該時代前期からほぼ減少傾向にある。(30) そのなかでも「会」が回数的に主流と見られ、当該時代の政治的特徴を示す「会盟」や「盟」、「会」協同行動はそれほど

多くはなく、「会」の半数以下であった[31]。ただ、「盟」は二国間での形が常態と考えられ、「会」や「会盟」では二国間外交から諸侯国連合への当該時代での変遷が窺え、「会」協同行動が軍事行為を伴いながら諸侯国連合をほぼ継続して襄公年間半ばまで見られる。

つづいて魯国君と他国の大夫の外交動向を見てみよう。

B―1　魯国君と他国の大夫の会

僖公元年八月、公会斉侯・宋公・鄭伯・曹伯・邾人于檉、

とあり、魯国君（僖公）が斉侯らと檉で「会」した記録であるが、諸侯連合の構成員に「邾人」が見える。この「邾人」については、『左氏会箋』では「（僖公）二十八年温之会、始書邾子、則是邾人必当邾子、春秋書法有漸」とあり、「邾子」すなわち邾の国君と主張する。だが、隠公元年で邾の国君は「邾儀父」と見え、桓公十七年でも「二月丙午、公会邾儀父盟于趡」とある。さらに、隠公五年「（九月）、邾人・鄭人伐宋」、荘公十五年「秋、宋人・斉人・邾人伐郳」と、「邾人」が「某人」という諸侯国連合と併記されることから、『春秋』では僖公二十八年まで「邾儀父」と「邾人」が区別して用いられていると考えられる。したがって、「邾人」は邾国の大夫と見るべきであろう。そうすると、僖公元年の会は魯国君が他国の大夫を含む諸侯国連合と「会」したことになる[32]。

哀公七年夏、公会呉于鄫、

とあり、「呉」の実態は判然としない。この他、「呉」は襄公十年柤の会で確認できるが、『左伝』には「会于柤、会呉子寿夢也」とあり、呉王であるとされる。『左氏会箋』（哀公七年）は「呉子称呉、常例」とする。しかし、『左伝』哀公七年では「呉人」とあるが、「呉王」の存在は見えず、「呉」は大夫であったと考えられる。なお、哀公十二年

「(夏)、公会呉于橐皋」についても『左伝』には「呉王」は確認できず、大夫と見るきであろう。なお、定公八年「(夏)、公会晋師于瓦」は「晋師」であって、特異である。

B—1型の『春秋』での魯公年間別の数値とその事例を列挙する。

隠公0　桓公0　荘公0　閔公0　僖公2　文公0　宣公0　成公2　襄公4　昭公0　定公1　哀公3

僖公元年八月、公会斉侯・宋公・鄭伯・曹伯・邾人于檉、
僖公二十八年冬、公会晋侯・斉侯・宋公・蔡侯・鄭伯・陳子・莒子・邾子・秦人于温、
成公二年十有一月、公会楚公子嬰斉于蜀、
成公十六年秋、公会晋侯・斉侯・衛侯・宋華元・邾人于沙随、
襄公五年(秋)、公会晋侯・宋公・陳侯・衛侯・鄭伯・曹伯・莒子・邾子・滕子・薛伯・斉世子光・呉人・鄫人于戚、
襄公十年春、公会晋侯・宋公・衛侯・曹伯・莒子・邾子・滕子・薛伯・杞伯・小邾子・斉世子光会呉于柤、
襄公十一年(秋七月)、公会晋侯・宋公・衛侯・曹伯・斉世子光・莒子・邾子・滕子・薛伯・杞伯・小邾子伐鄭、会於蕭魚
襄公二十六年(夏)、公会晋人・鄭良霄・宋人・曹人于澶淵、
定公八年(夏)、公会晋師于瓦、
哀公七年夏、公会呉于鄫、
哀公十二年(夏五月)、公会呉于橐皋、
哀公十二年秋、公会衛侯・宋皇瑗于鄖、

計12回である。絶対数は少ないが、襄公年間の4回、哀公年間の3回が目立つ数値である。一方、隠公から閔公年間に全く見出せない点は注意を引こう。『春秋』の三期区分ではそれぞれ、【前期1・中期6・後期5】となり、前期にくらべ中・後期は増加している。

個別に見ると、二国間の「会」は成公二年蜀の会(魯・楚)、定公八年瓦の会(魯・晋)、哀公七年鄫の会(魯・呉)、哀公十二年橐皋の会(魯・呉)の4事例で、他は諸侯国連合の「会」である。しかも、諸侯国連合のなかでも多数国参加の「会」は、三期区分の中期に集中している。「会」の構成員のなかで、僖公二十八年温の会では9カ国中、秦のみが「秦人」と大夫で、他は国君が列席している。成公十六年沙随の会では5カ国中、宋が「宋華元」、邾が「邾

人」、襄公五年戚の会では参加13カ国中で「斉世子光」、襄公十一年蕭魚の会でも12カ国中で「斉世子光」のみが非国君である。したがって、魯国君と他国大夫の「会」では、大夫はごく少数に限定され、その実態はほとんど国君であった。純粋に魯国君と他国大夫の「会」は、

襄公二十六年（夏）、公会晋人・鄭良霄・宋人・曹人于澶淵、

とある、事例のみとなろう。この意味でB―1型は、A―1型の魯国君と他国君の会の変型といえよう。

B―2　魯国君と他国大夫の盟

成公二年（十有一月）丙申、公及楚人・秦人・宋人・陳人・衛人・鄭人・斉人・曹人・邾人・薛人・鄫人盟於蜀、

とあり、魯国君（成公）が楚人ら諸侯国連合と蜀で「盟」したことを記録する。『左伝』では、

十一月、公及楚公子嬰斉・蔡侯・許男・秦右大夫説・宋華元・陳公孫寧、衛孫良夫・鄭公子去疾及斉国之大夫盟于蜀、

とあり、具体的にその名と『春秋』には見えない「蔡侯」「許男」の国君名を伝えている。こうした『春秋』との齟齬に関して『左伝』には、

卿不書、匱盟也、於是乎畏晋而竊与楚盟、故曰匱盟、蔡侯・許男不書、乗楚車也、謂之失位、

とある。中原での晋の実力を前提に楚との盟を批難しているが、いずれにせよ魯国君と他国大夫らの「盟」の記録である。

僖公四年（夏）、楚屈完来盟于師、盟于召陵、

とあり、楚大夫と「師」の「盟」を記録する。「師」とは同年に、

春王正月、公会斉侯・宋公・陳侯・衛侯・鄭伯・許男・曹伯侵蔡、蔡潰、遂伐楚、次于陘、

とあり、魯国君を含む諸侯国連合と考えられる。「師」との「盟」、楚大夫以外はみな諸侯であるなど特異な事例といえよう。ただ、注意を要する点は、このような魯国君と他国大夫らの諸侯国連合の「盟」が、他に定公四年の皐鼬の盟のみで、それ以外、魯国君と他国大夫との二国間「盟」に終始していることである。

B—2型の『春秋』での魯公年間別の数値とその事例を列挙する。

隠公1　桓公0　荘公1　閔公0　僖公1　文公1　宣公0　成公4　襄公1　昭公0　定公1　哀公0

隠公八年九月辛卯、公及莒人盟于浮来、
荘公九年（春）、公及斉大夫盟于蔇、
文公二年三月乙巳、及晋処父盟、
成公二年（十有一月）丙申、公及楚人・秦人・宋人・陳人・衛人・鄭人・斉人・曹人・邾人・薛人・鄫人盟於蜀、
成公三年（冬十有一月）丙午、及荀庚盟、
成公三年（冬十有一月）丁未、及孫良夫盟、
成公十一年（春王三月）己丑、及郤犫盟、
襄公十五年二月己亥、及向戌盟于劉、
定公四年五月、公及諸侯盟于皐鼬、

計10回である。成公年間の4回は多い。『春秋』の三期区分ではそれぞれ、【前期3・中期5・後期2】となり、絶対数は少ないが中期での増加が一応、認められる。いずれにしても、魯国君と他国大夫の「盟」は普遍的であったとはいえないであろう。

個別に見ると、B—2型に分類できる事例には、他国大夫といっても「某人」の他に、荘公九年「（春）、公及斉大夫盟于蔇」など「某大夫」、文公二年「三月乙巳、及晋処父盟」の個人名を記すものが見られる。荘公九年「斉大夫」について『左伝』では「斉無君也」とし、『春秋』荘公九年「春、斉人殺無知」を考慮している。『公羊伝』には「公曷為与大夫盟、斉無君也、然則何以不名、為其諱与大夫盟也、使若衆然」とあり、魯国君が国君ではなく大夫と「盟」

した点を強調している。文公二年に関して『左伝』は「晋人以公不朝、来討公如晋、夏四月己巳、晋人使陽処父盟公以恥之、書曰及晋処父盟、以厭之也、適晋不書、諱之也」と、その背景を説明している。杜注が「使大夫盟公、欲以恥辱魯也」というように、魯国君（文公）が晋に「朝」したが、不当な扱いを受け、大夫との「盟」となった点を批難の対象とするわけである。(33) なお、『春秋』成公十一年「（春王三月）己丑、及郤犨盟」では、その前提に「（春王三月）、晋侯使郤犨来聘」とあり、「盟」はそうした行為に関連したものと考えられる。B—2型は特異な事例だが、魯の外交上の個別課題に対処した行為といえよう。

B—3　魯国君と他国大夫の会盟

桓公十二年秋七月丁亥、公会宋公・燕人盟于穀丘、

とあり、魯国君（桓公）が宋公と燕人に穀丘で「会盟」したことを記録する。杜注は「燕人、南燕大夫」と解説している。(34)

僖公七年秋七月、公会斉侯・宋公・陳世子款・鄭世子華盟于甯母、

とあり、諸侯連合にまじって陳・鄭の大子の会盟参加が確認できる。『左伝』には、

秋、盟于甯母、謀鄭故也、……、鄭伯使大子華聴命於会、言於斉侯曰、洩氏・孔氏・子人氏三族、実違君命、君若去之以為成、我以鄭為内臣、君亦無所不利焉、

とあり、鄭伯が対斉関係を配慮した上で、大子華を会に参加させたと伝える。

B—3型の『春秋』での魯公年間別の数値とその事例を列挙する。

隠公0　桓公1　荘公0　閔公0　僖公6　文公1　宣公0　成公0　襄公0　昭公0　定公0　哀公0

桓公十二年秋七月丁亥、公会宋公・燕人盟于穀丘、
僖公七年秋七月、公会斉侯・宋公・陳世子款盟于甯母、
僖公八年春王正月、公会王人・斉侯・宋公・衛侯・許男・曹伯・
　陳世子款盟于洮、
僖公十九年冬、会陳人・蔡人・楚人・鄭人盟于斉、

僖公二十五年冬十有二月癸亥、公会衛子・莒慶盟于洮、
僖公二十六年春王正月、公会莒子・衛甯速盟于向、
僖公二十九年夏六月、公会王人・晋人・宋人・斉人・陳人・蔡
　人・秦人盟于翟泉、
文公七年秋八月、公会諸侯・晋大夫盟于扈、

計8回である。絶対数は少なく、僖公年間に集中し、宣公以降は全く見えない。『春秋』の三期区分ではそれぞれ、**【前期3・中期5・後期0】**となり、中期での増加が指摘できよう。

個別に見ると、僖公七年の「会盟」を受け、

僖公八年春王正月、公会王人・斉侯・宋公・衛侯・許男・曹伯・陳世子款盟于洮、

とあり、つづけて「鄭伯乞盟」が記録され、『左伝』では「謀王室也」とするが、対鄭関係をめぐる外交動向といえよう。しかも、他国大夫にあたる者は陳世子款のみで、本来は諸侯連合の「会盟」が常態であったと考えられる。

僖公二十五年冬十有二月癸亥、公会衛子・莒慶盟于洮、

とあり、『左伝』には「衛人平莒于我」と説明する。

僖公二十六年春王正月己未、公会莒子・衛甯速盟于向、

とあり、『左伝』では「尋洮之盟也」と伝えている。ともに「衛子」「莒子」の諸侯とその代理者の参加と考えられ[35]、「会盟」自体が本質的に諸侯間の外交であった点を示す。したがって、僖公年間の6事例（僖公十九・二十九年は本章第一節で既述）は、それぞれ直面する国際関係を前提に開催された特別な「会盟」といえよう。B—3型はA—3型の魯国君と他国君の諸侯連合による「会盟」の変型と見られ、特異な事例である。

B―4　魯国君と他国大夫の会協同行動

荘公五年冬、公会斉人・宋人・陳人・蔡人伐衛、

とあり、魯国君（荘公）が「斉人」らと「会」して衛攻伐を協同したことを記録する。『穀梁伝』では「是斉侯・宋公也」とするが[36]、魯公以外はすべて諸侯国の「某人」である。

襄公五年（冬）、公会晋侯・宋公・衛侯・鄭伯・曹伯・斉世子光救陳[37]、

とあり、魯国君（襄公）が「会」して協同行動する相手は「斉世子光」以外すべて国君となっている。

B―4型の『春秋』での魯公年間別の数値とその事例を列挙する。

隠公0　桓公0　荘公3　閔公0　僖公1　文公0　宣公0　成公4　襄公5　昭公0　定公1　哀公2

荘公五年冬、公会斉人・宋人・陳人・蔡人伐衛、
荘公二十六年秋、公会宋人・斉人伐徐、
荘公二十八年（秋）、公会斉人・宋人救鄭、
僖公二十八年（冬）、遂会諸侯囲許、
成公十三年（夏五月）、遂会晋侯・斉侯・宋公・衛侯・鄭伯・曹伯・邾人・滕人伐秦、
成公十六年（秋）、公会尹子・晋侯・斉国佐・邾人伐鄭、
成公十七年夏、公会尹子・単子・晋侯・斉侯・宋公・衛侯・曹伯・邾人伐鄭、
成公十七年冬、公会単子・晋侯・宋公・衛侯・曹伯・斉人・邾人伐鄭、
襄公五年（冬）、公会晋侯・宋公・衛侯・鄭伯・曹伯・莒子・邾子・滕子・薛伯・斉世子光救陳、
襄公九年冬、公会晋侯・宋公・衛侯・曹伯・莒子・邾子・滕子・薛伯・杞伯・小邾子・斉世子光伐鄭、
襄公十年（秋）、公会晋侯・宋公・衛侯・曹伯・莒子・邾子・斉世子光・滕子・薛伯・杞伯・小邾子伐鄭、
襄公十一年（夏四月）、公会晋侯・宋公・衛侯・曹伯・斉世子光・莒子・邾子・滕子・薛伯・杞伯・小邾子伐鄭、
襄公十一年（秋七月）、公会晋侯・宋公・衛侯・曹伯・斉世子

光・莒子・邾子・滕子・薛伯・杞伯・小邾子伐鄭、会於蕭魚、
定公四年三月、公会劉子・晋侯・宋公・蔡侯・衛侯・陳子・鄭伯・許男・曹伯・莒子・邾子・頓子・胡子・滕子・薛伯・杞伯・小邾子・斉国夏于召陵、侵楚、
哀公十年（春王二月）、公会呉伐斉、
哀公十一年五月、公会呉伐斉、

計16回である。荘公年間の3事例は別にして宣公年間までの少なさと、成公・襄公年間の数値が目立っている。『春秋』の三期区分ではそれぞれ、**【前期3・中期10・後期3】**となり、中期での増加が見られる。

個別に見ると、16事例中、哀公十年・十一年の魯哀公と「呉」の二国間「会」協同行動の他は、すべて諸侯国連合によるものである。しかも、荘公二十八年「救鄭」、襄公五年「救陳」以外は、「伐」「侵」など協同行動が軍事行為に限定される。魯国君と他国大夫（某人）のみの「会」協同行動は荘公五年、荘公二十六・二十八年の3事例だけで、その他では協同行動の相手にあって諸侯自身が中心となっている。例えば、襄公年間の5事例では、他国大夫に当たるのは「斉世子光」のみである。こうした諸点から、B—4型はあくまでA—4型の魯国君と他国君の「会」協同行動の特殊形と考えられる。さらに、軍事協同の多さもA—4型に通じており、あらためて当該時代の外交が軍事と連動していたことが窺える。

以上、魯国君と他国大夫の会盟動向では、そのほとんどがA型すなわち魯国君と他国君の諸侯同士の外交活動の変型である。このなかにあって、B—2型の魯国君と他国大夫の「盟」のみは、魯の外交上の個別課題に対処した特異な事例であった。ただ、留意すべきは、諸侯同士の外交が時々の情勢に左右され変型した点にこそ、当該時代の国際社会の問題が内在されていることである。こうして会盟は深い意味をもつものと考えられる。

魯国君を中心とした『春秋』での会盟傾向に対して、魯国大夫の会盟動向を次に確認してみよう。まず、魯国大夫と他国君の会盟を概観すると、いくつかに分類が可能である。

C—1　魯国大夫と他国君の会

文公元年秋、公孫敖会晋侯于戚、
文公十六年春、季孫行父会斉侯于陽穀、
宣公十四年冬、公孫帰父会斉侯于穀、
宣公十五年春、公孫帰父会楚子于宋、
昭公九年春、叔弓会楚子于陳、

ここに挙げた5事例のみである。(38) 魯国大夫が他国君と「会」したことをそれぞれ記録する。いくつか見てみよう。文公元年に関しては『左伝』に「秋、晋侯疆戚田、故公孫敖会之」とあり、晋の衛政策に関係するものと伝えている。『左氏会箋』では「晋侯在戚、故卿行会之、亦事伯国之道也」とあり、二国間外交の特殊性を指摘する。文公十六年は『春秋』につづけて「斉侯弗及盟」とあり、斉侯が「盟」締結に応じなかった点を記録し、『左伝』には「春王正月、及斉平、公有疾、使季文子公会斉侯于陽穀、請盟、斉侯不肯、曰請俟君間」と、その背景を詳しく伝えている。本来、魯文公と斉侯の会合であったが、文公の病気のため季文子が派遣されたという。いずれにせよ、C—1型は特殊な事例と考えられる。ただし、当該型における魯の対象が晋・斉・楚という当該時代の実力国であった点は留意すべきであろう。なお、昭公九年に関しては『左伝』では「春、叔弓・宋華亥・鄭游吉・衛趙黶会楚子于陳」とあり、「楚子」のほか宋らの大夫が「会」に参加したと伝えている。

C—2　魯国大夫と他国君の盟

荘公十九年秋、公子結媵陳人之婦于鄄、遂及斉侯・宋公盟、
文公十六年六月戊辰、公子遂及斉侯盟于郪丘、
成公元年夏、臧孫許及晋侯盟于赤棘、
定公三年冬、仲孫何忌及邾子盟于拔、

計4事例のみである。魯国大夫が他国君と「盟」したことを記録する。いくつか見てみよう。荘公十九年は『春秋』に見えるとおり陳の「媵」に関係する「盟」である。『左伝』では説明を欠くため詳細は不明だが、杜注には「結在鄄聞斉宋有会、権事之宜、去其本職、遂与二君為盟、故備書之也」とあり、斉・宋二国の会に魯が参加したと推察している。成公元年に関しては『左伝』に「聞斉将出楚師」とあり、斉・楚の対魯軍事行動を危惧した晋との「盟」であった。いずれにせよ、個別具体課題を内在した「盟」と考えられる。

C—3　魯国大夫と他国君の会盟

文公八年（冬十月）乙酉、公子遂会雒戎盟于暴、　――昭公十一年（五月）、仲孫貜会邾子盟于祲祥、

計2事例のみである。魯国大夫が他国君と「会盟」したことを記録する。「雒戎」はいま他国君と見做す。

なお、C—4型魯国大夫と他国君の「会」協同行動は一例も見られない。

以上、魯国大夫の他国君との会盟は、きわめて少なく、しかも特殊な事情によるものと考えられる。この型が二国間外交に終始するのは、個別具体課題の要請による点を示唆している。別に見れば、魯国大夫の外交活動の制約が窺え、諸侯同士による外交の当該時代での尊重傾向があらためて指摘できる。身分秩序を重視する外交が導き出せるわけである。

次に魯国大夫と他国大夫の会盟傾向を確認しよう。

D—1　魯国大夫と他国大夫の会

成公十五年冬十有一月、叔孫僑如会于晋士燮・斉高無咎・宋華元・衛孫林父・鄭公子鰌・邾人会呉于鍾離、

とあり、魯の叔孫僑如が晋士燮ら大夫の諸侯国連合と鍾離で「会」したことを記録している。大夫の個人名を記すD—1型の典型的事例である。ここに見える「会」……「会」は特異だが、『公羊伝』には「曷為殊会呉、外呉也」、『穀梁伝』では「会又会、外之也」とあり、ともに呉との「会」である点を重視している。杜注は「呉夷、未嘗与中国会、今始来通、晋師諸侯大夫而会之、故殊会、明本非同好」と、呉が「会」した点を特別のこととする。

襄公八年（夏）、季孫宿会晋侯・鄭伯・斉人・宋人・衛人・邾人于邢丘、

とあり、季孫宿の「会」対象構成員として、大夫の「某人」連合に晋侯・鄭伯の国君の参加が見られる。『左伝』には、

以命朝聘之数、使諸侯之大夫聴命、季孫宿・斉高厚・宋向戌・衛甯殖・邾大夫会之、鄭伯献捷于会、故親聴命、大夫不書、尊晋侯也、

と伝えている。晋侯の「会」出席は「朝聘之数」に関する覇者政治の一環で、あくまで「諸侯之大夫」を対象とした会議であった[39]。鄭伯の参加は「献捷」という特殊な事情が存在し、しかも晋侯を尊重した書式と考えられる。

襄公十四年春王正月、季孫宿・叔老会晋士匄・斉人・宋人・衛人・鄭公孫蠆・曹人・莒人・邾人・滕人・薛人・杞人・小邾人会呉于向、

とあり、魯の季孫宿・叔老の二人と他国大夫の「会」であるが、ここでも「某人」と記録されている。『左伝』には「呉告敗于晋、会于向、為呉謀楚故也」とあり、前年の呉が楚に敗れたことに関連した楚攻撃を課題とする「会」という。なお、『左伝』では「莒人」が「莒公子務婁」とあり、杜注は「在会不書、非卿」とするが、『左伝』にはさらに「執莒公子務婁、以其通楚使也」と、莒が楚と裏で通じていたと伝えている。「斉人・宋人・衛人」については、杜注に「斉崔杼・宋華閲・衛北宮括在会惰慢不摂、故貶称人」と見える。さらに、魯の二人の大夫に対して、杜注は「魯使二卿会晋、敬事覇国」と、魯の晋尊重の姿勢を指摘する。

D―1型の『春秋』での魯公年間別の数値とその事例を列挙する。
隠公0　桓公0　荘公0　閔公0　僖公0　文公1　宣公1　成公2　襄公7　昭公4　定公0　哀公1

文公十一年夏、叔彭生会晋郤缺于承匡、
宣公十五年（秋）、仲孫蔑会斉高固于無婁、
成公五年夏、叔孫僑如会晋荀首于穀、
成公十五年冬十有一月、叔孫僑如会晋士燮・斉高無咎・宋華元・衛孫林父・鄭公子鰌・邾人会呉于鐘離、
襄公二年秋七月、仲孫蔑会晋荀罃・宋華元・衛孫林父・曹人・邾人于戚、
襄公五年（夏）、仲孫蔑・衛孫林父会呉于善道、
襄公八年（夏）、季孫宿会晋侯・鄭伯・斉人・宋人・衛人・邾人于邢丘、
襄公十四年春王正月、季孫宿・叔老会晋士匄・斉人・宋人・衛人・鄭公孫蠆・曹人・莒人・邾人・滕人・薛人・杞人・小邾人会呉于向、
襄公十四年冬、季孫宿会晋士匄・宋華閲・衛孫林父・鄭公孫蠆・莒人・邾人于戚、
襄公十九年（冬）、叔孫豹会晋士匄于柯、
襄公二十七年夏、叔孫豹会晋趙武・楚屈建・蔡公孫帰生・衛石悪・陳孔奐・鄭良霄・許人・曹人于宋、
昭公元年（春王正月）、叔孫豹会晋趙武・楚公子囲・斉国弱・宋向戌・衛斉悪・陳公子招・蔡公孫帰生・鄭罕虎・許人・曹人于虢、
昭公十一年秋、季孫意如会晋韓起・斉国弱・宋華亥・衛北宮佗・鄭罕虎・曹人・杞人于厥慭、
昭公二十五年夏、叔詣会晋趙鞅・宋楽大心・衛北宮喜・鄭游吉・曹人・邾人・滕人・薛人・小邾人于黄父、
昭公三十一年（春王正月）、季孫意如会晋荀躒于適歴、
哀公六年（夏）、叔還会呉于柤、

計16回である。僖公年間まで見えないが、それに対して襄公年間の7回は多い。『春秋』三期区分ではそれぞれ、【前期0・中期7・後期9】となり、中・後期への増加傾向は顕著である。

個別に見ると16回中、文公十一年「夏、叔仲彭生会晋郤欽于承匡」のような[40]、二国間の大夫の「会」は、「文十一年承匡の会＝魯・晋、宣公十五年無婁の会＝魯・斉、成公五年穀の会＝魯・晋、襄公十九年柯の会＝魯・晋、哀公六

年柤の会＝魯・呉」の計5回で、他は魯大夫と他国大夫の諸侯国連合である。D—1型では諸侯国連合が平均的であったと考えられる。しかも、襄公八年邢丘の会・十四年向の会以外は、ほぼ大夫の個人名表記を基本としている。いずれにしても、魯国大夫と他国大夫の「会」の中・後期での諸侯国連合の増加は、当該時代における留意すべき傾向である。

D—2　魯国大夫と他国大夫の盟

成公十六年十有二月乙丑、季孫行父及晋郤犨盟于扈、

とあり、魯の季孫行父と晋の郤犨が扈で「盟」したことを記録する。個人名を明記した二国間の外交である。荘公二十二年「秋七月丙申、及斉高傒盟于防」、隠公元年「九月、及宋人盟于宿」の「某人」（ともに本章第一節で既述）も同様事例といえる。

襄公三年（六月）戊寅、叔孫豹及諸侯之大夫及陳袁僑盟、

とあり、「諸侯之大夫」「陳袁僑」が別に記されている。この前提として『春秋』には、

六月、公会単子・晋侯・宋公・衛侯・鄭伯・莒子・邾子・斉世子光、己未、同盟于雞沢、陳侯使袁僑如会、

とあり、雞沢の同盟と陳の独自の行動が見える。『左伝』はこうした事情に関して、

楚子辛為令尹、侵欲於小国、陳成公使袁僑如会求成、晋侯使和組父告于諸侯、秋、叔孫豹及諸侯之大夫及陳袁僑盟、陳請服也、

と伝えている。「諸侯之大夫」の「盟」は晋主導の同盟に一連したもので、楚の圧迫に耐えかねた陳の要請を受け、諸侯の大夫らが行った特殊な事情のうえに成立したものであった。(41)

襄公十六年（三月）戊寅、大夫盟、

とあり、これは同年、

三月、公会晋侯・宋公・衛侯・鄭伯・莒子・邾子・薛伯・杞伯・小邾子于湨梁、

を前提としている。『公羊伝』では、

諸侯皆在是、其言大夫盟何、信在大夫也、何言乎信在他大夫、偏刺天下之大夫也、曷為偏刺天下之大夫、君若贅旒然、

とあり、大夫の「盟」自体を批難している。『左伝』には斉高厚の不穏な動きと「高厚逃帰」を伝え、さらに「於是叔孫豹・晋荀偃・宋向戌・衛甯殖・鄭公孫蠆・小邾之大夫盟、曰同討不庭」と、大夫の名を記録している。したがって、「大夫盟」はA—1型の魯国君と他国君の「会」に一連する特殊な事情があったわけである。同様事例は、襄公二十七年宋の会（弭兵の会）に関係した「秋七月辛巳、豹及諸侯之大夫盟于宋」でも確認できる。また、成公二年「（秋七月）己酉、及国佐盟于袁婁」は後述のD—4型の会協同行動に関連するものであった。ただし、D—2型は以上の7事例のみである。この型はあくまでも諸侯政治に影響された「盟」であって、単独な「盟」としての意義が希薄と考えられる。当該時代の諸侯に規制された外交の一面が窺われる。

D—3　魯国大夫と他国大夫の会盟

文公八年冬十月壬午、公子遂会晋趙盾盟于衡雍、

とあり、魯の公子遂が晋の趙盾と衡雍で「会盟」したことを記録する。『左伝』には「晋人以扈之盟来討、……報扈之盟也」とあり、杜注が「前年盟扈、公後至也」というように、前年の扈の盟に魯文公が遅れたことに対する批難に

基づく和平的「会盟」であった。「会盟」の前提として特殊な二国間の事情が存在したわけである。

襄公二十年春王正月辛亥、仲孫速会莒人盟于向、

とあり、『左伝』では「春、及莒平、……、督揚之盟故也」と伝え、前提として「盟」が関係している。

桓公十一年（九月）、柔会宋公・陳侯・蔡叔盟于折、

とあり、柔（『公羊伝』「柔者何、吾大夫之未命者也」）と諸侯国連合の「会盟」である。『左伝』では説明を欠くため詳細は不明だが、会盟参加者に宋・陳の国君が含まれている。

文公二年夏六月、公孫敖会宋公・陳侯・鄭伯・晋士穀盟于重龍、

とあり、魯の大夫と他国君・他国大夫を含む「会盟」である。『穀梁伝』では「内大夫可以会外諸侯」とする。(42)『左伝』には「公自晋未至、……、晋討衛故也、書士穀、堪其事也」とあり、その事情を伝えている。衛に対する晋の不信に基づく、晋主導の「会盟」であったが、「公自晋未至」という点からすれば、魯国君の会盟参加が正式であったと考えられる。いずれにせよ、D―3型はこの4事例のみで、個々の事情がもたらした特殊な「会盟」といえよう。

D―4　魯国大夫と他国大夫の会協同行動

僖公四年冬十有二月、公孫茲帥師会斉人・宋人・衛人・鄭人・許人・曹人侵陳、

とあり、魯の公孫茲が「斉人」ら諸侯国連合と「会」後、協同行動し陳侵攻を行ったことを記録する。

襄公元年（春）、仲孫蔑会晋欒黶・宋華元・衛甯殖・曹人・莒人・邾人・滕人・薛人囲宋彭城、

とあり、これも同様の記録である。

襄公十六年（五月）、叔老会鄭伯・晋荀偃・衛甯殖・宋人伐許、

とあり、「会」協同行動メンバーに「鄭伯」すなわち国君の参加が認められる。これに対して『左伝』には、

　許男請遷于晋、諸侯遂遷許、許大夫不可、晋人帰諸侯、鄭子蟜聞将伐許、遂相鄭伯以従諸侯之師、……、

とあり、許の遷徙をめぐり鄭が対許抗争を推進するため、鄭伯自ら諸侯の軍隊に参加したと伝えている。大夫中心の許攻伐での鄭伯の参加の事情が窺える。

　隠公四年秋、翬帥師会宋公・陳侯・蔡人・衛人伐鄭、

とあり、「会」協同行動に他国君の参加が見られる。『左伝』では、

　秋、諸侯復伐鄭、宋公使来乞師、公辞之、羽父請以師会之、公弗許、固請而行、故書曰翬帥師、疾之也、

と伝えている。宋公の鄭攻伐にあって、魯に出兵を要請したが隠公は断り、羽父（公子翬）が公の許しを得ないまま出軍した。「会」協同行動には本来、魯国君が出席するはずだったわけで、特殊な事情が存在していた。したがって、構成メンバーとして魯国大夫と他国大夫による「会」協同行動であった。

　D―4型の『春秋』での魯公年間別の数値とその事例を列挙する。

　隠公2　桓公0　荘公1　閔公0　僖公1　文公2　宣公1　成公2　襄公7　昭公1　定公0　哀公0

隠公四年秋、翬帥師会宋公・陳侯・蔡人・衛人伐鄭、
隠公十年夏、翬帥師会斉人・鄭人伐宋、
荘公三年春王正月、溺会斉師伐衛、
僖公四年冬十有二月、公孫茲帥師会斉人・宋人・衛人・鄭人・許人・曹人侵陳、
文公三年春王正月、叔孫得臣会晋人・宋人・陳人・衛人・鄭人伐沈、
文公九年（三月）、公子遂会晋人・宋人・衛人・許人救鄭、
宣公十一年（夏）、公孫帰父会斉人伐莒、
成公二年六月癸酉、季孫行父・臧孫許・叔孫僑如・公孫嬰斉帥師会晋郤克・衛孫良夫・曹公子首及斉侯戦于鞌、
成公八年（冬十月）、叔孫僑如会晋士燮・斉人・邾人伐郯、
襄公元年（春王正月）、仲孫蔑会晋欒黶・宋華元・衛甯殖・曹人・莒人・邾人・滕子・薛人囲宋彭城、

襄公元年（夏）、仲孫蔑会斉崔杼・曹人・邾人・杞人次于鄫、
襄公二年冬、仲孫蔑会晋荀罃・斉崔杼・宋華元・衛孫林夫・曹人・邾人・滕人・薛人・小邾人于戚、遂城虎牢、
襄公十四年夏四月、叔孫豹会晋荀偃・斉人・宋人・衛北宮括・鄭公孫蠆・曹人・莒人・邾人・滕子・薛人・杞人・小邾人伐秦、
襄公十六年（五月）、叔老会鄭伯・晋荀偃・衛甯殖・宋人伐許、
襄公二十九年（夏五月）、仲孫羯会晋荀盈・斉高止・宋華定・衛世叔儀・鄭公孫段・曹人・莒人・滕子・薛人・小邾人城杞
襄公三十年（冬十月）、晋人・斉人・宋人・衛人・鄭人・曹人・莒人・邾人・滕人・薛人・杞人・小邾人会于澶淵、宋災故、
昭公三十二年冬、仲孫何忌会晋韓不信・斉高張・宋仲幾・衛世叔申・鄭国参・曹人・莒人・薛人・杞人・小邾人城成周、

計17回である。Dのなかでは比較的多くの数値を示し、そのうち襄公年間の7事例は特に多い。『春秋』の三期区分ではそれぞれ、【前期4・中期8・後期5】となり、中期での増加が見られる。

個別に見ると、17事例中、荘公三年（魯・斉）、宣公十一年（魯・斉）の他は、すべて諸侯国連合によるものである。しかも、文公九年「救」、襄公二年・二十九年「城」、襄公三十年「災」、昭公三十二年「城」以外は、「伐」「侵」など協同行動が軍事行為に限定される。その構成メンバーは魯国大夫と他国大夫を原則とする。このことは、国際社会における軍事行動に諸侯とは別に大夫が重要な役割を担っていた点を如実に示していよう。

以上、魯国大夫と他国大夫の会盟活動では、D―2の盟・D―3の会盟は諸侯の会盟に関連する特殊事例と考えられ、本質的には諸侯国連合に基づくD―1の会・D―4の会協同行動が常態であった。Aの諸侯の会盟との比較ではAの前期からの減少傾向に対して、Dの中・後期の増加が窺え、当該時代の外交が諸侯から大夫に移行するあり様が確認できる。(43)

会盟活動のなかでもう一点注目すべきは、本章第一節で確認した「同盟」である。前述のように初出は荘公十六年

であったが、

宣公十七年（六月）己未、公会晋侯・衛侯・曹伯・邾子同盟于断道、

と、魯公（宣公）と晋侯ら諸侯連合による「同盟」を常態とする。

文公十四年六月、公会宋公・陳侯・衛侯・鄭伯・許男・曹伯・晋趙盾、

癸酉、同盟于新城、

とあり、このなかの「晋趙盾」は諸侯連合への特別参加といえよう。

成公十五年（三月）癸丑、公会晋侯・衛侯・鄭伯・曹伯・宋世子成・斉国佐・邾人同盟于戚、

とあり、「宋世子成」「斉国佐」「邾人」も特別参加と考えられる。これに関しては同年に「夏六月、宋公固卒」とあり、宋共公の病気が大子の出席となったのかもしれない。他は不明である。

宣公十二年（冬十有二月）、晋人・宋人・衛人・曹人同盟于清丘、

とあり、「某人」の「同盟」であって特殊である。『左伝』では、

晋原穀・宋華元・衛孔達・曹人同盟于清丘、曰恤病、討貳、於是卿不書、不実其言、

と伝えている。「某人」の卿としての個人名を記録するが、「不実其言」により『春秋』にはその名を書かなかったと見る。なお、こうした事例はこの他に昭公十三年平丘の同盟での「公不与盟」のみである。

「同盟」の『春秋』での魯公年間別の数値とその事例を列挙する。

隠公0　桓公0　荘公2　閔公0　僖公0　文公1　宣公1　成公6　襄公4　昭公0　定公0　哀公0

荘公十六年冬十有二月、会斉侯・宋公・陳侯・衛侯・鄭伯・許男・滑伯・滕子同盟于幽、——荘公二十七年夏六月、公会斉侯・宋公・陳侯・鄭伯同盟于幽、文公十四年六月、会宋公・陳侯・衛侯・鄭伯・許男・曹伯・晋

趙盾同盟于新城、
宣公十七年（六月）己未、会晋侯・衛侯・曹伯・邾子同盟于断道、
成公五年十有二月己丑、公会晋侯・斉侯・宋公・衛侯・鄭伯・曹伯・邾子・杞伯同盟于虫牢、
成公七年（秋）、公会晋侯・斉侯・宋公・衛侯・曹伯・莒子・邾子・杞伯救鄭、八月戊辰、同盟于馬陵、
成公九年（春王正月）、公会晋侯・斉侯・宋公・衛侯・鄭伯・曹伯・莒子・杞伯同盟于蒲、
成公十五年（三月）癸丑、公会晋侯・衛侯・鄭伯・曹伯・宋世子成・斉国佐・邾人同盟于戚、
成公十七年六月乙酉、同盟于柯陵、
成公十八年十有二月、仲孫蔑会晋侯・宋公・衛侯・邾子・斉崔杼同盟于虚朾、
襄公三年六月、公会単子・晋侯・宋公・衛侯・鄭伯・莒子・邾子・斉世子光、己未、同盟于雞沢、
襄公九年十有二月己亥、同盟于戯、
襄公十一年秋七月己未、同盟于亳城北、
襄公二十五年秋八月己巳、諸侯同盟于重丘、

計14回である。成公・襄公年間には多くの「同盟」が行われていたことが確認できる。それに対して荘公年間の2事例は別にしても、隠公・桓公・閔公・僖公年間と昭公年間以降に「同盟」が見えないのは注意を引く。『春秋』の三期区分ではそれぞれ、【前期2・中期11・後期1】となり、中期の増加が見られる。

個別に見ると、ひとつも二国間「同盟」が確認できず、この点はA—3の会盟との比較から留意すべきと思われる。A—3の魯国君と他国君の「会盟」が二国間会盟から諸侯国連合へ変質するのは、この「同盟」の中期の増加に連動するものと考えられるからである。「同盟」は諸侯連合を常態とすることから、「会盟」とともに当該時代の重要な外交活動と規定できよう。

以上、これまでの『春秋』に見える魯国君・魯大夫の会盟活動からは、次のような諸点が確認されたことになろう。

A型は総体的に前期からの減少傾向を辿るが、A—1型（魯国君と他国君の会）では回数面で他事例にくらべて群を

抜いて多く、当該時代の外交活動の主流といえる。しかも、二国間外交から諸侯国連合へと推移するが、前期からの減少傾向を辿る。またA―2型（魯国君と他国君の盟）は二国間外交が定型であり、A―3型（魯国君と他国君の会盟）では二国間外交から諸侯国連合へと展開している。A―4型（魯国君と他国君の会協同行動）は諸侯国連合が定型であって、軍事行為を特徴とするものであった。

B型はそのほとんどがA型の特殊型、すなわち諸侯連合に大夫が特別に参加したものと考えられるが、全体的には中期の増加が指摘できる。ただ、B―2型（魯国君と他国大夫の盟）のみは、二国間の個別課題に対処した特異な外交であった。

C型（魯国大夫と他国君）は回数が少なく、特殊な事情による二国間外交に終始するものと考えられる。ただ、このような魯国大夫と他国君の外交は、身分秩序を尊重する『春秋』ないしは当該時代での一傾向として留意すべきである。

D型は中期の増加が確認できた。D―2型（魯国大夫と他国大夫の盟）、D―3型（魯国大夫と他国大夫の会盟）は数も少なく特殊事例と考えられるが、D―1型（魯国大夫と他国大夫の会）、D―4型（魯国大夫と他国大夫の会協同行動）では諸侯国連合を定型とする。なかでも、D―4型の軍事行為はA―4型と連動するものとして注目すべきである。同盟は中期に飛躍的に増加し、諸侯連合が定型であり、A―3型と連動していると考えられる。

以上から『春秋』にあっては、会盟政治が諸侯から大夫の参加ないしは主導へと、変容を遂げる傾向が認められよう。B型はまさしくそうした点を示すが、大局的には二国間外交から諸侯国外交への推移における、構成メンバーの増加もしくは外交活動の活発化がもたらした結果と見るべきであろう。ただ、全体的な後期の会盟活動の減少傾向は注目すべき点と考えられる。このような諸点は、当該時代の覇者政治との関係から考察されなければならない問題であろう。節をあらためて見てみよう。

第三節　会盟と覇者政治

当該時代の国際政治は、覇者体制による機構を中心として、その規制を受けながら推移した。当初より小伯としての役割を担い桓公で集大成を迎えた斉と、文公の覇業確立によって実力を長く継続させた晋は、国際社会をリードした二大国であり、その存在は多大であった(44)。そこで、以下では斉・晋両覇業期に開催された会盟について、若干の整理を加えて展望的視座を示し、覇者政治の実態解明への一助としたい。ここでは、斉覇業期を『春秋』の隠公元年から僖公十七年（斉桓公卒年）の七十九年間、晋覇業期を僖公二十八年（践土の盟）から定公四年（召陵の盟）の百二十六年間と設定する。

斉覇業期から見てみよう。まず、『春秋』に見える当該期における会盟の魯公年間別の数値とその事例は、以下のとおりである(45)。

隠公16　桓公29　荘公24　閔公1　僖公19

隠公元年三月、公及邾儀父盟于蔑、
隠公元年九月、及宋人盟于宿、
隠公二年春、公会戎会于潜、
隠公二年秋八月庚辰、公及戎盟于唐、
隠公二年（冬十月）、紀子帛・莒子盟于密、
隠公三年冬十有二月、斉侯・鄭伯盟於石門、
隠公四年夏、公及宋公遇于清、
隠公四年秋、翬帥師会宋公・陳侯・蔡人・衛人伐鄭、
隠公六年夏五月辛酉、公会斉侯盟于艾、
隠公八年春、宋公・衛侯遇于垂、
隠公八年秋七月庚午、宋公・斉侯・衛侯盟于瓦屋、
隠公八年九月辛卯、公及莒人盟于浮来、
隠公九年冬、公会斉侯于防、
隠公十年春王二月、公会斉侯・鄭伯于中丘、

隠公十年夏、翬帥師会斉人・鄭人伐宋、
隠公十一年夏、公会鄭伯于時来、
桓公元年三月、公会鄭伯于垂、鄭伯以璧假許田、
桓公元年夏四月丁未、公及鄭伯盟于越、
桓公二年三月、公会斉侯・陳侯・鄭伯于稷、以成宋乱、
桓公二年（秋七月）、蔡侯・鄭伯会于鄧、
桓公二年（九月）、公及戎盟于唐、
桓公三年春正月、公会斉侯于嬴、
桓公三年夏、斉侯・衛侯胥命于蒲、
桓公三年六月、公会杞侯于郕、
桓公三年（九月）、公会斉侯于讙、
桓公六年夏四月、公会紀侯于成、
桓公十年秋、公会衛侯于桃丘、弗遇、
桓公十一年春正月、斉人・衛人・鄭人盟于悪曹、
桓公十一年（九月）、柔会宋公・陳侯・蔡叔盟于折、
桓公十一年（九月）、公会宋公于夫鍾、
桓公十一年冬十有二月、公会宋公于闞、
桓公十二年夏六月壬寅、公会杞侯・莒子盟于曲池、
桓公十二年秋七月丁亥、公会宋公・燕人盟于穀丘、
桓公十二年（八月）、公会宋公于虚、
桓公十二年冬十有一月、公会宋公于亀、
桓公十二年（冬十有一月）丙戌、公会鄭伯盟于武父、
桓公十三年春二月、公会紀侯・鄭伯、己巳、及斉侯・宋公・衛侯・燕人戦、
桓公十四年春正月、公会鄭伯于曹、
桓公十五年（五月）、公会斉侯于艾、
桓公十五年冬十有一月、公会宋公・衛侯・陳侯于袲、伐鄭、
桓公十六年春正月、公会宋公・蔡侯・衛侯于曹、
桓公十六年夏四月、公会宋公・衛侯・陳侯・蔡侯伐鄭、
桓公十七年春王正月丙辰、公会斉侯・紀侯盟于黄、
桓公十七年二月丙午、公会邾儀父盟于趡、
桓公十八年春王正月、公会斉侯于濼、
荘公二年冬十有二月、夫人姜氏会斉侯于禚、
荘公三年春王正月、溺会斉師伐衛、
荘公四年夏、斉侯・陳侯・鄭伯遇于垂、
荘公五年冬、公会斉人・宋人・陳人・蔡人伐衛、
荘公七年春、夫人姜氏会斉侯于防、
荘公七年冬、夫人姜氏会斉侯于穀、
荘公九年（春）、公及斉大夫盟于蔇、
荘公十三年春、斉侯・宋人・陳人・蔡人・邾人会于北杏、
荘公十三年冬、公会斉侯盟于柯、
荘公十四年春、斉人・陳人・曹人伐宋、夏、単伯会伐宋、

荘公十四年冬、単伯会斉侯・宋公・衛侯・鄭伯于鄄、
荘公十五年春、斉侯・宋公・陳侯・衛侯・鄭伯会于鄄
荘公十六年冬十有二月、会斉侯・宋公・陳侯・衛侯・鄭伯・許
　男・滑伯・滕子同盟于幽、
荘公十九年秋、公子結媵陳人之婦于鄄、遂及斉侯・宋公盟、
荘公二十二年秋七月丙申、及斉高傒盟于防、
荘公二十三年（夏）、公及斉侯遇于穀、
荘公二十三年十有二月甲寅、公会斉侯盟于扈、
荘公二十六年秋、公会宋人・斉人伐徐、
荘公二十七年春、公会杞伯姫于洮、
荘公二十七年夏六月、公会斉侯・宋公・陳侯・鄭伯同盟于幽、
荘公二十七年（冬）、公会斉侯于城濮、
荘公二十八年（秋）、公会斉人・宋人救鄭、
荘公三十年冬、公及斉侯遇于魯済、
荘公三十二年夏、宋公・斉侯遇于梁丘、
閔公元年秋八月、公及斉侯盟于落姑、
僖公元年八月、公会斉侯・宋公・鄭伯・曹伯・邾人于檉、
僖公二年秋九月、斉侯・宋公・江人・黄人盟于貫、
僖公三年秋、斉侯・宋公・江人・黄人会于陽穀、
僖公四年春王正月、公会斉侯・宋公・陳侯・衛侯・鄭伯・許男・
　曹伯侵蔡、
僖公四年（夏）、楚屈完来盟于師、盟于召陵、
僖公四年冬十有二月、公孫玆帥師会斉人・宋人・衛人・鄭人・
　許人・曹人侵陳、
僖公五年（夏）、公及斉侯・宋公・陳侯・衛侯・鄭伯・許男・
　曹伯会王世子于首止、
僖公五年秋八月、諸侯盟于首止、
僖公六年夏、公会斉侯・宋公・陳侯・衛侯・曹伯伐鄭、囲新城
僖公七年秋七月、公会斉侯・宋公・陳世子款・鄭世子華盟于甯母、
僖公八年春王正月、公会王人・斉侯・宋公・衛侯・許男・曹伯・
　陳世子款盟于洮、
僖公九年夏、公会宰周公・斉侯・宋子・衛侯・鄭伯・許男・曹
　伯于葵丘、
僖公九年九月戊辰、諸侯盟于葵丘、
僖公十一年夏、公及夫人姜氏会斉侯於陽穀、
僖公十三年（夏四月）、公会斉侯・宋公・陳侯・衛侯・鄭伯・
　許男・曹伯于鹹、
僖公十四年夏六月、季姫及鄫子遇于防、
僖公十五年三月、公会斉侯・宋公・陳侯・衛侯・鄭伯・許男・
　曹伯盟于牡丘、
僖公十六年冬十有二月、公会斉侯・宋公・陳侯・衛侯・鄭伯・
　許男・邢侯・曹伯于淮、

僖公十七年秋、夫人姜氏会斉侯于卞、　—

計89回である。こうしたなかで、

荘公十五年春、斉侯・宋公・陳侯・衛侯・鄭伯会于鄄、

に関して、『左伝』では「春、復会焉、斉始覇也」と伝え、斉桓公の覇業の始まりとする。そこには、『左氏会箋』が「斉始覇也者、既示其事実、又釈斉遂在宋上也、与前年宋服故也」と指摘するとおり、対宋関係が関連していた。前年の『春秋』荘公十四年には、

春、斉人・陳人・曹人伐宋、

夏、単伯会伐宋、

冬、単伯会斉侯・宋公・衛侯・鄭伯于鄄、

とあり、宋を対象とした攻伐が見られ、『左伝』は「冬、会于鄄、宋服故也」と伝えている[46]。したがって、荘公十五年を前後して国際社会、ひいては会盟政治自体が変質したといえる[47]。例えば、荘公十五年以前に会盟は56回確認できるが、二国間会盟が37回「37/56＝67%」であり、荘公十五年以後の会盟では33回確認でき、二国間会盟が10回「10/33＝30%」となり、明らかな変化が会盟参加国の傾向から窺える。なかでも、荘公十五年前の魯の二国間会盟の対象国は、斉の12回（隠公六・九・桓公三・三・十五・十八・荘公二・三・七・七・九・十三年）、宋の6回（隠公元・四・桓公十一・十一・十二・十二年）、鄭の5回（隠公十一・桓公元・元・十二・十四年）など多様であるが、荘公十五年後には斉の7回（荘公二十二・二十三・二十三・二十七・三十・閔公元・僖公十一年）が圧倒的となる。いずれにせよ、斉覇業期では斉桓公覇業前には二国間外交が主流で、以後は多くの国が参加する会盟が出現したわけである[48]。換言すれば斉桓公覇業期は、諸侯国連合による外交活動が常態化した時期と考えられる。前述の「同盟」の初出はまさしく荘公十五年以

後の荘公十六年であった。

諸侯国連合の会盟にあって、例えば荘公十五年を含めそれ以降は、

荘公二十七年夏六月、公会斉侯・宋公・陳侯・鄭伯同盟于幽、

僖公四年冬十有二月、公孫兹帥師会斉人・宋人・衛人・鄭人・許人・曹人侵陳、

僖公九年夏、公会宰周公・斉侯・宋子・衛侯・鄭伯・許男・曹伯于葵丘、

とあり、「同盟」、大夫による「会」協同行動、周王の代理出席の「会」でも、すべて「斉」が覇者として『春秋』では筆頭に記録されている。例外的な事例は、

荘公二十六年秋、公会宋人・斉人伐徐、

荘公三十二年夏、宋公・斉侯遇于梁丘、

と、二つのみである。荘公二十六年に関して『左伝』には何も伝えないが、杜注は「宋序斉上、主兵」とし、『左氏会箋』では「宋序斉上者、蓋徐必犯宋之牧圉、故以宋主兵」とあり、宋と徐の対立を前提に宋主導の軍事行為と推察している。荘公三十二年に関しては、『左伝』には「斉侯為楚伐鄭之故、請会于諸侯、宋公請先見于斉侯」と伝えている。本来、斉が主導で開催する予定であったが、宋の要請を受け「遇」したという。いずれにせよ、荘公十五年以降の斉中心の外交動向が認められる。こうした情勢に対して、荘公十五年以前では例えば、

隠公四年秋、翬帥師会宋公・陳侯・蔡人・衛人伐鄭、

隠公八年秋七月庚午、宋公・斉侯・衛侯盟于瓦屋、

桓公十一年（秋）、柔会宋公・陳侯・蔡叔盟于折、

桓公十二年秋七月丁亥、公会宋公・燕人盟于穀丘、

桓公十五年冬十有一月、公会宋公・衛侯・陳侯于袲、伐鄭、

桓公十六年春王正月、公会宋公・蔡侯・衛侯于曹、

桓公十六年夏四月、公会宋公・衛侯・陳侯・蔡侯伐鄭、

とあり、「会」協同行動、「盟」、「会盟」に「宋」が『春秋』では筆頭に記録される事例が見られる。なかでも隠公八年以外は、斉を含まない諸侯国連合の形態をとっている。隠公八年に関して、『左伝』に「斉人卒平宋・衛于鄭、秋、会于温、盟于瓦屋、以釈東門之役、礼也」とあり、本来は斉主導によってなされる宋・衛と鄭の講和であったと伝えている。杜注が「斉侯尊宋使主会、故宋公序斉上」と見るとおりであろう。ただ、宋主導の国際政治は荘公十五年以降には確認できなくなる。(49)宋の動向は、『春秋』荘公十三年「冬、公会斉侯盟于柯」に、『左伝』が「始及斉平也」と伝え、杜注に「始与斉桓通好」という、斉桓公が登場する以前の斉・魯の不安定な情勢などが関係していたのかもしれない。ただし、国際社会における宋の国力は認めるべきであろう。いずれにせよ、斉覇業期の一つの断層は荘公十五年を前後した時期であったわけである。

斉覇業期間の会盟では、直接斉が関与した事例が全会盟数89回中、55回「55／89＝62％」見られる。このうち荘公十五年以前は25回で当該期前半の56回の会盟での比率は「25／56＝45％」、荘公十五年以後では30回で当該期後半の33回での比率が「30／33＝91％」となる。荘公十五年を前後した斉覇業期間での斉の会盟への関与の相違が明らかである。

斉覇業期間ではいくつかの特徴が見られる。まず、当該時代の大国であった楚に関しては、

僖公四年（夏）、楚屈完来盟于師、盟于召陵、

とあり、これが唯一のものである。後述の晋覇を形成する晋は斉覇業期間にあって、一度も会盟には参加していない。(50)当該時代後半期に台頭する呉・越も同様に全く確認できず、しかも四大国の一つとなる秦も当該期間では一切の会盟

活動が見られない。[51]こうしたことは、斉覇が地域的に中原の限られた範囲を対象に展開された点を示すものであろう。斉覇業期間は後の時期にくらべ、参加国から見た外交活動自体も限定的であった。

『春秋』の斉覇期間の会盟記事に個人名が明記される事例は、

隠公二年（冬十月）、紀子帛・莒子盟于密、
隠公四年秋、翬帥師会宋公・陳侯・蔡人・衛人伐鄭、
荘公二十二年秋七月丙申、及斉高傒盟于防、
僖公四年（夏）、楚屈完来盟于師、盟于召陵、

などがある。隠公二年に関しては『左伝』に「魯故也」と伝えるが、杜注には「子帛、裂繻字也、莒与魯有怨、紀侯即婚于魯、使大夫盟莒、以和解之」という。これは同年『春秋』「九月、紀裂繻来逆女」を受けた解釈である。隠公四年について杜注は「公子翬、魯大夫」としている。『左氏会箋』に「内大夫会伐凡十四、此其始也」と指摘のとおり、魯大夫の「会」協同行動の初出である。この他、「翬」は隠公十年に「夏、翬帥師会斉人・鄭人伐宋」と見える。さらに、桓公十一年「（九月）、柔会宋公・陳侯・蔡叔盟于折」、荘公三年「春王正月、溺会斉師伐衛」など、「柔」「溺」の大夫の「会」協同行動が確認できる。荘公二十二年に関して杜注には「高傒斉之貴卿」とあり、これは『左氏会箋』所引亀井昱曰「盟書外大夫始於此」というとおりで、留意すべき外交と考えられる。なお、『春秋』閔公二年に「冬、斉高子来盟」と「斉高子」が見えるが、杜注は「蓋高傒也、斉侯使来平魯乱、僖公新立、因遂結盟、故不称使也、魯人貴之、故不書名、子男之美称」と解説している。斉・魯外交での斉高傒の重要な役割が窺える。こうした「斉高傒」の個人名表記は、例えば荘公九年「（夏）、公及斉大夫盟于蔇」とある「斉大夫」とは明らかに異なる。僖公四年の「屈完」については、『公羊伝』に「屈完者何、楚大夫也、何以不称使、尊屈完也、曷為尊屈完、以当桓

公也」とある。いずれにしても、個人名をもつ会盟記事は斉覇業期間では少なく、特異な事情が見られ、諸侯同士の会盟が一般的であったと考えられる。(52) このような点から、

隠公十年夏、翬帥師会斉人・鄭人伐宋、

荘公五年冬、公会斉人・宋人・陳人・蔡人伐衛、

とある、「某人」による会盟動向は、当該覇業期間では特異な外交といえよう。この他、

荘公二年冬十有二月、夫人姜氏会斉侯于禚、

荘公七年春、夫人姜氏会斉侯于防、

冬、夫人姜氏会斉侯于穀、

とあり、魯荘公夫人である「姜氏」と斉侯の「会」が見えるが、きわめて特異な事例と考えられる。斉覇業期の会盟の特色について、『穀梁伝』（荘公二十七年）は「衣裳之会十有一、未嘗有歃血之盟也、信厚也、兵事之会、未嘗大戦也、愛民也」とし、「衣裳之会」「兵事之会」に分類している。(53)

次に晋覇業期間の会盟について見てみよう。『春秋』に見える当該期における会盟の魯公年間別の数値とその事例は、以下のとおりである。

僖公5　文公20　宣公13　成公27　襄公43　昭公12　定公3

僖公二十八年五月癸丑、公会晋侯・斉侯・宋公・蔡侯・鄭伯・衛子・莒子盟於践土、

僖公二十八年冬、公会晋侯・斉侯・宋公・蔡侯・鄭伯・陳子・莒子・邾子・秦人于温、

僖公二十八年（冬）、遂会諸侯囲許、

僖公二十九年夏六月、公会王人・晋人・宋人・斉人・陳人・蔡人・秦人盟于翟泉、

僖公三十二年秋、衛人及狄盟、

文公元年秋、公孫敖会晋侯於戚、
文公二年三月乙巳、及晋処父盟、
文公二年夏六月、公孫敖会宋公・陳侯・鄭伯・晋士穀盟於垂隴、
文公三年春王正月、叔孫得臣会晋人・宋人・陳人・衛人・鄭人
　伐沈、
文公三年十有二月己巳、公及晋侯盟、
文公七年秋八月、公会諸侯・晋大夫盟于扈、
文公八年冬十月壬午、公子遂会晋趙盾盟于衡雍、
文公八年（冬十月）乙酉、公子遂会雒戎盟于暴、
文公九年（三月）、公子遂会晋人・宋人・衛人・許人救鄭、
文公十年秋七月、及蘇子盟于女栗、
文公十一年夏、叔彭生会晋郤缺于承匡、
文公十三年（冬）、衛侯会公于沓、
文公十三年十有二月己丑、公及晋侯盟、
文公十三年（十有二月）、鄭伯会公于棐、
文公十四年六月、公会宋公・陳侯・衛侯・鄭伯・許男・曹伯・
　晋趙盾、癸酉、同盟于新城、
文公十五年冬十有一月、諸侯盟于扈、
文公十六年春、季孫行父会斉侯于陽穀、
文公十六年六月戊辰、公子遂及斉侯盟于郪丘、
文公十七年六月癸未、公及斉侯盟于穀、
文公十七年（六月）、諸侯会于扈、
宣公元年（夏）、公会斉侯于平州、
宣公元年（秋）、宋公・陳侯・衛侯・曹伯会晋師于棐林、
宣公七年夏、公会斉侯伐萊、
宣公七年冬、公会晋侯・宋公・衛侯・鄭伯・曹伯于黒壌、
宣公九年九月、晋侯・宋公・衛侯・鄭伯・曹伯会于扈、
宣公十一年夏、楚子・陳侯・鄭伯盟于辰陵、
宣公十一年（夏）、公孫帰父会斉人伐莒、
宣公十一年秋、晋侯会狄于欑函、
宣公十二年（冬十有二月）、晋人・宋人・衛人・曹人同盟于清丘、
宣公十四年冬、公孫帰父会斉侯于穀、
宣公十五年春、公孫帰父会楚子于宋、
宣公十五年（秋）、仲孫蔑会斉高固于無婁、
宣公十七年（六月）己未、会晋侯・衛侯・曹伯・邾子同盟于断道、
成公元年夏、臧孫許及晋侯盟于赤棘、
成公二年六月癸酉、季孫行父・臧孫許・叔孫僑如・公孫嬰斉帥
　師会晋郤克・衛孫良夫・曹公子首及斉侯戦于鞌、
成公二年（秋七月）己酉、及国佐盟于袁婁、
成公二年十有一月、公会楚公子嬰斉于蜀、
成公二年（十有一月）丙申、公及楚人・秦人・宋人・陳人・衛
　人・鄭人・斉人・曹人・邾人・薛人・鄫人盟於蜀、

成公三年春王正月、公会晋侯・宋公・衛侯・曹伯伐鄭、
成公三年（冬十有一月）丙午、及荀庚盟、
成公三年（冬十有一月）丁未、及孫良夫盟、
成公五年夏、叔孫僑如会晋荀首于穀、
成公五年十有二月己丑、公会晋侯・斉侯・宋公・衛侯・鄭伯・曹伯・邾子・杞伯同盟于虫牢、
成公七年（秋）、公会晋侯・斉侯・宋公・衛侯・曹伯・莒子・邾子・杞伯救鄭、
成公七年八月戊辰、同盟于馬陵、
成公八年（冬十月）、叔孫僑如会晋士燮・斉人・邾人伐郯、
成公九年（春王正月）、公会晋侯・斉侯・宋公・衛侯・鄭伯・曹伯・莒子・杞伯同盟于蒲、
成公十年五月、公会晋侯・斉侯・宋公・衛侯・曹伯伐鄭、
成公十一年（春王三月）己丑、及郤犨盟、
成公十二年夏、公会晋侯・衛侯于瑣沢、
成公十三年（夏五月）、遂会晋侯・斉侯・宋公・衛侯・鄭伯・曹伯・邾人・滕人伐秦、
成公十五年（三月）癸丑、公会晋侯・衛侯・鄭伯・曹伯・宋世子成・斉国佐・邾人同盟于戚、
成公十五年冬十有一月、叔孫僑如会晋士燮・斉高無咎・宋華元・衛孫林父・鄭公子鰌・邾人会呉于鍾離、
成公十六年秋、公会晋侯・斉侯・衛侯・宋華元・邾人于沙随、
成公十六年（秋）、公会尹子・晋侯・斉国佐・邾人伐鄭、
成公十六年十有二月乙丑、季孫行父及晋郤犨盟于扈、
成公十七年夏、公会尹子・単子・晋侯・斉侯・宋公・衛侯・曹伯・邾人伐鄭、
成公十七年六月乙酉、同盟于柯陵、
成公十七年冬、公会単子・晋侯・宋公・衛侯・曹伯・斉人・邾人伐鄭、
成公十八年十有二月、仲孫蔑会晋侯・宋公・衛侯・邾子・斉崔杼同盟于虚朾、
襄公元年（春王正月）、仲孫蔑会晋欒黶・宋華元・衛甯殖・曹人・莒人・邾人・滕子・薛人囲宋彭城、
襄公元年（夏）、仲孫蔑会斉崔杼・曹人・邾人・杞人次于鄫、
襄公二年秋七月、仲孫蔑会晋荀罃・宋華元・衛孫林父・曹人・邾人于戚、
襄公二年冬、仲孫蔑会晋荀罃・斉崔杼・宋華元・衛孫林夫・曹人・邾人・滕人・薛人・小邾人于戚、遂城虎牢、
襄公三年夏四月壬戌、公及晋侯盟于長樗、
襄公三年六月、公会単子・晋侯・宋公・衛侯・鄭伯・莒子・邾子・斉世子光、己未、同盟于雞沢、
襄公三年（六月）戊寅、叔孫豹及諸侯之大夫及陳袁僑盟、

襄公五年（夏）、仲孫蔑・衛孫林父会呉于善道、
襄公五年（秋）、公会晋侯・宋公・陳侯・衛侯・鄭伯・曹伯・莒子・邾子・滕子・薛伯・斉世子光・呉人・鄫人于戚、
襄公五年（冬）、公会晋侯・宋公・衛侯・鄭伯・曹伯・莒子・邾子・滕子・薛伯・斉世子光救陳、
襄公七年（冬十月）壬戌、及孫林父盟、
襄公七年十有二月、公会晋侯・宋公・陳侯・衛侯・曹伯・莒子・邾子于鄬、
襄公八年（夏）、季孫宿会晋侯・斉人・宋人・衛人・邾人于邢丘、
襄公九年冬、公会晋侯・宋公・衛侯・曹伯・莒子・邾子・滕子・薛伯・杞伯・小邾子・斉世子光伐鄭、
襄公九年十有二月己亥、同盟于戯、
襄公十年春、公会晋侯・宋公・衛侯・曹伯・莒子・邾子・滕子・薛伯・杞伯・小邾子・斉世子光会呉于柤、
襄公十年（秋）、公会晋侯・宋公・衛侯・曹伯・莒子・邾子・斉世子光・滕子・薛伯・杞伯・小邾子伐鄭、
襄公十一年（夏四月）、公会晋侯・宋公・衛侯・曹伯・斉世子光・莒子・邾子・滕子・薛伯・杞伯・小邾子伐鄭、
襄公十一年秋七月己未、同盟于亳城北、
襄公十一年（秋七月）、公会晋侯・宋公・衛侯・曹伯・斉世子光・莒子・邾子・滕子・薛伯・杞伯・小邾子伐鄭、会於蕭魚、

襄公十四年春王正月、季孫宿・叔老会晋士匄・斉人・宋人・衛人・鄭公孫蠆・曹人・莒人・邾人・滕人・薛人・杞人・小邾人会呉于向、
襄公十四年夏四月、叔孫豹会晋荀偃・斉人・宋人・衛北宮括・鄭公孫蠆・曹人・莒人・邾人・滕人・薛人・杞人・小邾人伐秦、
襄公十四年冬、季孫宿会晋士匄・宋華閲・衛孫林父・鄭公孫蠆・莒人・邾人于戚、
襄公十五年二月己亥、及向戌盟于劉、
襄公十六年三月、公会晋侯・宋公・衛侯・鄭伯・曹伯・莒子・邾子・薛伯・杞伯・小邾子于溴梁、
襄公十六年（三月）戊寅、大夫盟、
襄公十六年（五月）、叔老会鄭伯・晋荀偃・衛甯殖・宋人伐許、
襄公十八年冬十月、公会晋侯・宋公・衛侯・鄭伯・曹伯・莒子・邾子・滕子・薛伯・杞伯・小邾子同囲斉、
襄公十九年春王正月、諸侯盟于祝柯、
襄公十九年（冬）、叔孫豹会晋士匄于柯、
襄公二十年春王正月辛亥、仲孫速会莒人盟于向、
襄公二十年夏六月庚申、公会晋侯・斉侯・宋公・衛侯・鄭伯・曹伯・莒子・邾子・滕子・薛伯・杞伯・小邾子盟于澶淵、
襄公二十一年（冬十月）、公会晋侯・斉侯・宋公・衛侯・鄭伯・曹伯・莒子・邾子于商任、

襄公二十二年冬、公会晋侯・斉侯・宋公・衛侯・鄭伯・曹伯・莒子・邾子・薛伯・杞伯・小邾子于沙随、
襄公二十四年（八月）、公会晋侯・宋公・衛侯・鄭伯・曹伯・莒子・邾子・滕子・薛伯・杞伯・小邾子于夷儀、
襄公二十五年（夏五月）、公会晋侯・宋公・衛侯・鄭伯・曹伯・莒子・邾子・滕子・薛伯・杞伯・小邾子于夷儀、
襄公二十五年秋八月己巳、諸侯同盟于重丘、
襄公二十六年（夏）、公会晋人・鄭良霄・宋人・曹人于澶淵、
襄公二十七年夏、叔孫豹会晋趙武・楚屈建・蔡公孫帰生・衛石悪・陳孔奐・鄭良霄・許人・曹人于宋、
襄公二十七年秋七月辛巳、豹及諸侯之大夫盟于宋、
襄公二十九年（夏五月）、仲孫羯・晋荀盈・斉高止・宋華定・衛世叔儀・鄭公孫段・曹人・莒人・滕人・薛人・小邾人城杞、
襄公三十年（冬十月）、晋人・斉人・宋人・衛人・鄭人・曹人・莒人・邾人・滕人・薛人・杞人・小邾人会于澶淵、宋災故、
昭公元年（春王正月）、叔孫豹会晋趙武・楚公子囲・斉国弱・宋向戌・衛斉悪・陳公子招・蔡公孫帰生・鄭罕虎・許人・曹人于虢、
昭公四年夏、楚子・蔡侯・鄭伯・許男・徐子・滕子・頓子・沈子・小邾子・宋世子佐・淮夷会于申、
昭公九年春、叔弓会楚子于陳、
昭公十一年（五月）、仲孫玃会邾子盟于祲祥、
昭公十一年秋、季孫意如会晋韓起・斉国弱・宋華亥・衛北宮佗・鄭罕虎・曹人・杞人于厥慭、
昭公十三年秋、公会劉子・晋侯・斉侯・宋公・衛侯・鄭伯・曹伯・莒子・邾子・滕子・薛伯・杞伯・小邾子于平丘、
昭公十三年八月甲戌、同盟于平丘、公不与盟、
昭公二十五年夏、叔詣会晋趙鞅・宋楽大心・衛北宮喜・鄭游吉・曹人・邾人・滕人・薛人・小邾人于黄父、
昭公二十六年秋、公会斉侯・莒子・邾子・杞伯盟于鄟陵、
昭公二十七年秋、晋士鞅・宋楽祁犂・衛北宮喜・曹人・邾人・滕人会于扈、
昭公三十一年（春王正月）、季孫意如会晋荀躒于適歴、
昭公三十二年冬、仲孫何忌会晋韓不信・斉高張・宋仲幾・衛世叔申・鄭国参・曹人・莒人・薛人・杞人・小邾人城成周、
定公三年冬、仲孫何忌及邾子盟于抜、
定公四年三月、公会劉子・晋侯・宋公・蔡侯・衛侯・陳子・鄭伯・許男・曹伯・莒子・邾子・頓子・胡子・滕子・薛伯・杞伯・小邾子・斉国夏于召陵、侵楚、
定公四年五月、公及諸侯盟于皐鼬、

計123回である。晋覇業期間は斉覇にくらべ長いが、概略的な当該期の国際政治からすれば、いくつかの画期が設定で

きよう。一つは宣公十二年邲の戦いで、楚・晋の本格的な軍事対立により晋が敗績、国際社会での実質的力を衰退させ、楚の政治権力が中原世界へ浸透し始める。こうしたなか楚の支援を受ける斉が直接、晋と戦火を交えたのが成公二年の鞌の戦いであった。斉は晋連合の前に敗退するが、同年の蜀の盟で晋・楚の対立がいっそう表面化した。したがって、宣公十二年から成公二年は、晋覇業期における一つの転機と位置づけられよう。さらに、晋・楚対立の激化と、斉・秦の強国ぶりに苦しめられる小国の立場から提案された和平会議である弭兵の会（襄公二十七年の宋の会）は、やはり国際社会の変質を促す一つの機会となったと考えられる。ここでは、

Ⅰ期　僖公二十九年践土の盟〜成公二年鞌の戦い前

Ⅱ期　成公二年鞌の戦い〜襄公二十七年宋の会の前

Ⅲ期　襄公二十七年宋の会〜定公四年召陵の会

という三期区分に基づき考察することにしよう[54]。

Ⅰ期の成公二年までの晋覇業期間の会盟傾向を見ると、会盟自体は計39回確認できる。これは、僖公二十八年「五月癸丑、公会晋侯・斉侯・宋公・蔡侯・鄭伯・衛子・莒子盟於践土」とある、対楚対抗を鮮明とした晋文公の覇業確立であった践土の盟にはじまる。ただ当該期、践土の盟のような諸侯国連合の会盟は意外と少なく、二国間会盟が22回見られ、「22／39＝56％」とかなりの数値を示す。これは、斉覇業期間の荘公十五年以前の二国間会盟に近い数値である。Ⅱ期の成公二年鞌の戦い以降から襄公二十七年宋の会の前までの会盟は65回確認できる。このうち二国間会盟は12回見られ、「12／65＝18％」であり、当該期では諸侯国連合による会盟が主流であったと考えられる。Ⅲ期、宋の会（弭兵の会）以降の会盟は19回であり、このうち二国間会盟が4回見られ[55]、「4／19＝21％」とわずかばかり増加の傾向を示している。したがって、Ⅱ期からⅢ期にかけて諸侯国連合の会盟は傾向として減少したことになろう。なか

でも、晋覇業期間の三期区分での魯における二国間会盟の対象国がⅠ期では斉の8回（文公十六・十六・十七・宣公元・七・十一・十四・十五年）、晋の7回（文公元・二・三・八・十一・十三・成公元年）と斉・晋が目立つが、魯にとって覇者晋よりも斉との二国間会盟が多い点は留意すべきである。Ⅱ期では晋6回（成公三・五・十一・十六・襄公三・十九年）、衛2回（成公三・襄公七年）、宋1回（襄公十五年）、莒1回（襄公二十年）などが確認でき、晋との二国間会盟が魯にとって多くなり、反対に斉とのものは見られなくなる。このように魯の二国間会盟でも、晋覇の影響はⅡ期で顕著に認められる。[56] いずれにしても、晋覇業期間の会盟では、三期区分のうちⅠ期はいまだ諸侯国連合による会盟がそれほど開催されず、Ⅱ期に至り諸侯国連合が主流となり、Ⅲ期になってふたたび減少している。[57] 当該期間での覇者晋と楚の対立抗争がもたらした国際政治の方向性として留意すべきである。

Ⅰ期では諸侯国連合の会盟は17回だったが、このなかで、

宣公十一年夏、楚子・陳侯・鄭伯盟于辰陵、

とあり、晋の関与が見られない会盟がある。『左伝』では「陳・鄭服也」とあり、楚側に陳・鄭両国が服属したと、晋覇体制からの両国の離脱を伝えている。晋に敵対する勢力圏の再構築である。Ⅱ期では諸侯国連合の会盟が53回であったが、晋の関与が見られないのは、成公二年蜀の盟すなわち『左伝』が「匱盟」と伝えるものである。諸侯は晋の顔色を窺いながら形式的に楚の盟に参加していた。したがって、盟自体は実態として晋の統制を受けていたと考えられる。

襄公元年（夏）、仲孫蔑会斉崔杼・曹人・邾人・杞人次于鄫、

とあり、魯・斉らの会協同行動でも晋が見えない。ただ、この前提には同年『春秋』に「夏、晋韓厥帥師伐鄭」とあり、『左伝』では「於是東諸侯之師次于鄫、以待晋師」と伝えている。晋の鄭攻伐に魯らは合流のため駐屯していた

わけで、晋の軍事行動に連動する会盟であった。

襄公五年（夏）、仲孫蔑・衛孫父会呉于善道、

とあり、魯・衛・呉の会でも晋の関与が見られない。『左伝』では、

呉子使寿越如晋、辞不会于雞沢之故、且請聴諸侯之好、晋人将為之合諸侯、使魯・衛先会呉、且告会期、

と伝えている。呉子が雞沢の会（襄公三年）に参加できず諸侯との友好を求めたため、晋は諸侯を集めようとした。晋は会に積極的に関与したものと思われる。Ⅲ期では諸侯国連合の会盟は15回であったが、

昭公四年夏、楚子・蔡侯・陳侯・鄭伯・許男・徐子・滕子・頓子・胡子・沈子・小邾子・宋世子佐・淮夷会于申、

とあり、楚の諸侯連合による会盟が見える。これは唯一、晋の直接、間接の関与が確認できない事例である。杜注は「楚霊王始会諸侯」と解説している。『左伝』には「夏、諸侯如楚、魯・衛・曹・邾不会、曹・邾辞以難、公辞以時祭、衛侯辞以疾」とあり、申の会に魯・衛・曹・邾は参加を予定していたが、口実を設け欠席したらしい。ただし、これには襄公二十七年宋の会（弭兵の会）の規約が関係していた。『左伝』に、

子木謂向戌、請晋・楚之従交相見也、庚午、向戌復於趙孟、趙孟曰、晋・楚・斉・秦匹也、晋之不能於斉、猶楚之不能於秦也、楚君若能使秦君辱於敝邑、寡君敢不固請於斉、壬申、左師復言於子木、子木使馹謁諸王、王曰、釈斉・秦、他国請相見也、

とある。したがって、申の会は晋・楚抗争の国際関係のなか、斉・秦の国力を無視し得ない情勢にもとづく、晋・楚同盟国の相互朝見であった。さらに、

昭公二十六年秋、公会斉侯・莒子・邾子・杞伯盟于鄟陵、

とあり、晋が見えない。『左伝』では「謀納公也」と伝え、出国している魯昭公の帰国計画の会盟であった。ここに

は晋の関与が認められないが、『春秋』昭公二十七年の扈の会に対して『左伝』に「且謀納公也」とあり、晋が昭公の帰国を画策している。したがって、昭公二十六年時点でも晋は全く無関係であったとはいえないであろう。こうして、晋覇業期間で確認できる晋の関与しない会盟では当該の三期区分のうち、Ⅰ期の1事例は反晋連合の形成、Ⅱ期の1事例はむしろ晋の影響が考えられ、Ⅲ期は魯の個別問題と国際規約に関わるものであった。いずれにしても、各期の会盟がそれぞれの国際情勢を伝え、殊にⅡ期の会盟は晋覇の影響力のもとに成立した国際社会の動向を敏感に反映している。

晋覇業期間全体ではいくつかの特色が見られる。晋の対抗国であった楚は当該期間では8回の会盟が確認できる。三期区分ではⅠ期2回（宣公十一・十五年）、Ⅱ期2回（成公二・二年）、Ⅲ期4回（襄公二十七・昭公元・四・九年）である。斉覇業期間での楚の会盟参加が1回であったことにくらべ、晋覇の国際情勢の変質が窺える。(58) Ⅰ期の宣公十一年については前述した。宣公十五年に関しては、

春、公孫帰父会楚子于宋、

とあり、魯・楚の二国間会盟が宋で行われている。宣公十二年邲の戦いで楚の前に晋が敗退し、同「冬十有二月戊寅、楚子滅蕭」と、楚は宋の附庸国蕭を滅ぼした。『左伝』には「冬、楚子伐蕭、宋華椒以蔡人救蕭」とあり、宋は蕭の救援を蔡に託したと伝えている。その後、楚が宋に対して軍事行動を展開するが、宣公十五年の会盟はこうしたなかに位置づけられるものである。宣公十五年に「夏五月、宋人及楚人平」とあり、楚・宋の講和が見られるからである。したがって、Ⅰ期の楚の会盟参加は、晋覇との対立を明確にした行動で、晋のやや覇業衰退にともなう楚の活発な外交といえよう。これに対してⅡ期の楚の会盟参加は楚主催の蜀の盟で、鞌の戦いでの晋の敗績後の外交活動である。Ⅲ期での楚の会盟参加は襄公二十七年宋の会（弭兵の会）であり、昭公元年虢の会でも楚は見えるが、『左伝』には

「遂会於虢、尋宋之盟也」とあり、宋の会との関係を伝えている。昭公四年も同様の事情によることは前述のとおりである。昭公九年には、

春、叔弓会楚子于陳、

と、楚・魯の二国間会盟を記録するが、『左伝』では「春、叔弓・宋華亥・鄭游吉・衛趙黶会楚子于陳」とあり、諸侯国連合の会盟と伝えている。杜注は「楚子在陳、四国大夫往、非盟主所召、不行会礼、故不総書」と見る。いずれにしても、楚の国際社会における指導性が認められよう。このように『春秋』では晋覇業期間に楚の晋に対抗する外交を随所に記録しているわけである。

斉覇期間に会盟参加が見られなかった呉が、当該期間では確認できる。その5回とも当該期間のⅡ期に集中している。前述したとおり襄公五年では晋の積極的関与が考えられるが、他の4回はともに晋覇の諸侯国連合の一構成国としての呉の会盟参加である（成公十五・襄公三・十・十四年）。

成公十五年冬十有一月、叔孫僑如会晋士燮・斉高無咎・宋華元・衛孫林父・鄭公子鰌・邾人会呉于鍾離、

とあり、『左伝』では「十一月、会呉于鍾離、始通呉」と伝え、晋連合と呉のはじめての通交を指摘する。国際情勢からは趙鵬飛が、

于時呉・楚両熾、晋既抗楚、則不得不与呉以奪楚援、（『春秋大事表』巻二十九春秋呉晋争盟表所引）

と考えるように、晋としては明確に楚を意識した対呉会盟であったと考えられる。

襄公十四年春王正月、季孫宿・叔老会晋士匄・斉人・宋人・衛人・鄭公孫蠆・曹人・莒人・邾人・滕人・薛人・杞人・小邾人会呉于向、

とあり、『左伝』には「春、呉告敗于晋、会于向、為呉謀楚故也」と、その背景を伝えている。前年、呉が楚に侵入

し大敗したことに関連して、晋覇連合が対楚政策を協議したという。呉の晋覇に依存した対楚戦略と見られる。ただこうした呉の要請は、『左伝』に「范宣子数呉之不徳也、以退呉人」とあり、晋の拒否するところとなったらしい。晋を中心とする諸侯国連合には、対楚抗争にあって呉の要請を拒否する意見があったのかもしれない[59]。このような晋が呉の要求を拒否する態度が、以降のⅢ期での呉の会盟不参加につながったものとも考えられる。いずれにしても、対楚抗争の激化が呉参加の会盟記事となったわけで、国際情勢が明確に『春秋』に投影されている。

晋覇業期では秦の会盟参加も見られる。晋覇期間のⅠ期に、

僖公二十九年夏六月、会王人・晋人・宋人・斉人・陳人・蔡人・秦人盟于翟泉、

とあり、『左伝』では「尋践土之盟、且謀伐鄭也」と、会盟の背景を伝えている。さらに、成公二年蜀の盟でも秦の参加が確認できる[60]。なお、越は晋覇期間の会盟には見られない。

晋覇期間の会盟での楚・呉・秦の登場は、斉覇期間にくらべ晋覇がより広範な地域を対象に展開されたことを示している。しかも、それらの国は晋覇の成立にも関わらず、依然として力を保持していた点が窺え、晋覇体制自体の複雑さが想像される。

『春秋』の晋覇期間の会盟記事にあって、個人名が明記される事例を魯大夫の場合に限って確認すると、以下のとおりである。

Ⅰ期……公孫敖（文公元・二年）、叔孫得臣（文公三年）、公子遂（文公八・八・九・十六年）、叔彭生（文公十一年）、季孫行父（文十六年）、公孫帰父（宣公十一・十四・十五年）、仲孫蔑（宣公十五年）、臧孫許（成公元年）

Ⅱ期……叔孫僑如（成公五・八・十五年）、季孫行父（成公二・十六年）、仲孫蔑（成公十八・襄公元・元・二・二・五年）、叔孫豹（襄公三・十四・十九年）、季孫宿（襄公八・十四・十四年）、叔老（襄公十六年）、仲孫速（襄公二十年）

Ⅲ期……叔孫豹（襄公二十七・二十七・昭公元年）、仲孫羯（襄公二十九年）、叔弓（昭公九年）、仲孫玃（昭公十一年）、季孫意如（昭公十一・三十一年）、叔詣（昭公二十五年）、仲孫何忌（昭公三十二・定公三年）

斉覇期間にくらべはるかに多い。この回数を単純に各期の会盟回数で占める割合を示すと、

Ⅰ期　14／39＝36％　Ⅱ期　19／65＝30％　Ⅲ期　11／19＝58％

となる。Ⅱ期での減少とⅢ期の伸びが見られる。このような傾向は、他国大夫の頻繁な会盟参加と連動しているものと考えられる。いずれにせよ、Ⅲ期での魯大夫の会盟参加の上昇は、宋の会後の諸侯に代わる大夫の国際政治への進出を如実に示していよう。

『春秋』で会盟参加者を「某人」と記録する事例は、Ⅰ期では4（僖公二十九年翟泉の会盟・文公三年対沈会協同行動・文公九年対鄭会協同行動・宣公十二年清丘の同盟）である。僖公二十九年についてはすでに指摘した。

文公三年春王正月、叔孫得臣会晋人・宋人・陳人・衛人・鄭人伐沈、沈潰、

とあり、『左伝』には「春、荘叔会諸侯之師伐沈、以其服於楚也」と伝えるのみである。

文公九年（三月）、公子遂会晋人・宋人・衛人・許人救鄭、

とあり、『左伝』には「公子遂会晋趙盾・宋華耦・衛孔達・許大夫救鄭、不及楚師、卿不書緩也、以懲不恪」と、卿名とそれを記さなかった理由を述べる。

宣公十二年（冬十有二月）、晋人・宋人・曹人同盟于清丘、

とあり、『左伝』には「晋原穀・宋華椒・衛孔達・曹人同盟于清丘、曰恤病、討貳、於是卿不書、不実其言也」と、卿名とその盟約の不実行を説明している。Ⅱ期では成公二年蜀の盟に「某人」が見えるが、これについても前述した。

Ⅲ期では、

襄公三十年（冬十月）、晋人・斉人・宋人・衛人・鄭人・曹人・莒人・邾人・滕人・薛人・杞人・小邾人会于澶淵、
宋災救、

とあり、「某人」が宋の火災見舞いに見られる。『左伝』には「冬十月、叔孫豹会晋趙武・斉公孫蠆・宋向戌・衛北宮佗・鄭罕虎及小邾之大夫会于澶淵」とあり、個人名ならびに魯の叔孫豹の会盟参加を伝えている。さらに、『左伝』では「既而無帰於宋、故不書其人」と、宋への見舞い品が渡らなかった点を個人名のない理由とする。しかも、「君子曰、信其不可不慎乎、澶淵之会、卿不書、不信也、……不書魯大夫、諱之也」と、君子の言説として会盟自体の不当性を全面に出している。いずれにしても、晋覇期間での会盟記事の「某人」の特殊性が指摘でき、これは個人名記載の会盟の変型であったといえよう。なお、晋覇業期間の諸侯国連合による個人名表記を見ると、

Ⅰ期　4／17＝23％　　Ⅱ期　27／53＝51％　　Ⅲ期　9／15＝60％

となる。Ⅰ期からの増加傾向とⅢ期の伸びは留意すべき数値と考えられる。

以上、『春秋』に見える会盟記事について斉覇期間、晋覇期間に分けて基礎的な整理を行った。この結果、会盟の形態では二国間外交が斉覇期間の桓公出現前までは主流で、桓公登場以後は諸侯国連合へと発展した。ただ、ふたたび晋文公の覇業成立期のⅠ期までは二国間外交が活発に見られ、Ⅱ期に至りはじめて諸侯国連合の会盟が主流となるが、Ⅲ期では二国間外交が復活する。(61)この意味でⅢ期の画期となる宋の会は、国際政治にあって重要な役割を果たした。

会盟政治の全体的推移は、各時期における魯国を中心とする二国間外交でも裏付けることができる。斉覇での斉桓公出現以前は宋との二国間外交が目立つが、晋覇ではⅠ期で斉との二国間外交が回数的にも多かった。それだけ覇者体制の浸透が不十分であったため、覇者を戴く諸侯国連合の会盟自体は少数となったといえよう。殊に晋覇期間では、南方の大国楚の中原社会への武力干渉が、こうした側面と実は表裏をなすものと考えられる。しかも、『春秋』の会

盟参加者に見られる個人名の表記は、魯大夫の事例、あるいは諸侯国大夫の会盟列席をとっても、ともに晋覇業期のⅢ期で大きな伸びが確認できる。したがって、当該時代の覇者政治は晋覇期間のⅡ期にピークを迎え、Ⅲ期に至り楚の本格的台頭と連動して衰退を示しながら、各諸侯国の大夫層の政治参加が国際社会で大きな役割を担うことになったと考えられる[62]。無論そこには、呉の動向なども課題となっていたわけである。

おわりに

『春秋』に見える会盟記事について、会盟行為自体の考察と会盟の分類、さらに若干の斉・晋覇業期の会盟の整理を行った。きわめて初歩的な段階の確認であるが、簡単に要約すると次のようになろう。

『春秋』の会盟記事は三伝の解釈によれば、外交儀礼上の相違点があった。『春秋』の魯国史としての視点では、魯国君、魯大夫の会盟関与の分類から、当該時代の会盟の二国間外交から諸侯国連合への推移、諸侯政治から大夫政治への変容が見られ、会盟自体の当該時代はじめからの減少傾向が窺える。さらに、斉・晋両覇業期間の会盟傾向からは、覇者体制のもと諸侯国連合による会盟に終始せず、二国間外交の晋覇業成立期での復活、楚の中原への武力干渉と連動しながら、諸侯から個人名を有す大夫の会盟参加が顕著であった。

こうして得られた初歩的な理解は、当該時代の外交に基本的視座を与えるものと考えられる。覇者政治の推移、それを取り巻く諸侯国の動向に集約される国際政治の転換期の問題、特に斉覇と晋覇での会盟政治の傾向の相違などは留意すべき観点である。しかも、宋の会がもたらす覇者政治自体への影響は、当該時代の外交での各諸侯国の動向とともに多くの課題を含むものと考えられる。

以下の各章ではより個別の問題から、会盟政治と国際社会の動向を分析することにしよう。

註

（1）伊藤道治「春秋会盟地理考」（『田村博士頌寿記念東洋史論叢』所収、同朋舎、一九六八年）、高木智見「春秋時代の血盟習俗について」（『史林』六八―六、一九八五年）、山西省文物工作委員会編『侯馬盟書』（文物出版社、一九七八年）、江村治樹「侯馬盟書考」（『内田吟風博士頌寿記念東洋史論集』所収、同朋舎、一九七八年、同氏『春秋戦国秦漢時代出土文字資料の研究』所収、汲古書院、二〇〇〇年）、河南省文物研究所「河南温県東周盟誓遺址一号坎発掘簡報」（『文物』一九八三―三）、吉本道雅「春秋載書考」（『東洋史研究』四三―四、一九八五年）、平勢隆郎「趙孟とその集団成員の「室」――兼ねて侯馬盟書を検討する――」（『東洋文化研究所紀要』九八、一九八五年、同氏『左伝の史料批判的研究』所収、汲古書院、一九九八年）、張二国「先秦時期的会盟問題」（『史学集刊』一九九五―一）、江村治樹「春秋時代盟誓約参加者の地域的特質」（『名古屋大学東洋史研究報告』二五、二〇〇一年）等参照。

（2）『春秋』および三伝については、竹内照夫『春秋』（東洋思想叢書、日本評論社、一九四三年）、野間文史「春秋経文について」（『広島大学文学部紀要』五〇、一九九一年、同氏『春秋学　公羊伝と穀梁伝』所収、研文出版、二〇〇一年）、顧頡剛講授、劉起釪筆記『春秋三伝及国語之綜合研究』（中華書局、一九八八年）、顧頡剛遺作・王煦華整理「春秋研究講義案語」（『中国古籍研究』第一巻、上海古籍出版社、一九九六年）、徐中舒『左伝選』後序（中華書局、一九六三年）、楊伯峻等『経書浅談』（国文天地雑誌社、一九八九年）、趙生群「論孔子《春秋》」（『文史』一九九九―二、同氏『《春秋》経伝研究』所収、上海古籍出版社、二〇〇〇年）等参照。『春秋』に見える会盟記事については、陸淳『春秋啖趙集伝纂例』巻四盟会例第十六（叢書集成初編）、程発軔『春秋要領』（東大図書公司、一九八九年）、註（1）張二国「先秦時期的会盟問題」等によるが、若干の私見を加えている。

（3）本田済「春秋会盟考」（『日本中国学会報』一、一九五〇年、同氏『東洋思想研究』所収、創文社、一九七二年）参照。

（4）杜注「公既会而盟、盟不書非期後也、蓋公還告会、而不告盟」

（5）陸淳『春秋啖趙集伝纂例』巻四盟会例第十六会所引。
（6）『左氏会箋』襄公五年「凡会又盟者、或主会、或主盟、軽重互有之、時史有軽重並挙者、有書重略軽者」、楊伯峻『春秋左伝注』隠公十年条（中華書局、一九八一年）参照。
（7）陳顧遠『中国国際法溯源』（台湾商務印書館、一九六七年）では、諸侯同士に二国間の既定の会、他国の依託による会、覇者の主導の会、と「会」には三種類あると見る。
（8）『左氏会箋』荘公十六年条参照。なお、陳顧遠氏は、同心の同盟、諸侯相互の同盟、攻守の同盟、と「同盟」には三種類あるとする（註（7）同氏、前掲書第三章盟誓）。吉本道雅「春秋斉覇考」（『史林』七三―二、一九九〇年、同氏『中国先秦史の研究』所収、京都大学学術出版会、二〇〇五年）では、『春秋』『左伝』の用例から同盟を、イ離反者との友好関係の回復、ロ離反の予防、と規定する。
（9）傅隷樸『春秋三伝比義』荘公十六年条参照（中国友誼出版公司、一九八四年）。
（10）呂静「『左伝』に見える盟誓記事についての史料批判的検討」（『史料批判研究』二、一九九九年）では、この葵丘の盟の盟誓を「古くからの表現が保存されたと見なせる載書」とする。
（11）陳顧遠氏は、「不期而会」、「要約意義」、「密謀意義」と「遇」には三種類あると見る（註（7）同氏、前掲書第二章遇離）。なお、許翰「隠・荘之間、凡六書遇、自閔以後、有会無遇」（顧棟高『春秋大事表』春秋賓礼表巻十七之下所引）という指摘がある。
（12）『春秋左伝注』隠公六年条参照。
（13）『春秋』宣公十五年「夏五月、宋人及楚人平」とあり、「孔疏」に「伝載盟辞、則此平有盟、不書盟者、釈例曰、宋人及楚人平、実盟書平、従赴辞也」と見える。
（14）傅隷樸『春秋三伝比義』桓公三年条参照。
（15）『春秋左伝注』隠公三年条「当時常語、即修旧好之義」、小倉芳彦訳『春秋左氏伝』上中下（岩波文庫、一九八八―八九年）参照。

(16) 小倉芳彦「涖盟考」(『中国古代史研究第六』研文出版、一九八九年、同氏『小倉芳彦著作選3』所収、論創社、二〇〇三年)参照。
(17)「孔疏」(桓公二年)引釈例「凡盟有一百五、公行一百七十六、書至者八十二、其不書至者九十四、皆不告廟也」
(18)『春秋左伝注』隠公元年条参照。
(19)『公羊伝』『穀梁伝』の経文とも「公」字がある。
(20) 孔疏(荘公十四年)には会盟に限定したものではないが、「経書人而伝言諸侯、先儒以為諸如此輩皆是諸侯之身、……、諸侯在事伝有明文、而経称人者、凡十一条、丘明不釈其義」とあり、留意すべきであろう。ただ、吉本道雅氏は、「某人」が諸侯を指す場合は宣公五年経以前に限られ、「国名・人」は世族ないし卿大夫であることが多いとする(「春秋国人考」『史林』六九―五、一九八六年、註(8)同氏、前掲書所収)。
(21)『公羊伝』の経文では「会」字の上に「公」字がある。
(22) 張二国氏は会盟・盟会の類型別に『春秋』『左伝』から会盟問題を論じ(註(1)同氏、前掲論文)、江村治樹氏は盟誓参加者の「国間」「国内」の傾向を通じてその地域性を考察し(註(1)同氏「春秋時代盟誓約参加者の地域的特質」)、本章の視座とは異なるが、ともに参考となるところが多い。
(23)『春秋』隠公二年「春、公会于戎于潜」とあるが、本章では「戎」の実態を諸侯国の国君と同様に考える。
(24)『左伝』隠公二年「春、……、修恵公之好、戎請盟、公辞、……、戎請盟、秋、盟于唐、復修戎好」
(25)『春秋』文公十年「(秋)、及蘇子盟于女栗」とあり、杜注には「蘇子、周卿士」というが、周王室の代理として他国君と同様に分類する。
(26)『左氏会箋』僖公五年条「……、皆間有異事、故称諸侯、此春秋之書法也、又会盟異月者、必再書其地、以見其盟地即会地、此亦常例」
(27)『春秋左伝注』隠公十年条参照。
(28) 范甯集解(桓公十五年)には「鄭突欲簒国、伐而正之義也、不応疑、故責之」とあり、鄭の政治状況を考慮している。

(29) 杜注（桓公十五年）「春既謀之、今書会者、魯諱議納不正也」

(30) 江村治樹氏は『春秋』『左伝』の会盟を検討し、「公同志とは、国君がお互いに直接会って盟約を取り結ぶ場合であり、中期（僖公十一年〜襄公二十三年）後半に盟誓全体に占める割合がやや少なくなるが、春秋時代を通じてコンスタントに事例が見られる。このような方式の盟誓は、春秋時代において、国と国が関係を維持する場合の基本的な方式であったと考えられる」と指摘する。また、「春秋時代においては、……、諸侯が関与する国際間の会盟は公が中心になって行われるのが通例であったと考えてよいであろう」とも見える（註（1）同氏「春秋時代盟誓約参加者の地域的特質」）。

(31) 『左伝』昭公三年には「昔文・襄之覇也、……、有事而会、不協而盟」とあるが、会盟は時々の状況により相違したと考えられる。

(32) 『春秋』『左伝』で記録される個人名については、大子・卿・大夫等が認められると考えられるが、大子以外は特にことわらないかぎり「大夫」という呼称で統一する。

(33) 『公羊伝』文公二年「此晋陽処父也、何以不氏、諱与大夫盟也」

(34) 『左氏会箋』桓公十三年条「燕人蓋南燕君也、……、以其僻陋、不準列国、猶楚子・秦伯称人之例、後経邾人・牟人・葛人、及江人・黄人、皆当其君也」

(35) 杜注（僖公二十五年）「衛文公既葬、成公不称爵者、述父之志、降名従未成君、故書子以善之」。なお、「某子」については、本書第二部第六章第二節『春秋』の他国君即位、参照。

(36) 傅隷樸『春秋三伝比義』荘公五年条参照。

(37) 『公羊伝』『穀梁伝』の経文とも「曹伯」の下に「莒子・邾子・滕子・薛伯」が見える。

(38) 『春秋』荘公二年「冬十有二月、夫人姜氏会斉侯于禚」等の魯公夫人と他国君（斉侯）の「会」はいま除外して考える。

(39) 杜注（襄公八年）「晋悼難労諸侯、唯使大夫聴命」

(40) 『春秋大事表』春秋賓礼表巻十七之下内大夫特会大夫所引、王葆「大夫交為会礼、以謀国事、諸侯之政、大夫擅之矣」

(41) 杜注（襄公三年）「諸侯既盟、袁僑乃至、故使大夫別与之盟、言諸侯之大夫則在雞沢之諸侯也」

（42）『左氏会箋』文公二年条「此晋大夫盟諸侯書名之始、即外大夫会諸侯盟而書名之始、穀梁内大夫可以会外諸侯之説、不可通於左氏、貶柔於始、此春秋明例也」

（43）江村治樹氏は、「春秋中期後半のある時期からは、国際間の重要な問題は、晋の大夫を中心とする各国大夫たちの会盟によって決定されたとみなしてよい」と指摘する（註（1）同氏「春秋時代盟誓約参加者の地域的特質」）。張二国氏は、卿大夫の会盟参加が春秋中期および晩期の早い時期に集中し、同早期と晩期のおそい時期には少ないとする（註（1）同氏、前掲論文）。

（44）吉本道雅「春秋斉覇考」（前掲）、同「春秋晋覇考」（『史林』七六―三、一九九三年、註（8）同氏、前掲書所収）参照。

（45）ここでの「会盟」は、「会」「盟」「会……盟」「会」協同行動のみならず「遇」「同盟」等もすべて含むが、「平」「涖盟」「来盟」等は除外している。

（46）『春秋大事表』春秋斉楚争盟表巻二十六所引、呉澄「単伯復会斉・宋之君以結成、而衛・鄭之君亦来会、斉伯略定矣」

（47）『春秋大事表』春秋斉楚争盟表巻二十六所引、張洽「伝謂斉始伯、指諸侯始定而言、然魯未信服、是後宋猶主兵衛・鄭、未免復叛、蓋斉伯駸駸、而諸侯之心猶未一也」

（48）吉本道雅氏は、覇主と各諸侯との個別性、春秋初頭の盟の限界を指摘する（註（8）同氏「春秋斉覇考」）。なお、二国間外交については、本書第二部第三章朝聘外交、参照。

（49）『春秋大事表』春秋宋楚争盟表巻二十七、春秋於斉晋外尤加意於宋論「……、蓋宋為中国門戸、常倔強不肯即楚、以為東諸侯之衛、至宋即楚、而天下之事去矣」とあるが、『春秋』には宋を尊重する立場を見出す。なお、宋を「宋公」と称謂する自体が、殷王朝の後裔として周王朝により「侯」に任じられることなく国君の地位を得たことに由来し、宋を他の外諸侯の上位、すなわち覇者の最上位に序列した、という指摘がある（吉本道雅「春秋五等爵考」『東方学』第八七輯、一九九四年）。

（50）葵丘の会に際し『左伝』僖公九年には「宰孔先帰、遇晋侯曰、可無会也、斉侯不務徳而勤遠略、故北伐山戎、南伐楚、西為此会也、東略之不知、西則否矣、其在乱乎、君務靖乱、無勤於行、晋侯乃還」とあり、斉覇期間での晋の排除を暗示する。吉本道雅氏は、晋が王朝と独自の関係を維持することを王朝が期待し、斉の中原西半への介入を回避していたと考えている

（註（8）同氏、「春秋斉覇考」）。

(51) 江村治樹氏は、春秋の前期について「前半には斉、魯、邾、宋、衛、鄭などの大夫が参加しており、後半になると曹、許の大夫が加わる。後の時期に事例が増加する晋の大夫が見あたらないが、とりたてて特定地域の国の大夫だけが参加しているようには思われない」と指摘する（註（1）同氏「春秋時代盟誓約参加者の地域的特質」）。

(52) 『春秋左伝注』隠公元年条参照。

(53) 該当年については、范甯集解参照。

(54) 宣公十二年邲の戦いで楚が晋を破ったが、楚の中原社会への本格的影響力は、成公二年鞌の戦いで楚が斉を援助したことに始まると見るべきであろう。本章では晋覇業期間のⅡ期の画期を成公二年の鞌の戦いからとするものである。なお、Ⅲ期の定公四年には召陵の会に連続する皐鼬の盟も含んでいる。

(55) 『春秋』昭公九年「春、叔弓会楚子于陳」とあり、二国間会盟を記録するが、『左伝』には「春、叔弓・宋華亥・鄭游吉・衛趙黶会楚子于陳」とあり、諸侯国連合の会盟と伝える。ここでは、『春秋』の記録を重視している。

(56) 吉本道雅氏は、晋・楚講和の成立が、同盟国の晋に対する義務の本来的意義を喪失させ、晋の覇者体制がここに専ら同盟国収奪の体制に転じた、と指摘する（註（44）同氏「春秋晋覇考」）。

(57) 『春秋大事表』春秋晋楚争盟表巻二十八所引、李廉「悼公伯業又始于彭城之救宋（成公十八年）、此時晋之勢漸盛、而楚之勢漸衰矣」などと指摘される、いわゆる「晋悼復覇」の状況が関係したものと考えられる。

(58) 楚に関しては文献の欠落があるかもしれないが、会盟自体が少ない。「楚覇」としての「楚↓従属国」の形式を各諸侯と結び、「楚覇の及ぶ範囲＝楚疆域」による「楚同盟」を形成したという見解が提出されている（山田崇仁「春秋楚覇考――楚の対中原戦略――」『立命館文学』五五四、一九九八年）。本書第二部第二章附論一楚覇期の会盟地、参照。

(59) 『春秋左伝注』襄公十四年条参照。『春秋大事表』春秋呉晋争盟表巻二十九所引、李廉「晋之会呉止此、自此以後、呉不資于晋、晋亦不能致呉、至黄池而両伯並列矣」

(60) 『春秋』僖公二十八年「冬、公会晋侯・斉侯・宋公・蔡侯・鄭伯・陳子・莒子・邾子・秦人于温」と、秦の参加が認められる。『春秋大事表』春秋晋楚争盟表巻二十八所引、呉澂「……、践土無郲・秦、至此則小国畏威、大国聞風而至、于見晋伯之盛」というとおりであろう。全体的な状況は、顧棟高が「案、秦与中国之会盟、惟于温・翟泉輔晋攘楚、最合正、以後如成二年蜀之盟、且従楚攘晋矣、蓋自戦勝城濮以後、秦已甘心為晋役、秦・晋合則可制楚而有餘、使無殽之釁、秦・晋之交永固、中国之兵争永息矣、是故非秦不能輔晋、非文公不能用秦」と指摘している。

(61)『春秋大事表』春秋賓礼表巻十七之下特会所引、霞峰華の説に詳しい。なお、張二国氏は、伯主会盟が僖公、成公、襄公時期に集中すると指摘している（註(1)同氏、前掲論文）。

(62)会盟に限定した見解ではないが、卿大夫個人名の『春秋』での出現について、『左氏会箋』隠公四年条には「春秋之初、世卿尚少、如挟翬無駭宛督、春秋単書其書、其後則魯三家、宋六族、鄭七穆、晋八卿、皆世執国柄矣」とあり、概要をまとめている。

第二章　斉覇・晋覇の会盟地

はじめに

春秋時代を通じて会合が92回、盟誓は128回を数えるという[1]。

第二部第一章で指摘のとおり、会盟の持つ儀礼的側面には興味深い問題があるが、現実的に和平会議として諸国間の抗争と表裏する点で、会盟の政治的影響力は外交関係を考える上で不可欠な課題といえよう。このため会盟については、政治的動向の重要な節目として、特に主催者である覇者の役割に関する追究が見られる[2]。

会盟は当該時代の特徴であり、外交の動向を示すが、会盟地には国邑と国邑以外の場所が存在することから、軍事対立との関連では問題を残すと思われる。第一部第一章で論じたように『春秋』の軍事行為は、国邑相互の動向に配慮しながら、その周辺に点在する鄙邑を対象とした攻撃を当該時代の後期に増加させる[3]。一体、国邑以外の会盟地は、国邑との関係からすれば、軍事対象となる鄙邑のような重要な役割をもつのであろうか。会盟地に選定される背景には、交通ルートとは別に、例えば会盟地自体の特殊な環境が存在したのか、あるいは、会盟地は外交関係のなかで如何に理解すべきなのかなど、問題が存在する。

本章では、国邑以外の会盟地について若干の考察を試みる。まず、当該時代の覇者の筆頭、斉桓公の卒時までの期間の外交関係を議論の中心に据える。さらに、斉桓公覇業期との対比から、晋文公にはじまる晋の長期にわたる覇業の外交関係について考察を加え、最終的に政治動向を規制した斉・晋両覇の特質を会盟地の傾向から導き出すものである。また、附論とし斉・晋との関連のなかで楚覇の会盟地についても整理を加える。

第一節　会盟地としての鄙邑

会盟地に関しては、『左伝』成公十一年に見える晋の范文子の発言に、

是盟也、何益、斉盟、所以質信也、会所、信之始也、始之不従、其可質乎、

とあり、会盟の重要事項の一つであった。会盟地の具体的規定は『礼記』曲礼下に「相見於郤地曰会」とあり、「郤地」という。「郤地」は鄭注では「郤、間也」と説明し、郭嵩燾『礼記質疑』巻二には、

郤地明非要地、所謂有事而会者、有所謀事于其国相交之地、期而見也、

とある。会盟地は国境附近の緩衝地帯であったとする。『周礼』春官大宗伯「時見曰会、殷見曰同」の鄭注には、

時見者、言無常期、諸侯有不順服者、王将有征討之事、則既朝覲、王為壇於国外、合諸侯而命事焉、

とあり、「国外」に「会」の場所を想定している。しかし礼世界にあって、周王が諸侯を統合する「会同」では、金鶚が大別するように境内・境外の二つの場所が考えられる[4]。ただ、経学的見地からの会盟地には国邑自体ではない点で一致するが、では一体どのような場所が選定されたかになると詳細は不明である。

『春秋』『左伝』で確認できる会盟地は、「桃丘」「召陵」「曲池」「翟泉」などの地名に代表されるように丘陵・水辺であるとする指摘が見られる。丘陵、水辺には山川鬼神が降臨し、会盟を監する神としての役割を担ったという[5]。習俗的レベルで会盟の性質を論じたものだが、はたして国邑以外の会盟地は鄙邑ではなく、丘陵・水辺等の地理的特徴

をもつ場所であったのであろうか。『春秋』隠公二年に、

（冬）、紀子帛・莒子盟于密、

とあり、杜注には「密、莒邑、城陽淳于県東北有密郷」とする。「密」を邑と考え、同時代の該当地域に比定し、会盟地が邑であった可能性を示唆している。(6) 顧棟高『春秋大事表』春秋列国都邑表では、ほぼ杜預の意見を踏襲しながら、各国領域内の「都」「邑」「地」を載せる。そのなかで、例えば、『春秋』桓公三年に、

夏、斉侯・衛侯胥命于蒲、

とある「蒲」を杜注が「衛地也、在陳留長垣県西南」とするのに対して、『春秋大事表』では「邑」の項に入れている（「春秋列国都邑表」衛）。このように国邑以外の会盟地は、丘陵・水辺等に必ずしも限定されず、鄙邑であったとする考えも見られる。(7)

以上からすれば国邑以外の会盟地は、国境附近の緩衝地帯であるとか、丘陵・水辺等とする必要はないであろう。邑としての側面を会盟地自体が負っていたといえよう。

『春秋』『左伝』の国邑以外の会盟地は、私見によれば165ヵ所確認できる。(8) そのなかで複数回会盟地として機能する場所は31ヵ所のみである。(9) 国邑以外の会盟地は複数回使用されることが稀であったことになる。したがって、同一地での複数回の会盟は会盟自体が特殊であったか、会盟地そのものが特別な存立状況をもつか、何らかの事情を配慮すべきである。会盟地が長期的継続的に機能する、会盟地の恒常化は当該時代にあっては考え難い。

当該期間の会盟地のうち杜注、『春秋大事表』等から邑であると認められる場所は、以下の22事例が見出せる。(10)

隠公元年…翼　隠公二年…密　隠公四年…清　隠公六年…艾　隠公八年…浮来
隠公九年…防　隠公十年…中丘　桓公三年…嬴・讙・蒲　桓公六年…成　桓公十一年…夫鐘・闞

桓公十二年…穀丘　桓公十七年…黄　　荘公二年…禚　　荘公十三年…柯　　荘公七年…穀
荘公十四年…鄄　　荘公二十二年…梁丘　　僖公三年…陽穀　　僖公十七年…卞

では、この他の会盟地は、国境附近の緩衝地帯あるいは丘陵・水辺の非邑地なのであろうか。問題の解明の前提として、まず会盟の式次第について考えてみよう。『春秋』桓公十四年に、

春正月、公会鄭伯于曹、

とあり、『左伝』では「曹人致餼、礼也」（杜注「熟曰饔、生曰餼」）と説明する。会盟地である曹国が参加者に食事を提供している。この点は、

夫諸侯之会、事既畢矣、侯伯致礼、地主帰餼、以相辞也、（『左伝』哀公十二年）

とあり、食事提供が会盟地主の責務と伝えている。さらに、

七月丙寅、治兵于邾南、甲車四千乗、羊舌鮒摂司馬、遂合諸侯于平丘、子産・子大叔相鄭伯以会、子産以幄・幕九張行、子大叔以四十、既而悔之、毎舎、損焉、及会、亦如之、（『左伝』昭公十三年）

とあり、会盟では帳と幕が張られ、準備過程での会盟地の役割が窺える。礼世界観を統合した『周礼』秋官司儀に、

司儀掌九儀之賓客擯相之礼、……、将合諸侯、則令為壇三成、宮、旁一門、……、致館亦如之、致飧如致積之礼、

とあるが、周王の諸侯待遇の一端は、こうした会盟の式次第を敷延したものと考えられる。また、同司盟には、

凡盟詛、各以其地域之衆庶共其牲而致焉、既盟、則為司盟共祈酒脯、（鄭注「盟詛者、欲相与共悪之也」）

とあり、賈疏が「盟処無常、但盟則遣其地之民出牲以盟」と指摘のとおり、会盟地では地域住民の会盟儀礼に関する貢献が当然予測されるわけである。(11)

以上から会盟地は単なる場所の提供に終始せず、地主として参加国のための施設等の建設準備や儀礼における食事

提供といった、人的経済的貢献の一端を担っていた。会盟地の選定は主催者にとって重要な事案であったと考えられる。ただ、こうした会盟式次第は国邑でのもので、しかも『周礼』世界の封建諸侯の礼規定である。しかし、会盟の状況からは、当該時代の鄙邑の会盟にあっても同様の式次第の規定が認められると思われる。会盟が国邑だけでなく、鄙邑でも行われる、いわば会盟地の互換性は、会盟地の機能の同質性を示していると考えられる。鄙邑での会盟に、――鄙邑自体の国邑との政治的従属関係はここでは問わないが――、会盟地としての人的経済的貢献が期待されていたといえる。したがって、会盟地の役割と機能から、会盟地に国境附近の緩衝地帯、丘陵・水辺等の地理的特徴を想定する議論は慎重を要しよう。会盟地がかりに邑自体でないとしても、会盟に備わる儀礼的側面には、周辺地域の住民の貢献が不可欠であったはずである。国邑以外の会盟地は、居民在住の鄙邑と密接な関係が存在したものと考えられる。

以上の展望により、国邑以外の会盟地は鄙邑であり、あるいは鄙邑の領域が舞台となり鄙邑が会盟に貢献した、という視点に立った考察があらためて必要となろう。会盟地が鄙邑であるとの前提に、当該期間における会盟地の存立状況を次に見ることにしよう。

第二節　斉覇期の会盟地

会盟地として機能する邑は、その特色の一つとして交通ルートとの関係、(12) さらに軍事対立の拠点とされるが、(13) ここでは、軍事面との関連を考えてみよう。当該期間までの会盟地のうち、前述の邑と考えられた22事例中、春秋時代を通じて軍事対象となるものは以下のとおりである。(14)

取……讙（哀公八年）　闞（昭公三十二年）　穀（僖公二十六年）　卞（襄公二十九年）
至……嬴（哀公十一年）　穀（襄公十九年）　陽穀（宣公十八年）
次……成（荘公三十年）
囲……防（襄公十七年）　成（襄公十五・十六年）　穀（僖公二十六年）
城……翼（昭公二十三年）　防（荘公二十九・襄公十三年）　中丘（隠公七年）　穀（昭公十一年）

邑数では10邑であり、少ない印象を受ける。当該期間に限って考えるならば、会盟地がすべて要衝であり、軍事対立の拠点であるとはいえないであろう。

会盟地が邑であるならば、邑の存立状況の一形態として国邑との関係上、采邑であったかが問題となろう。当該期間の会盟地の22事例と、春秋時代の采邑と重なるものは以下のとおりである(15)。

防　蒲　成　讙（僖公四年）　夫鐘（文公十一年）　穀（荘公三十二・昭公十一年）　鄆（昭公二十年）　陽穀（昭公二十九年）

8事例と少ない。なお、会盟地と重なる采邑は史料上、会盟地として機能した後に確認できる。これは、会盟地の検討を隠公～僖公年間の当該時代前期に限定した結果であろう。しかし、鄆・陽穀は確かに当該時代後期に采邑となっており(16)、視点を変えるならば、8事例の少数傾向も会盟地に選定される邑が、当該期ではいまだ采邑ではなかったことを示唆するものと思われる。したがって、会盟地は国邑―鄙邑機構のなかで采邑関係を被る邑ではなく、国邑ひいては国君の直轄下に統括された公邑であった可能性が窺える。

だが、采邑と重なる会盟地は、国邑―鄙邑の政治的動向にあって国邑従属性が普遍的ではなかったようである。采邑と重なる会盟地のうち、

成（哀公十五年「叛」）　讙（定公八年「叛」）　夫鐘（文公十二年「来奔」）　穀（成公十七年「叛」）　鄆（襄公十四年「執」）

の5邑が、「叛」に代表される国邑の政治体制からの離反を示している。[17] 采邑となる会盟地自体が、すでに国邑の支配体制から離反する方向性を当該期間には内在していたのかもしれない。いずれにせよ、会盟地として機能した邑は、春秋社会にあって必ずしも国邑との政治的関係を終始安定的に保持してはいなかったのである。

第三節　斉覇期の地主国

会盟地として機能する邑の存立状況を考えるうえで、地主である国自体の会盟への出欠席の議論が見られる。[18]『春秋』桓公十四年「春正月、公会鄭伯于曹」では、魯公と鄭伯が曹の国邑での会盟に臨んだが、地主である曹国の会盟出席はどうであったか、記録されていない。『左伝』には前述のように地主曹国の食事提供を伝えている。これに対して杜注は「以曹地、曹与也」と曹国の会盟出席を主張するが、『左氏会箋』では「地主与会与否、伝無明例、不可武断」と慎重な立場をとっている。斉桓公卒後の『春秋』僖公十九年には、

冬、会陳人・蔡人・楚人・鄭人盟于斉、

とあり、『左伝』では「修桓公之好也」と説明することから、斉桓公の追悼を理念とした斉での会盟に斉国の欠席は常識的ではない。[19] しかし、『春秋』僖公二十七年には、

十有二月甲戌、公会諸侯、盟于宋、

とあるが、宋の会盟出席はあり得なかったはずである。それは同年に、

冬、楚人・陳侯・蔡侯・鄭伯・許男囲宋、

とあり、会盟以前に宋が楚連合軍に国邑を攻囲され、事態の終結には翌二十八年「(楚)使子宝去宋」(『左伝』)を待

たねばならず、宋の会盟出席は不可能であったからである。[20] こうして地主国の会盟出席は断言できず、その置かれた状況の相違により、出欠席双方の状態が想定できる。したがって、曹の会盟では『左伝』の「曹人致餼」という、食事提供を根拠に曹君の会盟出席を認めることはできないであろう。

会盟に関する出欠席問題は、鄗邑での会盟でも認められる。『春秋』桓公十一年には、

（九月）、公会宋公于夫鍾、

とあり、「夫鍾」は杜注によれば「郕地」であって、地主国である郕国の会盟出欠席が問題となる。同年に鄭伯が死去し、国君継承の紛争で鄭・宋が抗争していることから、[21] 高閌は、

公憾鄭忽而欲定突、是以不憚屈辱、力為鄭請、宋亦数与公会、皆非為国為民、其罪均耳、（『春秋大事表』春秋賓礼表巻十七之下所引）

と論じている。後半の論評を別にしても、鄭・宋の講和を目指す魯の立場から、夫鍾の会盟を解釈する点は評価すべきであろう。では、会盟主催者と思われる魯と地主国郕の外交関係はどうであったのであろうか。

『春秋』桓公三年に、

六月、公会紀侯于郕、

とあり、魯・紀が郕で会盟を行った。会盟の背景については、

蓋斉・魯方睦、紀与郕皆畏斉、故会魯而求庇也、（『欽定春秋伝説彙纂』『春秋大事表』春秋賓礼表巻十七之下所引）

という、斉の進出に伴う紀・郕の状況を指摘する見解がある。[22] 郕は『春秋』隠公十年に、

冬十月壬午、斉人・鄭人入郕、

とあり、『左伝』によれば「討違王命也」と、周王室を後ろ盾とする斉連合の侵入を被っていた。一方の紀は斉の対

外発展に伴い、その政治体制が斉の干渉を受けざるを得なかった。魯との通婚関係を模索しつつも、紀は避け難い危機的事態に陥っていた[23]。このような郕を取り巻く斉台頭の状況にあって、桓公三年郕の会盟に郕は紀と出席したものと考えられる。郕は魯の対斉関係に期待しながら、斉の進出を食い止める外交政策を推進していたのである。以上のような魯・郕の友好関係が、桓公十一年夫鍾の会盟の前提であった。魯主導の鄭・宋の講和を目的とする夫鍾の会盟に、地主である郕の会盟出席は現実的といえる。

『春秋』隠公四年には、

　夏、公及宋公遇于清、

とあり、「清」は杜注では「衛邑、済北東阿県有清亭」とするが、衛自体の出席が書されていない。「遇」は『礼記』曲礼下に「諸侯未及期、相見曰遇」とあり、本来の会盟とはいささか事情を異にする。それにしても衛の清邑での魯・宋の会合に、地主である衛が見出せない点はやはり特異である。『左伝』では「衛州吁弑桓公而立、……、未及期、衛人来告乱」と、州吁の侯位簒奪の内乱によって[24]、衛が会合に参加できなかったと伝えている。政権掌握後の州吁が人心の収攬と君権安定のため、対立状態にあった鄭への攻伐を宋に働きかけ、受諾されるが（『左伝』隠公四年）、清の会合の時点で宋・衛は友好関係を維持していたものと思われる。さらに『春秋』隠公四年に、

　秋、翬帥師会宋公・陳公・蔡人・衛人伐鄭、

とあり、魯も宋・衛と呼応して鄭攻伐を行っている。州吁の乱後の国際関係での魯・宋・衛の同一歩調は、清の会合に衛が出席していた可能性を示している。あるいは、衛は内乱により外交に目を転ずる余裕がなかったのであろうか。会盟欠席ならば、特異な事情が存在したはずである[25]。

以上から鄙邑での会盟に地主国が明記されない場合は、必ずしも不参加を示すものではなかった[26]。この点は当該時

代を通じて鄙邑の会盟に地主国の出席が一般的であることからも窺えるわけである。

ところが、次の事例はやや状況を異にしている。『左伝』隠公十年には、

六月戊申、公会斉公・鄭伯于老桃、

とあり、「老桃」は杜注では「宋地」とし、地主国宋の会盟出欠席が問題となる。この会盟は『春秋』隠公十年に、

夏、翬帥師会斉人・鄭人伐宋、

とある、宋攻伐を前提としていた。『左伝』（隠公九年）では「宋公不王、鄭伯為王左卿士、以王命討之」と伝えるように、宋・王室の断絶が軍事行動の発端であった。このように老桃の会盟が宋攻伐と関連することから、地主宋の出席は考えられないであろう。魯・斉・鄭の軍事侵略を目前に、地主として宋の会盟参加は常識的ではない。したがって、宋の鄙邑である老桃は、軍事侵略を被る国邑の切迫した事情とは無関係に存立し、連合軍の会盟地として独自に機能したものと見られる。地主国が会盟に出席しない事例が確認できるのである。

『春秋』荘公四年には、

夏、斉侯・陳侯・鄭伯遇于垂、

とあり、杜注は「垂」を「衛地」（隠公八年）するが、衛の会盟出欠席が問題となろう。『左伝』では説明を欠くため、遇の背景は明らかではないが、『春秋』には、

荘公三年秋、紀季以酅入于斉、

荘公四年（夏）、紀侯大去其国、

とあるため、斉の対紀外交を前提とした議論が見られる。許翰は、

斉与陳・鄭遇垂、蓋謀取紀、是以紀侯見難而去也、（『春秋大事表』春秋賓礼表巻十七之下所引）

とするが、代表的見解である。斉と地主衛の外交関係は、『春秋』桓公十六年に、

十有一月、衛侯朔出奔斉、

とあり、侯位継承をめぐる混乱から衛侯（恵公）が斉に亡命している。この事件は同荘公三年に至り、

春王正月、溺会斉師伐衛、

とあり、『左氏会箋』が「蓋欲納恵公朔也」と指摘するとおりであろう。その後、『春秋』荘公五年に、

冬、公会斉人・宋人・陳人・蔡人伐衛、

とあり、さらに『左伝』には「冬、伐衛、納恵公也」とあって、ようやく『春秋』荘公六年に、

夏六月、衛公朔入于衛、

と、衛恵公の出奔事件は終結する。(27)

こうして垂での遇は斉の対紀対策ではなく、衛恵公の入国のための会合であったかもしれない。ただ、垂の会合の時点で斉・衛関係が友好的とはいえず、斉主催の会合に地主国衛の参加は不自然と考えられる。斉の支援を受ける恵公を拒絶する衛の政治体制は、斉主催の遇を当然否定したであろう。逆に見るならば、地主国衛の会合不参加に対して、垂邑自体は国邑の政治動向と異なる存立意向を示していたことになろう。国の意向と無関係に鄙邑が会盟地として機能する点は、軽視できない問題と考えられる。(28)

以上の鄙邑での会盟に明記されない地主国は、政治動向や国際環境の相違により、出席欠席双方の状態があった。当該時代の国の支配構造が鄙邑を従属させる型で領域を形成することから、(29)鄙邑での会盟に地主国が出席しない点はやはり不可解である。例えば、『左伝』昭公十九年に「郳人・郳人・徐人会宋公、乙亥、同盟于虫」（杜注、「虫、郳邑」）とあり、郕の虫邑での同盟を伝えるが、前提には「二月、宋公伐郳、囲虫、三月、取之」とあった。宋の虫に対する

軍事行動が、同盟場所の選択につながったものと考えられ、鄙邑の情勢が地主国と会盟国を結びつけている。いずれにしても国邑―鄙邑の従属関係から、地主国の出席しない鄙邑での会盟は依然として不可解である。ただし、この点に関して『左伝』に「致餼」（桓公十四年）、「帰餼」（哀公十二年）と伝える、地主国の式次第での接待面に限定された役割分担は示唆的で、地主国の出席しない会盟でも同様の事情が想定できるかもしれない。しかし、会盟地の役割が限定的であるにせよ、国邑の外交とは無関係に鄙邑が機能するのは、重要な問題を内在している。『左伝』が国邑―鄙邑の一断面を「疆場之邑、一彼一此、何常之有」（昭公元年）と指摘する、鄙邑の存立状況を配慮すべきなのであろうか。ただ、諸国の交通に道を借りることを厳しく言及する『左伝』世界では、(30) 国邑の意向とは無関係に会盟に鄙邑が選定されることは問題であろう。しかも、会盟主催者および参加国は会盟地に友好的状況を望んだはずで、(31) 会盟地が会盟国を受け入れる和平的環境を備えていたと見るべきであろう。したがって、やはり会盟地となる鄙邑は、会盟への出席を拒否する国邑とは、正反対の動向を示したことになる。鄙邑での会盟に地主国が欠席する事例では、鄙邑は国邑との従属関係が強固ではなく、自立的傾向をもっていたと考えられるのである。

以上、隠公～僖公年間の国邑以外の会盟地が、鄙邑であるとの前提に考察を加えた。会盟地が軍事対象地、采邑であったとは積極的に認められず、かりに采邑となり得ても、すでに国邑の支配従属体制から離反する方向性を内包していた。鄙邑での会盟に地主国が欠席の場合、鄙邑は国邑の意向とは無関係に会盟地として機能し、国邑―鄙邑にあって、構造的に鄙邑の自立的傾向が窺えた。こうした諸点からすれば、会盟地として機能する鄙邑の自立性が、根本的に会盟地の恒常的使用を不可能としたのかもしれない。会盟に伴う式次第での食事提供等の接待といった、人的経済的貢献が邑の自立維持に負担となり、邑に自己の利害関係と合致しない会盟を拒絶させたものと考えられる。したがって、鄙邑での会盟に地主国の参加が常識的であったことから、国邑と会盟地として機能する鄙邑の政治的関係、ないしは会盟主催国（当該期間では特に斉）をめぐる外交関係は、会盟地の存立問題を考える上で重要である。当該時代の国邑—鄙邑の支配構造にあって、会盟地としての邑の自立的傾向は、会盟政治のなかで如何に位置づけられるのであろうか。次に晋覇の関連事項についてあらためて考察しよう。

第四節　晋覇期の会盟地

晋覇期間の会盟地のなかで『春秋』『左伝』や諸註から邑と認められる場所は次の24事例である。(32)

僖公二十八年…温　文公元年…戚　文公八年…暴　文公十年…息　文公十六年…陽穀　文公十七年…穀
宣公十五年…無婁　成公二年…上鄍　成公五年…虫牢　成公九年…蒲　成公九年…鄆　成公十一年…令狐
成公十五年…鐘離　成公十六年…武城　襄公三年…雞沢　襄公八年…邢丘　襄公十一年…亳城　襄公十九年…祝柯
襄公二十年…向　襄公二十四年…夷儀　昭公元年…虢　昭公四年…申　昭公十三年…平丘　昭公十九年…虫

斉覇期間の同様事例22とほぼ等しい。ちなみに両覇の年数との比較で示せば（事例数/覇業年数）、22/79＝27%・24/126＝19%となる。

当該期間の24事例中で、会盟地の地理的特徴から軍事対象地として、春秋時代を通じて見出せるものは次のとおりである。

囲……戚（文公元・哀公三年）　虫牢（定公八年）　令狐（僖公二十四年）　邢丘（宣公六年）　虫（昭公九年）
師……温（昭公二十二年）　武城（襄公九年）
取……戚（文公元年）　向（宣公四年）　穀（僖公二十六年）　虫（昭公九年）

次……戚（襄公元年）
及……暴〔暴遂〕（成公十五年）　息（定公四年）　穀（襄公十九年）　鐘離（昭公二十四年）
至……陽穀（宣公十八年）　穀（襄公十九年）　虫牢（襄公十八年）
城……穀（荘公三十二年）　鐘離（昭公四年）
在……夷儀（定公九年）
居……申（僖公二十八年）

邑数では15であり（15／24＝62％）、斉覇期間での同様邑数10（10／22＝45％）と数値上比較すれば多い。晋覇期間での会盟地は、斉覇期間にくらべ軍事対立の拠点としての特徴が指摘できる。軍事行為が当該時代では国邑相互の動向と密接に関係することから、これは会盟地と国邑の両覇での政治的距離の相違を示す結果と考えられる。

当該期間の24事例中、国邑との関係で春秋時代を通じて采邑としての側面が認められるものは次のとおりである。

戚（文公元年）　陽穀（昭公二十九年）　亳〔京〕（隠公元年）　穀（荘公三十二・昭公十一年）

斉覇期間では会盟地と重なる采邑は8事例（8／22＝36％）で、これと比較しても晋覇期間での会盟地の采邑の少なさ（4／24＝16％）が指摘できよう。晋覇期間では会盟地の多くが、国邑—鄙邑機構のなかで采邑関係を被る邑ではなく、国邑ひいては国君の直轄下に統括される公邑であったと考えられる。

会盟地のなかで国邑—鄙邑の政治動向にあって、「叛」など国邑の政治体制から離反を示す事例は、

温（僖公二十四年・「居」）　戚（成公七年・「反」）　穀（成公十七年・「叛」）

の3事例（3／24＝12％）と少ない。これは斉覇期間の国邑から離反を示す事例が5（5／22＝22％）であった点と比較しても、晋覇での会盟地の国邑—鄙邑機構の強固さが見出せよう。

以上、会盟地にあって諸註等から邑であると認められる場所の傾向を、軍事対象・釆邑・離反から、絶対数は少ないが数値的に概観した。その結果、晋覇の会盟地は、国邑との関係あるいは国君との関係を密接にもつ地であった。換言すれば、晋覇では会盟地に所属国との一体感・従順性の要請が斉覇より強かったと考えられる。

第五節　晋覇期の地主国

会盟地と国邑の関係を明らかにするため、地主国の会盟への出欠席問題を外交関係から考えてみよう。(33)『春秋』襄公九年には、

冬、公会晋侯・宋公・衛侯・曹伯・莒子・邾子・滕子・薛伯・杞伯・小邾子・斉世子光伐鄭、

十有二月己亥、同盟于戯、

とあり、戯の同盟では杜注に「戯、鄭地」とあることから、「伐鄭」との関係で地主国鄭の同盟出席は微妙である。ただ『左伝』では、

冬十月、諸侯伐鄭、庚午、季武子・斉崔杼・宋皇鄖従荀罃・士匄門于鄟門、……、鄭人恐、及行成、（杜注「鄭城門也」）

とあり、国邑に迫る連合軍に鄭は恐れて和解を選択している。覇主晋は鄭攻伐を契機に対楚戦略を画策するが、(34)結局「諸侯皆不欲戦」という世論を前に「乃許鄭成、……、同盟于戯」となって、さらに「将盟、鄭六卿、……、及其大夫・門子、皆従鄭伯」と、鄭伯ら国邑の主要構成員が同盟に参加した。(35)鄭はそもそも晋・楚抗争で常に多大な圧迫を被る国であった。(36)戯の同盟に至る経緯は、晋同盟に帰属していた鄭が楚同盟の蔡へ侵攻し、反対に楚の攻伐に見舞われ、講和を受諾したことによるものであった。(37)だが、戯の同盟は晋の満足するところとはならず、鄭では再び晋の侵

略を余儀なくされた。こうしたなか『春秋』襄公九年には、

（十有二月）、楚子伐鄭、

とあり、『左伝』は「同盟于中分」と最終的に楚・鄭の同盟成立を伝えている。戯の同盟は晋・楚抗争の一断面にすぎないが、晋・鄭の講和成立の観点から、地主国鄭の出席が常識的と考えられる。緊迫する国邑の和平の選択に呼応して、戯の同盟が実現したものといえよう。

『春秋』成公五年には、

夏、叔孫僑如会晋荀首于穀、

とあり、魯・晋の会盟にあって「穀」は杜注では「斉地」とし、地主国斉の会盟出欠席が問題となる。『左伝』では「夏、晋荀首如斉逆女、故宣伯餫諸穀」とあり、晋・斉の婚姻に伴い、杜注「野餫曰餫、運糧饋之、敬大国也」によれば、魯が晋に敬意を表わしたのだという。晋・魯・斉の三国関係は、晋覇に否定的な斉が楚と鞌の戦いを引き起こし、楚による蜀の盟がなされるなど、複雑であった[38]。鞌の戦いに敗れた斉が係争地帯であった汶陽の田を魯へ返還し[39]、晋と魯、斉と晋との間の使節の往来がなされ[40]、三国は晋の覇権を軸に結集した。穀の会はこうした三国関係のなかで、友好的環境を前提とするものであった。この点は同年『春秋』に、

十有二月、公会晋侯・斉侯・宋公・衛侯・鄭伯・曹伯・邾子・杞伯同盟于虫牢、

とあり、虫牢の同盟に魯・晋・斉が参加することからも窺われる。したがって、穀の会に地主国斉の出席が認められ、斉は穀の会を承認する立場にあり、国邑と鄙邑が一体化して会盟を支持したものと考えられる。

『春秋』文公十一年には、

夏、叔彭生会晋郤缺于承匡、

とあり、杜注が「承匡、宋地」とすることから、地主国宋の会盟出欠席が問題となる。『左伝』は「謀諸侯之従於楚者」と解説している。杜注が「九年陳・鄭及楚平、十年宋聴楚命」と指摘のように、会は楚に服属した陳・鄭・宋への晋覇の対策であった。親楚外交を展開する宋にとって、晋覇主催の会盟への出席には疑問が残るであろう。しかし、宋をめぐる国際環境からは異なった視点も導き出せる。『春秋』文公九年には、

（三月）、楚人伐鄭、公子遂会晋人・宋人・衛人・許人救鄭、

とあり、承匡の会の二年前、楚の鄭攻伐に際し、宋は晋連合の鄭救援軍に参加していた。晋覇体制に加担する宋の外交であるが、(41)援軍の不備により、鄭は対楚講和を受諾し、楚同盟に組み込まれる。一方で『左伝』文公九年では「秋、楚公子朱自東夷伐陳、……、陳懼、乃及楚平」とあり、楚の圧力に屈した陳の降服を伝えている。こうして鄭・陳を傘下に収めた楚の矛先は、「陳侯、鄭伯会楚子于息、冬、遂及蔡侯次于厥貉、将以伐宋」（『左伝』文公十年）と、宋に向けられた。『左伝』には宋の華御事の言説を借りて、「楚欲弱我也、先為之弱乎、何必使誘我、我実不能、民何罪」と、宋の外交方針に基づく楚服属を伝えている。宋は対晋関係を憂慮しながらも、「我実不能」と楚の軍事力を勘案の上で、楚同盟入りを選択した。こうした外交戦術は、晋覇同盟を自認する宋の置かれた切迫した対応であった。しかもこの点は、『春秋』文公十四年に、

六月、公会宋公・陳侯・衛侯・鄭伯・許男・曹伯・晋趙盾、癸酉、同盟于新城

とあり、『左伝』が「従於楚者服、且謀邾」と説明するように、宋の同盟復帰によっても窺えよう。(42)晋・楚抗争から承匡の会での宋の出欠席には、楚の脅威に対する微妙な立場が存在した。同盟は宋の親晋外交を前提とした宋問題の解決のための会談といえよう。したがって、宋の鄙邑である承匡は、国邑の親晋動向を十分に理解し、国邑―鄙邑にあって一体化して会盟を支持したものと考えられる。

以上の三事例から地主国の明記されない会盟は、地主国の不参加を必ずしも示さず、出席が明言できないまでも、会盟承認の立場であったことが確認された。会盟での地主国、会盟地の一体化した支持が指摘できるわけである。

ところで、次の事例はやや状況を異にしている。『春秋』成公十六年には、

十有二月乙丑、季孫行父及晋郤犨盟于扈、

とあり、魯・晋の盟を記すが、杜注「扈、鄭地」（文公七年）からは、地主国鄭の会盟出欠席が問題となる。『左伝』は「（季孫）帰、刺公子偃、召叔孫豹于斉而立之」と、盟後の魯の状況に言及するが、その背景には魯国の権力闘争が関係した[43]。魯では宣伯（叔孫僑如）が成公の母の穆姜と季文子・孟献子の排除を企てる、三桓氏の紛争が露呈していた。宣伯は鄢陵の戦いでの成公の消極的姿勢を覇主晋に直訴し、一挙に魯の国政掌握を目論む[44]。このため成公は沙随の会（成公十六年）で晋との接見が許されず、さらに宣伯が季文子の逮捕を晋に進言した。しかし、宣伯の晋に依存した政治闘争は、晋の了解が得られず頓挫する。ここに扈の盟が開催され、魯では宣伯の追放とその与党が失脚することになる[45]。

では、魯の三桓氏闘争と晋の介入のなか、扈の盟の地主国鄭はどのような立場だったのであろうか。『春秋』成公十五年には、

（三月）癸丑、公会晋侯・衛侯・鄭伯・曹伯・宋世子成・斉国佐・邾人同盟于戚、

とあり、鄭が晋覇体制に従属していた。楚は依然として鄭への侵伐を推進し、鄭もこれに対して反撃を試みた。この鄭の反楚動向が楚同盟に多大な影響を及ぼしたらしく、楚は許の遷徙を選択せざるを得なかった[46]。『左伝』成公十六年に「楚子自武城使公子成以汝陰之田求成于鄭、鄭叛晋、子駟従楚子盟于武城」とあり、鄭では「汝陰之田」の獲得により楚と講和し、晋覇体制から離脱、楚同盟に転じる。この後、鄭では晋同盟の宋への侵伐を繰り広げ、鄢陵の戦

いでは楚に従軍するなど親楚体制を堅持している。楚の敗退後も鄭は同盟内にとどまり、鄭の動向が晋の外交政策の重要課題となった。(47) このようななかで開催されたのが扈の盟であった。結局、鄭の帰属問題は、『春秋』襄公二年に、

冬、仲孫蔑会晋荀螢・斉崔杼・宋華元・衛孫林父・曹人・邾人・滕人・薛人・小邾人于戚、遂城虎牢、

とあり、『左伝』が孟献子の言説を借りて「請城虎牢以偪鄭」と伝える対鄭戦略が功を奏し、「鄭人乃成」と晋覇体制への復帰によって終結する。(48) こうした扈の盟前後の国際環境から、三桓氏闘争を抱える魯と覇主晋の会盟にあって、同盟から離脱した地主国鄭の出席はなかったであろう。したがって会盟地扈は、鄭の晋覇体制からの離脱と正反対に、同盟を受け入れたものと考えられる。鄭の鄙邑である扈が、国邑の事情とは無関係に存立し、晋主催の会盟地として独自に機能したわけである。

『春秋』成公十七年には、

夏、公会尹・単子・晋侯・斉侯・宋公・衛侯・曹伯・邾人伐鄭、

六月乙酉、同盟于柯陵、

とあり、杜注に「柯陵、鄭西地」とすることから、地主国鄭の出欠席が問題となる。晋覇連合の「伐鄭」と、その前提を『左伝』は「夏五月、鄭大子髡頑・侯獳為質於楚、楚公子成・公子寅戍鄭」と伝えている。しかも、柯陵の同盟が前述の鄭の晋同盟からの離脱の時期であり、鄭の出席はなかったと考えられる。会盟地の柯陵は、晋覇連合の軍事侵略に遭遇する国邑の切迫した事態とは無関係に存立し、連合軍の会盟地として独自に機能したわけである。

2事例ではあるが、地主国の明記されない会盟の国邑の状況からは、地主国の出席が不可能と考えられる。地主国の会盟欠席は、会盟地が国邑の政治動向と異なる意向を示したことの反映といえよう。これは会盟での地主国と会盟地の非一体化であって、国邑—鄙邑の従属関係での鄙邑の自立的傾向と規定できる。

以上、晋覇期間の鄙邑の会盟にあって、明記されない地主国の状況からは、政治動向や国際環境の相違により、出席欠席双方の状態があった。これは斉覇で導き出された結果と同様である。だが、両覇期間の地主国の明記されない会盟での出席のその数値傾向からは、やや異なる視点が浮上してくる。

斉覇期間の地主国と会盟における出欠席状況を示せば以下のとおりである。(49)

A
①隠公四年清……………魯・宋・(衛)—◯
②隠公八年瓦屋…………斉・宋・衛・(周)—◯
③隠公八年浮来…………魯・莒・(紀)—◯
④隠公十年老桃…………魯・斉・鄭・(宋)—×
⑤桓公元年越……………魯・鄭・(衛)—×
⑥桓公元年垂……………魯・鄭・(衛)—×
⑦桓公二年稷……………魯・斉・陳・鄭・(宋)—×
⑧桓公十一年夫鐘………魯・宋・(郕)—◯
⑨荘公四年垂……………斉・陳・鄭・(衛)—×
⑩荘公二十七年城濮……魯・斉・(衛)—×
⑪僖公元年檉……………魯・斉・宋・鄭・曹・邾・(陳)—×
⑫僖公十六年淮…………魯・斉・宋・陳・衛・鄭・許・邢・曹・(徐)—◯

斉覇での地主国の明記されない会盟は計12事例確認できる。このなかで地主国の会盟出席が考えられるものが5事例「5／12＝41％」、欠席については7事例「7／12＝59％」となる。地主国の欠席事例では、衛の多さ「4／7＝57％」

が指摘できよう。

晋覇期間の地主国と会盟における出欠席状況を示せば以下のとおりである。

B

①僖公二十八年斂孟…晋・斉・(衛)—○
②文公元年戚………魯・晋・(衛)—×
③文公八年衡雍……魯・晋・(鄭)—○
④文公八年暴………魯・雒戎・(鄭)—○
⑤文公十一年承匡…魯・晋・(宋)—○
⑥宣公元年棐林……宋・陳・衛・曹・晋・(鄭)—×
⑦宣公十五年無婁…魯・斉・(杞)—○
⑧成公二年上鄍……魯・晋・(斉)—○
⑨成公五年穀………魯・晋・(斉)—○
⑩成公十六年扈……魯・晋・(鄭)—×
⑪成公十七年柯陵…魯・晋・周・斉・宋・衛・曹・邾・(鄭)—×
⑫襄公元年鄫………晋・魯・斉・曹・邾・杞・(鄭)—×
⑬襄公七年鄬………魯・晋・宋・陳・衛・曹・莒・邾・(鄭)—○
⑭襄公九年戯………魯・晋・宋・衛・曹・莒・邾・滕・薛・杞・小邾・斉・(鄭)—○
⑮襄公十年柤………魯・晋・宋・衛・曹・莒・邾・滕・薛・杞・小邾・斉・呉・(楚)—×
⑯襄公十一年北林…魯・晋・宋・衛・曹・斉・莒・邾・滕・薛・杞・小邾・(鄭)—×

⑰襄公十九年祝柯……魯・晋・宋・衛・鄭・曹・莒・邾・滕・薛・杞・小邾・（斉）―×
⑱襄公十九年柯………魯・晋・（衛）―○
⑲昭公十一年戚………晋・周・（衛）―○
⑳昭公二十七年扈……晋・宋・衛・曹・邾・滕・（鄭）―○
㉑昭公三十二年狄泉…魯・晋・斉・宋・衛・鄭・曹・莒・邾・薛・杞・小邾・（周）―○
㉒定公元年狄泉………魯・晋・斉・宋・衛・鄭・曹・莒・邾・薛・杞・小邾・（周）―○
㉓定公四年召陵………魯・周・晋・宋・蔡・衛・陳・鄭・許・曹・莒・邾・頓・胡・滕・薛・杞・小邾・斉・（楚）―×

計23事例確認できるが、地主国の会盟出席が考えられるものが14事例「14／23＝60％」、欠席については9事例「9／23＝40％」となる。地主国の欠席事例では鄭が5を占めている「5／9＝55％」。

斉覇・晋覇期間での地主国の明記されない会盟にあって、地主国と会盟地の関係を数値上からくらべると、出席では晋覇の比率の多さが指摘できる（斉覇：晋覇＝41％：60％）。この差は一体、何を意味するのであろうか。会盟政治の実態から考えなければならない問題である。ただし、国邑―鄙邑の従属関係から見れば晋覇期間の会盟地は、斉覇にくらべ鄙邑として国邑の支配を強く受ける、国邑の意向が顕著であったといえよう。逆にとらえれば、晋覇の会盟地には、その属する国との一体感・従順性の要請が、斉覇よりも強かったと考えられる。

以上の会盟地のもつ両覇期間での相違は、斉・晋覇業の相対的比較のなかでどのように位置づけられるのであろうか。次に両覇の会盟に関わる若干の事項について、おもに数値上から概観してみよう。

第六節　斉覇・晋覇の会盟

春秋時代を通じて確認できる国際間の会盟数は、私見により「会」「会盟」「盟」などを単純に合計すると381回である。『春秋』の魯公年間別に列挙すれば以下のとおりとなる。

隠公22　桓公37　荘公29　閔公2　僖公55　文公　30　宣公22　成公47　襄公69　昭公28　定公18　哀公22

両覇期間別ではそれぞれ117回と211回で、晋覇期間が斉覇の約一・六倍である点を考慮しても、晋覇の会盟回数の多さが指摘できよう。(50)

春秋時代の国邑以外の会盟地について、『春秋』の魯公年間別の数値を示せば以下のとおりである。(51)

隠公16　桓公26　荘公15　閔公1　僖公25　文公14　宣公12　成公21　襄公29　昭公16　定公13　哀公12

合計200地見出せ、斉覇86地、晋覇87地とほぼ同数であるが、それぞれの期間年数と対比すれば晋覇では相対的に少ないことになる。ただ、両期間別の会盟数との比較からは、会盟地の複数回の使用が考えられる。会盟地数のなかで魯公年間の重複を考慮すると、会盟地は合計165である。(52)晋覇期間の会盟地数が斉覇にくらべて少なく、複数回使用が考えられるのは、両覇体制の構造上の相違によるものと推測され、注目すべきであろう。(53)

そこで、国邑以外の会盟地での複数回使用の状況を具体的に見ることにしよう。本章第一節で指摘したように、春秋時代を通じて複数回会盟地として使用された場所は計31ヵ所であった。これは国邑以外の会盟地総数165地にくらべ少ない（31／165＝19％）。複数回使用のうち、二回使用の会盟地が21ヵ所、三回使用が7ヵ所であり、ここまでで複数回使用総数の90％（28／31）を占め、会盟地の複数回使用が回数面からも少なかった点が見出せる。一方、5回使用の

会盟地である穀、6回使用の戚・扈は特異な存在と位置づけられよう。また、複数回使用の会盟地にあって、

唐……隠公二・桓公二年—魯・戎
艾……隠公六・桓公十五年—魯・斉
防……隠公九・荘公七・二十二年—魯・斉
黄……桓公十七・定公十二年—魯・斉
穀……荘公七・二十三・文公十七・宣公十四・成公十五年—魯・斉
陽穀…僖公十一・文公十六年—魯・斉
王城…僖公十五・二十四・成公十一年—晋・秦
向……僖公二十六・襄公二十年—魯・莒

など8ヵ所は、特定の二国間に限定された場所である。

以上から複数回使用の会盟地は、特定の諸侯国間の恒常的な場所と考えられ、覇者体制下の特殊な事情を配慮すべきであろう。この点は両覇期間に共通の複数回使用の会盟地が、

蒲……桓公三・成公九年　魯済……荘公三十・襄公十八年　召陵……僖公四・定公四年

の3ヵ所のみであることに端的に示され、両覇体制の方向性の相違を表わすものといえよう。覇者体制浸透の地域性のみならず、両覇の会盟地に対する認識の差異がもたらす結果と考えられる。

このような展望から複数回使用の会盟地のなかで、両覇期間のそれぞれに直接関わる場所を列挙してみよう。

斉覇……艾（2/2）　垂（3/3）　防（3/3）　※蒲（1/2）　△黄（1/2）　△穀（2/5）　鄄（2/3）
　　　　幽（2/2）　※魯済（1/2）　△陽穀（2/3）　※召陵（1/2）　△洮（1/2）　△鹹（1/2）

斉覇期間では13地である。※は前述した両覇期間で使用された会盟地。△は春秋時代に複数回使用される会盟地で、両覇期間だけでなく、晋覇以降（定公四年～）の使用を含む。（　）内は（期間内使用回数/複数回使用総数）を示している。以上の状況を考慮すると、斉覇期間に限定した複数回使用の会盟地は7地となる。

晋覇……※蒲（1/2）　△穀（1/5）　※魯済（1/2）　※召陵（1/2）　△王城（1/3）　衡雍（2/2）　温（2/2）

習泉（3／3）　戚（6／6）　扈（6／6）　梨（2／2）　黒壌（2／2）　赤棘（2／2）
沙随（2／2）　邢丘（2／2）　△柤（1／2）　澶淵（3／3）　夷儀（2／2）

晋覇期間では18地である。なかでも晋覇に限定した複数回使用の会盟地は12地である。晋覇での会盟地の重複使用の多さが指摘でき、戚・扈はその代表と考えられる。

以上、当該時代の会盟回数ならびに会盟地数、複数回使用の会盟地に基づく両覇期間の相違は、斉・晋の覇者体制の投影といえる。両覇での会盟地の国邑―鄙邑の支配構造をめぐる相違と、なかでも晋覇で見られる複数回使用の多さは、覇者体制の基盤を定義づけるものと考えられる。そこで、国邑―鄙邑従属関係の観点から会盟地について、両覇の地主国の明記されない会盟での欠席事例に焦点を当て、地主国・会盟地・覇主の関係を見ることにしよう。

第七節　斉覇・晋覇の国際社会

国邑以外の会盟にあって、明記されない地主国の出欠席状況は、本章第五節のA・Bにより整理すれば、

A斉覇……12事例（出席5・欠席7）
B晋覇……23事例（出席14・欠席9）

という結果が得られる。このなかで覇主が直接会盟に見出せる事例に限って、同様に地主国の出欠席を整理すると、

A斉覇……7事例（出席2＝28％・欠席5＝72％）
B晋覇……21事例（出席13＝55％・欠席9＝45％）

となる。地主国問題では晋覇が斉覇にくらべ、会盟への関与が多く（斉覇7／12・晋覇21／23）、これは晋覇体制の国際

社会に対する影響力の大きさを示唆しよう。さらに、欠席事例では斉覇の数値は、晋覇に至りほぼ半数にまで減少している（72%→45%）。晋覇の会盟地は、斉覇より地主国との一体化が要請されていたと考えられよう。また、斉覇7事例・晋覇21事例の出欠席を地主国別に列記すると、

A斉覇　出席……徐1・周1
　　　欠席……衛2・宋2・陳1

B晋覇　出席……鄭4・衛3・斉2・周2・宋1
　　　欠席……鄭5・楚2・衛1・斉1

という数値が得られる。斉覇で衛・宋が、晋覇では鄭の欠席が多い。なかでも晋覇の鄭4は、晋覇体制での鄭の流動的外交を窺わせる。いずれにしても、覇主の直接見出せる会盟での地主国欠席の特殊な事例は、両覇体制の特質を如実に示すものと考えられる。それでは、斉覇で欠席の多い会盟地主国である衛・宋、晋覇での鄭とそれぞれの覇主との国際関係について、会盟地と地主国問題に焦点を絞って見てみよう。

斉覇期間での衛地にあって、地主国の出欠席問題で考察の対象となるものは、本章第五節のA①隠公四年清・⑤桓公元年越・⑥桓公元年垂・⑨荘公四年垂・⑩荘公二十七年城濮である。このうち、覇主斉が実際に見出せる会盟は、⑨⑩の2事例のみで、①⑤⑥では斉が確認できず、会盟に直接影響を及ぼしていなかったと考えられる。

ただし、⑤⑥の2会盟に関しては『春秋』桓公元年に、

（三月）鄭伯以璧仮許田、

とあり、『左伝』には「春、公即位、修好于鄭、鄭人請復祀周公、卒易祊田、公許之」と伝えられ、祊田と許田の交換を承認する魯・鄭の交渉であった。魯・鄭と斉は宋殤公の周王への朝見断絶に伴い（『左伝』隠公九年）、周王の命を

もとに宋攻伐を展開することから（隠公十年）、桓公元年の2会盟で斉が何らかの役割を担った可能性が高い。一方、2会盟の地主国衛は王命を拒絶し、宋攻伐には不参加の立場をとるなど（隠公十年）、斉ら三国とは相違する外交を推進していた。[54] 斉・衛関係の改善は桓公三年蒲の胥命を待たねばならず、桓公元年の時点で地主国衛の会盟参加はなかったものと考えられる。[55] 斉の地主国衛に対する影響力は認め難く、斉・衛間では同盟が成立していなかったようである。

蒲の胥命後、斉・衛関係はしばしば平穏で、外交活動を協同する。[56] しかし、衛では内乱により恵公朔が斉に亡命（桓公十六年）、斉が恵公の入国を目論むが（桓公十七年）、一転して魯と連帯し、衛攻伐に踏み切る（荘公三年）。公位継承をめぐる斉の衛攻伐は、荘公五年の時点でも確認でき、斉参加の⑨荘公四年垂の盟では地主国衛の出席はなかったと思われる。[57] その後、恵公の衛入国を契機に、斉の衛攻伐が一段落する（荘公六年）。斉・衛は友好関係を樹立したようで、同一の外交路線を進めている。[58] しかし、そうした動向は恵公個人と斉との通婚にもとづくものと考えられ、恵公の死後（荘公二十八年）、再び衛が斉の侵略を被る。[59] したがって、その渦中の⑩荘公二十七年城濮の盟について、『左伝』が説明を欠くため詳細が不明だが、斉・衛関係の悪化から衛の出席はなかったと見るべきであろう。[60] 真の斉・衛同盟は、衛滅国での斉の救援、復興後としなければならない。

会盟A⑤⑥⑨⑩が出現する国際環境にあって、覇主斉の立場は地主国衛の外交動向とは無関係にその鄙邑を会盟地として使用し、衛に対する圧力を加えたものといえよう。勿論、このような状況を可能としたのは、鄙邑が国邑の政治動向と別個に存立する自立的傾向が不可欠であった。

以上から、斉は①隠公四年清の会盟以外、覇主として各会盟に影響力を及ぼした点が確認できる。しかし、地主国衛と覇主斉の外交関係は必ずしも友好的ではなく、斉が衛を真の同盟国と位置づけることは困難であったようである。

宋地が斉覇期間で地主国の出欠席問題に関わるのは、A④隠公十年老桃・⑦桓公二年稷の二つで、ともに覇主斉が会盟に見出せる。

④老桃の会は本章第三節で指摘した、『春秋』隠公十年「夏、翬帥師会斉人・鄭人伐宋」という、魯・斉・鄭と宋の軍事対立を前提とすることから、地主国宋の会盟参加が常識的ではなかった。[61] 宋と斉の外交では、隠公八年瓦屋の盟で斉が宋・衛と鄭の講和を斡旋し、東門の役（隠公四年）以来の抗争を終結させた。ただし、斉・宋二国間の親善関係は、いまだ締結されてはいなかったらしい。④隠公十年老桃の会以前に、斉・宋の和平はなく、前述のように瓦屋の盟自体が鄭・斉の同盟関係（隠公三年・石門の盟）を基調として成立していた。斉・宋関係は個別には稀薄であったと見るべきであろう。[62] 瓦屋の盟が斉覇業の一端と見做されるが、少なくとも対宋関係にあって同盟の成立は想定できない。

こうした斉・宋関係は依然として続いていた模様である。⑦桓公二年稷の会は『春秋』に「以成宋乱」とあり、宋の内乱の平定が目的であった。宋では華氏の専権状態にあり、孔氏の排除と宋殤公の殺害により国政の混乱が頂点に達していた。そこで、宋は鄭から新君を迎え事態の収拾を図ることになる（桓公二年）。⑦桓公二年稷の会について『左伝』では「為賂故、立華氏也」と説明している。華氏の政権掌握を承認する諸国の動向を暗示するが、会盟への宋の参加は不可能と見るべきであろう。[63] 前述した斉・宋の稀薄な外交から、稷の会は出席国と華氏のいわば個人的関係に支えられたものと考えられる。[64] この点は斉の対宋関係が以後も進展を見せなかったことからも窺える。郎の戦い後の桓公十一年悪曹の盟に宋の参加が見えず、[65] 斉主導の軍事行動にも加担しないため、斉・宋の親善関係は認め難い。

以上から斉覇は宋との友好関係を締結せず、地主国宋の外交動向とは無関係にその鄙邑を会盟地として使用し、宋を牽制したものと考えられる。国邑とは別に存立し、自立的傾向を備えた鄙邑の姿が浮び上がってくる。

晋覇期間の鄭地にあって地主国の出欠席問題で覇主晋と関連するのは、本章第五節のＢ③文公八年衡雍・⑥宣公元年棐林・⑩成公十六年扈・⑪成公十七年柯陵・⑫襄公元年鄫・⑬襄公七年鄬・⑭襄公九年戯・⑯襄公十一年北林・⑳

昭公二十七年扈である。

③文公八年衡雍の盟は、前年の扈の盟に魯文公の到着が遅れたことを発端とするが、[66]地主国鄭が会盟に出席していない。ただ鄭と覇主晋は、僖公三十年の同盟成立後には一貫して親善関係を保持した。[67]衡雍の会盟時点で両国は友好関係にあり、会盟への鄭の出席が現実的であった。

⑥宣公元年棐林の盟では『春秋』に「伐鄭」とあり、晋連合軍の鄭攻伐に直結することから、地主国鄭の会盟出席は常識的ではない。棐林の盟は、文公十七年扈の盟で晋が鄭の同盟からの離反を疑い、一連の盟主と認めがたい行動に鄭が「晋不足与也」と、楚同盟を受諾したことにはじまる。[68]地主国鄭は棐林の盟に与みする立場ではなかったが、楚の軍事行動に屈したとは伝えられず、その動向には不可解な点が残る。宣公三年に鄭が晋の攻伐を受け再び晋同盟に入ることから、[69]棐林の盟の時点での晋からの離反は、晋・鄭同盟の一時的断絶と見るべきであろう。[70]地主国鄭は親晋外交を依然として画策していたものと考えられる。

⑩成公十六年扈・⑪成公十七年柯陵・⑫襄公元年鄫の会盟の地主国鄭と覇主晋の関係は、楚と晋の主導権争いを軸に推移した。宋による晋・楚の講和（第一次宋の会）は、鄭外交に良好な環境を出現させた（成公十二年）。その後、一時的に鄭が晋同盟から離反し、楚に同調する姿勢を示すが（成公十六年）、襄公二年に晋同盟に復帰する（本章第五節）。⑩⑪⑫の会盟はまさに鄭の晋同盟離脱期に開催され、晋の鄭攻伐に一連するもので、地主国鄭の会盟出席が認められない。しかしくり返される晋の鄭攻伐と鄭の晋同盟復帰から、晋が鄭を同盟内勢力と位置づけ、両国には根強い同盟帰属理念が存在したと見るべきであろう。晋と鄭は常に会盟地の動向に注意を払っていたといえよう。

鄭の外交は以後も晋・楚関係のなかで推移するが、蕭魚の会（襄公十一年）、宋の会（襄公二十七年）を経て、晋同盟入りをはたし安定期を迎える。⑬襄公七年鄬・⑭襄公九年戯・⑯襄公十一年北林の会盟は、この局面に先に立ち行われたものである。⑭襄公九年戯の盟では、前述のように地主国鄭は、晋同盟の一構成国として会盟への出席が認められる。

⑬襄公七年鄬の会は『春秋』には、

（冬十月）、楚公子貞帥師囲陳、

とあり、楚の対陳軍事行動に関連し、晋連合の救援を課題とした。地主国鄭の会盟出席は明記されていないが、『春秋』に、

（十有二月）、鄭伯髠如会、未見諸侯、丙戌、卒于鄵、

とあり、鄭伯の会盟途上での死亡を記している。『左伝』では鄭僖公の無礼に対して見かねた子駟が暗殺したと伝えるが、実態は晋・楚抗争の渦中に存続する鄭の権力闘争であった。(71) ただ、鄭伯の会盟出席の意向からは、鄬の会を承認する晋の同盟国としての鄭の立場が窺えよう。

⑯襄公十一年北林の会は『左伝』には「師于向、右還、次于瑣、囲鄭」とあり、晋連合の鄭攻伐に直結し、地主国鄭の会盟出席がなかったと考えられる。だが、鄭は晋連合を前に服従し、同年の亳城の盟を経て晋同盟に帰属する。(72) 鄭の外交から北林の盟では、晋が鄭に配慮した可能性が高い。

⑳昭公二十七年扈の会盟は、王子朝の乱（昭公二十二年）に伴う周王室安定の画策であった。地主国鄭が明記されず、出欠席は不明である。しかし、周王室問題で同様の議題を掲げる黄父の会盟に鄭が出席し、(73) 弭兵の会以来、鄭が晋同盟に組み込まれていた点から、地主国鄭の出席は可能性として高い。たとえ鄭の出席がなかったとしても、会盟地の扈は国邑の動向と何ら対立するものではなかったと考えられる。

晋覇期間での鄭地の会盟における地主国の出欠席問題では、覇主晋は地主国鄭との同盟関係を配慮しながら、その

鄙邑を会盟地に使用した。晋覇は国邑―鄙邑の一体感を国際政治の根本理念と位置づけていたといえよう。

以上、会盟での地主国欠席問題から、斉覇は衛・宋との同盟関係の成立を達成しないまま、その鄙邑を会盟地として国の政治体制への干渉を行ったのに対し、晋覇では鄭との同盟関係の成立を基調とする外交政策を展開し、国邑と密接な鄙邑を会盟地として国を従属させようとした(74)。したがって、斉覇は鄙邑自体を会盟地とし、晋覇では支配従属の主体である国邑との一体性のなかで存立する鄙邑を会盟地に選定したものと考えられる。

おわりに

春秋時代の会盟地は鄙邑であるとの前提に、斉覇・晋覇での傾向の整理・分析を試み、その比較に及んだ。会盟地と軍事対象地・釆邑、地主国の会盟出欠席問題、会盟地数・会盟回数の相対的比較、さらに複数回使用の会盟地の検討から、晋覇期間の会盟地が斉覇期間にくらべ、国邑―鄙邑の支配従属を強く受ける、国邑の意向に従順な傾向があった。会盟での地主国欠席問題と覇主にあっては、斉覇が地主国との同盟関係の成立を達成しないまま、その鄙邑を会盟地として従属させる、晋覇との方向性の相違が確認できた。複数回使用の会盟地の両覇期間での数値上の多寡は、この両覇政治における方向性の相違の顕著な表われといえる。

両覇期間の会盟地をめぐる国際政治の相違は、覇主国の国邑―鄙邑に関する認識の反映にとどまらず、会盟地邑の存立状況の推移と考えられる。例えば、第一部第一章第三節で論じたように、当該時代の軍事行動は前期（斉覇期に相当）では国邑・鄙邑にほぼ同程度で展開されるが、中期（晋覇期に相当）に至りその対象を国邑から鄙邑へ転換し、後期（晋覇期の一部とそれ以降）には鄙邑が完全に国邑の防衛戦としての役割を担った(75)。したがって、斉覇期間は諸侯国にあって国邑が鄙邑を完全に支配従属し得ず、鄙邑の自立的傾向が強く、晋覇期間では国邑が鄙邑を軍事防衛上重視し、その支配の度合を増したものと考えられる。[76] 鄙邑のこのような存立状況が会盟地の国邑従属性として、最終的に覇者体制の方向性を決定づけたわけである。

以上の会盟地の斉・晋両覇期間での鄙邑の存立形態に関する推察は、会盟政治の推移が当該時代の外交にどのような特殊性を促したのか、諸国間抗争を中心とした国際社会のなかで議論しなければならない。

註

（1）小倉芳彦訳『春秋左氏伝』（下）解説（岩波書店、一九八九年）。『春秋』『左伝』では「会盟」「盟」「会盟」「同盟」「会…盟」、さらに「合」「胥命」「涖盟」「遇」などが確認できる。本章ではこれらを総合して「会盟」という語を用いる。会盟事例については、陸淳『春秋啖趙集伝纂例』（叢書集成新編）第四盟会例、毛奇齢『春秋属辞比事記』（皇清経解）、陳顧遠『中国国際法溯源』（台湾商務印書館、一九六七年）、洪鈞培『春秋国際公法』（中華書局、一九七一年）、張二国「先秦時期的会盟問題」（『史学集刊』一九九五―一）等参照。『春秋』に限定した会盟傾向は、本書第二部第一章会盟と外交、参照。

（2）王閣林・唐至卿主編『斉国史』（山東人民出版社、一九九二年）、李孟存・常全倉『晋国史綱要』（山西人民出版社、一九八八年）、吉本道雅「春秋斉覇考」（『史林』七三―二、一九九〇年）、同「春秋晋覇考」（『史林』七六―三、一九九三年、同氏『中国先秦史の研究』所収、京都大学学術出版会、二〇〇五年）等参照。本章で対比される期間は、第二部第一章の斉覇期間の『春秋』隠公元年（前七二二年）～僖公十七年（前六四三年）〈斉桓公卒〉の七九年間と、晋覇の『春秋』僖公二十八年（前六三二年）〈践土の盟〉～定公四年（前五〇六年）〈召陵の盟〉の一二六年間である。晋覇期間の下限に関しては『左氏会箋』定公四年条の理解に準拠する。

（3）本章第一部第一章第二節軍事行動の特徴、参照。

（4）金鶚『求古録礼説』十三会同考。

（5）高木智見「春秋時代の血盟習俗について」（『史林』六八―六、一九八五年）参照。
（6）杜預の見解は、例えば、『春秋』隠公元年「三月、公及邾儀父盟于蔑」に「蔑、姑蔑、魯地」とすることから、邑と地を区別していたと考えられる。杜預の地理比定は西晋（泰始年間）の郡国図に基づく（元、呉莱『春秋釈例後序』）。なお、本章の地理的位置は、譚其驤主編『中国歴史地図集』第一冊（地図出版社、一九八二年）を根拠としている。
（7）侯馬盟書は牛村故城、温県盟書は州県城との関係が指摘されている。山西省文物工作委員会編『侯馬盟書』（文物出版社、一九七八年）、江村治樹「侯馬盟書考」（『内田吟風博士頌寿記念東洋史論集』所収、同朋舎、一九七八年、同氏『春秋戦国秦漢時代出土文字資料の研究』所収、汲古書院、二〇〇〇年）、河南省文物研究所「河南温県東周盟誓遺址一号坎発掘簡報」（『文物』一九八三―三）参照。
（8）魯公年間別に確認できる国邑以外の会盟地数は次のとおりである。
隠公16　桓公26　荘公15　閔公1　僖公25　文公14　宣公12　成公21　襄公29　昭公16　定公13　哀公12
このうち当該期間（隠公元年～僖公十七年）では66ヵ所である。なお、『春秋』『左伝』については、竹内照夫『春秋』（東洋思想叢書、日本評論社、一九四三年）、野間文史「春秋経文について」（『広島大学文学部紀要』五〇、一九九一年、同氏『春秋学　公羊伝と穀梁伝』所収、研文出版、二〇〇一年）、顧頡剛講授、劉起釪筆記『春秋三伝及国語之綜合研究』（中華書局、一九八八年）、顧頡剛遺作・王煦華整理「春秋研究講義案語」（『中国古籍研究』第一巻、上海古籍出版社、一九九六年）、徐中舒『左伝選』後序（中華書局、一九六三年）等参照。
（9）複数会盟地として機能する場所と該当年は次のとおりである。

唐……隠公二・桓公二年
艾……隠公六・桓公十五年
垂……隠公八・桓公元・荘公四年
防……隠公九・荘公七・二十二年
蒲……桓公三・成公九年
黄……桓公十七・定公十二年
穀……荘公七・二十三・文公十七・宣公十四・成公五年
鄄……荘公十四・十五・十九年
幽……荘公十六・二十七年
洮……荘公二十七・僖公二十五年

魯済…荘公三十・襄公十八年
陽穀…僖公三・十一・文公十六年
召陵…僖公四・定公四年
洮……僖公八・定公十四年
鹹……僖公十三・定公七年
王城…僖公十五・二十四・成公十一年
向……僖公二十六・襄公二十年
温……僖公二十八・襄公十六年
衡雍…僖公二十八・文公八年
狄泉（翟泉）…僖公二十九・昭公三十二・定公元年
戚……文公元・成公五・襄公二・五・十四・昭公十一年

扈……文公七・十五・十七・宣公九・成公十六・昭公二十七年
棐（棐林）…文公十三・宣公元年
黄父（黒壌）…宣公七・昭公二十五年
赤棘…成公元・十二年
鍾離…成公十五・襄公十年
沙随…成公十六・襄公二十二年
邢丘…襄公八年・昭公五年
柤……襄公十・哀公六年
澶洲…襄公二十・二十六・三十年
夷儀…襄公二十四・二十五年

(10) 本文中の事例は一々註記しないが、『左伝』、杜注、顧棟高『春秋大事表』、『左氏会箋』、江永『春秋地理考実』、沈欽韓『春秋左氏伝地名補注』、程発軔『春秋左氏伝地名図考』（広文書局、一九六七年）、楊伯峻『春秋左伝注』（中華書局、一九八一年）等を参照した結果である。以下、同じ。

(11) 会盟式次第は『左伝』襄公二十七年「秋七月戊寅、左師至、是夜也、趙孟及子晳盟、以斉言、庚辰、子木至自陳、陳孔奐・蔡公孫帰生至、曹・許之大夫皆至、以藩為軍」からも窺うことができる。

(12) 春秋時代の交通は、史念海「春秋時代的交通道路」（同氏『河山集』所収、生活読書新知三聯書店、一九六三年）、伊藤道治「春秋会盟地理考」（『田村博士頌寿記念東洋史論叢』所収、同朋舎、一九六八年）参照。

(13) 註（5）高木智見氏、前掲論文。

(14) 軍事対象邑については宇都木章「『春秋』にみえる「邑に城く」ことについて」（五井直弘編『中国の古代都市』所収、汲古書院、一九九五年、宇都木章著作集第三巻『春秋時代の貴族政治と戦乱』所収、比較文化研究所、二〇一二年）、および本書第一部第一章第二節軍事行動の特徴、参照。事例中の（　）は該当年。

(15) 采邑については、呂文郁『周代采邑制度研究』（文津出版、一九八八年）、侯志儀『采邑考』（西北大学出版社、一九八九年）等参照。事例中の（　）は采邑と窺える該当年、その他は諸註による。

(16)『左伝』昭公二十年「衛公孟縶狎斉豹、奪之司寇与鄄」、昭公二十九年「斉侯喜、与之（公衍）陽穀」

(17) 叛については、貝塚茂樹「春秋時代に於ける叛と奔の意義」（『史林』一七―二、一九三二年、『貝塚茂樹著作集』第二巻所収、中央公論社、一九七六年）、小倉芳彦「貳と二心――『左伝』の「貳」の分析――」『中国古代史研究第三』吉川弘文館、一九六九年、「陽虎と公山不狃――春秋末期の「叛」――」『東京大学東洋文化研究所紀要』四九、一九六九年、同氏『中国古代政治思想研究――『左伝』研究ノート』青木書店、一九七〇年、『小倉芳彦著作選3』、論創社、二〇〇三年）参照。事例中の（　）は該当年。

(18) 劉師培「春秋左氏伝答問」「春秋左氏伝古例詮微」（『劉申叔先生遺書』所収）参照。

(19) 同様事例、『春秋』隠公元年「九月、及宋人盟于宿」、『左伝』隠公七年「秋、宋乃鄭平、七月庚申、盟于宿」、『春秋』桓公三年「六月、公会紀侯于郕」（本文で論じる）

(20) 同様事例、『春秋』宣公十四年「秋九月、楚子囲宋」、宣公十五年「春、公孫帰父会楚子于宋」、「夏五月、宋人及楚人平」

(21)『春秋』桓公十一年「夏五月癸未、鄭伯寤生卒」、「九月、宋人執鄭祭仲、突帰于鄭、鄭忽出奔衛」

(22) 張自超『春秋宗朱弁義』は紀の立場を詳論している。

(23) 本書第一部第七章第一節紀国と魯国、参照。

(24) 本書第二部第七章第一節衛国と斉国、参照。

(25) 毛奇齢『春秋毛氏伝』は会盟を避けて遇したとする。

(26) 同様事例、『春秋』隠公八年「秋七月庚午、宋公・斉侯・衛侯盟于瓦屋」杜注「瓦屋、周地」、隠公八年「九月辛卯、公及莒人盟于浮来」杜注「浮来、紀邑」、なお、恵士奇『春秋説』会盟は、地主国の会盟出席を主張する。

(27) 本書第二部第七章第一節衛国と斉国、参照。

（28）同様事例、『春秋』桓公元年「三月、公会鄭師于垂」、「夏四月丁未、公及鄭伯盟于越」杜注「垂、犬丘、衛地名也、越近垂地名也」、荘公二十七年「（冬）、公会斉侯于城濮」杜注「城濮、衛地、将討衛也」、衛地が多いという印象を受ける。

（29）楊寛「試論西周春秋間的郷遂制度和社会結構」（同氏『古史新探』所収、中華書局、一九六五年、『西周史』台湾商務印書館、一九九九年）、増淵龍夫「春秋戦国時代の社会と国家」（『岩波講座世界歴史4』所収、岩波書店、一九七〇年）等参照。

（30）『左伝』僖公二・五・二十八年参照。盟辞にも「交贄往来、道路無壅」（『左伝』成公十二年）と見える。

（31）『左伝』襄公二十七年「（叔向曰）若合諸侯之卿、以為不信、必不捷矣」

（32）文中の事例は一々註記しないが、註（10）と同様、『春秋』、『左伝』、杜注、顧棟高『春秋大事表』、江永『春秋地理考実』、沈欽韓『春秋左氏伝地名補注』、程発軔『春秋左氏伝地名図考』、『春秋左伝注』等を参照した結果である。以下、同じ。その他、本文で論究する軍事対象邑・采邑・国邑―鄙邑機構などの関する理解は、註（14）・（15）・（17）・（29）参照。

（33）会盟での地主国の出欠席問題は、註（18）劉師培「春秋左氏伝答問」「春秋左氏伝古例詮微」、ならびに恵士奇『春秋説』会盟（皇清経解）に詳論がある。

（34）『左伝』襄公九年「中行献子曰、遂囲之、以待楚人之救也、而与之戦、不然、無成、知武子曰、許之盟而還師、以敝楚人、吾三分四軍、与諸侯之鋭、以逆来者、於我未病、楚不能矣、猶愈於戦、暴骨以逞、不可以争、大労未艾」

（35）杜注「伐鄭而書同盟、則鄭受盟可知」

（36）晋の楚・鄭外交政策を注克寛は「数伐鄭而不与楚戦、使楚疲于奔命、而莫能争鄭、既有以挫其暴狼之鋒、又有以摧其憑陵之志、桓文以降、于斯為盛」（『春秋大事表』春秋晋楚交兵表巻三十二所引）と指摘する。

（37）『春秋』襄公八年「（夏）、鄭人侵蔡、獲蔡公子燮」、「冬、楚公子貞帥師伐鄭」、『左伝』「冬、楚子囊伐鄭、討其侵蔡也、……、（鄭）乃及楚平」

（38）鞌の戦いから蜀の盟に至る国際概況は、宇都木章『春秋時代の戦乱』（新人物往来社、一九九二年、註（14）前掲書所収）参照。

（39）『春秋』成公二年「（八月）、取汶陽田」、『左伝』「秋七月、晋師及斉国佐盟于爰婁、使斉人帰我汶陽之田」

(40)『春秋』成公三年「夏、公如晋」、「冬十有一月、晋侯使荀庚来聘」、『左伝』「斉侯朝于晋」、『春秋』成公四年「(夏)、公如晋」、『史記』晋世家「斉頃公如晋、欲上尊晋景公為主、景公譲不至」

(41)『左伝』文公七年「秋八月、斉侯・宋公・衛侯・陳侯・鄭伯・許男・曹伯会晋趙盾盟于扈、晋侯立故也」とあり、晋霊公即位に関する扈の盟に宋は出席していることから、宋の親晋外交の一端が窺われる。

(42)『左伝』文公十四年「楚荘王立、子孔・潘崇将襲群舒、使公子燮与子儀守、而伐舒蓼、二子作乱」とあり、楚の内乱が国際関係に影響したものと考えられる。

(43)以下の魯国の概況は、『左伝』成公十六年参照。

(44)鄢陵の戦いの意義について、家鉉翁は「晋自霊・成・景、天下諸侯去而従楚、乃厲公与楚一戦勝之而楚鋒大挫、是城濮以来所未有」(『春秋大事表』春秋晋楚争盟表巻二十八所引)と論じる。

(45)当該期の三桓氏については、郭克煜等『魯国史』(人民出版社、一九九四年)参照。

(46)『左伝』成公十五年「楚子侵鄭、乃暴隧、遂侵衛、及首止、鄭子罕侵楚、取新石、……、許霊公畏偪于鄭、請遷于楚、辛丑、楚公子申遷許于葉」

(47)『春秋』成公十六年「(夏四月)鄭公子喜帥師侵宋、六月、甲子晦、晋侯及楚子・鄭伯戦于鄢陵、楚子・鄭師敗績」、「秋、公会晋侯・斉侯・衛侯・宋華元・邾人于沙随」、「公会尹子・晋侯・斉国佐・邾人伐鄭」、以後、晋の鄭攻伐は成公十七・襄公元・二年に見える。

(48)襄公二年戚の会については、趙鵬飛の「晋・楚争鄭五十年、乍叛乍服、惟強是視、鄭入楚、則楚兵将横行于宋・衛之郊、晋悼謀所以得鄭之策、而城虎牢以偪之、兵出則直指鄭郊、非特鄭無所恃、楚失之蓋亦恐矣」(『春秋大事表』春秋晋楚争盟表巻二十八所引)という意見が参考となる。

(49)列挙した諸事例は、例えば、A①では、『春秋』隠公四年「夏、公及宋公遇于清」、杜注「清、衛邑」から、清の会盟での魯・宋の出席に対し、地主国衛の動向が明記されていないが、国際関係を考慮した結果、会盟参加の可能性(―○)が認められることを示す。欠席が考えられる事例は(―×)で表す。以下、同じ。

（50）春秋時代の会盟回数は、裴默農『春秋戦国外交群星』（重慶出版、一九九四年）で、私見とは異なる数値を示している。ただし注目すべきは、僖・成・襄公年間の三大高潮期をあげ、魯公在位年数と比較して文・宣公年間の多さを指摘し、当該時代の60％を占めるという。なお、『春秋』魯公年間別統計は、『左伝』のみ所載の会盟も含んでいる。以下、同じ。

（51）国邑以外の会盟地の数値は、註（8）参照。

（52）重複会盟地を考慮した会盟地数と会盟地ならびに当該年については、本書第二部第二章第一節会盟地としての鄙邑、参照。以下、同じ。

（53）伊藤道治氏は、斉・晋の会盟地を主に交通路との関係から分析され、晋では斉に比較して同一地点での数回の会盟があったと指摘する（註（12）同氏、前掲論文）。

（54）これ以前、隠公八年瓦屋の盟に宋・斉・衛が同席しているが、根本的課題は、隠公四年東門の役での対立改善のための斉による宋・衛と鄭の講和であった。斉としては、盟の本質が鄭との親善関係の構築であって、衛との直接的同盟の樹立を目指すものではなかったと考えられる。

（55）『春秋』桓公三年「夏、斉侯・衛侯胥命于蒲」とあるが、『左伝』には「不盟也」と両国講和の形式的状態を伝える。以後の斉・衛の外交動向にあって、常に鄭が介在することから、斉・衛関係はあくまでも鄭・斉同盟を基調とした上でなされたものと考えられる。

（56）『左伝』桓公七年「秋、鄭人・斉人・衛人伐盟・向」、桓公十年「冬十有二月丙午、斉侯・衛侯・鄭伯来戦于郎」、桓公十一年「春正月、斉人・衛人・鄭人盟于悪曹」、桓公十四年「（冬十有二月）、宋人以斉人・蔡人・衛人・陳人伐鄭」

（57）本書第二部第七章第一節衛国と斉国、および本書本章第三節斉覇期の地主国、参照。

（58）『春秋』荘公十四年「冬、単伯会斉侯・宋公・衛侯・鄭伯于鄄」、荘公十五年「春、斉侯・宋公・陳侯・衛侯・鄭伯会于鄄」、『左伝』「春、復会焉、斉始覇也」、『春秋』荘公十六年「夏、宋人・斉人・衛人伐鄭」

（59）『春秋』荘公二十八年「春王三月甲寅、斉人伐衛、衛人及斉人戦、衛人敗績」

（60）張自超『春秋宗朱辨義』荘公二十七年条「城濮之会、謂謀伐衛也、謀伐衛而魯師不会何也、蓋斉以衛不与幽之盟、将假王

命声衛罪以伐之、而魯衛兄弟之国、恐魯又背而親衛、故会城濮、以聖魯人之心也」と、斉・衛・魯の関係を推察している。

(61) 本書本章第三節斉覇期の地主国、参照。

(62) 註（54）参照。なお、宋の斉覇での立場については、本書第二部第一章第三節会盟と覇者政治、参照。

(63) 杜注「経称平宋乱者、蓋以魯君受賂立華氏、貪縦之甚、悪其指斥、故遠言始与斉陳鄭為会之本意也」

(64) 万斯大『学春秋随筆』桓公二年条には稷の会前後について、「斉僖与鄭石門之盟、相得甚驩、既雖与宋盟于瓦屋、旋即背之、而会魯・鄭伐宋、継復与鄭入郕、与魯・鄭入許、要結如此」と、斉の立場を論じている。

(65) 『春秋』桓公十一年「春正月、斉人・衛人・鄭人盟于悪曹」とあるが、『左伝』には「春、斉・衛・鄭・宋于悪曹」と「宋」を列記する。杜注では「宋不書、経闕」とするが、今は毛奇齢『春秋毛氏伝』（皇清経解）、『左氏会箋』に従い「宋」を衍文と考える。

(66) 『左伝』文公八年では衡雍の盟の前提を「晋人以扈之盟来討」と伝え、杜注は「前年盟扈、公後至」とする。

(67) 『春秋』僖公三十年「（秋）、晋人・秦人囲鄭」、『左伝』「（晋・秦）与鄭人盟、使杞子・逢孫・楊孫戍之、乃還」、この後、晋・鄭の同盟は文公二・三・七年から窺える。

(68) 『春秋』文公十七年「（六月）、諸侯会于扈」、『左伝』「於是晋侯不見鄭伯、以為貳於楚也、……、晋鞏朔行成於鄭、趙穿・公壻池為質焉」、『左伝』宣公元年「宋人之弑昭公也、晋荀林父以諸侯之師伐宋、宋及晋平、宋文公受盟于晋、又会諸侯于扈、将為魯討斉、皆取賂而還、鄭穆公曰、晋不足与也、遂受盟于楚」

(69) 『左伝』宣公三年「晋侯伐鄭、及郔、鄭及晋平、士会入盟」

(70) 棐林の盟、鄭攻伐の前に『春秋』宣公元年では「（秋）、楚子・鄭人侵陳、遂侵宋、晋趙盾率師救陳」とあり、「孔疏」が「晋本興師為救陳・宋、但楚師已去、故四国之君往会晋師、与共伐鄭」と指摘するように、晋らの対鄭行動はいわば偶発的側面があったと考えられる。さらに、晋の側では、張自起『春秋宗朱辨義』が「蓋盾之出師受救陳之命、未受伐鄭之命、故書晋師者、以若趙盾専晋之師也」という、趙盾の立場も関係していたといえよう。

(71) 『左伝』襄公七年「鄭僖公之為大子也、於成之十六年与子罕適晋、不礼焉、又与子豊適楚、亦不礼焉、乃其元年朝于晋、子

豊欲愬諸晋而廃之、子罕止之、乃将会于鄬、子駟相、又不礼焉、侍者諫、不聴、又諫、殺之、及鄵、子駟使賊夜殺僖公、而以瘧疾赴于諸侯、簡公生五年、奉而立之」、これに対して『公羊伝』には「鄭伯将会諸侯于鄬、其大夫諫曰、中国不足帰也、則不若与楚、鄭伯曰、不可、其大夫曰、以中国為義、則伐我喪、以中国為彊、則不若楚、於是弑之」と、鄭伯と大夫の対立を読みとる。なお、この点について、高士奇『左伝紀事本末』に議論が見える。

(72)　『春秋』襄公十一年「(夏四月)、鄭公孫舎之帥師侵宋、公会晋侯・宋公・衛公・曹伯・斉世子光・莒子・邾子・滕子・薛伯・杞伯・小邾子伐鄭、秋七月己未、同盟于亳城北、公至自伐鄭、楚子・鄭伯伐宋、公会晋侯・宋公・衛公・曹伯・斉世子光・莒子・邾子・滕子・薛伯・杞伯・小邾子伐鄭、会於蕭魚」、『左伝』「鄭人患晋・楚之故、……、(鄭)使疆場之司悪於宋、宋向戌侵鄭、大獲、……、夏、鄭子展侵宋、……、四月、諸侯伐鄭、……、六月、諸侯会于北林、師于向、右還、次于瑣、囲鄭、観兵于南門、西済于済隧、鄭人懼、乃行成、秋七月、同盟于亳、……、楚子嚢乞旅于秦、秦右大夫詹帥師従楚子、将以伐鄭、鄭伯逆之、丙子、伐宋、九月、諸侯悉師以復伐鄭、……、諸侯師観兵于鄭東門、鄭人使王子伯駢行成、甲戌、晋趙武入盟鄭伯、冬十月丁亥、鄭子展出盟晋侯、十二月戊寅、会于蕭魚」

(73)　『春秋』昭公二十五年「夏、叔詣会晋趙鞅・宋楽大心・衛北宮喜・鄭游吉・曹人・邾子・滕子・薛人・小邾子于黄父」、『左伝』「夏、会于黄父、謀王室也」

(74)　晋・鄭の外交関係は、特に鄭の七穆の権力闘争と晋・楚交渉に留意すべきと考えられる。この点については、松井嘉徳「鄭の七穆――春秋世族論の一環として――」(『古代文化』九二―一、一九九二年、同氏『周代国制の研究』所収、汲古書院、二〇〇二年)参照。

(75)　本書第一部第一章第三節軍事行動と国邑・鄙邑、参照。

(76)　伊藤道治氏は、晋は斉と異なり会盟地を領有した点を指摘し、交通路を支配する意味及び土地領有の意味にそれまでとの違いを見出す(註(12)同氏、前掲論文)。本章の問題意識と関連する興味深い見解である。ただ、「土地の領有」を示す一つと考えられる軍事行為「取」は、『春秋』『左伝』では例えば附庸国に対し行使されるが、それは非継続的側面をもち、支配権力確立としての効力が脆弱であった(本書第一部第三章第三節国邑占領と附庸小国、参照)。

附論　楚覇の会盟地

晋と当該時代の二大勢力を形成した楚の会盟地は、どのような傾向が指摘できるのであろうか。本附論では斉覇・晋覇との対比のなかで、会盟地を通じて楚の外交と支配権の問題を考察する。楚の「覇者」としての側面を先行研究の成果により確認し、楚の関与する会盟に整理を加え、「楚覇」の特徴をまとめるものである。なお、周王を中心とする国際社会とは一線を画する楚の立場に配慮し、第二章の附論とする。

一　楚覇期の会盟地

楚は南方の大国として位置づけられ、その影響力が当該時代の国際関係では無視できない存在であった。なかでも、荘王（在位、前六一三～前五九一年）の治世は、「観兵于周疆」「楚子問鼎之大小軽重焉」（『左伝』宣公三年）に象徴されるように、絶大な国力を中原世界に浸透させていた。[1] このため例えば、『荀子』王覇篇では、

故斉桓・晋文・楚荘・呉闔閭・越句践、是皆僻陋之国也、威動天下、彊殆中国、無它故焉、略信也、是所謂信立而覇也、

とあり、楚荘王はいわゆる五覇として斉桓公・晋文公などと同じく、覇者に位置づけられている。しかし、「五覇」の理念自体、のちの思想史・経学史との関係で考えるべきで、[2] 楚の場合その外交上の優位は荘王期に限定されるものでは決してない。王権の問題はもとより、その政策方針や対外発展などに配慮すべきである。[3] ただし、盟主晋のよう

に中原諸侯が従属する政治構造の継続性にもとづく「覇者体制」は、はたして楚にあって適用できるのであろうか。晋覇体制における覇者の要件として、吉本道雅氏は以下の諸点をあげる。(4)

同盟自体の更新（「尋盟」）・同盟離反国への共同制裁・同盟離反国復帰を契機とする同盟の再確認・同盟内平和の維持（交戦禁止・亡命者受入の禁止）・同盟外からの攻撃に対する共同防衛・同盟国における内紛の調停・同盟国の災害の際の援助・勤王・覇者への義務の確認・晋楚講和の確認・呉との関係樹立

このような晋覇の要件をうけ、山田崇仁氏は対中原進出に伴い「楚同盟（楚覇）」が形成され、それが晋同盟と同じく軍事同盟の性質をもつことを指摘する。また、楚同盟は王朝等の理念的背景を持たず、構造的には「楚→従属国」の形成を各諸侯と結び、「楚同盟」を形成したとし、「楚覇の及ぶ範囲＝楚疆域」に集約できるという。(5)

以上の晋覇体制と「楚覇」の類似性、「楚同盟」の形成に関する理解は、楚の対外発展が周王室を頂点とした理念を持ち合わせないが、支配領域を広めるための国と国との支配―被支配の従属関係構築を目指すものであった点を示している。本附論では楚の対外発展に伴う支配領域の形成を「楚覇」と見做すものである。

ところで、「楚覇」はどのくらいの期間を設定すべきであろうか。第一章では『春秋』に基づき、

斉覇期間　隠公元年（前七二二）～僖公十七年（前六四三）〈斉桓公卒〉の七十九年間

晋覇期間　僖公二十八年（前六三二）〈践土の盟〉～定公四年（前五〇六）〈召陵の会〉の百二十六年間

と規定したが、少なくとも楚覇では践土の盟のような起点は明確には認められない。山田氏は「王朝という理念的背景を持たない楚覇が回顧すべき原点をも持ち得ない」としながら、召陵の盟（僖公四年）を戦略の転換点として楚覇の起点とする。召陵の会より楚の対外発展が、「中原覇者勢力の出現により、従来の隣接諸侯との対争なる段階から、中原を制圧する戦略に転換した事を示唆する」と指摘している。さらに、中原との関係を念頭に置き、楚覇の歴史的

推移を以下のように区分する。(6)

Ⅰ　前七二二～前六五六　楚疆域拡大及び対中原接触開始時期

Ⅱ　前六五六～前五〇六　中原覇者勢力との対抗期

Ⅱ—Ⅰ　前六五六～前六三二　淮域上中流域への進出↓一時的な斉魯方面制圧

Ⅱ—Ⅱ　城濮の戦～蜀の盟　再度の淮域制圧行動↓一時的な晋覇圧倒

Ⅱ—Ⅲ　前五八九～前五四六　鄭を巡る攻防・対呉戦の開始

Ⅱ—Ⅳ　前五四六～前五〇六　対中原安定↓対呉戦敗北

Ⅲ　前五〇六～前四八六　疆域再編↓戦国時代へ

このなかでⅡは斉桓公～晋覇体制期にほぼ合致すると見るが、前述の区分からは特に本附論で留意しなくてはならない期間である。いずれにせよ、楚覇の歴史的推移は、「楚の疆域拡大の焦点が、単なる疆域それ自体の拡大から、中原との接触である鄭・陳蔡の帰属を巡る斉、更には晋との抗争、そして呉との淮域の覇権争いへと変化した過程」といえる。(7) 楚覇はおもに中原との関係から、当該時代全体の歴史と連続して見なければならず、楚覇期間を『春秋』とそれに準拠する『左伝』の隠公～哀公時期と考えるべきであろう。

以上の吉本・山田両氏の見解を基本として、本附論の目的である楚覇期間の会盟地を見てみよう。『春秋』『左伝』から楚が関与した地名を伴う会盟を列挙する。(8)

桓公八年—沈鹿・合……楚・諸侯

桓公十二年—（絞）・盟……楚・絞

荘公四年—（随）・盟……楚・随

僖公四年—召陵・盟……楚・魯・斉・宋・陳・衛・鄭・許・曹

僖公十八年—（楚）・盟……楚・鄭

僖公十九年—斉・会↓盟……陳・蔡・楚・鄭

僖公二十一年―鹿上・盟……宋・斉・楚
僖公二十一年―盂・会……宋・楚・陳・蔡・鄭・許・曹
僖公二十一年―薄・会→盟……魯・宋・楚・陳・蔡・鄭・許・曹
僖公二十七年―宋・会→盟……魯・楚・陳・蔡・鄭・許
文公十年―息・会……陳・鄭・楚
宣公八年―滑汭・盟……呉・越・楚
宣公十一年―辰陵・盟……楚・陳・鄭
宣公十二年―（鄭）・盟……楚・鄭
宣公十五年―宋・会……魯・楚
成公二年―蜀・会……魯・楚
成公二年―蜀・盟……魯・楚・秦・宋・陳・衛・鄭・斉・曹・邾・薛・鄫
成公九年―鄧・会……鄭・楚
成公十二年―宋西門之外・会→盟―晋・楚
成公十二年―（楚）・涖盟……晋・楚
成公十二年―（晋）・涖盟……楚・晋
成公十二年―赤棘・盟……晋・楚
成公十六年―武城・盟……鄭・楚
襄公九年―（鄭）・盟……楚・鄭
襄公九年―中分・同盟……楚・鄭
襄公二十七年―宋・会……魯・晋・楚・蔡・衛・陳・鄭・許・曹
襄公二十七年―宋・盟……魯・晋・楚・蔡・衛・陳・鄭・許・曹
襄公二十七年―宋蒙門之外・盟……魯・諸侯之大夫
襄公二十七年―（楚）・涖盟……晋・楚
襄公二十七年―（晋）・涖盟……楚・晋
昭公元年―虢・会……魯・晋・楚・斉・宋・衛・陳・蔡・鄭・許・曹
昭公元年―虢・盟……魯・晋・楚・斉・宋・衛・陳・蔡・鄭・許・曹
昭公四年―申・会……楚・蔡・陳・鄭・許・徐・滕・頓・胡・沈・小邾・宋・淮夷
昭公九年―陳・会……魯・楚・宋・衛・鄭
哀公十九年―敖・盟……楚・三夷男女

第二章で確認した当該時代の会盟数381回にくらべて、この楚関与の会盟37は少ない。

さらに、楚が主催したと考えられる会盟となると、

桓公八年―沈鹿
桓公十二年―絞

荘公四年―随
僖公十八年―楚
僖公二十一年―薄
僖公二十七年―宋
文公十年―息
宣公八年―滑汭
宣公十一年―辰陵
宣公十二年―鄭
宣公十五年―宋
成公二年―蜀
成公二年―蜀
成公九年―鄧
成公十二年―楚
成公十二年―楚
成公十六年―武城　襄公九年―鄭
襄公九年―中分
襄公二十七年―楚
昭公元年―虢
昭公元年―虢
昭公四年―申
昭公九年―陳
哀公十九年―敖

の計25回である。

楚の関与する地名を明記しない会盟は、

桓公八年―盟……随・楚
文公十六年―盟……羣蠻・楚
桓公十一年―盟……貳・軫・楚
成公十二年―会……晋・楚

の計4事例のみとなる。いずれにしても、楚の関与する会盟の少なさが指摘できよう。なお、『左伝』僖公六年には「冬、蔡穆侯将許僖公以見楚子於武城」とあり、蔡穆侯・許僖侯が楚の成王に謁見したことを伝えるが、この「見」も地名を明記する楚の外交活動と考えられ、留意すべきであろう。さらに、『左伝』僖公二十年では「随以漢東諸侯叛楚、冬、楚闘穀於菟帥師伐随、取成而還」とあり、随の離反を鎮圧した楚は「成」によって退却したが、こうして地点を明記しない和議の成立を示す「成」も一種の会盟を内在する可能性がある。ただ、当該時代での楚の関与する同様事例は他に、

宣公六年―楚・鄭　　成公九年（晋）―楚・晋
宣公八年―陳・楚

のみである。一方、『左伝』僖公二十四年には「宋及楚平、宋成公如楚」とあり、宋・楚両国の講和として「平」が見出せる。「平」は『春秋』宣公十五年に、

夏五月、宋人及楚人平、

とあり、『左伝』では「宋及楚平、華元為質、盟曰、我無爾詐、爾無我虞」と伝え、地名を明記しない「平」には会盟が内在されていた点が窺える。そもそも、前述の楚の関与する地名を明記しない会盟「桓公八年―盟……随・楚」にあって、「戦于速杞、……、秋、随及楚平、……、乃盟而還」（『左伝』桓公八年）と、随・楚の盟の前提には「平」が存在している。この他に楚の関与する同様事例は、

僖公二十一年―晋・楚　　宣公十年―鄭・楚
文公九年―楚・陳　　宣公十五年―宋・楚
宣公五年―陳・楚　　襄公八年―鄭・楚

のみである。

以上から楚の関与した地名明記の会盟、地名を明記しない会盟、あるいは「見」「成」「平」といった会盟に準ずると考えられる外交活動を含めても、当該時代における楚覇の会盟等は少数であった。

では、斉覇・晋覇でも見たように楚覇が主催の会盟地にあって、『春秋』『左伝』や諸注から邑と認められる場所を

確認すると、(9)

僖公二十一年—薄　　昭公元年—虢
文公十年—息　　昭公元年—虢
成公二年—蜀　　昭公四年—申
成公二年—蜀　　昭公九年—陳
成公九年—鄧

の計9事例7地となる。斉覇期間の22、晋覇期間の24とくらべても、その少なさは歴然としている。しかも、息・鄧・虢・申・陳などは、かつて諸侯国で滅国され、うち虢以外は楚の領有に帰した旧国邑である。薄も『左伝』に「公曰、不可、薄宗邑也」（哀公十四年）とあり、国邑に準ずる鄙邑であった。楚覇の主催する会盟地の特徴が認められよう。

また、楚覇の会盟地邑7地のなかで、軍事対象地として当該時代を通じて見出せるものは次のとおりである。

及……息（定公四年）　過……鄧（荘公九年）
居……申（僖公二十八年）　囲……薄（＝亳　荘公十二年）

邑数では4と少なく、楚覇の会盟地が必ずしも軍事対立の拠点ではなかった点を示している。しかし、会盟地邑7に対する4事例という楚覇の会盟地と軍事拠点の重なりは留意すべきで、特に後述のように申・息は楚の軍事供給邑であった。なお、国邑との関係で当該時代を通じて采邑としての側面が認められるものは見出せない。同様に国邑—鄙邑の政治動向にあって、「叛」など国邑の従属性から離反を示す事例は、

奔……薄（＝亳　荘公十二年）

のみである。楚覇での会盟地邑が国邑と密接であった点を示唆していよう。さらに、斉覇・晋覇で見られた地主国の

欠席は、楚主催の会盟では確認できない。

楚覇の会盟地で諸注等から邑であると認められる場所は、斉覇・晋覇にくらべ少ないが、旧諸侯国の国邑であったものが多く、しかも当該時代の軍事拠点と重なる。そのうち楚の領有に帰していたものが多く、加えて国邑との密接さが窺える。したがって、楚覇で選定される会盟地は、国邑―鄙邑の支配構造における単なる鄙邑ではなく、楚の領域拡張にともない獲得された重要な拠点であった。では、楚覇の会盟地のこうした傾向は、楚覇のどのような特徴と関係するのであろうか。あらためて考えてみよう。

二　楚覇と国際社会

楚覇では会盟地が旧国邑のものが多かったが、そもそも楚が関与する会盟は国邑でなされた事例が目立つ。

桓公十二年―(絞)……楚・絞
荘公四年―(随)……楚・随
僖公十八年―(楚)……楚・鄭
僖公二十七年―宋……楚・魯・楚・陳・蔡・鄭・許
宣公十二年―(鄭)……楚・鄭
宣公十五年―宋……魯・楚

成公十二年―(楚)……晋・楚
成公十二年―(晋)……楚・晋
襄公九年―(鄭)……鄭・楚
襄公九年―中分……楚・鄭
昭公九年―陳……魯・楚

計11事例が見出せ、楚主催の会盟数25回に対して多い。一方、斉・晋両覇の国邑での会盟を列挙すれば以下のとおりである。

隠公元年―宿……魯・宋

隠公七年―宿……宋・鄭

桓公三年―郕……魯・紀

桓公十二年―（絞）……楚・絞

桓公十四年―曹……魯・鄭

桓公十四年―（魯）……魯・鄭

桓公十六年―曹……魯・宋・蔡・衛

荘公四年―（随）……楚・随

閔公二年―（魯）……斉・魯

僖公三年―（斉）……魯・斉

僖公十八年―（楚）……鄭・楚

僖公十九年―曹南……宋・曹・邾

僖公十九年―邾……鄫・邾

僖公十九年―斉……陳・蔡・楚・鄭

僖公二十年―邢……斉・狄

僖公二十七年―宋……楚・魯・楚・陳・蔡・鄭・許

文公三年―（晋）……魯・晋

文公七年―（莒）……魯・莒

文公十五年―（魯）……宋・魯

文公十六年―（蔡）……晋・蔡

宣公三年―（鄭）……晋・鄭

宣公七年―（魯）……衛・魯

宣公十二年―（鄭）……楚・鄭

宣公十五年―宋……魯・宋

成公三年―（魯）……晋・魯

成公三年―（魯）……衛・魯

成公十一年―（魯）……晋・魯

成公十一年―（晋）……魯・晋

成公十二年―（宋）……晋・楚・許

成公十二年―（楚）……晋・楚

成公十二年―（晋）……楚・晋

襄公七年―（魯）……衛・魯

襄公九年―（鄭）……楚・鄭

襄公九年―（鄭）……楚・鄭

襄公十一年―（鄭）……晋・鄭

襄公二十四年―（秦）……晋・秦

襄公二十四年―（晋）……秦・晋

襄公二十七年―宋……魯・晋・楚・蔡・衛・陳・鄭・許・曹

襄公二十七年―宋……魯・晋・楚・蔡・衛・陳・鄭・許・曹

襄公二十七年―宋蒙門之外……魯・諸侯之大夫

襄公二十七年―（楚）……晋・楚

襄公二十七年―（晋）……楚・晋

襄公二十九年—（杞）……魯・晋・斉・宋・衛・鄭・曹・莒・
　滕・薛・小邾
襄公二十九年—（魯）……杞・魯
襄公三十年—（陳）……鄭・陳
昭公七年—（斉）……魯・斉
昭公九年—陳……魯・楚
昭公二十二年—（莒）……斉・莒
昭公二十二年—（斉）……莒・斉

このなかで、斉覇期間の斉が関与する国邑での会盟は2、晋覇期間の晋が関与する国邑での会盟は17見出せる。いずれにせよ、晋覇期間の会盟数との比較からは、楚覇の国邑での会盟の多さが窺える。こうした傾向は、会盟地が旧諸侯国の国邑であったものが多かったことと呼応している。楚覇は外交関係にあって、対象国の国邑自体の動向を重視していたと考えられる。楚の対外政策では「秋、秦・晋伐鄀、楚闘克・屈禦寇以申・息之師戍商密」（『左伝』僖公二十五年）とあり、「申・息之師」が重要な役割を担っている。[10] 楚が旧諸侯国の軍事力を自国の体制に組み込む方法は、滅国立県と同じく、旧国邑を拠点とする支配構造の構築を目指すものである。したがって、楚覇の国邑での会盟は、楚の外交が鄙邑ではなく、国邑を拠点とする方向性を持っていた点を表わしている。さらに、国邑での会盟としては楚覇にあって、

成公十二年—（楚）・洈盟……晋・楚
—成公十二年—（晋）・洈盟……楚・晋

が見られ、『左伝』成公十二年には「晋郤至如楚聘、且洈盟、……、冬、楚公子罷如晋聘、且洈盟」とあり、聘礼をともなう二国間外交を基本とする。しかも、楚の関与する国邑での会盟も僖公二十七年の宋の会以外は二国間のものである。「成」「平」の会盟に準ずる外交活動もすべて二国間の講和であった。楚覇は本質的に二国間外交を重視し、国と国（国邑と国邑）の関係を基本としたと考えられる。楚にとって対象国の国邑尊重が、国邑での会盟の多さとなったものといえよう。

以上の展望は楚が主催したと考えられる会盟の国邑以外の会盟地が、

桓公八年—沈鹿	成公十六年—武城
文公十年—息	昭公四年—申
成公九年—鄧	昭公九年—陳

と、25回中の11回の国邑での会盟を除く14回のなかで、この6回が楚の領域内で行われている点に示唆的である。反対にいえば、楚は自国領域内での会盟が主流であり、他国での会盟が特異であった。楚は会盟という形態に対して、きわめて消極的であった点を示す。それは実のところ楚が支配理念として国邑—鄙邑の強固な関係、支配—被支配の従属性の強さを領域支配の基本としていたことに他ならなかった。

楚覇の会盟地邑は、国邑—鄙邑の支配構造の単なる鄙邑ではなく、楚の領域拡張にともない獲得された、旧国邑など重要な拠点であった。晋覇期間の会盟数との比較から、楚覇の国邑での会盟の多さと、外交関係での対象国の国邑自体の動向を重視していた点が見出せた。こうした楚の会盟地の選定は、楚が国邑—鄙邑の従属性の強さを領域支配の基本としていたことに起因する。楚覇の理念は、斉覇のような構造的な鄙邑の自立的傾向を前提とするものではなく、晋覇の鄙邑の従順性を重視する立場に近いといえよう。

晋と楚は当該時代の二大勢力であったが、双方の国際秩序に関してはその方向性が異なっていた。県設置をめぐる晋・楚の政策が相違することは指摘されているが[11]、会盟地に対する両覇の理解、その外交方針も両覇の性質を考えるうえで重要である。楚覇の会盟地は、楚覇そのものの理念を的確に示している。

註

（1）齋藤（安倍）道子「春秋時代の楚の王権について――荘王から霊王の時代」（『史学』五〇、一九八〇年）参照。
（2）相原俊二「五覇の成立について（その一）」（『東洋大学文学部紀要』二九、史学篇一、一九七五年）参照。
（3）齋藤（安倍）道子「荘王期における楚の対外発展――この時期の王権強化の動きとの関連に注目しながら――」（『東海大学文学部紀要』三六、一九八一年）参照。
（4）吉本道雅「春秋晋覇考」（『史林』七六―三、一九九三年、同氏『中国先秦史の研究』所収、京都大学学術出版会、二〇〇五年）参照。
（5）山田崇仁「春秋楚覇考――楚の対中原戦略――」（『立命館文学』五五四、一九九八年）参照。
（6）註（5）山田崇仁氏、前掲論文。
（7）註（5）山田崇仁氏、前掲論文。
（8）「桓公八年―沈鹿・合……楚・諸侯」は、桓公八年に楚と諸侯が沈鹿に「合」したことを示している。以下、同じ。
（9）本文中の事例は一々註記しないが、『左伝』、杜注、顧棟高『春秋大事表』、『左氏会箋』、江永『春秋地理考実』、沈欽韓『春秋左氏伝地名補注』、程発軔『春秋左氏伝地名図考』（広文書局、一九六七年）、楊伯峻『春秋左伝注』（中華書局、一九八一年）等を参照した結果である。以下、同じ。
（10）齋藤（安倍）道子「成王後期・穆王期における楚の対外発展」（『東海大学文学部紀要』三五、一九八一年）参照。
（11）平勢隆郎「楚王と縣君」（『史学雑誌』九〇―二、一九八一年、「春秋晋国世族とその管領邑」『鳥取大学教育学部研究報告』三三・三四、一九八二・一九八三年、同氏『左伝の史料批判的研究』所収、汲古書院、一九九八年）、楊寛「春秋時代楚国縣制的性質問題」（『中国史研究』一九八一―四、同氏『楊寛古史論文選集』所収、上海人民出版社、二〇〇三年）、安倍（齋藤）道子「春秋後期の楚の「公」について」（『東洋史研究』四五―二、一九八六年）、谷口満「春秋楚縣試論」（『人文論究』四七、一九八七年）、鄭殿華「論春秋時期的楚県与晋県」（『清華大学学報』哲学版、二〇〇二―四）等参照。

第三章　朝聘外交

はじめに

『春秋』が伝える魯国外交は春秋時代の断面であるが、当該期の国際社会を考える上で重要な方向を示し、共同尊重の法規の存在を前提に、専門の外交官による活動から、主要な国際関係を導き出すことができる。[1]

本章では、『春秋』に見出せる二国間同士の「来朝」「来聘」「如」「来」などの外交関係の考察を目的とする。[2]国際社会を方向づけることもあった会盟にくらべ、「朝聘」などは一体、如何なる二国間交渉を伝えるのであろうか。『春秋』の朝聘記事からはどういった議論が可能なのかを考えてみたい。

第一節　『春秋』の朝聘

朝聘については、『爾雅』釋言に「臣見君曰朝」「聘、問也」とあり、『礼記』曲礼下では「諸侯使大夫問於諸侯曰聘」という指摘が見られる。『春秋』隠公十一年「春、滕侯・薛侯来朝」に対する『公羊伝』には、

其言朝何、諸侯来曰朝、大夫来曰聘、其兼言之何、微国也、

とあり、諸侯自ら外交を行うことが「朝」で、大夫（臣下）が使者として外交に携わることが「聘」であった。

一方、経学的解釈での朝聘は、『周礼』秋官大行人に、

凡諸侯之邦交、歳相問也、殷相聘也、世相朝也、

と、規定されている。鄭注には「小聘曰問、殷、中也、久無事、又於殷朝者及而相聘也、父死子立曰世、凡君即位、大国朝焉、小国聘焉」と、解説が見える。『周礼』世界での諸侯の交流は、毎年使者を派遣して相い問い、数年を隔て相い聘し、新君即位の場合には朝聘した。朝聘は要するに諸侯国間の友好関係を維持するための儀礼上の往来であった。

朝聘を個別に見ると、朝に関して『周礼』秋官大行人に、

邦畿方千里、其外方五百里謂之侯服、歳壹見、其貢祀物、又其外方五百里謂之甸服、二歳壹見、其貢嬪物、又其外方五百里謂之男服、三歳壹見、其貢器物、又其外方五百里謂之采服、四歳壹見、其貢服物、又其外方五百里謂之衛服、五歳壹見、其貢材物、又其外方五百里謂之要服、六歳壹見、其貢貨物、九州之外謂之蕃国、世壹見、各以其所貴宝為摯、

とあり、周王を頂点とした階級社会にあって、諸侯にはそのランクによって毎年一見から六年一見までの細則が存在する。朝の行われる場所は『公羊伝』（僖公二十八年）に、

公朝於王所、曷為不言公如京師、天子在是也、

と見え、一般的に諸侯の場合、「王所」であり、具体的には、

朝於廟、正也、（『穀梁伝』荘公二十三年）

と、宗廟であった。当然、宗廟での「朝」には儀礼が伴い、『周礼』秋官小行人に、

凡諸侯入王、則逆労于畿、及郊労、眡館、将幣、為承而擯、

と、規定されている。

一方、聘に関しては『礼記』聘義に、

故天子制諸侯、比年小聘、三年大聘、相厲以礼、

とあり、鄭注では「天子制諸侯者、天子制此礼使諸侯行之也、比年、毎歳也、小聘使大夫、大聘使卿」と、解説する。(3)周王を頂点に聘礼の制度化が図られ、年数と外交人員の規定がなされている。(4)さらに、聘義には、

聘礼、上公七介、侯伯五介、子男三介、所以明貴賤也、

とあり、諸侯のランクによって派遣する使者に付き添う人員数が決められている。聘の儀礼的側面については、聘義では、

介紹而伝命、君子於其所尊弗敢質、敬之至也、

にはじまり、使者の口上につづけて、

三譲而后伝命、三譲而后入廟門、三揖而后至階、

とあり、宗廟での儀式へと展開する。そして、

君使士迎于竟、大夫郊労、君親拝迎于大門之内而廟受、北面拝貺、拝君命之辱、所以致敬也、

と、主人側は使者の聘礼を廟で受け、贈物の拝受がなされる。しかも、

以圭璋聘、重礼也、聘而還圭璋、此軽財而重礼之義也、

とあり、聘の使者は玉璋を携えていた。(5)

以上から経学的に「朝聘」には、諸侯のランクにより、年数間隔、外交人員の細則が規定され、儀礼面でも厳密な慣習が存在した。礼世界のなかで朝聘は、周王を中心とした封建諸侯の外交関係として重要だったといえよう。また、

『礼記』曲礼上には、

礼尚往来、往而不来、非礼也、来而不往、亦非礼也、

とあり、朝聘は相互応酬が原則であった。これは、同中庸に、

送往迎来、嘉善而矜不能、所以柔遠人也、継絶世、挙廃国、治乱持危、朝聘以時、厚往而薄来、所以懐諸侯也、

と指摘のように、朝聘が国際平和に貢献するとの理解に象徴的である。

『春秋』の朝聘記事に関して『左伝』の凡例には、

凡諸侯即位、小国朝之、大国聘焉、以継好・結信・謀事・補闕、礼之大者也、(襄公元年)

とあり、小国は国君自ら朝見し、大国では使節を別に立てる外交人員の相違が見られる。さらに、

凡君即位、卿出并聘、践修旧好、要結外援、好事隣国、以衛社稷、忠・信・卑譲之道也、(文公元年)

とあり、諸侯即位に卿が使節として聘し、友好関係を再確認、外国の援助を取りつけ、近隣諸国との提携を強化して国の安寧を求めたという。なお、『左伝』に見える、

公如晋、朝嗣君也、(成公十八年)

曹文公来朝、即位来見也、(文公十一年)

などは、諸侯即位に関わる来朝による友好関係を示すものである。

こうした諸侯即位に伴う朝聘の規定の他に、鄭の游吉（子大叔）の言説を借りて『左伝』では、

昔文・襄之覇也、其務不煩諸侯、令諸侯三歳而聘、五歳而朝、有事而会、不協而盟、君薨、大夫弔、卿共葬事、……、(昭公三年)

と伝えている。晋文公・襄公の覇業盛期では、会盟・弔問と並んで、諸侯国間で三年に一度の「聘」と五年に一度の

「朝」が恒常化されていたとする。この「五歳而朝」については、
諸侯五年再相朝、以修王命、古之制也、（文公十五年）
と見えることから、周王を中心とする階級社会にあって、諸侯が五年のうちに二度、周王に朝見し、王命を温める制度が「古之制也」として存在したのかもしれない。こうして晋の叔向の言説を借りて、
是故明王之制、使諸侯歳聘以志業、間朝以講礼、再朝而会以示威、再会而盟以顕昭明、（昭公十三年）
と伝える、毎年の聘、三年一度の朝、六年一回の会合、十二年一回の会盟というように、朝聘は会合・会盟とならぶ外交活動であった。
一方、『左伝』でも『周礼』『礼記』等が示す経学的な朝聘規定の断面が伝えられている。しかし、『儀礼』聘礼に見えるような明確な礼儀的細則は存在しない。ただ、以下の状況が確認できる。
朝では相手国に到着する過程で、
公如晋、自郊労至于贈賄、無失礼、（昭公五年）
とあり、儀礼面が重視された。さらに、
斉侯朝於晋、……、晋侯享斉侯、（成公三年）
斉侯・衛侯・鄭伯如晋、朝嗣君也、……、晋侯享斉侯、（昭公十二年）
と、饗宴が見られる。朝本番にあって、曹劌の言説に、
朝以正班爵之義、帥長幼之序、（荘公二十三年）
と見えるように、席次・爵位・長幼の序が求められている。また、
斉侯朝於晋、将授玉、（成公三年）

鄭伯晋拝成、子游相、授玉于東楹之東、（成公六年）

と、「朝」に関連して「授玉」がなされた。これには、

邾隠公来朝、子貢観焉、邾子執玉高、其容仰、公授玉卑、其容俯、（定公十五年）

とあり、また、子貢が、

以礼観之、二君者、皆有死亡焉、……、今正月相朝、而皆不度、……、（定公十五年）

と指摘することから、朝に伴う「授玉」での儀礼上の規定が推察される。(6)『春秋正義』（成公三年）に、

玉謂所執之圭也、凡諸侯相朝、升堂授玉於両楹間、

と、定義するとおりであろう。こうした点から叔向の言説に、

朝有著定、会有表、……、会朝之言必聞于表著之立、所以昭事序也、（昭公十一年）

とあるように、朝見は会合と並んで国際関係の重要事項であった。

聘に関して儀礼的記事はそれほど見られないが、

斉国荘子来聘、自郊労至于贈賄、礼成而加之以敏、（僖公三十三年）(7)

叔弓聘于晋、報宣子也、晋侯使郊労、（昭公二年）

とあり、聘に一連する礼の一端が窺える。さらに、

孟献子聘於周、王以為有礼、厚賄之、（宣公九年）

とあり、詳細は不明だが、聘に関わる礼が重視されていた。また、

晋范宣子来聘、且拝公之辱、告将用師于鄭、公享之、宣子賦摽有梅、（襄公八年）

宋公享昭子、賦新宮、昭子賦車轄、明日宴、飲酒、楽、（昭公二十五年）

とあり、享（饗宴）の場での詩賦による意見交換が見られる。これについて、

宋華定来聘、通嗣君也、享之、為賦蓼蕭、弗知、又不答賦、……、（叔孫昭曰）必亡、……、将何以在、（昭公十二年）

とあり、詩賦交換が的確でないと非難され、聘礼では「詩」が重要であった。また、

春、叔孫婼聘于宋、桐門右師見之、語卑宋大夫而賤司城氏、昭子告其人曰、右師其亡乎、君子貴其身、而後能及人、是以有礼、今夫子卑其大夫而賤其宗、是賤其身也、能有礼乎、無礼、必亡、（昭公二十五年）

とあり、聘の場で桐門右師が自国の大夫を軽視し、本家筋の司城氏を軽蔑したため、叔昭子は礼なき交際と非難している。聘での礼重視を端的に示す話といえよう。

朝聘は相互応酬を原則としたことが次の事例から窺える。『春秋』成公十一年には、

（春）、晋侯使郤犨来聘、及郤犨盟、

夏、季孫行父如晋、

とあり、『左伝』では「夏、季文子如晋報聘」と伝える。『春秋』襄公十二年には、

夏、晋侯使士魴来聘、

冬、公如晋、

とあるのに対して、『左伝』は「公如晋、且拝士魴之辱、礼也」と指摘する。聘をめぐる返礼が見られるが、ただ、『左伝』には孟献子の言説として、

臣聞小国之免於大国也、聘而献物、於是有庭実旅百、朝而献功、於是有容貌采章、嘉淑而有加貨、謀其不免也、（宣公十四年）

とあり、小国対大国の外交関係を中心に据えた見解が示されている。

朝聘による外交関係では、『周礼』秋官によれば周王室の渉外事宜担当機関にあって、儀礼を担当する役官として、

大行人、掌大賓之礼及大客之儀、以親諸侯、

小行人、掌邦国賓客之礼籍、以待四方之使者、

がある。(8)ただ、当該時代では諸侯国の渉外担当官は大小区別なく、その対外派遣使節として、

知武子使行人子員対之曰、君有楚命、亦不使一个行李告于寡君、而即安于楚、（『左伝』襄公八年）杜注「行季、行人也」

（秋）、楚人執鄭行人良霄、（『春秋』襄公十一年）書曰行人、言使人也、（『左伝』襄公八年）

と、「行人」「行李」「使人」と呼ばれている。(9)なお、行人には、

三月、公如京師、宣伯欲賜、請先使、王以行人之礼礼焉、孟献子従、王以為介而重賄之、（『左伝』成公十三年）

とあり、「介」の存在が認められ、正代表と副代表の外交上の差異があった。(10)さらに、「行人」の実態として外交に専門的に携わる専官と、本国にあって別に臨時兼職する二つがあると考えられている。(11)いずれにしても、『春秋』『左伝』で外交担当者として「行人」が存在することは、当該期の外交が国際社会で明確な意義を持つ行為であった点を示している。したがって、相互応酬が聘礼で重要な側面を持ち、聘礼自体に独自の意義があり、『左伝』に、

晋范宣子来聘、且拝公之辱、（襄公八年）

晋侯使韓宣子来聘、且告為政、而来見、（昭公二年）

などという、「且」を重視し特別の用件があるとき聘礼に兼ねて伝達された、(12)との理解には疑問が残ると思われる。聘礼の経学面重視に過ぎるのではなかろうか。聘礼自体、「且」が明記されなくとも、外交上の課題により要請された行為であったといえよう。

当該社会では周王が依然として諸侯を統制する立場だったが、西周期と異なりその統制力が弱体化し、封建諸侯の地位は相対的に強力となって、宗族関係が乱れ、諸侯間の相互関係は「国際化」したものと考えられる。こうして国際法に準じて諸侯は外交を行ったわけである。(13)

以上から春秋時代を国際法にもとづき外交官が外交を展開した社会と規定し、朝聘の儀礼的側面とは距離を置き、『春秋』の「来朝」「来聘」、桓公三年に「(秋)、公子翬如斉逆女」とある「如」によって示される魯国の他国への聘礼、隠公六年「春、鄭人来渝平」とある「来」によって示される他国の魯国への外交等から、魯を中心とした諸侯国往来の外交関係について次節以降で検討する。いわば「理由ある外交」という国際社会の一面を考えてみよう。

第二節　朝聘と外交

朝聘の概要について、『春秋』に見える「来朝」「来聘」の事例を個別に分析する。(14)

1　「朝」

「朝」に関して『春秋』では「(春)、滕子来朝」(桓公二年)という「諸侯名・来朝」の書式で、一国の来朝を記録するのが定型である。なかには「春、滕侯・薛侯来朝」(隠公十一年)など、複数国の来朝を示す事例が見出せるが、他に桓公七年(穀・鄧)、桓公十五年(邾・牟・葛)の計3例にとどまり、来朝自体が二国間外交であった点を示している。

来朝の数値的側面に関して、複数国来朝を一回と見做し、『春秋』の魯公年間別に列挙すれば、

隠公1　桓公6　荘公3　閔公0　僖公5　文公4　宣公1　成公5　襄公7　昭公3　定公1　哀公1

の計36回となる。『春秋』年間を平均し、前期八十一年間（隠公元年～僖公十八年）、中期八十一年間（僖公十九年～襄公十二年）、後期八十二年間（襄公十三年～哀公十六年）の三期区分にしたがって、当該期の大勢を来朝面で把握すると、【前期13・中期16・後期7】である。来朝での中期の増加と後期の減少傾向が窺える。

『春秋』に見える来朝国は、

滕　薛　紀　穀　鄧　曹　郳　牟　葛　小郳　蕭　杞　郜　告　郯

の計15国におよぶ。国君自らが対魯外交を展開した国と規定できる。ほぼその範囲は現在の山東省を中心とした、それも所謂小国・弱国の類に限定される。来朝が魯国中心の外交関係にあって、当該諸侯国に普遍的になされたものではなかったことを示している。しかも、来朝国は回数から以下のように大きく分けることができる。(15)

複数回……郳7　杞6　滕5　小郳5　曹5　紀2　郯2

一　回……薛　穀　鄧　牟　葛　郜　蕭　告

来朝一回は8国で、来朝国のほぼ半数を占め、来朝の特殊性、すなわち一時的な外交行為であった点が窺える。さらに、複数回のなかで紀・郯の2回を除けば、来朝国は郳・杞・滕・小郳・曹に限定され、あらためて来朝の偏在性が指摘できよう。(16)

では、来朝は如何なる外交上の意味を持つのであろうか。いま曹の事例を『左伝』の説明から確認する。

①『春秋』桓公九年冬、曹伯使其世子射姑来朝、　『左伝』「冬、曹大子来朝、賓之以上卿、礼也」

②『春秋』文公十一年秋、曹伯来朝、　『左伝』「秋、曹文公来朝、即位而来見也」

③『春秋』文公十五年夏、曹伯来朝、　『左伝』「夏、曹伯来朝、礼也、諸侯五年再相朝、以修王命、古之制也」

④『春秋』成公七年夏五月、曹伯来朝、　『左伝』「夏、曹宣公来朝」
⑤『春秋』襄公二十一年（冬）、曹伯来朝、　『左伝』「冬、曹武公来朝、始見也」

5事例中①は曹大子の来朝と特異であるが、翌『春秋』桓公十年に、

春王正月庚申、曹伯終生（曹桓公）卒、

と見え、杜注が「曹伯有疾、故使其子来朝」（桓公九年）と推察するとおりであろう。[17]『左伝』の説明のうち②「即位而来見也」⑤「始見也」は、前述の礼世界で示された諸侯即位に関わる来朝であり、③「諸侯五年再相朝」では「古之制也」と関係する。

諸侯即位による対魯来朝は、まま見られる『左伝』の解説であるが、疑問が残ると思われる。[18]『左氏会箋』（文公十二年）には、

即公新立、隣国及時来朝、則曰公即位而来朝、晩則曰始朝公也、諸侯新立、来及時者則曰即位而来見、晩則曰始見也、

と見える。魯公が新たに即位し他国が来朝の際、その時期が早ければ『左伝』は「公即位而来朝」とし、晩ければ「始朝公也」、他国の諸侯が即位し魯に来朝した場合、その時期が早ければ「即位而来見」とし、晩ければ「始見也」と区別するという。ただし、この時期の早晩は具体的には不明である。こうした点に一応したがい、曹の事例を見てみよう。曹については、国君の死亡記事がほぼ当該時代を通じて『春秋』に網羅され、[19]曹君即位と来朝の年数間隔が比較的明らかである。

②曹文公の文公十一年来朝は、『春秋』文公九年に、

秋八月、曹伯襄卒、（『史記』管蔡世家の「共公」）

とあり、先代の曹共公の死後、約二年を経ており、少なくとも曹文公の即位直後とはいえないであろう。『左氏会箋』説では早いが、礼世界での即位来朝の見解とは時間的に開きがあるように思える。

③曹伯の文公十五来朝は、杜注に「（文公）十一年、曹伯来朝、雖至此乃来、亦五年」とあり、文公の即位五年後である。『左伝』「諸侯五年再相朝」の規定の根拠と考えられる。しかし、五年来朝は『春秋』ではここのみで、また他書にも見えず、「古之制也」から春秋時代以前の規定かもしれない。(20)

⑤曹武公の襄公二十一年来朝は、『春秋』襄公十八年に、

（冬十月）、曹伯負芻卒于師、

とあり、杜注が「即位三年、始来見公」（襄公二十一年）と指摘のとおり、先代の曹成公の死後、三年目の外交であった。『左氏会箋』説では晩いが、即位来朝の儀礼とは考え難い。

なお、①については、曹桓公の即位が前七五六年と考えられ(21)、即位来朝とは無関係な点が明らかである。④曹宣公の成公七年来朝は、『春秋』宣公十四年に、

夏五月壬申、曹伯寿（曹文公）卒、

とあり、先代の文公の死後、即位十年を経過しており、これも即位来朝とはいえないであろう。

以上から曹の来朝事例は、即位後あくまで曹君のはじめての来朝であって、礼世界での即位来朝の早晩に基づく友好関係とは認められない。来朝は即位後の儀礼的面を重視したわけでなく、外交上の要請からなされた行為と考えられる。

他国の来朝事例を見ると、

⑥『春秋』文公十二年（春）、杞伯来朝、　『左伝』「杞桓公来朝、始朝公也」

⑦『春秋』文公十二年秋、滕子来朝、『左伝』「秋、滕昭公来朝、亦始朝公也」
⑧『春秋』成公十八年八月、邾子来朝、『左伝』「八月、邾宣公来朝、即位而来見也」
⑨『春秋』襄公六年（秋）、滕子来朝、『左伝』「秋、滕成公来朝、始朝公也」
⑩『春秋』襄公七年春、郯子来朝、『左伝』「春、郯子来朝、始朝公也」
⑪『春秋』襄公七年（夏）、小邾子来朝、『左伝』「小邾子来朝、亦始朝公也」

とあり、『左伝』では来朝の早晩を指摘する。⑧以外の『左伝』の説明は『左氏会箋』説に従えば、すべて魯公即位を基準に対象国の来朝が晩い点を示している。それぞれ魯文公の即位十二年目（⑥⑦）、魯襄公の即位六年目（⑨）、七年目（⑩⑪）の来朝である。これに対して⑧は邾君即位を基準とするが、『春秋』成公十七年に、

（十有二月）、邾子貜卒、

とあり、前君死後の翌年の来朝であり、早い時期の外交といえる。

『左伝』では諸侯の即位来朝の場合、『左氏会箋』説を尊重すれば、三年を超えると晩く、それ以前なら早いと考えられていたようである。しかし、諸侯即位に関わる来朝の早晩では、「早」が2事例（②⑧）のみであり、即位来朝の礼世界観は当該時代で成立し得ないであろう。したがって、来朝自体は外交上の要請から出現した行為といえよう。

曹の来朝理由を外交上から見てみよう。

①桓公九年曹桓公の来朝は、桓公十年卒葬記事から、その前提として曹・魯友好関係があった。曹・魯外交は、

『春秋』桓公五年冬、州公如曹、『左伝』「冬、淳于公如曹、度其国危、遂不復」
『春秋』桓公六年春正月、寔来、『左伝』「春、自曹来朝、書曰寔来、不復其国也」

とあり、州公（淳于公）の国外脱出に関連してはじめて表われる。杜注に「杞似并之、遷都淳于」（隠公四年条）とあ

り、曹は山東での杞国の動向、近隣の紀国の苦慮する対斉外交のなか、魯へ接近したものと考えられる。(22)『春秋』桓公九年に、

春、紀季姜帰于京師、

とあり、紀が魯を介して周王室と婚姻しているが、曹桓公の来朝は周との強固な関係を持つ魯の力を期待した上でなされたものといえよう。

②文公十一年曹文公の来朝については、趙鵬飛が、

諸侯世相朝、礼也、常事不書、此何以書、譏其以強弱為判、不復顧礼、曹文公即位而朝魯、未聞魯文公即位而朝曹、聖人書之、以志礼之変、

と指摘している。(23)来朝自体の記載を特殊とし、魯・晋外交の不均衡を読み取る。来朝での外交儀礼を尊重した見解といえる。たとえ曹文公の来朝が儀礼的であったとしても、背後には対魯外交の何らかの事情が存在したはずである。

『春秋』文公十二年には、

（春王正月）、杞伯来朝、

秋、滕子来朝、

とあり、曹文公の来朝に続けて杞・滕の来朝が確認できるからである。『左伝』では滕子の来朝に「亦始朝公也」と「亦」を強調し、杞伯の来朝に連続する点を重視しているが、曹文公の来朝を含めた三来朝は、各国が一体化した上でなされた、対魯関係であったと考えられる。当該期、文公十一年曹文公の来朝に先立ち『春秋』文公十一年には、

夏、叔彭生会晋郤缺于承匡、

とあり、『左伝』は「謀諸侯之従於楚者」と、文公十年以来、楚に従っていた陳・鄭・宋への対策と説明する。魯は

晋にとって外交上、重要であった点が窺える。こうした晋による魯重視の外交政策には、当該期での晋の対秦・対楚抗争が根底にあった。

晋・秦関係は文公覇業まもない僖公三十年、すでに鄭攻伐にあって不協和が生じていた[24]。秦は以後、東進を展開し（僖公三十二・三十三年）、直接晋と戦火を交える（僖公三十三・文公元・三・四・七・八・十年）。このなか晋・魯外交は、『春秋』僖公三十年に、

（冬）、公子遂如京師、遂如晋、

とあり、魯によるはじめての対晋交渉として見える。ただし、晋・魯関係は終始安定していたとはいえず、すでに『左伝』文公二年では「晋人以公不朝来討、公如晋」と、魯の不朝を晋が咎めたと伝える。しかし、『春秋』文公三年に至り、

春王正月、叔孫得臣会晋人・宋人・陳人・衛人・鄭人伐沈、

とあり、両国は沈攻伐を協同している。また、同、

冬、公如晋、

十有二月己巳、公及晋侯盟、

に関して、『左伝』には「晋人懼其無礼於公也、請改盟」とあり、晋は魯に対して配慮を払ったという。さらに、文公七年晋霊公の即位に伴う扈の盟（曹も参加）に、「公後至」（『左伝』）と魯は遅れて加わらず、翌文公八年には「晋人以扈之盟来討」（『左伝』）と、晋の批判を受ける。しかし、その一方で「冬、襄仲会晋趙孟盟于衡雍、報扈之盟也」（『左伝』）と見え、晋はやはり対魯友好を考慮していた。

以上の晋の対魯外交は終始友好的とはいえないが、来朝・盟の要求などから晋のなみならぬ魯重視の姿勢が窺

える。晋にとって対秦戦争を前に対魯関係を維持することは、必要不可欠な遠交近攻政策であったと考えられる。というのは、秦の外交からも対魯関係を模索する動きが確認できるからである。『春秋』文公九年に、

（冬）、秦人来帰僖公・成風之襚、

とあり、秦による魯接近が見られる。[25] この前提には晋・秦の令狐の戦い（文公七年）、『左伝』文公八年「夏、秦人伐晋、取武城」など、秦・晋の対立があった。さらに、文公九年には晋・魯らが楚の支配下から鄭を救うなど、国際社会は楚の対応に迫られていた。同年『春秋』に、

冬、楚子使椒来聘、

とあり、秦・晋対立のなか楚は魯接近を模索していた。したがって、秦による対晋・対楚対抗策の一環が魯接近であり、魯は対晋牽制にあって極めて重要な存在であったわけである。『春秋』文公十二年には、

（秋）、秦伯使術来聘、

とあり、当該時代を通じて唯一の秦の来聘が見えるが、『左伝』は「且言将伐晋」と、明確に秦の対魯外交の意味を伝えている。

以上の魯をめぐる晋・秦・楚の外交から、曹・杞・滕の来朝は国際関係とは無関係ではなかった。曹は文公四年伝によると、晋同盟の一構成国として貢納の割当を受けている。しかも、晋の対秦戦争後の同盟強化にあって、曹の参加が伝えられる（文公七年）。対晋友好が基本であった曹にとって、魯の対秦・対楚接近は見過ごせなかったものと考えられる。曹の文公来朝（文公十一年）は、こうした国際社会の変化への対応に他ならない。したがって、曹文公に連続する杞・滕の来朝も以上の国際関係が関わっていたのであろう。魯に隣接するこれらの諸国にとって、宋が楚連合の攻撃を受け（文公十年）、楚の勢力圏が北上するなか、晋・秦・楚の接近が図られた魯との関係強化は、自国存立

にとっての重大事であった。来朝には諸侯即位の問題に限定されない、外交上の要請が存在したわけである。

③文公十五年曹文公の来朝には、やはり当該期の国際関係が関連していた。魯は衛・鄭の対晋関係の改善に一役を担うなど（文公十三年）、晋の外交にあって欠かせない存在であった。新城の盟で（晋・魯・曹らが参加）、楚に服属していた陳・鄭・宋が晋同盟入りを果たし、一時的な中原社会の安定がもたらされた（文公十四年）。こうして曹文公の来朝が出現するが、これは曹の対魯関係尊重の外交といえよう。しかし、その一方で、斉の対外進出も関係していたと考えられる。文公十五年に斉の魯攻伐が見られ、同年の扈の盟では対斉侵攻が議題であったが、斉の賄賂により斉包囲網は脆くも潰えた。その後、斉は再び魯攻伐を推進し、曹にまで軍事進攻を行っている（文公十五年）。『左伝』では「討其来朝也」と、曹文公の来朝に原因があるとする。したがって、曹の来朝は斉の対外発展を封じ込めるねらいがあったのかもしれない。いずれにせよ、曹文公の文公十一年に次ぐ再来朝は、国際情勢に呼応した行動であった。

④成公七年曹宣公の来朝も形式的・儀礼的行為とはいえないであろう。鞌の戦いで斉が晋連合に大敗し、蜀の盟で一応の国際和平が成立する。曹は魯らと対斉戦争に参戦し、蜀の盟でも列席するなど、晋同盟の一員として位置づけられていた。晋は鄭の服属を機に覇権強化のため虫牢の盟を実施した。そこで二回目の盟を要求するが、宋の拒否にあう（成公五年）。こうした宋の動向は晋・衛・魯らの攻伐を被り（成公六年）、馬陵の同盟で抑え込まれたらしい（成公七年）。この宋の不穏な動きと晋同盟復帰の間に、曹宣公の来朝が見える。曹の来朝には宋の動向が微妙に関係していたと考えられる。曹は宋と隣接し、宣公三年には宋の包囲を被るなど二国間関係に問題を抱え、一方、宋では楚に接近していた（宣公十五年）。晋同盟における宋の非協調行動のなか、曹は対宋攻撃を命じられた魯との関係の強化を目指した行為が今回の来朝といえよう。晋・楚抗争にあって曹は、独自の外交政策を推進していたわけである。(26)

⑤襄公二十一年曹武公の来朝は、魯をめぐる国際環境が関係したようである。魯は斉・邾（襄公十五年）、斉（襄公

十六・十七・十八・十九年）、邾（襄公十七年）の攻伐を連年にわたり受けていた。『左伝』は邾の行動を「為斉故也」と、斉を援助するためと説明している。こうしたなか、晋連合の対斉包囲、祝柯の盟、晋による邾の領域画定（襄公十九年）、澶淵の盟、魯の対邾報復攻伐（襄公二十年）によって、魯の対斉対邾関係が改善される。以上から曹の来朝は魯の対外関係にあって、平和的環境の成立を歓迎する意味があったと見るべきであろう。前述のように、曹にとって山東地方や隣接する地域の安定は外交上の重要課題であった。当該期、曹と領域を接する宋が連年、北上政策を企てる楚の攻伐を受け（襄公十・十一・十二年）、曹も一方の隣国衛の進攻を被るなど（襄公十七年）、対外状況は悪化していた。このような周辺諸国の情勢が対魯親善外交を目指す曹にとって楽観視できなかったものと考えられる。

以上から曹の来朝記事は、曹君の即位に関わる儀礼を伝えるわけではなく、曹を取り巻く国際環境にもとづく外交活動の軌跡であった。曹は魯国外交と連動する方向性をもっていたと考えられる。ただ、一方で斉覇・晋覇の中原社会にあって、曹は頻繁に会盟出席が見られ、国際協調路線を推進していた。曹の外交政策が国際政治に同調しながら、対魯関係を尊重する近隣諸国との和平重視の側面があったことを示している。

来朝国は前述のように複数回では滕・曹・邾・小邾・杞にほぼ限定されるが、これらの国の来朝を年数間隔で見ると、

文公十一年　曹・文公十二年　杞・文公十二年　滕・文公十五年　曹
成公四年　杞・成公六年　邾・成公七年　曹
成公十八年　杞・成公十八年　邾・襄公元年　邾
襄公六年　滕・襄公七年　郯・襄公七年　小邾
昭公十七年　小邾・昭公十七年　郯

であり、それぞれほぼ三年間に集中している。前述の隠公十一年（滕・薛）、桓公七年（穀・鄧）、桓公十五年（邾・牟・

葛）の複数国来朝も同様の傾向といえよう。ここには、魯国を中心とした近隣諸国の集団的方向性をもつ外交関係が認められる。『春秋』からは山東の一方の大国斉に同様な体制があったかは定かでない。そのなかで、山東の魯国を中枢とする安全保障体制のような実態が存在した点は十分考慮すべきであろう。[27] 小国・弱国の来朝は、おもにこうした軍事上の要請からなされたものと考えられる。来朝は魯国を中心とする国際社会の動向を的確に示しているわけである。

2 「聘」

「聘」について見てみよう。

『春秋』では「(夏)、斉侯使其年来聘」(隠公七年)と、国君が使者を来聘させるという書式で、一国の来聘を記録するのが定型である。[28] 来聘自体が二国間の外交であった点を示している。

『春秋』の魯公年間別にその回数を列挙すれば、

隠公3　桓公4　荘公3　閔公0　僖公2　文公3　宣公2　成公7　襄公12　昭公3　定公0　哀公0

の計39回となる。前述の『春秋』年間を平均した三期区分にしたがって、当該期の大勢を来聘面から把握すると、【前期10・中期20・後期9】である。来聘での中期の増加と後期の減少が窺える。こうした傾向は来朝での推移と同様であり、あらためて来朝・来聘の二国間外交としての同質性が指摘できよう。

『春秋』に見える来聘国は、

斉　周　楚　陳　衛　秦　晋　宋　鄭　呉

の計10国におよぶ。国君が使者を派遣する対魯外交を展開した国と規定できる。これらの国は、前述の来朝国と重ならない点がまず特徴的である。来朝国が山東にほぼその範囲が限られ、小国・弱国の類であったが、来聘国は斉・晋など国際関係を左右する大国・実力国が多く含まれる。来聘が魯国中心の外交にあって、当該期の国際社会で活動する諸侯国であったことを示している。こうした来聘国は以下のような回数が確認できる。

晋11　周8　斉5　衛4　宋4　楚3　陳1　秦1　鄭1　呉1

一回のみ来聘の陳・秦・鄭・呉を除く、複数回の国は6国となり、恒常的来聘国が少ないことになろう。(29) なかでも晋11・周8は特に回数面で来聘が多く、対魯外交の尊重国として位置づけられる。

では、来聘は如何なる外交上の意味を持っていたのであろうか。まず、来朝でも見られた即位との関係から検討しよう。

①『春秋』成公四年春、宋公使華元来聘、　『左伝』「通嗣君也」
②『春秋』襄公五年夏、鄭伯使公子発来聘、　『左伝』「通嗣君也」
③『春秋』襄公二十九年（夏）、呉子使札来聘、　『左伝』「其出聘也、通嗣君也」
④『春秋』襄公三十年春王正月、楚子使薳罷来聘、　『左伝』「通嗣君也」
⑤『春秋』昭公十二年夏、宋公使華元来聘、　『左伝』「通嗣君也」

『左伝』が「通嗣君也」と説明するのは、以上の5事例のみである。これらは、それぞれ、

①『春秋』成公二年八月壬午、宋公鮑卒、
　成公三年（二月）乙亥、葬宋文公、
②『春秋』襄公二年六月庚申、鄭伯睔卒、
③『春秋』襄公二十八年（十有二月）乙未、楚子昭卒、

④『春秋』襄公二十九年（夏五月）、閽弑呉子餘祭、
⑤『春秋』昭公十年十有二月甲子、宋公成卒、
　　昭公十二年（春）、葬宋平公、

とあるように、来聘国の国君死亡（卒葬）記事が『春秋』で来聘前に確認され、新君即位に伴う対魯外交であった。それも、①は葬儀後一年、②は卒後三年、③は卒後二年、④は弑後一年以内、⑤は葬後一年と、一～三年の間に来聘がなされ、即位来聘の儀礼的観点が窺え、『左伝』の指摘のとおり来聘は即位に関連した外交であったのかもしれない。そこで、『春秋』にあって『左伝』の「通嗣君也」の解説がない事例で、即位来聘の可能性を確認してみよう。この場合、やはり各国国君の卒葬記事が一つの目安となる。『左伝』の「通嗣君也」の基準と考えられる、国君死亡から三年を限度に国別に列挙する。

斉①『春秋』宣公十年（夏四月）己巳、斉侯元卒、
　　（六月）、葬斉恵公、
　②『春秋』襄公二十五年夏五月乙亥、斉崔杼弑其君光、
　　（冬）、斉侯使国佐来聘、
　　襄公二十七年春、斉侯使唐封来聘、
衛③『春秋』成公二年（八月）庚寅、衛侯速卒、
　　成公三年（春正月）辛亥、葬衛穆公、
　　（冬十有一月）、衛侯使孫良夫来聘、
晋④『春秋』成公十年（五月）丙午、晋侯獳卒、

成公十一年（春王三月）、晋侯使郤犨来聘、

⑤『春秋』成公十八年（春王正月）庚申、晋弑其君州蒲、

（夏）、晋侯使士匄来聘、

以上、5事例がそれぞれ①一年、②二年、③二年、④二年、⑤一年と、国君死亡と来聘が接近し、即位来聘の可能性が考えられる。しかし、『春秋』来聘記事39のうち、『左伝』「通嗣君也」5事例と合わせ計10事例のみで、即位来聘の方向性が厳密に規定されていたとはいい難いであろう。さらに、もし来聘が即位と関わるならば、魯公即位に際しても対象国の来聘が『春秋』に確認できるはずである。ところが、『春秋』では、

襄公元年冬、衛侯使公孫剽来聘、晋侯使荀罃来聘、

とある、襄公即位一年目の衛・晋来聘のみが該当する。[30]

これに対して前述の即位④楚来聘（襄公三十年）「通嗣君也」に続けて、『左伝』は「穆叔問王子囲之為政何如」と、令尹の王子囲の執政ぶりを話題とするが、即位来聘では諸侯間の情報交換が重要な意味を持っていたと考えられる。恐らく即位来聘時には外交上の懸案も議論されたものと推察される。[31] したがって、他の『左伝』「通嗣君也」の解説をもつ『春秋』の来聘にも、何らかの外交上の要請があったと見るべきであろう。例えば、即位④楚来聘については、その前提に以下の状況が存在していた。『春秋』襄公二十八年に「十有一月、公如楚」とあり、『左伝』は「為宋之盟故」とし、宋の和平会議に基づく襄公の対楚外交と伝えている。だが、楚王死去により（襄公二十八年）、『春秋』襄公二十九年には「春王正月、公在楚」とあり、襄公は楚で年を越すことになる。高閌が、

公踰年在楚、楚郟敖新即位、故使薳罷来聘以報之、

と指摘するように、[32] 楚の来聘は対魯関係を尊重した外交であったかもしれない。また、即位⑤宋来聘に関して、[33]『春

秋』昭公十一年に「春三月、叔弓如宋、葬宋平公」とあり、魯は宋平公の葬儀に使節を派遣したが、これは高閌が、

公始以卿共平公之葬、故宋元公嗣位而即使来聘、

と見るように、[34] 宋外交上の御礼来聘とも考えられる。いずれにしても、以上から来聘は、諸侯即位に限定された儀礼的外交とはいえないであろう。また、『春秋』来聘記事39中、『左伝』が解説する事例は34で、その状況が知られ、来聘が外交上の要請にもとづく行為であった点を伝えるものである。これは来朝記事に対して『左伝』が即位の説明に終始するのとは明らかに異なる。そもそも、来聘国が国際関係を左右する国を含む点が反映していると考えられる。

では、『左伝』から来聘は如何なる要請による行為であったのであろうか。即位来聘以外の状況を見ると、大まかな分類が可能である。

（一）　同盟関係

①『春秋』隠公七年（夏）、斉侯使其弟年来聘、　『左伝』「結艾之盟也」

②『春秋』荘公二十五年春、陳侯使女叔来聘、　『左伝』「始結陳好也」

③『春秋』成公三年冬十有一月、晋侯使荀庚来聘、丙午、及荀庚盟、　『左伝』「且尋盟」

④『春秋』成公三年（冬十有一月）、衛侯使孫良夫来聘、丁未、及孫良夫盟、　『左伝』「且尋盟」

⑤『春秋』成公十一年（春王三月）、晋侯使郤犨来聘、己丑、及郤犨盟、　『左伝』「且泣盟」

⑥『春秋』襄公七年冬十月、衛侯使孫林父来聘、壬戌、及孫林父盟、　『左伝』「且拝武子之言、而尋孫桓子之盟」

⑦『春秋』襄公十五年春、宋公使向戌来聘、二月己亥、及向戌盟于劉、　『左伝』「且尋盟」

来聘に一連して盟締結（③④⑤⑥⑦）が主流と見られ、来聘には二国間同盟確立の外交上の要請があったと考えられる。また、そのうち『左伝』「且尋盟」（③④⑥⑦）からは、二国間同盟の継続が明確に意識されていたことが窺える。

あらためて来聘の二国間外交の側面と、同盟内の国際関係を方向づける会盟との相違が指摘できる。(35)

（二）　返礼関係

①『春秋』宣公十年秋、天王使王季子来聘、『左伝』「秋、劉庚公来報聘」

②『春秋』宣公十年（冬）、斉侯使国佐来聘、『左伝』「国武子来報聘」

③『春秋』成公十八年（夏）、公至自晋、晋侯使士匄来聘、『左伝』「且拝朝也」

④『春秋』襄公八年（冬）、晋侯使士匄来聘、『左伝』「且拝公之辱、告将用師于鄭」

⑤『春秋』襄公十二年夏、晋侯使士魴来聘、『左伝』「且拝師也」

⑥『春秋』襄公二十九年（夏）、晋侯使士鞅来聘、『左伝』「拝城杞也」

①②③④は「報聘」「拝朝」「拝公之辱」と、朝聘に対する返礼である。朝聘の二国間外交における応酬的側面が窺える。その他、⑤は軍事面での返礼であり、⑥も当該期「城」の用例からは同様と考えられる。(36)④の「告」以下に関しては、襄公九年に魯が晋らと鄭攻伐に参加することから、前提に晋の軍事要請があったと見るべきで、次の（三）の事例とも近い。

（三）　軍事関係

①『春秋』文公十二年（秋）、秦伯使術来聘、『左伝』「且言将伐晋」

②『春秋』成公八年（冬）、晋侯使士燮来聘、『左伝』「言伐郯也」

ともに軍事要請である。①は実現しなかったが、②について『春秋』成公八年に「（冬）叔孫僑如会晋士燮・斉人・邾人伐郯」とあり、魯が晋らの郯攻撃に参加している。

（四）　夫人関係

①『春秋』桓公三年冬、斉侯使其弟年来聘、『左伝』「致夫人也」
②『春秋』成公八年（春）、宋公使華元来聘、『左伝』「聘共姫也」

①は前提に同「（秋）、公子翬如斉逆女」とあり、『左伝』では「修先君之好」と伝えることから、婚姻を介しての二国間の関係強化が目的であった。②は前述の晋・衛・魯による宋攻伐に関連した（成公六年）、魯・宋関係改善の外交政策である。

以上、『左伝』の即位以外の来聘説明からは、魯と来聘国の二国間外交の側面が確認された。なかでも、同盟来聘等の応酬は聘礼としての儀礼面を示す一方、軍事に関わる来聘では当該期の対立抗争が関わるものと考えられる。来聘は儀礼的面のみに限定されず、具体的現実的課題に要請された「理由ある二国間外交」であった。そこで以下では、斉を例として5事例の来聘理由を、魯・斉外交のなかで具体的に見てみよう。

『春秋』隠公七年「（夏）、斉侯使其年来聘」は、『左伝』では「結艾之盟也」と説明する。「艾之盟」については『左伝』に「始平于斉也」（隠公六年）とあり、来聘は斉・魯の初期外交の成立に伴うものであった。斉・魯とも当該期、中原諸国との外交を推進し、直接的な対立はいまだ見られない。ただ、山東での紀国をめぐる両国の関係悪化の要因は、魯の紀との婚姻（隠公二・七年）、紀の仲介による莒・魯の関係改善（隠公二年）と、すでに確認できる。したがって、斉の来聘は魯の近隣政策と呼応したものと考えられる。[37]

『春秋』桓公三年「冬、斉侯使其弟年来聘」は、『左伝』では「致夫人也」と説明する。この前提には、『春秋』桓公三年に、

春正月、公会斉侯于嬴、

とあり、『左伝』が「成昏于斉也」という、斉・魯の婚姻があった。また、①の時期での友好成立による対宋協同攻

伐（隠公九・十年）など、両国の軍事同盟の側面も影響していたと考えられる。一方でここでも、魯・紀外交（桓公二・三年）による山東地域の情勢が関連していた。

『春秋』僖公三十三年「（春）、斉侯使国帰父来聘」は、同、

僖公二十八年（秋）、公子遂如斉、

僖公三十三年冬十月、公如斉、

に一連する、斉・魯外交に位置付けられるものである。ただ、ここに至る経緯は、

『春秋』僖公二十六年に、

（春）、斉人侵我西鄙、公追斉師、至酅、弗及、

夏、斉人伐我北鄙、

（冬）、公以楚師伐斉、取穀、

とあり、斉・魯の軍事対立が存在した。『左伝』では「討是二盟也」と伝え、魯が衛・莒と結んだ洮の盟（僖公二十五年）、向の盟（僖公二十六年）を発端とするという。こうした斉・魯関係には、当該期に先立つ斉桓公の没後（僖公十七年）の宋台頭（僖公十八年）、楚の本格的中原侵略（僖公二十二年）と、それに関わる山東の莒の動向が影響していた[38]。さらに、大局的には晋文公の対楚戦争の勝利（城濮の戦い・僖公二十八年）による覇業確立が存在する。したがって、斉の来聘は、呉澂が、

（僖公）二十六年、有伐斉取穀之怨、二十八年、晋文公即伯、公子遂聘斉以解仇而講好、越六年而帰父来報公子遂之聘也、

と指摘するように[39]、国際間の新秩序に対処する外交政策と見るべきであろう。

『春秋』宣公十年「(冬)、斉侯使国佐来聘」は、『左伝』では「国武子来報聘」と説明する。これは、『左伝』に「(秋)、公孫帰父帥師伐邾、取繹」とある、魯の対邾攻伐が関係していた。高閌が、

以伐邾故、恐斉人以為討、二歳之間、而公与大夫五如斉矣、

と指摘するとおりであろう。[40] ただ、高閌も後半で述べるように、『春秋』によれば、

宣公九年春王正月、公如斉、
宣公十年春、公如斉、(『左伝』「斉侯以我服故、帰済西之田」)
　斉人帰我済西田、
　(夏四月)己巳、斉侯元卒、
　公如斉、(『左伝』「公如斉奔葬」)
　(六月)、公孫帰父如斉、葬斉恵公、
　(秋)、季孫行父如斉、
　冬、公孫帰父如斉、(『左伝』「伐邾故也」)

と、魯の対斉外交は異常ともいえるほど頻繁である。そもそも魯は宣公の即位以後、婚姻(宣公元・五年)・会盟(宣公元)・使節の派遣(宣公元・四・五年)・協同軍事行動(宣公四・七年)と、対斉外交に力を入れていた。このようななか、晋主催の対鄭講和であった黒壌の会(宣公七年)に魯は参加するが、『左伝』では「晋侯之立也、公不朝焉、又不使大夫聘、晋人止公于会、盟于黄父、公不与盟、以賂免」と、晋成公の即位(宣公二年)に際し魯宣公が朝見しなかったため、晋が魯を冷遇したと伝える。こうした魯の対晋関係に配慮した外交が、斉に問題視されたものと考えられる。

『春秋』宣公八年には、

夏六月、公子遂如斉、至黄乃復、

とあり、斉外交を担った魯の使者が実現できず帰国している。魯の晋同盟入りを目指した行動が斉の拒否にあったわけで、魯は当該期、斉・晋外交に苦慮していたものと思われる。したがって、今回の斉来聘は両国関係の悪化のなかで、和解的措置が込められた外交といえよう。

『春秋』襄公二十七年「春、斉侯使慶封来聘」の前提には、以下の斉の対晋外交が関わっていた。同襄公二十三年に、

秋、斉侯伐衛、遂伐晋、

とあり、斉・晋関係は最悪の事態を迎え、同、

八月、叔孫豹帥師救晋、次于雍楡、

とあり、また、同襄公二十四年には、

（春）、仲孫羯帥師侵斉、（『左伝』「晋故也」）

とあり、魯は晋同盟の一員として斉に対する軍事行動を展開した。しかも、斉進攻を課題とする晋連合の夷儀の会に魯が参加している。『春秋』襄公二十五年に至り、

春、斉崔杼帥師伐我北鄙、

とあり、魯は斉の攻撃を被る。この後、重丘の同盟（襄公二十五年秋）で斉が晋の和議を受け入れ、両国の対立は一応の解決を見ている。これは、襄公二十五年の内乱によって即位した景公の外交政策の転換といえよう。斉のこうした和平への動きが来聘につながったものと考えられる。ただし、澶淵の会（襄公二十六年）に斉は参加せず、宋の会（襄公二十七年）でも依然として国力を保持しており、来聘自体、権力強大化にともなう外交であったかもしれない。

以上、斉の来聘は外交上の課題が関連していたが、こうした動向には、李廉が、

帰父之来（僖三十三）、晋襄未定之時也、国佐之来（宣十）、斉頃有志于叛晋也、慶封之来（襄二十七）、斉景初立、

而有志于争伯也、皆出于私情、

と指摘するように、[41] 対晋関係が常に意識されていた。当該期の晋・楚抗争からすれば、斉の来聘は二大国の勢力均衡下での独自外交であって、対魯関係に強制力を発揮することになったと考えられる。

第三節　「如」と外交

来朝・来聘は対象国の対魯外交を示すとすれば、魯から諸侯国への外交活動も『春秋』では「桓公三年（秋）、公子翬如斉逆女」などと、「如」によって記録されている。魯による対象国との二国間外交が確認できる。『春秋』の魯公年間別に「如」の回数を列挙すれば、

隠公0　桓公2　荘公9　閔公0　僖公12　文公19　宣公13　成公13　襄公22　昭公17　定公3　哀公1

の計111となる。[42] 『春秋』年間を平均した三期区分にしたがって、当該期の大勢を「如」から把握すると、【前期17・中期62・後期32】である。中期での飛躍的増加と後期の減少傾向が見られる。『春秋』に見える如対象国は、

斉　莒　陳　滕　鄭　牟　楚　晋　周　宋　邾　衛

の計12国におよぶ。これは来朝15国「滕・薛・紀・穀・鄧・曹・邾・牟・葛・小邾・蕭・杞・郜・告・郯」のうち3国「滕・邾・牟」と重なり、来聘10国「斉・周・楚・陳・衛・秦・晋・宋・鄭・呉」のうち8国「斉・陳・鄭・楚・晋・周・宋・衛」と重なる。しかもこうした傾向は、来朝国が小国・弱国の類で、来聘国が国際関係を左右する大国・実力国を多く含むことと比較すると、「如」外交が大国中心であった点を示すものと考えられる。「如」対象国にあっ

ては次のような回数が確認できる。

晋42　斉38　宋8　周7　楚4　莒4　陳3　滕1　鄭1　邾1　衛1　牟1

一回のみの如対象国、滕・鄭・邾・衛・牟を除く、複数回国は7国となり、魯の恒常的外交国が実は少なかったという印象を受ける。[43] なかでも晋42・斉38の「如」対象回数は群を抜いて多く、魯の晋・斉外交尊重の一面が窺える。これは、前述の来聘国における晋・斉の回数の多さとも呼応するもので、当該時代における相互外交の側面を示している。特に晋・斉に対する『春秋』の三期で「如」回数を確認すると、

斉……前期12・中期21・後期5
晋……前期0・中期26・後期16

となる。魯の対斉・対晋外交にあって前期の晋0を経て、中期から後期にかけての斉から晋への外交の転換が数値的に見出せる。

ところで、『春秋』の「如」では対象国への使節として、

僖公十年春王正月、公如斉、
僖公十五年春王正月、公如斉、
荘公二十五年冬、公子友如陳、
荘公三十二年（冬）、公子慶父如斉、
文公元年（夏）、叔孫得臣如京師、
文公元年（冬）、公孫敖如斉、

など、魯公と公子・公孫・卿（以下では一括して卿とする）に大きく分けられる。「桓公十八年春王正月、公与夫人姜氏如斉」は、魯公と夫人の外交であり特異だが、夫人による単独の「如」として、

荘公十五年夏、夫人姜氏如斉、
荘公十九年（秋）、夫人姜氏如莒、
荘公二十年春王三月、夫人姜氏如莒、
文公九年（春）、夫人姜氏如斉、

が見出せる。桓公十八年から荘公二十年までの「夫人姜氏」は斉から魯に嫁した夫人（文姜）であり、斉軍・斉・莒への「如」に関して、『左伝』桓公十八年が「斉侯通焉」と説明するのみで、その背景を全く伝えていない。しかし、文姜の「如」は夫人の立場に立った独自の対斉・対莒外交であったと考えられる。一方、文公九年の「夫人姜氏」は文公夫人として斉から魯に嫁した出姜であるが、この「如」も魯の対斉外交の一翼を担う行動であった。したがって、夫人の「如」もまた、まぎれもない外交活動の記録としなくてはならない[44]。

魯公・卿・夫人の「如」について『春秋』の魯公年間別に確認すると、

桓公2（公＋夫人1・卿1）　荘公9（公3・卿3・夫人3）　僖公12（公3・卿9）　文公19（公3・卿15・夫人1）
宣公13（公5・卿8）　成公13（公5・卿8）　襄公22（公6・卿16）　昭公17（公3・卿14）
定公3（公0・卿3）　哀公1（公0・卿1）

となる。公の「如」が29、卿の「如」が77であり、二国間関係にあって魯国外交は卿の各国派遣が主流であった。これを『春秋』の三期で見ると、

公……前期6・中期18・後期5
卿……前期7・中期43・後期27

となり、後期での卿派遣の多さが目立っている。また、公・卿の「如」をその対象国別に確認すると次のとおりである。

晋42（公14・卿28）　斉38（公12・卿26）　宋8（公0・卿8）　周7（公1・卿6）　楚4（公2・卿2）
莒4（公0・夫人2・卿2）　陳3（公0・卿3）　滕1（公0・卿1）　鄭1（公0・卿1）　邾1（公0・卿1）
衛1（公0・卿1）　牟1（公0・卿1）

莒・陳・滕・鄭・牟・衛・邾への少数回の「如」は、莒の夫人を除きすべて卿派遣であり、宋では8回とも卿、周で

も7回中、公の「如」が1回のみである。公の「如」が特殊であったと考えられ、斉での38中12回、晋での42中14回は、魯国外交の対斉・対晋尊重を示す結果といえる。

では『春秋』の「如」とは、魯国の外交にあってどのような意味を持っていたのであろうか。『左伝』の説明は一つの基準となろう。例えば、

『春秋』僖公三十三年冬十月、公如斉、　『左伝』「冬、公如斉朝」

『春秋』僖三十年（冬）、公子遂如京師、遂如晋、　『左伝』「東門襄仲将聘于周、遂初聘于晋」

などは、「如」自体に「朝」「聘」の意味があった点を伝えている。「如」に関して『左伝』が「朝」「聘」と説明する事例は以下のとおりである。

朝……僖公三十三年斉・文公十三年晋・成公十八年晋・襄公三年晋・襄公八年晋・襄公十二年晋

聘……僖公三十年周・僖公三十年晋・文公六年陳・宣公九年周・宣公十年斉・成公十年斉・襄公二年宋・襄公六年邾・襄公十六年晋・襄公二十年斉・襄公二十四年周・昭公二年晋・昭公六年楚・昭公九年斉・定公十年斉

これをあらためて回数と対象国の視点から整理すれば、

朝6（斉1・晋5）

聘15（斉5・晋3・周3・陳1・宋1・邾1・楚1）

となり、計21回だが「聘」は「朝」のほぼ倍であり、「朝」では斉・晋のみで晋が多く、「聘」に至っては斉・晋・周が目立っている。ただ、『左伝』の説明にもとづく朝聘数は、前述の「如」の総数111回や公「如」の29回と比較すれば、決してその数に限定されるものではなかったであろう。実際には多くの朝聘が、魯国外交でなされたと見るべきである。なお、顧棟高『春秋大事表』春秋賓礼表によれば「朝」「聘」は、

朝……晋21　斉10　楚2
聘……晋24　斉15　宋5　陳2　周4　楚1　牟1　莒1　邾1

という数値が導き出せる。(45)

ところで、『春秋』僖公三十年「(冬)公子遂如京師、遂如晋」に『左伝』では「遂初聘于晋」と「初」を強調するが、『左氏会箋』には「朝曰始、聘曰初、初聘始朝皆就立君而言之」と、即位朝聘の議論を示している。『春秋』に関する『左伝』の朝聘解説は、この他、

『春秋』宣公十年(秋)、季孫公父如斉、　『左伝』「季文子初聘于斉」(杜注「斉侯初即位」)
『春秋』襄公三年(春)、公如晋、　『左伝』「始朝也」(杜注「公即位而朝」)
『春秋』襄公二十年(秋)、叔老如斉、　『左伝』「斉子初聘于斉、礼也」
『春秋』文公元年(冬)、公孫敖如斉、　『左伝』「始聘焉、礼也」
『春秋』成公十八年(春)、公如晋、　『左伝』「朝嗣君也」
『春秋』襄公二年(秋)、叔孫豹如宋、　『左伝』「通嗣君也」

が『左氏会箋』の規定に合致する。さらに、

なども、即位―「如」の関連性を窺わせる。「如」と即位では、魯公即位のみならず「如」対象国の国君即位も考慮されている。いずれにしても、『春秋』の「如」に『左伝』が「朝」「聘」と解説する事例では即位と関係づけるものは少ない。一方、右の事例以外で魯公即位にあって、対象国への「如」の可能性が考えられるものを『左伝』の解説とは関係なく、本章第二節の『左氏会箋』(文公十二年条)から導き出された即位後三年までに限って『春秋』から挙げると、

桓公三年（秋）、公子翬如斉逆女、
僖公三年冬、公子友如斉涖盟、
文公元年（夏）、叔孫得臣如京師、
文公二年三月乙巳、及晋処父盟、『左伝』公如晋、
文公二年（冬）、公子遂如斉納幣、
文公三年冬、公如晋、
宣公元年（春）、公子遂如斉逆女、
宣公元年夏、季孫行父如斉、
成公三年夏、公如晋、
襄公三年（春）、公如晋、
昭公二年夏、叔弓如晋、
昭公三年夏、叔弓如滕、

が見出せ、十二魯公中八人の魯公即位に「如」の可能性がある。このうち公自身の「如」は文公（二・三年）・成公（三年）・襄公（三年）の晋外交のみで、魯の晋尊重の傾向がやはり窺える。なお、対象国の国君即位における魯の「如」は、前述以外では文公十八年「秋、公子遂・叔孫得臣如斉」に対する『左伝』「恵公立故、且拝葬也」のみである。このように「如」は即位との関係が希薄であり、儀礼的ではなく「理由ある外交」として位置づけられよう。

では、『春秋』の「如」は、どのような外交上の理由からなされた行為だったのであろうか。『春秋』には「如」につづけて、その目的を明示する記事が23事例確認できる。これを便宜的に分類すると以下のとおりである。

（一）　夫人関係

桓公三年（秋）、公子翬如斉逆女、
宣公元年（春）、公子遂如斉逆女、
成公十四年秋、叔孫僑如如斉逆女、
成公九年夏、季孫行父如宋致女、

（二）　葬関係

荘公二十七年秋、公子友如陳、葬原仲、
文公六年冬十月、公子遂如晋、葬晋襄公、
文公九年二月、叔孫得臣如京師、辛丑、葬襄王、
宣公十年（六月）、公孫帰父如斉、葬斉恵公、
襄公三十年秋七月、叔弓如宋、葬宋共姫、
昭公十年九月、叔孫婼如晋、葬晋平公、

昭公十一年春王二月、叔弓如宋、葬宋平公、
昭公十六年（九月）、季孫意如如晋、冬十月、葬晋昭公、
昭公二十二年六月、叔鞅如京師、葬景王、
哀公五年冬、叔還如斉、閏月、葬斉景公、

（三）　盟関係

僖公三年冬、公子友如斉涖盟、
文公三年冬、公如晋、十有二月己巳、公及晋侯盟、
文公七年（冬）、公孫敖如莒涖盟、
昭公七年（三月）、叔孫婼如斉涖盟、
定公十一年冬、及鄭平、叔還如鄭涖盟、

（四）　幣納関係

荘公二十二年冬、公如斉納幣、
文公二年（冬）、公子遂如斉納幣、

（五）　その他

荘公二十三年夏、公如斉観社、
僖公二十六年（夏）、公子遂如斉乞師、

婚姻・葬礼・会盟・幣納など友好関係にもとづく「如」が多いが、一方で「師」など軍事上の切迫した事態にともなうものもある。外交の具体理由は様々であったと考えられる[46]。

以上から魯と対象国の二国間外交である「如」は、即位外交に限定されず、時々の「理由ある外交」の表出といえる。ただ、魯国外交の晋・斉尊重から、はたしてそれ以外の国との二国間交渉は成立していたのであろうか。そこで魯と対象国との二国間外交について、『春秋』で「来朝」「来聘」「如」が多い襄公年間を例にとって、『左伝』の説明によりながらその傾向を調べてみよう。

①『春秋』襄公元年（九月）、邾子来朝、『左伝』「礼也」
②『春秋』襄公元年冬、衛侯使公孫剽来聘、晋侯使荀罃来聘、『左伝』「礼也」
③『春秋』襄公二年（秋）、叔孫豹如宋、『左伝』「穆叔聘于宋、

通嗣君也」
④『春秋』襄公三年（春）、公如晋、『左伝』「始朝也」
⑤『春秋』襄公四年夏、叔孫豹如晋、『左伝』「報知武子之聘也」
⑥『春秋』襄公四年冬、公如晋、『左伝』「冬、公如晋聴政、晋侯享公、公請属鄫」
⑦『春秋』襄公五年夏、鄭伯使公子発来聘、『左伝』「通嗣君也」
⑧『春秋』襄公五年（夏）、叔孫豹・鄫世子巫如晋、『左伝』「穆叔覿鄫大子于晋、以成属鄫」
⑨『春秋』襄公六年（秋）、滕子来朝、『左伝』「始朝公也」
⑩『春秋』襄公六年冬、叔孫豹如邾、『左伝』「聘、且修平」
⑪『春秋』襄公六年（冬）、季孫宿如晋、『左伝』「晋人鄫故来討、曰何故亡鄫、季武子如晋見、且聴命」
⑫『春秋』襄公七年春、郯子来朝、『左伝』「始朝公也」
⑬『春秋』襄公七年（夏）、小邾子来朝、『左伝』「亦始朝公也」
⑭『春秋』襄公七年秋、季孫宿如衛、『左伝』「報子叔之聘」
⑮『春秋』襄公七年冬十月、衛侯使孫林父来聘、壬戌、及孫林父盟、『左伝』「且拝武子之言、而尋孫桓子之盟」
⑯『春秋』襄公八年春王正月、公如晋、『左伝』「朝、且聴朝聘之数」
⑰『春秋』襄公八年（冬）、晋侯使士匄来聘、『左伝』「且拝公之辱、告将用師于鄭」
⑱『春秋』襄公九年夏、季孫宿如晋、『左伝』「報宣子之聘也」
⑲『春秋』襄公十二年夏、晋侯使士魴来聘、『左伝』「且拝師」
⑳『春秋』襄公十二年（冬）、公如晋、『左伝』「公如晋朝、且拝士魴之辱、礼也」
㉑『春秋』襄公十五年春、宋公使向戌来聘、二月己亥、及向戌盟于劉、『左伝』「且尋盟」
㉒『春秋』襄公十六年冬、叔孫豹如晋、『左伝』「穆叔如晋聘、且言斉故」
㉓『春秋』襄公十九年（春）、季孫宿如晋、『左伝』「季武子如晋拝師」
㉔『春秋』襄公二十年（秋）、叔老如斉、『左伝』「斉子初聘于斉、礼也」
㉕『春秋』襄公二十年（冬）、季孫宿如宋、『左伝』「報向戌之聘也」
㉖『春秋』襄公二十一年春王正月、公如晋、『左伝』「拝師及取邾田也」
㉗『春秋』襄公二十一年（冬）、曹伯来朝、『左伝』「始見也」
㉘『春秋』襄公二十四年春、叔孫豹如晋、『左伝』「范宣子逆之問焉」
㉙『春秋』襄公二十四年（冬）、叔孫豹如京師、『左伝』「斉人城郟、穆叔如周聘、且賀城」

㉚『春秋』襄公二十六年夏、晋侯使荀呉来聘、『左伝』「晋人為孫氏故、召諸侯、将以討衛也、夏、中行穆子来聘、召公也」
㉛『春秋』襄公二十七年春、斉侯使慶封来聘、『左伝』「其美車」
㉜『春秋』襄公二十八年（夏）、邾子来朝、『左伝』「時事也」
㉝『春秋』襄公二十八年（秋）、仲孫羯如晋、『左伝』「告将為宋之盟故如楚也」
㉞『春秋』襄公二十八年十有一月、公如楚、『左伝』「為宋之盟也」
㉟『春秋』襄公二十九年（夏）、晋侯使士鞅来聘、『左伝』「拝城杞也」
㊱『春秋』襄公二十九年（夏）、呉子使札来聘、『左伝』「見叔穆子、説之」
㊲『春秋』襄公二十九年冬、仲孫羯如晋、『左伝』「報范叔也」
㊳『春秋』襄公三十年春王正月、楚子使薳罷来聘、『左伝』「通嗣君也」
㊴『春秋』襄公三十年秋七月、叔弓如宋、葬宋共姫、『左伝』「葬共姫也」

『左伝』の説明によればこのなかで以下の事例は、「来聘」「如」での魯と対象国間の返礼状況が窺える。

晋　②（来聘）―⑤（如）
衛　②（来聘）―⑭（如）――⑮（来聘）
晋　⑯（如）――⑰（来聘）―⑱（如）

晋　⑲（来聘）―⑳（如）
宋　㉑（来聘）―㉕（如）
晋　㉟（来聘）―㊲（如）

こうした事例は同年間39事例中、14とやはり少ない。なかでも⑯から⑳の一連の動向は、魯の晋外交の尊重をあらためて確認させる。しかも、襄公年間での魯国の二国間外交が、晋以外に衛・宋にとどまる点は、その偏在性を示唆するものである。また②―⑤・②―⑭・㉑―㉕は、他の事例にくらべて往来年数に開きが見られ、二国間外交にあって、一体この遅延は何を意味するのであろうか。この点をつぎに確認してみよう。

②襄公元年の晋・衛の来聘に関して、『左伝』には「礼也」と即位との関係を伝えている。ところが、『春秋』では同年に「九月辛酉、天王崩」とあり、杜注は①邾子来朝を含め「王崩赴未至、皆未聞喪、故各得行朝聘之礼」と、周

王死去にともなう外交とするが、この点が二国間に影響をもたらしたのかもしれない。ただし、晋・衛・魯外交は、楚との友好を保持する鄭の宋攻伐を経て、晋・宋・衛が鄭に侵攻、対楚対抗を画策した戚の会・虎牢の築城（以上、襄公二年）と、常に楚の脅威にさらされていた。むしろ対楚関係をめぐる晋同盟の諸侯国の動向が、当該期での二国間外交を制約したものと考えられる。さらに、2回の戚の会（襄公二年）とも魯は晋・衛・邾と同席しているが、二国間外交が会盟の場で個別会談として実現した可能性も否定できない。加えて④襄公三年「（春）、公如晋」、「夏四月壬戌、公及晋侯盟于長樗」とあり、⑤以前に魯・晋外交がすでに行われている。

㉑襄公十五年―㉕襄公二十年の魯・宋外交に関しては、襄公十六年三月の湨梁の会で両国が同席し、同五月には許侵伐を協同している。二国間外交はこうした機会になされたのかもしれない。また、襄公十七年に魯が斉・邾の攻伐を受け、宋では内乱が勃発し、斉霊公死後の混乱（襄公十九年）、その収拾を課題とした澶淵の盟（襄公二十年）と、魯・宋をめぐる環境が外交にも影響をおよぼしたものと考えられる。いずれにしても、「来聘」「如」では返礼往来が期限厳守されていたとはいえず、時々の国際関係に制約され、会盟の場などでの二国間外交の可能性が窺える。それにしても、外交が頻繁な襄公年間での返礼の少なさは留意すべきであろう。なお、返礼と認められる⑮・㉑について『左伝』ではそれぞれ「而尋孫桓子之盟」、「且尋盟」と二国間の同盟関係の確認を伝えるが、これは返礼が単なる儀礼上の要請ではなく、対象国間の現実的な友好関係の再構築という、「理由ある外交」であった点を示している。返礼関係が認められない「来朝」「朝聘」「如」にあっても、こうした「理由ある外交」としての側面が以下のように見出せる。

⑥襄公四年・⑧襄公五年・⑪襄公六年は、魯の鄫附庸化に伴う晋との二国間交渉である。[47]⑨襄公六年（滕子来朝）・⑫襄公七年（郯子来朝）・⑬襄公七年（小邾子来朝）については、いまひとつはっきりしないが、⑩襄公六年『左伝』には「且修平」とあり、『左氏会箋』では「然四年侵邾為救鄫、而今鄫已滅、故特聘以修平」と推察している。これ

らの外交は鄫の附庸化と滅国にあって、近隣諸国の魯国に対する警戒を反映したものと考えられる。⑯襄公八年に関して『左伝』には「且聴朝聘之数」とあり、「数」について杜注は「晋悼復修覇業、故朝而稟其多少」とする。貢納の際の財幣規定に関わる交渉と考えられ、覇者体制の象徴的動向といえよう。[48]⑰襄公八年は『左伝』に「告将用師于鄭」とあり、前述のように来聘に軍事が関係している。㉓襄公十九年も同様と考えられ、『左伝』には「拝師」とあり、杜注が「謝討斉」と指摘するように、襄公十八年の晋と諸侯連合による斉攻囲への謝意の伝達であった。[49]㉙襄公二十四年は『左伝』に「斉人城郟、穆叔如周、且賀城」とあり、築城竣工に対する祝賀である。㉟襄公二十九年も『左伝』には「拝城杞也」とあり、築城に対する謝意伝達の外交であった。㉝襄公二十八年・㉞襄公二十八年は宋の会の規定に基づく魯の対晋・対楚外交を示している。

以上から「如」で示される魯国外交は、大国なかでも晋・斉を尊重するが、即位との関係が希薄であり、儀礼的ではなく時々の「理由ある外交」であった。「如」は婚姻・葬礼・会盟・幣納のほか、「乞師」という軍事上の切迫した事情も見出せた。「如」と対応する返礼外交は、晋中心の偏在性が窺えるが、国際関係に制約されながらも会盟の場での個別会談として、二国間外交の可能性が見られた。こうした点から「如」によって示される傾向は、当該期の魯国外交の重要な一面を確実に伝えている。

第四節　「来」と外交

『春秋』では来朝・来聘の他に対象国の対魯二国間外交を「来」で示している。『春秋』隠公六年「春、鄭人来渝平」とあるように、「来」の主体として諸侯国名が記録され、魯との外交が確認できる。

『春秋』の魯公年間別に「来」の回数を列挙すれば、

隠公6　桓公2　荘公5　閔公2　僖公6　文公9　宣公4　成公11　襄公3　昭公0　定公4　哀公0

の計52となる。(50)『春秋』年間を平均した三期にしたがって、当該期の大勢を「来」から把握すると、【前期15・中期30・後期7】である。中期での増加、後期への減少を示し、前述の「如」とくらべ後期の減少幅が大きい。当該時代後期における「来」国の対魯外交の不活発さが認められよう。

『春秋』での「来」国は、

斉　莒　滕　鄭　楚　晋　周　宋　邾　衛　紀　杞　介　秦　郯　白狄

の計16国におよぶ。これは来朝15国中「滕・薛・紀・穀・鄧・曹・邾・牟・葛・小邾・蕭・杞・郜・告・郯」の5国「紀・杞・郯・滕・邾」と、来聘10国中「斉・周・楚・陳・衛・秦・晋・宋・鄭・呉」の8国「周・鄭・斉・楚・宋・秦・衛・晋」と重なる。さらに、「如」対象12国中の10国「周・鄭・斉・莒・楚・宋・衛・晋・滕・邾」とも重なっている。「来」国は来朝国を別にすれば、来聘国・「如」対象国とほぼ重複し、魯国外交における「来」の来聘・「如」との関連性を示唆する。同時に魯国外交が大国・強国偏重であった点をあらためて確認させる。

次に「来」国の国別回数を示す。

周12　斉9　杞6　晋5　鄭3　宋3　介2　衛2　滕　2　邾2　莒1　楚1　秦1　郯1　紀1　白狄1

一回のみの「来」(莒・楚・秦・郯・紀・白狄)を除くと、「来」国は10国となる。(51)複数回の「来」国にあって介は、『左伝』に「以未見公故、復来朝」とあり、実際は来朝で、一回目では実現できず再「来」であった。したがって魯への複数回「来」国は9国と考えられ、「来」自体の特殊性が窺える。なかでも周の12、斉の9、杞の6、晋の5は多く、「来」外交の一側面を示唆していると考えられる。これらの「来」の多い国の回数を『春秋』三期で確認すると、

周……前期5・中期6・後期1　　杞……前期2・中期3・後期1
斉……前期4・中期5・後期0　　晋……前期0・中期5・後期0

となる。ほぼ、「来」全体回数の三期変遷（15・30・7）と同様、中期の増加と後期の減少が認められる。ただ、晋の事例は中期に集中し、それも成公年間に一連することから（後述）、「来」の特殊性が窺える。

　では、「来」は外交上にあってどのような意味をもつ行為であったのであろうか。まず、『春秋』の来朝・来聘に関して指摘された即位との関係を見てみよう。

　文公元年（夏）、天王使毛伯来錫公命、

とあり、「来錫」は文公即位にともなう周王からの策命賜与を示している。『左伝』では「叔孫得臣如周拝」と魯側からの返礼を伝える。この他、

　荘公元年（冬）、王使栄叔来錫桓公命、

とあり、先代の魯桓公への追命と考えられる[52]。これは荘公の即位に一連する策命伝達である。また、

　成公八年秋七月、天子使召伯来賜公命、

とあり、成公の即位八年目の策命賜与をいう。即位と「来」の関連性が指摘できるものは以上の3事例のみで、そのすべてが策命賜与という特徴を示している。「来」の外交上における特殊な用例と考えられる。さらに、

　隠公元年秋七月、天王使宰咺来帰恵公・仲子之賵、

とあり、「来帰」として周から魯恵公とその夫人仲子へ賵（葬儀の贈物）が届けられている。こうした葬儀に伴う「来」も即位に一連する行為といえよう[53]。同様事例としては、

文公五年春王正月、王使栄叔帰含、且賵、　　―文公九年（冬）、秦人来帰僖公・成風之襚、

定公十四年（秋）、天王使石尚来帰脤、

がある。この4事例のうち3事例は周によるもので、「来帰」の周外交での恒常性と、かたや一回の秦「来帰」の一時性が窺える。また、葬儀物に関しては、

隠公三年秋、武氏子来求賻、　――　文公九年春、毛伯来求金、

とあり、それぞれ隠公三年「三月庚戌、天王崩」、文公八年「秋八月戊申、天王崩」に対応する周から「来求」である。周王死亡に伴い発生した「来求」と考えられ、2事例のみではあるが周の特徴的外交といえよう。一方、魯公死亡による会葬参列の事例は、

文公元年（二月）、天王使叔服来会葬、

とある。これは、僖公三十三年「（冬十有二月）乙巳、公薨于小寝」の僖公死去に対応している。同様事例としては、

襄公三十一年冬十月、滕子来会葬、　――　定公十五年九月、滕子来会葬、

が見られる。さらに、

定公十五年（夏）、邾子来奔葬、

とあり、「来奔葬」は『春秋』に唯一見える事例で、(54) 邾の魯葬での列席を表わしている。ただ注意を要する点は、会葬参列にあって滕・邾とも国君自らの「来」であった。(55) 来朝とは明らかに異なる「来」の特殊性を示唆していよう。なお、文公五年には「（三月）、王使召伯来会葬」とあり、「三月辛亥、葬我小君成風」に対応する魯公夫人のための会葬参列を示す。

『春秋』には他に、

荘公三十一年六月、斉侯来献戎捷、　――　僖公二十一年（冬）、楚人使宜申来献捷、

があり、それぞれ、荘公三十年「（冬）、斉人伐山戎」、僖公二十一年「秋、宋公・楚子・陳侯・蔡侯・鄭公・許男・曹伯会于盂、執宋公以伐宋」の軍事行動にともなう、俘獲者の魯への献上を記録している。荘公六年「冬、斉人来帰衛俘」は、『左伝』では「斉人来帰衛宝」と説明するが、荘公五年の「冬、公会斉人・宋人・陳人・蔡人伐衛」に対応し、これも軍事行動に伴う献上であった。いずれにしても、「来」のみに見られる特異な事例である。同じく軍事関係として「来乞師」が見られる。

①成公十三年春、晋侯使郤錡来乞師、
②成公十六年（六月）、晋侯使欒黶来乞師、
③成公十七年（九月）、晋侯使荀罃来乞師、
④成公十八年（冬）、晋侯使士魴来乞師、

すべて晋が魯に対して「乞師」に終始している。①は成公十三年に「夏五月、公自京師、遂会晋侯・斉侯・宋公・衛侯・鄭伯・曹伯・邾人・滕人伐秦」とあり、晋の秦攻伐での出兵要請で、②③は鄭攻伐（成公十六年六月・成公十七年冬）、④は宋救援（襄公元年）に関連する。いずれも晋に限定された「来乞師」は特異であり、『春秋』では僖公二十六年「（夏）、公子遂如楚乞師」を含め計5事例のみである。「来」で示される軍事要請は、前述の来聘事例の襄公八年「（冬）、晋侯使士匄来聘」に対する『左伝』の「且拝公之辱、告将用師于鄭」、文公十二年「（秋）、秦伯使術来聘」に対する『左伝』の「且言将伐晋」、成公八年「（冬）、晋侯使士燮来聘」に対する『左伝』の「言伐郯也」と同様であり、「来」と「来聘」の外交上の同質性が窺える。しかし、直接的な「乞師」が晋に限定されるのは、「来乞師」と「来聘」の軍事要請での相違が考えられ、「来」の特異性があらためて指摘できる。

　この他には、

桓公十四年夏五、鄭伯使其弟語来盟、
閔公二年冬、斉高子来盟、
文公十五年三月、宋司馬華孫来盟、
宣公七年春、衛侯使孫良夫来盟、

襄公二十九年（夏）、杞子来盟、　―

とあり、「来盟」が確認できる。隠公六年「春、鄭人来渝平」は『左伝』には「更成」とあり、同盟構築のためと考えられ、「来盟」と同様である。定公十四年「（秋）、邾子来会公」は国君自らの「来」であるが、これも外交上の意味するところは同様であろう。こうした「来盟」は、例えば『左伝』宣公七年では「始通」と説明するが、同桓公十四年「鄭人来尋盟」などの場合もあって、「尋盟」としての側面も見られる。これは前述の「来聘」の成公三年「冬十有一月、晋侯使荀庚来聘、丙午、及荀庚盟」『左伝』「且尋盟」や、成公十一年「（春王三月）、晋侯使郤犨来聘、己丑、及郤犨盟」『左伝』「且涖盟」などから、「来」と「来聘」の外交上の同質性が窺えよう。[56]

また一方で、

①隠公二年九月、紀裂繻来逆女、　③僖公二十五年（夏）、宋蕩伯姫来逆婦、
②荘公二十七年（冬）、莒慶来逆叔姫、　④宣公五年秋九月、斉高来逆叔姫、

とあり、「来逆女」「来逆叔姫」「来逆婦」が見られ、対象国が魯に夫人を迎えに来ている。①は『左伝』に「卿為君逆也」とあり、紀侯の夫人を魯から迎えるためであった。これは前述した来聘事例の成公八年「（春）、宋公使華元来聘」に対する『左伝』の「聘共姫也」と同様の理由を示している。しかし、④は『左伝』では「自為也」とあり、斉の高固が自分の妻を魯から迎えるための「来」で、②も同様の事情が推察される。[57]ただ、③は異なり、「宋蕩伯姫」という魯女で宋大夫蕩氏の妻となった女性の外交であり、自分の息子の夫人を迎えに来たものである。[58]「来聘」とくらべ、①は国君夫人を迎える点で同様だが、ほかは国君以外の者の魯との通婚を目的とした「来逆」であって、「来」における特異性が見出せる。

さらに、婚姻関係の「来」として、

成公八年（冬）、衛人来媵、　―　成公十年（五月）、斉人来媵、
成公九年（夏）、晋人来媵、

とあり、「媵」と関連している。[59] これらは、成公八年「（春）、宋公使華元来聘」に対する『左伝』が「聘共姫也」と伝え、翌成公九年に「二月、伯姫帰于宋」とあり、宋に嫁ぐ魯の伯姫に陪嫁する三国による公女の送であった。「媵」に関わる「来」の特異事例であり、しかも『春秋』では「伯姫」に限定された用例である。

女性関係の「来」として、

①宣公十六年秋、郯伯姫来帰、　―　②成公五年春王正月、杞叔姫来帰、

とあり、①は『左伝』では「出也」と、②について成公四年「（三月）、杞伯来朝」に関し『左伝』に「帰叔姫故也」と伝え、『左伝』荘公二十七年の「凡諸侯之女、帰寧曰来、出曰来帰」によれば、ともに嫁した魯女の離縁を示している。なお、文公十五年に「十有二月、斉人来帰子叔姫」とあり、これは斉の内乱に周の働きかけで魯から帰国を求めた「来帰」であって（文公十四年）、離縁とは意味合いが異なる。こうして離縁の事例はこの二つのみで、特異な用例である。また、

荘公二十七年冬、杞伯姫来、　―　僖公二十八年秋、杞伯姫来、

とあり、前述の『左伝』の規定（荘公二十七年）からは里帰りと考えられ、杞に限定されている。

以上、『春秋』に見える対象国の魯国外交を示す「来」をいくつか概観した。そもそも「来」は「来朝」「来聘」のように『春秋』で独立して記されず、何らかの外交課題を付随し、当初からその行為の意図が明確である。例えば、定公十五年「（夏）、邾子来奔葬」をはさみ、それ以前に定公十四年「（秋）、邾子来会公」、定公十五年「春王正月、邾子来朝」、それ以後に定公十五年「九月、滕子来会葬」、哀公二年「（夏）、滕子来朝」という、魯の周辺小国の動向

は「来」の外交上の要請をよく示している。『左氏会箋』（定公十五年条）に、

邾・滕之奔葬会葬、始見於春秋之季、何也、春秋中葉、邾・滕視魯未如斉・晋之強大也、故邾屢与魯闘争、至襄之季昭之世、季氏専政、屢侵奪邾・莒以自益、而虐邾尤甚、故生畏、諂以求免、儼如魯之事斉・晋矣、

と引く、地域性を考慮した情勢分析は的を射た見解というべきであろう。しかも、魯国外交の大国・強国偏在のなか、「来」に見える周の魯公即位にともなう策命賜与・葬儀物要請等の限定的事例は、来聘とは異なる周・魯外交での「来」の独自性を示す。また、「来乞師」は軍事要請として来聘と重なる側面を持つが、晋に限定され成公年間に連続することは来聘と「来」の相違を示唆している。ただ、「来盟」はその会盟を主題とする点で来聘と同質性が見出せる。このように「来」の外交課題では、来盟以外は対象国の対魯外交であった来聘には見られず、独自の外交目的の存在を窺わせる。したがって、「来」は来聘と来盟、あるいは外交上の課題として軍事では重なるが、他は対魯外交上の独自性を示していることになろう。「来」は来聘とは異なる当該時代における特異な事情と地域性にもとづく、重要な外交活動であった。

第五節　斉覇・晋覇と魯国

以上は『春秋』に基づく魯国中心の二国間外交に限定したもので、当該時代全体にわたる諸侯国外交には別に議論が必要であろう。また、『左伝』では『春秋』とは別に独自の外交関係を伝え、これも考慮すべき課題といえよう。しかし、魯国外交が当該時代の国際関係の一局面を示している点は確かである。では、魯国と対象国の外交からは、どういった国際関係が展望できるのであろうか。当該時代は中原世界を中心として、斉・晋両覇の主導による国際社

会が形成され、魯国外交も両覇体制の影響を受けていた。そこで、両覇体制のなかで魯国外交をあらためて確認してみよう。なお、両覇体制の期間は、第二部第一章第三節と同様、A斉覇・隠公元年（前七二二年）―僖公十七年（前六四三年）の七十九年間、B晋覇・僖公二十八年（前六三二年）―定公四年（前五〇六年）の百二十六年間に限定する。いま、前述した「如」「来」の外交を両覇期間で数値上から見ると、

来　A15　B31　如　A16　B88

となる。これを各期ごとに（回数/年数）％とで示すと、

来　A19％　B25％　如　A20％　B70％

である。「如」Bでの70％は群を抜いているが、全体的に斉・晋両覇体制が魯国と対象国の二国間外交にあって、活発化を促すなど、その動向を大きく規制していたとはいえないであろう。覇者体制の国際政治への影響が、二国間外交とは別に定義づけられる性質のものであったと考えられる。こうしたなかで、「如」で確認できるB魯外交の数値の多さは、晋覇における魯国政治の晋傾倒ぶりをあらためて示す結果である。そこで、晋覇体制での魯公別の「如」対象国の回数を見ると、

僖公　斉2　晋2
文公　斉6　晋8　周2　陳1　莒1　宋1
宣公　斉11　晋1　周1

成公　斉2　晋7　周1　宋2　莒1
襄公　斉1　晋14　周1　宋3　邾1　衛1　楚1
昭公　斉1　晋9　周2　宋2　楚2　滕1

であり、対象国別の整理では、

斉24　晋41　周6　宋8　楚3　莒2　陳1　邾1　衛1　楚3　滕1

となる。魯の晋覇体制での晋外交の活発化がやはり見られる。(60) こうしたなかで、宣公年間の斉11は、文公年間後半の

斉の魯侵伐（文公十五・十七年）にともなう、魯の対斉外交（宣公元・四・七・八・九・十・十一・十四・十五年）である。魯は斉不参加の断道の同盟（宣公十七年）で晋側につき、鞌の戦い（成公二年）に斉が晋に敗績すると、晋覇体制に完全に組み込まれる。魯国外交は覇者体制に制約されながらも、近隣の斉との関係を重視せざるを得なかったわけである。『左伝』には諸侯国外交を独自に伝えているが[61]、例えば鄭の外交は当該時代の別の一面を示している。鄭の外交動向を『左伝』から国別に見ると以下の結果が得られる[62]。

魯3　周1　紀1　楚8　晋22　陳1　斉1

斉・晋両覇体制にあっても鄭の地域性が、対斉外交の希薄さと対晋・対楚外交の活発化を促した点は明らかである。そうすると、魯国外交の「如」は、当該時代の覇者政治なかでも対晋外交の活発化を表わす一方、その地域性から対斉外交を尊重していたことを示している。魯の二国間外交の対象国の少なさと、その偏在性は、そうした事情が関係していると思われる。当該時代の外交には、覇者体制とともに、隣接国を意識した地域ブロック化の枠組みを重視する理念が見出せ、国際社会と地域を補完した対外政策が確認できるわけである。

当該時代は斉・晋両覇期を通じて、南方の大国楚との対立抗争が重要な課題であった。晋覇体制期の対楚対策は、中原社会が共通に負った懸案といえる。そうしたなか晋・楚の勢力緩和がなされた宋の会（襄公二十七年）は、当該時代後半に一時的な和平をもたらした重要な画期であった[63]。では、宋の会以後の魯国外交は、どのような変化を遂げたのであろうか。襄公二十七年以降の「来朝」「来聘」および「来」「如」の年代とその対象国を挙げると、

来朝　昭公三年小邾　昭公十七年小邾　昭公十七年郯　定公十五年邾　哀公二年滕
来聘　襄公二十九年晋　襄公二十九年呉　襄公三十年楚　昭公二年晋　昭公十二年宋　昭公二十一年晋
来　襄公二十九年杞　襄公三十一年滕　定公十四年周　定公十四年邾　定公十五年邾　定公十五年滕

如　襄公二十八年晋　襄公二十八年楚　襄公二十九年晋　襄公三十年宋　昭公二年晋　昭公二年晋
　　昭公三年滕　昭公五年晋　昭公六年晋　昭公六年楚　昭公七年楚　昭公七年斉
　　昭公八年晋　昭公九年斉　昭公十年晋　昭公十一年宋　昭公十五年晋　昭公十六年晋
　　昭公二十二年周　昭公二十三年晋　昭公二十五年宋　定公六年晋　定公十年斉　定公十一年鄭
　　哀公五年斉

となる。これを宋の会後の『春秋』当該期間の六十七年間で比較すると（回数／年数）、

来朝7％　来聘9％　来9％　如37％

であり、外交が以前にくらべ活発化したとはいえず、むしろ覇者体制下での数値との比較からは減少傾向にある(64)。ただ、「如」の多さが依然として目立っている。宋の会は『左伝』襄公二十七年によれば「釈斉・秦、他国請相見也」を前提に、「請晋・楚之従交相見也」であって、晋・楚二大圏の諸国が相手側に朝見することが取り決められた。しかし、こうした外交は「如」では、

襄公二十八年（秋）、仲孫羯如晋、『左伝』告将為宋之盟故如楚也、

襄公二十八年十有一月、公如楚、『左伝』為宋之盟故、公及宋公・陳侯・鄭伯・許男如楚、

の2事例のみである。宋の会が直接的に二国間外交を大きく左右するものではなかったことになる。宋の会の晋・楚の対立緩和は、国際社会の戦火を直接交える事態を一時的に回避したが、少なくとも魯国外交にあって大きな変化をもたらすには至らなかった(65)。宋の会が晋・楚の勢力均衡と各同盟のブロック化ないし集団化を出現させ、『左伝』の伝える朝見の奨励はそうした国際関係を前提にしたが、会自体が二国間外交を規制する効力を発揮してはいなかったのである。

以上の魯国外交で確認した二国間外交は、斉・晋両覇体制によって活発化を促されるものではなかったが、一方で地域外交尊重の方向性を備え、国際社会と地域を補完した対外政策であった。こうした魯国外交は覇者体制にもとづく国際関係とは異なる、諸侯国外交の一面を的確に示している。二国間外交は当該時代を考察する上で、覇者政治とは異なる重要な問題を内在する。

おわりに

『春秋』に見える朝聘は、諸侯国の相互関係にもとづく国際法に準じた秩序社会を前提とするものであった。「来朝」国は、魯近隣の小国・弱国に限定され、軍事面での外交上の要請によって行われた。時の覇者体制に規制されながらも、山東での魯を中枢とする安全保障体制の存在を窺わせる。「来聘」国は大国・実力国を多く含み、二国間の情報交換や同盟関係の強化、軍事要請、婚姻成立など、具体的現実的課題に即した外交であった。対魯来聘は斉覇・晋覇の覇者政治を中心とする国際社会が関係した(66)。魯から諸侯国への外交である「如」は、覇者体制と連動する対晋対斉外交の尊重が見られる。婚姻成立、葬参列、同盟関係強化、軍事要請など具体的現実的な理由ある外交であった。時々の軍事を中心とした国際関係に左右され、外交自体の具体的現実的要請が窺えた。「来」はほぼ来聘国と重なるが、来錫・来帰・来求・来会葬・来献・来乞師・来盟・来逆女・来媵・来帰など具体的外交課題が見られ、しかも、軍事の重要性が存在した。

魯国の対外動向は、当該時代を特徴づける覇者政治に制約され、なかでも晋覇体制での対晋外交の活発化が顕著であった。さらに、覇者体制に組み込まれる一方、魯の対斉外交からは、地域性が外交活動を決定づける方向をもっていた。当該時代の外交は、覇者体制とともに地域ブロック化を明確に反映した傾向が見られ、国際関係と地域を補完したものである。

以上の確認された諸点は、当該時代の二国間外交の一面を確実に示している。対立抗争のなかで展開される諸侯国の外交戦略は、一方で軍事と連関しながら、国として国際的な立場を保つための重要な手段であった。ただ、魯国にあって晋・楚の対立緩和がもたらした覇者体制の変質は、外交政策に大きな転換を迫るものではなかった。二国間外交は結局、いかなる国をその対象に据えるかが、諸侯国の存亡に直結するとの理念にもとづき行われたものと考えられる。こうした二国間外交の動向は、戦国期における諸国の軍事と外交という根本問題に直結するといえよう。

註

（1）当該期の外交については、入江啓四郎『中国古典と国際法』（成文堂、一九六六年）、裴默農『春秋戦国外交群星』緒語「中国外交的起源」（重慶出版、一九九四年）参照。

（2）朝聘については、陸淳『春秋啖趙集伝纂例』（叢書集成新編）、毛奇齢『春秋属辞比事記』（皇清経解）、恵士奇『春秋説』（同）、陳顧遠『中国国際法溯源』（台湾商務印書館、一九六七年）、洪鈞培『春秋国際公法』（中華書局、一九七一年）等参照。なお、『春秋』については、竹内照夫『春秋』（東洋思想叢書、日本評論社、一九四三年）、野間文史「春秋経文について」（『広島大学文学部紀要』五〇、一九九一年、同氏『春秋学　公羊伝と穀梁伝』所収、研文出版、二〇〇一年）、顧頡剛講授、劉起釪筆記『春秋三伝及国語之綜合研究』（中華書局、一九八八年）、顧頡剛遺作・王煦華整理「春秋研究講義案語」（『中国古籍研究』第一巻、上海古籍出版社、一九九六年）、徐中舒『左伝選』後序（中華書局、一九六三年）等参照。

（3）『礼記』王制にも「諸侯之於天子也、比年一小聘、三年大聘」とある。

（4）『周礼』秋官大行人「時聘以結諸侯之好、殷覜以除邦国之慝」、鄭注「此二事者、亦以王見諸侯之臣使来者為文也、時聘者、亦無常期、天子有事、諸侯使大夫来聘、親以礼見之、礼而遣之、所以結其恩好也、天子無事則已」

（5）高木智見「春秋時代の聘禮について」（『東洋史研究』四七―四、一九八九年）では、『儀礼』聘礼を根拠に聘礼を、「ある国（聘国）の使者、すなわち賓（聘使）が、君から授けられた命（伝達する言葉）と玉圭と幣（贈り物）の三者を携え、訪問国（主国）へ使いし、それらを伝え、引き渡す儀式を行う。それが済めば訪問国からの返礼として贈られた幣と返還された玉圭とを持ち返り、帰国して反命（報告）する」と定義づけ、詳細に聘禮の復元を試み、その儀礼的側面を考察する。一方、『儀礼』には朝礼について細則が伝えられていない。この点は、沈文倬「略論礼典的実行和《儀礼》書本的撰作（上）」（『文史』第十五輯、一九八二年）参照。なお、『儀礼』聘礼に関しては、川原重市『儀礼釋攷』（朋友書店、一九七四年）参照。

（6）「玉」に関して、洪鈞培氏は「信任状」と規定する（註（2）同氏、前掲書）。

（7）高木智見氏は、この記事を聘礼の一連の儀式が集積したものの証とする（註（5）同氏、前掲論文）。

（8）註（1）入江啓四郎氏、前掲書参照。なお、中島嶺雄『国際関係論』（中公新書、一九九二年）では、大行人を今日の外交官職（キャリア）、小行人を領事職とする。

（9）註（1）入江啓四郎氏、前掲書参照。

（10）黄宝実「春秋時代之行人」（『大陸雑誌』第八巻第三期、一九五四年）参照。

（11）楊伯峻『春秋左伝注』宣公十二年条（中華書局、一九八一年）。なお、外交官の起源については、H・ニコルソン（斉藤真・深谷満雄訳）『外交』（東京大学出版会、一九六五年）、坂野正高『現代外交の分析―情報・政策決定・外交交渉』（東京大学出版会、一九七一年）等参照。

（12）註（5）高木智見氏、前掲論文参照。

（13）註（1）入江啓四郎氏、前掲書参照。註（1）裴默農『春秋戦国外交群星』緒語「中国外交的起源」では、周礼を春秋戦国時代の国際法と考え、国際公法として中原諸侯国の共同尊重の法規とする。また、何茂春『中国外交通史』（中国社会科学出版、一九九六年）は、春秋列国にあって国際関係の原則規律・制度が法制化、系統化されていなかったが、外交官豁・和平共存・戦争中の人道主義・非正義戦争への反対・不平等条約の存在を挙げる。

(14) 註（2）参照。なお、若干の私見を加えた。
(15) 来朝国別の来朝年を示す。

邾	桓公十五年　宣公元年　成公六年　成公十八年　襄公元年　襄公二十八年　定公十五年
杞	荘公二十七年　僖公五年　僖公二十七年　文公十二年　成公四年　成公十八年
滕	隠公十一年　桓公二年　文公十二年　襄公六年　哀公二年
小邾	荘公五年　僖公七年　襄公七年　昭公三年　昭公十七年
曹	桓公九年　文公十一年　文公十五年　成公七年　襄公二十一年
紀	桓公二年　桓公六年
郯	襄公七年　昭公十七年
薛	隠公十一年
穀	桓公七年
鄧	桓公七年
牟	桓公十五年
葛	桓公十五年
蕭	荘公二十三年
鄫	僖公十四年
告	僖公二十年

(16) 万斯大『学春秋随筆』十有一年春滕侯薛侯来朝の条に見える「春秋之始、政在諸侯、故往来之朝皆成礼、春秋之季、政在大夫、至有朝而不納者矣、此又世変之日下聖人之所深慨也」について、最後の論評は別にしても、朝の動向を当該時代の趨勢と結びつける点は留意すべきであろう。
(17) 本書第二部第四章第二節卒葬と外交、参照。
(18) 『春秋』の来朝記事36中、『左伝』が解説を加えるのは13であり、うち即位来朝を伝えないものは、桓公六年（紀）・僖公十四年（鄫）・成公四年（杞）・襄公二十八年（邾）の4事例のみである。なお、国君即位と外交については、本書第二部第六章国君即位と国際社会、参照。
(19) 本書第二部第四章第二節卒葬と外交、参照。

(20)『春秋左伝注』文公十五年条参照。

(21) 平勢隆郎編著『新編史記東周年表』（東京大学東洋文化研究所、一九九五年）参照。

(22) 本書第二部第八章第一節杞国と莒国、第一部第七章第二節紀国と周王室、参照。

(23) 顧棟高『春秋大事表』春秋賓礼表巻十七之上所引。

(24) 晋の動向については、李孟存・常全倉『晋国史綱要』（山西人民出版社、一九八八年）、秦の動向については、林剣鳴『秦国発展史』（陝西人民出版社、一九八一年）、吉本道雅「秦史研究序説」（『史林』七八—三、一九九五年、同氏『中国先秦史の研究』所収、京都大学学術出版会、二〇〇五年）等参照。

(25) 註（24）吉本道雅氏、前掲論文は、魯・秦の通婚関係を憲公（—前七〇四卒）の時期に想定する。

(26) 顧棟高『春秋大事表』春秋賓礼表巻十七之上所引、趙鵬飛は「曹于諸侯未為小国、乃征役則上同于衛・鄭、而朝覲下比于邾・莒、蓋亦難矣、鞌之戦、曹固与斉無憾、徒受晋・魯之役、其余救鄭伐鄭、無敢不従、此其名与鄭・衛同也、而其実勢不支、故鄭・衛未嘗朝魯而曹屢朝之、此其実与邾・莒比也」と、曹の微妙な立場を論ずる。

(27) 顧棟高『春秋大事表』春秋賓礼表巻十七之上所引、呂大圭は「魯之所受朝者、滕也、邾也、薛也、杞也、曹也、否則夷・狄之附庸、而滕・邾・薛・杞・曹未嘗一受魯之朝也、蓋斉・晋盛也、楚則所畏也、滕・邾・薛・杞則土地狭隘、而不能与魯伉也」と、滕らの立場を推察する。なお、『左伝』襄公二年には滕・小邾・薛を斉に付随する国として挙げるが、一方で斉中心の体制も確立していたのかもしれない。この点については、本書第二部第四章第二節卒葬と外交、参照。

(28)『春秋』成公三年「冬十有一月、晋侯使荀庚来聘、衛侯使孫良夫来聘」と、晋・衛の来聘を同年十一月のこととして記録するが、つづけてそれぞれ「丙午、及荀庚盟」「丁未、及孫良夫盟」と別記しているため、複数国来聘とは見做さない。

(29) 来聘国別の来聘年を示す。

晋　成公三年　成公八年　成公十一年　成公十八年
襄公元年　襄公八年　襄公十二年　襄公二十六年
襄公二十九年　昭公二年　昭公二十一年

周　隠公七年　隠公九年　桓公四年　桓公五年　桓公八年
荘公二十三年　僖公三十年　宣公十年

斉　隠公七年　桓公三年　僖公三十三年　宣公十年　襄公

	二十七年
衛	文公四年　成公三年　襄公元年　襄公七年
宋	成公四年　成公八年　襄公十五年　昭公十二年
楚	荘公二十三年　文公九年　襄公三十年
陳	荘公二十五年
秦	文公十二年
鄭	襄公五年
呉	襄公二十九年

(30)『春秋』昭公二年「春、晋侯使韓起来聘」とあり、杜注は「公即位故」と考え、魯昭公即位に伴う来聘とする。
(31)『左伝』昭公二年は「且告為政、而来見、礼也」と解説する。晋の韓宣子が執政の座についたことを報告しているが、来聘では晋の国内情勢の伝達が目的であった。
(32)顧棟高『春秋大事表』春秋賓礼表巻十七之下所引。
(33)本書第二部第四章第二節卒葬と外交、参照。
(34)顧棟高『春秋大事表』春秋賓礼表巻十七之下所引。
(35)会盟政治での二国間外交は本書第二部第一章第三節会盟と覇者政治、参照。「泣盟」等については、小倉芳彦「泣盟考」(『中国古代史研究第六』所収、研文出版、一九八九年、『小倉芳彦著作選3』、論創社、二〇〇三年)参照。
(36)宇都木章「『春秋』にみえる「邑に城く」について」(五井直弘編『中国の古代都市』所収、汲古書院、一九九五年、宇都木章著作集第三巻『春秋時代の貴族政治と戦乱』所収、比較文化研究所、二〇一三年)参照。
(37)本書第一部第七章第一節紀国と魯国、参照。斉の動向については、王閣森・唐致卿主編『斉国史』(山東出版社、一九九二年)参照。
(38)宇都木章「春秋時代の莒国墓とその鍾銘——莒魯交争始末——」(『佐久間重明教授退休記念中国史・陶磁史論集』所収、燎原書店、一九七二年、宇都木章著作集第一巻『中国古代の貴族社会と文化』所収、名著刊行会、二〇一一年)、および、本書第二部第八章第三節杞国と晋国・斉国、参照。
(39)顧棟高『春秋大事表』春秋賓禮表巻十七之下所引。
(40)顧棟高『春秋大事表』春秋賓禮表巻十七之上所引。

(41) 顧棟高『春秋大事表』春秋賓禮表巻十七之下所引。

(42) 「如」については、顧棟高『春秋大事表』春秋賓禮表巻十七上に関係記事が示されているが、本章は参考にしつつ若干の私見を加えた。例えば、『春秋』桓公十八年「(春)、公与夫人姜氏如斉」、荘公十九年「(秋)、夫人姜氏如莒」の夫人関係記事も魯と対象国の二国間外交として考える。また、昭公二十七・二十八年の魯昭公の対斉・対晋「如」は、国邑を離れた魯公独自の行動、すなわち二国間交渉とはせず、排除している。なお、文公二年「三月乙巳、及晋処父盟」は、『左伝』に「公如晋」とあるので、「如」事例と考える。成公十三年「三月、公如京師」は『左伝』によると、諸侯連合の行為と見られるが、周王側の魯待遇面の充実から二国間外交とする。

(43) 如対象国別の魯公年間回数を示す。

晋	僖公2　文公8　宣公1　成公7　襄公14　昭公9　定公1
斉	桓公2　荘公5　僖公7　文公6　宣公11　成公2　襄公1　昭公2　定公1　哀公1
宋	文公1　成公2　襄公3　昭公2
周	僖公1　文公2　宣公1　成公1　襄公1　昭公1
楚	僖公1　襄公1　昭公2
莒	荘公2　文公1　成公1
陳	荘公2　文公1
滕	昭公1
鄭	定公1
邾	襄公1
衛	襄公1
牟	僖公1

(44) 郭克煜『魯国史』(人民出版社、一九九四年)参照。なお、魯公女の記録については、宇都木章「春秋にみえる魯の公女」(前掲『中国古代史研究第六』所収、宇都木章著作集第二巻『春秋戦国時代の貴族と政治』所収、名著刊行会、二〇一二年)、および本書第二部第五章第二節婚姻と外交、参照。

(45) 顧棟高『春秋大事表』春秋賓禮表巻十七之上、「公如列国」「聘周」「聘列国」参照。

(46) 『左伝』の「如」説明の一端を示す。

(一) 夫人関係　『春秋』僖公五年「夏、公孫茲如牟」『左伝』「娶焉」

（二）葬関係　『春秋』宣公十年「(夏四月)、公如斉」『左伝』「奔喪」
（三）盟関係　『春秋』文公十三年「冬、公如晋」『左伝』「且尋盟」
（四）その他　『春秋』僖公三十三年「冬十月、公如斉」『左伝』「且弔有狄師也」

(47) 本書第一部第三章第三節国邑占領と附庸小国、参照。

(48) 『春秋左伝注』襄公八年条参照。

(49) 軍事関係の同様事例は、㉒襄公十六年・㉖襄公二十一年・㉚襄公二十六年でも確認できる。

(50) 『春秋』桓公六年「春王正月、寔来」は、『左伝』によれば淳于公の出国、すなわち魯入国を示すという。いまは「来」事例に入れない。

(51) 来国別の来年を示す。

周	隠公元年　隠公元年　隠公三年　桓公十五年 荘公元年　文公元年　文公元年　文公五年 文公五年　文公九年　成公八年　定公十四年
斉	荘公六年　荘公三十一年　閔公元年　閔公二年 文公十五年　文公十五年　宣公五年　宣公五年 成公十年
杞	荘公二十七年　僖公二十八年　僖公三十一年 成公五年　成公九年　襄公二十九年
晋	成公九年　成公十三年　成公十六年　成公十七年 成公十八年
鄭	隠公六年　隠公八年　桓公十四年

宋	僖公二十五年　文公十五年　成公八年
介	僖公二十九年　僖公二十九年
衛	宣公七年　成公八年
滕	襄公三十一年　定公十五年
郳	定公十四年　定公十五年
莒	荘公二十七年
楚	僖公二十一年
秦	文公九年
郯	宣公十六年
紀	隠公二年
白狄	襄公十八年

(52) 『春秋左伝注』荘公元年条参照。

(53)『春秋左伝注』隠公元年条参照。

(54)『春秋左伝注』定公十五年条参照。

(55) 国君自らの「来」事例は、この他、荘公三十一年「六月、斉侯来献戎捷」、襄公二十九年「(夏)、杞子来盟」、定公十四年「(秋)、邾子来会公」のみである。

(56) 同様事例として以下のものが確認できる。成公三年「(冬十有一月)、衛侯使孫良夫来聘、丁未、及孫良夫盟」『左伝』「且尋盟」、襄公七年「冬十月、衛侯使孫林父来聘、壬戌、及孫林父盟」『左伝』「且拝武子之言、而尋孫桓子之盟」、襄公十五年「春、宋公使向戌来聘、二月己亥、及向戌盟于劉」『左伝』「且尋盟」

(57)『春秋左伝注』荘公二十七年条参照。

(58)『春秋左伝注』僖公二十五年条参照。

(59)「媵」については、陳筱芳『春秋婚姻礼俗与社会倫理』(巴蜀書社、二〇〇〇年)、および本書第二部第五章第三節「媵」の意義、参照。

(60) 吉本道雅氏は、「晋覇への加入は晋との交渉当事者である卿位を保有する世族の地位を、覇者である晋が、外交関係の継続性に基づく安定を求めて積極的に保全する成果をもたらした」と指摘している(「春秋世族考」『東洋史研究』五三—四、一九九五年、註(24)同氏、前掲書所収)。「如」派遣には本文で示したように公、卿が確認できるが、晋覇期間における「如」担当の卿とその派遣国を挙げれば以下のとおりである。

公子遂——僖公二十八年斉・三十年晋・三十一年晋・文公二年斉・六年晋・十一年宋・十七年斉・十八年斉・宣公元年斉・斉・八年斉　叔孫得臣—文公元年周・九年周・十八年斉　公孫敖——文公元年斉・五年晋・七年莒・八年周　季孫行父——文公六年陳・晋・十五年晋・晋・十八年斉・宣公元年斉・十年斉・成公六年・九年宋・十一年晋　仲孫蔑——宣公九年周　公孫帰父—宣公十年斉・斉・十八年晋　公孫嬰斉—成公六年晋・八年莒　叔孫僑如——成公十一年斉・十四年斉　叔孫豹——襄公二年宋・四年晋・五年晋・六年邾・十六年晋・二十四年晋・二十四年周　季孫宿——襄公六年晋・七年衛・九年晋・十九年晋・二十年宋・昭公元年晋・六年晋　叔老——襄公二十年斉　仲孫羯——襄公二十八年晋・二十九年晋

叔弓——襄公三十年宋・昭公元年晋・三年滕・六年楚・八年晋・十一年宋　叔孫婼——昭公七年斉・十年晋・二十三年晋・二十五年宋　仲孫貜——昭公九年斉　季孫意如——昭公十六年晋　叔鞅——昭公二十二年周

ここに見られる動向には、魯国政治での三桓氏の成立が関係すると考えられるが、襄公年間での三桓氏の対晋外交は、成公期からはじまる世族政権の傾向が一層強まった結果であり、加えて叔孫僑如の追放（『左伝』宣公十八年）による三桓氏間の対立の解消が大きかったようである（吉田章人「魯の三桓氏と世族化と権力掌握について」『東海史学』四〇、二〇〇六年、参照）。したがって、一方で「如」は魯国政治の内政の外交への影響を明確に示しているといえよう。

(61) 註（2）顧頡剛講授、劉起釪筆記『春秋三伝及国語之総合研究』は、『左伝』が晋・楚の関係各国を中心に記述されていると指摘する。なお、吉本道雅「左伝成書考」（『立命館東洋史学』二五、二〇〇二年）は、左伝の楚に関する記述が詳しい点を重視している。『左伝』が独自に伝える朝聘を魯公年間別に回数を示す。

朝……隠公2　桓公1　荘公1　僖公1　成公1　襄公3　昭公1　哀公1

聘……僖公1　文公1　成公1　襄公9　昭公11　哀公2

(62) 鄭の対象国への外交の魯公年を示せば以下のとおりである。

魯3	隠公九・桓公元・桓公十三年
周1	隠公六年
紀1	桓公五年
楚8	僖公十八・成公五・襄公二十八・襄公二十八・襄公三十一・昭公元・昭公三・昭公四年
晋22	成公五・成公六・成公七・襄公十九・襄公二十四・襄公二十四・襄公二十五・襄公二十六・襄公二十八・襄公三十・襄公三十・襄公三十一・昭公元・昭公二・昭公三・昭公三・昭公三・昭公七・昭公十・昭公十・昭公十二・昭公二十四年
陳1	襄公三十年
斉1	昭公五年

(63) 宋の会については、童書業『春秋史』第十二章「弭兵之約的完成与中原弭兵時期各国内政的変遷」（開明書店、一九四六年）、特にその戦争抑止については、河野収「中国古代の或る非武装平和運動——向戌の弭兵戦略とその批判——」（『軍事史学』一三—四、五二号、一九七八年）参照。

（64）吉本道雅氏は、晋楚講和が諸侯国において世族支配体制の矛盾に起因する内乱の続発をもたらしたとする（註（60）同氏、前掲論文参照）。外交における数値上の減少傾向は、こうした国際秩序の変質が関係しているといえよう。

（65）宇都木章『春秋時代の戦乱』（新人物往来社、一九九二年、註（36）同氏前掲書所収）は、宋の会を各国貴族の実力を象徴するものであったと指摘する。同氏「春秋時代の宋の貴族」（『古代学』一六―一、一九六九年、註（44）同氏前掲書所収）は、特に宋の賢人・向戌、向氏一族の視点から宋の会を見る。

（66）万斯大『学春秋随筆』隠七斉侯使其弟年来聘の条で「朝聘」を「春秋時衆暴彊陵、就魯而言、大国有聘無朝、小国有朝無聘、而其来往者、皆縁一時私情喜懼、無報施之道、即当時列国大夫所述、或云三歳而聘、或云歳聘以志業、或云諸侯即位、小国朝而大国聘、皆各以其為辞、非復邦交旧典矣」と、規定するとおりである。

第四章　弔問外交

はじめに

『春秋』には周王・魯公・諸侯らの死亡に基づく卒葬記事が見えるが、それはいわば「死」をめぐる魯と諸侯国の外交の軌跡と考えられ[1]、魯国外交の一側面を如実に示している[2]。

本章では、『春秋』の卒葬記事に対象を限定して、その定義を三伝の解釈から考え、さらに各国の卒葬の概要を魯と対象国の外交関係によって導き出し、卒葬記事の本質的意義を分析するものである[3]。「死」を中核とする魯国外交にあって、どのような議論が可能なのかを提示したい。

第一節　『春秋』の卒葬

『春秋』には、

①隠公元年（冬十有二月）、公子益卒、
②隠公二年十有二月乙卯、夫人子氏薨、
③隠公三年三月庚戌、天王崩、

④隠公三年八月庚辰、宋公和卒、

⑤隠公三年（冬十有二月）癸未、葬宋穆公、

などとあり、死亡に関する記事が散見している。①公子益は魯孝公の子であり（『左氏会箋』）、②は『公羊伝』に「夫人子氏者何、隠公之母也」と見え、隠公の母である魯公夫人の記事である。③天王は杜注に「周平王也」とあり、④では宋の国君の死亡を伝える。死亡記事はそれぞれ「卒」「薨」「崩」と記され、『公羊伝』（隠公三年）には、

天子曰崩、諸侯曰薨、大夫曰卒、士曰不祿、

と、死亡者の身分を規定し、『礼記』曲礼下にも、

天子死曰崩、諸侯曰薨、大夫曰卒、士曰不祿、庶人曰死、

と見える。しかし、魯公の死亡に関して『春秋』に、

隠公十一年冬十有一月壬辰、公薨、

と、「薨」が使用され、諸侯には④のように「卒」であり、『春秋』はこれらの規定に合わないことになる。一般に周王の死を「崩」、魯公ならびに魯公夫人の死を「薨」、そのほか卿や諸侯の死を「卒」と『春秋』では記述している。なお、『孟子』離婁下に「舜、……、卒於鳴篠、文王、……、卒於畢郢」とあり、死は「卒」が一般的であったと考えられる。(4)

④⑤は宋公和が死亡し、宋穆公として葬られたことを示すが、記事が対応関係にある。一方、③「天王崩」に対応する「葬」記事は『春秋』には見えないが、

宣公二年冬十月乙亥、天王崩、

宣公三年（春王正月）、葬匡王、

とあり、周王も「崩」「葬」の完備対応が正式だった。ただし、諸侯でも僖公三十二年「夏四月己丑、鄭伯捷卒」など、それに対応した「葬」の確認できない事例がある。「卒」「葬」・「崩」「葬」の完備対応がない事例は、礼学上の問題と考えられてきた。『公羊伝』（隠公三年）には、

何以不書葬、天子記崩不記葬、必其時也、諸侯記卒記葬、有天子存、不得必其時也、

とあり、「時」をめぐり周王と諸侯の別を認め、周王の場合、正常な「葬」が挙行されるため一々記さず、諸侯は周王の規制を受けるので「卒」「葬」を記録するという。なお、『公羊伝』の「時」は『左伝』「天子七月而葬」「諸侯五月」（隠公元年）など、「葬」までの期間と考えられる。『公羊伝』の見解は『穀梁伝』（文公九年）に至って、

天子志崩不志葬、挙天下而葬一人、其道不疑也、志葬、危不得葬也、

とあり、「葬」を記すこと自体に葬挙行を危ぶむ要因を読みとっている。ただ、二伝の見解は、周王の「崩」記事9に「葬」が対応しないものが4と多いことから導かれた解答であろう。[5]『春秋』文公九年に、

二月、叔孫得臣如京師、辛丑、葬襄王、

とあり、『公羊伝』では、

王者不書葬、此何以書、不及時書、過時書、我有往者、則書、

と、魯の会葬参列が『春秋』での「葬」の出現と考える。[6]いずれにせよ、『公羊伝』『穀梁伝』ともすべての周王の崩葬記事に解説を加えず、その意識の希薄さを感じさせる。

諸侯の死亡で「葬」の見えない事例を『穀梁伝』は、「卒」「葬」の完備対応を前提に、

変之不葬有三、失徳不葬、弑君不葬、滅国不葬、（昭公十三年）

と、「失徳」「弑君」「滅国」の三要因を含む特例と考える。これに対して『公羊伝』は、『春秋』宣公十八年「秋七月

甲戌、楚子旅卒」に対応する「葬」の未記載について、

何以不書葬、呉・楚之君不書葬、辟其号也、

と見ている。「卒」「葬」の併記を前提としながら、中原外の呉・楚の王号僭称を批難する立場に立つものである。(7) ただ、ここでもすべての諸侯の卒葬記事に二伝は詳細な解説を施してはいない。

『左伝』の卒葬解釈は、

凡崩薨、不赴、則不書、禍福、不告、亦不書、懲不敬也、（文公十四年）

とあり、『春秋』が赴告書である点を重視する。隠公七年「（春王三月）、滕侯卒」に関して『左伝』には、

不書名、未同盟也、凡諸侯同盟、於是称名、故薨則赴以名、告終称嗣也、以継好息民、謂之礼経、

と見える。④「宋公和卒」などにくらべ「滕侯卒」の「名」の未記載は、同盟関係の有無によるとし、杜注が「盟以名告神、故薨亦以名告同盟也」と考えるように、会盟儀礼での「名」の赴告が死亡時の重要な手続き事項であったとする。しかも、赴告の観点は、『春秋』僖公二十三年「冬十有一月、杞子卒」に対する『左伝』に、

不書名、未同盟也、凡諸侯同盟、死則赴以名、礼也、赴以名、則亦書之、不然則否、辟不敏也、

とあり、未同盟の諸侯でも赴告に「名」があれば『春秋』では記録したと考える。(8)『左伝』が『春秋』を赴告書と見做す立場が端的に示されている。(9)

『左伝』は「葬」について、

天子七月而葬、同軌畢至、諸侯五月、同盟至、大夫三月、同位至、士踰月、外姻至、（隠公元年）

と規定する。周王・諸侯らの「卒」から「葬」に至る月数の指定、加えて「葬」参列資格が見える。「葬」までの期間について、周王に「葬」自体の未記載が多いが、記載の周王・諸侯の統計では三ヵ月から七ヵ月で「葬」がなされ、

規律性が認め難く、[10]『左伝』の見解は『春秋』の実態と齟齬しているといわざるを得ない。

「葬」参列問題では、『春秋』に、

宣公十年（六月）、公孫帰父如斉、葬斉恵公、

襄公三十一年夏六月辛巳、公薨于楚宮、

冬十月、滕子来会葬、

とあり、会葬の参列者が具体的に見出せる。ただ、昭公六年「（春王正月）、葬秦景公」には参列者の記載がないが、『左伝』は「大夫如秦、葬景公、礼也」と伝え、『春秋』では「葬」で会葬参列を示した可能性も認められる。[11]この点に関して『左氏会箋』（隠公三年）がまとめる「則此書葬非謂彼国葬君也」の書式規定、さらに杜注「魯使大夫会葬、故書」（隠公三年）をうけた「不書其人者、非卿故略之也」という、魯大夫の会葬参列と参列者の身分規定は注目すべきであろう。また、この見解の後半部が基づくと考えられる『左伝』に見える鄭の遊吉が語る、

先王之制、諸侯之喪、士弔、大夫送葬、（昭公三十年）

昔文・襄之覇也、……、君薨、大夫弔、卿共葬事、夫人、士弔、大夫送葬、（昭公三年）

などは、「先王之制」から「文・襄之覇」を経た当該期の礼制の変質として配慮すべきかもしれない。[12]ただし、注意を要することは、『春秋』成公十年「（六月）丙午、晋侯獳卒、秋七月、公如晋」に対して『左伝』が、

冬、葬晋景公、公送葬、諸侯莫在、魯人辱之、故不書、諱之也、

と、魯公の会葬参列に負の評価を伝えている点である。しかも「諸侯莫在」からは、諸侯の参列の不当性のみならず、諸侯国間の葬参列の特異性が窺えよう。[13]諸侯の会葬参列への批判の背景には、会葬と覇者政治ひいては国際社会の相関関係など微妙な問題が反映していると考えられるが、[14]「葬」を会葬参列と直結する議論には躊躇を覚えざるを得ない。

以上、『春秋』の卒葬記事について『公羊伝』『穀梁伝』『左氏伝』（『左伝』）の礼制の観点から見たが、「卒」「葬」の完備対応や会葬参列などには多岐にわたる問題が存在する。次節では個々の卒葬記事に関して、魯を取り巻く当該時代の国際社会から考えてみよう。

第二節　卒葬と外交

『春秋』に見える卒葬記事の対象国は、

宋　衛　滕　蔡　宿　陳　曹　鄭　斉　邾　薛　許　晋　杞　秦　楚　莒　呉　周

の計19国におよぶ。魯国の弔問外交の相手国である。死には寿命によるもの、何らかの結果もたらされる不自然死があり、厳密な規則性は想定できない。しかし、目安として魯公年間十二公を基準に、各国の卒葬記事の出現状況を比較すると、以下の三つに分類できる。(15)

（一）魯公年間にわたって卒葬記事が確認できる国……晋・宋・衛・蔡・曹・周・斉・鄭・陳・邾・滕・許

（二）明らかに全魯公年間年で長期の卒葬記事の断絶が想定できる国……宿・薛・莒

（三）魯公年間で卒葬記事の後出性が認められる国……秦・楚・呉・杞

この他、『春秋』では卒葬記事が見えないが、『史記』等から国君の系譜が窺えるものに燕や越がある。両国について『春秋』『左伝』に限定的ではあるが、その動向が確認できることから、卒葬記事の未記載はあらためて対魯弔問外交の不備を示すものといえよう。いずれにせよ、卒葬記事は魯国外交の一側面を確実に残すわけである。そこで（一）（二）（三）の卒葬記事を通じて、魯国と対象国の外交状況をいくつか見ることにしよう。

（一）曹の卒葬記事は、[16]

桓公十年春王正月庚申、曹侯終生卒、
　夏五月、葬曹桓公

にはじまり、卒葬の完備対応を基本として『春秋』に確認できる。魯・曹外交にはこれに先だち、

桓公九年冬、曹伯使其世子射姑来朝、

と、曹が魯に使者を派遣しており、友好的環境が前提にあったと考えられる。[17] このような関係は曹桓公の死後も継続したらしい。

桓公十四年春正月、公会鄭伯于曹、

とあり、魯参加の会盟地主国として曹が機能している。[18] 魯僖公年間では曹は会盟で魯と同席し（僖公元・四・五・六・八年）、そうした動向が、

僖公七年（秋七月）、曹伯班卒、
　冬、葬曹昭公、

という、卒葬記事につながったと見られる。このなかで、

荘公二十三年冬十有一月、曹伯射姑卒、
荘公二十四年（春王三月）、葬曹荘公、

とある、卒葬記事はやや状況を異にしている。桓公十年に即位した曹荘公は魯荘公年間では魯との会盟同席がなく、そもそも会盟への参加が全く見えない。曹荘公の卒葬記事が、魯・曹の直接的関係に関わりなく『春秋』に記録されたことになる。従来の恒常的な両国の友好関係が引き続き反映したものと見るべきであろう。卒葬記事の出現と外交、

同盟関係を考える上で留意しなければならない点と思われる。[19]

曹の卒葬記事の完備対応のなかで、例外的に釐公（僖公）夷（前六七一～前六六二年）が『春秋』に見えず、『史記』管蔡世家には「（荘公）三十一年卒、子釐公夷立、釐公九年卒」とあり、なぜこれが記録されなかったのか不明である。ただ、『春秋』荘公二十四年では「葬曹荘公」に一連して、

冬、戎侵曹、曹羈出奔陳、赤帰于曹、（杜注「赤、曹僖公也、蓋為戎所納、故日帰」）

とあり、また、

荘公二十六年（夏）、曹殺其大夫、

と、釐公即位の前提に戎が関連した政情不安が存在し、そういった混乱が卒葬記事の未記載となったのかもしれない。[20]

（二）斉の卒葬記事を見ると、[21]

荘公九年秋七月丁酉、葬斉襄公、

に対応する卒記事がなく、

荘公八年冬十有一月癸未、斉無知弑其君諸児、

と、弑が認められる。国君殺害が卒ではなく弑記事になったわけで、異常な事態を正確に『春秋』は記録している。このような「卒」―「葬」の規定外の「弑」―「葬」は他にも確認でき、[22]なかには国君の「弑」のみを記すものもある。[23]「卒」―「葬」の対応しない事例には、

文公十四年夏五月乙亥、斉侯潘（斉昭公）卒、

など、「卒」のみで「葬」がない場合も見られる。[24]これは、

文公十四年（九月）、斉公子商人弑其君舎、

と、斉侯潘の卒後の内乱で「葬」が行われなかった点が、「葬」の未記載につながったものと考えられる。(25)そのほか、『春秋』には舎を弑した懿公商人の卒葬が見えないが、

文公十八年夏五月戊戌、斉人弑其君商人、

という状況が影響したといえよう。(26)

以上から卒葬記事の『春秋』での不備には、魯国の認識だけではなく、当該国の国内事情による「弑」、その混乱で「卒」のみで「葬」が未記載などの状況が窺える。

ところで、魯・斉の外交から斉の卒葬記事を見ると、斉僖公の卒葬（桓公十四・十五年）の時点で友好関係は認められない。両国は桓公三年の時点で嬴・讙の会や通婚により、同盟関係が考えられるが、桓公五年に至って斉が鄭と紀への襲撃を計画、かたや紀と友好関係にあった魯では対斉関係を悪化させた。(27)そのうえ、桓公十年には斉・衛・鄭らは対魯軍事行動に転じ、桓公十三年では魯・紀・鄭と斉・宋・衛・燕の大戦に発展し、魯の勝利をもって終結する。しかも、この状況に呼応して魯と同盟関係を持つ鄭が斉・宋連合の攻伐を被ったことは（桓公十四年）、魯・斉の友好の希薄さを端的に示している。斉僖公の卒葬記事は魯・斉の同盟関係を根底に持つ、友好的環境下での記録ではなかったのである。(28)

（二）陳の卒葬記事を見ると、(29)

宣公十二年春、葬陳霊公、

に対応する卒記事がないが、これは、

宣公十年（五月）癸巳、陳夏徴舒弑其君平国、

が関連している。ただ、宣公十一年の辱陵の盟で陳は楚同盟に加入し、晋同盟にあった魯（宣公七年〜）とは相違す

る外交を推進していたと考えられる。「弑」―「葬」記事は、両国の非友好下で出現したことになる。『左伝』には楚による対陳権力行使の経緯を伝え（宣公十一年）、『公羊伝』（宣公十一年）では「討此賊者、非臣子也、何以書葬、君子辞也、楚已討之矣、臣子雖欲討之、而無所討也」とあり、楚の存在を考慮している。国際社会の動向からは陳の国力回復と正常化を前提とする楚の対陳外交政策が、赴告を通じて「葬」の出現となったといえよう。[30]また、

桓公十二年八月壬辰、陳侯躍卒、

に対応する葬記事も見えないが、前年に、

桓公十一年（九月）、柔会宋公・陳侯・蔡叔盟于折、

とあり、魯と陳が会盟に出席し同盟関係にあったと思われ、「葬」のないのは不可解である。杜注には「不書葬、魯不会也」（桓公十二年）と、魯の会葬不参加を指摘する。しかし、実際は鄭・宋の和平締結に失敗した魯が鄭と協同し、陳と友好関係にあった宋を攻伐したことが、『春秋』での陳の葬記事未記載につながったものと考えられる。[31]

（二）宋の卒葬記事では、[32]殤公子夷（在位前七二〇～七一〇年）の卒葬が見えず、

桓公二年春王正月戊申、宋督弑其君与夷及其大夫孔父、

とあり、内乱が伝えられる。『左伝』によれば隠公五年以来、魯・宋関係は断絶し、隠公九年に宋の王室不勤にあって魯が諸侯連合の一員として宋攻伐に参加した。[33]このような事情が卒葬記事の未記載となったと思われる。

僖公九年宋公御説（桓公）・僖公二十三年宋公茲父（襄公）・文公七年宋公王臣（成公）には、卒記事のみで「葬」が見えない。

宋桓公に関しては、魯・宋の同盟関係が僖公元・四・五・六・七・八・九・十三・十五・十六年と確認でき、友好的状況が窺え、「葬」の未記載は理解し難いところである。ただ、『春秋』には、

僖公九年夏、公会宰周公・斉侯・宋子・衛侯・鄭伯・許男・曹伯于葵丘、

とあり、「宋子」が見え、『左伝』では「宋桓公卒、未葬而襄公会諸侯、故曰子」と説明し、「未葬」を葬記事のない原因とする。なお、この点に関して、

同盟、又相接壌、無不会葬之礼、不書葬者、襄公方有子喪、而出会于葵丘、故葬礼遂簡、諸侯亦不可遣人往会爾、

（顧棟高『春秋大事表』春秋凶礼表巻十六所引季本）

とあり、会葬自体が簡素であって、諸侯は使節を派遣しなかったと見る立場もある。

宋襄公については、『穀梁伝』では泓の戦いでの「失民也」という大義名分論を根拠としている。[34] しかし、斉桓公没後の対楚同盟で覇者体制の継承を目指す宋は、あくまで「斉覇」の維持に努める魯とは相違する立場であった。外交政策の方向性の差が、『春秋』の葬未記載に反映したものといえる。[35]

宋成公の卒記事は、僖公二十八年践土の盟での魯・宋の同席、文公二・三・七・九年での同盟関係が前提にあったと考えられる。ただし、成公の卒記事には続けて「宋人殺其大夫」と内乱が伝えられ、国内の混乱が葬の『春秋』未記載に直結したのかもしれない。[36]

（二）邾の卒葬記事[37]は、（一）の他の諸侯国が卒葬の完備対応を標準とするのに対して、7事例中5が「卒」のみと特異である。いくつか考えることにしよう。

荘公二十八年夏四月丁未、邾子瑣卒、

に至る魯・邾の外交は、隠公元年・桓公十七年に両国の会盟が確認でき、同盟関係が想定される。しかも、荘公十三年北杏の会で邾が斉同盟にあって、桓公十五年には牟・葛らと魯に来朝するなど、両国は友好的であった。したがって、荘公十六年・二十八年の時点で魯は邾と対立関係にはなく、なぜ『春秋』に「卒」のみなのか疑問が残る。[38] 邾国

の動向は史料的に不明なところがあるが、前述の3回の会盟参加のうち、北杏の会以外が魯との二国間同盟であったのは注意を要しよう。たとえ、邾が斉同盟に組み込まれていたとしても、その外交活動は限定的で希薄であるとの魯の認識が、『春秋』での「葬」の未記載となったと考えられる。(39)

文公十三年（夏五月）、邾子蘧篨卒、

とあり、『左伝』では「邾文公之卒也、公使弔焉、不敬」（文公十四年）と、魯が邾に弔問使節を派遣しなかったことが「葬」の見えない理由とする。その背景には魯・邾の須句をめぐる対立（僖公二十一年）を発端とした軍事衝突(40)（僖公二十二・二十三、文公七・十四年）があったと見るべきであろう。(41)

以上、（一）魯公期間全体にわたる諸国の卒葬記事から、おおよそ来朝・会盟の同盟関係で『春秋』に卒葬が完備対応し、非同盟や対立状況では「卒」のみで「葬」が見出せない。さらに、対象国の内乱や限定的外交では、「卒」や「弑」、「弑」―「葬」の記録を生んだようである。一方で斉の卒葬記事からは、同盟解消の対立のなかでも卒葬の完備対応の事例が見られる。いずれにせよ、友好関係を前提とした、国君の「卒葬」での赴告が原則であった当該時代の「死」をめぐる全体像が窺える。こうした『春秋』の立場から、卒葬記事は魯国の国際関係を敏感に反映していたが、赴告の内容に関わりなく、魯の主観が強く働いていた点が指摘できる。

次に（二）の事例を見てみよう。宿に関しては、

隠公八年（夏六月）辛亥、宿男卒、

とあり、これ以後『春秋』では断絶している。また、ここでは「宿男」とその「名」を記録していない。『穀梁伝』には「宿、微国也、未能同盟、故男卒也」とあり、宿が小国で魯と同盟関係にない点を根拠に解釈する。杜注は『春秋』の「隠公元年九月、及宋人盟于宿」をもとに「宿与盟也、……、今宿赴不以名、故亦不書名」と指摘している。

確かに魯・宋の会盟地として宿が選定されたことは、魯・宿の友好的環境が十分に想定できる。(42) ただ、宿は国として『穀梁伝』が考えるように「微国」であったことは間違いない。『春秋』には、

荘公十年三月、宋人遷宿、

とあり、この宋に遷された宿が宿国ならば、(43) 宿は宋に帰属したものと見るべきで、実際にこれ以降、宿国の動向が『春秋』では確認できない。いずれにしても、宿は小国であり、国際的に独立性が認めがたい点が、『春秋』での卒葬記事の断絶となったと考えられよう。(44)

（二）薛は荘公三十一年から昭公三十一年まで、卒葬記事の断絶が明らかである。(45)

荘公三十一年夏四月、薛伯卒、

とあり、宿の事例と同様、「名」が書されず、杜注では「未同盟也」とその理由を推察する。(46) 魯・薛の外交は、『春秋』には、

隠公十一年春、滕侯・薛侯来朝、

とあり、友好的であったと考えられる。このような魯・薛の関係が、荘公三十一年の卒記事の出現につながったといえよう。ただ、これが「卒」のみで「葬」が見えないのは、断絶後の昭公三十一年薛の卒葬記事以降、定公十三年「(冬)、薛弑其君比」を例外として、死亡3事例が卒葬の完備対応で表われるのと比較すれば特異である。何らかの薛ないしは魯・薛関係の特殊性を荘公三十一年の時点で考慮すべきであろう。しかも、昭公三十一年「薛伯穀(献公)」の卒葬記事に『左伝』では「同盟、故書」と伝えるが、薛はそれ以前に成公二年蜀の会盟への参加後、定公四年召陵の会盟まで国際会議に名を連ねている(襄公元・二・五・九・十・十一・十四・十六・十八・二十二・二十四・二十五・二十九・三十、昭公十三・二十五・三十二年)。薛は晋覇体制の一諸侯国と位置づけられ、卒葬記事の断絶する期間、全く国

際社会から姿を消していたわけではなかった。

鞌の戦いで斉が晋に大敗すると、斉から援軍の要請を受けた楚は、斉と対立していた衛・魯への軍事行動を行い、斉再建を目的に中原諸侯を集め蜀の会を開催した（成公二年）。『左伝』には「畏晋竊与楚盟、故曰匱盟」とあり、会盟自体の信頼性に疑問を投げかけるが、薛は斉と会盟に参加している。だが、薛と斉は楚の脅威に屈したのではなく、相互の利害一致を前提としたものと考えられる。襄公二年『左伝』では斉に附随する国として滕・小邾とともに薛が挙げられ、以後、薛は斉との会盟同席の傾向が確認できる(47)。

以上から薛は斉と密接な関係を保ちながら、斉の支援・許可のもと自立性を維持し、会盟に出席するなど外交を展開していた。したがって、このような斉を介在する薛の存立形態が、国際社会での自立性の希薄さに通じ、『春秋』での薛の「名なし卒」と断絶といった形で反映したものと考えられる(48)。

（二）莒の国君死亡記事(49)は、三つの「卒」と二つの「弑」であるが、この他に莒茲丕公(50)（僖公二十六年）・展輿（襄公三十一・昭公元年）・共公庚輿（昭公十四・十九・二十三年）が『春秋』『左伝』で確認され、断絶が認められる。

魯・莒の外交は、当該時代のはじめに浮来の盟（隠公八年）・曲池の盟（桓公十二年）に象徴されるように良好であった。後いったんは対立に転じるが（閔公二年〜）、両国は再び和解し（僖公二十五・二十六年）、友好関係を保持していた。しかし、莒は対魯抗争を本格化させ（文公八年）、親晋外交を展開するが（〜宣公十二年）、これが斉の攻伐を被る要因となったらしく、斉の圧力の前に屈した（宣公十三年）。ただし、鞌の戦い（成公二年）で晋勢力に斉が敗退すると、莒は晋側につき、馬陵の盟（成公七年）で正式に晋同盟に組み込まれる。したがって、莒茲丕公の卒葬の『春秋』での未記載は、魯・莒対立に原因があったと見るべきであろう。それに対して成公十四年「莒子朱卒」の出現は、晋に従う魯にとって莒の晋同盟入りが直接反映したと考えられる。ただ、ここに一貫し「葬」が記録されないのは、莒が晋・斉や魯の間に介在するその立場の希薄さ、背後から楚の脅威（成公九年）に見舞われ、国力の衰退が甚だしく、独立国としての弱体化が『春秋』に反映したものといえよう。(51)

莒国の衰弱は魯襄公年間の会盟への頻繁な出席により（襄公元・三・五・七・九・十・十一・十四・十六・十八・二十・二十一・二十四・二十九・三十年）、回復したかに見えるが、再び鄫をめぐり魯と対立する（襄公四・六・八・十・十二・十四・十六年）。その後、襄公二十年に至り魯・莒は正式に和解し、晋同盟の友好国となるが、このことが斉の莒への圧力を一層強めたらしく、軍事行動に発展した（襄公二十三年）。こうして莒の晋同盟帰属は、斉の国力に左右されていたと考えられる。さらに、晋・楚の国際和平会議（宋の会・襄公二十七年）に莒が参加せず、同じく不参加の斉に連動していた。莒は諸侯国としての地位を国際的に著しく喪失し、斉によって国政を牛耳られていたのであった。したがって、莒の国君死亡記事が『春秋』で「卒」に終始するのは、莒国の非自立的な立場が反映されたためで、その政権の不安定さが「弑」を生んだといえよう。(52)

以上、（二）魯公年間で断絶が想定できる諸国の卒葬記事からは、対象国の国際社会での自立性の希薄さ、換言すればその附庸的存立状況が見出せた。『春秋』では魯と外交関係が友好的であれば「名なし卒」（宿・薛）、同盟的段階ならば「名あり卒」（莒）という原則が窺える。さらに、対象国が附庸的存立から国際社会で自立性を回復すれば、卒葬の完備対応の正式記録となる事例（薛）も存在した。（二）の卒葬記事は、国際社会における対象国の存立状況を敏感に反映しており、一定の規則性が内包されていたと考えられる。『春秋』卒葬記事は、赴告内容とは関わりなく、魯の主観が強く働いていたわけである。(53)

（三）卒葬記事の後出性の事例を検討する。その対象国である秦・楚・呉・杞の卒葬記事を概観してみると、大きく二つに分類できる。

1．「弑」ないしは「卒」記事のみの事例……楚[54]・呉[55]

2．「卒」から「卒葬」記事へと変化を示す事例……秦[56]・杞[57]

（三）1楚王の「卒」に関して『史記』等から『春秋』未記載者に武王・文王・荘敖熊囏・成王・穆王が確認でき、初出の荘王以前に限られる。

　宣公十八年（秋七月）甲戌、楚子旅卒、

に関して、杜注には「未同盟而赴以名也」とするが、宣公十五年に魯・楚の会が見られ、同盟成立の反映と見る方が常識的であろう[58]。以後、楚王の死亡記事は『春秋』に欠落なく網羅される[59]。しかし、一貫して「卒」のみである点は特異といえる。ただ、魯の立場からすれば、そもそも楚の国際社会での存立状況の異質性が関係していたのかもしれない。楚は王号を称するなど、周王室を中心とした中原世界の支配機構の理念外に位置づけられ[60]、しかも、晋と当該期を二分する国力を堅持しながら、晋覇にくらべ中原政策にあって覇者としての指導性を欠くところがあった[61]。したがって、そのような楚の外交方針が、会盟に基づく同盟関係を重視する魯の政策と相違し、『春秋』での「卒」のみの記録となったのであろう[62]。

　呉の動向は春秋時代の前半では不明なところが多く、『春秋』卒葬記事の後出性につながったものと考えられる。魯・呉の外交では、成公十五年鐘離の会があり、『左伝』には「始通呉也」と通交のはじまりとし、襄公五年善道の会・戚の会でも両国が同席している。このような魯・呉の同盟関係が、初出の襄公十二年「秋九月、呉子乗卒」に反映されたとも考えられる[63]。この後、呉に関する死亡記事は、『史記』呉太伯世家によれば王余昧の未記載の他すべて記録されている[64]。しかし、楚と同様に「葬」が見えず、地域的に中原外勢力と呉を位置づける『春秋』の立場が窺える。

（三）２の秦は初出の文公十八年「秦伯罃卒」以前に、文公・靖公・寧公（憲公）・武公・出子・徳公・宣公・成公・穆公（『左伝』文公六年に卒記事がある）まで９名の卒葬記事が欠落している[65]。秦の外交を見ると、温の会（僖公二十八年）、翟泉の会（僖公二十九年）では盟主晋の同盟国として確認できるが、その後、晋との対立をしばらくくり返す（僖公三十三、文公二・三・四・七・十・十二、宣公二・八・十五、成公九年）。こうしたなか、秦が魯に対して、

文公九年（冬）、秦人来帰僖公・成風之襚、

文公十二年（秋）、秦伯使術来聘、

と使節を派遣し、文公十二年『左伝』には「且言将伐晋」と晋攻撃の提案を伝え、魯・秦関係は友好的であった。このような両国の関係が文公十八年[66]・宣公四年の卒記事となったのであろう。さらに、穆公の「覇西戎」の立場と、秦の国力の発展が『春秋』で反映されたものと考えられる[67]。

晋・秦の和議調停が不調に終わると（『左伝』成公十一年）、晋は秦との外交関係を断ち、魯を含む諸侯連合軍を組織して秦攻伐を行い、大敗させる（『左伝』成公十三年）。『春秋』成公十四年「（冬十月）、秦伯卒」は、こうした国際状況を反映している。この記事は文公十八年「秦伯罃卒」にくらべ「名なし」で、『春秋』での卒記事のいわば格下げであり、魯をとりまく国際環境の変質を微妙に表記したことになろう。以後、『春秋』ではほぼ秦君の死亡記事が網羅され、「秦景公」の昭公五・六年からは卒葬が完備対応するが、依然として「名なし」の記録となっている。

こうした秦君死亡記事の推移を憶測すれば、以下のように考えられよう。従来、魯と外交関係を持たない秦は、「覇西戎」に基づき晋と対立し、魯に接近を試み、加えて宋の会で「晋・楚・斉・秦匹也」（『左伝』襄公二十七年）と、承認され中原世界での立場を確立する。秦は楚・呉と同じく地域的に中原ではなかったが、この秦の動向が卒葬記事の『春秋』での完備対応に直結したのであろう。ただし、魯にあって秦を他の中原諸国と選別する意識が、『春秋』

の「名なし」卒葬という特異な記述となったと考えられる。(68)

(三)　2杞は初出の僖公二十三年「杞子卒」以後、『春秋』では卒葬が網羅されるが、それ以前に『史記』陳杞世家から武公・靖公・共公・恵公の4名が見出せ、記事の後出性が認められる。

僖公二十三年冬十有一月、杞子卒、

とある「子」と「名なし」に対して、『左伝』には「十一月、杞成公卒、書曰子、杞、夷也、不書名、未同盟也」と説明し、杞が「夷」であり中原理念外で魯と同盟関係にない点を根拠とする。魯・杞の外交(69)は、

荘公二十五年（六月）、伯姫帰于杞、

とあり、婚姻が伝えられている。これは斉の国力に圧迫されてきた杞の新局面と考えられ、『史記』陳杞世家索隠には「杞成公娶魯女、有婚姻之好」と、杞の対魯関係の積極性を指摘する。この魯・杞の友好的環境は継続したらしく、『春秋』では、

荘公二十七年冬、杞伯姫来、杞伯来朝、

僖公五年（春）、杞伯姫来朝其子、

とあり、その交流の跡が見える。杞成公の魯との婚姻を契機に、僖公二十三年「杞子卒」が『春秋』に記録され、それ以前に魯・杞の国交は樹立されていなかったのであろう。しかし、なぜ僖公二十三年「杞子卒」が「子」で「名なし」であって「葬」が記録されないかは、この後の「名あり」と卒葬の完備対応にくらべ特異といわざるを得ず、『左伝』の解説では不十分である。本質的には杞国の置かれた国際的立場が反映していたものと考えられる。斉桓公の覇業期、僖公十三年鹹の会について『左伝』では「夏、会于鹹、淮夷病杞故」と伝え、僖公十四年「春、諸侯城縁陵」に関して「諸侯城縁陵而遷杞焉」と説明する。杞は婚姻を通じて魯接近を試みてはいたが、斉覇の傘下に完全に

組み込まれていたようである。杞が諸侯国として自立性を著しく損ない、内政面で斉の干渉を受け独立性が希薄で、しかも「夷」と認識されることが、「杞子卒」と「葬」の未記載となったと考えられる。以後、杞の対魯外交の復活と晋覇体制入りが確認できるが、そうした独立性の回復が『春秋』の「名あり」の卒葬記事の完備対応に直結したものといえよう。(70)

以上、(三) 魯公年間で後出性が認められる諸国の卒葬記事から、対象国が周王室を中心とした中原世界の支配機構の理念外に位置づけられるという、『春秋』の共通理解が見出せる。このようななか、魯と対象国の同盟関係成立により、卒記事が出現するが一貫して「名あり」の事例（楚・呉）、外交動向の躍進と国際的に承認されたその国力により、「名なし」卒記事から「名なし」卒葬記事の事例（秦）、また他国の干渉にあって、独立性の回復により、「子」「名なし」卒記事から「名あり」卒葬記事の事例（杞）が存在した。『春秋』卒葬記事は赴告内容とは関わりなく、魯と中原外諸国との関係を微妙に投影していたわけである。

本節の考察から『春秋』卒葬記事は、魯と対象国の外交関係を如実に示すものであった。『春秋』の赴告書としての性質にあって、卒葬の意味するところは、時々の対象国の卒葬伝達が国政上の混乱や外交動向に制約を受けるだけでなく、それにも増して魯国の対象国に対する同盟関係の有無や、中原世界の理念の共有に左右されるものであった。したがって、『春秋』卒葬記事は、魯国を中核とする当該時代の世界観の一側面を確かに示している。

第三節　卒葬の意義

前節では卒葬記事の概要を外交関係のなかで確認したが、本節ではまず『春秋』での卒葬の完備対応の面から考えてみよう。各国の卒葬記事を概観すると、本章第二節の（一）の全魯公期間にわたって卒葬記事が確認できる国と、一貫して卒のみの国を別にすれば、

郳・昭公三十一年～　薛・昭公三十一年～　滕・昭公三年～　秦・昭公五年～

などは、昭公年間以降に卒葬の完備対応が整うという特徴をもつ。(71) また、（一）の卒葬記事の完備対応国でも、弑や内乱等による卒葬の不備は、襄公年間後半以降、斉の「弑」（襄公二十五、哀公六、哀公十四年）、衛の「弑」（襄公二十六年）のみとなる。(72) 少なくとも襄公後半・昭公年間に卒葬をめぐる国際関係―弔問外交・赴告等が、変質を来たしたと見るべきであろう。しかも、この卒葬の断層は、本章第一節で指摘した葬参列の議論でも浮上してくる。『春秋』に見える「葬」での他国の使節等の参列は、

文公元年（魯）・周　文公九年（周）・魯　宣公十年（斉）・魯　成公十年（晋）・魯　襄公三十一年（魯）・滕

昭公三年（滕）・魯　昭公十年（晋）・魯　昭公十一年（宋）・魯　昭公十六年（晋）・魯　昭公二十二年（周）・魯

定公十五年（魯）・滕・郳　哀公五年（斉）・魯

の12例見出せる。(73) このなかで襄公年間後半以降が8事例で、葬参列の当該時代後半への集中が窺える。また、『左伝』が独自に伝える葬参列は、

隠公十一年（晋）・衛　文公六年（晋）・魯　文公十八年（魯）・斉　成公十年（晋）・魯　襄公二十九年（楚）・魯

昭公元年（楚）・鄭　昭公六年（秦）・魯　昭公十二年（鄭）・諸侯　昭公十八年（曹）・周　昭公二十一年（蔡）・魯

昭公三十年（晋）・鄭

の11事例見出せるが、7事例が襄公年間後半以降である。

『春秋』での卒葬の完備対応と、葬参列における共通する襄公年間後半以降の断層は、一体、如何なる国際関係の

結果なのであろうか。それは恐らく当該時代の最大の和平会議である宋の会（襄公二十七年、弭兵の会）がもたらす現象といえる。晋・楚拮抗の緩和に伴う諸侯国政治の安定が、国君死亡を通じた弔問外交の本格的な確立をもたらしたわけで、『春秋』の卒葬記事は宋の会の影響を受けていたと考えられる。(74)

卒葬と宋の会の関係は、本章第一節で指摘した『春秋』の「葬」記事と会葬参列問題にも示唆を与える。『左伝』は「昔文・襄之覇」に「君薨、大夫弔、卿共葬事」（昭公三年）とするが、晋文公期では規定に関した状況は見られず、襄公の葬（文公六年）に『春秋』「冬十月、公子遂如晋、葬晋襄公」と、魯の公子遂の会葬参列のみである。したがって、会葬出席者の身分規定は、宋の会後の弔問外交に伴う各国使節の葬参列を受け、『左伝』が「葬礼」を「先主之制」「文・襄之覇」へ加上適用したものと考えられよう。(75)

ただし、葬記事が会葬参列を表わすとすれば、魯の外交から不自然な事例が見られる。斉襄公の「葬」は『春秋』荘公九年「秋七月丁酉」に記録されているが、これは前年の斉無知の「弑」に対応するものであった。襄公の死亡以前には、

荘公八年夏、師及斉師囲郕、

とあり、魯・斉は郕攻伐を協同し同盟関係が認められる。しかし、荘公九年では、

春、斉人殺無知、公及斉人大夫盟于蔇、

夏、公伐斉、納子糾、斉小白入于斉、

秋七月丁酉、葬斉襄公、

八月庚申、及斉師戦于乾時、我師敗績、

とあり、「葬」を前後して魯・斉関係は悪化を辿り、乾時の戦いに発展している。この両国をめぐる動向は、『左伝』

が伝える桓公入国物語の関係部分である。公子糾入国を画策した魯にとって、対抗勢力の桓公即位とその政権の確立が歓迎しがたかったことは間違いなく、桓公の主催の葬での魯使節の参列は常識的とはいえないであろう。一方でこうした事例は特殊な国際関係がもたらす例外なのかもしれない[76]。しかしながら、魯の会葬不参加の可能性からは、葬記事を魯の会葬参列と直結する議論には躊躇を覚えざるを得ない。『春秋』『左伝』の葬参列を明記する事例は別として、「葬」を会葬参列と見る視点には問題が残ると思われる[77]。

『春秋』での「葬」の記述法に関して、「葬宋穆公」をめぐって徐邈が、

凡書葬者、皆拠我而言葬彼、故不書宋葬穆公、而書葬宋穆公、（『春秋大事表』春秋凶礼表巻十六所引）

と、魯公が宋穆公を葬った点を強調するが、これは記載上の重要な問題である。確かに、

A荘公三十一年秋、築台于秦、

などは、魯国内の出来事であり、「魯」あるいは「我」という主語を自ら省略したものと考えられる。また他国の出来事について魯では、

B僖公十二年夏、楚人滅黄、

襄公二十六年（春王二月）、衛孫林父入于戚以叛、

と、必ずその国を主語として明記している。とすれば、ＡＢから「葬」はあくまで魯が行為者であったことになろう。しかし、ここには考えなくてはならない点がある。魯国が他国と行動を共にし、また他国に対して行為をなす場合、

C桓公十一年冬十有二月、公会宋公于闞、

桓公十二年十有二月、及鄭師伐宋、

荘公十一年夏五月戊寅、公敗宋師于鄑、

僖公七年（秋）、公子友如斉、

などと、必ず文頭に「公」「及」「魯人名」を示し、魯の関与を明記している。もしこのCの記述法を重視すれば、魯の他国に対する行為と考えられてきた「葬宋文公」は、魯が主語として明記されていない矛盾を含むことになる。したがって、葬記事自体から魯の会葬参列を議論することには無理があるように思われる。(78)

葬記述法では、

D閔公元年夏六月辛酉、葬我君荘公、

などは、魯が主語として明記されずA型と考えられるが、ここでは「葬」のあとに「我君」をおくことで魯の行為であることを表示するものといえよう。このような傾向に留意すると、

E荘公三十年八月癸亥、葬紀叔姫、

F荘公四年六月乙丑、斉侯葬紀伯姫、

とある、魯女で紀に嫁した二人の葬記事は示唆に富む。「紀叔姫」「紀伯姫」が魯女である点を自明としながら、Eでは「紀叔姫」がこのとき「紀李」に再嫁していたので（『公羊伝』荘公十二年）、その行為者紀がDのように省略されたと考えられるが、Fは魯女である「紀伯姫」に対して紀を亡きものとした（『春秋』荘公四年「紀侯大去其国」）斉が葬ったことを明確に示していると思われる。すなわち、Eの「葬」の前後が同一国―主葬国（紀）と被葬者（紀夫人）の国が一致するのに対して、Fは「葬」の前後の国の相違―主葬国（斉）と被葬者（紀夫人）の国を明言したことになる。(79)以上の魯女をめぐる『春秋』の葬記述法によれば、「葬」では主葬国と被葬国が一致の場合、主葬国が省略されていたといえる。もしこのような推測が認められるならば、『春秋』の立場では例えば「葬宋穆公」は、「宋葬宋穆公」の「葬」の前の主葬国「宋」を省略した型で、単なる宋での「葬」の挙行を示し、『春秋』がその事実を赴告によっ

て記録したものと考えられる。したがって、「葬」のみで魯の会葬参列を考える議論は、『春秋』の記述法に即した観点とは必ずしもいえないであろう。

では、葬記事すなわちその出現をもたらす魯への赴告は、何を意味しているのであろうか。これは卒葬の完備対応の面からも重要な問題である。「葬」と併記される一方の「卒」について、『春秋啖趙集伝纂例』には「春秋記諸侯卒、著易代」とし、現君死亡に伴う国君交代にその本意があるとする。こうした「卒」のもつ意義と卒葬の『春秋』での完備対応からは、「葬」も国君交代に関連する事項の魯への伝達と考えられる。『春秋』では魯公の死亡に際し「薨」―「葬」と呼応して、ほぼ「王正月、公即位」（成公元年）という新君の即位に関わる記事が見られる。[80]ところが、諸侯国の新君即位は、『春秋』隠公四年に、

冬十有二月、衛人立晋、

とあり、『左伝』には「衛人逆公子晋于邢、冬十二月宣公即位、書曰、衛人立晋、衆也」と伝える以外、皆無である。したがって、卒記事は国君交代を示し、一方で葬記事は葬の挙行とともに新君の正式即位、換言すれば君位継承の無事完了の報告という側面をもつと考えられよう。[81]例えば、『春秋』僖公十七年「冬十有二月乙亥、斉侯小白卒」に関して、『左伝』には昭（孝公）、武孟（無虧）らの対立と昭の宋への亡命を伝え、『春秋』僖公十八年に見える、

春王正月、宋公・曹伯・衛人・邾人伐斉、

夏、師救斉、

五月戊寅、宋師及斉師戦于甗、斉師敗績、

秋八月丁亥、葬斉桓公、

に対して、『左伝』は五月の敗戦後、宋が孝公昭を斉の国君に立てて引き揚げたと伝えている。[82]斉桓公の卒後、杜注

が「十一月而葬、乱故也」と指摘するように、混乱を経て遅れて「葬」が挙行されたが、葬記事は卒後の公子の対立から孝公が新君として正式即位したとの赴告に基づくものと考えられる。しかも、その赴告には、「夏、師救斉」という宋の介入に斉を支援した魯に対して、宋を後ろ盾とする勢力が勝利したという政治的な意味が込められていたわけである。

　このように『春秋』では、「卒」のみでも国君交代が示されるが、「葬」で会葬挙行と正式即位による君位継承の無事完了の伝達を記録している。「葬」は魯の会葬参列のみを無条件に示すものではなかった[83]。さらに、注目すべきは、君位継承の完了に伴い『左伝』には後継人事の任命の経緯を伝えるが[84]、「葬」の赴告にはそうした新君体制の概要も込められていたと考えられる[85]。当該時代の後半期に出現する公室政治の不安定さと貴族政治がもたらす権力闘争、君権の脆弱さの露呈のなかで、新君体制の成立はきわめて関心度の高い国際間の問題であった。したがって、赴告内容の如何に関わりなく、『春秋』に「卒」のみが記載されるのは、対象国の新君の正式即位への魯の関心の希薄さをあらためて確認させる。いずれにしても、新君体制に関わる「葬」が、『春秋』で「卒」と完備対応するのが宋の会以後であることは、「葬」の伝達の意義と弔問外交の本格的確立が赴告に反映したものと考えられる。

　以上から『春秋』の卒葬記事の完備対応と会葬参列の増加は、宋の和平会議以後における弔問外交の確立と呼応した国際社会の反映であった。『春秋』の「葬」記事は、『左伝』の礼論に代表される魯使節の会葬参列を必ずしも示さず、『春秋』の記述法や魯の個別外交から、「葬」対象国の葬挙行と正式即位による君位継承の無事完了の伝達を記録したものであった。当該期後半での弔問外交が、君位継承の完了と連動して卒葬の赴告の徹底となって『春秋』に表出したといえる。

おわりに

『春秋』に見える卒葬記事は、これまでの考察から魯国中心の国際社会での対象国の赴告に基づく記録であった。卒葬記事の完備対応や欠落、断絶などは、対象国の国政上の混乱（「弑」など）、外交動向（同盟関係など）と国際環境に制約を受けながら、その一方で魯国自体の対象国に対する附庸的存立、中原外といった認識が微妙に『春秋』には投影されていた。『春秋』の卒葬記事は、魯国を通じた当該時代の局面と国際関係を敏感に反映している。

卒葬の完備対応の整備から、当該時代後半の宋の和平以後での弔問外交の本格的確立が見られ、『春秋』の記述法によれば「卒」が国君死亡と国君交代、「葬」は会葬挙行と正式即位による君位継承の無事完了の伝達であった。こうした点から『春秋』の卒葬記事は、当該期後半の和平体制と連動する、君権安定に向けた社会情勢を反映していたことになる。

以上の『春秋』卒葬記事の分析から、それは決して単なる偶然によってもたらされた「死」の記録ではなく、まぎれもない魯国外交の軌跡であって、国際社会に左右された当該期の弔問外交の概況でもある。

註

（1）『春秋』については、竹内照夫『春秋』（東洋思想叢書、日本評論社、一九四三年）、野間文史「春秋経文について」（『広島大学文学部紀要』五〇、一九九一年、同氏『春秋学　公羊伝と穀梁伝』所収、研文出版、二〇〇一年）、顧頡剛講授、劉起釪筆記『春秋三伝及国語之綜合研究』（中華書局、一九八八年）、顧頡剛遺作・王煦華整理「春秋研究講義案語」（『中国古籍研究』第一巻、上海古籍出版社、一九九六年）、徐中舒『左伝選』後序（中華書局、一九六三年）等参照。

（2）魯国外交については、本書第二部第三章朝聘外交、参照。

（3）『春秋』の卒葬記事のなかでも魯公女については、宇都木章「春秋にみえる魯の公女㈠」（『中国古代史研究第六』所収、研文出版、一九八九年、宇都木章著作集第二巻『春秋戦国時代の貴族と政治』所収、名著刊行会、二〇一二年）があり、本章も多く影響を受けている。なお、卒葬事例については、陸淳『春秋啖趙集伝纂例』（叢書集成新編）、恵士奇『春秋説』（皇清経解）等参照。

（4）杜注「称卒者、略外以別内也」（隠公三年）、楊伯峻『春秋左伝注』「卒、死也、有広狭両義、……、似為内（本国）外（他国）之別」（隠公三年条、中華書局、一九八一年）。金文では例えば、『嘉鼎』に「……、京成叔之鼎、永用禋祀、死于下土、以事康公、勿或能改」（洛陽博物館「洛陽京成叔墓清理簡報」『文物』一九八一—七）、『耣鎛』に「……、皇考適仲皇母、用𣄨壽老母死」と「死」が見出せ、また『卯毀』に「……、昔乃且亦毀令、乃父死嗣莽人、不盄、取我家寀、用喪」とある「不盄」は「不淑」と考えられている。『詩経』にも王風大車篇に「穀則異室、死則同穴」とあり、同王風中谷有蓷篇に「條其歗矣、遇人不淑矣」と見え、「不淑」について『詩集伝』は「淑、善也、古者謂死喪饑饉、皆曰不淑」と解釈する（以上、白川静『金文通釋』五六冊（『白鶴美術館館誌』一九六二—八四年、『白川静著作集』別巻、金文通釋、1～7、平凡社、二〇〇四—二〇〇五年、参照）。

（5）『春秋』に見える周王の崩葬記事「—×」は葬記事の未記載を示す。以下同じ。
隠公三年「三月庚戌、天王崩」—×　桓公十五年「三月乙未、天王崩」—荘公三年「五月、葬桓王」　僖公八年「冬十有二月丁未、天王崩」—×　文公八年「秋八月戊申、天王崩」—文公九年「二月、叔孫得臣如京師、辛丑、葬襄王」　宣公二年「冬十月乙亥、天王崩」—宣公三年「（春王正月）、正月、葬匡王」　成公五年「冬十有一月己酉、天王崩」—×　襄公元年「九月辛酉、天王崩」—襄公二年「春王正月、葬簡王」　襄公二十八年「十有二月甲寅、天王崩」—×（『左伝』襄公二十九年「葬靈王、鄭上卿有事、子展使印段往」）　昭公二十二年「夏四月乙丑、天王崩」—「六月、叔鞅如京師、葬景王」

（6）会葬参列の状況は、『春秋』以外には例えば『尚書』顧命篇、『荀子』礼論篇等に見える。

（7）傅隷樸『春秋三伝比義』（中国友誼出版公司、一九八四年）は、『春秋』が「楚王卒」を「楚子卒」に改め、葬記事も廃したと見る。同様の見解は註（1）趙生群氏、前掲論文でも示されている。

（8）『春秋左伝注』僖公二十三年条参照。

（9）赴告については、万斯大『学春秋随筆』隠公三年宋公和卒条、久富木成大「春秋赴告考」（『森三樹三郎博士頌寿記念東洋学論集』所収、朋友書店、一九七九年）参照。

（10）李玉潔『先秦喪葬制度研究』第四章周代的喪葬之礼（中州古籍出版社、一九九一年）参照。

（11）陸淳『春秋啖趙集伝纂例』巻三「啖子曰、凡諸侯葬、魯往会、則書之、其有書葬不書往者、往非卿也」

（12）『左伝』昭公三十年「晋之喪事、敝邑之間、先君有所助執紼矣」とあり、『春秋左伝注』は鄭玄説を引き会葬参列の盛大さを指摘している。また、『史記』趙世家には「二十四年、粛侯卒、秦・楚・燕・斉・魏出鋭師各万人来会葬、子武霊立」とあるが、裴黙農『春秋戦国外交群星』（重慶出版社、一九九四年）は、これを根拠に会葬にも軍礼があり軍隊の参加を主張する。

（13）顧棟高『春秋大事表』春秋凶礼表巻十六所引、陳傅良の「……、晋景公之喪、成公弔焉、亦已卑矣、晋于是止公、使送葬、諸侯莫在、魯人辱之、雖伯主未有君会葬者也」という指摘は、当該時代の「葬」を考える上で注意を要しよう。

（14）恵士奇『春秋説』では斉桓公と周王の関係から卒葬記事を論じている。

（15）各諸侯の系譜・在位年数等は『春秋』『左伝』の他、『史記』世家・表などの伝える記事が一つの標準となる。ただ『史記』自体の採用する資料問題があることはいうまでもないが、本章では平勢隆郎編著『新編史記東周年表』（東京大学東洋文化研究所、一九九五年）を参照している。平勢氏が指摘する『春秋』の踰年改元は、卒葬記事を考えるさい留意すべき問題であろう。なお、『春秋』所見の諸侯国は23、卒174、薨21、崩9、葬120の数値を示すという（註（1）野間文史氏、前掲論文）。

（16）桓公十年「春、王正月庚申、曹伯終生卒」―同「夏五月、葬曹桓公」　荘公二十三年「冬十有一月、曹伯射姑卒」―荘公二十四年「(春王三月)、葬曹荘公」　僖公七年「(秋七月)、曹伯班卒」―同「冬、葬曹昭公」　文公九年「秋八月、曹伯襄卒」―同「(冬)、葬曹共公」　宣公十四年「夏五月壬申、曹伯寿卒」―同「(秋九月)、葬曹文公」　成公十三年「(夏五月)、曹伯盧卒于師」―同「冬、葬曹宣公」　襄公十八年「(冬十月)、曹伯負芻卒于師」―襄公十九年「(春)、葬曹成公」　昭公十四年「三月、曹伯滕卒」—同「秋、葬曹武公」　昭公十八年「春王三月、曹伯須卒」—同「秋、葬曹平公」　昭公二十七年「冬十月、曹伯午卒」—昭公二十八年「春王三月、葬曹悼公」　定公八年「（三月）、曹伯露卒」—同「（秋七月）、葬曹靖公」

（17）杜注（桓公十年）「未同盟而赴以名」、『左氏会箋』（桓公十年）「魯・曹兄弟也、本当同盟之国、故書名」と、それぞれの見解を示すが、ここでは会箋説を重視する。

（18）曹の会盟地としての機能は、本書第二部第二章第三節斉覇期の地主国、参照。

（19）『左氏会箋』隠公七年条参照。なお、この点に関しては、魯の対楚観が影響しているのかもしれないが、『左伝』成公二年に「宣公使求好于楚、楚王卒、宣公薨、不克作好」と見えるような、国君同士の個人的な友好関係尊重の立場を留意すべきであろうか。吉本道雅氏は、『春秋』では「曹伯」は本来、魯侯の従属国として「伯」という称謂を用いたとし、曹国の立場を考慮する（「春秋五等爵考」『東方学』第八七輯、一九九四年）。

（20）金文にあって山東出土の「曹伯狄簋」の作器者、「曹伯狄」を文献に見える「曹伯赤」すなわち「曹僖公」と考える説が提出され（陳邦懐「曹伯狄簋考釈」『文物』一九八〇—五）、同銘文から曹僖公と宿国の通婚関係を認める見解もある（李学勤『東周与秦代文明』第九章泗上諸侯、文物出版社、一九八四年）。

（21）桓公十四年「冬十有二月丁巳、斉侯禄父卒」—桓公十五年「夏四月己巳、葬斉僖公」　荘公八年「冬十有一月癸未、斉無知弑其君諸児」—荘公九年「秋七月丁酉、葬斉襄公」　僖公十七年「冬十有二月乙亥、斉侯小白卒」—僖公十八年「秋八月丁亥、葬斉桓公」　僖公二十七年「夏六月庚寅、斉侯昭卒」—同「秋八月乙未、葬斉孝公」　文公十四年「夏五月乙亥、斉侯潘卒」—×　文公十四年「（九月）、斉公子商人、弑其君舍」—×　文公十八年「夏五月戊戌、斉人弑其君商人」—×　宣公十年「（夏四月）己巳、斉侯元卒」—同「（六月）、公孫帰父如斉、葬斉恵公」　成公九年「秋七月丙子、斉侯無野卒」—同「冬十有一月、葬斉頃公」　襄公十九年「秋七月辛卯、斉侯環卒」—同「冬、葬斉霊公」　襄公二十五年「夏五月乙亥、斉崔杼弑其君光」—襄公二十九年『左伝』「二月癸卯、斉人葬荘公於北郭」　哀公五年「秋九月癸酉、斉侯杵臼卒」—同「冬、叔還如斉、閏月、葬斉景公」　哀公六年「（秋）、斉陽生入于斉、斉陳乞弑其君荼」—×　哀公十年「三月戊戌、斉侯陽生卒」—「（五月）、葬斉悼公」　哀公十四年「（六月）、斉人弑其君壬于舒州」—×

(22) 同様事例「弑」―「葬」
隠公四年「(王二月) 戊申、衛州吁弑其君完」―隠公五年「夏四月、葬衛桓公」　宣公十年「(五月) 癸巳、陳夏徴舒弑其君平国」―宣公十二年「春、葬陳霊公」　襄公三十年「夏四月、蔡世子般弑其君固」―同「冬十月、葬蔡景公」　昭公十九年「夏五月戊辰、許世子止弑其君買」―同「冬、葬許悼公」　なお「殺」―「葬」には、昭公十一年「夏四月丁巳、楚子虔誘蔡侯般殺之于申」―昭公十三年「冬十月、葬蔡霊子」　哀公四年「春王二月庚戌、盗殺蔡侯申」―同「冬十有二月、葬蔡昭公」がある。

(23) 同様事例「弑」

桓公二年「春王正月戊申、宋督弑其君与夷及其大夫孔父」
荘公十二年「秋八月甲午、宋万弑其君捷及其大夫仇牧」
僖公十年「(春)、晋里克弑其君卓及其大夫荀息」
文公十四年「(九月)、斉公子商人弑其君舎」
文公十六年「冬十有一月、宋人弑其君杵臼」
文公十八年「夏五月戊戌、斉人弑其君商人」
文公十八年「(冬)、莒弑其君庶其」
宣公四年「夏六月乙酉、鄭公帰生弑其君夷」
成公十八年「(春王正月) 庚申、晋弑其君州蒲」
襄公二十五年「夏五月乙亥、斉崔杼弑其君光」
襄公二十六年「春王二月辛卯、衛寧喜弑其君剽」
襄公二十九年「(夏五月)、閽弑呉子餘祭」
襄公三十一年「十有一月、莒人弑其君密州」
昭公十三年「夏四月、楚公子比自晋帰于楚、弑其君虔于乾谿」
昭公二十七年「夏四月、呉弑其君僚」
定公十三年「(冬)、薛弑其君比」
哀公六年「(秋)、斉陳乞弑其君荼」
哀公十四年「(六月)、斉人弑其君壬于舒州」

(24) 同様事例「卒」のみは本文で言及するが、各国別の累計と年代を示せば以下のとおりである。

晋3 (僖公九・二十四年、宣公九年)
宋3 (僖公九・二十三年、文公七年)
衛2 (荘公二十五年、宣公九年)
蔡2 (僖公十四、昭公二十三年)
斉1 (文公十四年)
鄭3 (僖公三十二年、成公六年、襄公二年)
陳2 (桓公十二年、僖公二十八年)
邾5 (荘公十六・二十八年、文公十三年、成公十七年、襄公

十七年）
滕2（隠公七年、宣公九年）
薛1（荘公三十一年）
宿1（隠公八年）
莒3（成公十四年、昭公十四年、哀公十四年）
秦4（文公六・十八年、宣公四年、成公十四年）
楚6（宣公十八年、襄公十三・二十八年、昭公元・二十六年、哀公六年）
呉3（襄公十二・二十五年、定公十四年）
杞1（僖公二十三年）

(25)『春秋大事表』春秋凶礼表巻十六「昭公以乱故、不成礼以葬、魯無従往会」

(26)同様事例は斉では襄公二十五年、哀公六・十四年の「弑」で認められる。

(27)本書第一部第七章第二節紀国と周王室、参照。

(28)国際的には斉の荘公・僖公のいわゆる「小伯」という政治環境が関係しているのかもしれない。小伯については、童書業『春秋左伝研究』（上海人民出版、一九八〇年）、王閣林・唐致卿主編『斉国史』（山東人民出版社、一九九二年）参照。その他、斉では僖公二十七年、襄公十九年、哀公五年の卒葬記事、荘公八—九年の弑葬記事、襄公二十五年の弑記事が魯・斉の対立中のものであり、注意を要する点といえる。なお、本文「（一）魯公年間にわたって卒葬記事が確認できる国」のなかでも、衛…桓公十二・十三年、鄭…桓公十一年、荘公二十一年、許…襄公二十六年、昭公十九年、蔡…宣公十七年、襄公三十年は非同盟下での卒葬記事である。

(29)桓公五年「春王正月甲戌、己丑、陳侯鮑卒」—同「（夏）、葬陳桓公」 桓公十二年「八月壬辰、陳侯躍卒」—× 荘公元年「冬十月乙亥、陳侯林卒」—荘公二年「春王二月、葬陳荘公」 僖公十二年「冬十有二月丁丑、陳侯杵臼卒」—僖公十三年「夏四月、葬陳宣公」 僖公二十八年「（六月）、陳侯款卒」—× 文公十三年「夏五月壬午、陳侯朔卒」—× 宣公十年「（五月）癸巳、陳夏徴舒弑其君平国」—宣公十二年「春、葬陳霊公」 襄公四年「春王三月己酉、陳侯午卒」—同「（秋）、葬陳成公」 昭公八年「夏四月辛丑、陳侯溺卒」—同「（冬）、葬陳哀公」 定公四年「春王二月癸巳、陳侯呉卒」—同「六月、葬陳恵公」 定公八年「秋七月戊辰、陳侯柳卒」—同「九月、葬陳懐公」

(30)『春秋左伝注』宣公十二年条参照。「葬」記事の出現に関しては、杜注（宣公十二年）に「賊討国復、二十一月然後得葬」

とあり、『春秋大事表』春秋凶礼表巻十六では、註（22）隠公五年衛桓公・註（21）荘公九年斉襄公、さらに宣公十二年陳霊公の「葬」を「已上君弑賊討則書葬」と規定している。

（31）『春秋左伝注』桓公十二年条参照。同様の事例、僖公二十八年「陳侯款卒」に関して、顧棟高『春秋大事表』春秋凶礼表巻十六には「陳本従楚、因城濮之勝、懼而従践土之会、而魯亦従晋文久役于外、明年春方至自囲許、無暇脩会葬之礼、故雖赴而魯不書葬」と見える。文公十三年「陳侯朔卒」については、『左伝』文公十年に「陳侯・鄭伯会楚子于息、冬、遂及蔡侯次于厥貉、将以伐宋」とあることから、楚同盟として陳の立場が「葬」未記載に直結したのかもしれない。

（32）隠公三年「八月庚辰、宋公和卒」―同「（冬十有二月）癸未、葬宋穆公」　桓公二年「春、王正月戊申、宋督弑其君与夷及其大夫孔父」―×　荘公二年「（冬十有二月）乙酉、宋公馮卒」―荘公三年「夏四月、葬宋荘公」　荘公十二年「秋八月甲午、荘万弑其君捷及其大夫仇牧」―×　僖公九年「春王三月丁丑、宋公御説卒」―×　僖公二十三年「夏五月庚寅、宋公茲父卒」―×　文公七年「夏四月、宋公王臣卒」―×　文公十六年「冬十有一月、宋人弑其君杵臼」―×　成公二年「八月壬午、宋公鮑卒」―成公三年「（二月）乙亥、葬宋文公」　成公十五年「夏六月、宋公固卒」―同「秋八月庚辰、葬宋共公」　昭公十年「十有二月甲子、宋公成卒」―昭公十一年「（春王二月）、葬宋平公」　昭公二十五年「十有一月己亥、宋公佐卒于曲棘」―昭公二十六年「春王正月、葬宋元公」

（33）『春秋左伝注』隠公五・九年条参照。

（34）『穀梁伝』僖公二十三年「茲父之不葬何也、失民也、其失民何也、以其不教民戦、則是棄其師也、為人君而棄某師、其民孰以為君哉」

（35）『春秋大事表』春秋凶礼表巻十六所引、趙鵬飛は「不書葬、諸侯従楚不会爾」と指摘し、楚の国際社会での力量を評価している。

（36）『左伝』文公七年には「昭公即位而葬」とあり、葬挙行を伝える。『春秋大事表』春秋凶礼表巻十六所引、季本は「故凡不書葬者、非皆由魯不往会、亦有其国葬不備礼而謝絶諸侯者、如宋公是已」と、『春秋』の「葬」記事未記載の背景を推察している。

（37）荘公十六年「（冬十有二月）、邾子克卒」―×　荘公二十八年「夏四月丁未、邾子瑣卒」―×　文公十三年「（夏五月）、邾子蘧蒢卒」―×　成公十七年「（十有二月）、邾子貜且卒」―×　襄公十七年「春王二月庚午、邾子牼卒」―×　昭公元年「六月丁巳、邾子華卒」―同「（秋）、葬邾悼公」　定公三年「二月辛卯、邾子穿卒」―同「秋、葬邾荘公」

（38）『左氏会箋』荘公十六年「不書葬、不往会」、杜注（荘公二十八年）「未同盟而赴以名」

（39）郭克煜「邾国歴史概略説」（『東夷古国史研究』第一輯所収、三秦出版社、一九八八年）では、邾は春秋前期に斉・晋、後期に呉・越に依存し、独立的外交政策を持たなかったとする。邾は『春秋』では「邾子」だが、春秋金文には「邾伯」「邾公」と見え『春秋』の貶記が窺え、魯に対する従属度の強さが示されているという（註（19）吉本道雅氏、前掲論文）。

（40）『春秋』文公十四年「（春）、邾人伐我南鄙」、魯・邾の須句をめぐる対立の概況は、本書第一部第三章第三節国邑占領と附庸小国、参照。

（41）この他、成公十七年「邾子貜卒」に一連して成公十八年には「八月、邾子来朝」とあり、『左伝』では「即位而来見也」と伝えることから、魯・邾関係は友好的であったと考えられる。襄公十七年「邾子牼卒」に関して、『春秋大事表』春秋凶礼表巻十六には「是時邾・魯方構難、是年冬、嗣子復興師助斉伐我南鄙、其不会葬固宜」という見解を示している。

（42）本書第二部第二章第三節斉覇期の地主国、参照。

（43）陳槃『春秋大事表列国爵姓及存滅表譔異（増訂本）』二、（中央研究院歴史語言研究所専刊五二、一九六九年）参照。

（44）『春秋大事表』春秋凶礼表巻十六所引、胡伝「春秋有怠于礼、弱其君而不葬者、滕侯・宿男之類是已」

（45）荘公三十一年「夏四月、薛伯卒」―×　昭公三十一年「夏四月丁巳、薛伯穀卒」―同「秋、葬薛献公」　定公十二年「春、薛伯定卒」―同「夏、葬薛襄公」　定公十三年「（冬）、薛弑其君比」―×　哀公十年「（五月）、薛伯夷卒」―同「秋、葬薛恵公」　なお、『春秋』では薛は「薛伯」であるが、本文でも言及するように隠公十一年には「薛侯」と見える。竹内康浩氏は、『春秋』での情報の不足、不完全さのため二つ爵が混ざって用いられたと解する（「『春秋』から見た五等爵制――周初に於ける封建の問題――」『史学雑誌』一〇〇―二、一九九一年）。一方、吉本道雅氏は、春秋金文から薛は本来「侯」であると考え、従属の故に魯が自国と同じ「侯」の資格を認めないものと見做している（註（19）同氏、前掲論文）。

(46)『春秋大事表』春秋凶礼表巻十六所引、彙纂「薛称伯、時主所黜」

(47)『春秋左伝注』成公二、襄公二年条参照。

(48)『春秋大事表』春秋凶礼表巻十六所引、季本に「薛自魯桓以来、服属于宋、魯雖与同盟、猶以宋属待之、故献公之先君不赴喪、不書卒、献公三家所私厚也、故因公出而告喪、魯之弔葬亦備、其皆三家之私歟」とあり、薛卒葬記事の未記載を対宋外交に基づく国際性の希薄さに求め、しかも卒葬完備を魯の三桓氏との関係から議論している。確かに『左伝』定公元年には、「孟懿子会城成周、庚寅、栽、宋仲幾不受功、曰、滕・薛・郳、吾役也、薛宰曰、宋為無道、絶我小国於周、以我適楚、故我常従宋、……」と見える。ただ、こうした状況は宋の会以後と考えられ、季本の指摘については後半の論点を含めて本文での推論から従わない。なお、薛に関しては薛城出土の青銅簠（春秋前期）があり（万樹瀛・揚孝義「山東滕県出土杞薛銅器」『文物』一九七八—四）、薛の歴史は雷学淇『竹書紀年義證』巻三八（芸文印書館、一九七七年）に詳しい。

(49)文公十八年「(冬)、莒弑其君庶其」—×　成公十四年「春王正月、莒子朱卒」—×　襄公三十一年「十有一月、莒人弑其君密州」—×　昭公十四年「八月、莒子去疾卒」—×　哀公十四年「(五月)、莒子狂卒」—×

(50)「莒茲丕公」に関しては、その青銅器と墓の存在が確認されている（山東省博物館等「莒南大店春秋時期莒国殉人墓」『考古学報』一九七八—三）。莒墓と莒国の動向を整理したものに、宇都木章「春秋時代の莒国墓とその鐘銘——莒魯交争始末——」（佐久間重明教授退休記念『中国史・陶磁史論集』所収、燎原書店、一九七二年、宇都木章著作集第一巻『中国古代の貴族社会と文化』所収、名著刊行会、二〇一一年）があり、本章の莒史関係の記述も多く参考としている。

(51)成公十四年「莒子朱卒」について、杜注は「九年、盟于蒲」と解説し、『穀梁伝』疏には「又葬須称謚、莒夷無論、故不書葬也」と見える。

(52)杜注（昭公十四年）「未同盟」、『左氏会箋』（昭公十四年）「莒我同盟、以名赴、礼也」、『春秋大事表』春秋凶礼表巻十六所引、胡伝には「魯自昭公以来、雖薛・杞微国、無不会其葬者、何独于莒則不往、蓋是時意如専政、而莒嘗訴其彊鄆取郠之罪于方伯而見執、為是怒莒而不往、以此見意如之専恣」とある。

(53)『穀梁伝』昭公十三年疏「言変之、言不葬者、謂旧合書葬、有故而仲尼改之也、小国不葬、曹・許之書葬者、小国謂附庸之

属、非曹・許也」は、再考の余地が存在するが、附庸国と「葬」記事の問題を関連づけており注目すべきである。

(54) 宣公十八年「(秋七月) 甲戌、楚子旅卒」—× 襄公十三年「秋九月庚辰、楚子審卒」—× 襄公二十八年「(十有二月) 乙未、楚子昭卒」—襄公二十九年『左伝』「夏四月、葬楚康王」 昭公元年「冬十有一月己酉、楚子麇卒」—×昭公元年『左伝』「鄭游吉如楚葬郟敖」 昭公十三年「夏四月、楚公子比自晋帰于楚、弑其君虔于乾谿」—× 哀公六年「秋七月庚寅、楚子軫卒」—×

(55) 襄公十二年「秋九月、呉子乗卒」—× 襄公二十五年「十有二月、呉子遏伐楚、門于巣、卒」—× 襄公二十九年「(夏)、閽弑呉子餘祭」—× 昭公二十七年「夏四月、呉弑其君僚」—× 定公十四年「(五月)、呉子光卒」—×

(56) 文公六年『左伝』「(夏) 秦伯任好卒」—× 文公十八年「(春王二月)、秦伯罃卒」—× 宣公四年「(春)、秦伯稲卒」—× 成公十四年「(冬十月)、秦伯卒」—× 昭公五年「(秋七月)、秦伯卒」—昭公六年「(春王正月)、葬秦景公」 定公九年「(秋)、秦伯卒」—同「冬、葬秦哀公」 哀公三年「冬十月癸卯、秦伯卒」—哀公四年「(春王二月)、葬秦恵公」

(57) 僖公二十三年「冬十有一月、杞子卒」—× 襄公六年「春王三月壬午、杞伯姑容卒」—同「秋、葬杞桓公」 襄公二十三年「三月己巳、杞伯匄卒」—同「(夏)、葬杞孝公」 昭公六年「春王正月、杞伯益姑卒」—同「(夏)、葬杞文公」 昭公二十四年「(秋八月) 丁酉、杞伯郁釐卒」—同「(冬)、葬杞平公」 定公四年「(五月)、杞伯成卒于会」—同「(秋七月)、葬杞悼公」 哀公八年「冬十有二月癸亥、杞伯過卒」—哀公九年「春王二月、葬杞僖公」

(58) 『左氏会箋』宣公十八年条「僖公与楚同盟、故告以名、則亦書之、楚与中国通喪紀自此始、蓋魯事之、一如斉・晋、故従赴而書、書子正其爵也」。なお、『春秋大事表』春秋凶礼表巻十六所引、杜諤は「宣十八年録楚子旅卒者、著其暴盛、而諸侯交接赴告之相親也」という見解を示している。

(59) 襄公十三年「楚子審卒」、杜注「成二年大夫盟于蜀之也」。襄公二十八年「楚子昭卒」に対して『左伝』襄公二十九年には「夏四月、葬楚康王、公及陳侯・鄭伯・許男送葬、至於西門之外、諸侯之大夫皆至于墓」と伝えている。昭公元年「楚子麇卒」にはつづけて「楚公子比出奔晋」とあり、内乱が発生している(『春秋左伝注』昭公元年条参照)。昭公二十六年「楚子居卒」、杜注「未同盟而赴以名」、『左氏会箋』「固是同盟、故名」、哀公六年「楚子軫卒」、杜注「未同盟而赴以名」

(60) 『公羊伝』宣公十八年「何以不書葬、呉・楚子君不書葬、辟其号也」、杜注（宣公十八年）「呉・楚之葬、僭而不典、故絶而不書、同之夷蛮、以懲求名之偽也」。ただ『左氏会箋』（宣公十八年）は註（58）の議論を根拠に「春秋於呉・楚不書葬、不会葬也、説者謂避其王号、誤也」と説明する。なお、楚は春秋金文では「楚公」「楚王」「楚子」の自称が確認できるが、このうち楚君の称謂は「楚公」→「楚王」の時代的変遷が見出せるという（註（19）吉本道雅氏、前掲論文参照）。

(61) 魯が楚と同席の会盟は、宣公十五年宋、成公二年蜀、襄公二十七年宋、昭公元年虢、昭公九年陳の5事例のみである。楚の会盟政治については、山田崇仁「春秋楚覇考――楚の対中原戦略――」（『立命館文学』五五四、一九九八年）、本書第二部第二章附論一楚覇期の会盟地、参照。

(62) 『史記』孔子世家「是時也、晋平公淫、六卿擅権、東伐諸侯、楚霊王兵彊、陵轢中国、斉大而近於魯、魯小弱、附於楚則晋怒、附於晋則楚来伐、不備於斉、斉師侵魯」に代表される、魯自身が課題とする対楚外交の困難さが存在したとも考えられよう。この点については、郭克煜『魯国史』（人民出版社、一九九四年）参照。

(63) 杜注「五年会於戚、公不与盟、而赴以名」、『左氏会箋』「同盟故赴以名、呉自戚之会、列於諸侯、故赴於中国」、『春秋大事表』春秋凶礼表巻十六所引、杜諤には「此書呉子卒、亦以其暴盛、且明諸侯通之会之、而赴告之相及也」とある。

(64) 『春秋』襄公二十九年「呉子使札来聘」にともなう魯・呉外交の新局面が関係したのかもしれない。襄公二十五年「呉子遏卒」、杜注「呉以卒告也、未同盟而赴以名」、定公十四年「呉子光卒」、杜注「未同盟而赴以名」、『左氏会箋』「呉我同盟之国也、杜誤」。なお、『春秋大事表』春秋凶礼表巻十六は「是時闔廬威震天下、昭公至与為婚、而豈有不遣人会葬之理、明是仲尼削之無疑也」と考えている。

(65) 劉文淇『春秋左氏伝旧注疏証』文公六年条「年表、秦繆公三十九年、繆公薨、葬、殉以人、従死者百七十人、君子譏之、故不言卒、此左氏旧説、経不書秦伯卒義」。なお、銘文等から武公、出子、成公が作器者と考えられる青銅器が存在する（註（20）李学勤氏、前掲書、吉本道雅「秦史研究序説」『史林』七八―三、一九九五年、同氏『中国先秦史の研究』所収、京都大学学術出版会、二〇〇五年等参照）。

(66) 杜注「不同盟而赴以名」、『左氏会箋』「同盟故名、小子慭盟僖公於翟泉」、『春秋大事表』春秋凶礼表巻十六所引、高閌「秦

自九年来帰僖公成公之襚、始与魯通好、至是遂以喪来赴」。ただ「葬」未記載について顧棟高は「不書葬、遠国従無会葬之礼」とする。

(67)『史記』秦本紀「(繆公)三十七年、秦用由余謀伐戎王、益国十二、開地千里、遂覇西戎」、林剣鳴『秦国発展史』(陝西人民出版社、一九八一年)、馮慶余「秦穆公的覇政」(『東疆学刊』哲社版一九九二―二)等参照。

(68)『春秋大事表』春秋凶礼表巻十六所引、許翰は「秦自晋悼以後、寝不見于春秋、則知秦益退保西戎、軍旅礼聘之事、不交于列国矣」と考えている。

(69)杞の動向については、註(3)宇都木章氏、前掲論文、程有為「杞国及其遷徙」(註(39)『東夷古国史研究』第一輯所収)、および、本書第二部第八章第三節杞国と晋国・斉国、等参照。

(70)『左伝』襄公六年「始赴以名、同盟故也」、『春秋大事表』春秋凶礼表巻十六所引、厳啓隆「桓公立七十年、末年婚于晋悼、至是卒始書名、魯亦始会葬、自後杞之卒葬備見矣」、杜注(襄公二十三年)「五同盟也」、杜注(昭公六年)「魯怨杞、因晋取其田、而今不廃喪紀、故礼之」、杜注(昭公二十四年、哀公八年)「未同盟而赴以名也」。竹内康浩氏は、魯成公以前にあって魯・杞の関係は深くなく、杞についての情報が充分に伝達されなかった点を指摘する(註(45)同氏、前掲論文)。

(71)「(一)魯公年間にわたって卒葬記事が確認できる国」のなかで、蔡の昭公二十三年「夏六月、蔡侯東国卒于楚」は例外的に卒葬の完備対応が見出せない。

(72)(一)の卒葬完備国での卒葬の不備は、襄公年間までが34事例、昭公年間以降は4事例と激減する。

(73)「文公元年(魯)・周」は『春秋』文公元年「(二月)、天王使叔服来会葬」とあるように、魯の葬儀に周の使者が参列したことを示している。以下同じ。

(74)宋の会で『左伝』襄公二十七年に「(楚康)王曰、釈斉・秦、他国請相見也」とある点は、弔問外交にも実際に適応されたと見るべきであろう。『春秋』昭公十年「(秋七月)戊子、晋侯彪卒、九月、叔孫婼如晋、葬晋平公」に対して、『左伝』には「九月、叔孫婼・斉国弱・宋華定・衛北宮喜・鄭罕虎・許人・曹人・莒人・邾人・滕人・薛人・杞人・小邾人如晋、葬平公也」と伝えるが、弔問外交の様相を示している。なお、『春秋大事表』春秋凶礼表巻十六では、例えば昭公元年「(秋)、葬邾悼公」

に関して、「愚謂此由季氏専政、欲外示有礼于鄰国、以自張其声勢也」と、魯の会葬参列を季孫氏の専権に求める議論を展開するが、国際社会の動きを必ずしも反映した論点とはいえないであろう。
(75)　杜注（襄公十五年）に「言諸侯畏晋、故卿共葬也」とある見解は、会葬参列の政治的な一面を象徴しているのかもしれない。
(76)　『左伝』僖公二十七年に「夏、斉孝公卒、有斉怨、不廃喪紀、礼也」とあり、また戦時にあっても弔問外交は守られたとの見方もある（陳顧遠『中国国際法溯源』、台湾商務印書館、一九六七年。洪鈞培『春秋国際公法』、台湾中華書局、一九七一年）。
(77)　『春秋』宣公十年「（六月）、公孫帰父如斉、葬斉恵公」に対して、『春秋大事表』春秋凶礼表巻十六は「十二公無親奔天子喪、親会天子之葬者、而親往奔斉恵之喪、随之遣卿会葬、是以天子之礼事斉也、宣公頼斉得国、故終身謹事、斉恵歿又加礼如此、春秋備書、其旨深矣」と考えるが、こうした「会葬」のいわば特殊性を考慮すべきであろうか。
(78)　『春秋』では本文で挙げたように僖公七年「公子友如斉」と、魯人の他国への訪問が「魯人名・如・国名」という基本書式で確認でき、葬記事に関しても註（77）の宣公十年「公孫帰父如斉、葬斉恵公」が認められることから、「葬・国名・国君名」では魯の会葬参列を示してはいないと考えられる。なお、「如」については本書第二部第三章第三節「如」と外交、参照。
(79)　『春秋』襄公三十年「秋七月、叔弓如宋、葬宋共姫」とあるが、魯女関係記事にあって「如」で魯の会葬参列が明記されている。
(80)　『春秋』十二公中、荘公・閔公・僖公の三人の即位記事が見られない。本書第二部第六章第一節『春秋』の魯国君即位、参照。
(81)　『春秋』昭公十二年「夏、宋公使華定来聘」に関して、『左伝』には「通嗣君也」とするが、これは『春秋』昭公十一年「葬宋平公」に『左伝』が「叔弓如宋、葬平公也」と伝えるように、葬参列への返礼としての側面が強いと考えられる。諸侯の即位が国際的に重要であった点は、『左伝』襄公元年「凡諸侯即位、小国朝之、大国聘焉、以継好・結信・謀事・補闕、礼之大者也」によっても窺えるが、『春秋』の「葬」記事自体の問題もこうした意識を前提として理解すべきであろう。この点については、本書第二部第三章第二節朝聘と外交、参照。
(82)　『春秋左伝注』僖公十七・十八年条参照。
(83)　『春秋』では前述のように「卒」のみの事例が存在する一方で、「卒」に対応しない「葬」記事のみの事例が確認できないのは、「葬」記事の本来もつ「君位継承の無事完了」という意味から、その前提に「君位交代」の「卒」の赴告がない以上、当然と考えられる。

(84)『左伝』襄公二十九年「夏四月、葬楚康王、公及陳侯・鄭伯・許男送葬、至於西門之外、諸侯之大夫皆至于墓、楚郟敖即位、王子囲為令尹」。同様事例は『左伝』昭公元年でも確認できる。

(85) 本章第二節卒葬と外交、で言及した対立抗争中の卒葬記事の存在も、「葬」のもつ君位継承とともに新体制の樹立を伝える政治的な意味や、外交の転換など政策変更の意向が込められていたと考えるべきであろう。

第五章　婚姻と国際社会

はじめに

春秋時代の社会を理解するための重要な視点として婚姻の問題がある。従来から周代の礼制の継承に基づき、その婚姻習俗が論じられ、同姓不婚の原則や婚姻形態の特性が指摘されてきた。[1]なかでも、宗法制の理念から当該時代の諸侯国の系図に着目した論点、[2]兄弟相続に関する議論などは、[3]婚姻の視点からも留意しなくてはならない課題である。特に諸侯国間の婚姻は、『春秋』や『左伝』が中心に考えられ、[4]入嫁した女性を通した婦人観や歴史観を論じる立場も見られる。[5]さらに、『左伝』の成書時期と戦国時代の正統観によって、『春秋』三伝の婚姻記事を分析し、『左伝』の婚姻に対する評価を議論した視点がある。[6]いずれにしても当該時代の婚姻には多くの視座が存在する。

では一体、諸侯国の婚姻にあって、両国はどういった関係を確立させたのであろうか。諸侯国の婚姻は、単なる個人の婚姻とは異なり、国の外交として利害が存在したはずである。[7]

本章では魯国の婚姻に限定して、その成立にともないどのような外交が行われたのかを考えるものである。まず、魯国を中心とした『春秋』の婚姻記事を整理し、文姜夫人らの行動から具体的外交関係を確認する。さらに、婚姻との関係から「媵」の問題を通して、青銅器銘文によって初歩的な婚姻と外交の視座を提示したい。

第一節　『春秋』の婚姻

『春秋』に見える魯国をめぐる婚姻とその関連事項を列挙すると以下のとおりである。

1　隠公二年九月、紀裂繻来逆女、
2　隠公二年冬十月、伯姫帰于紀、
3　隠公二年十有二月乙卯、夫人子氏薨、
4　隠公七年春王三月、叔姫帰于紀、
5　桓公三年（秋）、公子翬如斉逆女、
6　桓公三年九月、斉侯送姜氏于讙、
7　桓公三年（九月）、夫人姜氏至自斉、
8　桓公八年（冬）、祭公来、遂逆王后于紀、
9　桓公九年春、紀季姜帰于京師、
10　桓公十八年春正月、公会斉侯于濼、公与夫人姜氏遂如斉、
11　荘公元年三月、夫人孫于斉、
12　荘公元年夏、単伯送王姫、
13　荘公元年秋、築王姫之館于外、
14　荘公元年（冬）、王姫帰於斉、
15　荘公二年秋七月、斉王姫卒、
16　荘公二年冬十有二月、夫人姜氏会斉侯于禚、

17　荘公四年春王二月、夫人姜氏享斉侯于祝丘、
18　荘公四年三月、紀伯姫卒、
19　荘公四年六月乙丑、斉侯葬紀伯姫、
20　荘公五年夏、夫人姜氏如斉師、
21　荘公七年春、夫人姜氏会斉侯于防、
22　荘公七年冬、夫人姜氏会斉侯于穀、
23　荘公十一年冬、王姫帰于斉、
24　荘公十二年春王三月、紀叔姫帰于酅、
25　荘公十五年夏、夫人姜氏如斉、
26　荘公十九年秋、公子結媵陳人之婦于鄄、遂及斉侯・宋公盟
27　荘公十九年（秋）、夫人姜氏如莒、
28　荘公二十年春王二月、夫人姜氏如莒、
29　荘公二十一年秋七月戊戌、夫人姜氏薨、
30　荘公二十二年（春王正月）癸丑、葬我小君文姜、
31　荘公二十四年夏、公如斉逆女、
32　荘公二十四年八月丁丑、夫人姜氏入、

33 荘公二十五年（六月）、伯姫帰于杞、
34 荘公二十七年春、公会杞伯姫于洮、
35 荘公二十七年冬、杞伯姫来、
36 荘公二十七年（冬）、莒慶来逆叔姫、
37 荘公二十九年冬十有二月、紀叔姫卒、
38 荘公三十年八月癸亥、葬紀叔姫、
39 閔公二年九月、夫人姜氏孫于邾、
40 僖公元年秋七月戊辰、夫人姜氏薨于夷、斉人以帰、
41 僖公元年十有二月丁巳、夫人之喪至自斉、
42 僖公二年夏五月辛巳、葬我小君哀姜、
43 僖公五年（春）、杞伯姫来朝其子、
44 僖公八年秋七月、禘于大廟、用致夫人、
45 僖公九年秋七月乙酉、伯姫卒、
46 僖公十一年夏、公及夫人姜氏会斉侯於陽穀、
47 僖公十四年夏六月、季姫及鄫子遇于防、使鄫子来朝、
48 僖公十五年（九月）、季姫帰于鄫、
49 僖公十六年夏四月丙申、鄫季姫卒、
50 僖公十七年秋、夫人姜氏会斉侯于卞、
51 僖公二十五年（夏）、宋蕩伯姫来逆婦、
52 僖公二十八年秋、杞伯姫来、
53 僖公三十一年冬、杞伯姫来求婦、

54 文公四年夏、逆婦姜於斉、
55 文公四年冬十有一月壬寅、夫人風氏薨、
56 文公五年王正月、王使榮叔帰含、且賵、
57 文公五年三月辛亥、葬我小君成風、
58 文公五年（三月）、王使召伯来会葬、
59 文公九年（春）、夫人姜氏如斉、
60 文公九年三月、夫人姜氏至自斉、
61 文公九年（冬）、秦人来帰僖公・成風之襚、
62 文公十二年二月庚子、子叔姫卒、
63 文公十四年（冬）、斉人執子叔姫、
64 文公十五年十有二月、斉人来帰子叔姫、
65 文公十六年秋八月辛未、夫人姜氏薨、
66 文公十七年夏四月癸亥、葬我小君声姜、
67 文公十八年（冬）、夫人姜氏帰于斉、
68 宣公元年（春）、公子遂如斉逆女、
69 宣公元年三月、遂以夫人婦姜至自斉、
70 宣公五年秋九月、斉高固来逆叔姫、
71 宣公五年冬、斉高固及子叔姫来、
72 宣公八年（夏六月）戊子、夫人嬴氏薨、
73 宣公八年冬十月己丑、葬我小君敬嬴、
74 宣公十六年秋、郯伯姫来帰、

75 成公五年春王正月、杞叔姫来帰、
76 成公八年冬十月癸卯、杞叔姫卒、
77 成公八年（冬）、衛人来媵、
78 成公九年春王正月、杞伯来逆叔姫之喪以帰、
79 成公九年二月、伯姫帰于宋、
80 成公九年夏、季孫行父如宋致女、
81 成公九年（夏）、晋人来媵、
82 成公十年（五月）、斉人来媵、
83 成公十四年秋、叔孫僑如如斉逆女、
84 成公十四年九月、僑如以夫人婦姜氏至自斉、
85 襄公二年夏五月庚寅、夫人姜氏薨、
86 襄公二年（秋七月）己丑、葬我小君斉姜、

---

87 襄公四年秋七月戊子、夫人姒氏薨、
88 襄公四年八月辛亥、葬我小君定姒、
89 襄公九年五月辛酉、夫人姜氏薨、
90 襄公九年秋八月癸未、葬我小君穆姜、
91 襄公十五年（春）、劉夏逆王后于斉、
92 襄公三十年五月甲午、宋災、宋伯姫卒、
93 襄公三十年秋七月、叔弓如宋、葬宋共姫、
94 昭公十一年五月甲申、夫人帰氏薨、
95 昭公十一年九月己亥、葬我小君斉帰、
96 定公十五年秋七月壬申、姒氏卒、
97 定公十五年（九月）辛巳、葬定姒、
98 哀公十二年夏五月甲辰、孟子卒、

ここからはまず、2「帰」7「至自」32「入」など婚姻の成立が見られる。2「帰」の前提には1の「来逆女」があることから、[8] 36「来逆」51「来逆婦」なども婚姻を伝えると考えられる。この場合、『春秋』では「帰」すなわち魯から対象国に魯女を嫁すもの（出嫁）、「至自」や「逆」「入」による対象国から魯に女が嫁すもの（入嫁）、という事例がある。さらに、『春秋』には9・14など魯国以外の婚姻記事も見られる。婚姻を前提とする26・77・81・82の「媵」は、婚姻相互国とは異なる第三国の婚姻への関与を示している。[9] 一方、婚姻ではないが、10「夫人姜氏」に代表される魯公夫人の活動が確認でき、51「宋伯姫来逆婦」とは違った要件をもつ外交といえよう。[10] また、3「夫人子氏薨」など魯公夫人の死亡記事があり、夫人のすべてに関して記録されてはいないが、本来は55「夫人風氏薨」―57

「葬我小君成風」の「薨」―「葬」が正式と考えられる。なお、18「紀伯姫卒」のように魯公女で他国に嫁した女性の死亡記事も見える。

『春秋』の婚姻関係記事は多岐にわたるが、それぞれ特徴が指摘できる。魯公女の出嫁先は、2「伯姫帰于紀」・4「叔姫帰于紀」・33「伯姫帰于杞」・36「莒慶来逆叔姫」・48「季姫帰于鄫」・51「宋蕩伯姫来逆婦」・53「杞伯姫来求婦」・70「斉高固来逆叔姫」・74「郯伯姫来帰」・79「伯姫帰于宋」が見出せる。魯公女が卿大夫に嫁した36「莒」・51「宋」・70「斉」を除けば、その対象国は宋・紀・杞・鄫・莒・郯で、宋以外が魯近隣の小国である。[11] 魯公女の小国への出嫁は、魯国が近隣地域との友好関係の構築をめざしたためと考えられるが、[12] 公女の送致により出嫁国として影響力を保持する意図があったのかもしれない。また、魯公女の出嫁が79「伯姫帰于宋」を最後に記録されず、これに関連した77・81・82の「媵」で断絶している。

魯への入嫁については、7「夫人姜氏至自斉」・32「夫人姜氏入」・69「遂以夫人婦姜至自斉」・84「僑如以夫人婦姜氏至自斉」があり、斉からのものに終始する。この他、46「公及夫人姜氏会斉侯於陽穀」の「夫人姜氏」は入嫁を明記しないが、斉から僖公に嫁した女性と考えられる。[13]『春秋』にあって魯は斉から国君夫人を桓公・荘公・僖公・文公・宣公・成公に迎えており、斉を通婚国として尊重していたことが窺える。しかも、魯公女の出嫁先に斉の国君が記載されていないことから、両国の勢力関係にもとづけば、婚姻では出嫁国が入嫁国に対して力を持った点が想像されよう。[14]

『春秋』では魯を直接対象としない婚姻記事が見られる。9周―紀、14斉―周、23斉―周、91周―斉、いずれも周王室の関係する婚姻であり、9以外は斉が周の通婚国となっている。したがって、魯以外の婚姻は魯―斉の通婚から、周王室の尊重というよりも、斉が関係する点が『春秋』に記録された要因と考えられる。というのは、9にあっても紀をめぐる魯・斉の思惑が存在していたからである。そもそも婚姻記事には魯の斉重視の意図を考慮すべきであろう(15)。『春秋』の入嫁では『左伝』の伝承から、荘公夫人の「成風」(須句女)―閔公二年・僖公二十一年、荘公夫人の「叔姜」(斉女、哀姜の妹)―閔公二年、文公夫人の「敬嬴」―文公十八年、襄公夫人の「敬帰」「斉帰」(ともに胡女)―襄公三十一年の欠落が想定される。さらに、昭公・哀公については『左伝』でも婚姻が確認できない。このなかで閔公夫人の叔姜は哀姜の妹であり、正式な夫人とはいえないようである。こうした点から入嫁に際して、その出身が斉でありかつ正式な夫人であることが『春秋』の記録の条件であったと考えられる。魯が斉から夫人を迎える通婚の恒常化が『春秋』の婚姻記事に反映している。

『春秋』の魯公夫人に関する偏重は、薨葬にあっても認められる。

29「夫人姜氏薨」―30「葬我小君文姜」

40「夫人姜氏薨于夷、斉人以帰」―41「夫人之喪至自斉」―42「葬我小君哀姜」

55「夫人風氏薨」―57「葬我小君成風」

65「夫人姜氏薨」―66「葬我小君声姜」

72「夫人嬴氏薨」―73「葬我小君敬嬴」

85「夫人姜氏薨」―86「葬我小君斉姜」

87「夫人姒氏薨」―88「葬我小君定姒」

89「夫人姜氏薨」―90「葬我小君穆姜」

94「夫人帰氏薨」―95「葬我小君斉帰」

入嫁が記録された魯公夫人は基本的に「薨」―「葬」が確認できるが、文公夫人の哀姜(出姜)は67「夫人姜氏帰于斉」とあるように、斉に帰国して戻らなかったため記録されていない。反対に入嫁記事がなく「薨」―「葬」が見えるものに、「夫人風氏」（55―57）・「夫人嬴氏」（72―73）・「夫人姒氏」（87―88）・「夫人帰氏」（94―95）があり、これらはすべて魯国君の生母である。3「夫人子氏薨」は桓公の生母であり、96「姒氏卒」―97「葬定姒」も定公夫人で哀公の生母である点からも裏づけられよう。したがって、98の昭公夫人の「孟子卒」も魯の国君の生母であった可能性が高い。いずれにしても、魯公夫人の薨葬記事には、斉に出自する女性への尊重が認められるが、それよりも国君の生母であったかが重視され、「薨」―「葬」では魯の主観が強く働いている。(16)

以上、『春秋』の婚姻記事にあって、魯公女の出嫁先が宋を除き紀・杞・鄫・莒・郯の近隣諸国であり、反対に入嫁先は斉が通婚国として恒常的な位置づけがなされていた。ただし、こうした魯の婚姻から導かれた特徴は他国でもいえるのであろうか。公女の出嫁先については、その地理的な問題や近隣諸国との外交関係が影響したと思われるが、例えば、鄭では斉・楚などの大国をはじめ陳・宋と通婚が認められる一方、鄧・申・蘇・江など小国との婚姻も見られ、なかでも申・鄧・陳・江からの入嫁を基本としていた。(17)この点は晋の婚姻にあって、小国の賈・大戎・小戎・驪戎・杞・廧咎如・杜・偪などからの入嫁が見られ、(18)斉でも小国の葛・徐・密・蕭・胡の女を入嫁させていることと同様である。(19)こうしたことから、魯の公女の小国への出嫁は特異といわざるを得ない。他国の通婚にあっても衛などでは斉―4、宋―2が複数国として見出せ、(20)とりたてて恒常的な婚姻が認められず、この傾向はほぼ他の諸侯国にも当てはまると思われる。魯の恒常的な斉との通婚は突出していたといえよう。

では、このような魯の婚姻の特徴はどういった外交関係によってもたらされたのであろうか。あらためて斉・魯関係のなかで、文姜夫人の動向を通じて考えてみよう。

第二節　婚姻と外交

魯公夫人のなかで文姜は特異な存在である。桓公の夫人として入嫁した文姜は、以後しばしば「如」「会」などの活動によって『春秋』に記録されている。特に文姜が斉襄公と「会」した行動は、夫人として異例である。文姜は斉僖公の女であり、襄公の妹であったが、その行動について『左伝』では「斉侯通焉」（桓公十八年）と、姦通としている。そもそも文姜の出嫁には、『春秋』桓公三年に「九月、斉侯送姜氏于讙」とあり、斉襄公が同行したが、『左伝』はこの点を「非礼也」と見做し、襄公と文姜の今後を暗示している。また、かつて斉が文姜を鄭の大子忽に嫁がせようとしたが、大子は「人各有耦、斉大、非吾耦也」（『左伝』桓公六年）と辞退したとして、文姜への負の評価を増幅させている。

文姜の不吉な予兆は桓公十八年の魯・斉の濼の会で表面化する。『春秋』には「公與夫人姜氏如斉」とあり、文姜は桓公に同行した。『左伝』では文姜の行為を申繻の言説を借りて「女有家、男有室、無相瀆也、謂之有礼、易比、必敗」と、男女の礼論の立場から禍の到来を予告している。さらに「斉侯通焉」と、斉襄公と文姜の兄妹間の姦事を伝えるが、その事実を知った桓公が文姜を責め、文姜はそれを襄公に告げたため、真相が明るみに出ることを恐れた襄公が桓公を殺害したという。[21] 文姜と襄公の姦事は国君の命を奪う結果となったわけである。なお、『左伝』の襄公・文姜に関する批判は、『春秋』荘公二年「夫人姜氏会斉侯于禚」にあっても「姦也」とつづいている。

不倫物語は一貫して『左伝』の文姜の行動に付きまとうが、『公羊伝』『穀梁伝』では全く見出せない。[22] しかし、襄公と文姜の関係は『史記』斉太公世家に採用され、広く認められた物語である。[23] 『詩経』では斉風南山篇に「南山崔崔、雄狐綏綏、魯道有蕩、斉子由帰、既曰帰止、曷又懐止」（第一章）とある。毛伝は「斉子、文姜也」、「狐」について鄭箋には「興者、喩襄公居人君之尊而為淫泆之行、其威儀可恥悪如狐」と、襄公と文姜の不倫物語にもとづき解釈している。詩序はそうした視点を「南山刺襄公也、鳥獣之行、淫乎其妹、大夫遇是悪、作詩而去之」と集約する。(24)

では、以上の文姜と斉襄公の不倫は、どのような当該期の事実を反映しているのであろうか。『春秋』の伝える文姜の行動は、『左伝』の指摘のとおり男女間の礼の逸脱を示すのかが問題である。文姜は魯桓公の夫人、荘公の生母として『春秋』には入嫁とその死亡（薨―葬）が記録され、文姜自身への批判が暗示されているか不明である。このため従来から文姜の行動には、何らかの魯の外交が関連するとの推察がなされている。(25)そこで、文姜の行動を魯・斉の外交関係から探ってみることにしよう。

魯・斉の外交は隠公六年艾の盟に「始平于斉也」（『左伝』）とあり、友好関係が成立していた。以後、隠公九・十年と協同して宋出兵に向けた会がなされ、鄭を加えた三ヵ国で宋への軍事行動を行い、隠公十一年では許への侵入も見られる。桓公時代に至り魯・斉は国際社会に同調しながら宋平定のための会に同席するなど、常に友好関係を基調とした外交を展開していた。こうしたなかで成立したのが魯桓公と斉僖公の女である文姜の婚姻であった。『春秋』桓公三年には、

　春王正月、公会斉侯于嬴、

　（秋）、公子翬如斉逆女、

とあり、『左伝』では「会于嬴、成昏于斉也、……、秋、公子翬如斉逆女、修先君之好」と伝えている。しかし、このころから両国関係が変化しはじめていたらしい。桓公五年に斉・鄭の対紀外交が見え、『左伝』には「欲以襲之、紀人知之」と説明している。(26)桓公六年に至って魯・斉の成の会、紀侯の来朝があり、『左伝』では「夏、会于成、紀

来諮謀斉難也、……、冬、紀侯来朝、請王命以求成于斉」と見え、紀は対斉外交の危機の回避と、王命を受けた斉との和議の仲介を魯に求めた。だが、魯桓公はこれを断っている。桓公三年六月に魯・紀による郕の会がなされたが、すでに斉・魯は問題を抱えていたことになる。その後（桓公八・九年）、紀の季姜が魯の仲介で周王に嫁すが、紀は魯・斉の間にあって周との婚姻により自国の保全を選択した。そしてついに斉・魯が軍事対立し（桓公十年）、斉は衛・鄭と魯は宋・陳と同盟関係を構築、目前の事態への対応をはかる（桓公十一・十二年）。一方で魯は宋と鄭の講和を画策するなか、鄭が紀・魯との同盟に同意し、結果的に魯・鄭と宋の戦いに発展した。宋と鄭の関係悪化は斉・宋・衛・燕と魯・鄭の戦いをまねき、斉側の敗戦に終わる（桓公十三年）。ところが、桓公十五年に至り魯・斉が艾に会し、『左伝』では許を安定させるためと説明するが、両国の敵対関係は一時的に緩和されたらしい。これが桓公十七年春に魯・斉・紀の黄の盟につながった模様であるが、ただ同年夏には魯・斉の奚での軍事衝突が見られ、両国は依然として紀をめぐる火種を残したままであった。

以上のなかで桓公十八年に夫人姜氏が関与した濼の会が開催されるが、魯・斉関係にあって、これを不倫にもとづく斉襄公による桓公の殺害とするのは、国際関係を無視した見解といわざるを得ない。魯・斉の紀をめぐる対立が、桓公の夫人姜氏同伴の対斉外交を生んだと見るべきであろう。斉では桓公十四年に僖公が亡くなり、対魯対紀外交の政策転換がなされ、桓公十七年には魯・斉・紀の黄の盟が行われたが、斉出身の夫人文姜はそうした斉の外交の仲介を担い、魯・斉講和を進めたものと考えられる。しかし、桓公の死去に象徴されるように講和は失敗し、魯・斉関係が再び悪化した。『春秋』荘公元年に記録される、

三月、夫人孫于斉、

は、その点を端的に示すものと思われる。『公羊伝』には「夫人何以不称姜氏、貶、曷為貶、与弑公也」と、文姜が

桓公の死去に関与したとするが、『春秋』の記事は杜注が「夫人、荘公母也、魯人責之、故出奔、内諱奔而謂之遜、猶遜譲而去」というとおり、文姜が国外に逃れた点を表わしている。『左伝』では「不称姜氏、絶不為親、礼也」とするが、即位した子の荘公が斉の圧力を強く受けていたとしても[27]、母の文姜の国外退去はやむを得ぬ事態であったであろう。その後、『春秋』には、

荘公二年冬十有二月、夫人姜氏会斉侯于禚、

荘公四年春王二月、夫人姜氏享斉侯于祝丘、

とあり、再び夫人姜氏と斉侯（襄公）の会見を記録する。『左伝』では「書、姦也」（荘公二年）と不倫を伝えるが、『春秋』は文姜が斉より魯へ帰国していた点を示し[28]、魯の文姜夫人と斉襄公の会談をいうのであろう[29]。桓公死亡後にあって、魯・斉の軍事対立はなく、荘公三・四年には会協同行動を行っている[30]。こうしたなか『春秋』に、

荘公元年（冬）、王姫帰於斉、

とあり、王姫の斉への出嫁が見える。斉—周の通婚は、周との婚姻を通じて打開策を模索した紀にとって不利な状況を生んだものと思われる。一方で『春秋』には「秋、築王姫之館于外」と、魯が周女の斉への出嫁に礼を尽くしたと見える。紀は斉と周の関係、それに関わる魯の対応から、対斉対抗外交を転換せざるを得なくなったと考えられる。魯としては新君荘公が紀を一方で切り離し、斉との和解を外交政策の基本とした点を示している。これが荘公元年の斉の対紀3邑遷徙を黙認し、対紀政策を進展させた。したがって、荘公二・四年の夫人姜氏による斉侯との会見は、夫人として魯荘公に代わり、紀を擁護する立場で魯・斉外交の改善を試みたものであった。『春秋』では、

荘公五年夏、夫人姜氏如斉師、

とあり、夫人姜氏が斉軍へ訪問しているが、杜注は「書姦」とし、孔疏に至っては対紀問題における領域画定と考え

る[31]。だが、これ以前に紀季が斉に入国し（荘公三年）、紀侯が大去するなど（荘公四年）、紀は完全に斉の体制に組み込まれていたらしい。さらに、荘公四年の魯荘公・斉の軍事合同演習、荘公五年冬の魯・斉・宋・陳・蔡の衛攻伐からすれば、荘公は紀問題を承認し魯・斉協調路線を推進しており、文姜の動向自体、むしろこうした魯国の状況に逆行するものであった。いずれにせよ、文姜夫人の行動は魯・斉外交に関わっていたのである。また、『春秋』荘公六年に、

冬、斉人来帰衛俘、

とあり、『左伝』には「冬、斉人来帰衛宝、文姜請之也」と伝え、斉が獲得した衛の珍宝を魯に贈ったが、これは文姜の要請によるとする。この文姜の発意について杜注は「公親与斉共伐衛、事畢而還、文姜淫於斉侯、故求其所獲珍宝、使以帰魯、欲悦魯以謝慙」と、その背景を不倫の代償に求める。ただ実際のところ、荘公五年の魯・斉らの会協同の対衛軍事行動での成果の一つであって、文姜の立場からすれば自身に同調し、紀問題にシコリを残す魯の一部勢力に対して斉に配慮を求めた対象が、「衛寶」であったと考えられる。魯・斉関係は改善され、『春秋』荘公七年には、

春、夫人姜氏会斉侯于防、

冬、夫人姜氏会斉侯于穀、

と見える。2回にわたる斉侯（襄公）と夫人文姜の会は、両国の友好関係の構築に向けた会談であった。

以上、夫人文姜の行動を魯・斉外交のなかで確認したが、不倫問題に終始する『左伝』の論点は承認されず、むしろ国際社会における魯・斉関係をめぐる夫人の外交活動と考えられる。文姜は斉襄公との兄妹関係を利用し、あくまで魯にとって有利な対斉関係の構築を目指したわけである。ところが、荘公九年に斉襄公が内乱によって死亡し、魯が亡命中の公子糾を斉の国君として送り込むが失敗、再び両国は軍事対立を見せる（荘公九年乾時の戦い・荘公十年長勺の戦い）。その後、斉桓公の即位により、魯・斉関係に新たな局面が生じ、荘公十一年の王姫の斉出嫁では斉桓公が

魯まで出迎えている。両国関係の改善の動きであり、荘公十三年には柯で魯荘公・斉桓公が会盟し、『左伝』は「始及斉平也」と伝えている。

斉桓公は宋の内乱を平定し、鄄の会（荘公十四年）により国際社会のリーダーとしての立場を確立した。荘公十五年夏の鄄の会で斉が、宋・陳・衛・鄭を招集して会合し、『左伝』には「復会焉、斉始覇也」と見える。ところがこれ以後、斉主導の国際社会にあって、『春秋』では、

荘公十五年秋、宋人・斉人・邾人伐郳、

荘公十六年夏、宋人・斉人・衛人伐鄭、

荘公十六年冬十有二月、会斉侯・宋公・陳侯・衛侯・鄭伯・許男・滑伯・滕子同盟于幽、

とあり、魯の参加は見られない。魯が斉と外交を再開するのは、

荘公十九年秋、公子結媵陳人之婦于鄄、遂及斉侯・宋公盟、

とある、陳―衛の婚姻にともない公子結が参加した斉・宋との盟に至ってであった。こうしたなか、荘公十五年の鄄の会につづき、

荘公十五年夏、夫人姜氏如斉、

とあり、再び夫人姜氏の斉訪問を記録している。荘公十三年以来、魯の対外行動が見られないなか、この文姜の活動は注意すべきである。斉の覇業の成立を前後し、何らかの理由で魯の対外交渉が途絶えた時期、文姜は魯国を代表して独自に斉を訪問した。したがって、魯荘公は斉襄公期の友好的状況にくらべ斉桓公との外交関係がいまだ不安定で、桓公主導の国際社会に同調的ではなかったと考えられる[32]。ただ、文姜の対斉外交はそれほど効果をもたらさなかったようである。以後も魯は斉と外交活動をともにしていない。しかも、文姜は公子結の盟への参加直後、

荘公十九年（秋）、夫人姜氏如莒、

とあり、莒を訪問している。杜注では「非父母国而往、書姦」と、一貫して文姜の不倫を指摘するが、年齢からは微妙であろう(33)。文姜の行動は、『春秋』が直前に伝える公子結・斉侯・宋公の盟に一連する国際関係のなかで評価すべきである。それは、文姜の莒訪問につづけて秋の盟の参加国が、

冬、斉人・宋人・陳人伐我西鄙、

と、魯への攻伐に転じているからである。荘公十九年での魯の置かれた環境からすれば、公子結と斉・宋の盟に文姜が批判的な立場で対莒外交を行った結果が、同年冬の連合軍の魯攻伐につながったものと考えられよう。ただこのなか、翌年にも、

荘公二十年春王二月、夫人姜氏如莒、

とあり、文姜は莒接近を試みていた。これに対して、荘公二十一年の文姜の死後、『春秋』には、

荘公二十二年秋七月丙申、及斉高傒盟于防、

荘公二十二年冬、公如斉納幣、

荘公二十三年夏、公如斉観社、

荘公二十三年（夏）、公及斉侯遇于穀、

荘公二十三年十有二月甲寅、公会斉侯盟于扈、

とあり、魯・斉は頻繁な外交を展開している。文姜の死が荘公の外交に変化をもたらしたと考えられる。したがって、文姜の対莒外交には、荘公とは意向を異にする独自の思惑があったと見るべきであろう。では、なぜ文姜は出身国ではなく、莒への接近を試みたのであろうか。

荘公年間では魯・莒関係が良好だったが[34]、隠公年間から山東で国力を維持する莒の存在は魯にとって無視できなかった[35]。桓公十二年には魯が紀を介して莒と3国同盟を成立させるが、斉桓公の登場により魯・莒同盟は対斉関係を配慮せざるを得なくなり、鄄の会・幽の同盟には両国が参加する。文姜の対莒外交は、魯（荘公）・斉（桓公）の講和に反する行動だったのは明らかであろう。文姜が斉を中心とした国際社会の構築にあって、魯・斉講和に対抗する立場を採ったことになる。文姜の行動には、魯荘公の展開する対斉外交を憂慮する立場に立つ、斉桓公封じ込めの意図があったと見るべきである。斉襄公の後を継いだ桓公は即位前の混乱期に莒へ逃れていたが、莒が潜在的に桓公即位後にも影響力を保持していたものと考えられる。文姜にとって間接的な桓公への圧力が、対莒外交であったわけで[36]、桓公とすれば文姜の行動は無視できなかったはずである。この点は文姜死後の魯・斉外交に端的に表われている。

以上、文姜の行動について魯・斉関係を中心に考察したが、それは従来から指摘される不倫問題とはいえず、あくまで夫人の立場に立った外交活動であった。文姜個人は紀問題を主眼に据え、魯・紀関係を尊重しながら、魯桓公の立場を補佐する対斉外交を展開し、魯・斉の対立を経て即位した斉桓公に最後まで対抗していた。では、このような魯公夫人の外交活動は特異なのであろうか。

『春秋』では魯公夫人の活動として哀姜・声姜・出姜（哀姜）の記録が確認できる。このうち哀姜は、閔公二年に「九月、夫人姜氏孫于邾」とあり、荘公夫人として斉から魯に嫁し（荘公二十四年）、密通相手の慶父（共仲）を国君に立てる画策が露呈すると、閔公殺害に関わり邾に逃れた。斉はこれを捕らえ夷で殺害して遺体を持ち帰ったが、次君の僖公がこれを貰い受け葬儀を挙行した[37]。哀姜の行動は外交というより、国君擁立への関与がもたらした結果であった。ただし、哀姜が魯公夫人として国君即位に関与した政治的行動は留意すべきである。

声姜の行動は問題を内在している。声姜は斉女として魯僖公に嫁し、次君の文公の母であったが、その入嫁について『春秋』には記録されていない。魯では閔公殺害後、僖公の即位をめぐり混乱が生じ、僖公元年には「九月、公敗邾師于偃」と見える。これは前述の哀姜が邾に逃れたことから、僖公の即位後にも魯・邾の対立が存在したことを示している。一方で斉では僖公の対邾軍事行動の直前に「八月、公会斉侯・宋公・鄭伯・曹伯・邾人于檉」と、魯・邾を含む檉の会を主催するが、斉にとって魯・邾の対立は憂慮すべき事態で、しかも僖公が斉女ではなく成風の生んだ子であった[38]。斉にとって魯への影響力を堅持する上で、斉女による通婚が常套手段であり、声姜の入嫁は早い時期になされたものと見られる。

声姜の行動は、

僖公十一年夏、公及夫人姜氏会斉侯於陽穀、

僖公十七年秋、夫人姜氏会斉侯于卞、

とある。陽穀の会の背景は不明だが、卞の会について『左伝』には「秋、声姜以公故」と、僖公のためになされたと伝える。『春秋』僖公十七年「夏、滅項」に関して『左伝』では「斉人以為討、而止公」とあり、声姜の目的は対項政策にあって、咎められ抑留させた僖公の帰国を斉桓公に求めるものであったという。それは、出身国の斉桓公に働きかけた、切迫する状況の打開を目指した夫人の外交である。したがって、陽穀の会も卞の会と同様、魯・斉外交のなかの声姜の活動であったことは間違いないであろう。

僖公は即位一年目に檉の会に出席したが、邾への軍事行動が対斉関係を悪化させたものと考えられる。斉桓公が主催した貫の盟（僖公二年）、陽穀の会（僖公三年）に魯は出席していない。斉はこの事態を懸念し使者を魯へ派遣、盟の温め直しを求め（『左伝』僖公三年）、『春秋』僖公三年に「冬、公子友如斉涖盟」と、二国間の盟を結んでいる。ここで留意すべきは魯の対斉外交に公子友があたっている点である。公子友は僖公の対邾軍事行動の直後、莒を攻撃す

るが、国内における権力は絶大であった。荘公年間には陳と個人的な関係を持ち（『春秋』荘公二十五・二十七年）、荘公死後の公位継承では公子慶父・哀姜らの啓方（開方）＝閔公派に対し、子般派としてその擁立を企てたが失敗し陳に逃れた（『左伝』荘公三十二年）。しかし、間もなく閔公の働きかけと斉の了解を得て帰国し（『左伝』閔公元年）、ふたたび閔公後の僖公擁立に加わり、政権内の立場を確立する（『左伝』閔公二年）。こうした公子友の立場は、桓公の公子・公孫たちによる僖公政治の補佐時代の出現と関連するものと考えられる。(39) 僖公が楚攻伐（僖公四年）、首止の会・盟（僖公五年）、鄭攻伐（僖公六年）に参加し、この間に公子玆も陳攻伐（僖公四年）、対牟外交（僖公五年）を行うが、一方で公子友の国際的な活動は見出せない。その後、『春秋』には、

僖公七年（秋）、公子友如斉、
僖公十年春王正月、公如斉、
僖公十三年冬、公子友如斉、
僖公十五年春王正月、公如斉、

とあり、前述の夫人姜氏の斉侯との会（僖公十一年）を挟んで、僖公・公子友の対斉外交が展開されている。しかも、僖公は甯母の盟（僖公七年）、洮の盟（僖公八年）、葵丘の会・盟（僖公九年）、鹹の会（僖公十三年）、牡丘の盟（僖公十五年）と、斉主催の会盟に頻繁に出席しているため、その一方で対斉二国間外交を行っていたことになり、公子友の対斉外交に対抗した行動であった観を呈している。なお、公子友が僖公十六年に死亡するが、僖公と公子友の対抗外交は、その死をもって終結した。この後、『春秋』では僖公の行動が目立ち、魯の世族の活動が見られず、公子友なきあと魯の政権は僖公が掌握したようである。(40) 僖公年間のはじめの僖公と公子友の対立は、互いに対斉関係を拠り所に国内基盤の強化を目指したことによると考えられる。声姜と斉侯の会はこうしたなか、僖公を何とか自立させるため、

斉女の立場から声姜が斉桓公に働きかけたものといえよう。声姜は僖公政権で重要な役割を担い、対斉外交を展開していたわけである。

出姜（哀姜）（以下、出姜）は『春秋』に、

文公四年夏、逆婦姜於斉、

とあり、斉から文公夫人として嫁した女であった。『左伝』には入嫁に卿が同行しなかった点を非礼とし、すでに良からぬ結末を予告している(41)。出姜の行動は『春秋』では、

文公九年（春）、夫人姜氏如斉、

文公十八年（冬）、夫人姜氏帰于斉、

とある。文公十八年については『左伝』によれば次のような背景が存在した。文公には正夫人の出姜と第二夫人の敬嬴があったが、前者とのあいだに悪・視、後者とは宣公となる俀が生まれていた。敬嬴は文公の寵愛が厚く、襄仲（公子遂）を通じてわが子俀の公位継承を企て、出姜の子の悪・視を殺させる。出姜の斉への帰国は公位をめぐる対立に敗れたためで、夫人としての外交とはいえない。一方、文公九年について『左伝』には説明を欠くためその背景は不明である。『春秋』では同年に「三月、夫人姜氏至自斉」とあり、出姜の帰国が見えるが、魯公夫人の里帰りからの帰国はこの部分のみである(42)。「至自」は『左伝』桓公二年に「告于廟、凡公行、告于宗廟、反行、飲至、舎爵、策勲焉、礼也」とあり、宗廟に報告する重要事項であった。したがって、出姜の「至自」は魯国の代表としての対斉外交と見るべきであろう。

出姜は斉昭公の女と考えられ(43)、昭公も魯姫（叔姫）を夫人として迎えており(44)、両国の通婚が認められる。斉昭公は僖公二十八年に即位したが、時あたかも対楚関係を共通課題とする晋文公の覇業期であり、両国による晋との協調路

線が進められていた。魯は文公の即位後、対晋外交を活発化させ、晋に対する依存度を増していたが、一方で斉が践土の盟・温の会（僖公二十八年）、翟泉の盟には参加するものの、垂隴の盟（文公二年）、対沈協同軍事行動（文公三年）、鄭救援（文公九年）には見出せない。文公四年の斉から魯への出姜の入嫁はこうした時点で成立した婚姻であった。斉の晋と距離を置いた外交政策は、魯の外交にも微妙な影響を与えたものと考えられる。文公七年の扈の盟に至って、『左伝』によると晋霊公の即位を機に開催され、斉は出席したが、魯文公の到着が遅れたため、『春秋』には名を書さなかったとする。しかし実情は、斉に接近する魯に対して晋が不信を懐き(45)、魯の斉に傾向した外交への批判であった。魯は文公即位後、対斉外交を公孫敖（文公元年）、公子遂（文公二年）を通じて推進し、夫人姜氏（出姜）（文公九年）の里帰りも魯の対斉関係と呼応していたといえよう。こうした状況には、文公三年の沈攻伐に『左伝』が「以其服於楚也」と伝える、江の滅国（文公四年）、鄭の救援（文公九年）など楚の脅威があり、魯にとって晋の対楚陣営に加わりながら、対斉関係に依存せざるを得ない二重外交が存在した。魯は国際社会の動向に配慮しながら、山東の地域外交＝近隣外交を尊重していたわけである。したがって、出姜は斉出身の夫人として魯の対斉外交の一翼を担い、魯・斉の関係で重要な立場に立っていた(46)。だからこそ出姜の子（悪・視）が公位を継承できなかったことは、出姜と斉にとって由々しき重大事であった。

以上、魯公夫人の対外活動から、それは単なる里帰りではなく、国際関係、特に魯・斉関係に起因する外交であった。不倫物語に代表される文姜への批判に反し、魯公夫人の行動には、当該時代の国際関係で重要な役割が見られた。魯公夫人の外交は魯国史を中心とした当該時代史にあって見過ごせない問題を内在する。

第三節　「媵」の意義

『春秋』では以下の「媵」が見える。

荘公十九年秋、公子結媵陳人之婦于鄄、遂及斉侯・宋公盟、

成公八年（冬）、衛人来媵、

成公九年（夏）、晋人来媵、

成公十年（五月）、斉人来媵、

『左伝』成公八年には「凡諸侯嫁女、同姓媵之、異姓則否」とあり、諸侯が公女を嫁がせるときは、同姓の諸侯が公女を「媵」として陪嫁させるという。『公羊伝』荘公十九年では「媵者何、諸侯娶一国、則二国往媵之」とあり、「媵」には二国があたるとしている。さらに、「以侄娣従、侄者何、兄之子也、娣者何、弟也、諸侯壹聘娶九女、諸侯不再娶」と、「媵」は「侄」・「娣」の別があり、「諸侯壹娶九女」の婚姻制度を説明する。何休注（隠公元年）には「礼、嫡夫人無子、立右媵、右媵無子、立左媵、左媵無子、立嫡侄娣、嫡侄娣無子、立右媵侄娣、右媵侄娣無子、立左媵侄娣」と、「媵」をめぐる制度をより詳しく説明している。こうした点を前提に加藤常賢氏は、婚姻が各国の政治的勢力の伸長および競争の道具として使われたとし、人類学的見解をもとに賠償婚姻を「媵」の起源とし、「媵」を前嫁女の賠償として続嫁する女の意と見る。さらに、春秋時代の媵には従嫁継室制度に妾制度が混在したものと考え、「媵」を「通常送り女と訓ぜられて居るもの」とし、異姓の媵は礼か、媵の姪娣や異姓の媵の存在など、多岐にわたり詳論している。[47] このように「媵」に関する見解は、婚姻に付随した形態として論じられてきたが、[48] いま、これ以上

ここではふれない。「媵」が諸侯の婚姻にあって第三国が陪嫁するという点に着目し、婚姻がもたらす外交関係を確認してみよう。

婚姻の成立に関しては、『礼記』昏義に「昏礼は二姓の友好を結んで、(男の家は)これにより宗廟の礼を全うし、子孫を絶やさぬようにと計るのである。──まず、納采・問名・納吉・結徴・請期を取り行うときは、常に主人(女の家の長)が廟に席を設けて待ち受け、使者を廟門の外に出迎えて拝し、互いに礼を交してから廟で使者の口上を聞く。こうするのは、昏礼を重んじ慎むことの現われである」と見える。(49) 正義は媒酌が調い、男から嫁に雁を贈り受納されること──「納采」、納采後に女の母の姓氏と名とを問い、男家でこの結婚の吉凶を占うこと──「問名」、占いの結果の吉を報告すること──「納吉」、納吉後に幣帛を贈って婚約すること──「納徴」、成婚の日取りを決めること──「請期」と解説する。婚姻には、「納采」→「問名」→「納吉」→「結徴」→「請期」の五儀礼がともなったと考えられる。(50) なお、『儀礼』士昏礼には「父親而焦子而命之迎」とあり、男子側が女家に至り女を迎える儀礼──「迎」が加えられている。

婚礼の一端は『春秋』でも確認することができる。

成公八年(春)、宋公使華元来聘、

夏、宋公使公孫寿来納幣、

成公九年二月、伯姫帰于宋、

とあり、宋・魯の婚姻に「来聘」─「納幣」─「帰」の経緯が見られる。また、

成公十四年秋、叔孫僑如如斉逆女、

とあり、「逆女」も見えるが、『左伝』では「称族、尊君命也」と、君命の尊重を伝える。魯が公女を迎えるための使

者の派遣は、婚姻儀礼の最後の段階に位置づけられる「迎」である。このほか『左伝』昭公元年には「鄭徐吾犯之妹美、公孫楚聘之矣、公孫黒又使強委禽焉」とあり、婚姻の申し込みに「聘」し、雁が贈られている。この「聘」→「委禽」は、婚姻儀礼の「納采」に関わる次第と考えられる。こうした点は晋・斉の婚姻を伝える『左伝』昭公二年に「宣子遂如斉納幣、……、夏四月、韓須如斉逆女、斉陳無宇送女、致少姜」とある、「納幣」―「逆女」の経過に集約されている。また、『左伝』隠公七年には「鄭公子忽在王所、故陳侯請妻之、鄭伯許之、乃成昏」とあり、鄭・陳の婚約が成立し、隠公八年に「四月甲辰、鄭公子忽如陳逆婦嬀」と、鄭から陳へ婦人の迎えが派遣された。さらに、『左伝』によれば「甲寅、入于鄭、陳鍼子送女、先配而後祖」とあり、婚姻成立の宗廟への報告が義務づけられていた。このような「成昏」→「逆」→「祖」の経緯は、『礼記』のいう昏礼が二姓を結ぶ宗廟の礼としての側面を伝えている。また、『左伝』昭公三年の斉・晋の婚姻には、斉から晏嬰が晋に派遣され申し込み、ついで晋では韓宣子が叔向を遣わす「逆」が見られる。『礼記』の昏礼での使者の口上の流れであろう。(51)『春秋』『左伝』には諸侯国の婚姻をめぐる儀礼的外交が確認できるが、「媵」もこうしたなかに位置づけられる。成公八・九・十年の「来媵」は同八・九年の「来聘」―「納幣」―「帰」に関連し、

成公八年春「来聘」―成公八年夏「納幣」―成公八年冬「衛人来媵」―成公九年二月「伯姫帰」―成公九年夏「晋人来媵」―成公十年五月「斉人来媵」

という経緯に組み込まれたものである。「媵」は確かに婚姻儀礼に関わるが、宋・魯の当事国以外に衛・晋・斉が関与する点から、婚姻を越えた外交上の効果が期待されていたことになる。例えば、荘公十九年の陳宣公と衛恵公の女の婚姻では、魯の公子結が「媵」の役割を担い、つづいて斉侯・宋公が盟している。陳・衛の婚姻を通じて魯・斉・宋が国際会議を行ったわけで、「媵」のもつ外交上の意義を示唆していよう。それでは、「媵」はどういった国際関係

のもとになされたのであろうか。個別に「媵」の背景の検討を試みてみよう。

荘公十九年の陳・衛の婚姻は、斉が覇者となった荘公十五年の鄄の会に両国が確認できることから、友好関係を前提にするものであった。また、「媵」に一連する会盟に見える斉・宋も鄄の会に同席しており、「媵」自体が友好的環境のもとに成立した点を示している。なお、鄭が和議に応じた荘公十六年の幽の同盟でも斉・宋・陳・衛の参加が見える。いずれにせよ、陳・衛の通婚には斉を中心に宋などを含む国際環境が存在していたわけである。ただし、「媵」に関与した魯が斉桓公の同盟に参加していない点は注意を要しよう。魯は斉と柯に盟し（荘公十三年）、講和していたが、対外活動が不活発で[52]、斉同盟に積極的に関与していたとはいい難い。こうしたなか陳・衛の通婚後、斉・宋・陳により魯攻伐がされ（荘公十九年）、「媵」を通じた婚姻への関与にもかかわらず困難な立場に立たされている。魯では荘公二十五年に陳の来聘があり、『左伝』には友好関係を結んだと伝え、「媵」関与の時点で陳との同盟関係は希薄であったようである。公子結の「媵」には、衛女の通婚を利用した陳を介する斉同盟参加の意向があったものと考えられる。したがって、「媵」は女性が充てられたとしても、関与国が出嫁国との友好関係をもとに、政治的意図をもってなされた外交活動であったといえよう。

衛・晋・斉の「来媵」は宋（共公）と魯（伯姫）の婚姻に一連するもので、三国の「媵」自体、特異である。魯は斉・楚の侵攻を回避するため晋と接近するが（『左伝』成公元年）、斉の攻伐を被り、衛も魯を救援しようとして斉軍と遭遇し敗績した。このなか、晋・魯・衛・曹の連合軍は斉と鞌に戦い斉軍を退ける。これに対して斉と同盟関係にあった楚が衛・魯へ侵攻したが、晋は楚と直接戦火を交えることを回避し、楚の盟を受け入れ蜀の盟を成立させる（以上、成公二年）。しかし、成公三年には魯・晋・宋・衛・曹の連合軍が楚側についた鄭を攻伐し、中原社会は晋を盟主にまとまっていたと考えられる。いずれにしても、魯・宋・衛・晋は同盟関係にあったわけである。一方、斉が晋へ朝し

（『左伝』成公二年）、通婚を成立させ（『左伝』成公五年）、対晋関係の改善を進めるが、魯は対晋対策として楚に講和を求めるなど（『左伝』成公四年）、いまだ不安定であった。ただ、成公五年に晋・魯・斉・宋・衛・鄭・曹・邾・杞の虫牢の同盟がなされ、宋が2回目の会合を拒否すると、成公六年には晋・衛・鄭らは宋を攻伐、魯も晋の命令を受け宋に侵攻した。これに対して楚が鄭を攻伐し、晋連合は援助に向かい、馬陵で魯・晋・斉・宋・衛・曹・莒・邾・杞が同盟する（以上、成公七年）。

宋・魯の婚姻と衛・晋・斉の「来媵」は、以上の経緯から同盟関係を前提になされたと考えられる。宋・魯両国は宋共公の即位にともない、宋の来聘（成公四年）、魯の返聘など（成公五年）二国間同盟を構築していた。虫牢の同盟での宋の会合拒否に、晋が魯に宋攻伐を命令したのも、魯・宋の同盟関係を逆手にとった措置であったかもしれない。こうしたなか、成公八年に宋の華元の来聘、公孫寿の幣納と婚儀がなされ、衛の「来媵」が出現する。衛は魯救援のため斉と戦い（成公二年）、対魯関係を保持し、来聘・盟を行い（成公三年）、成公六年に至り魯・晋らの宋攻伐に参加している。したがって、この度の宋共公と魯伯姫の婚姻では、衛は魯との友好関係にもとづき「媵」をなしたものと考えられる。

晋の「媵」については、魯を同盟国とする点が関わっていたと思われる。魯は成公元年に斉・楚連合に対抗して晋と盟し、その後、晋の来聘と盟（成公三年）、成公の晋への朝（成公四年）、晋・斉の婚姻での関与（成公五年）、宋侵攻にともなう晋へ使者の派遣（成公六年）など、晋との二国間同盟を構築していた。

斉の「媵」には、対晋関係の複雑な状況が存在していたようである。魯・斉は成公年間はじめに軍事的に対立したなか、虫牢の同盟（成公五年）で敵対状況が解消されたと考えられる。ただ、魯・斉の晋同盟での二国間関係が「媵」に直結したとはいえないであろう。魯・斉には長年の係争事項として「汶陽之田」の帰属問題があったが、成公二年の鞌の戦い後、晋が斉に魯へ「田」の返還を命じている。ところが、成公八年に至って晋は魯に「汶陽之田」を斉に返すよう言い渡した。晋のこうした理不尽な対応に諸侯国が離反の態度を示したため、晋は関係改善を求めて成公九年に蒲の同盟を行い、友好関係の再構築を目指す。そして、この直後、魯の伯姫が宋に嫁したが、晋の「媵」は「汶陽之田」に関する魯の不満と、諸侯国の批判をかわす狙いがあったと見るべきであろう。したがって、成公十年の斉の「媵」も「汶陽之田」の帰属をめぐる斉・魯の対立に、不利な立場に立たされた斉が、対魯外交の修復を目指した行為と考えられる。成公十一年には魯・晋の二国間外交がなされ、魯が斉へ使節を派遣し、鞌の戦い以前の友好関係を固めた。斉の「媵」が魯・斉二国間同盟の再構築に効果をもたらしたわけである。こうした点から、衛の「媵」も「汶陽之田」の帰属問題による批判のなか、蒲の同盟に先立つ魯・晋、魯・衛の外交関係を前提にした晋の政治的措置であった可能性が高い。

以上、宋・魯通婚による衛・晋・斉三国の「媵」では、「汶陽之田」の帰属問題に対する諸侯国の批判の回避を目論む晋の対魯措置としての政治的意図が含まれていた。「媵」は単なる婚姻儀礼に関連する行為ではなく、外交上の問題を内在していたことになろう。『春秋』に見える「媵」には、外交問題として重要な側面があったが、『左伝』の「媵」も同様な点が確認できる。

『春秋』僖公五年「冬、晋人執虞公」に関して、『左伝』では、

冬十二月丙子、朔、晋滅虢、虢公醜奔京師、師還、館于虞、遂襲虞、滅之、執虞公及大夫井伯、以媵秦穆姫、而修虞祀、且其職貢於王、

とある。晋は虢を滅ぼし引き揚げるとき、虞に駐留し急襲してこれを滅ぼし、晋献公が虞公と大夫井伯を逮捕、井伯を秦に嫁ぐ穆姫の「媵」とした。なお、『左伝』は『春秋』の書式を「故書曰、晋人執虞公、罪虞、且言易也」と説

明している。いずれにせよ、虞・虢が一体化した外交を進めていたため（『左伝』僖公五年）、晋の虢滅国は虞にとっても重大な問題であった。虞・晋関係は虞公をして「晋、吾宗也」（『左伝』僖公五年）と語られ、かつてともに下陽を滅ぼしていた（『春秋』僖公二年）。このように、虞からすれば晋との関係は安定的であった。虞滅国後、晋は虞の祭祀を廃絶せず、周王に対する職役・貢納を虞に代わって負担する。これは虞・晋の友好関係を示唆する措置といえる。したがって、虞滅国後の虞公と井伯の「媵」は、『左伝』が指摘するような「罪」ではなく、晋女の出嫁に虞側の積極的な関与を晋が承認したものと考えられる。だからこそ虞は滅国後も祭祀・貢納にあって晋の優遇を受けたわけである。あるいは虞は滅国後も国として存立を求めたことが「媵」につながったのかもしれない。

『左伝』襄公二十三年には晋が呉に公女を嫁がせるにあたり、斉侯（荘公）が析帰父を派遣して「媵」としたことが見える。呉の中原社会との通交は成公十五年の鍾離の会にはじまり、対楚対抗の晋主催の会に斉とともに出席している。その後、晋同盟の雞沢の会（成公三年）、戚の会（成公五年）、柤の会（成公十年）、向の会（襄公十四年）と、呉・晋・斉の三国は友好関係を維持した。斉が襄公十五年に魯へ攻撃を開始して（襄公十六・十七・十八年）晋同盟から離反し、連合軍の攻囲をまねく（襄公十八年）。襄公二十年の澶淵の盟に至り斉は晋同盟に復帰する。こうした斉の晋同盟での自立的外交は依然としてつづいたらしく、襄公二十一年の晋の内乱で欒盈が楚に出奔すると斉が不穏な動きを示し、翌年には欒盈が斉に逃れることから、斉では対晋対抗策を模索していたものと考えられる。このような状況のもと、呉・晋の婚姻が成立し斉は「媵」として関与したが、そのとき幌車に欒盈ら戦士を潜ませ、曲沃城内に送り込んだ。斉は晋の内乱に乗じて侵攻し、平陰の戦い（襄公十八年）への報復をはたして引き揚げている。斉・晋関係は悪化の一途を辿り、一方で斉が対楚接近を図った。いずれにせよ、呉・晋通婚での斉の「媵」は、対晋対抗策の一環として晋の内乱に乗じて欒盈を入国させる明確な意図をもった行為であった。婚姻での「媵」が友好的外交をこえ、政治工作に利用されているが、これは「媵」の特異な状況と考えられる。諸侯国間の婚姻に出嫁国との友好関係を前提とした第三国の「媵」が、混乱をもたらしたわけである。

以上の『春秋』『左伝』の伝える「媵」は、諸侯国間での婚姻に出嫁国側との友好関係を保持する第三国が、その出嫁に際して陪送することであった。しかも、「媵」を担う第三国は出嫁国側に対して積極的に働きかける立場にあり、外交関係の強化を求めた政治的工作を推進した。「媵」は婚姻儀礼の視点を越え、出嫁国との外交関係を強固にする、国際社会で要請された一種の政治手段であった。ただし、斉の対晋対抗策としての「媵」から窺えるように、それが国際政治で負の要因となり得たことは、「媵」の内在する政治性をより明らかに示している。しかし留意すべきは、「媵」が『春秋』『左伝』では如述した事例のみの点である。なかでも、魯の通婚を記す『春秋』で他国の「媵」が見出せないことは、「媵」自体の特殊性を示唆するのかもしれない。『春秋』『左伝』の伝える「媵」は、諸侯国間の婚姻で特別な事例として記録されたものと考えられる。周―紀（桓公八年）、斉―周（荘公十一年）の婚姻に『左伝』が「祭公来、遂逆王后于紀、礼也」（桓公八年）、「冬、斉侯来逆共姫」（荘公十一年）と解説する第三国としての魯の立場は、「媵」のような外交上の積極的な働きかけとは異なる。たとえ友好関係を前提としたとしても、通婚当事国の交通上の中継点としての側面を魯国は担っていたに過ぎない。いずれにせよ、第三国の婚姻関与としての「媵」の特殊性が導き出せるのである。

ところで、青銅器のなかには銘文から媵器として制作されたものが存在する。(53)

西周期の青銅器には、

伯百父作孟姫媵鎣、（九四二五）

（伯百父、孟姫媵鎣を作る）

尹叔作誑姞媵鼎、（二二八二）

（尹叔、誑姞媵鼎を作る）

季宮父作仲娣（曹）嬛姫媵枚、其万年子＝孫＝永宝用之、（四五七二）

（季宮父、仲娣（曹）嬛姫の媵枚を作る、其れ万年、子々孫々永く宝として之を用ひよ）

があり、銘文中に「媵」字が確認できる。また、

斉侯作朕（媵）子仲姜宝盂、其眉寿万年、永保其身、（一〇三一八）

（斉侯、子仲姜に朕（媵）する宝盂を作る、其れ眉寿万年、永く其の身を保んぜよ）

とあり、文献でいう陪送の義に「媵」字が使用されていると考えられる。(54) 一方で、

惟廿又六年十月初吉己卯、番匊生鋳賸（媵）壺、用賸（媵）厥元子孟改乖、（九七〇五）

（惟廿又六年十月初吉己卯、番匊生、賸（媵）壺を鋳し、用て厥れ元子孟改乖を賸（媵）す）

とあり、「媵」字で「鋳賸（媵）壺」と媵器であることが示され、陪送の意でも「用賸（媵）厥元子孟改乖」に「賸」の使用が認められる。「媵」が二つの意で同器に見えるものである。金文からは媵器の存在と陪送する意に「媵」が用いられていることが窺える。そこで、婚姻と媵器、媵と青銅器について考察を加えてみよう。

1　婚姻と青銅器

鄭文公の賤妾に燕から嫁した燕姞がいた。彼女は夢のなかで天の使者が蘭をくれ、「余為伯儵、余、而祖也、以是為而子、以蘭有国香、人服媚之如是」と、お告げをうけた。その後、蘭を身につけた燕姞は、文公の子の蘭を生む（『左伝』宣公三年）。燕姞は出嫁国の祖先の神霊により、文公の寵愛を得て子を生んだわけである。女にとって出嫁国

の祖先は、福をもたらす絶対的存在であった。こうした点は、斉で台頭する陳氏について、晏子が陳氏の遠祖を「箕伯・直柄・虞遂・伯戯、其相胡公・大姫已在斉矣」（『左伝』昭公三年）というように、胡公夫人の大姫が関わっていることからも窺える。陳氏に福をもたらす大姫には、その出嫁国の祖霊も関与していたと考えられる。

祖霊に関わる重要なものが青銅器であった。(55) 呉の太子諸樊は楚の内乱で郹に侵入し、楚夫人（太子建の母）とその宝器を奪っている（『左伝』昭公二十三年）。楚夫人は宝器、おそらく青銅器を携えていたと思われる。そもそも青銅器は祖先祭祀と密接な関係をもつが、女性による青銅器の所有がその銘文からもしられる。(56)

王作仲姜鼎　王作仲姜宝鼎、（二一九一）

（王、仲姜宝鼎を作る）

魯侯盉蓋　魯侯作姜享彝、（九四〇八）

（魯侯、姜享彝を作る）

ともに姫姓の周王・魯侯が姓を異にする姜姓の女性のために、それぞれ制作した青銅器である。(57) 恐らく夫が妻のために制作し、妻自身が所有したものであろう。夫人が夫の国で祖先祭祀のなかに取り込まれたと考えられる。㝬方鼎には、

敢対揚王俎姜休、用作宝𩰫隮鼎、其用夙夜享孝、于厥文祖乙公于文妣曰戊、（二七八九）

（敢て王俎姜の休に対揚して、用て宝鼎隮鼎を作る。其れ用て、厥れ文祖乙公と文母曰戊とに、夙夜享孝せよ）

とあり、「祖父乙公」「祖母曰戊」と、嫁した女も男性祖先と同様に祭祀対象とされている。また、陳侯午敦には、

惟十又四年、陳侯午以群者侯献金、作皇妣孝大妃祭器鎛敦、以蒸以嘗、保又斉邦、永世毋忘、（四六四六）

（惟れ十又四年、陳侯午、群諸侯の献金を以て、皇妣孝大妃の祭器鎛敦を作る。以て蒸し以て嘗し、斉邦を保有し、永世忘

むこと毋からむ）
とあり、「皇妣孝大妃」が祭祀対象となっており、他国から嫁した妃姓の女性祖先が尊重されていた。(58) こうした点は、夫人の立場で制作された庚嬴卣の銘文からも窺える。

王格于庚嬴宮、王蔑庚嬴暦、易貝十朋、又丹一桁、庚嬴対揚王休、用作厥文姑宝尊彝、（五四二六）
（王、庚嬴の宮に格る、王、庚嬴の暦を蔑し、貝十朋を賜ひ、丹一桁を宥せらる、庚嬴、王の休に対揚して、用て厥れ文姑の宝尊彝を作る）

周王のもと、夫人庚嬴は嫁ぎ先の亡母「文姑」の祭器を作っている。嫁いだ女が夫の国で祭祀上、重要な位置を占めていたことになろう。(59)

一方で、夫人は完全に夫国の祭祀に埋没する存在ではなかったようである。それは夫人自身による自作器が見出せるからである。(60)

樊夫人龍嬴用其吉金自作行壺、（九六三七）
（樊夫人龍嬴、其の吉金を用ひ、自ら行壺を作る）

とあり、樊夫人が自ら制作した青銅器で、祖先祭祀のなかで夫人独自の役割が窺われる。(61) これに対して、蔡姞簋には、

蔡姞作皇兄尹叔障𩰫彝、尹叔用妥多福于皇考徳尹恵姫、用祈介眉寿、綽綰永令、弥厥生灵終、其万年無彊、子々孫々、永宝用享、（四一九八）
（蔡姞、皇兄尹叔障𩰫彝を作る。尹叔用て多福を皇考徳尹恵姫に妥んじ、用て眉寿を祈介す。綽綰永令にし、弥厥の生を彌るまで灵終ならむ。其れ万年無疆ならむことを。子々孫々、永く宝として用て享せよ）

とあり、姞姓の尹氏の女で蔡国に嫁した「蔡姞」が、出嫁国の兄「皇兄尹叔」のために青銅器を制作し、ふたりの亡

き父母である「皇考徳尹」「恵姫」の祭祀に用いることを記している。[62]これは、嫁いだ女が出嫁国との関係を依然として保持し、婚姻当事国の祖先祭祀に関与しながら、国と国を結ぶ独自な役割を期待されていた点を示すものであろう。

青銅器には婚姻に直接言及するものがある。

曾侯簠　叔姫霝乍黄邦、曾侯作叔姫邛嬭媵器䵼彝、其子＝孫＝其永用之、（四五九八）

（叔姫霝、黄邦に迮ぐ、曾侯、叔姫邛嬭の媵器䵼彝を作る、其れ子々孫々、其れ永く之を用ひよ）

鄧公簋蓋　惟鄧九月初吉、薄故屯夫人如乍鄧公、用為屯夫人隮設簋、（四〇五五）

（惟れ鄧の九月初吉、薄故の屯夫人、如めて鄧公に迮ぐ。用て屯夫人の隮設簋を為る）

これらの「乍」は「迮省、嫁也、適也」と指摘され、[63]叔姫が黄邦に嫁した、薄故の屯夫人が鄧公に嫁した、というように婚姻を示す語と考えられる。また、

䢼公典盤　䢼子姜首及䢼、公典為其盥盤、（新一〇〇九）[64]

（䢼子姜、首めて䢼に及ぐ。公典、其の盥盤を為る）

とあり、「及」も婚姻を示し、[65]姜姓の女が䢼公に嫁いだことを表わしている。いずれにせよ、女性名を記した婚姻を記録する青銅器の存在は、婚姻が祖先とのつながりにあって尊重され、しかも婚姻当事国の二国間外交を示すものである。

2　媵と青銅器

曾侯簠に記されている「媵」は、当該時代の婚姻を考える上で留意すべきである。「媵」については、ふたたび例を挙げれば、

斉侯盂　斉侯作媵子仲姜宝盂、（一〇三一八）(66)

（斉侯、子仲姜に媵する宝盂を作る）

慶叔匜　慶叔作媵子孟姜盥匜、（一〇二八〇）

（慶叔、子孟姜に媵する盥匜を作る）

など、「子仲姜」「子孟姜」にそれぞれ「媵」する動詞として用いられ、送る対象が窺える。曾侯簠では姫姓の曾が自国の出嫁する叔姫と、嬭姓の邛国の邛嬭という二女のために「媵器」を制作していることから、「媵」による第三国の婚姻への関与が裏付けられる。(67)

出嫁国が出嫁女と第三国の「媵」の二女のために媵器を制作することは、当該社会の婚姻と外交をとらえる上で重要である。(68)二女のための媵器として許子汝簠蓋、上鄀公簠が確認できる。

許子汝簠蓋　許子汝択其吉金、用鋳其簠、用媵孟姜秦嬴、（四六一六）

（許子汝、其の吉金を択びて、用て其の簠を鋳り、用て孟姜秦嬴に媵る）

上鄀公簠　上鄀公択其吉金、鋳叔嬭番妃媵簠、（新五三六）

（上鄀公、其の吉金を択びて、叔嬭番妃の媵簠を鋳る）

許子汝簠蓋は、姜姓の許が自国の女の「孟姜」と他国の女の「秦嬴」に「媵」することを前提とした青銅器である。上鄀公簠は、嬭姓の上鄀が自国の女の「叔嬭」と他国の女の「番妃」に「媵」することを前提にしている。そもそも媵器は、

䚾叔䚾姫簋　䚾叔䚾姫作伯媿媵簋、（四〇六二）

（䚾叔䚾姫、伯媿の媵簋を作る）

魯大司徒子仲白匜　魯大司徒子仲白作其庶女厲孟姫媵匜、（一〇二七七）
（魯の大司徒子仲白、其の庶女厲孟姫の媵匜を作る）

長子沫臣簠　長子沫臣択其吉金、作其子孟頙之母媵簠、（四六二五）
（長子沫臣、其吉金を択びて、其の子孟頙之母の媵簠を作る）

鰑姫簋蓋　鰑姫作旛仔媵簋、（三九四五）
（鰑姫、旛仔の媵簋を作る）

蘇冶妊鼎　蘇冶妊作虢改魚母媵、（二五二六）
（蘇冶妊、虢改魚母の媵を作る）

など、その制作の主体が様々である。𩏂叔𩏂姫簋では夫婦連名で女の「伯媿」に対して制作したことを記すが、魯大司徒子仲白匜は「其庶女厲孟姫」、長子沫臣簠は「其子孟頙之母」と、それぞれ父の立場で制作したものであろう。一方で鰑姫簋蓋と蘇冶妊鼎は「作」の前後で姓が異なることから、母が女にあてた青銅器ということになる。(69) したがって、媵器からは、婚姻の成立にともない、自国の出嫁女に媵器として青銅器を制作すること自体に意味があったものと考えられる。さらに、魯伯に関わる青銅器には、

魯伯愈父匜　魯伯愈父作邾姫年媵盨匜、（一〇二四四）
（魯の伯愈父、邾姫年の媵盨匜を作る）

魯伯俞父簠　魯伯俞父作姫年簠、（四五六六）
（魯の伯俞父、姫年の簠を作る）

とあり、姫姓の「魯伯愈」と「魯伯俞」が同一人物で、さらに魯伯俞父簠の「姫年」が魯伯愈父匜の「邾姫年」の略

記であるならば、魯伯兪父簠は「媵」字を省略した婚姻に関わる青銅器ということになる。[70]ということは、媵器に限定されず、その「媵」字の有無に関係なく婚姻での青銅器の制作そのものが重要であったといえよう。また、

黄季鼎　黄季作季嬴宝鼎、（二五六五）[71]

（黄季、季嬴の宝鼎を作る）

黄子鐳　黄子作黄夫人孟姫行器、（九九六六）

（黄子、黄夫人孟姫の行器を作る）

を比較すると、黄子逘は嬴姓の黄子が夫の立場で姫姓から嫁いだ夫人の「孟姫」に対して制作した青銅器であるが、黄季鼎は黄季がその女の「季嬴」のために制作した「媵」字のない媵器と考えられる。したがって、

番匊生壺　番匊生鋳媵壺、用媵厥元子孟妃㚤、（九七〇五）

（番匊生、媵壺を鋳る。用て厥の元子孟妃㚤に媵る）

などに象徴されるように、番匊生が「媵壺」を「鋳」し、その子の「孟妃㚤」に「媵」するという、父が女の出嫁に青銅器を制作し、持参させた器自体が媵器であったと、あらためて規定できる。出嫁時に青銅器を制作し、女に持参させることは、婚姻当事国にとって祖先祭祀と婚姻を結びつける重要な行為であったのである。

では、婚姻には具体的にどのような効果が求められていたのであろうか。

蔡侯盤　元年正月初吉辛亥、蔡侯申虔共（恭）大命、……用作大孟姫媵彝盤、……、敬配呉王、……、（一〇一七一）

（元年正月初吉辛亥、蔡侯申、大命を虔恭し、……用て大孟姫の媵彝盤を作る。……、敬しみて呉王に配す。……）

とあり、蔡・呉の婚姻に蔡侯が出嫁する「大孟姫」のために媵器を制作し、彼女が嫁として呉王やその祖先に仕えることを示している。[72]蔡は当該期の国際情勢から、婚姻を通じて呉と同盟することで対楚抗争を優位に展開させたいと

いう思惑があったと思われる[73]。婚姻では出嫁国は女に媵器を持参させ、祭祀を通じて出嫁国と嫁ぎ先の祖先の一体化を図り、婚姻当事国同士の同盟関係の成立・強化を目指したといえよう。とすれば、二女のための媵器は、婚姻当事国の枠をこえ、第三国が「媵」を送り婚姻に関与することを、媵器制作国として期待した表われと考えられる。ただし、こうしたことは二女のための媵器に限定された事情ではなかったようである。

鋳公簠　鋳公作孟妊東母媵簠、（四五七四）
（鋳公、孟妊東母の媵簠を作る）

鋳侯求鐘　鋳侯作季姜媵鐘、（四七）
（鋳侯、季姜の媵鐘を作る）

この鋳は妊姓の国と考えられ[74]、鋳公簠が自国の出嫁女のための媵器で、鋳侯求鐘が姜姓の「季姜」のための媵器であり、婚姻に関係して第三国のために媵器が制作されたことを示している。婚姻当事国は第三国との同盟関係を期待した上で媵器を制作したのであろう。魯伯大父制作の媵器では、

魯伯大父作孟姜簋　魯伯大父作孟姜媵簋、（三九八八）
（魯の伯大父、孟姜の媵簋を作る）

魯伯大父作中姫兪簋　魯伯大父作中姫兪媵簋、（三九八九）
（魯の伯大父、中姫兪の媵簋を作る）

魯伯大父作季姫嬉簋　魯伯大父作季姫嬉媵簋、（三九七四）
（魯の伯大父、季姫嬉の媵簋を作る）

と、「作」以下が「孟姜」「中姫兪」「季姫嬉」であり、「孟姜」のみ姓を異にすることから、第三国のための媵器の制

作が考えられる。[75]さらに、陳侯制作の媵器では、

陳侯壺　陳侯作嬀蘇媵壺、（九六三三）

（陳侯、嬀蘇の媵壺を作る）

陳侯簠　陳侯作孟姜𡢁媵簠、（四六〇六）

（陳侯、孟姜𡢁の媵簠を作る）

とあり、陳は嬀姓と考えられ、「孟姜𡢁」はやはり第三国の媵である。[76]

婚姻は当該時代では婚姻当事国同士に加えて、「媵」として第三国を組み入れた新たな同盟関係の構築といった外交政策の側面が強い。[77]しかも、青銅器銘文から「媵」を出す第三国が存在することは、婚姻が当事国の二国間外交に限定されず、出嫁国にとって異姓の第三国を内包した姓集団をこえた同盟関係の構築を窺わせる。[78]外交としての婚姻は、二国間、覇者同盟の多国間と異なる効果が当該社会のなかで期待されていたわけである。

おわりに

『春秋』の婚姻記事により魯の公女は近隣小国へ出嫁し、入嫁では恒常的に斉と通婚関係を保持していた。魯公夫人が実際に外交活動の一役を担い、ことに文姜は魯のため対斉関係の構築を目指した。また、婚姻に関して見られる第三国の「媵」は、出嫁国との友好関係を前提とした外交強化を求めた政治的工作であった。

婚姻の成立は女と出嫁国との新たな関係の構築を意味し、出嫁国が媵器としての青銅器の制作と、女にそれを持参させることで、女と出嫁国の祖先を永遠に結びつけた。後世の詛楚文に当該期の同盟関係を「絆以婚姻」と規定する

のは、的確な時代認識といえる。[79] 第三国の「媵」を示す媵器の存在は、出嫁国が婚姻当事国のみならず、出媵国を内包した姓集団をこえた新たな同盟関係を目指したことを示す。ただし、『春秋』『左伝』から「媵」を出す国は、第三国として出嫁国に積極的に働きかける立場にあった。第三国は出嫁国との関係にあって、様々な状況が想定できるのかもしれない。いずれにしても、婚姻の成立は「先配而後祖」（隠公八年）と宗廟祭祀に関わり、嫁ぐ女への青銅器にあって、女性名で永遠の使用を求めた「琱娟其万年、子々孫々永宝用」（一〇一六四）に象徴される、当事国間の外交関係の樹立であった。

婚姻を通じた国際関係の構築は、媵器をめぐる姓集団の問題とともに、二国間外交や覇者による多国間外交とは異なる効果を当該社会で期待されていたと考えられる。

註

（1）加藤常賢『支那古代家族制度研究』（岩波書店、一九四〇年）、諸橋轍次「支那の家族制」（『諸橋轍次著作集』第四巻所収、大修館書店、一九七五年）、江頭廣『姓考――周代の家族制度』（風間書店、一九七〇年）、谷田孝之『中国古代家族制度論考』（東海大学出版会、一九八九年）、陳顧遠『中国婚姻史』（台湾商務印書館、一九三七年）、孫曉『中国婚姻小史』光明日報出版社、一九八八年）、陳筱芳『春秋婚姻礼俗与社会倫理』巴蜀書社、二〇〇〇年）参照。

（2）宇都木章「宗族制と邑制」（『古代史講座6』所収、学生社、一九六二年）、同「西周諸侯系図試論」（『中国古代史研究第三』所収、吉川弘文館、一九六五年、宇都木章著作集第一巻『中国古代の貴族社会と文化』所収、名著刊行会、二〇一一年）、齋藤道子「春秋楚国の王と世族――その系譜関係をめぐって――」（『日中文化研究』一〇、勉誠社、一九九六年）参照。

（3）鈴木隆一「同姓不婚について」（『支那学』一〇、一九四二年）、同「一生一及の相続法」（『東方学報』京都、第三三冊、一九六三年）参照。

（4）山田統「左伝所見の通婚関係を中心として見た宗周姓制度」（『漢学会雑誌』五―三、『山田統著作集四』所収、明治書院、一九八二年）参照。

（5）田上泰昭「春秋左氏伝における歴史叙述の特質――魯公十八夫人をめぐって――」（『日本中国学会報』二五、一九七三年）参照。

（6）小寺敦「婚姻記事の差異より見た春秋三伝――『春秋』経文に見える事例を中心として――」（『史料批判研究』一、一九九八年）、同「先秦時代の婚姻に関する一考察――戦国王権の正統性に関連して――」（『史学雑誌』一〇九―一、二〇〇〇年、同氏『先秦家族關係史料の新研究』所収、汲古書院、二〇〇八年）参照。なお、『春秋』については、竹内照夫『春秋』（東洋思想叢書、日本評論社、一九四三年）、野間文史「春秋経文について」（『広島大学文学部紀要』五〇、一九九一年、同氏『春秋学　公羊伝と穀梁伝』所収、研文出版、二〇〇一年）、顧頡剛講授、劉起釪筆記『春秋三伝及国語之綜合研究』（中華書局、一九八八年）、顧頡剛遺作・王煦華整理「春秋研究講義案語」（『中国古籍研究』第一巻、上海古籍出版社、一九九六年）、徐中舒『左伝選』後序（中華書局、一九六三年）等参照。

（7）こうした視点として、宇都木章「春秋にみえる魯の公女（一）」（『中国古代史研究第六』所収、研文出版、一九八九年、宇都木章著作集第二巻『春秋戦国時代の貴族と政治』所収、名著刊行会、二〇一二年）、齋藤道子「春秋時代の婚姻――その時代的特質を求めて――」（『東海大学文明研究所紀要』一二、一九九二年）等がある。

（8）『左伝』桓公三年「凡公女、嫁于敵国、姉妹、則上卿送之、以礼於先君、公子、則下卿送之、於大国、雖公子、亦上卿送之、於天子、則諸卿皆行、公不自送、於小国、則上大夫送之」

（9）『左伝』成公八年「凡諸侯嫁女、同姓媵之、異姓則否」

（10）『左伝』荘公二十七年「凡諸侯之女、帰寧曰来、出曰来帰、夫人帰寧曰如某、出曰帰于某」

（11）宇都木章氏は、魯公女の『春秋』での記事の特色の一つとして「公女が婚姻した国は魯の周辺の小国（紀・杞・鄫・郯）である」と指摘する（註（7）同氏、前掲論文）。

（12）註（7）宇都木章氏、前掲論文。なお、魯国の近隣諸国と外交関係については、本書第二部第三章第二節朝聘と外交、参照。

（13）楊伯峻『春秋左伝注』僖公十一年条（中華書局、一九八一年）参照。

（14）註（7）齋藤道子氏、前掲論文、註（6）小寺敦氏、前掲「先秦時代の婚姻に関する一考察――戦国王権の正統性に関連して――」参照。

（15）紀に関しては、本書第一部第七章紀国の遷徙、参照。

（16）『春秋』の「卒」―「葬」記事に魯の主観が見出せる点に関しては、本書第二部第四章第二節卒葬と外交、参照。

（17）鄭の婚姻は次のような状況が確認できる。なお、国君が関連する諸侯国間の婚姻に限定する。以下、同じ。鄭への入嫁…申（隠公元年）、鄧（桓公十一年）、宋（桓公十一年）、宋（僖公二十二年）、斉（僖公二十二年）、蘇（僖公三十三年）、南燕（宣公三年）、江（宣公三年）、陳（宣公三年）、宋（襄公十九年）、鄭の出嫁…斉（僖公十七年）、楚（僖公二十二年）、陳（昭公八年）

（18）晋の婚姻は次のような状況が確認できる。晋への入嫁…斉（桓公二年）、賈（荘公二十八年）、斉（荘公二十八年）、大戎（荘公二十八年）、小戎（荘公二十八年）、驪戎（荘公二十八年）、賈（僖公十五年）、粱（僖公十七年）、秦（僖公十七年）、斉（僖公二十三年）、秦（僖公二十三年）、廧咎如（僖公二十三年）、秦（僖公三十三年）、杜（文公六年）、偪（文公六年）、斉（成公五年）、杞（襄公二十三年）、斉（昭公二年）　晋の出嫁…秦（僖公五年）、潞（宣公十五年）、宋（成公九年）、杞（成公十八年）、呉（襄公二十三年）、楚（昭公五年）

（19）斉の婚姻は次のような状況が確認できる。斉への入嫁…周（荘公元年）、周（荘公十一年）、衛（閔公二年）、蔡（僖公三年）、徐（僖公十七年）、衛（僖公十七年）、鄭（僖公十七年）、葛（僖公十七年）、密（僖公十七年）、宋（僖公十七年）、周（僖公十七年）、蔡（僖公十七年）、蕭（宣公十七年）、宋（成公十六年）、魯（襄公十九年）、魯（襄公二十五年）、北燕（昭公七年）、魯（昭公二十七年）、胡（哀公六年）　斉の出嫁…衛（隠公三年）、晋（桓公二年）、魯（桓公三年）、衛（桓公十六年）、魯（荘公二十四年）、晋（荘公二十八年）、晋（荘公二十八年）、魯（閔公二年）、魯（僖公十一年）、鄭（僖公二十二年）、晋（僖公二十三年）、魯（文公四年）、邾（文公十四年）、魯（宣公元年）、周（宣公六年）、晋（成公四年）、魯（成公十四年）、周（襄公十二年）、呉（襄公二十三年）、莒（襄公三十一年）、周（昭公元年）、晋（昭公二年）、晋（昭公三年）、邾（哀公十年）

(20) 衛の婚姻は次のような状況が確認できる。衛への入嫁…斉（隠公三年）、陳（隠公三年）、夷（桓公十六年）、宋（定公十三年）　衛の出嫁…許（閔公二年）、宋（閔公二年）、斉（閔公二年）、斉（僖公十七年）、晋（襄公二十六年）、斉（桓公十六年）。

(21) 『左伝』桓公十八年「公謫之、以告、夏四月丙子、享公、使公子彭生乗公、公薨于車」

(22) 『公羊伝』桓公十八年「公何以不言及夫人、夫人外也、夫人外者何、内辞也、其実夫人外公也」、『穀梁伝』桓公十八年「濼之会、不言及夫人何也、以夫人之伉、弗称数也」

(23) 『史記』斉太公世家「初、襄公之酔殺魯桓公、通其夫人、殺誅数不当、淫於婦人、数欺大臣、群弟恐禍及、故次弟糾奔魯、其母魯女也、管仲・召忽傅之、次弟小白奔莒、鮑叔傅之、小白母、衛女也」

(24) 『詩集伝』斉風南山篇「言南山有狐、以比襄公居高位而行邪行、且文姜既従此道帰乎魯矣、襄公何為而復思之乎」

(25) 田上泰昭氏は、文姜について「この動乱の時代を生き抜くための窮餘の策として打ち出されてきた、「国・家」を守らねばならぬ大小強弱それぞれの、外交的手段の一つであったと解すべきものか、にわかに断じ難いものがある」と考える（註（5）同氏、前掲論文）。

(26) 以下、紀国の動向については、本書第一部第七章第二節紀国と周王室、第三節紀国と斉国、参照。

(27) 宇都木章「魯の三桓氏の成立について（一）」（『中国古代史研究第四』所収、雄山閣、一九七六年、註（7）前掲書所収）参照。

(28) 『春秋左伝注』荘公二年条参照。

(29) 徐傑令『春秋邦交研究』（中国社会科学出版社、二〇〇四年）参照。

(30) 『春秋』荘公三年「春王正月、溺会斉師伐衛」、荘公四年「冬、公及斉人狩于禚」

(31) 荘公五年孔疏「於時斉無征伐之事、不知師在何処、蓋斉侯疆理紀地、有師在紀、杜云書姦、姦発夫人、当向紀地従之、不言会者、往其軍内、就斉侯耳、不行会礼」

(32) 註（29）徐傑令氏、前掲書参照。

(33) 『春秋左伝注』荘公十九年条参照。

（34）宇都木章「春秋時代の莒国墓とその鐘銘——莒魯交争始末」（『佐久間重明教授退休記念中国史・陶磁史論集』所収、燎原書店、一九七二年、註（2）前掲書所収）参照。
（35）本書第二部第八章第一節杞国と莒国、参照。
（36）『春秋』荘公十年「冬十月、斉師滅譚、譚子奔莒」とあるが、斉による譚滅国にともない譚子が莒に逃れたことは、莒が斉への対抗力を保持していた点を示していよう。
（37）『左伝』閔公二年「閔公、哀姜之娣叔姜之子也、故斉人立之、共仲通於哀姜、哀姜欲立之、閔公之死也、哀姜与知之、故孫于邾、斉人取而殺之于夷、以其尸帰、僖公請而葬之」
（38）『左伝』僖公二十一年「任・宿・須句・顓臾、風姓也、……、邾人滅須句、須句子来奔、因成風也、成風為之言於公曰、崇明祀、保小寡、周礼也、蛮夷猾夏、周禍也、若封須句、是崇皥濟而修祀紓禍也」
（39）註（27）宇都木章氏、前掲論文参照。
（40）註（27）宇都木章氏、前掲論文参照。
（41）『左伝』文公四年「逆婦姜於斉、卿不行、非礼也、君子是以知出姜之不允於魯也」
（42）『春秋左伝正義』孔疏引、蘇氏「夫人帰寧書至、唯有此耳」
（43）『春秋左伝注』文公九年条参照。
（44）『左伝』文公十四年「子叔姫妃斉昭公、生舎」
（45）註（27）宇都木章氏、前掲論文参照。
（46）註（27）宇都木章氏、前掲論文参照。
（47）註（1）加藤常賢氏、前掲書参照。
（48）註（1）陳篠芳氏、前掲書参照。
（49）『礼記』第四十四昏義「昏礼者、将合二姓之好、上以事宗廟、而下以継後世也、故君子重之、是以昏礼納采、問名、納吉、納徴、請期、皆主人筵几於廟、而拝迎於門外、入揖讓而升、聴命於廟、所以敬慎重正昏礼也」、同正義「納采者、謂采択之礼、故昏礼云下達納采用鴈也、……、問名者、問其女之所生母之姓名、……、納吉者、謂男家既卜得吉与女氏也、……、納徴者、納聘財也、……、請期者、謂男家使人請女家以昏時之期」、中国古典文学大系3『論語　孟子　荀子　礼記（抄）』（平凡社、一九〇〇年）参照。

(50) 註（1）陳篠芳氏、前掲書参照。

(51) 註（1）陳篠芳氏、前掲書参照。

(52) 本書本章第二節婚姻と外交、参照。

(53) 以下の婚姻に関する青銅器銘文は、曹兆蘭『金文与殷周女性文化』（北京大学出版社、二〇〇四年）引用のものを多く参考にしている。

(54) 陳初生『金文常用字典』（陝西人民出版社、一九八七年）では、金文中には媵送の義で多く「朕」字を用いているとする。

(55) 伊藤道治『中国古代国家の支配構造――西周封建制度と金文』（中央公論社、一九八七年）、齋藤道子「春秋時代における統治権と宗廟」（『中国の歴史と民俗』所収、第一書房、一九九一年）、林巳奈夫「殷周時代の死者と祭祀」『東洋史研究』五五―三、一九九六年）。

(56) 女性と青銅器については、註（53）曹兆蘭氏、前掲書参照。以下の青銅器銘文については基本的に、中国社会科学院考古研究所編『殷周金文集成釋文』（香港中文大学出版社、二〇〇一年）、劉雨・盧岩編著『近出殷周金文集録』（中華書局、二〇〇二年）を参照し、同書の分類器号を記す。釈読に関しては、白川静『金文通釋』五六冊（『白鶴美術館館誌』一九六二―八四年、のち『白川静著作集』別巻、金文通釋、1～7、平凡社、二〇〇四―二〇〇五年）に基づくところが多い。

(57) 青銅器銘文の女性称謂については、曹定雲「周代金文中女子称謂類型研究」（『考古』一九九九―六）参照。なお、同様な事例として散伯車父鼎「散伯車父作郍姞隮鼎」（散伯車父、郍姞の隮鼎を作る）（二六九七）がある。

(58) 女性祖先の祭祀については、小寺敦「列国金文にみえる祖先祭祀と女性」（『中国出土資料研究』四、二〇〇〇年、註（6）同氏、前掲書所収）参照。

(59) 夫人と婚姻、祭祀については、豊田久「西周金文に見える「家」について――婦人の婚姻そして祖先神、領地や軍事など

――」（『論集中国古代の文字と文化』汲古書院、一九九九年）参照。同氏は「婦人関係の器が主に西周時代前半に出て来て、後半に少なくなる」点を指摘する。
(60) 河南省博物館等「河南信陽市平橋春秋墓発掘簡報」（『文物』一九八一―一）。
(61) 同様な事例として楚嬴匜「楚嬴鋳其匜」（楚嬴、其の匜を鋳る）（一〇二七三）がある。祭祀における夫人の役割は『儀礼』少牢饋礼・士婚礼に見える。
(62) 註（56）白川静氏、前掲書。
(63) 郭沫若『両周金文辞大系考釈（増訂本）』（文求堂、一九五八年）。
(64) 方輝「邿公典盤銘考釈」（『文物』一九九八―九）、任相宏「山東長清県仙人台周代墓地及相関問題初探」『考古』一九九八―九）、「邿中簠及邿国姓氏略考」『文物』二〇〇三―四）。
(65) 「及」の婚姻的用法については、註（53）曹兆蘭氏、前掲書参照。
(66) 張剣「斉侯鑑銘文的新発現」（『文物』一九七七―三）。
(67) 曾侯簠の「媵」については、李学勤『東周与秦代文明』（文物出版社、一九八四年）参照。
(68) 二女の「媵」の問題については、註（53）曹兆蘭氏、前掲書参照。
(69) 曹兆蘭氏は媵器の作器者について、1父母二人名義、2父名義、3母名義、4兄名義、5侄名義、6主嫁国名義、7来嫁国名義、8宗主国名義に分類する（註（53）前掲書参照）。
(70) 註（53）曹兆蘭氏、前掲書参照。
(71) 李学勤「光山黄国墓的幾個問題」（『考古与文物』一九八五―二）参照。
(72) 註（67）李学勤氏、前掲書。
(73) 蔡侯盤の時期は、馬承源主編『商周青銅器銘文選』（文物出版社、一九八六―一九九〇年）では春秋晩期とする。同様な婚姻の具体的効果については、晋公盆（一〇三四二）から晋・楚、秦子姫簋から秦・魯の外交関係が窺える。董珊「秦子姫簋蓋初探」（『故宮博物院院刊』二〇〇五―六）参照。

（74）陳槃『春秋大事表列国爵姓存滅表譔異（増訂本）』（中央研究院歴史言語研究所専刊五二、一九六九年）。
（75）註（53）曹兆蘭氏、前掲書参照。
（76）註（73）『商周青銅器銘文選』
（77）散車父甲壺「散車父作皇母□姜宝壺、用逆姞氏」（散車父、皇母□姜の宝壺を作る、用て姞氏を逆ふ）（九六九七）は、夫人を受け入れる側の立場での青銅器制作と考えられる。曹瑋「散伯車父器与西周婚姻制度」（『文物』二〇〇〇―三）。
（78）註（73）董珊氏、前掲論文は、秦子姫簋に見える「秦子姫」について、秦の憲公と周女の婚姻における魯からの「媵」とし、同姓媵の存在を指摘する。異姓媵のみならず、同姓媵や婚姻での入嫁国側の視点も国際関係を考える上で不可欠である。すべて後日の課題としたい。なお、註（58）小寺敦氏、前掲論文では、「姓」の政治的・擬制的な要素の利用が当該時代から存在する点を指摘する。
（79）王子超「由両周媵器路論及《宋孟姫匜》」（『先秦史論集』所収、中州古籍出版社、一九八九年）

第六章　国君即位と国際社会

はじめに

本章では『春秋』に見える魯国君の即位について、その経緯を再確認し、さらに他国の国君即位の状況を分析する[1]。国君即位の経緯を追いながら、『春秋』『左伝』の国君即位に関わる問題から外交と国際社会の一側面に考察を加える[2]。こうした国君即位をめぐる視座は、当該時代の諸侯国の権力構造のみならず、国際社会における諸侯外交を理解する上での基礎的なものといえよう。

第一節　『春秋』の魯国君即位

『春秋』に見える魯国君の即位について、前君の死亡（「薨」）、葬儀（「葬」）記事などとの関係で示せば以下のとおりである。

1　隠公元年春王正月、
2　隠公十一年冬十有一月壬辰、公薨、
3　桓公元年春王正月、公即位、
4　桓公十八年夏四月丙子、公薨于斉、
5　桓公十八年（夏四月）丁酉、公之喪至自斉、
6　桓公十八年冬十有二月己丑、葬我君桓公、

7 荘公元年春王正月、
8 荘公三十二年八月癸亥、公薨于路寝、
9 荘公三十二年冬十月己未、子般卒、
10 閔公元年春王正月、
11 閔公元年夏六月辛酉、葬我君荘公、
12 閔公二年秋八月辛丑、公薨、
13 僖公元年春王正月、
14 僖公三十三年（十有二月）乙巳、公薨于小寝、
15 文公元年春王正月、公即位、
16 文公元年夏四月丁巳、葬我君僖公、
17 文公十八年春王二月丁丑、公薨於台下、
18 文公十八年六月癸酉、葬我君文公、
19 文公十八年冬十月、子卒、
20 宣公元年春王正月、公即位、
21 宣公十八年冬十月壬戌、公薨于路寝、
22 成公元年春王正月、公即位、
23 成公元年二月辛酉、葬我君宣公、

24 成公十八年（八月）己丑、公薨于路寝、
25 成公十八年（十有二月）丁未、葬我君成公、
26 襄公元年春王正月、公即位、
27 襄公三十一年夏六月辛巳、公薨于楚宮、
28 襄公三十一年秋九月癸巳、子野卒、
29 襄公三十一年（冬十月）癸酉、葬我君襄公、
30 昭公元年春王正月、公即位、
31 昭公三十二年十有二月己未、公薨于乾侯、
32 定公元年春王、
33 定公元年夏六月癸亥、公之喪至自乾侯、
34 定公元年（夏六月）戊辰、公即位、
35 定公元年秋七月癸巳、葬我君昭公、
36 定公十五年（夏五月）壬申、公薨于高寝、
37 定公十五年（九月）丁巳、葬我君定公、雨、不克葬、
38 定公十五年（九月）戊午、日不昃、乃克葬、
39 哀公元年春王正月、公即位、

『春秋』は魯国君に基づく編年記であるが、その元年と末年にはそれぞれ国君の即位と死亡の記載を原則とする（3—4、15—17、20—21、22—24、26—27、30—31、34—36）。このなかでまず注意すべきことは、「公即位」の有無である。十二公のうち1隠公・7荘公・10閔公・13僖公には「公即位」が見えず、他の魯公では元年につづいて確認できる。

このうち例えば、1隠公の「即位」未記載については、『左伝』には「不書即位、摂也」と伝えている。これは『左伝』が先経の伝として示す、国君継承にあって庶子中の年長者の隠公が立って、幼少の桓公を奉戴したとする伝承に基づく解釈である。[3]なお、八魯公のなかでも他は「春王正月」につづいて「公即位」が記録されるが、定公に関しては34「(夏六月) 戊辰」の条に見える。定公の前君の昭公には『春秋』昭公二十五年に「九月己亥、公孫于斉」と、三桓氏台頭の政治状況にあって斉に避難し、そのまま斉で死亡した特別な事情があった。即位にはそれぞれ事情が存在したことを窺わせる。また、即位に呼応して、「薨」―「葬」が見出せるが、『春秋』での記録を即位途中で終える哀公には当然、「薨」「葬」が備わらず、「葬」は隠公・閔公に記載されていない。[4]このうち、隠公の「葬」未記載について、『左伝』隠公十一年では「不書葬、不成喪也」と伝えている。これは桓公即位に際して隠公が暗殺され、正式な葬儀が挙行できなかった点に答えを求めるものである。魯国君の死亡と葬儀では個々の事情が予測できよう。なお、後述する9荘公三十二年「子般卒」、19文公十八年「子卒」、28襄公三十一年「子野卒」の公子の死亡記事は、魯国君死亡に関連した特殊な状況が存在する。[5]

『春秋』での魯国君の「即位」「薨」「葬」の経緯は、大きく二つに分けることが可能であろう。一つは文公の即位に見られる、

A「薨」―「即位」―「葬」

の流れである。前君僖公の14死亡（十二月）をうけ、翌年すなわち15元年春王正月に文公が即位し、その16四月に僖公の葬儀を挙行した点を示している。同様の流れは、成公の即位（21―22―23）でも確認できる。なお、定公の即位が前述のとおり「春王正月」ではないが、即位自体の経緯はAの流れを辿っている（31―34―35）。さらに、『春秋』に即位が見えない閔公も、前年に9荘公三十二年「冬十月己未、子般卒」をはさむが、A型の変型「薨」―〇―「即

位」—「葬」と考えられよう。（8—9—10—11）。もう一つは、襄公の即位に見られる、

B「薨」—「葬」—「即位」

の流れである。前君成公の24死亡（八月）をうけ、同年の25十二月に葬儀が挙行され、翌年すなわち26元年春王正月に襄公が即位した点を示している。同様の流れは、哀公の即位でも確認できる（36—37—38—39）。なお、宣公の即位に関しては、19文公十八年「冬十月、子卒」をはさむが、基本的にはB型の即位の流れに位置づけられよう（17—18—19—20、「薨」—「葬」—○—「即位」）。昭公の即位も前年の襄公三十一年にあって、「薨」—「葬」のあいだに28「秋九月癸巳、子野卒」をはさむが、B型の即位の流れでの変型である（27—28—29—30、「薨」—○—「葬」—「即位」）。さらに、『春秋』で即位が見えない荘公は、前年の桓公十八年に「薨」—「葬」とあることから（4—6）、このB型の「薨」—「葬」—（「即位」）が本来、正式な記録であったと考えられる（4—6—7）。隠公・桓公・僖公については、詳細が不明であるが、これらもA・B型のどちらかであろう。いずれにしても、『春秋』に見える魯国君の即位の事情は様々であるが、概観上からA・Bの二つの経緯が認められる(6)。

こうしたなかで注意しなければならない点は、A・Bともほぼ元年の即位を共通事項として『春秋』が記録することである。前国君の死亡後も前君の年代を続け、年を越えて新君が即位する「踰年即位」の理念の存在であった。このような理解は『春秋』では魯国君のみならず、各諸侯国でも認められるとの議論を生んでいる。『春秋』僖公九年には、

春王三月丁丑、宋公御説卒、

夏、公会宰周公・斉侯・宋子・衛侯・鄭伯・許男・曹伯于葵丘、

とある。宋公御説（桓公）の卒後、同年夏の葵丘の会に通用の「宋公」ではなく「宋子」が記録されるが、『左伝』

では、

未葬而襄公会諸侯、故曰子、凡在喪、王曰小童、公侯曰子、

と解説している。宋桓公死亡後、位を継いだ襄公が、前君未葬の状況で諸侯の会合に出席したため、『春秋』には爵を称さず「宋子」と記すという。『左伝』は卒後の葬儀の有無と新君の外交活動に留意しているわけである。[7]なお、宋公御説の葬記事は『春秋』では記録されていない。[8]一方、『春秋』には、

成公二年八月壬午、宋公鮑卒、

（八月）庚寅、衛侯速卒、

成公三年春王正月、公会晋侯・宋公・衛侯・曹伯伐鄭、

（春正月）辛亥、葬衛穆公、

（二月乙亥）、葬宋文公、

とある。宋文公・衛穆公の卒後、未葬のまま新君の宋共公・衛定公が会協同行動に参加するが、それぞれ「宋公」「衛侯」と爵を称す。この点は明らかに『左伝』僖公九年の凡例と矛盾し、杜注では「宋・衛未葬、而称爵以接隣国、非礼也」と、宋・衛の前君未葬での外交を批難する。しかし、『左氏会箋』（成公三年条）には、

宋・衛雖未葬称爵者、以其踰年故也、一年不可分係両君、又不可曠年無君、故諸侯父死、明年正月即位改元称爵、礼也、

という説を引いている。前君の葬儀の有無ではなく、新君が年を踰えたかが、諸侯の爵を称す起点とし、当該時代の踰年即位・改元を主張するものである。[9]こうした理念は一見矛盾なく理解できるが、全く問題がないのであろうか。まず、『春秋』から魯国君の即位の事情を考察してみよう。

最初に注意しなければならないのは定公即位の経緯である。前君昭公は魯国を離れ、昭公三十二年の十二月に斉の乾侯で死亡した（「薨」）。翌、定公元年の六月「公之喪至自乾侯」を経て、定公の「公即位」が確認できる。この事情を杜注は、「諸侯薨、五日而殯、殯則嗣子即位、癸亥、昭公喪至、五日殯於宮、定公乃即位」と解説する。昭公の薨後、定公が即位するにあたって、「公之喪至自乾侯」とある葬儀での昭公の遺体が重要な意味を持っていたようである。斉からの遺体の到着後、定公の即位が『春秋』で記録されるのは、魯国では前君の「薨」をうけ遺体を前にいわゆる柩前即位によって、新君が前君に交代し即位したとの経緯を示している。新君即位の後、葬儀が挙行されたと見るべきであろう。(10)

文公十八年の文公の薨後における状況も、留意しなければならない点を含んでいる。文公は在位十八年目の二月に死亡（「薨」）し、六月に葬儀（「葬」）が挙行された。その後、『春秋』には「冬十月、子卒」と記録する。(11)『左伝』は次の事情を伝えている。

文公二妃、敬嬴生宣公、敬嬴嬖、而私事襄仲、宣公長、而属諸襄仲、襄仲欲立之、叔仲不可、仲見于斉侯而請之、斉侯新立、而欲親魯、許之、冬十月、仲殺悪及視、而立宣公、書曰、子卒、諱之也、

敬嬴の生んだ宣公の即位を推進する襄仲は、即位間もない斉恵公と利害が一致しその支援を取り付け、正夫人哀姜の生んだ公子悪と視を殺害、宣公を擁立した。(12)『春秋』は「子卒」としてこうした事情に触れることを避けたとする。この話の核心である公子悪の殺害と宣公の即位は、『春秋』では前君文公の「薨」「葬」を受ける形で、「薨」―「葬」―「子卒」（文公十八年）―「即位」（宣公元年）と記録されている。定公が遺体の送致を待って即位する点を考慮すれば、文公の薨後に公子悪はすでに新君として柩前即位していた可能性が高い。というのも、荘公三十二年八月に荘公が「薨」後、「冬十月己未、子般卒」とあり、『左伝』には「八月癸亥、公薨于路寝、子般即位、次于党氏」と、荘公

死亡後、子般が即位したと伝えるからである。[13]さらに、襄公三十一年の襄公「薨」後、『春秋』に「秋九月癸巳、子野卒」とあり、『左伝』では「立胡女敬帰之子子野、次于季氏、秋九月癸巳、卒、毀也」と説明する。子野はいったん即位したものと見做される。いずれにしても、こうして公子の即位から、文公「薨」後の公子悪の即位は十分に考えられよう。また、『春秋』には文公の「葬」と「子卒」のあいだに「秋、公子遂・叔孫得臣如斉」を載せている。『左伝』の伝える「仲見于斉侯而請之」は、この時点でなされたものと思われる。[14]したがって、文公の「薨」後、公子悪が即位し、葬儀を挙行するなか、宣公擁立を謀る襄仲には斉の支援が不可欠であったと考えられる。『左伝』が説明するように公子悪の殺害を避けたかは不明だが、即位後に殺害され在位年数を実質的に持たない公子悪について、『春秋』は正式な国君として「薨」―「葬」の記録を残さなかったと見るべきであろう。

以上の文公即位の経緯が新君即位の常態であるならば、『春秋』の「元年春王正月、公即位」は、新君が踰年して新年を待って即位したことを示さず、即位した新君のはじめて迎える「元年王正月」の記録であったといえよう。[15]

さて、こうした展望からあらためて『春秋』の魯国君の即位を見ると、「薨」―「葬」記事自体の意味を再確認する必要があろう。『春秋』は国際社会の動向を赴告によって記録したが、各国国君の死亡記事も「卒」―「葬」の形で残されている。「卒」―「葬」は、本書第二部第四章第二節で考察しているように、「卒」が国君死亡と国君交代、「葬」が会葬挙行と正式即位による君位継承の無事完了の伝達であった。しかも、卒葬記事自体は赴告国の伝達内容に関わらず、魯国の対象国に対する主観が強く働いていた。[16]とするならば、『春秋』の魯国関係記事は、やはり各国への赴告が前提として存在し、魯国君の「薨」―「葬」も理念的には他国の「卒」―「葬」と同様の概念をもつと考えられる。「薨」後の国君交代、新君即位は重要な伝達事項であって、各国卒葬の対応不備には事情が想定されることから、「薨」に対して「葬」が見出せない記事も魯国の何らかの状況を配慮すべきであろう。例えば、魯国君のな

かで「葬」のない隠公・閔公のうち、隠公は暗殺され、ついで桓公が即位したが、閔公に関して『左伝』には、

初、公傅奪卜齮田、公不禁、秋八月辛丑、共仲使卜齮賊公于武闈、成季以僖公適邾、共仲奔莒、乃入、立之、

と伝えている。閔公も暗殺され、僖公が成季により迎えられたが、ただ、僖公元年では「春王正月」のみで即位をいわず、『左伝』は「春、不称即位、公出故也、公出復入、不書、諱之也」と解説する。この「公出故也」を根拠とすることは、閔公二年「乃入、立之」からすれば、明らかに議論の先走りであろう。(17) いずれにせよ、隠公・閔公の両君の暗殺が、「葬」記事の未記載となったものと考えられる。しかし、前君殺害の事態が、すべて「葬」の未記載となったとは必ずしもいえないようである。文公十八年「冬十月、子卒」の公子悪の暗殺は前君文公の「葬」後であり、荘公三十二年「冬十月己未、子般卒」の子般の殺害後に荘公の「葬」を記録するからである。(18) したがって、魯国君の「葬」未記載は一定の準則をもつとはいえず、時々の状況により出現したのであろう。

新君即位後の外交活動では、『春秋』成公十八年に、

十有二月、仲孫蔑会晋侯・宋公・衛侯・邾子・斉崔杼同盟于虚朾、

とあり、これは同年の成公の「薨」—「葬」の中間に位置づけられる同盟記事である。同盟の構成員からすれば、成公の死亡後に即位した襄公が本来加わるべきであったかもしれない。前君未葬の状況で、十二月の葬儀の準備のため襄公の外交が制約を受けたとも考えられる。(19) ただし、閔公は元年六月に前君荘公の葬儀を挙行後、二ヵ月で「秋八月、公斉侯盟」と会盟を行い、僖公はその元年に即位を記録しないが、前君閔公の「薨」後十二ヵ月目の八月「公会斉侯・宋公・鄭伯・曹伯・邾人于檉」と会合参加が認められる。また、桓公は元年三月に「公会鄭伯于垂」とあり、「葬」が見えないが、前君隠公の「薨」後、四ヵ月で会合に参加している。魯君は前君の殺害や「葬」「即位」の有無には関係なく、外交活動を展開していたことになる。したがって、『春秋』の魯国君即位の状況からは、前君の「薨」記

事がきわめて重要な意味をもっていたものと考えられる。魯国君の「薨」記事の完備、一度即位が認められる公子らの「卒」記事を重視すれば、ともに国君の死亡と国君の交代の「薨」（「卒」）が、諸国への伝達事項であったといえよう。逆に『春秋』の「元年春王正月、公即位」は重要な赴告事項ではなかったと思われる。そもそも『春秋』では他国君の即位を記録しないが、それは新君即位の元年記事が国内にあって、儀礼に関係していたからであろう。[20]

以上、『春秋』に見える「元年春王正月、公即位」について、前君の「薨」「葬」の実態を中心に魯国君の即位の経緯から再確認した。定公の即位から窺えたように前君の「薨」後の時点で新君は柩前即位していた。新君即位の事情は様々であったが、元年即位には新君がはじめて迎える正月の意味があった。新君の動向から、『春秋』での「薨」記事の赴告事項としての重要性が認められる。それでは他国君の即位について『春秋』から考えてみよう。

第二節　『春秋』の他国君即位

『春秋』では魯国君以外の即位は、

隠公四年冬十有二月、衛人立晋、

と見える、衛宣公のみである。[21]これに関して同九月の「衛人殺州吁于濮」を受け、『左伝』では「衛人逆公子晋于邢、冬十二月宣公即位、書曰、衛人立晋、衆也」と説明する。州吁の乱後における宣公の入国・即位を「衆也」と、支持者の多い点を示す書法と解釈している。いずれにしても『春秋』では他国君の「即位」を記録せず、諸侯国の国君即位の実態は不明である。

『春秋』には新君即位直後の外交活動について、わずかばかり記録が見える。それは、『春秋』僖公九・成公二・三年条の「宋子」など、注釈家が指摘する踰年即位の根拠とされる記事等である。

桓公十二年（冬十有一月）丙戌、衛侯晋卒、

桓公十三年（春二月）己巳、及斉侯・宋公・衛侯・燕人戦、

三月、葬衛宣公、

これによれば、衛宣公が死亡後、未葬のまま翌年、恵公は軍事行動に参加するが、『春秋』では「衛侯」と記録され、三月に宣公の葬儀が見える。恵公は前君宣公の未葬に関わらず、踰年して「衛侯」と記録されたことになろう(22)。同様の事情は、「某子」と記録する次の『春秋』の事例からも認められる。

定公四年春王二月癸巳、陳侯呉卒、

三月、公会劉子・晋侯・宋公・蔡侯・衛侯・陳子・鄭伯・許男・曹伯・莒子・邾子・頓子・胡子・滕子・薛伯・杞伯・小邾子・斉国夏于召陵、侵楚、

六月、葬陳恵公、

陳恵公の死亡後、未葬のまま同年に懐公が会協同行動に参加し、『春秋』では通用の「陳侯」ではなく「陳子」と記録され、六月に恵公の葬儀が見える。懐公は前君恵公の未葬のなか踰年しないため、「陳子」と記録されたことになる。また、『春秋』に、

僖公二十五年夏四月癸酉、衛侯燬卒、

（秋）、葬衛文公、

冬十有二月癸亥、公会衛子・莒慶盟于洮、

とあり、これは葬挙行後、未踰年で衛の新君が会盟に参加した点が「衛子」と記録されたものであろう。

一方で、このような理解からは『春秋』の卒葬記事での葬の未記載にあって、卒と新君の即位の関係があらためて浮上する。『春秋』には、

成公四年三月壬申、鄭伯堅卒、

（夏）、葬鄭襄公、

（冬）、鄭伯伐許、

とあり、鄭襄公の死亡後、葬儀が挙行され、「鄭伯」として新君が見える。もし、『春秋』が踰年即位の理解を尊重するならば、許攻伐を展開した鄭の新君は、「鄭伯」ではなく「鄭子」と記録されたはずである。あるいは、新君の対外活動にあって、軍事と外交は異なるとする『春秋』の理解が暗示されているのであろうか。しかし、『春秋』では、

成公十八年（王正月）庚申、晋弑其君州蒲、

（夏）、晋侯使士匄来聘、

（冬）、晋侯使士魴来乞師、

十有二月、仲孫蔑会晋侯・宋公・衛侯・邾子・斉崔杼同盟于虚朾、

とあり、晋厲公の弑殺後、葬儀の挙行は不明だが、晋の来聘、会盟に新君の悼公が「晋侯」として記録されている。踰年即位の理念に基づく「某子」の呼称は認められないことになる。さらに、『春秋』には、

定公三年二月辛卯、邾子穿卒、

秋、葬邾荘公、

冬、仲孫何忌及邾子盟于抜、

とあり、邾荘公の死亡後、葬儀の挙行をうけ、新君が会盟に参加している。『春秋』では邾は子爵であり、「邾子」で

あることから、この「邾子」がはたして踰年即位の理念による「某子」であるかは明らかではない。もし踰年を尊重すれば、子爵の場合は違った書法で外交を記録したものと考えられる。したがって、『春秋』の外交活動での「某子」を、葬記事の有無とは別に、未踰年の新君とする理念には慎重を要することになろう。(24)
ところで、『春秋』には通用の爵を用いずに「某子」と記述する事例にあって、留意すべき問題がある。

僖公二十八年五月癸丑、公会晋侯・斉侯・宋公・蔡侯・鄭伯・衛子・莒子盟於践土、

とあり、ここでは通用の「衛侯」ではなく「衛子」が見える。この「衛子」に関して杜注は、「衛侯出奔、其弟叔武摂位受盟、非王命所加、従未成君之礼、故称子而序鄭伯之下」としている。同年の夏四月の条に「衛侯出奔楚」とあり、践土の盟の時点で衛成公は楚に亡命していたため、弟の叔武が代理で会盟に臨席したとする。「某子」は国君死亡にともなう新君の呼称ではなく、国君の代理であったと見るわけである。(25)確かに『春秋』の諸侯呼称で通用の爵を「某子」とするのは、「杞伯」→「杞子」以外、「卒」すなわち前君の死亡、国君の交代に一連して見出せるものである。(26)しかし、「某子」に国君の代理としての側面が認められる点は、国君死亡時の外交活動での「某子」が、国君の代理者であった可能性を示唆するものと考えられる。前君の「葬」記事が『春秋』に見えない僖公九年「宋子」や、三ヵ月後に「葬」が見出せる僖公二十九年「陳子」などは、葬儀と会盟の時期等が接近したため、会盟への代理派遣であった可能性が窺える。というのも、楚により県とされた陳では、復国にあって陳成公の入国を待って、宣公十二年「春、葬陳霊公」と見え、葬儀での国君の不可欠性が暗示されているからである。(27)さらに、『春秋』の「某子」は斉桓公の葵丘の会（僖公九年）、晋文公の践土の盟（僖公二十八年）と、ともに当該時代を代表する会盟で確認できるが、外交上の重要性が国君欠席にかわる代理者派遣となったのかもしれない。なお、僖公二十五年「衛子」は、前君文公の葬儀後であり、しかも洮の会盟では『左伝』に「衛人平莒于我、十二月、盟于洮、修衛文公之好、且及莒平也」と

伝えられ、国際社会を左右する会盟ではないが、衛・莒・魯三国にとって重要な会合であったようである。(28) いずれにしても、目前の国際情勢に対処するため、国君死亡のなか新君ではなく、代理者が外交を担ったものと考えられる。『春秋』の「某子」を具体的に特定することは困難である。ただし、『春秋』は魯国史で、魯国の主観が働いており、「某子」には一定の見解が内在されていた点は間違いない。(29) ただ、前提にもどり踰年即位に基づいて「某子」を新君、すなわち諸侯自身とは認められないであろう。それは、『春秋』で記される諸侯自体、実はあいまいさを残す部分があったからである。次の鄭における混乱ではこの点がよく示されている。『春秋』では、

桓公十五年五月、鄭伯突出奔蔡、

鄭世子忽復帰于鄭、

秋九月、鄭伯突入于櫟、

とあり、鄭厲公と世子忽の君位をめぐる対立が確認できる。これに対して『左伝』には「六月乙亥、昭公入」とあり、昭公（世子忽）が国君として即位したらしい。ここに国邑の昭公（世子忽）、鄙邑である櫟の厲公の並存状況が出現したことになる。さらに、同桓公十七年では、

初、鄭伯将以高梁彌為卿、昭公悪之、固諫、不聴、昭公立、惟其殺已也、辛卯、弑昭公、而立公子亹、

とあり、これによれば昭公は殺害され公子亹が新たに国君となった。また、同桓公十八年に、

秋、斉侯師于首止、子亹会之、高梁彌相、七月戊戌、斉人殺子亹、而轘高梁彌、祭仲逆鄭子于陳而立之、

とあり、子亹が斉に殺され、昭公の弟の子儀が陳から迎えられ国君となっている。その後、『春秋』では、

荘公四年夏、斉侯・陳侯・鄭伯遇于垂、

荘公十四年冬、単伯会斉侯・宋公・衛侯・鄭伯于鄄、

とあり、爵号をもって呼称される「鄭伯」の外交活動が見える。荘公四年の「鄭伯」は斉の擁立した子儀であった可能性が高いが、荘公十四年の「鄭伯」は子儀ではないと思われる。『左伝』荘公十四年には、

鄭厲公自櫟侵鄭、及大陵、獲傅瑕、傅瑕曰苟舎我、吾請納君、与之盟而赦之、六月甲子、傅瑕殺鄭子（子儀）及其二子、而納厲公、

とあり、六月の時点で鄙邑の櫟に逃れていた厲公が再び国邑に入り、君位を奪回しているからである。このような経緯からすれば、荘公十四年の「鄭伯」は厲公と考えられる。(30) いずれにしても、混乱期とはいえ「鄭伯」の実態には、あいまいな点が窺えるわけである。

以上、『春秋』が記す国君の実態はあいまいな点を残すが、反対に見れば『春秋』の国君が国内政治の混乱などによって、幅をもって記録されていたものと考えられる。したがって、この通用の爵制呼称の諸侯のあいまいさは、「某子」がそれと区別された、諸侯とは別個に理解し得る存在であったことを、あらためて示していると見るべきであろう。「某子」が諸侯ではないとの視座からは、「某子」とそれに関係する未踰年即位の議論に懐疑を覚えざるを得ない。『春秋』は諸侯国の国君即位をめぐる動向と外交について、確実に記録しているといえよう。(31)

第三節　『左伝』の国君即位

『左伝』から諸侯即位の事情を考える上で、『春秋』の卒葬記事に関係して伝えられる物語の分析は有効であろう。(32) ただし、『左伝』が『春秋』の卒葬記事に関して説明する事例は、実はそれほど多くはない。卒葬に関わる特殊事情の存在が前提としてある。『春秋』には、

昭公七年秋八月戊辰、衛侯悪卒、

十有二月癸亥、葬衛襄公、

とあり、衛襄公の死亡と葬儀が記録されている。『左伝』では、

晋大夫言於范献子曰、衛事晋為睦、晋不礼焉、庇其賊人而取其地、故諸侯貳、……、今又不礼於衛之嗣、衛必叛我、是絶諸侯也、

と伝える。晋が孫林父を擁立して対衛関係を悪化させるなか、衛へ弔問使節を派遣しないことの不利を范献子の言説を借りて示すものである。「衛之嗣」について、杜注は「嗣、新君也」とするが、そうであるならば『左伝』では襄公死亡後、すでに新君が存在していたことになる(33)。さらに、

衛斉悪告喪于周、且請命、王使郕簡公如衛弔、且追命襄公曰、叔父陟恪、在我先王之左右、以佐事上帝、余敢忘高圉・亜圉、

とあり、衛から周王室への喪の赴告がなされ、周景王は弔問使節を派遣するが、そのなかに追命文が見える。この場合、追命文は明らかに衛の新君を対象にしたもので、新君の即位を前提としている(34)。『左伝』には十二月の葬記事に関して「故孔成子立霊公、十二月癸亥、葬衛襄公」とあり、葬儀挙行前の新君襄公の即位を伝える。このように前君死亡後、同年中に新君が即位し、葬儀がなされた経緯が認められるわけである。また、『春秋』では、

桓公十一年夏五月癸未、鄭伯寤生卒、

秋七月、葬鄭荘公、

九月、宋人執鄭祭仲、突帰于鄭、鄭忽出奔衛、

とあり、鄭荘公の死亡後、葬儀を経て国内政治の混乱が記録されている。『左伝』はこの点について、

夏、鄭荘公卒、初、祭封人仲足有寵於荘公、荘公使為卿、為公娶鄧曼、生昭公、故祭仲立之、宋雍氏女於鄭荘公、曰雍姞、生厲公、雍氏宗、有寵於宋荘公、故誘祭仲而執之、曰、不立突、将死、亦執厲公而求賂焉、祭仲与宋人盟、以厲公帰而立之、秋九月丁亥、昭公奔衛、己亥、厲公立、

と伝える。荘公の死亡後、祭仲により公子忽が昭公として即位するが、宋の大夫雍氏は自分の女で荘公に嫁いだ雍姞から生まれた公子突（厲公）を立てる。こうした『左伝』の物語の配列からは、鄭荘公の死亡後、昭公が同年中に即位し、ついで宋によって昭公が否定され厲公が立ったのは同年九月となる。これは前君の死亡後、新君が同年中に即位するものである。昭公の即位が前君の葬儀の前後かは不明だが、次の経緯からは葬儀前と考えられよう。

『春秋』には、

襄公十九年秋七月辛卯、斉侯環卒、

（八月）、斉殺其大夫高厚、

冬、葬斉霊公、

とあり、斉霊公の卒葬に関して混乱が窺える。『左伝』では、

夏五月壬辰晦、斉霊公卒、荘公即位、執公子牙於句瀆之丘、以夙沙衛易己、衛奔高唐以叛、

とあり、霊公の卒後、葬儀前に新君荘公が即位した点を伝えている。前君の死亡―新君の即位―葬儀、という流れが一般的であったようである。なお、『左伝』では霊公の死亡した日付が『春秋』とは異なり、杜注には「経書七月辛卯、光定位而後赴」とするが、むしろそれは『左伝』の伝承の独自性と思われ、留意すべきであろう。こうした『春秋』と『左伝』の死亡記事での日付の不一致は、次の事例でも確認できる。『春秋』には、

僖公十七年冬十有二月乙亥、斉侯小白卒、

僖公十八年秋八月丁亥、葬斉桓公、

とあり、『左伝』僖公十七年では、

冬十月乙亥、斉桓公卒、易牙入、与寺人貂因内寵以殺群吏、而立公子無虧、孝公奔宋、十二月乙亥、赴、辛巳、夜殯、

と伝えている。十月に斉桓公が死亡するが、いざこざの結果、大子であった武孟（公子無虧）が即位し、孝公（公子昭）が宋に亡命、しかもこの事実の赴告が二ヵ月後のため『春秋』は十二月の条に記録したとしている。

以上から『左伝』の国君即位では、前君の死亡—新君の即位—葬儀、といった経緯が窺え、若干の『春秋』と『左伝』の日付の齟齬が見られる。ただ、そこには一切の踰年即位の理念は認められない。『春秋』では、前君を殺害し即位した、特殊な事情をもつ国君の場合、どういった経緯が見られるのであろうか。『春秋』には、

桓公二年春王正月戊申、宋督弑其君与夷及其大夫孔父、

とあり、宋殤公と大夫孔父が華父督に弑殺され、これを『左伝』では「春、宋督攻孔父、殺孔父而取其妻、公怒、督懼、遂弑殤公」と、華父督が孔父の妻を奪ったことに原因があるとする。ただ、『左伝』にはさらに、

宋殤公立、十年十一戦、民不堪命、孔父嘉為司馬、督為大宰、故因民之不堪命、先宣言曰、司馬則然、已殺孔父而弑殤公、召荘公于鄭而立之、以親鄭、

とあり、華父督はその失政を理由に殤公を殺害し、新君荘公を鄭から招き入れ即位させたという。前君弑殺後の混乱期にあって、新君がただちに立てられている。また、『春秋』には、

荘公八年冬十有一月癸未、斉無知弑其君諸児、

とあり、斉では無知が襄公を弑殺したことを記録している。さらに、

荘公九年春、斉人殺無知、

公及斉大夫盟于蔇

夏、公伐斉、納子糾、

斉小白入于斉、

秋七月丁酉、葬斉襄公、

とあり、斉の政治的混乱の様相が確認できる。『左伝』では荘公八年に無知による襄公弑殺にいたる経緯を伝えるが、そのなかに「遂弑之、而立無知」とあり、無知は前君の弑殺後に即位したという。しかし、無知は『春秋』荘公九年に殺され、蔇の盟に『左伝』が「斉無君也」と指摘のとおり、一時的に斉では国君不在の状況が出現する。『春秋』によると斉小白（桓公）の入国後、前君襄公の葬儀が行われたことから、桓公の入国・即位が葬儀の挙行に呼応したものと考えられる。いずれにせよ、前君弑殺の直後に新君が即位しており、こうした事例は他でも見られるが[35]、ただし、前君弑殺後の新君即位に基づく「葬」挙行については不明である。『春秋』での「弑」―「葬」の完備対応を別にすれば、そもそも「弑」に対する『左伝』の葬儀は見出せない[36]。

だがそうした点に関しては、直接国君弑殺ではないが、次の『春秋』の記事は注意すべきであろう。

僖公九年（九月）甲子、晋侯佹卒、

冬、晋里克殺其君之子奚斉、

とあり、『左伝』には「九月、晋献公卒、里克・丕鄭欲納文公、故公三公子之徒作乱」と伝え、献公の卒後、文公（重耳）を迎え入れようと三公子が乱を起こしている。さらに、「冬十月、里克殺奚斉于次」とあり、里克が公子奚斉

を十月に殺害したという。『左伝』によれば、献公が病気になると「以是藐諸孤辱在大夫、其若之何」と、公子奚斉を荀息に託したことから、奚斉は次期国君と見做されていたと考えられる。ただ、『左伝』では「書曰殺其君之子、未葬也」と、『春秋』の奚斉殺害の書法を「未葬」におくが、これは奚斉が献公死亡後、即位せず殺害された点が関係するものであろう。『左伝』にはその後、「荀息立公子卓以葬、十一月、里克殺公子卓于朝」とあり、公子卓が即位し献公の葬儀が挙行されているからである。前君の死亡後に即位し、そのあとに葬儀が挙行される、前君の死亡―（公子殺害）―新君の即位―前君の葬儀、という経緯が見出せよう。したがって、殺害等の事態でも新君即位後、葬儀は重視されていたといえよう。

さらに、『春秋』には、

襄公七年十有二月、公会晋侯・宋公・陳侯・衛侯・曹伯・莒子・邾子于鄬、鄭伯髠頑如会、未見諸侯、丙戌、卒于鄵、

襄公八年夏、葬鄭僖公、

とあり、鄭僖公の会盟での死亡と葬儀が見える。『左伝』は「及鄵、子駟使賊夜弑僖公、而以瘧疾赴于諸侯、簡公生五年、奉而立之」と、僖公の死亡が実は子駟による弑殺であり、簡公が五歳で国君に立てられたと伝える。『左伝』の説明を尊重すれば、鄭では僖公弑殺後、新君簡公が即位し、翌年の夏に葬儀が挙行されたことになる。また、『春秋』昭公十三年には、

夏四月、楚公子比自晋帰于楚、弑其君虔于乾谿、

楚公子棄疾殺公子比、

とあり、楚の公子比の霊公弑殺と、公子棄疾による公子比の殺害を記録する。しかし、『左伝』では、

夏五月癸亥、王縊于芋尹申亥氏、申亥以其二女殉而葬之、……、丙辰、棄疾即位、名曰熊居、……、殺囚、衣之王服、而流諸漢、乃取而葬之、以靖国人、

と、別の経緯を伝えている。霊王は自殺し、その遺体が申亥氏によってすでに葬られた。公子棄疾は即位して楚王となるが、国人層を平定するためニセの霊王の遺体を葬ったという。公子棄疾の即位にあって、前君の死亡（自殺）――即位の後、前君霊王の葬儀が重視されていたわけである。国君殺害（自殺）にともなう即位と、「葬」尊重の意識が認められる。したがって、国君が正常な死に方をしなかった「弑」「殺」でも新君は直ちに即位し、葬儀がなされていたわけである。(37)

以上、『左伝』が伝える新君即位の経緯からは、前君の死亡をうけ踰年せず即位し、葬儀の挙行が重視されていたと考えられる。

一方で『左伝』には、周景王の大子寿、その母王穆后の死去に関して、

王一歳而有三年之喪二焉、……、三年之喪、雖貴遂服、礼也、（『左伝』昭公十五年）

とあり、賢臣叔向の言説を借りて三年の喪の存在が語られている。さらに、「呉子諸樊既除喪、将立季札」（『左伝』襄公十四年）と、「除喪」からは呉王諸樊の父寿夢の死での喪の存在が窺える。しかし、三年の喪の理念が『左伝』を通じて確認される当該時代の社会に存在したとしても、前君死亡にともない即位する新君の外交活動を規制するものではなかったらしい。(38)『春秋』には、

文公七年夏四月、宋公王臣卒、

宋人殺其大夫、

秋八月、公会諸侯、晋大夫盟于扈、

とあり、四月の宋成公の死亡後、八月に扈の会盟が見える。『左伝』では、

秋八月、斉侯・宋公・衛侯・陳侯・鄭伯・許男・曹伯会晋趙盾盟于扈、晋侯立故也、

と伝え、宋公の出席が確認できる。『左伝』が『春秋』の踰年即位の理念を踏襲するならば、宋成公の死亡後に即位し踰年しない「宋公」の会盟参加は、「某子」のような何らかの批判が下されているはずである。また、『春秋』には、

昭公十二年三月壬申、鄭伯嘉卒、

五月、葬鄭簡公、

とあり、鄭簡公の卒葬記事が見える。『左伝』は「(夏)、斉侯・衛侯・鄭伯如晋、朝嗣君也」と、鄭伯の晋への朝を伝えている。いずれにせよ、『左伝』の三年の喪に関する伝承は、形骸化し踰年即位の理念とは直結しないものと考えられる。

ところで、『春秋』には、

襄公二十八年(十有二月)乙未、楚子昭卒、

とあり、楚康王の死亡を載せるが、『左伝』では襄公二十九年に、

夏四月、葬楚康王、公及陳侯・鄭伯・許男送葬、至於西門之外、諸侯之大夫皆至墓、

とあり、康王の葬儀が魯・陳・鄭・許の参列のもと挙行されたことを独自に伝えている。さらに、葬につづけて「楚郟敖即位、王子囲為令尹」と、新君郟敖の即位を記す。前君の死亡―新君の即位―葬儀の流れとは異なり、『左伝』は葬儀挙行後に新君即位を伝えているように見える。しかし、『左伝』の伝承は事実関係に混乱があると考えられる。

まず、新君即位に関する経緯の不備である。『春秋』には、

昭公元年冬十有一月己酉、楚子麇卒、

楚公子比出奔晋、

とあり、楚郟敖の死亡と内乱の様子を記録する。『左伝』では、

十一月己酉、公子囲至、入問王疾、縊而弑之、遂殺其二子幕及平夏、右尹子干出奔晋、宮厩尹子晳出奔鄭、殺大宰伯州犂于郟、

とあり、郟敖の弑殺、公子らの殺害、大臣らの出奔を伝えている。さらに、「葬王於郟、謂之郟敖」と、郟敖の「葬」が見える。前君の弑殺後、新君の即位には触れず、「葬」が伝えられる。だが、後にまた「楚霊王即位、薳罷為令尹、薳啓彊為大宰、鄭游吉如楚葬郟敖、且聘立君」と、新君即位と会葬をあらためて示している。こうした記述からは、襄公二十八年の葬記事自体、即位の前に置くことへ疑問をもたざるを得ない。むしろ昭公元年の霊王即位と人事確立後の葬儀挙行にあって、襄公二十八年の郟敖の即位と王子囲の令尹就任は、本来葬儀の後であったと見るほうが自然であろう。したがって、葬儀後の即位の記事が破綻しているか、あるいは特殊な事例と見るべきである(39)。

次に留意すべきは郟敖の即位が、『春秋』襄公二十八年十二月条の説明として『左伝』襄公二十九年に見える点である。『左伝』には『春秋』の記事を解説する部分、経解が認められるが、卒葬記事に関して多くを語らない『左伝』では、伝承を『春秋』の卒葬記事に合わせて整理している箇所が見られる。例えば、魯閔公の葬記事は『春秋』に、

閔公二年秋八月辛丑、公薨、

とあり、『左伝』には、

閔公、哀姜之妹叔姜之子也、故斉人立之、共仲通於哀姜、哀姜欲立之、閔公之死也、哀姜与知之、故孫于邾、斉人取而殺之于夷、以其尸帰、僖公請而葬之、

と伝えている。このうち哀姜の遺骸が斉に持ち帰えられたこと、さらに葬儀に関してはそれぞれ『春秋』では、

僖公元年秋七月戊辰、夫人姜氏薨于夷、斉人以帰、

僖公二年夏五月辛巳、葬我小君哀姜、

と対応する。また、『春秋』には、

昭公十年十有二月甲子、宋公成卒、

昭公十有一年（春王二月）、葬宋平公、

と、宋平公の卒葬記事がある。これに対して『左伝』昭公十年では、

冬十二月、宋平公卒、初、元公悪寺人柳、欲殺之、及喪、柳熾炭于位、将至、則去之、比葬、又有寵、

とあり、新君元公と寺人柳の葬儀に及んでの関係改善を伝えている。これは昭公十一年『春秋』の葬記事に、『左伝』の物語が言及されたものと考えられる。さらに、『春秋』には、

成公二年八月壬午、宋公鮑卒、

成公三年（二月）乙亥、葬宋文公、

とあり、宋文公の卒葬記事がある。『左伝』では成公二年の条に、

八月、宋文公卒、始厚葬、用蜃・炭、益車・馬、始用殉、重器備、椁有四阿、棺有翰・檜、

とあり、殉死・副葬品の豪華さ、椁・棺の厚葬について伝えている。本来ならば成公三年の葬記事の説明とすべき箇所であり、『左伝』が卒記事に接続させた部分と思われる。また、『春秋』に、

僖公二十四年（冬）、晋侯夷吾卒、

とあり、晋恵公の死亡記事が見える。ただ、『左伝』には僖公二十三年の条に「九月、晋恵公卒、懐公立」とあり、前年九月の恵公の死亡を伝えている。杜注（僖公二十四年）は「文公定位而後告」とするが、これらも『左伝』の伝

承が『春秋』と齟齬していると見るべきであろう。(40) いずれにしても、『左伝』の即位記事に関する伝承には、『春秋』と整合しない部分があり、ある場合は『左伝』が『春秋』の記事に基づき物語を整理し、不自然な説明となっている。したがって、前述の葬儀後の即位はそういった視点で考えるべきで、記事自体の混乱が認められる。このことは『左伝』が『春秋』とは異なる特殊な伝承を含む事実を示唆していよう。

以上、『左伝』の諸侯即位の分析から、前君の死亡後、新君が即位し、葬儀が挙行される経緯が見出せた。さらに、三年の喪の伝承について、諸侯はその三年間、外交活動に規制を受けることはなかった。『左伝』は『春秋』の卒葬記事に引きずられながらも、『春秋』とは別に即位の事情を伝えていることになろう。

おわりに

『春秋』に見える魯国君は前君の薨後の時点で新君として即位し、「元年春王正月、公即位」では新君のはじめて迎える正月を意味した。また、他国君の場合、前君の死亡後、諸侯が「某子」と呼称される実態は、国君の代理であった可能性が見られる。一方、『左伝』の諸侯即位からは、前君の死亡―新君の即位―葬儀の挙行の経緯が導き出せ、踰年即位の理念は考え難い。しかも、『左伝』は即位に関する独自の情報をもつと考えられる。国君即位に関して、『春秋』が魯国君を中心とした年代記であり、『左伝』は各諸侯国の国君の事情を伝えている。(41)

国君即位の経緯とその事情には、当該時代の国君を中心とした権力構造や国際社会での外交を考えるうえで、重要な視点が存在するといえよう。

註

（1）『春秋』については、竹内照夫『春秋』（東洋思想叢書、日本評論社、一九四三年）、野間文史「春秋経文について」（『広島大学文学部紀要』五〇、一九九一年、同氏『春秋学　公羊伝と穀梁伝』所収、研文出版、二〇〇一年）、顧頡剛講授、劉起釪筆記『春秋三伝及国語之綜合研究』（中華書局、一九八八年）、顧頡剛遺作・王煦華整理「春秋研究講義案語」（『中国古籍研究』第一巻、上海古籍出版社、一九九六年）、徐中舒『左伝選』後序（中華書局、一九六三年）等参照。

（2）国君即位には踰年称元法など関連する問題が見られるが、この点については、平勢隆郎編著『新編史記東周年表』（東京大学出版会、一九九五年）、同『左伝の史料批判的研究』（汲古書院、一九九八年）、同『中国古代の予言書』（講談社現代新書、二〇〇〇年）等参照。

（3）楊伯峻『春秋左伝注』隠公元年条（中華書局、一九八一年）参照。

（4）顧棟高『春秋大事表』春秋凶礼表巻十六所引、陳傅良は「魯之春秋固書曰公子慶父公子武闈、聖人書之曰公薨、諱之也、諱之而以不地不葬見之、薨、十二公所同也、不地不葬、隠・閔所独也、雖諱、而乱臣賊子之獄具矣」といい、前半の聖人云々の議論は別にして、「不地不葬」という魯公死亡での場所の明記の有無と「葬」の関係を見る点は注目すべき指摘と思われる。なお、魯国君の「葬」の大勢には同引、汪克寛が「魯君之葬、皆不過五月之期、惟桓公見戕于斉、九月而後葬、昭公客死于外、八月而後葬、荘公之薨至是十有一月、蓋以国乱子弑、嗣君幼弱、危不得葬也」と指摘する。

（5）陸淳『春秋啖趙集伝纂例』（叢書集成新編）巻七殺未踰年君の条、趙子曰「魯君未踰年而見殺、亦但書卒、不可斥言也」

（6）『尚書』顧命篇には即位の次第が見える。王国維「周書顧命考」（『観堂集林』巻一）に「古礼経既失、後世得考周室一代之大典者、惟此篇而已」とある。

（7）『穀梁伝』僖公九年「宋其称子何也、未葬之辞也、礼柩在堂上、孤無外事、今背殯而出会、以宋子為無哀矣」

（8）『春秋大事表』春秋凶礼表巻十六所引、季本は「同盟、又相接壌、無不会葬之礼、不書葬者、襄公方有子喪、而出会于葵丘、故葬礼遂簡、諸侯亦不遣人往会爾」と指摘する。

（9）踰年即位には、『公羊伝』文公九年の「不可一日無君、縁終始之儀、一年不二君、不可曠年無君」という理念が根底にあると考えられる。『春秋啖趙集伝纂例』巻七未踰年君の条にも、「諸侯未踰年則称子、言未成君也、未葬又加名、対尸柩前、父前子名之礼、出外則亦不名、非対尸柩故也」とある。

(10) 『公羊伝』定公元年に「癸亥、公之喪自乾侯、則曷為于戊辰之日然後即位、正棺於両楹之間、然後即位」とあるが、西嶋定生氏はこの定公のとった「正棺於両楹之間」が柩前即位にほかならないとする（「漢代における即位儀礼——とくに帝位継承のばあいについて——」、同氏『中国古代国家と東アジア世界』所収、東京大学出版会、一九八三年、『西嶋定生　東アジア史論集』第二巻所収、岩波書店、二〇〇二年）。なお、唐代にあって伝位の場合、柩前即位が一般的であったという（金子修一「中国古代における皇帝祭祀の一考察」『史学雑誌』八七—二、一九七八年、のち、同氏『古代中国と皇帝祭祀』所収、汲古書院、二〇〇一年）。当該時代では、この柩前即位が、重要な意義をもっていたと考えられる。即位儀礼については、尾形勇「中国の即位儀礼」、喪葬儀礼については、窪添慶文「中国の喪葬儀礼——漢代の皇帝儀礼を中心として——」（ともに『東アジア世界における日本古代史講座9』所収、学生社、一九八二年）参照。

(11) 「子卒」に関して、『穀梁伝』范甯集解は「子赤也、諸侯在喪既葬之称」とする。『春秋大事表』春秋凶礼表巻十六所引、程端学では「不名、係闕文」とし、陳傅良は「凡君在喪恆称子、未葬称子某、文公以六月葬、故不書子赤卒、成之為在喪之君、以弑罪罪宣公也、如此則不名実有意義、不得従闕文之例」と指摘している。

(12) 『史記』魯周公世家「文公有二妃、長妃斉女、為哀姜、生子悪及視、次妃敬嬴、嬖愛、生子俀」

(13) 『公羊伝』荘公三十二年には「其称子般卒何、君存称世子、君薨称子某、既葬称子、踰年称公、子般卒、何以不書葬、未踰年之君也」とあり、踰年即位の理念を示している。

(14) 『左伝』文公十八年は「秋、襄仲・荘叔如斉、恵公立故、且拝葬也」と、その背景を伝える。

(15) 『春秋』僖公二十四年「(冬)、晋侯夷吾卒」に関して、『左伝』僖公二十三年には君位継承をめぐる対立抗争を伝えるが、「九月、晋恵公卒、懐公立」、同僖公二十四年に「(二月) 丙午、入于曲沃、丁未、朝于武宮」と見え、新君の宗廟への報告を記している。同様事例は晋にあって、『左伝』宣公二年「(十月) 壬申、(成公) 朝于武宮」、成公十八年「二月乙酉、晋悼公即位于朝」がある。また、『春秋』襄公二十九年「春王正月、公在楚」に『左伝』が「釈不朝正于廟也」と、告朔朝正の不備を伝えるが、魯国君の場合も「元年王正月、公即位」は新君のこうした宗廟への正式即位の報告を示すと考えられ、即位してはじめて迎える新年では、宗廟への報告が特別に重視されていたのかもしれない。『春秋左伝注』文公七年条に「依礼、新君於旧君殯前即位、次年再朝廟即位」と指摘するが、まさにこの「次年」の即位を『春秋』は記録しただけと思われる。なお、齋藤道子「春秋時代の国内掌握」（『史学』六二―四、一九九三年）は、国君即位にともなう盟が廟で行われた点を重視する。もし『春秋』が踰年即位の理念で書き換えられた年代記であるならば、「元年春王正月」に続けて「公即位」を記録しない部分を含むのは不可解といわざるを得ない。「元年春王正月」記事の「公即位」の欠落は、魯の主観が働いていたとしても『春秋』が踰年即位を理念としない、年代記にもとづく魯国史であることを示すものと考えられる。

(16) 本書第二部第四章第二節卒葬と外交、参照。

(17) 僖公元年疏「去年八月閔公死、僖公出奔邾、九月慶父出奔莒、公即帰魯、言公出故者、公出而復帰、即位之礼有闕、為往年公出奔之故、非言応即位之時公在外也」

(18) 『春秋』襄公三十一年「秋九月癸巳、子野卒」は後に「(冬十月)癸酉、葬我君襄公」を記録するが、『左伝』には「卒、毀也」とあり、杜注では「過哀毀瘠、以致滅性」とし、子野の死亡理由は殺害とは異なる。

(19) 『左伝』には会盟にあって「孟献子請于諸侯而先帰会葬」とあり、孟献子（仲孫蔑）が成公の葬儀参加を主張した点は、新君襄公の葬儀による外交活動の制約を暗示する。

(20) 尾形勇氏は、先秦時代には踰年即位は考えられず、柩前即位→宗廟即位の構造が諸侯の場合も大略みとめられるとする（註(10)同氏、前掲論文）。なお、『尚書』顧命篇について、戴震『戴東原集』巻一で踰年即位と康王の受冊を認めるが、踰年即位説は『春秋』などによる推定と考えられる（池田末利全釈漢文大系『尚書』集英社、一九七六年）。顧命篇の即位については、豊田久「周王朝の君主権の構造――天命の膺受者を中心に――」（松丸道雄編『西周青銅器とその国家』所収、東京大学出版会、一九八〇年）参照。

(21) 「即位」は金文では「立」と表わされている（『春秋左伝注』桓公元年「位古文経作立、金文無位字、位皆作立」）。即位の事例ではないが、「位に即く」は西周期の頌鼎に「維三年五月既死覇甲戌、王在周康邵（昭）宮、旦、王格大室即立（位）、宰弘右頌入門、……」（維三年五月既死覇甲戌、王、周の康昭宮に在り、旦に王、大室に格り、位に即く、宰弘、頌を右けて門に入り、……）（白川静『金文通釋』五六冊（『白鶴美術館館誌』一九六二―一九八四年、のち『白川静著作集』別巻、金文通釋、1～7、平凡社、二〇〇四―二〇〇五年参照）とある。

(22)『春秋左伝注』桓公十三年条参照。

(23) 陳槃『春秋大事表及列国爵姓及存滅表譔異（増訂本）』第二冊（中央研究院歴史語言集刊之五二、一九六九年）参照。

(24) 例えば、傅隷樸『春秋三伝比儀』僖公九年条（中国友誼出版公司、一九八四年）では、僖公九年の「宋子」について爵制の降格とは見ず、「孝子」の例と主張する。

(25) 叔武は国君の側面をもっていたとしても、当該期の衛が親楚派の成公と親晋派の元咺による政治闘争の渦中であったことから、明確に叔武を国君とは規定できないであろう。当該期の衛については、本書第二部第七章第二節衛国と晋国・楚国、参照。

(26)『春秋』僖公二十三年「冬十有一月、杞子卒」、同二十七年「春、杞子来朝」、襄公二十九年「（夏）、杞子来朝」。当該時代の「爵制」や「某子」については、竹内康浩「『春秋』から見た五等爵制――周初の於ける封建の問題――」（『史学雑誌』一〇〇―二、一九九一年）、吉本道雄「春秋五等爵考」（『東方学』第八七輯、一九九四年）参照。

(27)『春秋左伝注』宣公十一年・十二年条参照。同様事例は昭公十一年―十三年の蔡霊公の葬儀にいたる経緯からも窺える。

(28)『春秋大事表』春秋賓礼表巻十七之下所引、趙鵬飛は「莒・魯有深怨、衛成斬、然在衰経之中為会于洮以平之、……」と、莒・魯関係の切迫した状況を指摘する。

(29) 例えば本文で前述した践土の盟での「衛子」にていては、『左伝』定公四年に子魚の言説を借りて「晋文公為践土之盟、衛成公不在、夷叔其母弟、猶先蔡、其載書云、王若曰、晋重・魯申・衛武・蔡甲午・鄭捷・斉潘・宋王臣・莒期、蔵在周府、可覆視也」とあり、載書に「衛武」と記されている。これを重視すれば、『春秋』には魯の一定の主観が働いていることになろう。なお、吉本道雅氏は、「子」に列国の卿に対する敬称の側面があるため、「某子」を国君の資格を何らかの意味で欠如した国君として卿に類する称謂と見る（註（26）同氏、前掲論文）。竹内康浩氏は、「某子」を王命に非ざる君主と見做している（註（26）同氏、前掲論文）。

（30）『春秋』荘公三年に「冬、公次于滑」とあり、『左伝』は「冬、公次于滑、将会鄭伯、謀紀救也、鄭伯辞以難」と説明する。この『左伝』の「鄭伯」は、魯の対紀外交における斉との対立から、子儀ではなく厲公の可能性が高い。

（31）吉本道雅氏は、『春秋』の卒葬記事のなかでも干支が春秋暦に不適合な事例が存在するとし、それも陳侯三、斉侯二と特定国国君の卒の紀時に偏在していることから、春秋暦以外に拠る他国の材料を用いたと指摘する（同氏「左氏探源序説」『東方学』第八一輯、一九九一年）。このような論点も『春秋』自体の史料性を考えるうえで留意すべきであろう。

（32）『左伝』については、註（1）徐中舒『左伝選』後序、註（3）楊伯峻『春秋左伝注』前言、高木智見「春秋左氏伝――歴史と法の源流」（滋賀秀三編『中国法制史基本資料の研究』所収、東京大学出版会、一九九三年）等参照。

（33）『左伝』隠公七年に「凡諸侯同盟、於是称名、故薨則赴以名、告終、称嗣也、以継好息民、謂之礼経」とあり、国君の死亡と位を嗣ぐ者の名を告ぐことを重視する凡例が見える。

（34）西周後期と考えられる「伯晨鼎」には「隹王八月、辰才丙午、王命甄侯伯晨曰、飼乃且考、侯于甄、易女秬鬯一卣・玄袞衣・幽夫亢赤舄・駒車・畫□・幬較・虎晨韓冟衺裏幽・攸勒・旅五旅・彤弢・旅弓旅矢・□戈・綂・冑、用夙夜事、勿灋朕命、晨拜稽首、敢体䚃王休、用乍朕文考順公宮障鼎、子々孫、其万年、永宝用」（隹王の八月、辰は丙午に在り、王、甄侯伯晨に命じて曰く、乃の祖考を嗣ぎて、甄に侯となれ、女に女秬鬯一卣・玄袞衣・幽亢・赤舄・駒車・畫□・幬較・虎韓冟衺裏幽・攸勒・旅五旅・彤弓彤矢・旅弓旅矢・□戈・綂・冑を賜ふ、用て夙夜に事へ、朕が命を灋つること勿れと、晨拜して稽首し、敢て王の休に対揚して、用て朕が文考順公の宮の障鼎を作る、子々孫、其れ万年まで、永く宝用せよ）とあり、これは侯位継承を命ずる周王の冊命金文であるが、追命文に近いと思われる（註（21）白川静氏、前掲書参照）。この冊命文に関しては、伊藤道治『中国古代国家の支配構造』（中央公論社、一九八七年）に詳しい。なお、冊命については、岡本真則「冊命形式金文に見える周王と服属諸氏族の結合原理」（『史観』一四四、二〇〇一年）参照。周王の当該期諸侯の追命問題は、註（15）齋藤道子氏、前掲論文参照。

（35）同様事例、『左伝』荘公十二年、文公元年、十四年、十六年、十八年、宣公二年参照。

（36）本書第二部第四章第二節卒葬と外交、参照。

（37）『春秋』襄公十四年「（夏四月）己未、衛侯出奔斉」に関して、『左伝』は「衛人立公孫剽」と解説する。国君出奔後の新君即位も、国君が殺害され踰年せず新君が即位するのと同様な事情を想定すべきである。なお、出奔と新君即位については、水野卓「春秋時代の君主――君主殺害・出奔・捕虜の検討から――」（『史学』七一―二・三、二〇〇二年）参照。

（38）『春秋大事表』春秋凶礼表巻十六「天子諸侯喪礼已絶于春秋時論」では、『左伝』等により天子・諸侯の喪紀がすでに春秋時代では廃されていた点を強調する。

（39）『左伝』昭公二十一年にも「三月、葬蔡大子朱失位、位在卑、……、今蔡侯始即位、而適卑、身将従之」とあり、葬儀時にいまだ新君が立っていなかったように見える。ただ、これは『春秋』昭公二十一年「冬、蔡侯朱出奔楚」の張本と考えられ、葬儀において蔡侯即位時、すなわち前年昭公二十年の蔡侯死亡時に即位した新君を卑下する、『左伝』の物語といえよう。なお、西嶋定生氏は、前後漢を通じて先帝の大葬はつねに即位以後であったとする（註（10）同氏、前掲論文）。

（40）顧炎武『左伝杜解補正』「疑此錯簡、当在二十三年之冬」

（41）平勢隆郎氏は、踰年称元を新しい君主が「徳の有無」を見定める試練の期間と結びつけるが、『春秋』『左伝』の史料性からはそうした議論も再検討すべきと考えられる。なお、同氏は新たに即位する国君を意味した「嗣君」が、ある一定の時期に集中していることから、『左伝』にこめられた予言性の背景を推察する（註（2）同氏『左伝の史料批判的研究』）。確かに「嗣君」は襄公年間の『左伝』に見られ、特殊性があったのかもしれないが、ただ「嗣君」自体が『春秋』の聘記事の解説に見出せる特色をもっている。しかも、『春秋』の朝聘記事は他年間にくらべ襄公年間に多く確認できる、当該時代の特質をむしろ考慮すべきであろう（本書第二部第三章第二節朝聘と外交、参照）。したがって、『春秋』の朝聘記事の多さと呼応する形で「嗣君」が見出せる点に配慮しなくてはならないと考えられる。なお、浅野裕一「『春秋』の成立時期――平勢説の再検討――」（『中国研究集刊』二九、二〇〇一年）では、前三〇〇年の成書が推定される郭店楚簡をもとに、『春秋』が明確な儒家の経典であった点を指摘し、平勢氏のいう『春秋』の成書年の前三三七年以降より前にすでに『春秋』が存在したとする。

第七章　衛国の外交と政治

はじめに

春秋時代に対立抗争を繰り広げる中心的諸侯国は、中央集権化を課題としながら[1]、戦国時代後期までほぼ存続して行く。なかでも富国強兵を目指し、国際的に影響力を持ち得た大国は、当該時代の要請を達成した国の象徴であり、その経緯には解明されなければならない問題が多い。当該時代のはじめには、西周以来の諸侯国が百四十余国あったと考えられるが[2]、これらが如何なる経緯で淘汰され、滅国に至ったかは大多数不明である。しかしながら、大国支配のなかに埋没していく国の動向は、諸侯国の存立形態の一面であり、留意すべき課題であろう。秦漢帝国に到達できない小国・弱国の模索と失敗の過程は、富国強兵がもたらすもう一つの側面に他ならない。

本章では大国攻防のなか秦の統一まで存続した小国の衛国について、春秋前・中期の外交と政治に焦点を絞り考察を加える[3]。河南省の北部、中原の一部に位置した衛国は、宮崎市定氏による殷虚非殷都説での衛文化との関連性[4]、伊藤道治氏によるその地理的位置が外交上で重要であった点が指摘されている[5]。しかし、衛自体については、山田統氏[6]によって、その政治的困難と氏の『詩経』解釈にもとづく指摘があるのみで、春秋時代を通じた中央集権の過程や、内乱・政治闘争の詳細な分析が充分になされていない[7]。そこで、狄の侵入による滅国までの春秋前期の衛について、斉国の外交と連動する内乱・闘争に考察を加える。つづいて、晋国・楚国との関係で中期の成公時代に出現した元咺提訴事件に関して、その国際関係から追究するものである。

第一節　衛国と斉国

1　州吁の乱

衛国に関しては『左伝』隠公元年に「冬十月庚申、改葬恵公、公弗臨、鼓不書、……、衛侯来会葬、不見公、亦不書」とあり、すでにその名が見え、衛の桓公の十三年にあたる。この年、鄭では共叔段の反乱の失敗から、その子の公孫滑が衛へ出奔した。これに対して、『左伝』隠公元年には「衛人為之伐鄭、取廩廷、鄭人王師・虢師伐衛南鄙、請師于邾」とあり、衛では公孫滑の支援のため鄭を攻伐するが、このことが鄭の反感をかい逆に攻撃を被ったという。ここで注意すべきは、後に衛を混乱に陥れる州吁と鄭の関係である。『史記』衛康叔世家には「(桓公) 十三年、鄭伯弟段攻其兄、不勝、亡、而州吁求与之友」とあり、共叔段の反乱に関連して州吁と段の親交を伝えている。さらに、『左伝』隠公三年では、

衛荘公娶于斉東宮得臣之妹、曰荘姜、美而無子、衛人所為賦碩人也、又娶于陳、曰厲嬀、生孝伯、早死、其娣戴嬀、生桓公、荘姜以為己子、公子州吁嬖人之也、有寵而好兵、公弗禁、荘姜悪之、

とあり、通婚国斉に出自する荘姜と後の桓公が荘公の寵を受ける州吁の横暴に不満を抱いていたと伝える。(8)『史記』衛康叔世家には「桓公二年、弟州吁驕奢、桓公絀之、州吁出奔」とあり、州吁の出奔は独自の記録であるが、桓公が即位後、州吁を退けたという。州吁は『春秋』隠公四年（衛・桓公十六年）に、

（王二月）戊申、衛州吁弑其君完、

とあり、桓公を弑するが、『左伝』には、

春、衛州吁弑桓公而立、……、宋殤公之即位也、公子馮出奔鄭、鄭人欲納之、及衛州吁立、将修先君之怨於鄭、而求寵於諸侯、以和其民、……、故宋公・陳侯・蔡人・衛人伐鄭、

とあり、弑後、州吁が宋・衛と鄭の対立を利用し鄭を攻伐、諸侯の称賛を得て、自国の人心を収攬して衛公の地位を確立しようとしたと伝える。しかし、州吁の目論見は、早々に挫折したらしい。『左伝』では、

州吁未能和其民、厚問定君於石子、石子曰、王覲為可、曰、何以得覲、曰、陳桓公方有寵於王、陳、衛方睦、若朝陳使請、必可得也、厚従州吁如陳、石碏使告于陳曰、衛国褊小、老夫耄矣、無能為也、此二人者、実弑寡君、敢則図之、陳人執之、而請涖于衛、

と見える。州吁の乱が「未能和其民」とあるように、桓公を弑した後の鄭攻撃の理由と同様、国人層の支持が得られず失敗したと考えられる。なお、国人層の離反は、大義名分論として桓公の「弑」だけに帰結されるものではなく、『史記』衛康叔世家に「州吁収聚衛亡人以襲殺桓公」とあるように、州吁と亡命者の関係も考慮する必要があろう。しかも、州吁らを執らえることを謀った石碏の動きにも留意すべきである。

石碏は『左伝』隠公三年に、州吁が荘公の寵の下で横暴を振るのに対して、

石碏諫曰、臣聞愛子、教之以義方、弗納於邪、驕・奢・淫・泆、所自邪也、四者之来、寵禄過也、将立州吁、乃定之矣、若猶未也、階之為禍、

と、荘公に進言する礼節を重んずる臣下として描かれている。石碏について杜注は「衛大夫」とし、『史記集解』所引賈逵には「石碏、衛上卿」と上卿とする。その出自は『潜夫論』氏姓志第三五では「衛之公族石氏」とあり、程公説『春秋分記』巻一六世譜・衛公族の条に「石氏、靖伯孫碏」と、六代の靖伯を祖とする公族と考えられ、政治的権

力を持ち得る立場にあった。このことは、『春秋』隠公四年に、

九月、衛人殺州吁于濮、

とあり、『左伝』では、

九月、衛人使右宰醜涖殺州吁于濮、石碏使其宰獳羊肩涖殺石厚于陳、……、衛人逆公子晋于邢、冬十二月、宣公即位、

と、石碏が国人層の支持の下に州吁の乱を終結し、邢より公子晋を迎え宣公として即位させた政治的手腕からも窺われる。顧棟高はこの点に関して、(9)

此時石碏決計図之、然猶未敢声言討賊、父子之間未嘗偶露、至石厚問定君之計、乃使入陳請覲、告于陳而使執之、此特一匹夫之力耳、可見兵権在握、君無如其臣何、父無如其子何、

と解し、石碏が当該期衛の兵権を掌握していたことが、州吁の乱鎮圧につながったと推察する。兵権の帰属問題は明らかではないが、衛の外交動向も考える必要があろう。なかでも桓公即位後の衛の政治状況、特に公室政治では、桓公の実母戴嬀の出身国である陳の関与が想像される。しかし、『左伝』隠公六年に陳が衛の存在を恐れていたことが陳侯の言を借りて語られ、陳の衛への影響力は認め難いと考えられる。(10)むしろ州吁の乱前の州吁と荘姜・桓公の対立からは、荘姜自身が出身国斉を後ろ楯に影響力を保持していたと推察され、斉の衛への圧力を留意すべきである。荘姜の権力と石碏の公族としての立場からは、顧棟高の指摘する、(11)

逮荘公薨而桓公立、此時荘姜為主于内、石碏老臣納政于外、

という国内体制も充分に考えられよう。

以上から春秋前期の州吁の乱は、荘公在位のなか斉を後ろ楯とした荘姜・後の桓公と、嬖の子の州吁の対立に起因

する事件であった。しかも本質的には、桓公即位後の公室における荘姜の地位、衛・斉関係での通婚国斉の立場、公族として政治権力を持ち得た石碏、さらに乱後の国人層の離反等からすれば、荘姜・桓公・石碏・国人層の斉に傾斜し国力・権力を維持しようとする勢力と、鄭の反乱者共叔段との関係を保ち、反斉体制の構築を目指す州吁の対立闘争であったと考えられる。したがって、高士奇[12]が、

武姜欲立叔段、武公弗許、猶足以致乱、況州吁之憑寵好兵、荘公弗禁、石碏之切諫、棄若罔聞、州吁卒殺桓公而自立、安忍阻兵、毒流四国、衛之禍、荘公為之也、

と指摘するように、内乱発生の元々の要因は、すでに荘公時代に内在されていたわけである。

2　恵公出奔事件

州吁の乱の後をうけた宣公の時代は、衛の対鄭抗争の表面化する時期であった。宣公の即位元年・『左伝』隠公五年には「四月、鄭人侵衛牧、以報東門之役」とあり、衛・宋・陳・蔡連合軍による鄭攻伐（東門之役・隠公四年）に関わる鄭の報復がなされた。そして、『春秋』隠公五年では、

秋、衛師入郕、

とあり、州吁の乱の間に侵入した郕に対する衛の反撃が見られる（『左伝』隠公五年）。さらに注目すべきは、『春秋』隠公八年（衛・宣公四年）に、

春、宋公・衛侯遇于垂、

秋七月庚午、宋公、斉侯・衛侯盟于瓦屋、

とあり、衛が宋・斉と会盟を行っている点である。『左伝』では「春、斉侯将平宋・衛」とし、秋の記事については

「斉人卒平宋・衛于鄭、秋、会于温、盟于瓦屋、以釈東門之役、礼也」と、斉が中心に宋・衛と鄭の会盟を成立させたとする。なお、春の記事も杜注は「平宋・衛於鄭」と、宋・衛と鄭の友好関係の構築と見做している。しかし、この一連の経緯は、『左伝』隠公七年（衛・宣公二年）に見える「秋、宋及鄭平、七月庚申、盟于宿」も影響しようが、『左氏会箋』（隠公八年）が、

是時宋・衛亦不甚睦、故先平二国也、四年宋公与州吁合謀再伐鄭、其年州吁見殺、而衛宣公立、州吁是衛人所悪、宣公未嘗与宋相会見、則其不相睦可知、

と指摘する、州吁の乱に関わる衛・宋関係の修復に重点を置くべきであろう。ただ、こうした斉主催による衛・宋・鄭関係には、依然としてシコリが残っていたようである。『春秋』隠公十年（衛・宣公六年）では、

秋、宋人・衛人入鄭、宋人・蔡人・衛人伐戴、鄭伯伐取之、

とあり、宋・衛と鄭は軍事衝突をおこしている。これには前年の『左伝』が伝える宋公が周王への朝覲を怠たり、卿士の鄭伯が王命により宋を攻伐したことが前提にあった(13)。『左伝』隠公十年に「蔡人・衛人・郕人不会王命」とあり、衛は王命に従わず宋に与した。『春秋』桓公五年（衛・宣公十二年）に至り、

秋、蔡人・衛人・陳人従王命伐鄭、

とあり、『左伝』には「王奪鄭伯政、鄭伯不朝、秋、王以諸侯伐鄭、鄭伯禦之」と伝え、衛が王命に従い、鄭と敵対している。このように衛・鄭の対立は、鄭荘公後の公位継承争いに宋が関与したことによって生じたものであった(14)。

一方、州吁の乱前からの通婚国斉と衛の外交関係は、『春秋』桓公三年（衛・宣公十年）に、

夏、斉侯・衛侯胥命于蒲、

とあり、『左伝』では「不盟也」と伝えるが(15)、二国間の接近を窺わせる。さらに、衛は『左伝』桓公七年に「秋、鄭

人・斉人・衛人伐盟・向」とあり、『春秋』桓公十年には、

冬十有二月丙午、斉侯・衛侯・鄭伯来戦于郎、

とあり、公位継承争い前の鄭と友好関係にあって、斉と外交を共にしている。(16) 州吁の乱後、斉は衛に権力を行使できる状態を築き上げていたようである。斉にとって対衛影響力の強化は、中原進出のための極めて重要な課題であったと考えられる。

衛では宣公の死後（『春秋』桓公十二年）、恵公が即位する。『春秋』桓公十六年（衛・恵公四年）には、

十有一月、衛侯朔（恵公）出奔斉、

とあり、恵公が出奔している。この事件の経過について『左伝』には、

初、衛宣公烝於夷姜、生急子、属諸右公子、為之娶於斉、而美公取之、生寿及朔、属寿於左公子、夷姜縊、宣姜与公子朔構急子、公使諸斉、使盗侍諸莘、将殺之、

とある。宣公は父の妾夷姜と通じ急子を生み、右公子を傅とし、急子のために斉に娶るが、これが大変美人だったため、宣公自ら取り壽・朔を生み、壽のために左公子を傅とした。ところが、朔は母の宣姜と結んで、急子の殺害を企てる。『左伝』では急子と壽の賢人ぶりを示すが、(17) 結局二人とも殺害され、朔が恵公として即位する。左公子・右公子は恵公を怨み、『左伝』には「十一月、左公子洩・右公子職立公子黔牟、恵公奔斉」とあり、急の弟の黔牟を立て、恵公は斉へ逃がれた。

以上の恵公出奔では、急子の妻となるはずであった宣姜が斉国出身であり、急子の暗殺が斉に出使の途中であった点から、通婚国斉が関与していたことは確実である。さらに、『左伝』の伝える急子の賢人ぶりから、斉は自国出身ではない夷姜の生んだ急子が即位した場合、衛での自国の利権が揺らぐことを恐れ、(18)『史記』衛康叔世家にしたがえ

ば、「宣公自以其奪太子妻也、心悪太子、欲廃之」という、宣公の微妙な立場を利用したものと考えられる。しかし、事は斉の思惑どおりには行かず、恵公が亡命せざるを得なくなった。

ここで注意すべきは、公子洩・公子職の存在である。二公子について、杜注に「左右媵之子、因以為号」とあり、『春秋正義』では「公子法無左右、明其因母為号、……、此左右公子、蓋宣公之兄弟也」とあり、宣公の兄弟とする。程公説『春秋分記』巻四二職官書には、

左右公子者、衛之公族、分為左右、以洩職二公子分領之耳、宗盟之長、糾合同姓、国人所望、宣公是以属其所愛、而二公子卒擅廃立之権、非左右媵之子而因以為号矣、

とあり、左右公子は公族を二分して統べる、国人層を背後にもつ存在として位置づけている。真相は不明だが、確かに後、衛の公室や国人層の中に斉の内政干渉に不満の声が見られ(19)、一方でこうした世論が恵公出奔につながったのかもしれない。

公子黔牟が即位し、衛の政策は反斉体制へと転換したが、『春秋』桓公十七年には、

春正月丙辰、公会斉侯・紀侯盟于黄、

とあり、『左伝』では「平斉・紀、且謀衛故也」と、斉が早くも魯らと対衛問題を協議している。『春秋』荘公五年には、

冬、公会斉人・宋人・陳人・蔡人伐衛、

とあり、『左伝』は「納恵公也」と伝える。斉の他四国が連合し恵公復位を画策したが、入国までの経過にあって、『春秋』荘公六年（衛・恵公十二年・黔牟八年）には、

春王正月、王人子突救衛、

夏六月、衛侯朔入于衛、

とあり、周室の関与が見られる。『公羊伝』荘公三年の何休注に「衛朔背叛、出奔、天子新立衛公子留、斉・魯無憚天子之心而伐之」とあり、「公子留」が「黔牟」だとすれば、周王は黔牟側に与していたことになる。この間の事情は、『左氏会箋』（荘公六年）が「五国伐衛、而王使子突救之、則知二公子以朔之罪告之天王、而立黔牟也」と指摘するように、恵公出奔には公子洩・公子職の周王室への働きかけがあったのかもしれない。[20] なお、恵公入国に伴い『左伝』荘公六年には「夏、衛公入、放公子黔牟于周、放甯跪于秦、殺左公子洩・右公子職、乃即位」とあり、黔牟と甯跪の国外追放と二公子の殺害を伝えている。

以上、恵公の出奔・復位の混乱から、斉と対抗して周室と結ぶ黔牟・公子洩・職らの反斉勢力が衛に存在したことが窺える。さらに、『春秋』荘公六年「衛侯朔入于衛」に杜注が「朔為諸侯所納、不称帰而以国逆為文、朔懼失衆心、以国逆告也」と、恵公の国人層への配慮を推察する点は留意すべきである。この後、公位につく懿公に対して国人層の離反が見出せることから[21]、内政にことごとく関与した斉への反感意識があったものと考えられる。ただ、甯跪が秦に放たれている点は重要である。甯跪は杜注に「衛大夫」とあり、『左伝』襄公二十五年では大叔文子の言説に「九世之卿族」とあり、杜注に「甯氏出自衛武公、及九世也」と、有力公族として政治に関与する立場であった。しかも、恵公復位後の『左伝』荘公十二年（衛・恵公十八年）の宋の内乱に一連して、衛の石祁子（杜注「衛大夫」）が見え、石碏―厚父子との関係は不明だが、石氏の一族と考えられ[22]、斉との関係を尊重する石氏の一族が政治権力を保持していたようである。したがって、恵公の復位は黔牟・甯氏・国人層と、恵公・石氏・通婚国斉の二大勢力の政治闘争であったといえる。

この後の衛国は、懿公の横暴と狄人の侵入により一度、滅国され[23]、国際的には斉の覇業のなかで、その外交を展開する。[24] 春秋前期の衛の内乱は、中原進出を企てる斉の内政干渉と、それに巻き込まれ権力を維持しようとする公室・

国人層の対立闘争の過程であったと考えられる。

第二節　衛国と晋国・楚国

1　元咺の評価

成公時代の元咺提訴事件は、後述するように国際的には晋・楚二大国の対立抗争のなかで生じた現象であり、衛国内に限れば成公出奔に起因したものと考えられる。本事件の経緯とその混乱の様相は『左伝』に詳しく見ることができる。

従来、本事件は主に儒家的見地から、元咺が主君を提訴した事実に重点を置き、公子をも巻き込んだことを根拠に元咺を非難する評価が下されている(25)。ただこのような見解は、君臣関係を重視する立場に立つもので、一面的に過ぎるといわざるを得ない。こうしたなかで一石を投じ、元咺の内面的心境に迫ったのが山田統氏であった(26)。氏は『詩経』国風諸篇のなかに当該期の歴史事実を認める観点から、衛関係諸篇の分析を通じて、成公の小策を弄する姦策と謀略的側面を強調し、それに対して献身的に国を維持しようとする元咺の立場を示した。さらに、本事件を提訴とは見做さず、謀略的な成公に反省を求めた行為とし、元咺に好意的評価を与えた。いわば元咺の再評価といえよう。

元咺提訴をめぐる儒家的見地、『詩経』国風諸篇を拠り所とする観点は、果たして当該期衛の国際関係や政治動向を勘案し、導き出されたものなのであろうか(27)。というのは、衛の歴史から見ると本事件は、狄の侵攻を被り遷徙後の復興期に発生し、以後の外交政策と政治体制の方向性を、事件自体が内包していると考えられるからである。元咺提訴事件はやや議論すべき問題が存在するように思われる(28)。

そこで以下では、『春秋』『左伝』の伝える衛国政治、なかでも成公・元咺の関係を再確認する作業からはじめよう。

2 『春秋』に見える衛国と元咺

『春秋』には元咺提訴事件に関する具体的記事は認められず、衛を舞台とした混乱を伝えている。いま便宜的に『春秋』をA～Fに分けて列挙する。

A 僖公二十八年春、晋侯侵曹、晋侯伐衛、
　公子買戍衛、不卒戍、刺之、楚人救衛、
B 同 夏四月己巳、晋侯・斉師・宋師・秦師及楚人戦于城濮、楚師敗績、楚殺其大夫得臣、
　衛侯出奔楚、
C 同 五月癸丑、公会晋侯・斉侯・宋公・蔡侯・鄭伯・衛子・莒子盟於践土、陳侯如会、
D 同 六月、衛侯鄭自楚復帰于衛、衛元咺出奔晋、
E 同 冬、公会晋侯・斉侯・宋公・蔡侯・鄭伯・陳子・莒子・邾子・秦人于温、
　晋人執衛侯、帰之于京師、
　衛元咺自晋復帰于衛、
F 僖公三十年秋、衛殺其大夫元咺及公子暇、衛侯鄭帰于衛、

Aに見える晋の衛攻伐とそれに伴う魯・楚の参戦からは、衛・晋の対立と衛・魯・楚の親善的関係が窺える。(29) Bでは晋・楚の城濮の戦いを伝えるが、楚の敗績による衛侯（以下、成公とする）の楚出奔は、Aの衛・楚関係に基づくものと考えられる。一方、衛の国内政治にあって成公の出奔は、楚の中原からの勢力撤退に伴う支配体制の崩壊がもた

らした結果といえる。というのも、C践土の盟には「衛子」（杜注「弟叔武」）が参加し、成公出奔後の衛では晋の同盟国として外交が叔武により遂行されているからである。[30]晋の中原支配機構に組み込まれた衛の政治体制が認められる。

当該期衛の国際関係は晋・楚二大国に左右されていたが、Dには成公の楚からの帰国に呼応するかのように、元咺の晋への出奔を伝えている。[31]楚・晋の対立抗争をめぐる権力闘争が、衛では成公・元咺の二勢力によって展開されていたことを予測させる。こうした点は、Eの温の会で晋が成公を捕らえ京師に送ると、元咺が衛に帰国することからも窺える。

この後二年間、僖公三十年まで『春秋』は衛について一切記録しないが、元咺政権が有効に機能していたのかもしれない。しかし、Fに至り元咺は殺害され、成公が衛に帰国することになる。

以上、『春秋』の記録は簡潔に過ぎて不明な点も多いが、軍事外交的年代記としての性質を前提とすると、[32]晋・楚対立による衛での権力闘争によって、元咺・成公の出奔・帰国の事態が生じたものと考えられる。つづいて、『左伝』の伝える元咺提訴事件について、当該期の国際関係、衛の国内体制の問題から考察を加えることにする。

3　『左伝』に見える元咺提訴の経緯

（一）　衛国内部の対立

『左伝』僖公二十八年には、

春、晋侯将伐曹、假道于衛、衛人弗許、還自南河済、侵曹、伐衛、

正月戊申、取五鹿、

と伝えている。これは晋文公の覇業確立に一連する狐偃の発案を採用した、晋による同盟国斉・宋救援の謀略的攻伐

であった[33]。晋が曹侵略のため道を衛に借りることを要求するが、衛はなぜか承諾しない[34]。ところが、晋の攻伐を被り五鹿が占領されると、衛の国内に動揺が生じたらしい。『左伝』には、

晋侯・斉侯盟于斂盂、衛侯請盟、晋人弗許、衛侯欲与楚、国人不欲、故出其君、以説于晋、衛侯出居于襄牛、

とある。成公は晋・斉の斂盂の盟へ参加を希望するが、晋の了解が得られず、一転して対楚関係の強化を求める。だが、国人層の同意が得られず、衛では成公を国邑から襄牛に移住させ、晋への申し開きをしている。このような経緯から、晋・楚の対立抗争を前提とした国人層と成公の対立が窺える。

晋・衛の互いに要求を受け入れない一見複雑な外交は、一体、如何なる二国間関係に基づくのであろうか。晋の立場としては、丘維屏が、

晋・衛皆不礼重耳者、而晋遠曹近衛、晋茲之報、宜自近始、乃反假道於衛以伐曹乎、(『左氏会箋』所引)

と指摘するように、対曹・対衛攻伐を文公の諸国遍歴での冷遇に求める解釈もある[35]。しかし、当該期の国際関係から、張自超[36]が、

曹・衛皆附楚、而衛又与之婚姻也、治曹・衛之罪、以解宋囲而退楚師、其名未嘗不正、其謀未嘗不善、蓋不治曹・衛、則曹・衛梗于中、何以治陳・蔡・鄭・許、内諸侯不服、何以攘楚哉、故以事勢利害論之、則侵曹伐衛、不特為解宋之定謀、而亦可為伐楚之先声也、

と指摘する、晋は目先の同盟国救済に曹・衛を攻伐したわけではなく、背後の対楚戦争を明確に意識していたと考えるほうが現実的であろう。

一方、衛では成公の前代文公の政策が関係していたのではなかったか。文公は狄の難後の楚丘遷都にあって復興期衛の担い手だった。その政策は『左伝』閔公二年に「務材訓農、通商恵工、敬教勧学、授方任能」とあり、農業・商

業・工業・教育・官吏登用の広範囲に及ぶ、国力増強を主眼に据えたものであった[37]。文公時代の後半は、斉桓公の卒後を受け、国際社会の勢力関係に変化が生じ、台頭著しい宋襄公との協力強化を推進して、対斉対抗を深めた時期である。衛は狄と与した邢を滅国し、当該時代を通じて附庸的存在と考えられる滑を鄭攻伐から保護している[38]。小国に限定されるが、衛にとって以前に見られない積極外交の展開であり、注目すべきである。この状況を継承したのが成公であったが、そのはじめは積極外交を推進していたと考えられる。『春秋』には、

僖公二十五年冬十有二月癸亥、公会衛子・莒慶盟于洮、

僖公二十六年春王正月己未、公会莒子・衛甯速盟于向、

とあり、衛の魯・莒との会盟が確認できる。『左伝』は僖公二十五年に関して、「衛人平于我、十二月、盟于洮、修衛文公之好、且及莒平也」と、従来の魯・莒の敵対関係を文公時代からの「好」で和親させたと伝えている[39]。さらに、『春秋』には、

僖公二十六年夏、斉人伐我北鄙、衛人伐斉、

とあり、『左伝』では「洮之盟故也」と、衛が親魯関係に基づき、斉に対して軍事行動を展開したと伝える。張自超[40]は、

衛子斬然在喪、何急于魯・莒而平之耶、蓋邢・斉之所存、又方与狄好、衛既滅邢、而意実忌斉・狄、故結好于魯、適莒慶以魯壻、欲講魯・莒之好、

と指摘し、衛の立場では文公の邢滅国により、斉・狄との敵対関係を深めたための自己防衛とする。恐らくこのような衛の環境が、大国楚との友好関係の成立を促進させたものと考えられる。

以上から成公時代の混乱は、前代文公時代からの積極外交により対楚関係を尊重する成公と、覇業を確立しつつある晋との外交関係の構築を求める勢力の権力闘争であった。この対立の具体的現実的表出こそが、成公の国邑脱出と

いえる。いずれにしても衛では、対晋関係を尊重する勢力が主流となったと考えられる。(41)

(二)　城濮の戦いと践土の盟

『春秋』Bの「衛侯出奔楚」に対して、『左伝』は「衛侯聞楚師敗、懼出奔楚、遂適陳」と、城濮の戦いで楚が晋に敗れ、成公が対晋関係を配慮して楚出奔を選択し、さらに陳に行ったと伝えている。この出奔は中原での晋の覇業確立のなか、対楚関係強化を企てる成公にとって当然の選択であり、裏を返せば明確に晋を意識した行動であった。

『春秋』で確認できる城濮の戦いの参戦国は晋・斉・宋・秦と楚だが、『左伝』の物語る戦闘にあって晋と楚・陳・蔡連合軍が中心と考えられる。(42)『左伝』の伝承を重視すれば、城濮の戦いの晋の勝利によって困難な状況に見舞われたのは、楚同盟では衛のみではなかったはずである。張自超はこうした点を考慮し、成公出奔を晋文公の立場から次のように論じている。(43)

……、楚師既敗、得臣已殺、(晋)可以釈曹伯矣、久而不釈、又迫衛侯出奔、烏得不以罪晋文哉、曹・衛皆兄弟之国也、背中国而即荊蛮、不為無罪、然以視陳・蔡・鄭・許之助楚囲宋、陳・蔡又助楚而戦城濮、及魯之乞師伐斉取穀戍衛、罪有差矣、陳・蔡・鄭・魯則置之不問而列会践土、于曹伯則執而不釈、于衛侯則迫之出奔、此出亡不礼之私怨、所由以罪晋文而不可辞者也、

これによれば、城濮の戦い・践土の盟を通じた国際環境から、曹・衛以外にも晋の制裁を受けるべき国が存在したが、晋は曹・衛のみに強硬な態度に出たと主張する。その理由を晋文公の諸国遍歴に見える曹・衛の冷遇への制裁と考えている。こうした晋文公覇業について語られる説話的要素は、当該期の外交関係にあってどのように理解すべきであろうか。衛・晋関係が解明された後に自ら明らかになる問題であろう。

『左伝』の伝承で留意すべきは、「遂適陳」という独自の記事である。『左氏会箋』では『春秋』C・Dを踏まえ、

晋已私許曹・衛、衛侯未得許復真消息、故懐疑而奔楚、伝称遂適陳、蓋繞道適陳、欲因陳侯之如会、代為請也、既使叔武受盟、又有陳侯之言、故六月遂得帰国、自此衛侯不復如楚、

という説を引く。後にふれるように成公の帰国には、陳が大きな役割を担うが、そこから導き出された論点といえる。衛・陳外交は晋・楚対立のなかで位置づけなくてはならないが、この問題について後に改めて詳論する。

晋文公覇業の実質的確立である『春秋』Cの践土の盟での衛の対応に関して、『左伝』には「（衛侯）使元咺奉叔武以受盟」とあり、成公は出奔後を元咺に託し叔武を会盟に参加させたと伝えている。これは成公の晋を意識した政治的措置と解されるが、前述の『春秋』『左伝』から確認できる対楚関係尊重の立場とは異なるものと考えられる。『左伝』を重視すれば、それは城濮の戦いに敗北をきした楚と中原で覇業を確立する晋という、対照的な両国の現状を勘案の上での成公の善後策といえる。ただ、成公と元咺・叔武らの対晋関係に配慮する動向は、終始一体化していたとはいえないようである。『左伝』では「或訴元咺於衛侯曰、立叔武矣、其子角従公、公使殺之、咺不廃命、奉夷叔（叔武）以入守」とあり、元咺のクーデターの可能性を示唆する言説が見られる。これは万斯大が、[44]

衛侯出奔、使叔武受盟、則武乃奉使以行至会聴命可也、今経書衛子、而定四年祝鮀述践士載書、衛武列魯申蔡甲午間、是晋文直以武為君、武亦儼然自君矣、

というように、『左伝』定公四年に見える載書に叔武があたかも国君として記載されていることから、実際に叔武が外交上のみならず衛国内でも国君のごとき存在であったのかもしれない。こうした状況が成公と元咺の確執を生じさせたものと考えられる。[45]いずれにしても、『左伝』は成公が密告により同行していた元咺の子の角を殺害し、一方で元咺が成公の命令を守り叔武を擁護したと、二人の動向を対照的に描いている。

（三）宛濮の盟と元咺出奔

『春秋』Dの成公の帰国について、『左伝』には「晋侯復衛侯」と、その主体を晋侯と伝えている。杜注はこの経緯を「晋人感叔武之賢、而復衛侯」とし、晋が践土の盟で叔武を賢と認めたことを原因とする。叔武の人物評には、命令を奉じる元咺に対する評価も関係していたと見られる。陶正靖が[46]、

愚謂甯兪元咺皆衛臣之良也、衛侯避晋奔楚、命咺輔叔武以守、子角見殺、咺不廃命、相武受盟、卒帰衛侯忠之至也、

と、成公の振る舞いと対照的な元咺の忠臣ぶりが成公帰国に直結した点を強調するのは、一方で当然であろう。『左氏会箋』に至っては、

自盟之後、晋既帰衛侯、則咺武有帰君之請可知、

と、具体的に叔武・元咺による成公の帰国の要請があったとする説を引く。叔武・元咺が積極的に成公帰国に関与したとする考えは、『左伝』の伝える践土の盟に関して、成公中心の一体化した衛の対晋対応を前提とするものであろうが、同時に成公と元咺らに密接な人的関係を求める方向でもあり、山田統氏の指摘に続くといえる[47]。しかし、こうした密接な人的関係が働いて成公の帰国が実現したかは定かではない。ただ国際関係からすれば、『左伝』が伝える「遂適陳」という、衛・陳外交の軌跡は無視できないと考えられる[48]。衛は後述のように対晋戦争（文公元年）では、仲裁を陳に依頼し、次の穆公時代には『左伝』宣公十二年に「……、宋為盟故伐陳、衛人救之、孔達曰、先君有約言焉、若大国討、我則死之」とあり、孔達の言説を借りて衛の陳救済が伝えられ、衛・陳の親善関係が窺える。このことは、「遂適陳」に『左氏会箋』が指摘のように、成公の帰国に陳が重要な役割を担った点を改めて推察させよう。

帰国が実現した成公であったが、『左伝』には先立ち同行した甯武子と国人層の宛濮の盟を伝えている。(49)盟文の内容が『左伝』に、

天禍衛国、君臣不協、以及此憂也、今天誘其衷、使皆降心以相従也、不有居者、誰守社稷、不有行者、誰扞牧圉、不協之故、用昭乞盟于爾大神以誘天衷、自今日以往、既盟之後、行者無保其力、居者無懼其罪、有渝此盟、以相及也、明神先君、是糾是殛、

と見える。末尾の「明神先君、是糾是殛」という表現は、出土資料である侯馬盟書第一類盟書と同形式と考えられ、(50)当該期の会盟の痕跡を残している。なかでも「不有居者、誰守社稷、不有行者、誰扞牧圉」「行者無保其力、居者無懼其罪」の表現様式は重要である。盟文では宣読者たる主盟者によって、相手方（他人）である与盟者の行為の規定が不可欠な要素となる。(51)盟自体は当該期の国際関係にあって、成公派でありかつて対楚関係を尊重した者（宣読者―この場合、甯武子が代表）が、成公に対立し対晋関係の強化を主張した者（与盟者）を許す、という形式で行われているると考えられる。成公出奔事件・温の会への元咺らの参加は、『左伝』が伝えるように成公と元咺・叔武の衛国支配層の密接な人的関係に基づく、楚・晋対抗の国際環境に対処した措置であったが、その根底には成公派とそれに対立する勢力が依然として存在していたと見るべきであろう。したがって、衛では一体化した外交上の方向性が確立しておらず、宛濮の盟の後はむしろ対立勢力が同居する不安定な国内事情が推測される。こうした点を端的に示す出来事が『左伝』の伝える元咺出奔に至る経緯である。

衛侯先期入、甯子先、長牂守門、以為使也、与之乗而入、公子歂犬・華仲前駆、叔孫将沐、聞君至、喜促髪走出、前駆射而殺之、公知其無罪也、枕之股而哭之、歂犬走出、公使殺之、元咺出奔晋、

とあり、宛濮の盟での和解にもかかわらず、成公は期日よりも前に入国したという。杜注では「不信叔武」とし、成

公の元咺・叔武への不信感を強調する。(52) 叔武は偶発的ではあるが、成公の前駆の公子歂犬らに殺害された。以上の成公帰国の経緯は、宛濮の盟後の不安定な衛の国内事情からすれば、『左氏会箋』の引く、

不料公子歂犬華仲前駆、射而殺之（叔武）、公至此雖知其無罪而哭之殺歂犬、然始必与歂犬有密約、不然則是歂犬知公疑忌叔武、而迎合其意以図功也、

という、成公と公子歂犬の間に密約を認め、歂犬の成公に対する迎合を考える見解も的外れとはいえないであろう。いずれにしても、元咺は晋に出奔するが、杜注では「元咺以衛侯駆入殺叔武、故至晋愬之」とし、今回の事件を対晋提訴の原因と見做している。『公羊伝』には、

……、文公逐衛侯而立叔武、叔武辞立、而他人立、則恐衛侯之不得反也、故於是己立、然後為践土之会、治反衛侯、衛侯得反曰、叔武簒我、元咺争之曰、叔武無罪、終殺叔武、元咺走而出、……、

とあり、成公による叔武殺害と、成公・元咺の対立こそが元咺出奔に直結したと見ている。この立場は万斯大(53)に至っては、

伝云、晋人復之也、夫晋既有復衛侯之意奈何、以君礼待叔武、叔武雖無覬覦之私、其如令尹似君、難辞多口、当時元咺奉武以行、不能匡武解、列致啓群、疑及武受禍、又不痛自悔白武、無他顧乃外奔以訴君、悖逆不道、一至于此、

と、践土の盟での叔武の無道ぶりと、それを補佐すべき任にありながら放棄した元咺を、出奔・提訴の事実に加えて非難している。(54)

以上の論点はどれも憶測の域を出ず、事実関係は不明とせざるを得ない。しかし、践土の盟の成公と元咺ら衛国支配層の晋・楚対立の国際状況に応じた表面的平静な一体化が、ここに決定的亀裂を生んだ点は注意すべきである。成

公と元咺の君臣対立は提訴の場へと展開していく。

（四）　温の会と元咺提訴

『春秋』Eに見える温の会について、『左伝』は「冬、会于温、討不服也」とするが、杜注に「討衛・許」と指摘のように、衛・許関係の解決が主題と考えられる。『左伝』では成公と元咺の提訴事件の経緯を、

衛侯与元咺訴、甯武子為輔、鍼荘子為坐、士栄為大士、衛侯不勝、殺士栄、刖鍼荘子、謂甯兪忠而免之、執衛侯帰之于京師、寘諸深室、甯子職納櫜饘焉、元咺帰于衛、立公子暇、

と、伝えている。甯武子は成公に対して献身的であり、元咺側の勝訴が確定すると、成公が拘束され京師に送られる。元咺は帰国が許され、公子暇を擁立した。(55) こうした経緯で留意すべきは、温の会・提訴での衛国内の対立もさることながら、晋の対衛外交そのものに実は問題が内在されていた点である。践土の盟前後の国際状況を顧棟高(56)が、

案、魯及陳蔡鄭衛五国、向従楚者、今倶改図従晋、所謂一戦而伯也、

と指摘するように、晋文公の盛世期にあって、一度帰国を許可した成公を同盟不服従とし、提訴を受諾する日和見的対応は、覇者としての指導性の欠落をやや象徴づける。ただ、晋に提訴を受諾させた要因は、叔武殺害とそれに伴う元咺出奔であると見るべきであろう。成公の帰国による叔武殺害と元咺の出奔は、晋に衛を同盟下に置くことを不可能とさせたのでなかったか。中原で覇業確立を目指す晋にとって、対衛関係は重要な課題であった。元咺が晋の対衛政策上、重要な役割を担う存在であったと考えられる。元咺出奔は晋として、衛支配の中枢の喪失を意味し、積極的に提訴に応じたものといえよう。

以上から温の会・元咺提訴には、晋と元咺の緊密な結びつきが確認できる。成公と元咺らの践土の盟で国際状況に

対処した表面的平静な一体化は、単なる密接な人的関係にもとづくものとはできないであろう。むしろ衛の政治概況からは、楚に与し衛文公以来の対外積極策を推進する成公派と、覇権過程の晋文公との関係を尊重して親晋政権樹立を目指す元咺派という、利害を異にする対立勢力が便宜的に手を組んだことになろう。こうした点は万斯大(57)が、

衛侯執而元咺帰、則其執由于元咺明矣、当時晋文受咺之訴、必謂践土盟次進退唯吾殺武蔑我也、遂執之而窮其獄、独不思臣、無訴臣之理、反縦咺帰而立暇嘻、咺之心直置其君于死地、而絶望其生還矣、

と解説する、元咺の成公への心境面に集約されている。

訴訟直後の元咺と衛の動向について、『春秋』『左伝』とも伝えないが、勝訴した元咺は帰国し親晋政権を樹立して、支配の中枢となって政治力を維持したものと考えられる。しかし、元咺政権は国内に残存する成公派を完全に払拭できなかったらしい。『左伝』僖公三十年には、

晋侯使医衍酖衛侯、甯俞貨医、使薄其酖、不死、公為之請、納玉於王与晋侯、皆十穀、王許之、秋、乃釈衛侯、

とあり、成公は晋文公の殺害計画に遭うが、忠臣の甯俞（甯武子）の物品贈与により免れ、魯僖公の晋文公・周襄王への斡旋を得て釈放される。魯の関与について杜注は「公本与衛同好、故為之請之」と考え、城濮の戦い以前の魯・衛の対楚同盟関係に基づき解釈している。(58)だが、晋文公の覇業が確立した当該期では、魯の晋に対する利害関係が働いていたと見るべきであろう。『国語』魯語上に臧文仲の言説を借りて、「……、君盍請衛君以示親于諸侯、且以動晋、夫晋新得諸侯、与亦曰、魯不棄其親、其亦不可以悪」とある、魯の対諸侯・対晋外交政策としての側面が本当のところであったといえよう。(59)

成公は帰国が許されたが、『左伝』には、

衛侯使賂周歂・冶廑曰、苟能納我、吾使爾為卿、周・冶殺元咺及子適・子儀、公入祀先君、周・冶既服、将命、

周歂先入、及門遇疾而死、冶廑辞卿、

と、本国の周歂・冶廑に物品を贈与して、入国が叶えば卿の地位を与えることを約束し、その交換条件に元咺・公子瑕・子儀の殺害を要求した。こうして元咺が殺害され成公の帰国が実現したが、物語られる周歂・冶廑に覆いかぶさる不吉な兆しは、この後の衛の国政を暗示するものであった。

4　成公政権の特質

成公が帰国して新政権を樹立した衛は、『春秋』僖公三十一年に、

（冬）、狄囲衛、

十有二月、衛遷于帝丘、

とあり、狄に攻囲され帝丘に遷徙する。狄の侵略による遷徙は、閔公二年の楚丘につぐものだが、この度はいささか様相が異なる。前回の遷徙が覇業を確立する斉桓公の存亡継絶政策の一環であったが、今回は晋文公による救援が見出せない(60)。呉澂(61)は、

狄去年侵斉、今又囲衛、若無晋伯、然豈以晋文居狄之久而狎之歟、

といい、前年の狄の斉侵略を併せ考え、晋文公の諸国遍歴と晋・狄関係を強調している。しかし、この見解は文公説話にもとづく議論に過ぎず、当該期の晋・衛外交の経過からすると、元咺殺害後の成公政権が晋同盟を尊重しなかったことが、晋の救済が見られない原因といえよう。

『春秋』僖公三十二年には、

（夏）、衛人侵狄、

秋、衛人及狄盟、

とあり、衛の狄侵略に対する報復措置と会盟が見出える。『左伝』では「夏、狄有乱、衛人侵狄、狄請平焉」と、狄の内乱に乗じて衛の主導で和平が実現したと伝える。家鉉翁[62]は、

衛三十年間、国凡再遷、抑亦微弱矣、一旦狄有内乱、従而侵之、狄請平、自是北鄙不聳、

とし、前半部の判断には再考の余地を残すが、衛の軍事力を評価している。当該時期、衛の対外行動は、顧棟高[63]が、

案左伝狄有乱三字、最宜着眼看、自是赤、白狄分、号令不一、狄亦浸微、

と指摘するように、狄の内乱が分裂を招くほど大規模であったとしても、成公政権の動向として注意すべきである。

この点は衛・晋の直接対立からも窺える。

『春秋』文公元年に、

(夏)、晋侯伐衛、

衛人伐晋、

とあり、晋・衛の軍事対立が見える。『左伝』には、

晋文公之季年、諸侯朝晋、衛成公不朝、使孔達侵鄭、伐緜・訾及匡、晋襄公既祥、使告於諸侯而伐衛、及南陽、……、

とあり、衛成公の晋への未朝と鄭侵略を伝え、衛国内の反晋体制を窺わせる。これは帰国した成公が反晋政権を樹立し、対外積極策を推進した点を示すものであろう。したがって、従来の晋・衛関係は、元咺殺害を契機に変質したわけである。

宛濮の盟が衛国内の不安定要因を一層顕在化させたが、成公の帰国も同様な状況を生んだものと考えられる。狄侵攻後の帝丘遷徙は、元咺殺害後も依然として衛国内に残存する対晋関係尊重派の排除を目指す権力闘争の側面を内包

し、成公自らが判断、施行した政治的処置であった。ただ、当該期ではさらに注意を要する点は、晋文公の覇業確立後の衛（成公）・楚関係である。成公は対楚関係を尊重していたが、城濮の戦い後の成公・元咺の対立、成公帰国に際して、『春秋』『左伝』とも楚の対衛動向を全く伝えていない。楚側にとって城濮の戦いでの大敗、それに伴う国内事情が関係するものと考えられる。楚は敗戦後の復興期にあって、内政上では令尹の位をめぐる世族間の確執、穆王による王位簒奪など、外交へ目を転じる余裕のない状況であったらしい(64)。『左伝』僖公三十二年では、

春、楚闘章請平于晋、晋陽処父報之、晋・楚始通、

とあり、楚の対晋講和を推進する動きが伝えられ、反晋政権期の衛にとって対楚関係は新たな局面を迎えていた。成公帰国後の対外積極策は、晋・楚を後ろ盾としない衛の自立的外交活動といえよう。

しかし、衛の積極策は長続きしなかった。『左伝』文公元年に、

先且居・胥臣伐衛、五月辛酉朔、晋師囲戚、六月戊戌、取之、獲孫昭子、衛人使告於陳、陳共公曰、更伐之、我辞之、衛孔達帥師伐晋、

とあり、衛は対晋戦争で「囲」「取」を被り、孫昭子が略奪され、打開策を友好関係にあった陳に託した。『春秋』文公二年には、

夏六月、公孫敖会宋公・陳侯・鄭伯・晋士縠於垂隴、

とあり、『左伝』では「晋討衛故也、陳侯為衛請成於晋、執孔達以説」と伝え、衛は陳の協力で事態を克服したらしい。翌『春秋』文公三年には、

春王正月、叔孫得臣会晋人・宋人・陳人・衛人・鄭人伐沈、

とあり、衛は晋同盟の対沈軍事行動に参加している。『左伝』はこの一連の経緯を、「以其服於楚也、沈潰、……、衛

侯如陳、拝晋成也」と伝えている。衛が陳を仲介に反楚の晋同盟に加わったものと考えられる。ここに衛の成公政権下での自立的対外積極策は、実質的な終わりを迎えた。ただし、この背後には、顧棟高が(65)、

案秦・晋之争始此（僖公三十年）、夫晋之所以能服楚者、以有秦為之佐也、戦于城濮、盟于温・于翟泉、秦于晋無役不従、故能以全力制楚、至此而秦・晋之嫌隙搆矣、晋之所以不振、楚之所以日強、実萌芽于此、

と指摘するように、晋・秦・楚の強国並立の国際環境が影響していたのである。

5　元晅の立場

衛の混乱と元晅提訴事件は、晋・楚二大強国の対立抗争が生んだ小国の悲劇である。ただ、この悲劇を生む原因は、すでに前代文公時代からの対外積極策を継承した成公の楚尊重政策と、それに対して中原で覇業を確立しつつあった晋尊重を主眼とする元晅らの権力闘争であり、無論このことなくして提訴は出現しなかった。

元晅提訴事件に至る経緯は、利害を異にする二つの勢力が城濮の戦いで晋が楚に勝利を収め、中原で覇業を実現した国際情勢にあって、衛国存亡の危機の善後策として便宜的に一体化したことに始まる。こうした現実に基づく行動が、成公出奔と叔武・元晅らの践土の盟参加にほかならなかった。ところが、この一体化した関係が成公帰国に伴い崩壊し、元晅は権力闘争に敗れ晋へ出奔、一転して成公提訴事件に発展する。二つの勢力は再び確執を表面化させることになった。晋からすれば、衛支配の中枢であった親晋派元晅の出奔は、衛を同盟に位置づけることを困難とした。晋は元晅提訴に積極的に対応し、覇者としての立場から衛支配を確立する必要があったと考えられる。

晋の対衛影響力が元晅を介してのものであったとすれば、文公遍歴にあって文公に衛と同様に冷遇を働いた曹国は、対晋外交上では如何なる位置づけが可能であろうか(66)。曹は当該時代前期では『春秋』による限り、会盟参加や対宋抗

争が伝えられるのみで、詳細な国際活動が不明である。こうしたなかで『春秋』A（僖公二十八年）に、衛とともに晋の侵略対象として曹が見出せる。外交関係から前述のとおり、曹が対楚友好関係を保持していた点が直接的な原因といえようが、覇業確立を目指す晋の対曹政策にあっては、その微妙な政治的立場が影響したのではないかと考えられる。なぜならば、『春秋』僖公二十八年には、

三月丙午、晋侯入曹、執曹伯、畀宋人、

と見え、『左伝』では、

三月丙午、入曹、数之以其不用僖負羈、而乗軒者三百人也、且曰献状、令無入僖負羈之宮、而免其族、報施也、……、

執曹伯、分曹・衛之田以畀宋人、

とあり、晋は曹が僖負羈の進言を用いなかったことを責め立て、反対に僖負羈に対し族員赦免の処置を示しているからである。この後、晋は楚の攻伐から宋を救援するため曹伯を捕らえている。こうした晋の対曹政策の背景には「報施也」とあるように、晋文公遍歴を根拠とするが、いずれも僖負羈が関わっている。このことは『左伝』にあって、晋が僖負羈を対曹政策上、必要な人物と位置づける視点が存在したことを示している。晋にとって元咺が対衛同盟に重要な存在であったと同様、対曹外交に大切な役割を担う人物が僖負羈であったのである。衛は一時的に元咺を通じて晋同盟下に組み込まれたが、曹では晋が重視する僖負羈の政権登用が実現されず、晋が対曹同盟構築を確立できなかった。晋文公の覇業確立後、早急に曹伯の帰国が許されなかった原因は、右の事情によるものと考えられる。(67) もしこのような論点が承認されるならば、晋文公遍歴に見える衛・曹の冷遇は、覇業の確立における晋の対外政策失敗を投影したものといえよう。(68)

以上の衛国内の二つの対立勢力と、その対晋・対楚外交からすれば、成公提訴事件のみをもって元咺を非難する評

価や、成公の謀略を強調して元咺の忠を導く論評、さらには成公・元咺の親密さを求める論点などは、一面的解釈に基づく大義名分論に過ぎないといえる。成公と元咺の動向は、楚・晋闘争の国際環境のなかに位置づけると、衛国政権での相違する対楚・対晋依存関係をめぐる対立闘争の攻防と規定できる。それを当該期の諸侯国の統治機構から見れば、元咺は一人の宗法的支配秩序に基づく諸侯政治を脅かす勢力の代表となろう。(69)

おわりに

春秋時代の衛については、例えば官職制度にあって魯などと同様、司徒・司馬・司空を卿職とし、何ら改革も行われず保守的体制を維持したという見解が提出されている。(70)これは当該期衛の模索と失敗のうち、失敗に重きをおいた見解ともいえよう。ただし、衛国政治の失敗は、州吁の乱・恵公出奔という当該時代前期の斉の中原進出に伴う、内政干渉がもたらした教訓だった。公室政治の絶対的独立の維持が、衛国の外交と政治を規制したものと考えられる。しかし、もし保守的体制を堅持し、政権担当の公族勢力が強固な基盤を持ち得たならば、元咺のような諸侯政治を脅かす人物の登場は本来あり得なかったはずである。したがって、元咺の権力の掌握は、たとえ一時的であったとしても、衛国政治外交史で軽視すべき現象とはいえないであろう。(71)

では一体、非公族出身の元咺が晋を後ろ盾に衛の方向性を国際社会で模索し、諸侯政治を脅かす存在にまでなり得たのはなぜであろうか。この問題を解く鍵は、前述した『左伝』閔公二年の文公の内政改革が関係していた。なかでも「授方任能」の人材登用の項目は、非公族出身の元咺が衛の政治舞台に登場する唯一の契機と考えられる。(72)そして、この政策を継承した成公が、対外積極策を遂行し、結果的に晋中心の国際社会のなか、衛の立場をより困難な状況に立たせた点についてはすでに述べたとおりである。

さらに注意を要する点は、元咺の一時的な政権掌握が後の衛の政局に与えた影響である。第一に晋覇確立の国際環境にあって、成公政権の対外積極策を鈍化させたことはいうまでもないが、内政面では諸侯政治のもと公族による世族政権運営の継続を推進させたと見られる。非公族を登用し政治的混乱を招いた教訓が、以後の衛に公族政権の常態化を現出させ、非公族の台頭を抑制することにつながった。換言すれば、公族による世族同士の権力抗争を顕在化させる根本原因となったと考えられる(73)。

以上の論点から、州吁の乱・恵公出奔期の斉の内政干渉、それに伴う公室政治の確立、狄侵攻後の復興期を経た元咺の登場は、以後の衛国にとって到底無視し得ない問題を内在していた。こうした経緯は、春秋時代前・中期の衛にとって中央集権体制への模索と失敗に他ならない。なかでも元咺の模索と失敗は、当該時代を通じて衛国自体の命運を決定づけた。

註

（1）増淵龍夫「先秦時代の封建と郡県」（『一橋大学研究年報　経済学研究Ⅱ』一九五八年、同氏『中国古代の社会と国家』（弘文堂、一九六〇年）、『新版　中国古代の社会と国家』（岩波書店、一九九六年）参照。

（2）杜預『春秋釈例』（孫星衍輯本）巻二、滅取入例条、顧棟高『春秋大事表』春秋列国爵制及存滅表巻五。

（3）衛の滅国時期については、『史記』六国年表二世元年「出衛君角為庶人」、同衛康叔世家「二世廃君角為庶人、衛絶祀」と見え、前二〇九年とされてきたが、平勢隆郎編著『新編史記東周年表』（東京大学東洋文化研究所報告、一九九五年）では前二二一年すなわち秦統一直前とする。

（4）宮崎市定「中国上代の都市国家とその墓地——商邑は何処にあったか——」（『東洋史研究』二八—四、一九七〇年、「同補

遺」『東洋史研究』二九―二・三、一九七〇年、『宮崎市定全集3』所収、岩波書店、一九九一年）参照。

（5）伊藤道治「春秋会盟地理考」（『田村博士頌寿記念東洋史論叢』所収、同朋舎、一九六八年）参照。

（6）山田統「衛の政治的困阨と元咺の提訴」（『中国古代の社会と文化』所収、東京大学出版会、一九五二年、『山田統著作集一』所収、明治書院、一九八二年）参照。

（7）童書業『春秋左伝研究』（三）春秋左伝札記、（49）衛卿族興衰（上海人民出版、一九八〇年）では、衛は当該時代のはじめ大国だったが、狄の衛侵入後、当該期中葉に及び斉・晋の侵攻により小国となり、その内部政局の変化は詳考の必要がないとする。なお、考古学的には、一九三一年発見の浚県辛村の墓葬群が周初以来の衛国墓と考えられている。郭宝鈞『浚県辛村』（科学出版、一九六四年）参照。

（8）当該時代の通婚関係については、山田統「左伝所見の通婚関係を中心として見たる宗周姓制度」（『漢学会雑誌』五―三、『山田統著作集四』所収、明治書院、一九八二年）参照。

（9）『春秋大事表』人物志巻四十九衛石碏論。

（10）『左伝』隠公六年「陳公曰、宋・衛実難、鄭何能為」

（11）註（9）。

（12）『左伝紀事本末』巻三十七。

（13）『春秋』隠公九年「冬、公会斉侯于防」、『左伝』「宋公不王、鄭伯為王左卿士、以王命討之、伐宋、……」

（14）『左伝』桓公十一・十二・十三・十四・十五・十六年。

（15）楊伯峻『春秋左伝注』桓公三年条（中華書局、一九八一年）参照。

（16）『春秋』桓公五年に「秋、蔡人・衛人・陳人従王伐鄭」とあり、『左伝』は「王奪鄭伯政、鄭伯不朝、秋、王以諸侯伐鄭、鄭伯禦之」と解説し、衛と鄭の軍事衝突を伝える。ここに斉は見えない。斉にとって対周王室関係や、『春秋』桓公五年に「夏、斉侯・鄭伯如紀」とある、対紀政策での鄭との協同という微妙な立場が、衛の行動を黙認することになったのではなかろうか。

（17）『左伝』桓公十六年「寿子告之（急子）、使行、（急子）不可、曰、棄父之命、悪用子矣、有無父之国則可也」

（18）夷姜の出自について、楊伯峻氏は「夷姜之夷或是国名」とし、『左伝』隠公元年「八月、紀人伐夷」の「夷国」と推定する（『春秋左伝注』桓公十六年条参照）。そもそも、恵公即位時にも斉の関与は大きかったと考えられる（註（19）参照）。なお、辛村5号墓出土の青銅鬲には「衛夫人□姜作其行鬲用」と銘文があり、墓自体は時期的に恵公・懿公のものと推察される（李学勤『東周与秦代文明』文物出版社、一九八四年）。

（19）『左伝』閔公二年「初、恵公之即位也少、斉人使昭伯烝於宣姜、不可、強之、生斉子・戴公・文公・宋桓公夫人・許穆夫人、文公為衛之多患也、先適斉」は、斉の対衛内政干渉の状況とそれに対する衛の不満を端的に物語る。

（20）この一連の衛と周室との関係について、『史記』衛康叔世家に「衛君黔牟立八年、斉襄公率諸侯奉王命共伐衛、納衛恵公、誅左右公子、衛君黔牟犇于周、恵公復位、恵公立三年出亡、亡八年復入、与前通年凡十三年矣」と、別の記事を伝えるが、今は従わない。

（21）『左伝』閔公二年「冬十二月、狄人伐衛、衛懿公好鶴、鶴有乗軒者、将戦、国人受甲者皆曰、使鶴、鶴実有禄位、余焉能戦」

（22）『春秋大事表』卿大夫世系表巻一二下。程発軔『春秋人譜』巻一、七衛国、（三）公族の条では石氏に関し、「石碏―石厚―石祁子……」とある（台湾商務印書館、一九九〇年）。

（23）『左伝』閔公二年「（衛）及狄人戦于熒沢、衛師敗績、遂滅衛」

（24）『左伝』閔公二年「及敗、宋桓公逆諸河、宵濟、衛之遺民男女七百有三十人、益之以共・滕之民為五千人、立戴公以廬于曹、……、斉侯使公子無虧帥車三百乗・甲士三千人以戍曹、……」

（25）『公羊伝』僖公三十年「此殺其大夫、其言帰何、帰悪乎元咺也、曷為帰悪乎元咺、元咺之事君也、君出則己入、君入則己出、以為不臣也」、『穀梁伝』僖公三十年「称国以殺、罪累上也、以是為訴君也」

（26）註（6）山田統氏、前掲論文参照。

（27）『詩経』国風諸篇を『左伝』の伝える諸国物語により解釈する立場は、その詩序においてたびたび見られるものである。ただ、この点に関して白川静氏は、毛詩の学が経学上の位を占めるために、『左伝』の説話との結合によって後世の信憑性を得たとし、「説話的解釈がほとんど傅会にすぎない」と指摘する（同氏『詩経研究通論篇』、同朋書店、一九八一年）。なお、当該期の外交については、裴黙農『春秋戦国外交群星』（重慶出版、一九九四年）参照。

（28）元咺提訴事件を裁判制度の側面から見るものに、籾山明「春秋訴訟論」（『法制史研究』三七、一九八八年、同氏『中国古代訴訟制度の研究』所収、京都大学学術出版会、二〇〇六年）、滋賀秀三「左伝に現れる訴訟事例の解説」（『国家学会雑誌』一〇二―一・二、一九八九年、同氏『続　清代中国の法と裁判』所収、創文社、二〇〇九年）等がある。

（29）当該期の魯の動向は、宇都木章「魯の三桓氏の成立について（一）」（『中国古代史研究第四』所収、雄山閣、一九七六年、宇都木章著作集第二巻『春秋戦国時代の貴族と政治』所収、名著刊行会、二〇一二年）参照。

（30）『春秋左伝注』僖公二十八年条「衛称子者、衛成公此時出居于外、其弟叔武奉盟、従未成君之礼也」、なお、裴黙農氏は叔武を「摂政」とする（註（27）同氏、前掲書）。「衛子」については、竹内康浩「『春秋』から見た五等爵制――周初に於ける封建の問題――」（『史学雑誌』一〇〇―二、一九九一年）、本書第二部第六章第二節『春秋』の他国君即位、参照。

（31）元咺は杜注に「元咺、衛大夫」とあるが、その出自について不明とせざるを得ない。ただ、程公説『春秋分記』、陳厚耀『春秋世族譜』巻上などは、いずれも公族と関係のない異族としている。また、『通史』氏族略の以邑為氏の条に、「元氏、左氏衛大夫元咺之後也、咺食邑於元、今大名府元城県其、其地子孫、以邑為氏」とある。なお、『史記』趙世家の孝成王十年の条に「元氏」という地名が見え、『読史方輿紀要』直隷定府では「元氏県、戦国時趙公子元之封邑、漢置県」とあるが、もしかすると元咺との関係があるのかもしれない。山田統氏は『詩経』有狐篇を通じて「元咺は河北の故衛地に食邑をもった人かも知れない」とする（註（6）同氏、前掲論文）。

（32）貝塚茂樹「古代に於ける歴史記述形態の変遷」（『東方学報』京都第一六冊、一九四八年、『貝塚茂樹著作集』第七巻所収、中央公論社、一九七七年）参照。

（33）『左伝』僖公二十七年「冬、楚子及諸侯囲宋、……、狐偃曰、楚始得曹、而新昏於衛、若伐曹・衛、楚必救之、則斉・宋免矣」

（34）『史記』衛康叔世家は『左伝』と多少異なった記事を伝えるが、この部分も「徴師於衛」とある。

(35)晋文公説話に見える諸国遍歴物語のうち衛・曹に関係するものは以下のとおりである。『左伝』僖公二十三年「過衛、衛文公不礼焉、出於五鹿、乞食於野人、野人与之塊、公子怒、欲鞭之、子犯曰、天賜也、稽首受而載之、……、及曹、曹共公聞其駢脅、欲観其裸、浴薄而観之、僖負羈之妻曰、吾観晋公子従者、皆足以相国、若以相、夫子必反其国、反其国必得志於諸侯、得志於諸侯、而誅無礼、曹其首也、子蓋蚤自貳焉、及饋盤飧、寘璧焉、公子受飧反璧」

(36)『春秋宗朱辨義』僖公二十有八年春晋侯侵曹晋侯伐衛の条。

(37)杜注「加恵於百工、賞其利器用也、方事之宜也」、正義「務材、務在植材用也、訓農、訓民勤農業也、通商、通商販之路、令貨利往来也、恵工、加恩恵於百工、賞其利器用也、敬教、敬民五教也、勧学、勧民学問也、授方、授民以事、皆有方法也、任能、其所委任信能用人也」、また『史記』衛康叔世家では「文公初立、軽賦平罪、身自労、与百姓同苦、以収衛民」とあり、税・裁判等の問題にも政策が及んだとする。

(38)邢については『春秋』僖公十八年に「冬、邢人・狄人伐衛」とあり、『左伝』では「冬、邢人・狄人伐衛、囲菟圃、衛侯以国讓父兄子弟、及朝衆、曰苟能治之、(衛侯)燬請従焉、衆不可、而後師于訾婁、狄師還」と伝えるが、『左氏会箋』にあって「讓以感激国人」と一種の手段と解す。ただ結果的には『春秋』僖公二十五年に「春王正月丙午、衛侯燬滅邢」とある。邢の動向は、趙鉄寒「邢国遷徙考」(『大陸雑誌史学叢書』第一輯第三冊、一九六〇年)参照。また滑については『春秋』僖公二十年に「(五月)、鄭人入滑」とあり、『左伝』には「滑人叛鄭、而服於衛」といい、さらに『左伝』僖公二十四年にも「鄭之入滑也、滑人聴命、師還、又即衛」と、衛と滑の関係を伝える。

(39)魯・莒関係史については、宇都木章「春秋時代の莒国とその鐘名――莒魯交兵始末――」(佐久間重明教授退休記念『中国史・陶磁史論集』所収、燎原書店、一九七二年、宇都木章著作集第一巻『中国古代の貴族社会と文化』所収、名著刊行会、二〇一一年)参照。

(40)『春秋宗朱辨義』僖公二十有五年冬十有二月癸亥の条。

(41)『左伝』僖公二十八年に先軫の謀略を採用した晋文公の政策が「及拘宛春於衛、且私許曹、衛、曹・衛告絶於楚」とあるが、衛は晋の内政干渉を受け国内体制が変質していたと考えられる。

(42) 城濮の戦いについては、武国卿・慕中岳合著『中国戦争史（一）』（金城出版社、一九九二年）参照。
(43) 『春秋宗朱辨義』僖公二十有八年衛侯出奔楚の条。
(44) 『学春秋随筆』僖公二十有八年五月癸丑の条。
(45) 『左伝』定公四年「子魚曰、……、晋文公為践土之盟、衛成公不在、夷叔其母弟也、猶先蔡、其載書云、王若曰、晋重・魯申・衛武・蔡甲午・鄭捷・斉潘・宋王臣・莒期、蔵在周府、可覆視也」
(46) 『春秋説』（皇清経解）。
(47) 註（6）山田統氏、前掲論文参照。
(48) 陳の外交動向については、何光岳『楚滅国考』「陳国考」（上海人民出版社、一九九〇年）、後藤均平「陳について」（註（6）『中国古代の社会と文化』所収）にまとめられている。
(49) 甯武は『論語』公冶長篇に「子曰、甯武子、邦有道則知、邦無道則愚、其知可及也、其愚不可及也」と見える。
(50) 江村治樹「侯馬盟書考」（内田吟風博士頌寿記念会『東洋史論集』所収、同朋舎、一九七八年、同氏『春秋戦国秦漢時代出土文字資料の研究』所収、汲古書院、二〇〇〇年）参照。
(51) 吉本道雅「春秋載書考」（『東洋史研究』四三―四、一九八五年）参照。
(52) 『春秋左伝注』僖公二十八年条参照。
(53) 『学春秋随筆』六月衛侯鄭自楚復帰于衛の条。
(54) 『史記』衛康叔世家には「成公三年、晋欲假道於衛救宋、成公不許、晋更従南河渡救宋、徴師於衛、衛大夫欲許、成公不肯、大夫元咺攻成公、成公出犇」とあり、最初から対晋外交をめぐり成公と元咺に対立があったと伝える。
(55) 滋賀秀三氏は「晋に出奔していた元咺が衛侯を晋にうったえたのだと考えざるを得ない」とし、「衛侯は元咺を相手に法廷で対決することになった」が、「「訴」を「うっとう」と訓読し訴訟の提訴と解釈することはできない」とする（註（28）同氏、前掲論文）。だが、李隆献『晋文公復国定覇考』（国立台湾大学出版委員会、一九八八年）は、兪樾『茶番室経説』により甯武子を助訟人、鍼荘子を訴訟代理人、士栄を弁護人と規定する。

(56)『春秋大事表』晋楚争盟表巻二十八。
(57)『学春秋随筆』晋人執衛侯帰之于京師の条。
(58)郭克煜等著『魯国史』（人民出版社、一九九四年）は、当該期の情勢分析から魯の外交政策を「一挙両得」と見る。
(59)『春秋』僖公三十年には「冬、天王使宰周公来聘、公子遂如京師、遂如晋」とあり、『左伝』では「東門襄仲将聘于周、遂初聘于晋」と伝えるが、これを最初として以後、晋・魯友好関係は継続する。
(60)『左伝』閔公二年には「僖之元年、斉桓公遷邢于夷儀、二年、封衛于楚丘、邢遷如帰、衛国忘亡」とあり、ともに狄の侵入を被った邢・衛が覇者斉桓公の援助下に遷徙している。なお、斉桓公・晋文公の覇者としての性質の比較については呂祖謙『左氏伝説』参照。
(61)『春秋大事表』四裔表巻三十九所引。
(62)『春秋大事表』四裔表巻三十九所引。
(63)『春秋大事表』四裔表巻三十九。
(64)安倍（斎藤）道子「成公後期、穆王期における楚の対外発展」（『東海大学文学部紀要』三五、一九八一年）参照。
(65)『春秋大事表』晋楚争盟表巻二十八。
(66)宇都木章「春秋時代の乱」（新人物往来社、一九九二年、宇都木章著作集第三巻『春秋時代の貴族政治と戦乱』所収、比較文化研究所、二〇一三年）には当該期の曹の動向についてややまとめられている。
(67)『春秋』僖公二十八年には「（冬）、曹伯襄復帰于曹、遂会諸侯囲許」とあるが、『左伝』では「晋侯有疾、曹伯之豎侯獳貨筮史、使曰以曹為解、斉桓公為会而封異姓、今君為会而滅同姓、……、与衛偕命、而不与偕復、非信也」と伝えるように、侯獳にその非を語らせている。
(68)小野沢精一氏は、晋文公説話を斉桓公のそれと比較検討し、徳刑の両理論を使った覇者として晋文公を重視する（「晋の文公説話にみられる覇者の性格について」『東京大学教養学部人文科学紀要』四六、一九六八年、同氏『中国古代説話の思想史的考察』所収、汲古書院、一九八二年）。ところで、晋はなぜ対衛・曹支配を重視したのかという問題が残るが、伊藤道治氏は、当該期の晋が交通路支配の目的で衛の地域領有を目指したと考えている（註（5）同氏、前掲論文）。ただ、氏は曹について斉を中心とする時期の「東方諸侯が中原諸侯と行う会盟の東限」とし、やはり交通上の要地と見るが、晋文公期にあっても曹が反対に中原から東方諸侯への重要地だったといえよう。こうした点から、晋は外交上の交通要地確保の面で、衛・曹両国を押さえる必要があったのかもしれない。

（69）『春秋大事表』人物志巻四十九では、元咺を乱臣四十八人のなかに入れている。

（70）郝鉄川「論春秋官制的演変」（『中国史研究』一九八七―一）参照。

（71）童書業『春秋左伝研究』（49）衛卿族興衰（上海人民出版社、一九八〇年）参照。

（72）『春秋左伝注』に「授方者、授之以百官之常法也、任能者、任用其材能之人也、不授以方、則無治法、不任其能、則無治人、授方任能、衛之所以興也」とあり、人材登用を国力復興の要因とする。

（73）陳厚耀『春秋世族譜』巻上によれば、春秋時代衛の世族のうち比較的系譜が明瞭なものとして、石氏・甯氏・孫氏・孔氏・太叔氏・公叔氏・北宮氏・史氏・褚師氏・王孫氏・夏氏を挙げる。このうち当該時代を通じて継続的に見出せるものが、石氏・甯氏・孫氏・孔氏等で、注意を要するのは孔氏以外すべて公族である。衛の政権は公族参加が基本であった点を示唆する。なお、顧徳融・朱順龍『春秋史』第五章春秋時代的政治制度和軍事制度（上海人民出版社、二〇〇一年）でも、魯・衛両国の公族勢力の強大さによる国君駆逐を指摘している。

第八章　杞国の外交と政治

はじめに

春秋時代の山東地方には、斉・魯の諸侯国とともにいくつかの小国の存在が、『春秋』『左伝』等を通じて確認できる。『春秋』が魯国の年代記であることから[1]、山東に関しては他の地方にくらべ、その記述も比較的詳細に見える。特に魯国との外交関係から山東春秋史ともいえる、局部的な当該時代の変遷を読み取ることが可能である[2]。考古学的成果としては、南方の楚文化研究に対比するかたちで「東夷古国史研究」が行われ、大国中心の春秋史から地域の特質を視野に入れた全体像の構築が試みられた[3]。なかでも晋・楚の南北対立に翻弄されながら、諸侯国として自立を維持する小国は、軍事と外交の変化に対応が迫られ、巧みな外交政策を推進せざるを得なかった。山東小国の動向は、まさにそうした国際環境に位置づけられる性質のものである。

第一部第七章では山東の小国であった紀国について若干の考察を行ったが、関連事項のひとつに山東の杞国の問題が浮上した[4]。杞は小国であって大国中心の国際社会の背後に見え隠れする存在でしかないように『春秋』では坦々とその名を記録し、司馬遷にいたっては「杞小微、其事不足称述」（『史記』陳杞世家）と論断している[5]。しかし、杞には外交をめぐる遷徙問題が従来から指摘され[6]、その動向は軽視できない論点を持つと考えられる。そこで、本章では、杞国の当該時代における外交を整理し、加えて遷徙問題から杞と淳于の関係、青銅器銘文にもとづき杞と郲の婚姻について若干の考察を加え、小国の国際社会における存続の一形態を提示するものである。

第一節　杞国と莒国

『史記』陳杞世家によると、周の武王が殷に勝利した際、禹の後の東楼公を得て、これを杞に封じたという。地域は従来から河南省杞県雍丘と考えられている。『春秋』に記録される山東地方の一部を領有する杞国との関係が問題となるが、『漢書』地理志の陳留郡雍丘の条には、杞について「先春秋時徙魯東北」とある。(7) しかし一体、杞は正確にはいつ、どこに移ったかとなると、見解の一致を見ていない。例えば、杜預は、

杞国本都陳留雍丘、推尋事跡、桓六年淳于公亡国、杞似并之遷都淳于、僖十四年又遷縁陵、襄公二十九年晋人城杞之淳于、杞又遷都淳于、（『春秋』隠公四年条）

と考えている。杞の当該時代の動向をよく整理しているが、この点については後にふれる。いずれにしても杞の所在の変遷には問題があるが、すでに殷周時代に杞の名を記す甲骨・金文の存在が確認され、杞の存在自体は動かし難い。(8)

以下では春秋時代の杞すなわち『春秋』等で確認される、山東地方に移った後の杞国の動向を整理してみることにしよう。

A　a隠公四年春王二月、莒人伐杞、取牟婁、
　b桓公二年秋七月、杞侯来朝、
　c桓公二年九月、入杞、

Aaによれば莒が杞を攻め、牟婁を占領した。これは杞と莒が隣接する地域に存在した点を示すが、牟婁の所在地と

して諸城県西部が考えられている。(9)

では、莒とはどのような国であったのであろうか。杞国の考察には重要な諸侯国と思われる。『春秋』から莒関係の当該期の記事を挙げると以下のとおりである。(10)

Ｂ　ａ隠公二年夏五月、莒人入向、

ｂ隠公二年九月、紀裂繻来逆女、

ｃ隠公二年冬十月、伯姫帰于紀、

ｄ隠公二年、紀子帛・莒子盟于密、

ｅ隠公三年冬十有二月、斉侯・鄭伯盟於石門、

ｆ隠公六年夏五月辛酉、公会斉侯盟于艾、

ｇ隠公七年春王三月、叔姫帰于紀、

ｈ隠公七年夏、城中丘、

ｉ隠公八年九月辛卯、公及莒人盟于浮来、

Ｂａによると莒はＡａの二年前に東南に位置する向へ侵入し、魯と対抗し得る勢力として山東地方に影響力を及ぼしていた。Ｂｄの密の盟は、魯と友好を保持する紀（Ｂｂ、Ｂｃ、Ｂｇ）との会合であるが、莒・魯関係もやや改善されたようである。(11) しかし、莒・魯の友好は強固なものではなかったらしい。Ｂｈの中丘（臨沂県東北）への「城」は、中丘が魯の東境、莒との境に隣接するため、魯が莒を警戒しての措置と考えられる。(12) なお、Ｂｉは『左伝』には「以成紀好也」とあり、紀の仲介による魯・莒の会盟であった。

莒の山東での魯を圧迫する勢力からすれば、Ａａで莒の攻伐を被った杞は莒の勢力下に組み込まれたものと考えら

れる。杞のそうした状況が、Ａｃでの魯の杞への軍事行動につながったのかもしれない（『左伝』「討不敬也」）[13]。一方で斉はＢｅにあるように鄭との盟を成立させ、隠公八年に宋・衛と会盟を行い、中原社会との関係強化を図っている。したがって当該時代の山東では、魯・莒・斉、そして魯との関係を保持する紀が並存する形で、国際社会が推移していたわけである。

Ａｂに杞侯の来朝記事が見える。第一部第七章で指摘したようにこの「杞侯」は、『公羊伝』『穀梁伝』の『春秋』経文では「紀侯」となっている。桓公三年には『左伝』『公羊伝』の『春秋』経文に「六月、公会杞侯于郕」（ただし『公羊伝』は「郕」を「盛」に作る）とあるが、『穀梁伝』では「杞侯」を「紀侯」としている。『左伝』の『春秋』経文桓公十二年の「夏六月壬寅、公会杞侯・莒子盟于油池」にも「杞侯」が見えるが、『公羊伝』『穀梁伝』では「紀侯」としている。「杞」と「紀」は混同されているが、「杞侯」の「侯」という爵号からも「紀侯」が正しいと考えられる[14]。また、「杞」と混同される「紀」国は、当該期では魯との関係を重視した外交を示し、最終的には斉の圧力に屈する形で、『春秋』荘公三十年を最後にその姿を消してしまう。紀が「紀侯」と書されていること、加えて『公羊伝』『穀梁伝』の記述を合わせれば、桓公年間では「紀」は「杞」と誤記された可能性が高い。しかも、春秋初期の山東地方が魯・斉・莒・紀の並存状況であったこと、魯と紀の友好関係から、桓公十二年の「杞侯」は「紀侯」と考える方が自然であろう。本章では「杞侯」をすべて「紀侯」とする。

第二節　杞国と魯国・斉国

油池の盟での魯・紀・莒の和平により（桓公十二年）、山東地方の勢力関係は変化が生じたらしい。三国同盟に否定的な斉が、宋・衛と連合して魯へ圧力を加え（桓公十三年）、紀の邑を遷す（荘公元年）。斉の軍事行動の活発化は、紀と友好関係にあった魯にとって由々しき事態であり、この後、斉・魯両国が対立する。[15]こうした情勢は斉桓公の即位によって一層緊迫し、魯が斉との友好関係を選択せざるを得なくなる（荘公十三年）。一方で莒に関して、魯公夫人の文姜が赴くが（荘公十九・二十年）、これは魯国の外交交渉と考えられ、魯・莒関係史の一面である。[16]

ここで再び杞の動向が『春秋』に現われる。

C　a荘公二十五年（六月）、伯姫帰于杞、
　b荘公二十七年春、公会杞伯姫于洮、
　c荘公二十七年冬、杞伯姫来、
　d荘公二十七年（冬）、莒慶来逆叔姫、
　e荘公二十七年（冬）、杞伯来朝、

Cabcは杞と魯の婚姻と、両国外交の新たな局面を示すが、[17]この点がCeの杞伯の来朝の前提であった。ただ杞・魯の友好には、Cdの莒・魯の婚姻が直接関係している（杜注「慶、莒大夫」）。というのは、斉桓公による山東での和平のなか、莒が魯・斉と協調路線を選択し、杞も新たな外交を推進したものと考えられるからである。[18]当該期の初頭以来、杞は莒の従属国であったが、莒の和平政策により魯接近が可能となったわけである。この後、莒と魯の対立にあっても（僖公元年～僖公二十五年）、[19]『春秋』僖公五年に、

（春）、杞伯姫来朝其子、

とあり、杞は莒と一線を画し、魯との婚姻を通して友好の維持を図っていた。ただ、杞のこのような自立的動向が杞をめぐる国際環境そのものに変化を促した。

D　a僖公十三年（夏四月）、公会斉侯・宋公・陳侯・衛侯・鄭伯・許男・曹伯于鹹、
　　b僖公十四年春、諸侯城縁陵、

Daは斉桓公の主催の会であるが、『左伝』では「淮夷病杞故、且謀王室也」と伝えている。Dbでは杞の縁陵（杜注「縁陵、杞邑也」、『春秋左伝注』「山東省昌楽県東南七十里」）に「城」がなされ、『左伝』には「春、諸侯城縁陵而遷杞焉」とあり、遷徙したとする。[20] これは斉桓公が邢・衛を狄の攻撃から救い、遷徙させたことに一連する覇業への過程と考えられる。[21]『公羊伝』僖公十四年では、

孰城之、城杞也、曷為城杞、滅也、孰滅之、蓋徐・莒脅之、曷為不信徐・莒脅之、為桓公諱也、

とあり、杞は徐・莒によって滅国され、『春秋』がこの事実を示唆しているとする。滅国については別に考えなければならないが、徐・莒ごとに莒が杞を圧迫したとの理解は注意を要しよう。莒・魯が対立する時点で（僖公元年）、杞が独自に対魯関係の強化を推進したが、これは従来から杞を従属国と捉える莒にとって、黙認できぬ事態であったはずである。莒が杞に対して軍事行動に出た可能性は十分に考えられる。徐の動向自体、明確ではないが、[22]『公羊伝』の伝える莒による杞攻伐は考慮すべきである。

一方で当該期の遷徙からすれば、斉桓公の杞政策は覇業への過程として理解し難い点を含んでいる。遷徙には相手国を見据えた領域支配の外圧的要素が認められ、[23] 杞の遷徙は斉の対杞武力行使の側面を内在すると考えられる。また見方を変えれば、杞が莒から離反し魯との接近を模索する自立的外交は、斉にとって自己の勢力基盤を脅かす行為であったわけである。いずれにしても、Dbの伝える斉主導の縁陵への「城」からは、魯に傾向する杞を自己の勢力下にとどめようとする斉の政治的意図が見出せる。

第三節　杞国と晋国・斉国

斉桓公の卒後、杞をめぐる国際環境はさらに変化した。『春秋』には以下の杞の動向が確認できる。

Ｅ　ａ僖公二十三年冬十有一月、杞子卒、

ｂ僖公二十五年冬十有二月癸亥、公会衛子・莒慶盟于洮、

ｃ僖公二十六年春王正月己未、公会莒子・衛甯速盟于向、

ｄ僖公二十七年春、杞子来朝、

ｅ僖公二十七年（秋）乙巳、公子遂帥師入杞、

ｆ僖公二十八年秋、杞伯姫来、

ｇ僖公三十一年冬、杞伯姫来求婦、

Ｅａｄでは「杞子」と記述されているが、『左伝』はＥａに「十一月、杞成公卒、書曰子、杞、夷也、不書名、未同盟也」とし、杞が「夷」で対魯同盟の未成立を指摘する。さらに、Ｅｄを「用夷礼、故曰子、公卑杞、杞不共也、……、秋、入杞、責無礼也」と、Ｅｅの魯による杞攻伐の前提と考えている。

ところで、Ｅａのような『春秋』卒葬記事には対象国の赴告にもとづき、『左伝』が「凡諸侯同盟、死則赴以名、礼也、赴以名、則亦書之、不然則否、辟不敏也」と指摘するとおり、儀礼を含んだ外交が認められる。したがって、Ｅａの時点で杞と魯が依然として国際関係を維持していたことは確かで、Ｃａ荘公二十五年での通婚以来の外交交渉の継続を示唆する。しかし、Ｅａ「杞子卒」、Ｅｄ「杞子来朝」は『春秋』では特異な記録である。杞の国君は卒葬

記事を含め「杞伯」が一般的であるため、「杞子」から当該期における杞・魯関係の他期間との相違を考慮すべきであろう[24]。『春秋』襄公二十九年に「杞子来朝」がもう一度見られるが、このとき後述のように杞と魯は晋を介して領土問題で係争中であり、あるいはこうした事情が「杞子」記事を発生させたのかもしれない。以上からEの時期では杞は斉の国力に圧迫され、対魯関係の離反を余儀なくされていたのではなかったか。杞・魯の婚姻による友好的環境は変化し、Eeの魯の対杞軍事行動もそうした外交関係のなかに位置づけられるものであろう[25]。

Eの時期でもう一点注目すべきは莒の動向である。独自な外交を展開していた杞は、Ebcに見えるかつて従属関係にあった莒が魯・衛と会盟し、新たな課題を負ったらしい。そもそも宋襄公の台頭は斉桓公の事業の継承であったが、楚の北進政策を前に頓挫した（泓の戦い—僖公二十二年）。楚に対する中原諸国の警戒は（『左伝』桓公二年）、現実的問題となっていた。こうした状況を背景に莒が衛の仲介で魯と接近を図ったのが、Eの莒関係記事と考えられる。一方、覇権を確立しつつあった晋は、城濮の戦いで楚の北進を阻止し（僖公二十八年）、その国力が国際的な承認を得ることになる。晋・楚抗争による国際環境の変化が、山東での杞の外交に一層の独自性を促した。Ef僖公二十八年「杞伯姫来」、Eg僖公三十一年「杞伯姫来求婦」は、直接にはEeの魯の杞入城の軍事行動を受けたためだが、魯との婚姻関係の継続により、新たな道を模索する杞の自立的動向と考えられる。

『春秋』には、

文公十二年（春）、杞伯来朝、

とあり、『左伝』では「杞桓公来朝、始朝公也、且請絶叔姫而無絶昏、公許之」と伝えている[26]。杞伯の来朝は杞・魯関係の新たな展開を示しているが、婦人の離縁とそれを認める魯の立場には、杞・魯外交の何らかの事情があろう。なぜなら、その前提には魯の大夫穆伯が莒から婦人を迎えたことに端を発した、魯・莒両国をめぐる混乱が存在するからである（『左伝』文公七・八年）[27]。恐らくこうした状況が莒とかつて従属関係を結んでいた杞に、新たな外交を展開させたものと考えられる。さらに、晋の覇業によって新しい秩序が形成されるなか（文公十四年新城の盟）、斉・魯の対立と会盟が見出せ[28]、山東地方の国際関係は複雑な様相を呈しはじめるが、この点も杞の外交に影響したであろう。また、一方で当該期、魯は秦・楚の使節を迎え入れ、曹・滕も杞と同じく魯に来朝している。杞は魯の晋・秦・楚外交を前提に、曹・滕と魯に朝見したわけである[29]。

こうしたなかで、『春秋』には、

宣公四年春王正月、公及斉侯平莒及郯、莒人不肯、公伐莒、取向、

とあり、莒・郯の対立に斉・魯が仲介を試みるが、莒はこれを拒絶し、魯の攻伐を被り向を占領される。さらに、

宣公十一年（夏）、公孫帰父会斉人伐莒、

宣公十三年春、斉師伐莒、

とあり、『左伝』では「莒恃晋而不事斉故也」（宣公十三年）と説明している。特に宣公十三年については、前年の邲の戦いで晋が楚に敗績し、中原世界の均衡が崩れたことが関係した。ただし、山東地方での斉・魯の活発化にあって、莒が「莒恃晋」の外交方針を宣公年間の初頭から継続し、自国の勢力基盤を晋との関係強化によって模索していたと考えられる[30]。斉・魯の対莒軍事行動の直接的要因は、ここにあったといえよう[31]。したがって、杞の魯との婚姻の解消は（『左伝』文公十二年）、晋の覇権確立にともない、杞外交が山東の斉・魯から晋重視へと転換したことを示唆している。しかも、杞は従来の対莒関係を全く断ち切っていたわけではなく、むしろ再構築ないしは親莒傾向を目指したものと見られる。しかしながら、杞の動向は依然としてその位置する地域の国際環境に制約されていたようである。

『春秋』には断道の盟について、

宣公十七年（六月）己未、公会晋侯・衛侯・曹伯・邾子同盟于断道、

とあり、『左伝』では斉が参加を拒絶する物語を伝えている。[32] これには山東地方での斉の国力復興が関係した。一方、斉の攻伐を被った莒では（宣公十三年）、対晋関係を完全に絶たれ、斉同盟に組み込まれた模様で、断道の盟への参加はありえない。したがって、杞国も莒との関係を通じて自ら断道の盟を拒否する立場にあったといえよう。[33] だからこそ『春秋』宣公十八年に、

春、晋侯・衛世子臧伐斉、

（春）、公伐杞、

とあり、斉とともに杞が攻伐の対象となったわけである。ただし、魯による軍事行動は、杞国外交に再び新たな局面をもたらした重要な起点であった。宣公十八年春の記事に関して『左伝』には「斉侯会晋侯盟于繒、以公子彊為質于晋、晋師還」とあり、斉・晋関係の改善が杞の外交政策に影響をおよぼしたことは間違いなかろう。成公二年鞌の戦いで斉が晋連合軍に完敗し、晋の権力基盤が確立したことによって、晋・楚の抗争は一層強まるが、杞をとりまく環境も変化した。

『春秋』では以下の記事が確認できる。

F　a成公四年（三月）、杞伯来朝、

b成公五年春王正月、杞叔姫来帰、

c成公五年十有二月己丑、公会晋侯・斉侯・宋公・衛侯・鄭伯・曹伯・邾子・杞伯同盟于虫牢、

d成公七年（秋）、公会晋侯・斉侯・宋公・衛侯・曹伯・莒子・邾子・杞伯救鄭、八月戊辰、同盟于馬陵、

e成公八年冬十月癸卯、杞叔姫卒、

f成公九年春王正月、杞伯来逆叔姫喪以帰、

g成公九年（春）、公会晋侯・斉侯・宋公・衛侯・鄭伯・曹伯・莒子・杞伯同盟于蒲、

Ｆｃでは杞が晋同盟の一構成国として見えが、これは前述の魯の杞攻伐（宣公十八年）やＦａなどから、晋同盟内における魯の杞に対する何らかの役割を窺わせる。Ｆａに『左伝』では「帰叔姫故也」と、Ｆｂの記事との関連性を見出すが、杞に関する魯の具体的な役割は不明である。しかし、Ｆｄ馬陵の盟について『左伝』には「尋虫牢之盟、且莒服故也」とあり、杞が当該期再び莒とは一線を画した独自の外交を展開し、Ｆａｂｅの魯・杞関連記事もこのような杞外交と関連するものと考えられる。なお、Ｆｄｇでは、杞は莒と対等な諸侯国として国際社会に位置づけられている。いずれにせよ、鞌の戦いでの斉の敗北による山東の勢力分布の変化が、杞の自立化を促進したものといえよう(34)。ただ注意すべきは、Ｆｆについて『左伝』には「請之也」と伝えるが、『公羊伝』では「脅而帰之也」と魯の脅迫的な杞に対する要請を見る点である。当該期にあって杞は、魯の制約を被っていたのかもしれない。そして、杞は外交上また新たな局面を迎えることになった。

第四節　杞国と晋国

鄢陵の戦い（成公十六年）の晋・楚の攻防は、楚の分裂と敗績という形で終結し、晋の覇者としての地位を確立させた。『春秋』には、

成公十八年秋、杞伯来朝、

とあり、杞の対魯外交を記録するが、『左伝』では「労公、且公問晋故、公以晋君語之、杞伯於是驟朝于晋而請為昏」

と伝えている。杜注は「語其徳政」と、晋侯の徳政に根拠を求めるが、杞・晋の婚姻が以後継続することから、親晋外交の起点をここに見出すべきである。

杞は晋との通婚によりながら、山東地方にあって自立した外交を確立し、晋・斉・秦・楚の四大国が並立する国際社会で存続していた。『春秋』に、

襄公元年（春）、仲孫蔑会晋欒黶・宋華元・衛甯殖・曹人・莒人・邾人・滕人・薛人囲宋彭城、

夏、晋韓厥帥師伐鄭、仲孫蔑会斉崔杼・曹人・邾人・杞人次于鄫、

とあり、杞は対宋軍事行動で莒と連動せず、対鄭軍事行動では莒から離れ独自に参加が見られる。また、莒が邾と協同して鄫を攻伐、晋の承認のもと鄫を附庸国としていた魯はこれを救援したため（『左伝』襄公四年）、莒・魯は微妙な関係となって、『春秋』襄公六年では「（秋）、莒人滅鄫」と見える。しかし、ここでも杞は莒と行動を協同していない(35)。『春秋』襄公六年には、

春王三月壬午、杞伯姑容卒、

秋、葬杞桓公、

とあり、杞の卒葬記事が見られ、『左伝』では「始赴以名、同盟故也」と伝え、杞が対魯外交を独自に展開していた。一方、斉が宋の彭城攻囲（襄公元年）に合流せず対晋関係を悪化させ、莱に圧力をかけるが、その同盟国として滕・薛・小邾が挙げられ（『左伝』襄公二年）、杞は見出せない。杞は斉とも一線を画した外交を推進していたわけである(36)。

杞の山東での自立化の方向は、当該期の『春秋』が記録する会盟・侵伐に杞が頻繁に確認されることからも裏付けられる(37)。ただ、杞の莒・斉からの独立は、地域的に魯との関係強化が不可欠であり、しかも晋との婚姻による親晋外交、晋同盟入りが絶対条件であった(38)。なお、晋・斉・秦・楚の和平協定にともなう宋の会（襄公二十七年）では、杞

の参加が見られず、いまだ晋同盟にあってその外交上の独立性が希薄であった感は否めない。一方で、宋の会後、斉は晋に赴くが、『左伝』襄公二十八年には、

　夏、斉侯・陳侯・蔡侯・北燕伯・杞伯・胡子・沈子・白狄朝于晋、宋之盟故也、

と伝え、杞が確認できる。杜注が「陳侯・蔡侯・胡子・沈子、楚属也、宋盟曰、晋・楚之従交相見、故朝晋矣」というとおりであろう。[39] 杞は斉と行動をともにするが、晋同盟の夷儀の会に名を連ね、晋による対斉報復戦に参加し（『左伝』襄公二十五年）、斉との本質的な同盟関係が想定できない。斉の立場からは、宋の会後の国際和平にあって、地域的に隣接し、晋と友好関係にある杞を介して対晋関係の改善を図っていたのかもしれない。杞は晋と密接な関係を保持しながら、従来とは異なり、斉と対等な外交を山東地域で展開するようになったと考えられる。

杞の対晋関係は『春秋』の以下の記事からも窺える。

Ｇ　ａ襄公二十九年（夏）、仲孫羯会晋荀盈・斉高止・宋華定・衛世叔儀・鄭公孫段・曹人・莒人・滕人・薛人・小邾人城杞、

　　ｂ襄公二十九年（夏）、杞子来盟、

Ｇａは晋連合による杞への築城であるが、『左伝』では「晋平公、杞出也、故治杞」とし、晋・杞の通婚にもとづく友好的措置とする。[40] その原因についてＧｂの記事に関連させ「晋侯使司馬女叔侯来杞田、弗尽帰也」と伝える（杜注「治、理其地、修其城」）。このように晋による杞の築城には、杞・魯の田土をめぐる対立が存在したが、杞の対晋関係が一方で従来の対魯関係に変質をもたらしたのかもしれない。また、Ｇｂの一風変わった「杞子」について、『左伝』には「書曰子、賤之也」とするが、その前提に晋の女叔侯（女斉）の言説に「杞、夏余也、而即東夷、魯、周公之後也、而睦於晋」とあり、杞・魯の対立を魯の立場で意図的に記したものと考えられる。[41] こうしたなかで『左伝』昭公

七年に「晋人来治杞田、……、晋人為杞取成」とあり、杜注が「前女叔不尽帰也、今公適楚、晋人恨、故復来治杞田」と指摘するように、『春秋』昭公七年「三月、公如楚」という魯の対楚接近にともなう晋・魯関係の微妙な変化が、杞・魯の田土をめぐる対立を緩和し、一方で杞と晋の友好を推進させた。『春秋』昭公十年「(秋七月)戊子、晋侯彪卒」に対して、『左伝』には、

九月、叔孫婼・斉国弱・宋華定・衛北宮喜・鄭罕虎・許人・曹人・莒人・邾人・滕人・薛人・杞人・小邾人如晋、葬平公也、

とあり、杞は魯と平公の葬儀に参列している。なお、杞の対魯外交の痕跡は以後も卒葬記事として確認できる。(42)杞は晋との友好関係を継続していた。『春秋』には、

H　a昭公十一年秋、季孫意如会晋韓起・斉国弱・宋華亥・衛北宮佗・鄭罕虎・曹人・杞人于厥慭、

b昭公十三年秋、公会劉子・晋侯・斉侯・宋公・衛侯・鄭伯・曹伯・莒子・邾子・滕伯・薛伯・杞伯・小邾子于平丘、

c昭公二十六年秋、公会斉侯・莒子・邾子・杞伯盟于鄟陵、

d昭公三十二年冬、仲孫何忌会晋韓不信・斉高張・宋仲幾・衛世叔申・鄭国参・曹人・莒人・薛人・杞人・小邾人城成周、

e定公四年三月、公会劉子・晋侯・宋公・蔡侯・衛侯・陳子・鄭伯・許男・曹伯・莒子・邾子・頓子・胡子・滕子・薛伯・杞伯・小邾子・斉国夏于召陵、侵楚、

とあり、Hａｂｄｅでは晋を盟主とする会盟等に杞の参加が見られる。ただ、Hｂの前提について『左伝』昭公十三年に「晋成虒祁、諸侯朝而帰者皆有貳心」とあり、そもそも晋同盟自体の求心力が弱まりつつあった。『春秋』昭公

十三年には、

八月甲戌、同盟于平丘、公不与盟、晋人執季孫意如以帰、

とあり、晋・魯関係の不安定さが窺える。また、『左伝』では叔向の言説を借りて「若奉晋之衆、用諸侯之師、因邾・莒・杞・鄫之怒、以討魯罪」と、杞らの魯に対する「怒」の存在を伝えている。杜注が「四国近魯、数以小事相忿」と考える点は重要だが、同じく晋同盟に加わる杞・魯では、その二国間外交が必ずしも良好ではなかったようである。Ｈｃは『左伝』に「謀納公也」と伝えられ、三桓氏専断による魯昭公の国外脱出（昭公二十五年）を支援し[43]、その帰国を謀る斉主催の会盟であったが、杞の参加が確認できる。鄟陵の盟自体は『左氏会箋』が「晋衰而斉侯合諸侯盟之也、……、然則鄟陵是世変之大者矣」と指摘するように、斉の対外活動の活発化を顕著に示すものであった。ただし、Ｈｅの晋連合の対楚軍事行動に杞が見られ、依然として杞は対晋関係を当該期に保持していたと考えられる。あるいは杞国はＨｃの時点で斉との同盟関係を再び構築していたのかもしれない。山東地方での杞国の立場を象徴するように、また新たな外交政策を推進した可能性がある。

第五節　杞国と国際社会

杞国はいつごろから、山東地方のどこに存在していたのであろうか。これは杞の河南からの遷徙も関連し、にわかに断定できない問題である。しかし、『春秋』隠公四年「春王二月、莒人伐杞、取牟婁」から、当該時代のはじめに杞が山東の莒と隣接する地域に位置したことは確かである[44]。そこで、杞国の国際社会での活動に関して、杜預の先駆的考察からまず遷徙問題を考えてみることにしよう。

杜預は河南からの遷徙後の都を淳于（山東省安丘県東北）[45]に求めるが、『春秋』には、

桓公五年冬、州公如曹、

桓公六年春正月、寔来、

とあり[46]、『左伝』では、

冬、淳于公如曹、度其国危、遂不復、（桓公五年）

春、自曹来朝、書寔来、不復其国也、（桓公六年）

と、「州公」すなわち「淳于公」が[47]、その国が危機的状況に陥ったため曹に赴き、そこから魯に朝見したと伝える。ただ、ここで特に杞との関係は言及されていない。しかし、淳于が杞の遷徙先であれば、淳于の動向あるいは淳于と曹、さらに魯国との外交関係も、杞国を考えるうえで重要である。『公羊伝』には、

外相如不書、此何以書、過我也、（桓公五年）、

寔来者何、猶曰是人来也、孰謂、謂州公也、曷為謂之寔来、慢之也、曷為慢之、化我也、（桓公六年）

と伝えている[48]。淳于公が魯国を通過するにあたって礼に反したとし、一貫してその行動を批難するが、いずれにせよ淳于と魯の不和をいうわけである。そもそも淳于は魯と友好関係にあった紀の東南に位置し、しかも紀が淳于の東方の夷（山東省即墨県西）に侵攻していた（『左伝』隠公元年）。紀の対外侵攻にともない、淳于は夷と同様に困難な状況に陥っていた可能性がある。したがって、魯と関係をもつ紀の外交と、斉・鄭の紀圧迫の事態が（桓公五年）、『公羊伝』のいうような淳于と魯の対立の前提であったかもしれない。一方で淳于公の赴いた曹は、桓公九年に至り魯に朝見するが、桓公五年の時点でも魯と友好関係にあった[49]。これは紀が魯を介して周と婚姻を成立させ（桓公八・九年）、周と強固な関係を持つ魯の指導力を期待した上での外交といえる[50]。また、杞は当該時代のはじめに莒の勢力下に組み込ま

れ、魯の軍事行動を受けていたが、山東での斉の台頭から斉との関係の強化も不可欠であった。

以上から杞と淳于は、紀をめぐる斉・魯両陣営を構成する立場にあり、両国が対立する要因が確かに存在した。杞は斉や淳于と領域を隣接していたが、淳于が魯へ朝見する前提の斉の対紀政策に乗じて、淳于を圧迫した可能性が十分に認められよう(51)。周辺を対立国に包囲されていた淳于は、紀が対魯関係によって斉に対抗したように、魯と友好関係を構築する必要があった。淳于は魯との関係をまず、魯と友好関係にある曹の仲介に期待したのではなかったか。曹は南北を宋・衛に接していたが、当該期、衛が斉と友好関係にあり(52)、なお油断できぬ存在で、宋では桓公二年に内乱が起っており、その一方で魯と本格的な外交を成立させたものと考えられる(53)。したがって、杜預の指摘する時期は別として、杞の淳于への遷徙は国際関係から十分に整合性があろう。さらに、後述のように清の道光・光緒年間に山東新泰県で杞伯器が多く出土し、杞の国邑は新泰に推定され(54)、東夷古国史研究もこの方向を受けるが(55)、一九八七年に新泰市から春秋前期とされる「淳于公戈」が出土している(56)。これは確かに新泰での杞と淳于の関係を示す痕跡であり、杞は淳于と対立後、その領域を併合したものと見られる(57)。

杜預のいうとおり、杞は淳于に遷徙したのかもしれない。杞は莒の傘下に組み込まれ、斉との関係を構築する過程で、山東地域の斉・魯・紀・莒の並存のなか、対淳于関係を含めた外交が求められていたのであろう。杞は斉・莒などの勢力に配慮しながら、近隣地域を視野にいれた独自の外交を小国に対して展開していたのである。

杜預が「僖十四年又遷縁陵」とするが、これは『左伝』僖公十四年「春、諸侯城縁陵而遷杞焉」を受けたもので、杞の遷徙は明確である。ただ、『左伝』に「不書其人、有闕也」とあり、杜注では「闕謂器用不具、城池未固而去、為恵不終也」と、「城」の不備を推察している。「有闕也」をもし杜注のように考えれば、縁陵への遷徙はなされなかったことになろう(58)。いずれにしても、この点は前述したとおり斉の対杞武力行使が関係していた。

さらに、杜預は「杞又遷徙淳于」とするが、これは襄公二十九年「城杞」に対して、『左伝』昭公元年追記が「城淳于」と伝えることにもとづくと思われる。確かに『左伝』は「杞」を「淳于」と言い換えるが、ただ遷徙には言及していない(59)。こうして杞と淳于が同じ国邑を指すのであれば、僖公十四年の縁陵への不遷の可能性から、杞は淳于を併合して国邑としたが、以後遷都はなされなかったことになる。杜預の一連の杞に関する遷徙についての見解にはやや疑問点が残るわけである。

杞遷徙論の出発点である杜預の見解は、最初の淳于への遷徙には可能性があるが、縁陵や淳于への再度の遷徙となると今一つはっきりしない。杜預の見解を排除して、『春秋』を重視すれば、杞は当該時代には莒の近隣に存在し、遷徙はなされず、『左伝』によれば杞が淳于を併合した可能性があり、縁陵に移ったものと考えられる(60)。

一方で杞に関する青銅器が確認される。早くは「亜醜杞婦」(五〇九七)と「杞婦」の銘に持つ殷代晩期のものが見られるが(61)、清代に山東新泰県で出土した「杞伯」の銘をもつ青銅器が重要である(62)。そのなかの「杞伯毎亡鼎」(二四九四)には、

杞伯毎亡乍邾㜌宝鼎、子々孫々、永宝、

(杞伯毎亡、邾㜌(曹)の宝鼎を作る。子々孫々、永く宝とせよ)

とある。郭沫若氏はこの「杞伯毎亡」を『史記』陳杞世家の「謀娶公」すなわち周厲王期の人物とし、邾㜌が邾曹であり、杞と邾の婚姻を指摘する(63)。楊樹達氏は、「杞伯毎亡」を「杞孝公」(前五六六―前五五〇、襄公七年―襄公二十三年)と見做す(64)。さらに、白川静氏は器の附耳平蓋から春秋末以後の器制と考え、楊氏の説を支持している(65)。春秋早期とされる「杞伯毎亡蓋」(九六八七)には(66)、

杞伯毎亡作邾㜌(曹)宝壺、万年眉寿、子々孫々、永宝用享、

（杞伯毎亡、邾嫀（曹）の宝壺を作る。万年眉寿にして、子々孫々、永く宝として用て享せよ）

とあり、「杞伯毎亡」と「邾嫀（曹）」が見える。「邾嫀（曹）」は邾国の嫀姓の女であり、嫀姓の邾国と姒姓の杞国の婚姻を示すものと考えられる。(67)

山東平邑県出土の春秋早期とされる「邾叔豸父簠」（四五九二）には、(68)

邾叔豸父作杞孟辝饙簠、其万年眉寿、子々孫々、永宝用享、

（邾叔豸父、杞孟辝の饙簠を作る。其れ万年眉寿にして、子々孫々、永く宝として用て享せよ）

とあり、「邾叔豸父」と「杞孟辝」が確認できる。「杞孟辝」は金文の女子称謂から、「杞」は国名、「孟」は排行で、「辝」が本姓と見られ、姒姓の杞との関連が問題となるが、「邾叔豸父」と「杞孟辝」を夫妻とする可能性も指摘され、(69)杞と邾の通婚を記しているのかもしれない。というのも、邾友父鬲（七一七）には、

邾友父媵其子□嫀（曹）宝鬲、其眉寿、永宝用、

（邾友父、其子□嫀（曹）を媵する宝鬲、其れ眉寿にして、永く宝用せよ）

とあり、郭沫若氏は「邾友父」を「邾子益」の字とし、魯哀公と同時代の人物とするが、(70)一方で春秋以前の杞・邾の通婚を示す青銅器とする説も見られるからである。(71)また、邾叔豸父簠と同じく山東平邑県に出土する西周晩期の「叔簠」（五二二一）には、

□叔□子作杞孟薛餗簠、其万年眉寿、子々孫々、永宝用享、

（□叔□子、杞孟薛餗の簠を作る。其万年眉寿にして、子々孫々、永く宝として用て享せよ）

とあり、「杞孟薛」が見える。(72)平邑は邾の東方で、杞関係器が出土した新泰の南に位置し、しかも「杞」の銘を持つことは、杞と邾の婚姻の可能性を示唆すると考えられる。(73)

こうして青銅器からは、杞と邾の婚姻が周後半期より当該時代の前期、あるいは中後期に設定されるが、これは文献との関係ではどのように考えられるのであろうか。邾はそもそも宋の会で斉に属国扱いされ、会盟に参加が認められず（『左伝』襄公二十七年）、杞や莒・鄫とともに魯への「怒」の存在が伝えられるなど（『左伝』昭公十三年）、その国際的地位が安定さを欠き、対立問題を抱えていた。なかでも、邾の対魯関係は、当該時代を通じて不安定であり、たびたび戦火を交えている[74]。このような環境にあった邾には、斉・晋との婚姻が確認され（『左伝』文公十四年）、両覇との連帯は外交にあって不可欠な選択肢と考えられる。しかし、邾と杞の婚姻は文献では確認できないのである[75]。

金文から窺える邾と杞の通婚が設定される当該時代前期では、邾が魯の軍事侵攻を受け（隠公七年・桓公八年）、前述のとおり杞は邾の傘下にあって魯と対立していた。したがって、杞と邾は同じく対魯対抗として通婚していた可能性があり、そうした両国関係が西周期から継続していたのかもしれない。また、「邾友父鬲」の「邾友父」を「邾子益」とし、魯哀公と同時代の人物とすれば、対魯対抗を前提に当該時代後期には杞・邾の婚姻を設定することも可能であろう。哀公年間にあって魯と邾が対立し（哀公二・三・七・八・二十七年）、一方の杞が晋・斉に依存した外交が考えられ、邾・杞は婚姻によって対魯対抗を模索していたといえよう。しかし、「杞伯毎亡鼎」の「杞伯毎亡」を「杞孝公」（襄公七年―襄公二十三年）とする見解では、邾は確かに魯と対立を見せるが（襄公四・十五・十七・二十年）、襄公年間を通じて晋同盟の一員として会盟に参加し（襄公元・二・三・五・七・八・九・十・十一・十四・十六・十八・二十・二十一・二十二・二十四・二十五・三十年）、この時期、杞も晋同盟の構成国であり、地域的に魯との関係強化が不可欠であった。したがって、襄公年間に邾と魯の婚姻を設定すれば、それは杞・邾の側からすれば、魯への対抗ではなく、むしろ対魯友好関係にもとづくものとしなければならない。

以上、杜預の見解を出発点として、杞の領域ないし遷徙、さらに青銅器から杞の婚姻について考察を加えた。杞は当該時代の前に山東の新泰に基盤をもち、斉の対外政策の影響を受け、紀をめぐり淳于と斉・魯両陣営を構成する立場で、淳于を併合し、斉・晋両覇の勢力下で縁陵、そして淳于に遷徙したのかもしれない。仮にこうした杞の文献に見えない動向が存在したとしても、やや議論のある杞二国説[76]は、外交関係にあって承認できないであろう。杞は小国として時々の国際状況に応じ、淳于を併合し、さらに郲と婚姻を結び、近隣外交を重視しながら、親莒・親魯・親斉・親晋外交を巧みに遂行した。その動向はまぎれもない一諸侯国の大国との交渉の軌跡といえよう。

おわりに

山東地方に位置した小国の杞は、当該期の当初から斉・魯の大国あるいは莒との従属関係のなかで、その国力を維持しつづけるため、外交面で苦難な局面に立たされた。単なる小国の苦境を超えた、近隣地域と国際関係を見据えた巧妙な外交手段をもってはじめて、諸侯国としての存続が可能であったと考えられる。杞国外交は、魯・斉・紀・莒の並存状況のなか、斉の紀攻伐を起因とする淳于の併合、あるいは郲との通婚、斉覇の杞遷徙、さらに晋覇の確立と淳于への再遷や対魯関係によって、新たな方向を推進していった。そうして最終的に晋・楚対立にあって杞は自立化を図り、対晋外交を保持したのであった。

当該社会は覇者による多国間外交を前提に、婚姻を通じた二国間外交が展開されていた。杞国外交の推移はまさに斉・晋の覇者体制に制約されながら、対莒・対魯・対斉・対晋の二国間外交を、結局はどの国をその対象に据えるかが国の存亡に直結する、との理念にもとづき行われたものと考えられる。したがって、杞の晋との友好的環境が、戦国時代のはじめまで杞を独立国として存続させる一因となったことは確かであろう。[77] 杞国は春秋諸侯国、それも小国の国際社会における存続の一形態を如実に示している。いずれにしても、二国間外交の動向は、戦国期における諸国の対立抗争をめぐる軍事と外交の根本問題に直結するものである。

註

（1）『春秋』および『左伝』については、竹内照夫『春秋』（東洋思想叢書、日本評論社、一九四三年）、野間文史「春秋経文について」（『広島大学文学部紀要』五〇、一九九一年、同氏『春秋学　公羊伝と穀梁伝』所収、研文出版、二〇〇一年）、顧頡剛講授、劉起釪筆記『春秋三伝及国語之綜合研究』（中華書局、一九八八年）、顧頡剛遺作・王煦華整理「春秋研究講義案語」（『中国古籍研究』第一巻、上海古籍出版社、一九九六年）、徐中舒『左伝選』後序（中華書局、一九六三年）、楊伯峻等『経書浅談』（国文天地雑誌社、一九八九年）、趙生群「論孔子《春秋》」（『文史』一九九九―二、同氏『《春秋》経伝研究』所収、上海古籍出版社、二〇〇〇年）等参照。

（2）王献唐『春秋邾分三国・三邾疆邑図考』（斉魯書社、一九八二年）、同『山東古国考』（斉魯書社、一九八三年）、逄振鎬『山東古国与姓氏』（山東人民出版社、二〇〇六年）は、春秋史に限定したものではないが注目すべき研究である。

（3）山東古国史研究会編『東夷古国史研究』第一輯（三秦出版社、一九九〇年）、同『東夷古国史研究』第二輯（三秦出版社、一九九一年）、逄振鎬『東夷古国史論』（成都電訊工程学院出版社、一九八九年）、王迅『東夷文化与淮夷文化研究』（北京大学出版社、一九九四年）参照。

（4）本書第一部第七章第一節紀国と魯国、参照。

（5）杞国については、陳槃『春秋大事表列国爵姓及存滅表譔異（増訂本）』第二冊（中央研究院歴史語言集刊之五十二、一九六九年）に整理されている。専論ではないが杞国外交に関して、宇都木章「春秋にみえる魯の公女㈠」（『中国古代史研究第六』所収、研文出版、一九八九年、宇都木章著作集第二巻『春秋戦国時代の貴族と政治』所収、名著刊行会、二〇一二年）、『左伝』における杞国の史料問題については、石黒ひさ子「『左伝』に見える曾国、杞国」（『史料批判研究』二、一九九九年）がある。宇都木氏は特に魯公女の杞との通婚関係を通して杞国の問題を論じるが、本章も負うところが多い。

（6）顧棟高『春秋大事表』春秋列国爵姓及存滅表巻五では、禹の後の東楼公が雍丘に国し、杞成公が縁陵（山東青州府昌楽東北五十里）に遷り、文公がさらに淳于（青州府安丘県東北三十里）に遷ったという見解を示す。杞の遷徙問題については、程有為「杞国及其遷徙」（註（3）『東夷古国史研究』第一輯所収）、郭克煜「杞国遷居山東問題」（『斉魯学刊』一九八九—四）に詳しい。なお、当該時代の地名に関して特に註記しないものは、楊伯峻『春秋左伝注』（中華書局、一九八一年）にもとづいている。

（7）『左氏会箋』隠公四年条「王夫之曰、杜解杞本都陳留雍丘県、桓六年淳于公亡国、杞似并之遷都淳于、乃以地理攷証経文、雍丘去淳于且千里、淳于即亡、杞安能越鄭宋魯斉而遠并之、遽舎其故国、而為千里之遷乎、漢地理志注、雍丘故杞国、武王封東楼公于此、先春秋時徙魯東北、淳于之亡、入春秋後十七年、則杞初不因并淳于而始東遷也」

（8）「壬辰卜、在杞、貞、今日王歩于商、亡災」、「丁酉卜、㱿貞、杞侯炽弗其禍、□有疾」（何光岳『楚滅国考』上海人民出版、一九九〇年、所引）。郭沫若『両周金文辞大系攷釈（増訂本）』（文求堂、一九五八年）には西周期の「杞伯」の銘をもつ青銅器が載せている（後述）。

（9）註（2）王献唐『山東古国考』参照。

（10）莒国の動向については、註（5）陳槃氏、前掲書、宇都木章「春秋時代の莒国墓とその鐘銘——莒魯交兵始末——」（『佐久間重明教授退休記念中国史・陶磁史論集』所収、燎原書店、一九七二年、宇都木章著作集第一巻『中国古代の貴族社会と文化』所収、名著刊行会、二〇一一年）、孫敬明「莒史綴考」（註（3）前掲『東夷古国史研究』第二輯所収）参照。

（11）本書第一部第七章第一節紀国と魯国、参照。

（12）宇都木章「『春秋』にみえる「邑に城く」について」（五井直弘編『中国の古代都市』所収、汲古書院、一九九五年、宇都木章著作集第三巻『春秋時代の貴族政治と戦乱』所収、比較文化研究所、二〇一三年）参照。

（13）当該期、州公（淳于公）が出国し帰国しない事態が生じたが（桓公五・六年）、杜注は「杞似并之遷都淳于」（隠公四年）と杞の対外侵出を想定する（後述）。もしこの点を重視すれば、『春秋』桓公二年「入杞」は、魯が一方で紀との友好関係にもとづく対杞牽制としての側面をもつと考えられる。本書第一部第七章第一節紀国と魯国、参照。

（14）本書第一部第七章第一節紀国と魯国、参照。なお、何光岳氏は本文後述の荘公二十五・二十七年の経緯にもとづき、杞の侯爵から伯爵への降格を論じている（註（8）同氏、前掲書参照）。

（15）本書第一部第七章第三節紀国と斉国、第四節遷徙政策と紀国、参照。

（16）当該期、魯・莒関係は良好であった（註（10）宇都木章氏、前掲論文参照）。なお、魯公夫人の外交については、本書第二部第五章第二節婚姻と外交、参照。

（17）註（5）宇都木章氏、前掲論文参照。

（18）当該期、杞は斉・莒の威に屈していた（註（5）宇都木章氏、前掲論文参照）。

（19）註（10）宇都木章氏、前掲論文参照。

（20）杜注「辟淮夷、遷都于縁陵」、『春秋左伝注』では斉が杞の附庸化を推進したとする。王献唐氏はこの「淮夷」を地理的に「濰夷」であり、「萊夷」とし「萊国」と考える（註（2）同氏『山東古国考』）。『春秋大事表』春秋斉楚争盟表巻二十六には「案、此書諸侯城縁陵、則知前年之会鹹専為城杞也、戍周之事乃左氏増造爾、夫淮夷病杞、北戎病燕、斉桓猶為之興師動衆、豈有戎犯天子、而顧為之求乎、不敢一問者乎」とあり、当時の国際情勢を分析している。

（21）王閣林・唐致卿主編『斉国史』（山東人民出版、一九九二年）参照。なお、『管子』大匡篇には斉桓公五年「（宋）果伐杞、桓公築縁陵以封之」と別の状況を伝える。

（22）徐については、陳槃『春秋大事表列国爵姓及存滅表譔異（増訂本）』第三冊（中央研究院歴史語言集刊之五二、一九六九年）、舒大剛『春秋少数民族分布研究』（文津出版、一九九三年）参照。ただ、舒氏は杞を河南杞県に位置したとの前提に立っている。

（23）本書第一部第二章第四節『春秋』『左伝』の遷徙、参照。

（24）本書第二部第四章第二節卒葬と外交、参照。

（25）当該期、杞は独立性を失って対魯同盟をなさなくなっていた（註（5）宇都木章氏、前掲論文参照）。

（26）杜注「公即位始来朝、不絶婚、立其娣以為婦人」、なお、『春秋大事表』春秋凶礼表巻十六「春秋文十二年子叔姫卒論」では異なる見解を示している。

(27)『春秋』文公十二年には「(冬)、季孫行父帥師城諸及鄆」とあり、杜注は「鄆、莒・魯所争者」とする。魯・莒の対立については、『春秋大事表』春秋魯邾莒交兵表巻三十六参照。

(28) 文公十五年秋・十五年（十有二月）・十六年春・十六年六月戊辰・十七年六月癸未・宣公元年（夏）、『春秋大事表』春秋斉魯交兵表巻三十五参照。

(29) 本書第二部第三章第二節朝聘と外交、参照。

(30) 註（10）宇都木章氏、前掲論文参照。

(31) 当該期、斉・魯の対楚親交策が成立していた（宇都木章「魯の三桓氏の成立について（二）」『中国古代史研究第五』所収、雄山閣、一九八二年、のち、註（5）同氏前掲書所収）参照。

(32)『春秋左伝注』宣公十七年条参照。『春秋大事表』春秋晋楚争盟表巻二十八所引、趙鵬飛「楚兵雖退、而宋已為楚、北方無宋、藩籬益薄、晋景懼而為断道之盟、以固魯・衛・曹・邾之心、故皆挙其爵而予之、以振伯主之餘燼也」は、断道の盟の国際情勢を論じる。

(33) 当該期、斉・魯の対立が背後に存在した（註（31）宇都木章氏、前掲論文参照）。『春秋大事表』春秋晋楚争盟表巻二十八所引、趙孟何「自晋文公卒、斉不復従晋盟、晋是以不競于楚、而歴三君、問不及斉、斉、東方大国也、晋不得斉、則諸侯不附、景公為断道之盟、斉侯不至、而自将伐斉、庶乎知所伐矣」は、当該期における斉の国力を論じる。

(34) 宇都木章氏は、杞伯の会盟参加を晋・楚の対立によって生み出された「中小諸侯国の自決」化の現われとする（註（5）同氏、前掲論文参照）。竹内康浩「『春秋』から見た五等爵制——周初に於ける封建問題——」（『史学雑誌』一〇〇—二、一九九一年）は、杞が『春秋』にしきりに現われ出すのは魯の成公以降であると指摘する。

(35) 当該期、莒の動向は『春秋』成公九年に「(冬十有一月)、楚公子嬰斉帥師伐莒、庚申、莒潰」とあり、莒が楚の軍事行動により大きな打撃を受けたが、成公十六年鄢陵の戦いで楚が敗績すると、対晋関係を強化して一挙に挽回しようとしたと考えられる（註（10）宇都木章氏、前掲論文参照）。

(36)『春秋』襄公二十三年「(冬)、斉侯襲莒」とあるが、杞はここでも関与していない。

(37) 襄公元年（夏）・九年冬・九年十有二月己亥・十年春・十年（秋）・十一年（夏四月）・十一年秋七月己未・十一年（秋七月）・十四年春王正月・十四年夏四月・十六年三月・十八年冬十月・二十年夏六月庚申・二十二年冬・二十四年（八月）・二十五年（夏五月）・二十五年秋八月己巳

(38)『春秋』襄公二十三年「三月己巳、杞伯匄卒」に対して、『左伝』には「晋悼夫人喪之、平公不徹楽、非礼也、礼為隣国闕」（杜注「悼夫人晋平公母、杞孝公姉妹」）と、悼夫人が喪に服したが、晋平公は楽を止めなかったことを伝える。これは礼論の立場に立つ『左伝』の見解であるが、一方で夫人の行為から晋・杞の友好関係を示唆するものと考えられる。

(39)『左氏会箋』襄公二十八年条「其斉・燕・杞・狄先非楚属、其朝不為宋之盟也」

(40)「城杞」について、『穀梁伝』には「杞危而不能自守」とするが、何光岳氏は淮夷の侵攻がその背景にあったとしている（註（8）同氏、前掲書参照）。『左伝』昭公元年追記にはこの「城杞」を「城淳于」とし、杜注は「襄二十九年城杞之淳于、杞遷都」と見做す（後述）。『春秋大事表』春秋晋楚争盟表巻二十八所引、彙纂に「晋平公以母家之私煩諸侯以城杞、伯業所由隳也、故経書城杞以示貶」とあり、晋覇の問題を示す。なお、『左伝』（襄公二十九年）には鄭の子大叔（游吉）の言説に杞の築城を批判し、「若之何哉、晋国不恤同宗之闕、而夏肄是屛、其棄諸姫、亦可知也已」と、杞を夏の後裔とする。こうした見解は、『論語』八佾篇「子曰、夏礼吾能言之、杞不足徵也」にも見える。貝塚茂樹氏は、魯の周辺に夏王朝の後である娰姓の国が分布する歴史地理的な事実が関係するという（同氏『中国の古代国家』第一部第二章中国古代人の国家像、註（28）、『貝塚茂樹著作集』第一巻、中央公論社、一九七六年）。杞と夏の問題は註（5）石黒ひさ子氏、前掲論文でも論じられている。

(41)『左伝』襄公二十九年に女叔侯の言説として「以杞封魯猶可、而何有焉」「何必瘠魯以肥杞」とあり、晋が魯を杞にくらべ優先する見解が示されている。これは晋の外交政策をよく表わしている。なお、『春秋』昭公六年「春王正月、杞伯益姑卒」、『左伝』「弔如同盟、礼也」に関して、杜注は「魯怨杞、晋取其田、而今不廃喪紀、故礼之」と見る。

(42) 本書第二部第四章第二節卒葬と外交、参照。

(43)　昭公と三桓氏対立の概要は、郭克煜等『魯国史』（人民出版社、一九九四年）参照。
(44)　王献唐氏は、隠公四年時点の牟婁の占領を前提に、杞が山東諸城県の牟婁一帯に存在したとする（註（2）同氏『山東古国考』参照）。
(45)　註（2）王献唐氏『山東古国考』参照。
(46)　『春秋』桓公四・五年の連続性については、『春秋左伝注』桓公五年条参照。
(47)　州が淳于である点については、註（5）陳槃氏、前掲書、註（2）王献唐氏、『山東古国考』参照。『春秋左伝注』桓公五年条「以都名代国名、古本有此例」
(48)　『公羊伝』桓公六年何休注「行過無礼、謂之化、斉人語也、……、今州公過魯都、不朝魯、是慢之為悪、故書寔来、見其義也」
(49)　『春秋』桓公十年「春王正月庚申、曹侯終生卒」、『左氏会箋』「魯曹兄弟也、本当同盟之国、故書名」
(50)　本書第二部第三章第二節朝聘と外交、参照。
(51)　王献唐氏は、諸城の杞〈杞武公・前七五〇―前七〇四〉が安邱の淳于を圧迫したとする（註（2）同氏『山東古国考』参照）。
(52)　『春秋』桓公三年「夏、斉侯・衛侯胥命于蒲」
(53)　宋・曹外交については、本書第二部第三章第二節朝聘と外交、参照。
(54)　許瀚の指摘（呉式芬『攈古録金文』巻二、『春秋左伝注』隠公四年条所引）。なお、前述したとおり『左伝』昭公七年には「晋人来治杞田、……、晋人為杞取成」とあり、杞・魯の田土をめぐる対立に、魯は杞に成邑を与えたが、杜注では「成、孟氏邑、本杞田」と見える。成は山東寧陽県東北と考えられ（『春秋左伝注』昭公七年条）、まさに新泰の西に位置している。杞が新泰に本拠地を置いていたことを示すものと見られる（註（3）程有為「杞国及其遷徙」、前掲『東夷古国史研究』第一輯所収、註（6）郭克煜氏、前掲論文参照）。
(55)　註（3）逄振鎬氏、前掲書参照。
(56)　「淳于公戈」には「戈。淳于公之後」と銘がある（一一五七）。この他に同じく新泰で一九七〇年代に出土の春秋前期とされる「淳于左造戈」（一一三〇）が存在する（以上、劉雨・盧岩編著『近出殷周金文集録』中華書局、二〇〇二年参照）。

(57) 王献唐氏は桓公六年以後、杞が淳于に遷ったとする（註（2）同氏『山東古国考』参照）。傅隷樸『春秋三伝比義』桓公六年条は、州（淳于）が杞に滅ぼされたと考えている（中国友誼出版公司、一九八四年参照）。

(58)『左氏会箋』（僖公十四年条）は、「亀井昱曰、会于鹹之諸侯不尽来、故曰有闕、言其人闕也、蓋魯公実不会、而不明言之、史文之斟酌也」とする。許瀚は杜注の解釈に従い、縁陵への遷徙に否定的である（註（5）陳槃氏、前掲書所引）。『春秋大事表』春秋城築表巻三十八所引、孫覚は「春秋城杞・城邢、斥言其国、縁陵・楚丘但書其地、蓋遷国者書国、未遷者書地、春秋之法然也」とする。

(59) 王献唐氏は、杞が縁陵に遷ったあとの淳于は莱国に占領され、杞が淳于に戻ったとき、すでに莱が斉に滅ぼされており、淳于は斉に帰属し、この淳于の再遷都には晋の斉に対する圧力があったと推察する（註（2）同氏『山東古国考』参照）。

(60) 王献唐氏は、杞の遷徙を諸城（牟婁一帯）、淳于、縁陵、淳于とし（註（2）同氏『山東古国考』参照）、程有為氏は、杞国の遷徙について河南杞県から、山東諸城地区・牟婁、新泰・泗水地区、縁陵、淳于の地を考えている（註（6）同氏、前掲論文参照）。

(61) 以下、青銅器銘文については基本的に、中国社会科学院考古研究所編『殷周金文集成釋文』香港中文大学出版社、二〇〇一年、註（56）『近出殷周金文集録』を参照し、同書の分類器号を記す。釈読に関しては、白川静『金文通釋』五六冊（『白鶴美術館館誌』一九六二―八四年、『白川静著作集』別巻、金文通釋、1～7、平凡社、二〇〇四―二〇〇五年）に基づくところが多い。

(62) 註（8）郭沫若氏、前掲書参照。

(63) 註（8）郭沫若氏、前掲書参照。

(64) 楊樹達『積微居金文説』（註（61）白川静氏、前掲書所引）。

(65) 註（61）白川静氏、前掲書参照。なお、貝塚茂樹氏は、銘文の書体からは西周末期の周金文であるとする（註（40）同氏、前掲書参照）。

(66) 註（61）『殷周金文集成釋文』参照。馬承源主編『商周青銅器銘文選』（文物出版社、一九八六―九〇年）では、杞関係器を春秋早期としている。

(67) 曹兆蘭『金文与殷周女性文化』（北京大学出版社、二〇〇四年）参照。なお、同氏は同事例を西周期の婚姻事例の章で論じている。

(68) 註(61)『殷周金文集成釋文』参照。

(69) 註(67) 曹兆蘭氏、前掲書参照。

(70) 註(8) 郭沫若氏、前掲書参照。

(71) 許瀚の説（註(61) 白川静氏、前掲書所引）。註(66)『商周青銅器銘文選』では同器を西周晩期としている。註(61)『殷周金文集成釋文』は同器を春秋早期とする。一九六六年秋に山東滕県木石鎮南台で杞国関係青銅器（鼎）が発見され、「杞伯毎亡作邾嫊宝鼎、其万年眉寿、子々孫々、永宝用享」という銘が確認できる（万樹瀛・楊孝義「山東滕県出土杞薛銅器」（『文物』一九七八―四）。なお、註(66)『商周青銅器銘文選』では同器を春秋早期とする。郭克煜氏は、山東滕県木石一帯が邾国の領域であることから、河南の杞が宋・淮夷の侵略に遭い、一時的に妻家の邾に避難した点を示すものがこの青銅器とし、杞の遷徙先を河南の杞から、邾、新泰、諸城、縁陵、淳于と考える（註(6) 同氏、前掲論文参照）。同様な見解は、註(2) 逄振鎬氏、前掲書でも踏襲されている。また、一九六二年春、武漢市の文物商店が一件の「杞伯簋」を購入し、その銘文は山東新泰のものと同様であるという（「杞伯簋」『文物』一九六二―一〇）。郭克煜氏は、同器を河南の杞伯が製作したものが流出したと見ている（註(6) 同氏、前掲論文参照）。

(72) 註(56)『近出殷周金文集録』、李常松「平邑蔡荘出土一批青銅器」（『考古』一九八六―四）参照。

(73) 邾の領域は、郭克煜「邾国歴史略説」（註(3)『東夷古国史研究』第一輯所収）によれば、北は鄒県県城、東は翼邑などから費県城西九十里までが考えられる。平邑は邾の領域の東北に隣接する地であり（棗荘市博物館等編著『小邾国遺珍』書掲三邾疆域簡図参照、中国文史出版社、二〇〇六年）、新泰とは五十キロの距離がある（譚其驤主編『中国歴史地図集』第一冊、地図出版社、一九八二年）。

(74) 童書業『春秋左伝研究』春秋時邾国盛衰（上海人民出版社、一九八〇年）では、邾国は魯公年間から徐々に強くなって、文公年間には軽視できなくなり、襄公年間に魯が邾を恐れ、斉の威をかりて魯に侵攻し、そののち衰え、魯の制圧するところとなった。宋の会では斉の属国となり、昭公年間に邾は魯を恐れ、哀公年間には亡国に陥り、呉・斉に依存していた、と整理している。

(75)　春秋期の「邾伯御戎鼎」（二五二五）に「邾伯御戎、乍滕姫宝鼎、子々孫々、永宝用」（邾伯御戎、滕姫の宝鼎を作る。子々孫々、永く宝用せよ）とあり、邾は滕との通婚も見られる（註（61）白川静氏、前掲書参照）。この他、山東鄒県嶧山で邾・費の通婚を示す銘（「費父作孟姒□賸鼎、其眉寿万年、永宝用」）をもつ青銅器も発見されている（王言京「山東鄒県春秋邾国故城付近発現一件銅鼎」（『文物』一九七四―一）。なお、『公羊伝』昭公三十一年には邾婁（邾）の女で魯夫人となったものが見える。

(76)　何浩『楚滅国研究』（武漢出版社、一九八九年）では、春秋時代の山東境内には殷封で泗水流域に位置し、前後して魯・晋と親密な杞と、周封でもと（河南）雍丘にあり、のち濰水流域に遷り斉に附いた杞の二つの杞国を想定する。なお、註（3）逄振鎬氏、前掲書でも杞二国説が紹介されている。

(77)　『史記』陳杞世家「楚恵王之四十四年、滅杞」、註（8）何光岳氏、前掲書参照。

結論　課題と展望

本書では、春秋時代の軍事と外交について、当該社会の基層をなす国邑―鄙邑の支配構造と軍事動向、さらに、そうした前提のもと覇者によってなされた国際政治と魯国をめぐる諸侯国外交から、それぞれ考察を加えた。

以上から得られた成果は、春秋時代の前後史―西周史・戦国史を見通す位置、秦漢帝国の形成過程という、二重の意義を内包する問題を軍事と外交に見出した点にあると考えられる。軍事と外交は、国邑―鄙邑の支配構造、ならびに諸侯国外交にあって、中央集権体制の基盤として、存続しつづける課題であった。当該時代の軍事と外交に関する論点は、中国古代社会の理解のための新たな視座となるであろう。

本書はおおよそ次のように要約することができよう。

第一部「春秋時代の軍事と支配構造」

軍事行動の分析を通じて、行使国と被行使国の間で見られる国邑―鄙邑の動向、氏族的宗法秩序に固執しない国邑や支配層、鄙邑が自己の存立基盤を求める可変性を確認した。

第一章「軍事と支配構造」

国邑に対する「滅」「入」が当該時代を網羅し、国境に対する「伐」「侵」は中期の増加と後期の減少を辿る一方、「戦」「次」の対峙戦では減少傾向を示した。これは戦争上の変質が原因で、しかも国邑防衛の役割を担う鄙邑の重要性が、その自立化を促し、国の支配体制から離反する者の根拠地として機能することにつながった。

第二章「滅国・遷徙政策」

滅国は国君ら支配層を否定するものであった。滅国の国君が他国の援助で存立するのは、殷周以来の封国と存在形態を異にした国の存続を意味した。滅国により国邑から鄙邑に転じた旧国邑の内部構造は、不変性が見られ、滅国の現実に適応する、旧支配層に向けた族的秩序に固執しない、可変性をもっていた。遷徙は滅国の規模より大きく国君ら支配層を主要構成員に、民を対象外として行使された。遷徙により国邑から鄙邑に転じた邑が、以後も存続するのは、国邑―鄙邑の関係が邑の実質的規模を示さず、支配統治上の観念的理解だったからであった。

第三章「占領政策」

占領の対象となる附庸小国には、氏族的宗法秩序を基調とする伝統的一体感とはいえない自立性が見られ、血縁的共同体としての意識が希薄だった。占領は盟誓締結を期待する武力行使の側面をもち、不平等的和平関係の方向を内在していた。国邑―鄙邑の支配構造に、旧国邑を内包する重層的統治支配の複雑さが窺えた。占領の対象となる鄙邑は、必ずしも国邑と密接な関係をもってはいなかった。領域拡張が鄙邑の軍事化と自立化を促し、鄙邑の「取」↓「帰」の所属変更の複数従属的傾向、氏族的宗法秩序に制約されない点が、国の支配体制から離反する者の根拠地と機能することにつながった。国邑―鄙邑の支配構造で鄙邑は、国邑との政治的距離を自身で選択し得る、可変性を前提とした独立性を備えていた。

第四章「攻囲政策」

攻囲戦は普遍的ではなかったが、有力な軍事手段で、国邑と鄙邑の対立に多く見られた。攻囲対象の鄙邑は国邑―鄙邑の支配構造にあって、国邑との密接な関係と自立性を備えていた。攻囲戦の前後で国邑―鄙邑の支配構造から離反を示す鄙邑には、政治的距離を自ら選択し得る可変性があった。

第五章「対峙政策」

対峙戦は国邑の支配層による車戦であって、短期間に決着し、場所が固定されず、しかも普遍的ではなかった。国邑—鄙邑の支配構造での鄙邑の軍事拠点としての要請が、当該時代の中期で国境越え後の対峙戦に、鄙邑への軍事行動の展開と軍隊の駐屯を加速させた。対峙戦の鄙邑攻撃は鄙邑の軍事化に連動するもので、その存立形態に関わっていた。

第六章「黄国の滅国」

黄君孟夫婦墓と出土青銅器から黄と鄫・楚関係史、黄国支配層の問題、『春秋』『左伝』から楚の北進政策に対抗する黄の対随・対斉関係が見られた。金文をもとに黄国滅国後の国邑から鄙邑に転じた「黄」の存在を前提に、楚の領域に再編された国邑—鄙邑の関係、支配集団の再編交替の可能性が窺えた。

第七章「紀国の遷徙」

斉の紀遷徙によって紀侯の弟が鄙邑を根拠地に斉へ帰属し、紀侯は国邑「大去」という、国邑—鄙邑の支配構造での破綻の経緯が見られた。紀をめぐる斉・魯関係から、紀の国邑の内部構造は絶対的な変質を被ることなく、紀侯の弟の鄙邑と共に斉の統治下に組み込まれていった。紀国の分裂と紀侯大去の出現は、氏族的宗法秩序を絶対視しない、支配層が自己の存立基盤を頑なに意識した可変的傾向であった。

第二部「春秋時代の外交と国際社会」

会盟と覇者政治、魯国を中心とする諸侯国外交の分析を通じて、斉・晋両覇の覇者体制と国邑—鄙邑の支配構造の関係、諸侯国連合と二国間外交、それと連動する地域外交の特質を確認した。

第一章「会盟と外交」

魯国君と他国君の「会」が当該時代の外交活動の主流で、二国間外交より諸侯国連合へと推移し、前期からの減少傾向を示した。斉覇期間では斉桓公以後は諸侯国連合へと会盟が発展し、晋文公の覇業確立に至り二国間外交が再び活発となり、のち諸侯国連合へ移行し、会盟参加者が諸侯から大夫へと変質を見せた。

第二章「斉覇・晋覇の会盟地」

会盟地が鄙邑であるとの理解のもと、斉覇業期の会盟地は国邑—鄙邑の支配構造にあって、離反する方向を内包した鄙邑であった。会盟での地主国欠席から、鄙邑が国邑の意向とは無関係に会盟地として機能し、その自立的傾向が見られた。晋覇業期の会盟地は国邑—鄙邑の支配構造で支配従属を強く受ける、国邑の意向に従順な鄙邑であった。こうした点は、斉覇期間では国邑—鄙邑の支配従属が完全でなく、鄙邑の自立性が強く、晋覇期間では国邑が鄙邑を軍事防衛で重視し、支配の度合を増したためだった。

附論「楚覇の会盟地」

楚覇の会盟地は、国邑—鄙邑の支配構造で単なる鄙邑ではなく、楚の領域拡張にともない獲得された旧国邑など重要な拠点であった。楚覇では国邑—鄙邑の従属性の強さを領域支配の基本とした。

第三章「朝聘外交」

魯と対象国の二国間外交は、個別な外交上の問題に基づく具体的現実的活動であった。二国間外交には覇者体制に規制されながらも、魯を中心とした近隣諸国の集団安全保障体制、覇主の勢力均衡と連動する対魯関係、魯の対斉関係重視の地域外交が見られた。宋の会は晋・楚各同盟のブロック化を促したが、二国間外交を規制する効力が発揮されず、国際関係と地域を補完する外交体制を出現させた。

第四章「弔問外交」

『春秋』の卒葬記事には魯の対象国に関する同盟関係や、対象国の置かれた状況が微妙に反映していた。諸侯国の卒葬の赴告は国君死亡と国君交代、君位継承の無事完了という外交上の伝達であった。弔問外交の本格的確立が宋の和平会議以後であるのは、国権安定に向けた社会情勢を反映していた。

第五章「婚姻と国際社会」

魯では公女が近隣小国へ出嫁し、入嫁を通じて斉と通婚関係を保持したが、魯公夫人は外交活動の一役を担っていた。婚姻に関して見られる第三国の「媵」は、出嫁国との友好を前提とした外交強化を求めた政治的工作であった。青銅媵器の存在から婚姻には、二国間外交や覇者の多国間外交とは異なる効果が期待されていた。

第六章「国君即位と国際社会」

『春秋』では魯国君は前君の薨後の時点で新君として即位し、他国君の場合、前君の死亡後、諸侯が「某子」と呼称されたが、それは国君の代理であった。『左伝』の諸侯即位では前君の死亡―新君の即位―葬儀の挙行の経緯が導き出せ、即位に関する独自の情報を残していた。国君即位の経緯は、国君を中心とした権力構造や外交を考えるうえで、重要な視点であった。

第七章「衛国の外交と政治」

前期の州吁の乱は親斉派打倒の政治闘争で、斉の内政干渉が公室・国人層の対立闘争を招いた。中期の晋文公覇業期での成公の対楚関係尊重と、非公族であった元咺の対晋関係尊重の政治闘争が提訴事件に発展し、衛は晋の軍事力の前に同盟に組み込まれた。特に中期の元咺の登場は、世族を中心とする公族政権の常態化と対晋外交尊重という衛の動向を決定づけた。

第八章「杞国の外交と政治」
杞は山東地方の小国として斉・魯の近隣大国や莒との関係のなか、国力を維持しながら複雑な外交手段を駆使し、晋・楚抗争にあって自立化を図り、親晋外交を確立した。杞の対晋関係の維持が国としての存続を可能としたが、その動向は当該時代の小国の国際社会での存立の一形態であった。

以上のような第一部・第二部の各章の結論には、多くの問題点が存在することも事実である。当該時代にあって采邑として鄙邑を管有する世族の地位、それに伴う軍事権自体の問題、国邑―鄙邑の支配構造の時間的推移や地域差が、如何に変質したか、あるいは不変的であったか。このほか軍事思想に関する変遷も重要な課題であろう。(1) また、会盟政治での鄙邑と同様、外交動向のなかの鄙邑の役割等、未解決問題が含まれている。会盟政治や二国間外交での諸侯国の世族の動向、そもそも国際社会のなかに二国間外交がもたらす効力などは、今後の課題とせざるを得ない。ただし、戦国史への過程からすれば、本書で得られた軍事動向と外交傾向からの国邑―鄙邑の支配構造と、それに基づく諸侯国間の外交で確認した成果は、連続性をもった一貫した問題提示となり得ると考えられる。(2) 当該時代から継続する戦争形態の変容、都市機能の様相や、領土の確保を目指して展開される諸国間外交は、春秋戦国史研究の深化を促すものとなるであろう。春秋戦国時代史研究における、軍事と外交を中心とした支配構造の全面的検討については他日を期したい。

註

（1）拙稿「中国古代の射礼について」（『告史』三、二〇〇九年）は、「射礼」をめぐる軍事思想に関して西周から戦国期の推移を跡付けている。

（2）拙稿「田斉の軍事と外交（一）」（『鴨台史学』一〇、二〇一〇年）、「田斉の軍事と外交――戦国中期――」（『川勝守・賢亮博士古稀記念　東方学論集』所収、汲古書院、二〇一三年）、「田斉の軍事と外交――戦国後期――」（『大正大学研究紀要』九九、二〇一四年）は、戦国期における斉国の国際社会での二国間外交を中心に素描している。

本書を構成する初出論稿は以下のとおりである。

第一部

第一章「春秋時代の侵伐について」『大正大学大学院研究論集』第一六号　一九九二年

第二章「春秋時代の滅国について」『中国古代史研究第六』研文出版　一九八九年

「春秋時代の遷徙について」『鴨台史論』第三号　一九九〇年

第三章「春秋時代の「取」国について――附庸小国の存立形態」『集刊東洋学』第七四号　一九九五年

「春秋時代の「取」邑について――鄙邑の存立形態」『国士舘史学』第九号　二〇〇一年

第四章「春秋時代の攻囲戦について」『大正大学研究紀要』第八九号　二〇〇四年

第五章「春秋時代の対峙戦について」『鴨台史学』第六号　二〇〇六年

第六章「黄君孟夫婦墓と黄国」『鴨台史論』第二号　一九八九年

第七章「春秋紀国小考」『鴨台史論』第四号　一九九一年

第二部

第一章「『春秋』に見える会盟記事」『勁草教育文化研究所紀要　教育文化』第一号　二〇〇五年
第二章「春秋時代の会盟地について（一）――隠公～僖公年間――」『中国古代史研究第七』研文出版　一九九七年
「春秋時代の会盟地について（二）――僖公～定公年間――」『国士舘史学』第五号　一九九七年
「春秋時代の会盟地について（三）――楚覇期間――」『告史』第二号　二〇〇八年
第三章「春秋時代の朝聘外交」『国士舘大学教養論集』第五三号　二〇〇三年
「魯国外交をめぐって――『春秋』に見える「如」「来」――」『三康文化研究所年報』第三九号　二〇〇八年
第四章「『春秋』に見える卒葬記事」『鴨台史学』第一号　二〇〇〇年
第五章「春秋時代の婚姻と外交」『大正大学研究紀要』第九一号　二〇〇六年
「婚姻をめぐる絆――春秋時代の国際社会」三　婚姻と絆『大正大学研究論叢』第一三号　二〇〇七年
第六章「春秋時代の国君即位――『春秋』の史料性――」『佐藤成順博士古稀記念論文集　東洋の歴史と文化』所収
山喜房佛書林　二〇〇四年
「左伝の国君即位」『告史』第四号　二〇一〇年
第七章「春秋前期の衛の内乱について」『鴨台史論』第一号　一九八七年
「元咺をめぐって――春秋中期の政治闘争――」『国士舘大学教養論集』第五二号　二〇〇二年
第八章「春秋杞国小考」『大正大学東洋史研究』第一号　二〇〇八年

なお、本書では以上のような、いわば『春秋』『左伝』研究ノートとしての初出時の論稿に関して、大幅な改定や史料の補充を行った。そのほか体裁を整えるため、語句・表記についても改めた箇所が多くある。

あとがき

本書は大正大学に提出した学位請求論文「春秋時代軍事外交研究」（主査　宇高良哲・副査　川勝賢亮　佐藤成順　藤田忠）をもとに、補訂を加えたものである。所定の審査を経て平成二十四年三月二十三日、博士（文学）を授与された。まずは、審査に当たられた先生方に謝意を申し上げたい。口述諮問のなかで、多くの問題点を指摘いただき、本来、本書に生かされるべきであるが、力不足のため十分とはいえないであろう。今度の課題として研究に一層精進していきたい。

国士舘大学文学部で東洋史を専攻して以来、東洋史学なかでも中国古代史について研究を行ってきたが、その手ほどきを丹念に、ときに厳しく指導されたのは藤田忠先生（国士舘大学名誉教授）であった。その後も公私にわたりお付きあいいただき、今日に至っているが、先生の存在なくして今のわたしはあり得ない。藤田先生に心から謝意を表したい。その後、縁あって進学した大正大学大学院では村上正二先生から、モンゴル・元朝史の講義を通じて、研究することの意義と研究者としての生活信条を多く学び、佐藤成順先生（大正大学名誉教授・品川歴史館館長）からは、南北朝期から唐宋の仏教史を通じて、史料講読から社会を構築する方法を教えられた。両先生のご指導は研究者としてのわたしの基盤となったと考えている。

大学院時代から大学に職を得るまで、わたしの研究の刺激の場は、当時、青山学院大学で開かれていた中国古代史研究会（青山の会）であった。上原淳道・宇都木章・小倉芳彦・茂澤方尚先生をはじめ、多くの方々との討論やいただいた助言は、その後の研究の方向性を決定づけたと思う。感謝する次第である。大正大学に奉職してからは、所属する歴史学科の諸先生をはじめ、研究と教育にあってこれまた多くの人に支えられてきた。未熟なわたしに、本書の出版が果たせたのは、夢のような出来事といえよう。本書は平成二十六年度、大正大学学術出版助成金の交付を受けている。関係各位に御礼を申し上げる。なかでも、相談にのっていただいた宇高良哲先生（大正大学名誉教授）・小此木輝之先生（大正大学教授）をはじめ、汲古書院の石坂叡志社長にあらためて謝意を表したい。

最後に私事となるが、母子家庭であるにもかかわらず、大学院進学と学研の道を進むことを許され、見守ってくれた母のトシ子、生活の基盤を支えてくれた盟友でもある妻の直子さんに最大限の感謝を表わすことを許されたい。

さまざまな出来事を思い出しつつ、東京町田の小さな書斎にて

小林　伸二

索　引

・春秋時代の諸国に関するものである。小倉芳彦訳『春秋左氏伝』列国大事索引（岩波文庫、1988～89年）の列国名順に準拠した。
・第一部・第二部の本文を対象とし、註は除外している。
・『春秋』『左伝』等の史料に見られる諸国名は含まない。

著者紹介

小　林　伸　二（こばやし　しんじ）

1962年 新潟県生まれ。
1984年 国士舘大学文学部史学地理学科東洋史専攻卒業。
1989年 大正大学大学院文学研究科博士課程史学専攻単位修得。
大正大学綜合仏教研究所研究員、国士舘大学講師等を経て、
現在、大正大学文学部歴史学科教授　博士（文学）。
専攻は東洋史学（中国古代史）。

汲古叢書121

春秋時代の軍事と外交

二〇一五年二月二〇日　発行

著　者　小　林　伸　二
発行者　石　坂　叡　志
整版印刷　富　士　リ　プ　ロ　㈱
発行所　汲　古　書　院
〒102-0072 東京都千代田区飯田橋二-五-四
電　話　〇三（三二六五）九七六四
ＦＡＸ　〇三（三二二二）一八四五

ISBN978 - 4 - 7629 - 6020 - 8　C3322

100	隋唐長安城の都市社会誌	妹尾　達彦著	未　刊
101	宋代政治構造研究	平田　茂樹著	13000円
102	青春群像－辛亥革命から五四運動へ－	小野　信爾著	13000円
103	近代中国の宗教・結社と権力	孫　　江著	12000円
104	唐令の基礎的研究	中村　裕一著	15000円
105	清朝前期のチベット仏教政策	池尻　陽子著	8000円
106	金田から南京へ－太平天国初期史研究－	菊池　秀明著	10000円
107	六朝政治社會史研究	中村　圭爾著	12000円
108	秦帝國の形成と地域	鶴間　和幸著	13000円
109	唐宋変革期の国家と社会	栗原　益男著	12000円
110	西魏・北周政権史の研究	前島　佳孝著	12000円
111	中華民国期江南地主制研究	夏井　春喜著	16000円
112	「満洲国」博物館事業の研究	大出　尚子著	8000円
113	明代遼東と朝鮮	荷見　守義著	12000円
114	宋代中国の統治と文書	小林　隆道著	14000円
115	第一次世界大戦期の中国民族運動	笠原十九司著	18000円
116	明清史散論	安野　省三著	11000円
117	大唐六典の唐令研究	中村　裕一著	11000円
118	秦漢律と文帝の刑法改革の研究	若江　賢三著	12000円
119	南朝貴族制研究	川合　　安著	10000円
120	秦漢官文書の基礎的研究	鷹取　祐司著	未　刊
121	春秋時代の軍事と外交	小林　伸二著	13000円
122	唐代勲官制度の研究	速水　　大著	近　刊
123	周代史の研究	豊田　　久著	近　刊
124	東アジア古代における諸民族と国家	川本　芳昭著	近　刊
125	史記秦漢史の研究	藤田　勝久著	14000円
126	東晉南朝における傳統の創造	戶川　貴行著	近　刊

（表示価格は2015年２月現在の本体価格）

67	宋代官僚社会史研究	衣川　強著	品　切
68	六朝江南地域史研究	中村　圭爾著	15000円
69	中国古代国家形成史論	太田　幸男著	11000円
70	宋代開封の研究	久保田和男著	10000円
71	四川省と近代中国	今井　駿著	17000円
72	近代中国の革命と秘密結社	孫　江著	15000円
73	近代中国と西洋国際社会	鈴木　智夫著	7000円
74	中国古代国家の形成と青銅兵器	下田　誠著	7500円
75	漢代の地方官吏と地域社会	髙村　武幸著	13000円
76	齊地の思想文化の展開と古代中國の形成	谷中　信一著	13500円
77	近代中国の中央と地方	金子　肇著	11000円
78	中国古代の律令と社会	池田　雄一著	15000円
79	中華世界の国家と民衆　上巻	小林　一美著	12000円
80	中華世界の国家と民衆　下巻	小林　一美著	12000円
81	近代満洲の開発と移民	荒武　達朗著	10000円
82	清代中国南部の社会変容と太平天国	菊池　秀明著	9000円
83	宋代中國科擧社會の研究	近藤　一成著	12000円
84	漢代国家統治の構造と展開	小嶋　茂稔著	10000円
85	中国古代国家と社会システム	藤田　勝久著	13000円
86	清朝支配と貨幣政策	上田　裕之著	11000円
87	清初対モンゴル政策史の研究	楠木　賢道著	8000円
88	秦漢律令研究	廣瀬　薫雄著	11000円
89	宋元郷村社会史論	伊藤　正彦著	10000円
90	清末のキリスト教と国際関係	佐藤　公彦著	12000円
91	中國古代の財政と國家	渡辺信一郎著	14000円
92	中国古代貨幣経済史研究	柿沼　陽平著	13000円
93	戦争と華僑	菊池　一隆著	12000円
94	宋代の水利政策と地域社会	小野　泰著	9000円
95	清代経済政策史の研究	黨　武彦著	11000円
96	春秋戦国時代青銅貨幣の生成と展開	江村　治樹著	15000円
97	孫文・辛亥革命と日本人	久保田文次著	20000円
98	明清食糧騒擾研究	堀地　明著	11000円
99	明清中国の経済構造	足立　啓二著	13000円

34	周代国制の研究	松井　嘉徳著	9000円
35	清代財政史研究	山 本　　進著	7000円
36	明代郷村の紛争と秩序	中島　楽章著	10000円
37	明清時代華南地域史研究	松田　吉郎著	15000円
38	明清官僚制の研究	和田　正広著	22000円
39	唐末五代変革期の政治と経済	堀　　敏 一著	12000円
40	唐史論攷－氏族制と均田制－	池 田　　温著	18000円
41	清末日中関係史の研究	菅 野　　正著	8000円
42	宋代中国の法制と社会	高橋　芳郎著	8000円
43	中華民国期農村土地行政史の研究	笹川　裕史著	8000円
44	五四運動在日本	小野　信爾著	8000円
45	清代徽州地域社会史研究	熊　　遠 報著	8500円
46	明治前期日中学術交流の研究	陳　　　　捷著	品　切
47	明代軍政史研究	奥山　憲夫著	8000円
48	隋唐王言の研究	中村　裕一著	10000円
49	建国大学の研究	山根　幸夫著	品　切
50	魏晋南北朝官僚制研究	窪添　慶文著	14000円
51	「対支文化事業」の研究	阿 部　　洋著	22000円
52	華中農村経済と近代化	弁納　才一著	9000円
53	元代知識人と地域社会	森田　憲司著	9000円
54	王権の確立と授受	大原　良通著	品　切
55	北京遷都の研究	新 宮　　学著	品　切
56	唐令逸文の研究	中村　裕一著	17000円
57	近代中国の地方自治と明治日本	黄　　東 蘭著	11000円
58	徽州商人の研究	臼井佐知子著	10000円
59	清代中日学術交流の研究	王　　宝 平著	11000円
60	漢代儒教の史的研究	福井　重雅著	12000円
61	大業雑記の研究	中村　裕一著	14000円
62	中国古代国家と郡県社会	藤田　勝久著	12000円
63	近代中国の農村経済と地主制	小島　淑男著	7000円
64	東アジア世界の形成－中国と周辺国家	堀　　敏 一著	7000円
65	蒙地奉上－「満州国」の土地政策－	広川　佐保著	8000円
66	西域出土文物の基礎的研究	張　　娜 麗著	10000円

汲古叢書

1	秦漢財政収入の研究	山田　勝芳著	本体 16505円
2	宋代税政史研究	島居　一康著	12621円
3	中国近代製糸業史の研究	曾田　三郎著	12621円
4	明清華北定期市の研究	山根　幸夫著	7282円
5	明清史論集	中山　八郎著	12621円
6	明朝専制支配の史的構造	檀上　寛著	13592円
7	唐代両税法研究	船越　泰次著	12621円
8	中国小説史研究－水滸伝を中心として－	中鉢　雅量著	品　切
9	唐宋変革期農業社会史研究	大澤　正昭著	8500円
10	中国古代の家と集落	堀　敏一著	品　切
11	元代江南政治社会史研究	植松　正著	13000円
12	明代建文朝史の研究	川越　泰博著	13000円
13	司馬遷の研究	佐藤　武敏著	12000円
14	唐の北方問題と国際秩序	石見　清裕著	品　切
15	宋代兵制史の研究	小岩井弘光著	10000円
16	魏晋南北朝時代の民族問題	川本　芳昭著	品　切
17	秦漢税役体系の研究	重近　啓樹著	8000円
18	清代農業商業化の研究	田尻　利著	9000円
19	明代異国情報の研究	川越　泰博著	5000円
20	明清江南市鎮社会史研究	川勝　守著	15000円
21	漢魏晋史の研究	多田　狷介著	品　切
22	春秋戦国秦漢時代出土文字資料の研究	江村　治樹著	品　切
23	明王朝中央統治機構の研究	阪倉　篤秀著	7000円
24	漢帝国の成立と劉邦集団	李　開元著	9000円
25	宋元仏教文化史研究	竺沙　雅章著	品　切
26	アヘン貿易論争－イギリスと中国－	新村　容子著	品　切
27	明末の流賊反乱と地域社会	吉尾　寛著	10000円
28	宋代の皇帝権力と士大夫政治	王　瑞来著	12000円
29	明代北辺防衛体制の研究	松本　隆晴著	6500円
30	中国工業合作運動史の研究	菊池　一隆著	15000円
31	漢代都市機構の研究	佐原　康夫著	13000円
32	中国近代江南の地主制研究	夏井　春喜著	20000円
33	中国古代の聚落と地方行政	池田　雄一著	15000円